拱墅年鉴

GONGSHU YEARBOOK 2020

中共杭州市拱墅区委党史和地方志编纂研究室 编

方志出版社
Publishing House of Local Records

拱墅区地方志编纂委员会

《拱墅年鉴》编辑部

编辑说明

一、《拱墅年鉴（2020）》坚持以马克思列宁主义、毛泽东思想、邓小平理论、“三个代表”重要思想、科学发展观、习近平新时代中国特色社会主义思想为指导，坚持辩证唯物主义和历史唯物主义的立场、观点和方法，全面反映新时代中国特色社会主义在拱墅区的生动实践，客观记载 2019 年拱墅区自然、政治、经济、文化、社会和生态文明建设的基本情况，为社会各界了解和研究拱墅区提供丰富、翔实的信息资料。

二、《拱墅年鉴（2020）》收录时限为 2019 年 1 月 1 日至 12 月 31 日，作为背景资料，为保持事物的完整，有些内容和表格中的数据及图照适当上溯或下延。

三、《拱墅年鉴（2020）》按分类法编辑，主体内容分为类目、分目、条目三个层次，部分分目下设次分目，以不同字体字号标识。条目为记述的基本层次，条目标题采用【 】表示。全书设置类目 34 个，分目 222 个，次分目 11 个，条目 1452 条，表格 23 张，图片 179 幅。

四、年鉴中的综合性数据以区统计局公布为准，未收入统计资料的数据由各单位提供。由于统计口径差异，个别单位提供的数据会与区统计局数据不尽相同，引用时请注意。

五、《拱墅年鉴（2020）》所用材料均由各部门、各单位提供，并经各单位负责人审定核实。书中出现的单位名称、专业术语，首次出现时用全称，此后一般用简称。“全年”“年内”“年底”和条目内未标注年份的均指 2019 年，大事记“△”表示同日。

拱墅区行政区划图

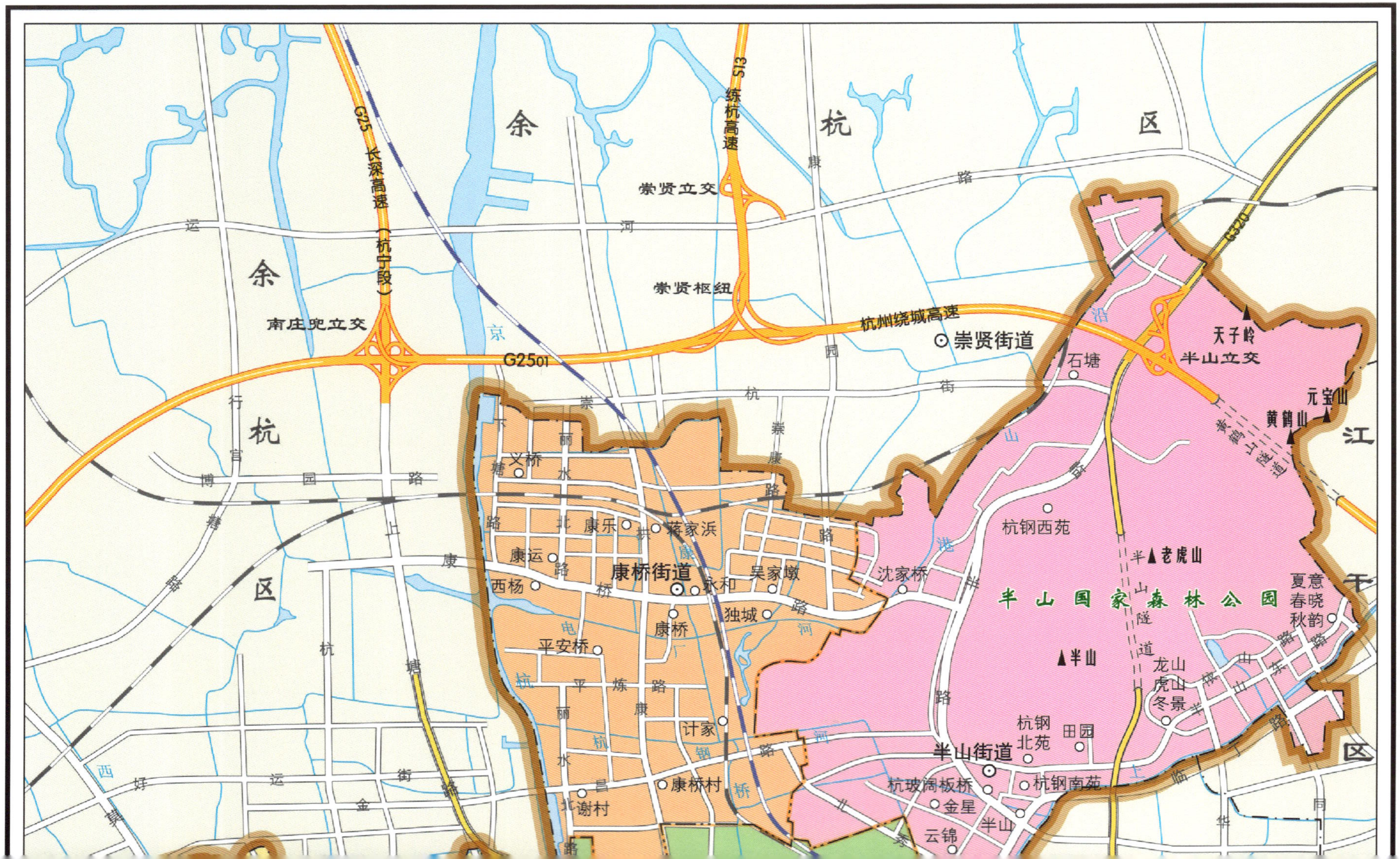

余杭区
余杭区
G25 长深高速（杭宁段）
S13 练杭高速
杭州绕城高速
G2501
G320
崇贤立交
崇贤枢纽
南庄兜立交
半山立交
崇贤街道
康桥街道
半山街道
半山国家森林公园
天子岭
元宝山
黄鹤山
老虎山
半山
黄鹤山隧道
半山隧道
石塘
杭钢西苑
沈家桥
义桥
康乐
蒋家浜
康运
西杨
永和
吴家墩
独城
康桥
平安桥
计家
康桥村
谢村
杭钢北苑
田园
杭钢南苑
杭玻闸板桥
金星
半山
云锦
龙山
虎山
冬景
夏意
春晓
秋韵
运河
京杭
康桥路
崇杭街
康贤路
博园路
沿山港

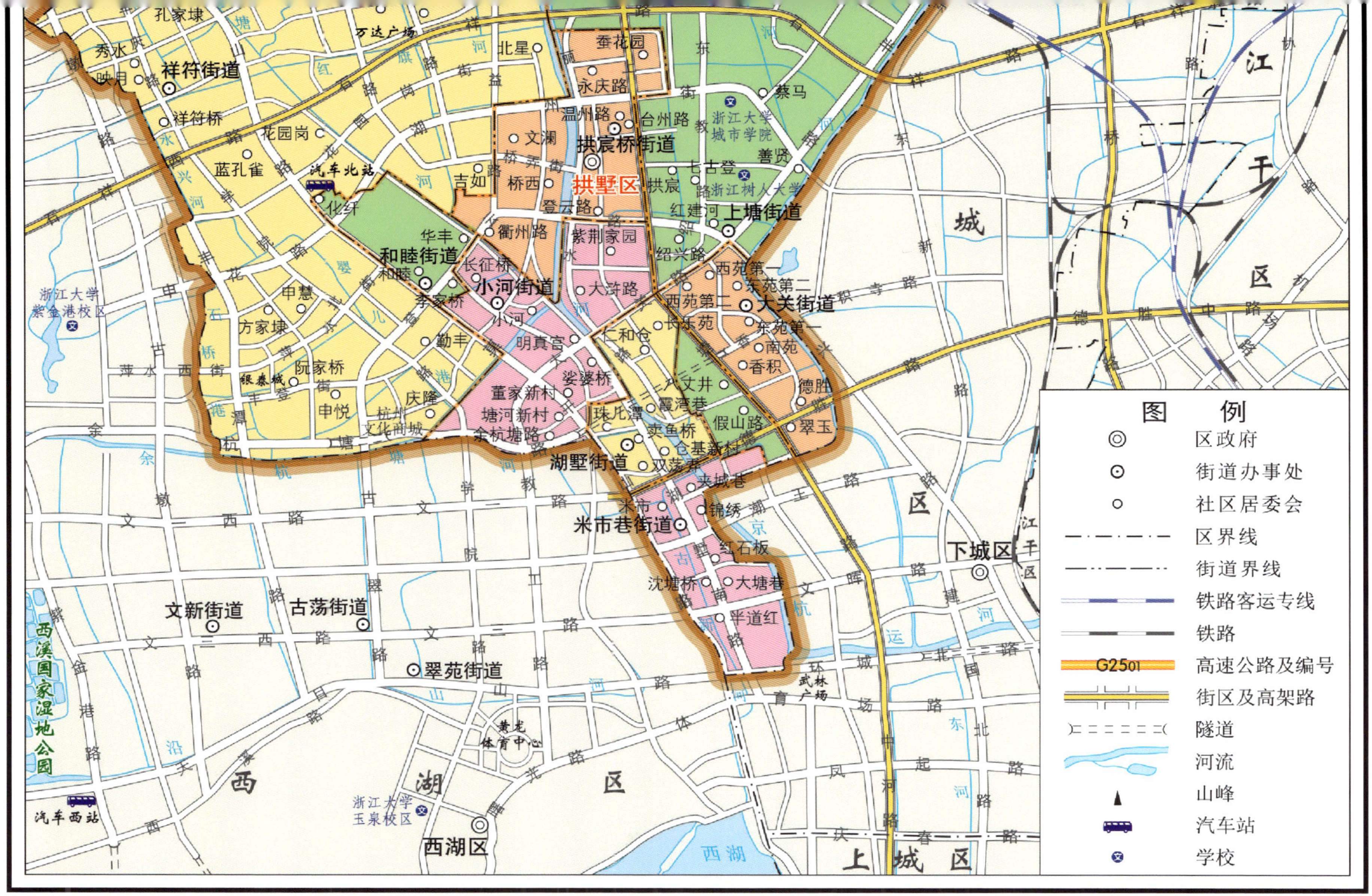

本图界线不作划界依据　审图号：浙杭S(2020)017号　杭州市勘测设计研究院编制

拱宸晚霞

（孙加英 摄）

城北晨曦

（张志坤 摄）

2019年12月31日，区委书记朱建明在中共杭州市拱墅区委七届八次全体（扩大）会议上做报告

（余文华 摄）

2019年11月29日，区委书记朱建明（前排左一）视察和睦小区庭院改造 （余文华 摄）

2019年1月16日，区长章燕在拱墅区第七届人民代表大会第三次会议上做政府工作报告 （余文华 摄）

2019年11月23日，由普华资本、拱墅区人民政府、拱墅区投资促进局联合主办的2019普华科技大会在拱墅区召开，区长章燕（前排右二）出席 （余文华 摄）

2019年7月23日，区人大常委会视察产业平台建设情况　　（区人大办 供稿）

2019年10月21日，区人大常委会审议并表决有关人事任免事项　　（区人大办 供稿）

2019年3月27日，区政协领导调研“阳光老人家”体系建设工作　　　　（区政协办 供稿）

2019年12月4日，区政协委员视察地铁10号线国际会展中心站建设情况　　（区政协办 供稿）

2019年2月21日下午，杭州市大城北地区规划建设工作推进大会在拱墅区召开　（余文华 摄）

2019年5月18日始，城北拱康路封闭施工　（余文华 摄）

2019年1月12日，智慧网谷小镇建设现场鸟瞰

2019年12月22日，建设中的运河亚运公园　　（余文华 摄）

（余文华 摄）

2019年7月7日，半山电厂大烟囱拆除　　（余文华 摄）

2019年11月9日，中德杭州魏尔啸联合病理研究所揭牌成立　　（余文华 摄）

2019年11月10日，拱墅区举办2019“智汇运河”国际脑科学高峰论坛　　（区委宣传部 供稿）

2019年3月26日，拱墅区主办招商推介会。现场签约项目总投资额超40亿元，签约企业5家

（区委宣传部 供稿）

2019年1月24日，运河财富小镇金融财富联盟成立

（区委宣传部 供稿）

2019年6月5日，杭州国际人才俱乐部拱墅园区揭牌

（余文华 摄）

2019年3月26日，拱墅区举行企业招引会

（余文华 摄）

2019年10月25日，拱墅区在远洋凯宾斯基酒店举行土地招商推介会

（余文华 摄）

2019年3月19日，浙江中医药大学附属第二医院（新华国际医院）落户拱墅申花产业集聚区 （余文华 摄）

2019年12月9日，财富小镇的运河文化发布中心投入使用 （余文华 摄）

2019年11月29日，智慧网谷小镇会客厅正式亮相
（胡沂佳 苏圣亮 摄）

2019年11月21日，顺丰国际生鲜电商供应链基地项目奠基仪式在半山街道北城智汇园举行

（区发改局 供稿）

2019年7月23日，杭州顺丰全球创新中心雏形初显

（余文华 摄）

2019年4月29日，康桥新能源产业园金网新能源项目主体结顶

（区委宣传部 供稿）

小区改造
XIAOQUGAIZAO

董家一懂生活　（余文华 摄）

农居点整治　（余文华 摄）

阳光生活家

陆家圩小区加装电梯

（余文华 摄）

颐乐和睦　　　　（余文华 摄）

（杨瑶 摄）

“危房”改成“安心房”　　　　（区委宣传部 供稿）

2019年8月27日，拱墅区企业家向来凤县贫困学生捐资助学
（区委宣传部 供稿）

2019年5月14日，拱墅区与来凤县召开东西部协作联席会

2019年8月28日，拱墅区企业实地考察扶贫项目
（区委宣传部 供稿）

（区委宣传部 供稿）

2019年8月29日，拱墅区企业分别向结对村捐款

（区委宣传部 供稿）

2019年1月11日，拱墅区“凤凰出山”名特优农产品展示展销中心开业　　（区委宣传部 供稿）

杭州育才登云小学　　　　（沈星凯 摄）

申花实验幼儿园一景　　　　（沈星凯 摄）

长阳幼儿园一景　　　　(沈星凯 摄)

桃源中学　　　　（沈星凯 摄）

华东师范大学附属杭州学校　　　　（沈星凯 摄）

宸新幼儿园一景　　　　（沈星凯 摄）

大关苑实验第二幼儿园一景　　　　（沈星凯 摄）

2019年1月9日，拱墅区举办“2019迎春诗会” （余文华 摄）

诗朗诵 （余文华 摄）

诗朗诵 （余文华 摄）

70名钢琴演奏者合奏《我爱你中国》（余文华 摄）

郎朗在演奏 （余文华 摄）

2019年5月5日，大运河国际钢琴艺术节开幕 （余文华 摄）

2019年5月23日至6月底，由杭州市委宣传部、拱墅区委区政府主办的第八届大运河文化节暨首届大运河戏曲节在大运河畔举办 （余文华 摄）

2019年6月1日，首届大运河戏曲节“星光璀璨”戏曲名家汇演在大关街道东二苑“百姓戏园”开锣 （余文华 摄）

群星璀璨 （余文华 摄）

京剧传承 （余文华 摄）

掀盖头　　（姚建心 摄）

签婚书　　（姚建心 摄）

穿越般若门　　（晓春 摄）

2019年11月8日，大运河・湖墅婚典甜蜜启幕　　（余文华 摄）

10月27日，2019年拱墅区第九届全民运动会开幕式暨第五届运河国术游艺大会在浙江大学城市学院体育馆举行
（区文广旅体局 供稿）

争先恐后 （区文广旅体局 供稿）

奋力一跳 （区文广旅体局 供稿）

跳绳比赛　（区文广旅体局 供稿）

女子接力　（区文广旅体局 供稿）

中国功夫　（区文广旅体局 供稿）

广播操比赛　（区文广旅体局 供稿）

远洋乐堤港　　　　（余文华 摄）

三山公园　　　　（半山街道 供稿）

上塘河　　　　（区生态环境拱墅分局 供稿）

大关公园鲜花走廊　（区委宣传部 供稿）

通益红枫　（区委宣传部 供稿）

烟花璀璨庆新春　（区委宣传部 供稿）

2019年3月28日，运河边春意浓　（余文华 摄）

2019年9月29日，康桥花海开园迎宾（余文华 摄）

2019年4月20日，小河直街街景　（区委宣传部 供图）

数字拱墅

SHUZIGONGSHU

地区生产总值（亿元）

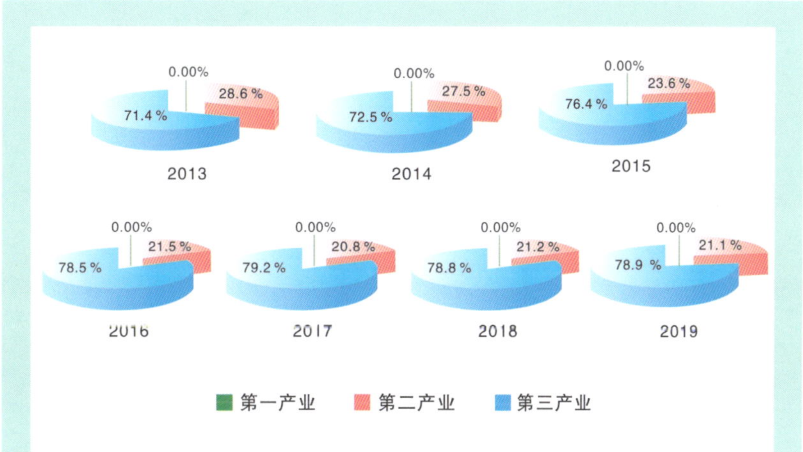

生产总值构成%

地方一般公共预算收入（亿元）

规模以上工业总产值（亿元）

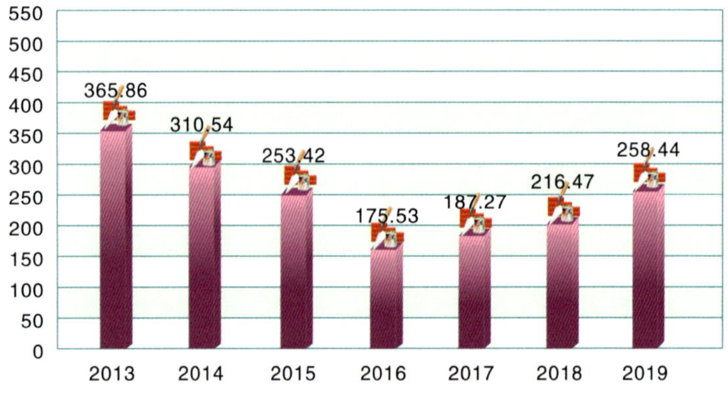

规模以上工业销售产值（亿元）

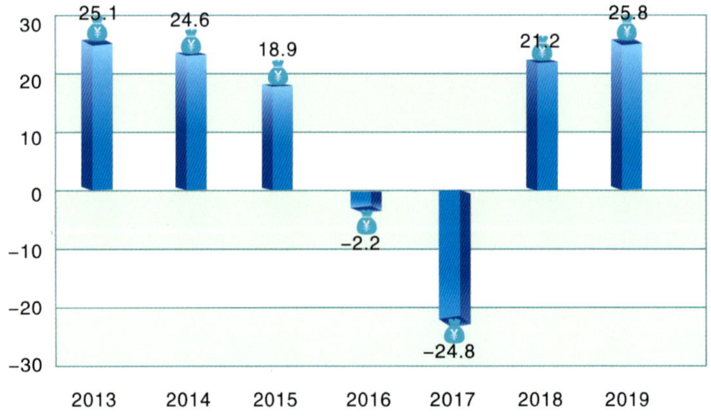

固定资产投资增速（%）

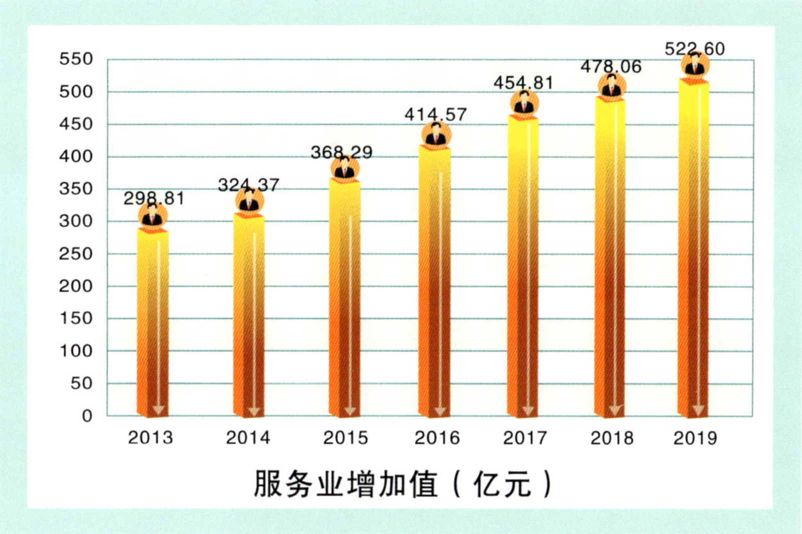

550
500
450
400
350
300
250
200
150
100
50
0
298.81
324.37
368.29
414.57
454.81
478.06
522.60
2013
2014
2015
2016
2017
2018
2019
服务业增加值（亿元）

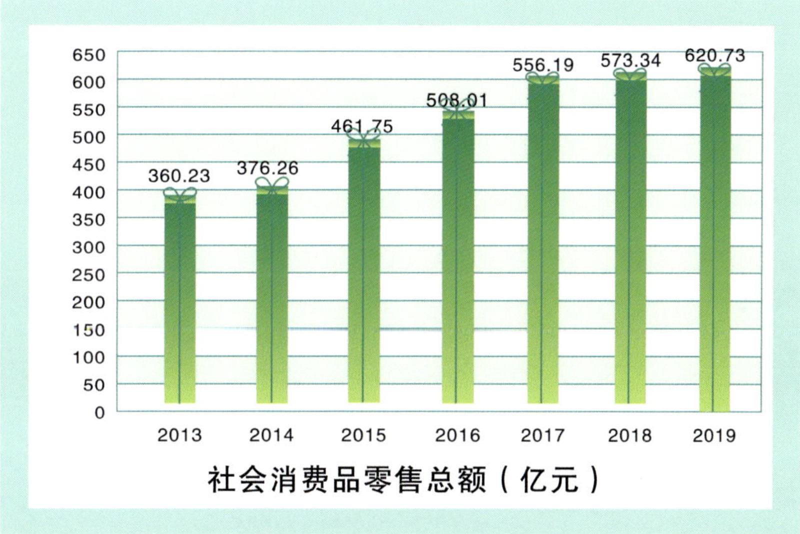

650
600
550
500
450
400
350
300
250
200
150
100
50
0
360.23
376.26
461.75
508.01
556.19
573.34
620.73
2013
2014
2015
2016
2017
2018
2019
社会消费品零售总额（亿元）

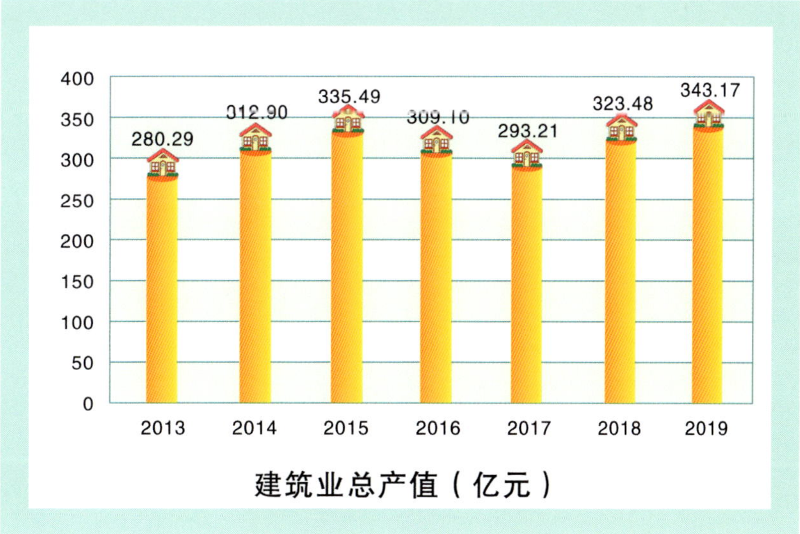

400
350
300
250
200
150
100
50
0
280.29
312.90
335.49
309.10
293.21
323.48
343.17
2013
2014
2015
2016
2017
2018
2019
建筑业总产值（亿元）

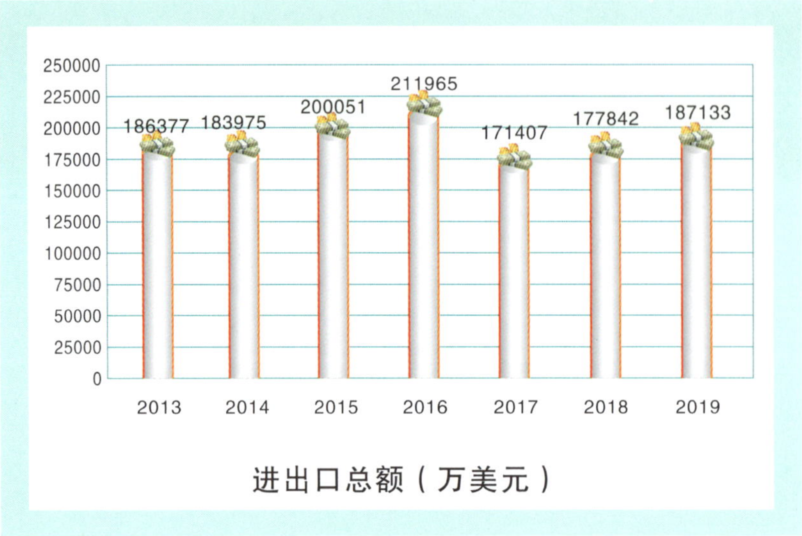

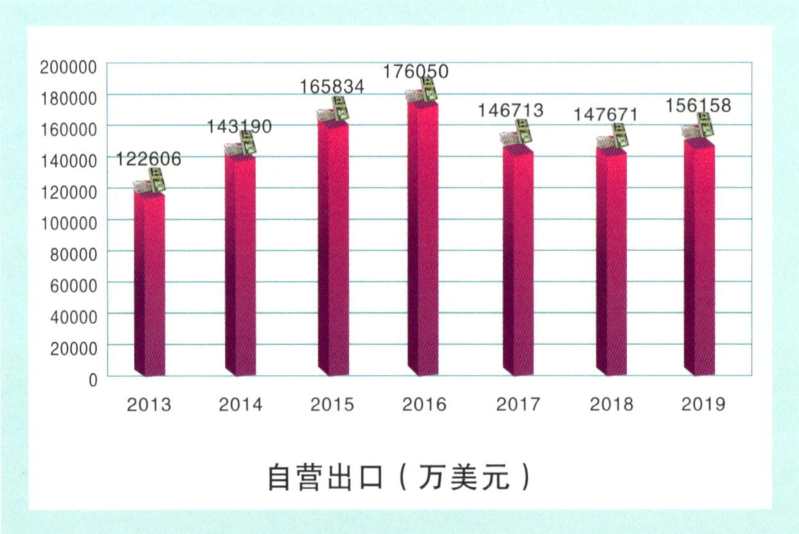

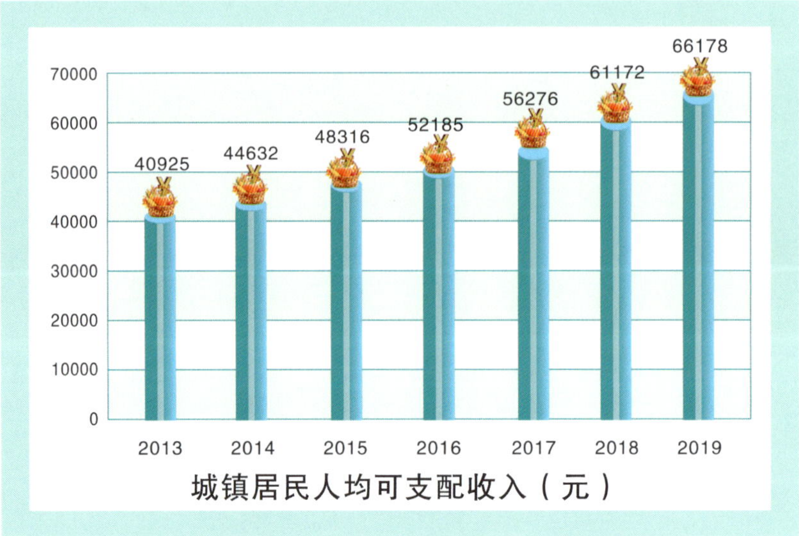

备注：城镇居民人均可支配收入2013-2018年为杭州市口径，2019年为拱墅区口径。

目 录

CONTENTS

特 载

SPECIAL REPORT

专 记

EXCLUSIVE CHRONICLE

大城北规划建设

年度聚焦

HIGHLIGHTS OF THE YEAR

大事记

CHRONICLES OF MAJOR EVENTS

区情概览

OVERVIEW OF CITY

中国共产党杭州市拱墅区委员会

HANGZHOU GONGSHU DISTRICT COMMITTEE OF THE COMMUNIST PARTY OF CHINA

杭州市拱墅区人民代表大会

HANGZHOU GONGSHU DISTRICT PEOPLE'S CONGRESS

杭州市拱墅区人民政府

HANGZHOU GONGSHU DISTRICT PEOPLE'S GOVERNMENT

中国人民政治协商会议
杭州市拱墅区委员会

HANGZHOU GONGSHU DISTRICT COMMITTEE OF THE CHINESE PEOPLE'S POLITICAL CONSULTATIVE CONFERENCE

中国共产党杭州市拱墅区纪律检查委员会 杭州市拱墅区监察委员会

HANGZHOU GONGSHU DISTRICT DISCIPLINE INSPECTION COMMITTEE OF THE COMMUNIST PARTY OF CHINA

民主党派 · 工商联

DEDEMOCRATIC PARTIES AND THE FEDERATION OF INDUSTRY AND COMMERCE

社会团体

SOCIAL GROUPS

外事·侨务·港澳台事务

FOREIGN AFFAIRS; OVERSEAS CHINESE AFFAIRS;HONG KONG, MACAO AND TAIWAN AFFAIRS

法 治

RULE OF LAW

军 事

MILITARY AFFAIRS

传统产业

TRADITIONAL INDUSTRIES

“6+2”产业

“6 + 2”INDUSTRY

产业平台

INDUSTRIAL PLATFORM

商贸服务业

COMMERCE SERVICE INDUSTRY

房地产业

REAL ESTATE INDUSTRY

开放型经济

OPEN ECONOMY

年度强优企业

ANNUAL EXCELLENT ENTERPRISE

经济管理

ECONOMIC MANAGEMENT

城市建设与管理

URBAN CONSTRUCTION AND MANAGEMENT

城区管理 337

城中村改造 340

城市绿化 343

环境保护

ENVIRONMENTAL PROTECTION

科学技术

SCIENCE AND TECHNOLOGY

教　育

EDUCATION

文化·传媒

CULTURE AND MEDIA

医疗卫生

MEDICAL AND HEALTH

体　育

SPORTS

人力资源

HUMAN RESOURCES

社会生活

SOCIAL LIFE

街 道

STREET

人　物

FIGURES

附　录

APPENDIX

索　引

INDEX

特载

杭州市人民政府办公厅关于印发杭州市大城北地区规划建设三年行动计划（2018—2020年）的通知

实施十大行动 引领城北崛起 加快高质量建设运河沿岸名区

牢牢抓住三大战略机遇 努力实现更高水平建设更高质量发展更快速度崛起

干好『六五四』收官『十三五』 争当高水平全面建成小康社会排头兵

政府工作报告

杭州市人民政府办公厅关于印发杭州市大城北地区规划建设三年行动计划（2018—2020年）的通知

杭州市大城北地区规划建设三年行动计划（2018—2020年）

为进一步拓展我市大城北地区战略发展空间，推动大城北地区高水平高质量发展，特制定本行动计划。

一、总体要求

以党的十九大精神和习近平新时代中国特色社会主义思想为指导，以实施大运河文化带国家战略和城市国际化战略为引领，以改革创新为动力，以区域统筹发展为抓手，抢抓杭州"后峰会、前亚运"的历史性机遇，通过实施空间优化、交通畅达、市政共享、生态文化彰显、幸福保障、产业腾飞等六大行动，努力将大城北地区打造为东连"城东智造大走廊"，西接"城西科创大走廊"，具有高生态价值、高生活品质、高经济活力的"运河文化+"大走廊，形成和谐宜居、富有活力、特色鲜明的生态文化高地。

到2020年，大城北地区基础设施明显提升，生态环境持续改善，运河文化不断彰显，人居环境日益提高，区域竞争力和辐射力得到有效增强，为大城北地区战略转型发展打下坚实基础。

二、规划建设范围

规划范围东至沪杭高速铁路，南至德胜路，西至西湖区行政边界，北至绕城高速公路北线，总面积约135.5平方公里。涉及上城区（约0.618平方公里）、下城区（约16平方公里）、江干区（约19.5平方公里）、拱墅区（约67.149平方公里）、余杭区（约32.233平方公里）5个行政区。

三、基本原则

（一）坚持生态保护优先

坚持生态保护第一的原则，正确处理生态保护与城市有机更新的关系，以城中村及老工业区有机更新为契机，保护利用好大城北地区生态环境。以运河、上塘河、西塘河、杭钢河、半山为生态廊道，打造AAAAA级运河景观带和AAAAA级半山森林景观区，突出大城北地区的山水格局和特色要素，使区域内生态环境更加优美、生活品质更加优良。

（二）坚持文化 传承优先

以打造大运河文化带国家战略为引领，加快落实大城北地区的历史文化遗产保护传承与利用，彰显地域文化特征，体现江南水乡文化内涵。通过进一步挖掘传承各类历史文化脉络，研究保护工业遗存文化，串联大城北地区的人文、历史文化资源，打造具有全国乃至全球影响力的运河文化品牌。

（三）坚持民生改善优先

坚持以人民为中心的发展理念，把保障改善民生作为区域发展的出发点和落脚点。进一步完善大城北地区城中村改造安置房、保障房、学校、医院等民生设施建设，有效推进区域内民生环境的整体改善。

（四）坚持基础设施建设优先

坚持基础设施优先发展原则，抓重点、补短板、强弱项，统筹推进道路、供水、供电等基础设施建设，提升区域互联互通和交通现代化水平，加快培育运河新城、杭钢新城、北部新城等城北城市副中心。

（五）坚持产业转型优先

坚持以科技创新和进步为动力，坚定不移地淘汰高污染、高能耗、低效益的落后产能，促进产业结构转型升级，构建现代化智慧产业体系，增加经济可持续发展的动力。通过加快搬迁、整合传统粗放型的生产企业，使大城北地区实现经济增长方式的转变和突破。

四、重点任务

（一）空间优化行动

坚持多规合一，进一步加强区域性规划研究、编制及城市设计，优化大城北地区空间布局，强化规划管理和协调，为大城北地区建设发展奠定坚实基础。

牵头责任单位：市规划局。

责任单位：下城区、江干区、拱墅区、余杭区政府，市运河集团。

（二）交通畅达行动

通过落实交通设施规划、完善城市交通体系，建设跨河、跨铁主次干道和行政界限节点道路，打通大城北地区交通微循环，重点推进轨道交通、公交场站项目建设，形成结构基本合理、功能相对完善的城市交通体系，使北部市民出行条件得到明显改善。

1. 快速路

加快推进莫干山路等快速路项目，开工建设快速路6公里。同步开展康良路技术前期工作并适时开工建设，加快康良路西延至疏港大道、新104国道等交通路网的体系研究工作。

牵头责任单位：市建委、市交通运输局。

责任单位：余杭区政府。

2. 主次干道及支路

打破行政区域限制，统筹建设时序，统一规划标准、道路线位、建设计划，加快完善大城北地区范围内主次干道路网体系，重点推进金昌路、临丁路、崇康路等联网道路、重要沟通道路的建设，实施主次干道建设60公里，每年建成支路20公里以上。同步开展崇康路、康园路往南衔接沈半路、绍兴路的路网体系研究工作。

牵头责任单位：市建委。

责任单位：上城区、下城区、江干区、拱墅区、余杭区政府，市城投集团、市交投集团、市运河集团。

3. 轨道交通

重点推进地铁3号线、4号线、5号线、10号线等轨道交通项目建设，优化城北片区轨道交通线网，形成网格结构，显著提升大城北地区与主城区轨道交通联系的紧密度。同步开展运河东岸沿拱康路增加南北向轨道交通线路及地铁6号线北延至半山的路网研究工作。

牵头责任单位：市发改委、市规划局。

责任单位：下城区、江干区、拱墅区、余杭区政府，市地铁集团。

4. 公交场站

围绕轨道交通枢纽站点，完善公交场站建设，消除大城北地区公交“断点”“盲点”，提升公共交通服务能力，促进居民出行方式的多样化，重点推进湖州街中心站、石桥路中心站、沈半路中心站及与地铁2号线良渚站接驳的公交场站等项目建设。

牵头责任单位：市交通运输局。

责任单位：下城区、江干区、拱墅区、余杭区政府，市城投集团。

5. 公共停车场库

加快公共停车场库规划选址落地工作，推进公共停车场库建设，重点实施推进城西公园、永丰公园、北景园中心公园等公共停车场库项目落地。

牵头责任单位：市建委、市规划局、市国土资源局。

责任单位：下城区、江干区、拱墅区、余杭区政府，市城投集团、市交投集团、市运河集团。

（三）市政共享行动

进一步保障供水安全，提高污水系统处理效率，提升污水排放容量，增加区域供电保障，补齐大城北地区市政设施短板。

1. 污水处理设施

完成城北污水处理厂规划选址论证并开工建设。同时结合主次干道建设，推进新改建污水管网及丽水路、3—2污水泵站等项目建设，建成污水管13.64公里。

牵头责任单位：市建委、市城管委、市国土资源局、市规划局、市环保局。

责任单位：下城区、江干区、拱墅区、余杭区政府，市城投集团、市运河集团。

2. 供水设施

加快推进杭州市第二水源输水通道工程北线管道项目，提升供水保证率，加快推进古墩路、拱康路供水连通干管项目，同时结合轨道交通、主次干道建设进度，同步实施新改建供水管及泵站等建设任务，建成供水管 48.12 公里。

牵头责任单位：市建委。

责任单位：下城区、江干区、拱墅区、余杭区政府，市城投集团、市运河集团。

3. 供电设施

开展供电管网路径规划及电力“上改下”工作研究，重点实施 220 千伏半山变、桃源变和 110 千伏北秀变、康贤变等电力项目建设。同步开展永华变、瓜山变、通益变、金昌变、重工变等电力项目技术前期工作。结合大城北发展及路网建设，在主次干道建设时同步建设电力通道。

牵头责任单位：市建委。

责任单位：下城区、江干区、拱墅区、余杭区政府，国网杭州供电公司、市运河集团。

4. 地下空间设施

结合城中村改造、轨道交通建设，加快地下空间的建设进度，重点推进东新地块沈家村、草庵村、长木村等三村改造项目建设。

牵头责任单位：市建委。

责任单位：下城区、江干区、拱墅区、余杭区政府，市城投集团、市交投集团、市地铁集团、市运河集团。

（四）生态文化彰显行动

践行“两山”理论，落实“生态廊道出杭城，亲水到城北，曲水到小区，凸显生态界面”的目标，统筹运河与河道的综合建设、保护及利用，优化大城北地区河网流域生态系统，建设美丽大城北。

1. 运河综保

深入推进运河综保工作向北延伸，构筑运河滨水发展轴带。坚持跨区联动、统一规划、协同开发，打造工业遗存与城市商业等高度融合的城市环境，带动大城北地区的发展。

持续开展大运河（杭州段）游步道修缮工程，通过修复运河两岸破损游步道、修复绿化、修缮“城市家具”等形式，不断优化运河两岸生态环境，提升景观质量，保障旅游安全。启动运河遗产保护标准化试点工作，助推运河遗产保护管理规范化。加快推进运河景观带等项目建设，完成运河综保工程 6 公里。同步开展炼油厂工业遗存保护利用、运河生态岛等项目研究。

牵头责任单位：杭州西湖风景名胜区管委会（市园文局、市运河综保委）。

责任单位：拱墅区、余杭区政府，市运河集团。

2. 河道综保

以有效改善河道水质、提升城市防洪排涝能力为目标，重点推进长浜河、神龙桥河、李佛桥河、中星桥港、兴花浜港等河道的治理，完成河道综保工程 28.45 公里，改善大城北地区河道水环境。

牵头责任单位：市建委。

责任单位：下城区、江干区、拱墅区、余杭区政府，市城投集团、市交投集团、市运河集团。

3. 历史文化遗存

保护弘扬大城北地区传统历史文化，延续城市历史文脉，加快推进桥西历史街区提升、富义仓区块文化提升、大兜路历史街区提升等改造工程。

牵头责任单位：市建委。

责任单位：江干区、拱墅区政府，市运河集团。

4. 生态体育公园

坚持绿色发展、低碳发展、循环发展理念，加快推进城西公园、运河中央公园、丁桥水景公园等项目建设。

加快京杭运河连丁山湖湿地绿道、西塘河—运河—杭钢河—半山公园—上塘河绿道等项目研究工作。

牵头责任单位：市建委、市规划局、杭州西湖风景名胜区管委会（市园文局、市运河综保委）。

责任单位：下城区、江干区、拱墅区、余杭区政府，市交投集团、市运河集团。

5. 其他生态文化项目

实施创新驱动，优化产业布局，加快产业结构转型，推进城北文化中心、运河文化发布中心、下城区四村范围文化活动中心、石桥全民健身活动中心等项目建设。

牵头责任单位：市建委、市规划局。

责任单位：下城区、拱墅区政府，市城投集团、市运河集团。

（五）幸福保障行动

结合城中村改造，重点推进学校、医院、养老设施等项目建设，发挥杭州城市国际化与城乡一体化互动融合优势，重点补齐大城北地区公共服务短板。

1. 公共服务

加快推进大城北地区范围内 109 处学校、4 处医院、10 处养老设施、4 处邻里中心、8 处农贸市场等项目建设。

牵头责任单位：市卫生计生委、市教育局、市民政局。

责任单位：下城区、江干区、拱墅区、余杭区政府，市城投集团、市交投集团、杭实集团。

2. 城中村改造及保障性住房

全面系统推进大城北地区城中村改造，重点推进蒋家浜、皋亭、沈家村、草庵村、康桥村、石桥村、杨家村、长木村等 31 个城中村改造。

同步完善城北地区多层次、成系统的保障性住房体系，加快白田畈、杭锅、华丰、永丰、石桥、蔡马、皋亭、石塘、勾庄等区域的安置房建设任务。

牵头责任单位：市建委。

责任单位：下城区、江干区、拱墅区、余杭区政府，市交投集团、市运河集团。

（六）产业腾飞行动

践行“腾笼换鸟”理念，鼓励引导科技服务业等配套产业协调发展，提升和完善大城北地区产业体系。

1. 企业搬迁土壤治理

实施关停搬迁等措施，加快大城北地区产业结构调整，重点推进64家企业搬迁，同步推进杭钢地块土壤修复治理、康桥油库及炼油厂地块土壤修复治理等工作。

牵头责任单位：市经信委、市国土资源局。

责任单位：下城区、江干区、拱墅区、余杭区政府，市运河集团、杭实集团。

2. 特色小镇

结合城中村改造，加快辖区电竞数娱小镇、智慧网谷小镇等8个特色小镇建设。

牵头责任单位：市发改委。

责任单位：下城区、江干区、拱墅区、余杭区政府，市运河集团。

3. 综合体园区

结合城中村改造，加快推进康桥健康产业园、西子智慧产业园10个园区建设任务。

牵头责任单位：市发改委。

责任单位：下城区、江干区、拱墅区、余杭区政府，市运河集团。

五、保障措施

（一）统一思想认识，加强组织领导

大城北地区规划建设三年行动是促进大城北地区战略转型升级发展、推进城市国家化的重要工作，相关区政府和部门要高度重视，切实把思想认识统一到推进大城北地区建设发展的大局上来。杭州市大城北地区规划建设领导小组及其办公室要发挥牵头抓总作用，强化组织领导，细化分解任务，加强督查考核。领导小组办公室要进行实体化运作、集中办公。各牵头责任单位要各司其职，统筹推进职责范围内的各项工作和跨区、跨部门的重要事项，协调解决重难点问题。相关区政府也要成立强有力的组织领导机构，协调推进区域间的合作联动，确保属地各项工作实施到位。

（二）加强统筹协调，凝聚工作合力

杭州市大城北地区规划建设领导小组及其办公室要按照“统一领导，统一规划，统一标准；分级筹资，分级建设，分级管理”的模式，建立健全“市区联动，部门协作”的机制，加强统筹协调，形成推进大城北地区规划建设各项工作的合力。相关区政府和职能部门要根据各自职责和任务要求，深化“最多跑一次”改革，提高办事效率，缩短审批时限，确保大城北地区发展开好局、起好步。

（三）强化监督考核，加快计划落地

将大城北地区规划建设年度重点工作内容列入2018年度市直单位和区、县（市）绩效考核目标制定依据，加强督促指导，具体由杭州市大城北地区规划建设领导小组办公室组织实施，以考核促督查，以督查促落实，使行动计划落到实处。

（四）全民共建共享，营造舆论氛围

充分发挥新闻媒体舆论引导作用，最大程度赢得省、市各级企事业单位和大城北地区市民群众的理解、支持和配合，为大城北地区建设营造良好的舆论氛围。

实施十大行动 引领城北崛起 加快高质量建设运河沿岸名区

——在中共拱墅区委七届六次全体（扩大）会议上的报告

（2019 年 1 月 11 日）

中共拱墅区委书记 朱建明

一、回顾 2018 年主要工作

过去一年，全区上下认真学习贯彻党的十九大精神，不断深化“八八战略”实践，主动扛起实现大城北崛起的责任担当，按照“五个着力”要求，以实施“六大专项行动”为主抓手，比学赶超、扎实奋进，坚持以一流状态建设一流城区，推动全区各项事业迈上了新台阶。

1. 贯彻落实中央和省市委决策部署坚决有力

我们始终把学习贯彻习近平新时代中国特色社会主义思想和党的十九大精神作为首要政治任务，在学懂弄通做实上下功夫，推进“两学一做”学习教育常态化制度化，大力开展“大学习大调研大抓落实”活动，深入开展“百千万”蹲点调研，推动全区党员干部不断增强“四个意识”、坚定“四个自信”，坚决做到“两个维护”。不折不扣落实中央和省市委各项重大改革任务和重要决策部署，坚持稳中求进总基调，着力做好“六稳”，坚决打好“三大攻坚战”，机构改革、金融风险防范、对口帮扶、中央环保督察问题整改等工作有序推进。认真学习习近平总书记对浙江、杭州工作系列重要指示精神，主动对接省委“两个高水平”建设目标，大力推动“最多跑一次”改革和各领域各方面改革，全力争当推进“八八战略”再深化、改革开放再出发的排头兵。坚持把接受省委巡视作为一项重大政治责任，对巡视反馈意见真反思、真认账，真负责、真整改，高质量完成巡视整改阶段性任务。认真贯彻市委“干好一一六、当好排头兵”决策部署，主动融入拥江发展，以主人翁姿态坚决扛起推动大城北崛起的责任担当，按照全市“六大行动”部署，谋划开展拱墅“六大专项行动”，努力为杭州打造“一城”“一窗”贡献力量。

2. 产业转型升级迈出新步伐

我们按照高质量发展要求，全力打好转型升级组合拳，坚定不移推进“腾笼换鸟、凤凰涅槃”，区域经济实力、竞争力进一步增强。预计实现地区生产总值570亿元，增长 5%；“6+2”产业增加值增长 9%，占 GDP 的比重达 45%；实现财政总收入 157.1 亿元，增长 11.5%，地方一般公共预算收入 84.4 亿元，增长 8%；全社会 R&D 经费支出 5.6 亿元，增长 28.6%，增幅居全市首位；完成固定资产投资 390 亿元，增长 19%。我们坚持数字经济“一号工程”引领，以推进十大产业平台建设为主抓手，加速培育发展新动能，平台集聚效应不断扩大。十大产业平台预计实现主营业务收入 650 亿元、总税收 35 亿元，分别增长 15%、20%，出让创新型产业用地 14 宗 370.5 亩。智慧网谷数字经济小镇成功入选省级特色小镇创建名单，华为、新浪、360 等 8 个重大产业项目实现集中开工。汽车互联网小镇通过省级产业创新服务综合体创建复审。运河工业设计小镇一期正式开园，二期顺利开工，泰普森国家级工业设计中心落地小镇。杭州国际人才创业创新园(拱墅园区)开园，成功引进德中卫生组织华东区总部、中德生物基新材料研究院、南非院士(浙江)创新中心等国际人才项目。绿地中央广场二期、中粮大悦城、复地·壹中心等一批商业项目建成投用，城北人气商气进一步集聚。我们大力优化营商环境，深化“亩均论英雄”和“标准地”改革，设立企业服务办公室，制定完善企业培育政策体系，坚定不移招大引强，全力扶持市场主体做大做强。全区“亿元楼”达到14幢，新增挂牌上市企业2家、市级以上高新技术企业92家，累计引进高端人才14名，“万创空间”入选全国首批百强特色众创空间。招商引资实际利用外资7.2亿美元，浙商回归项目到位资金126.4亿元，继续走在全市前列。我们深入推进转型升级的努力，也获得上级高度肯定。11月23日，省委车俊书记在“中国共产党的故事——习近平新时代中国特色社会主义思想在浙江的实践”专题宣介会上，将拱墅产业转型作为浙江“腾笼换鸟、凤凰涅槃”实践的典型进行推介，《浙江日报》于12月24日在头版头条作了专栏报道。

3. 新一轮城市开发建设实现良好开局

我们在完成全域农户征迁清零基础上，继续举全区之力推进企业和居民征迁工作，全年累计征迁企业510家、居民1106户，搬迁市场8个，基本实现全域征迁清零。在做好“破”的文章同时，我们及时把重心转移到做好“立”的文章上来，全面部署启动了新一轮城市开发建设三年行动计划，全力推进基础设施、公共配套、保障性住房等“十大工程”715个项目建设，全面拉开13个重点区块开发建设框架。突出加快基础设施建设，轨道交通建设全面铺开，三期14个站点全面开工。路网框架不断优化，永宁路等11条道路完工，丽水路(石祥路—金昌路段)等10条道路开工，香积寺路西延工程等一批重大交通项目加快推进。竣工公共停车泊位1318个，开工及续建3199个,新增地下空间78万平方米。高度重视回迁安置工作，开工安置房项目19个218万平方米，是拱墅城中村改造以来开工量最大的一年，建成交付安置房49万平方米，累计回迁安置居民1708户，推出“蓝领公寓”1302套。坚持做优安置房小区管理，出台管理规范，提升安置居民居住条件，涌现出了善贤人家、蔡马人家等一批新型城市社区样板。

4. 美丽拱墅建设取得积极成效

我们认真践行“两山”理论，深入推进生态文明建设，持续打好“五水共治”组合拳，全力打造“污水零直排区”升级版，累计完成2个街道、20个生活小区“污水零直排区”建设，建成沿河生态廊道23公里，创建“美丽河道”19条，成功举办西塘河全国皮划艇巡回比赛。深入开展“三改一拆”行动，顺利通过省“基本无违建区”创建验收。扎实推进“五气共治”，突出治理扬尘和油烟污染，PM2.5浓度均值和空气环境优良率两项指标改善均超过全市平均水平。深入推进生活垃圾“三化四分”，成立实体运作国有公司，创新开展大件垃圾清运处置，生活垃圾减量居主城区前列。启动新一轮垂直绿化三年行动计划，新建屋顶绿化1万平方米，新增绿地21.8万平方米。创新城市环境治理模式，划分22个战区着力破解城市顽疾，推出“城市眼·云共治”智能应用系统，城市管理精细化、智慧化水平稳步提升。完成7个老旧小区环境提升，统筹抓好既有住宅加装电梯、小区二次供水等民生“关键小事”，公厕提升改造获得中央媒体高度评价。

5. 社会事业发展亮点纷呈

我们认真学习贯彻习近平总书记关于大运河文化带的重要指示精神，出台全市首个区县文化发展规划，组建大运河文化研究院，启动“一址两街两园三馆两中心”十大文化项目建设，推进十大文创园区改造提升，成功举办大运河沿岸区县合作论坛、中国—中东欧国家非物质文化遗产保护专家级论坛、大运河文化节、“留住乡愁记忆”老物件展等活动，“打造全域没有围墙的博物馆”获全市综合考评特色项目创新奖，拱墅运河文化影响力不断扩大。深入实施名校集团化品牌建设，启动北部教育提振新三年行动计划，高标准推进22所学校建设，小学延迟到校等创新举措得到广泛好评。全面深化“健康拱墅”建设，启动医疗卫生服务提升五年行动计划，邵逸夫医院大运河分院签约落地。启动“阳光老人家”居家养老服务体系建设三年行动计划，建成投用服务站点19个，竣工运河老年大学、市肢残人综合服务中心。扎实推进就业创业、社会保障、社会保险等民生保障工作，群众幸福指数不断提升。

6. 基层社会治理体系进一步完善

我们牢固树立“大抓基层、大抓基础”的鲜明导向，扎实推进社会治理“一张网”体系建设，基层网格人员力量、运行机制得到进一步充实完善。大力加强社区治理体系建设，深化居委会、业委会、物业公司三方协同治理创新实践，稳妥有序推动股社分离改革，积极探索综合服务岗、全能社工服务模式，多元基层治理格局不断完善。我们突出抓好互联网金融风险防范和化解工作，成立实体化运作工作专班，持续深入开展金融风险排查，努力维护良好金融生态。不断深化平安拱墅、法治拱墅建设，强力推进扫黑除恶专项斗争，实施信访积案化解、安全生产百日集中攻坚行动，全区社会大局和谐稳定，连续第十三年获省平安区。一年来，我们创新发展枫桥经验，坚持以改革创新破解基层治理难题，全国基层政务公开标准化规范化试点、三方协同治理、社会心理服务体系建设、电梯“养老保险”、出租房旅馆式管理等多项创新工作、试点经验，被省市层面推广，受到中央媒体广泛报道。

7. 全面从严治党持续深入推进

我们充分发挥区委总揽全局作用，切实加强区委领导班子自身建设，大力支持区人大、政府、政协和监委、法院、检察院开展工作，持续深化党政领导包干落实、人大政协领导组团助推工作机制，共同推进区委重大决策部署落地生根、开花结果。我们牢牢树立“激情、用心、实干、担当”导向，开展“解放思想勇开拓、争先创优敢担当”大讨论活动，制定正向激励18条，落实容错免责机制，实施“兴五风破三慢”专项整治，深化各层面“赛场赛马”机制，全区上下干事创业氛围更加浓厚。我们认真落实市委新时代城市基层党建“1+3”文件，统筹抓好机关、社区、经合社、行业系统、两新组织等各领域党建工作，强化区域党建共建，打造运河党建精品示范带，推动了基层党建“全域提升、全面提质”。

我们着力强化意识形态工作责任落实，突出加强网络舆情管控和阵地管理，有效提升负面舆情应对处置能力，营造了清朗向上的舆论环境。大力培育和践行社会主义核心价值观，社区文化家园、文明创建典型经验获全市推广，城市文明程度指数测评居全市前列。深化纪检监察体制改革，统筹纪律监督、监察监督、派驻监督和巡察监督四支力量，强化监督执纪问责，全年立案查处违纪违法案件93件，大力推进清廉拱墅建设。我们牢牢把握大团结大联合主题，以“凝心聚力建名城，同心合力建名区”为主抓手，扎实做好党外知识分子、非公有制经济人士、新的社会阶层人士统战工作，持续推进“运河·同心荟”“党外人士之家”建设，拓展港澳台海外联系，找到最大公约数，画出最大同心圆。我们着力加强党对群团组织领导，组建区文联，顺利完成区妇联换届工作，群团组织改革不断深化。这些工作的开展和成绩的取得，离不开省市委的坚强领导、科学决策，离不开区四套班子的同舟共济、勠力同心，离不开各民主党派、工商联和无党派人士的建言献策、全心支持，离不开离退休老同志和社会各界的关心帮助、鼎力支持，离不开全区党员干部和人民群众的创新实干、共同奋斗。在此，我代表区委常委会，向全体委员，向在座的同志们，并通过你们向全区广大党员和干部群众，致以崇高的敬意和衷心的感谢！

二、科学把握今年工作总体要求和重要原则

当今世界正面临百年未有之大变局，面临的不稳定性、不确定性、不可预见性突出。在这样的时代背景下，中央经济工作会议作出了我国发展仍处于并将长期处于重要战略机遇期的基本判断，提出了“五个新依据”和“五个新机遇”。省委经济工作会议结合浙江实际，强调要牢牢抓住五个方面机遇。市委全会用“五期叠加”科学总结了杭州当前发展所特有的阶段性特征。这些都为做好2019年和今后一个时期的工作指明了方向、提供了遵循，我们必须深刻领会好、准确把握好、全面贯彻好。从拱墅自身来说，当前我区正处在从一个老工业区和城郊结合区快速向大都市中心城区转型的关键阶段。通过过去十多年大规模的工业企业搬迁和城中村改造，积极推进“腾笼换鸟、凤凰涅槃”，特别是近两年全区上下的辛苦拼搏，拱墅产业和城市两方面“破”的工作基本结束，今年我们将全面转向“立”。那么，如何“立”？这是对我们眼界、视野、能力、作风的一次重大考验。“立”不好，就会使拱墅在这一转型升级的关键期错失机遇，跟不上快速发展的步伐；“立”的质量不高，就会使拱墅丧失比较优势，在激烈的区域竞争中被边缘化。通过换届以来两年的发展实践，应该说，我们无论是战略还是战术层面，从目标、思路、重点到抓手、载体、体制、机制，都已经非常明确，现在，最需要的是坚持一张蓝图绘到底，一以贯之狠抓落实。

2019年是新中国成立70周年，是拱墅发展全面由“破”转“立”的关键之年，做好今年工作意义重大。我们要以习近平新时代中国特色社会主义思想为指导，坚持稳中求进工作总基调，坚持新发展理念，坚持推动高质量发展，坚定不移深化“八八战略”实践，围绕做好“立”的文章，以大力实施“6+4”专项行动为主抓手，切实扛起引领大城北崛起的责任担当，抢抓机遇、趁势而上，加快高质量建设运河沿岸名区，以优异成绩向中华人民共和国成立70周年献礼。建议2019年主要预期目标是：地区生产总值增长6.5%左右；全社会R&D经费支出增长15%；财政收入增长与经济增长基本同步；供给侧结构性改革取得新进展，金融风险有效防控，能源和环境指标完成市下达的计划目标，资源效率、环境效率、劳动生产率和科技贡献率稳步提高。把握今年工作的总体要求，必须坚持“五个原则”：

1. 坚持稳中求进不偏离

党的十八大以来，以习近平同志为核心的党中央把坚持稳中求进工作总基调作为做好经济工作的方法论和治国理政的重要原则，体现了我们党对做好新形势下经济工作的规律性认识和把握。稳是主基调、是大局，进是方向、是目的，关键在于稳定大局、不断进取。当前我国宏观经济运行稳中有变、变中有忧，外部环境复杂严峻，经济面临下行压力，影响经济发展与社会稳定的因素较多。做好今年工作，要坚持底线思维、问题导向，充分估计最坏的可能性，该稳的要坚决稳住，通过工作确保不出现最坏的情况。要把握好工作的节奏和力度，进一步做好稳就业、稳金融、稳外贸、稳外资、稳投资、稳预期的工作，高度重视稳企业、增动能、保平安，高度重视防范和化解各类风险，在稳定大局前提下，坚定迈向高质量。

2. 坚持抢抓机遇不松动

当前，世界变局中危和机同生并存，克服了危即是机，失去了机即是危。我们要强化辩证思维，冷静应对宏观经济形势变化，保持战略定力、坚定发展信心，化危为机、掌握主动，集中精力办好自己的事，坚定不移地推进高质量发展。2017 年，习近平总书记就大运河文化带建设作出重要指示。2018 年，中央又将长三角一体化发展上升为国家战略。拱墅一定要在新一轮区域发展中找准定位，抢抓机遇，全面融入，彰显特色优势，提升战略地位。去年以来，市委市政府作出加快大城北规划建设的重大部署，市委市政府主要领导多次到拱墅专题调研，提出要使大城北高质量发展成为我市发展的又一重要增长极。这次市委全会又提出，主城区要着力做好“东整、南启、西优、北建、中塑”五篇文章，加快建设标志性战略性大平台，“北建”强调要高标准推进大城北区块建设，打造成为展示我国城市有机更新成果的重要窗口；“中塑”包括要持续深化大运河文化带规划建设，打造成为展示中华文明影响力凝聚力感召力的重要窗口。拱墅是大城北和大运河杭州段当之无愧的核心区，我们必须借势扩大宣传影响力、增强消费市场带动力、提升运河文化吸引力，集聚更多资源要素、引进更多产业项目、吸引更多人气商气，努力使拱墅成为引领大城北高质量发展的标杆区。

3. 坚持转型升级不动摇

实践证明，“腾笼换鸟、凤凰涅槃”是拱墅转型升级的必由之路也是成功之路。在全面由“破”转“立”的关键时期，我们必须紧紧抓住新时代新机遇，高质量做好“立”的文章，促进拱墅城市能级跃升和发展质量蝶变。要进一步放宽眼界、拉高标杆，跳出拱墅看拱墅，城市建设、产业平台、社会治理等各条线都要多出去走一走、看一看，主动向先进地区学一学、比一比，使拱墅“立”的文章能“立”得好、“立”得精、“立”得长远，成为标杆、典范。要继续去低除乱，全力推动油库、电厂、专业市场、渣土码头、铁路货场及低端村级物业搬迁转型，加快消除低散乱现象。要着力解决动能转换问题，尽快改变过度依赖房地产的经济结构，加快培育新动能，集聚壮大新兴产业集群。

4. 坚持改革创新不停步

今年是改革开放开启新征程的第一年，改革的任务繁多，改革的责任重大。首先面对的就是要完成机构改革任务，这是当前一项极其重要的政治任务，要压实责任，严明纪律，精心组织、周密部署，确保稳妥有序推进、高质量完成。要推进招商体制改革，强化区级统筹协调机制，加强专业化招商团队建设，构建“全区一盘棋”大招商格局。要深化“最多跑一次”改革并以此撬动各领域各方面的改革，在提升服务质量、营造一流营商环境、降低制度性交易成本上下功夫，持续发力、全面突破，激发社会活力和创造力，争创拱墅体制机制新优势。要深化完善产业平台运营、网格化管理、三方协同治理、股社分离等方面的改革创新工作，坚持一抓到底、确保取得更大实效。

5. 坚持改善民生不务虚

人民对美好生活的向往就是我们的奋斗目标，必须顺应民心、尊重民意、关注民情，谋好民生大事、办好民生实事、解决关键小事，持续改善民生福祉。要统筹实施好北部教育提振、医疗卫生服务提升、居家养老服务体系建设等行动计划，打造更加优质均衡的公共服务体系，让人民有更多更直接更实在的获得感、幸福感和安全感。要高度关注经济变局对社会民生的影响，统筹推进就业服务、社会保障、社会救助等工作，突出抓好高校毕业生、退役军人、就业困难人员等群体就业，切实提升民生保障水平。要坚决落实打好“三大攻坚战”决策部署，完善矛盾纠纷多元化解机制及信访工作机制，确保社会安定有序。

三、聚焦高质量发展，大力实施“六大专项行动”

美好的蓝图必须靠坚持不懈的奋斗来实现。我们要紧紧围绕今年工作的总体要求和预期目标，把握主要任务，抓住关键环节，创新政策举措，以实施“六大专项行动”为主抓手，努力推动各项事业更好更快发展。

1. 实施产业平台建设专项行动

坚持以十大产业平台为主战场，大力推进数字经济“一号工程”，加速产业链集聚，努力使大城北在产业上尽快立起来、大起来、强起来。要全力推进产业项目建设。充分运用我区全域征迁清零抢出来的时间、腾出来的空间，聚焦做地出让、招商引资、开工建设等时间节点，形成倒逼机制，抢时间抓进度，能快则快推进各类产业项目早日落地、如期开工、加快建设、尽快投用、早出效益。要推动联想、招商蛇口、58集团、顺丰二期、省国贸等重大项目加速落地，实现重点产业项目开工19个、续建33个、竣工8个、投用11个，全面掀起产业平台建设热潮。要加快完善平台形象功能。着力优化平台运作体制，继续做优企业服务角色，突出强化招商、管理、运营职能，提升实体化、专业化、市场化运作水平。着力改善平台软硬环境和内外形象，积极布局大数据中心、技术研发中心、孵化器、加速器、众创空间等产业服务平台，高水平举办各类大赛、论坛，精准服务平台内龙头企业、重大项目以及高成长性企业，打响具有“虹吸效应”的特色服务品牌，做优平台核心服务功能，提升平台核心竞争力。要强化平台建设要素保障。

全面推行“标准地”改革，完善创新型产业用地项目全过程管理机制。推进“亩均论英雄”改革，制定完善准入门槛和评分机制，实现事前事中事后全过程把关。切实做好土地收储出让，全年出让经营性用地487亩、收储596亩。积极盘活存量土地资源，加快批而未供、供而未用和低效利用土地开发进程。实施加快村级留用地开发建设攻坚行动，努力使村级留用地成为我区高质量发展的又一增长极。要着重破解企业征迁扫尾、规划调整、用地指标、项目审批等瓶颈制约，做到产业项目落地开工“不在我这里搁置，不在我这一环卡壳”，扎扎实实把今年确定的项目推进好、建设好、落实好。

2. 实施公共项目建设专项行动

深入实施新一轮城市开发建设三年行动计划，又好又快推进各类公共项目建设，争取重要区块空间尽快出形象，加快完善城市功能、改善城市面貌、提升城市综合承载力。要大力推进基础设施项目建设。开展道路建设提速攻坚，推进15条主次干道和70条支小路建设，统筹抓好公共停车场库、地铁站点和城市慢行系统建设，进一步拉开城市框架、畅通城市路网。积极推进绿化景观提升，新增绿化面积15万平方米、屋顶绿化1万平方米。要大力推进保障安居项目建设。加快安置房建设，开工34万平方米，续建250万平方米，交付56万平方米，回迁安置600户，推出“蓝领公寓”1300套，加快改善市民居住条件。全面完成瓜山、拱宸、吴家墩等3个保留农居点整治任务，努力打造全国新型城中村改造样板。要大力推进重大文化项目建设。深入实施文化发展规划，全力抓好十大文化项目建设，加快乡愁记忆馆、匠人馆、显宁寺修复工程开工，推进大运河亚运公园、大运河剧院建设，建成大运河文化艺术中心、大运河文化时尚发布中心、区文化规划展示馆。通过这些文化地标，更好地展示拱墅运河文化独特韵味。要大力推进社会民生项目建设。加快学校、幼儿园等基础教育项目建设，办好百姓“家门口的好学校”。开工建设邵逸夫医院大运河院区，进一步优化社区卫生服务布局，有效满足城北居民多层次就医需求。积极应对人口老龄化趋势，加快居家养老服务站点建设，推进机构养老健康发展，提升智慧养老服务水平。高度重视商业综合体、农贸市场、邻里中心等网点布局，加快打造高品质生活服务圈。在建设过程中，必须高度重视建设质量，要从对历史、人民负责的高度，严把规划设计关、质量标准关，积极融入运河文化元素，按照“一个设计理念、一个历史故事、一个楼牌展示”的要求，努力把每个项目都打造成精品工程、品牌工程。

3. 实施美丽拱墅建设专项行动

坚持按照绣花的标准治理城市，统筹推进生态、市容和人居环境的持续提升，努力让全区人民享有更好环境、更好发展、更好生活。要着力提升生态环境品质。狠抓“零直排巩固”“美丽河道”两项创建工作，着力抓好沿河生态廊道建设，全力巩固治水成果，努力打造全省“污水零直排区”建设样板区。深入推进大气污染防治行动，有效管控道路、工地、码头扬尘，全面加强餐饮油烟治理，切实提升空气质量优良率。启动半山电厂去工业化改造，加快消除视觉影响。创新推动“三化四分”，有效破解小区垃圾分类难题，不断完善再生资源回收体系。深化“三改一拆”工作，强化小区防违控违机制，加快存量违建清零。要着力提升市容环境品质。积极构建“大城管”工作格局，推进综合执法体制改革，深化推广“城市眼·云共治”智能应用系统，巩固扩大“战区”综合治理成效，深化“街容众包”模式，不断提升城市管理科学化、精细化、智能化水平。坚持“五化”并举，以美化为统领，以序化为重点，加强重点部位和重要窗口综合管理，建立健全过渡空地、在建工地、未移交道路等重点区域长效管理机制，突出治理各类顽疾，用心提升品质内涵，打造更多样板街、示范路、精品区。要着力提升人居环境品质。紧盯群众关注热点，采取切实措施，下决心整治北部管理薄弱区域，切实提升群众满意度。关注群众身边环境，扎实推进老旧小区环境提升工程，用心用情做好街巷文化角打造、夜景亮化提升、美丽围墙建设等工作，办好大件垃圾处置、既有住宅加装电梯、高层住宅二次供水改造、“厕所革命”等民生实事。

4. 实施招商引智专项行动

充分发挥体制改革新优势，创新招商引智方法路径，优化投资服务环境、创新创业生态，突出主攻方向、提升工作绩效，全面开创招商引资、招才引智新局面。要聚焦产业链招大引强。瞄准未来产业，围绕数字内容、大数据、汽车后市场服务、大运河文化旅游等四条重点产业链，主动对接世界500强、国内500强及BAT等行业头部企业，确保优质土地落户优质项目、优质平台集聚优质产业，努力在引进高层级企业总部、产业链引擎性项目上实现新突破。要聚焦楼宇“二次招商”。围绕建成高质量、高效益楼宇经济发展体系，制定重点楼宇招商政策，明确楼宇产业定位和招商目标，大力落实政府、开发商、楼宇业主、物业公司联动招商机制，精心编织多层次、广覆盖的招商网络，着力提高重点楼宇招商水平，努力在楼宇规上企业入驻率上实现新突破。要聚焦招才引智。深入落实人才新政18条和拱墅“外创十条”，大力提升市场化、国际化专业引才水平，精准对接产业平台、重点企业人才需求，加快建设一流国际人才创业创新园，在人才住房、子女就学、外籍人才出入境等方面提供优质服务，切实提升引才育才质效，努力在科技创新平台和高端人才项目引进上实现新突破。

5. 实施优化营商环境专项行动

认真贯彻落实习近平总书记在庆祝改革开放40周年大会和民营企业座谈会上的重要讲话精神，全面贯彻落实“巩固、增强、提升、畅通”八字方针，以服务企业关爱企业家为切入点，有效激发微观主体活力，促进辖区优质企业规模、数量、质量各项指标稳步提升。要着力优化政务服务环境。深化“最多跑一次”改革，推动各类审批办理时间再压缩，全面实现一般企业投资项目开工前审批“最多100天”，完成商事登记跨部门“多证合一”“证照联办”全覆盖。强化区企业服务办公室实体化运作，全面实施企业服务项目化管理，完善企业服务专员制度，全力打造更加精准高效的服务企业机制。要着力优化政策支持环境。全面落实中央、省市减负减税政策，结合辖区实际，梳理完善更精准有效的企业扶持政策体系，出台优化营商环境和支持民营经济发展实施意见。充分利用好“大树计划”“小巨人计划”“旭日计划2.0”等扶持政策，科学评估实施效果，刚性抓好政策兑现。要着力优化要素保障环境。全面排摸区内企业用地需求，制定供地评价细则，精准保障优质企业发展需要。鼓励企业商业用地项目自持发展，支持区内优质企业购楼、租楼。突出破解企业融资难融资贵，用足用活转型升级产业基金，推进区内各类风险池基金实质运作，统筹用好融资担保、纾困基金等方式，切实发挥缓解企业融资需求的带动效应。要着力优化执法监管环境。积极构建“亲”“清”新型政商关系，切实保障企业合法权益，依法保护民营企业家的人身自由和财产权利，大力营造透明、法治、公正、高效的良好商业生态。有效规范涉企执法监督行为，以“双随机、一公开”为基本手段，根据省市涉企执法监管“负面清单”，建立健全“部门联合、随机抽查、按标监管”的一次到位机制。推进企业信用体系建设，积极营造“守信得益、失信受限”的信用氛围。高度重视知识产权保护工作，不断加大申报确权、行政执法、维权援助等环节工作力度。要着力优化宣传舆论环境。弘扬新时代企业家精神、浙商精神，大力宣传拱墅民企名家，深入开展“组团共帮扶，合力促发展”等主题活动，在经济社会发展中更好发挥广大企业家作用，在全社会形成关心企业家、支持创新创业的良好氛围。

6. 实施深化基层治理专项行动

坚持创新发展新时代“枫桥经验”，着眼做优顶层设计、创新破解难题、夯实基层基础，大力提升基层治理社会化、法治化、智能化、专业化水平。要创新完善基层治理体系。以机构改革、街道体制调整为契机，统筹深化“四个平台”建设，全面提升基层治理效能。突出加强网格员队伍建设，提升网格工作绩效，高效发挥基层治理底座功能。着力强化三方协同治理运作规范，提升做好群众工作能力，不断完善自治、法治、德治相融合的基层治理模式。大力推广社会心理服务体系、电梯“养老保险”等创新机制，积极探索群团组织参与社会治理标准体系建设。要大力推广智慧治理模式。积极融入全市城市大脑建设，加强全区数据资源统一管理，推进部门信息整合、基础数据共享，实现设施联通、网络畅通、平台贯通、数据融通，全方位拓展数字技术在基层治理领域运用。加强全区系统谋划、统筹推进，建成启用区综合信息指挥中心，深入推进“雪亮工程”，大力开展智慧安防小区建设。要着力防范化解重大风险。狠抓平安、信访、安全生产等责任制落实，压实部门主管责任和街道属地责任，扎实推进“无信访积案区”“无欠薪城区”创建，深化小区消防安全、道路安全治理，坚决遏制重特大安全事故，深入开展扫黑除恶专项斗争，深化平安拱墅、法治拱墅建设。坚持把防范和化解金融风险作为重中之重，全力做好网络借贷风险处置和追赃挽损工作，维护良好金融发展生态。

四、聚焦全面从严治党，大力实施“四大专项行动”

党建强则团队强，团队强则事业兴，抓好党的建设是拱墅实现高质量发展根本保证。我们要坚持以政治建设为引领，牢固树立“四个意识”，切实增强“四个自信”，坚决做到“两个维护”，以持续深化省委巡视反馈意见整改为契机，把党的建设时时记在心中，牢牢抓在手中，落实到各项任务中，毫不动摇地把党建设得更加坚强有力。

1. 以提升干部学习力、执行力、创新力为重点，实施干部素质提升专项行动

着眼打造高素质专业化干部队伍，注重导向引领与精准培养相结合，创新教育培训机制，深化与国内一流高校和先进城市战略合作，构建科学完备的干部教育培养体系。突出学中干、干中学，实施百项难题攻坚作战、百分业绩研判考核、百名干部培养锻炼“三个一百”行动，推动各级干部在中心一线历练中提升专业能力和业务水平。深化“赛场赛马”机制，以“六大专项行动”为主赛场，组织各街道、建设指挥部开展亮点项目“大比武”，开展部门“一把手”现场述职评议，组织各街道每季度开展“网格深化赛”“三方治理赛”“城管绣花赛”“文明创建赛”“积案化解赛”等五场比赛，持续开展处以上干部填报最满意工作、处以下干部和社区经合社干部“比学赶超、争当标兵”活动，以实践实干锻造铁军队伍。深化解放思想大讨论活动，落实正向激励18条，细化容错免责情形，在区管领导班子中开展学习型、攻坚型、创新型“三型”好班子创建，积极营造鼓励创新、宽容失败的浓厚氛围。

2. 以“兴五风破三慢解四题”为重点，实施干部作风建设专项行动

牢固树立“激情、用心、实干、担当”导向，大兴雷厉风行、调查研究、改革创新、团结协作、勤政廉政等五种好作风，严肃开展“面对上级部署反应慢、面对工作任务节奏慢、面对群众呼声处理慢”专项整治，着力解决影响政令畅通的突出问题，着力解决联系服务群众中的突出问题，着力解决违反中央八项规定的突出问题，着力解决会风文风和调查研究中的突出问题，扎扎实实推动干部作风建设。全面提振干部精气神，大力破除“想安逸”“怕担当”“浮表面”“隔岸望”等不良倾向，推动全区上下拧成一股绳，心齐气顺地投入“六大专项行动”。着眼推动中心工作、重点工作落实，强化监督执纪问责，在全区党员干部中开展敢担当干部评选表彰活动，点名点事通报处理不担当、不作为、不落实的案例，树立一批正反两方面的典型。坚持高压正风反腐不动摇，深化运用监督执纪“四种形态”，特别是在运用第一种形态上下功夫，强化日常管理监督，全面推进清廉拱墅建设。

3. 以提升组织力为重点，实施基层组织固本强基专项行动

认真贯彻落实市委新时代城市基层党建“1+3”文件，着力增强基层党组织对社区事务、集体经济、基层治理的领导力，努力把每个基层党组织都建设

成为坚强战斗堡垒。坚持把加强政治建设作为首要任务，认真开展“不忘初心、牢记使命”主题教育，深化“两学一做”学习教育常态化制度化，教育引导广大党员更好发挥先锋模范作用。严格执行《中国共产党支部工作条例（试行）》，全面深化“过程管理”，认真落实“三会一课”制度，深化党员固定主题党日活动，推动基层党建标准化、规范化、品牌化、信息化。加强基层党群服务中心建设，做精运河城市驿站，提升党建阵地功能。大力实施“墅领先锋”工程，着力培育社区、经合社干部梯队。加大探索创新力度，进一步擦亮“运河红盟”等特色党建品牌，努力让“盆景”变成“风景”。

4. 以开展五项试点内容为重点，实施新时代文明实践专项行动

着眼凝聚群众、引导群众、以文化人、成风化俗，抓实抓好全省建设新时代文明实践中心试点工作。认真学习科学理论，以“学习强国”平台建设为抓手，抓实理论中心组学习、基层理论宣讲等工作，推动学习贯彻习近平新时代中国特色社会主义思想往实里走、往深里走、往心里走。积极践行主流价值，加强意识形态阵地建设管理，深入推进社会主义核心价值观宣传教育，大力实施公民道德建设工程，让“最美”现象在拱墅蔚然成风。大力繁荣基层文化，加快推进社区文化家园建设，深化拓展“我们的节日”主题活动，办好社区阅读节（邻居节）等群众性文化活动，精心策划大运河戏曲节，持续唱响运河文化“四季歌”，扩大运河文化影响。着力培育文明风尚，实施孝心车位、文明养犬、文明出行等“文明实事”工程，广泛普及现代文明礼仪，开展移风易俗行动，做好文明测评迎检，巩固文明创建成果。切实加强人文关怀，做深做优学雷锋志愿服务品牌，壮大各类社会志愿服务力量，打造一批群众身边不走的志愿服务队伍。

党政军民学，东西南北中，党是领导一切的。我们要毫不动摇地坚持和完善党的领导体制机制，支持区人大、政府、政协和监委、法院、检察院依法依章履行职能、开展工作、发挥作用，进一步形成党委领导下各司其职、团结奋进的工作格局。要牢固树立“抓好党建是最大政绩”的工作理念，狠抓管党治党责任落实，在组织、统战、宣传、纪检、群团五大领域开展“工作之星”评选活动，增强各级抓党建的责任和能力。要重视加强统战工作，以“聚焦大城北，画好同心圆”为主题，不断加强思想政治引领，支持民主党派、工商联、无党派人士积极发挥作用，扎实推进新的社会阶层、非公经济以及民族、宗教、港澳台海外等各领域统战工作。要加强党管武装工作，要充分发挥工会、共青团、妇联等群团组织的桥梁纽带作用，形成干事创业的强大合力。

牢牢抓住三大战略机遇
努力实现更高水平建设更高质量发展更快速度崛起

——在中共拱墅区委七届七次全体（扩大）会议上的报告

（2019 年 8 月 2 日）

中共拱墅区委书记 朱建明

一、上半年主要工作

今年以来，区委坚持以“八八战略”为引领，切实扛起大城北崛起的责任担当，扎实推进“6+4”专项行动，全区经济社会发展保持稳中有进的良好态势。

1. 贯彻落实中央和省市委决策部署坚决有力

区委坚持把党的政治建设摆在首位，持续掀起习近平新时代中国特色社会主义思想“大学习”热潮，切实增强“四个意识”，坚定“四个自信”，坚决做到“两个维护”。认真落实中央“基层减负年”要求，制定出台拱墅“减负八条”，深入开展“走亲连心三服务”活动，以实打实的举措帮助企业、群众、基层解决困难问题。按照中央和省市委时间表、路线图，圆满完成机构改革各项工作。持续打好三大攻坚战，对口帮扶的湖北省来凤县成功退出国家级贫困县，杭钢和半山地区生态转型事例在“六五世界环境日”全球主场活动中得到韩正副总理、车俊书记称赞，金融风险防范和化解速度大幅领先市进度要求。围绕市委“北建”工作部署，加快推进大城北地区规划建设工作，全面开展“产业平台建设、公共项目建设、美丽拱墅建设、招商引智、优化营商环境、深化基层治理”六大专项行动，努力推动大城北崛起。

2. 经济高质量发展势头强劲

坚持稳中求进工作总基调，全面落实“六稳”要求，抓平台、促投资、优环境，持续推进产业转型，经济发展呈现稳健增长、质效提升的良好局面，高质量发展考核综合排名位居全市第一。上半年，全区实现地区生产总值 314.1 亿元，增长 7.8%，排名全市第三，创近 5 年同期最高水平；实现规上工业增加值 48.3 亿元，增长 21.2%，排名全市第一，其中高新技术产业占比近 8 成；实现服务业增加值 256.6 亿元，增长 6.0%，增速持续回升，其中营利性服务业增长 33.9%；“6+2”产业实现增加值 137.1 亿元，增长 16.5%，其中数字经济核心产业实现增加值 16.3 亿元，增长 15.5%，数字内容、信息软件规上企业营收增幅分别达到 89.9% 和 60.1%；完成社会消费品零售总额 288.6 亿元，增长 8.8%；完成固定资产投资增长 16.6%，排名全市第三，投资结构持续优化；实现地方一般公共预算收入 58.7 亿元，增长 9.3%。坚持把十大产业平台作为项目建设主战场，5 个省市县书记县长项目、90 个省市区重点项目有序推进，杭钢云计算中心、中豪企业总部中心项目开工，浙江首家凯宾斯基酒店建成投用，招商蛇口项目顺利落地，与杭钢集团合作启动祥云慧谷建设，汽车互联网小镇通过省级特色小镇初审。完成投资促进体制机制调整，上半年实际利用外资3.9亿美元，引进宝龙城市广场、北京新片场传媒公司浙江区域总部、浙数传媒、丰驰网络等一批重要企业重大项目，魏尔啸联合医学中心、苏格兰准独角兽企业Modo等一批重要人才项目落地外创园。着力优化营商环境，区级事项100%实现“最多跑一次”，“简化个体工商户登记”改革经验在全市推广。出台支持民营经济高质量发展20条，累计减税降费13.97亿元，兑现区级扶持资金1.35亿元，在全省第三方企业营商环境评估中位居全市第一。

3. 大城北规划建设实现重大突破

我们以主人翁姿态坚决承担起“北建”的重大使命，上下一心、克难攻坚，在改善环境、完善功能、提升形象等方面迈出了坚实步伐，取得了重大进展。大力破除功能性制约，半山电厂去工业化改造实质性启动，2座冷却塔和1座煤机烟囱安全平稳拆除。中石化小河油库打破长达15年的搬迁僵局，实现全面关停。大力完善基础设施，地铁5号线拱墅段建成通车，14个地铁站点全部进场施工，“七纵八横”主次干道加快建设，城市开发框架进一步拉开。大力改善生态环境，扎实推进治水、治气、治废等工作，再次荣获全省治水工作“大禹鼎”，辖区环境质量不断提升。开工建设全省首条渣土车专用道，着力破解城北道路交通安全和渣土扬尘难题。坚持建管并举，着力强化城市管理，突出抓好在建工地、拆后空地、道路河道、围墙绿化等重点部位环境整治，实施康桥路沿线30万平方米花海建设，一期5万平方米试验田已灿烂绽放。大力提升公共服务，成功引进新华国际医院，完成邵逸夫医院大运河分院设计方案，华师大附校、育才登云小学等学校竣工落成，大城北公共服务布局进一步完善。

4. 民生改善和社会治理创新广受好评

我们坚持以人民为中心的发展思想，以改革创新精神推动民生改善和社会治理，群众获得感满意度不断提升。着眼提升群众居住品质，统筹推进老旧小区提升改造和“阳光老人家”居家养老服务体系建设，李克强总理亲临和睦新村考察并给予高度肯定。实施回迁提速工程，5个计划开工项目、23个续建项目进展顺利，13个配套项目顺利开工，已回迁安置330户，善贤人家、蔡马人家等成为全市安置房小区样板，瓜山保留农居点改造入选省未来社区试点，确保年底前精彩亮相。突出文化惠民、文旅融合，成功举办大运河戏曲节、大运河社区钢琴艺术周和庆祝大运河申遗成功5周年等系列活动，参与群众超过300万人次，大运河文化带建设得到省委车俊书记点赞。围绕提升基层治理水平，建成投用区社会治理综合服务中心和信访矛盾联合调处中心，深入开展“网格深化赛”“三方治理赛”“城管绣花赛”“文明创建赛”“积案化解赛”，一批创新成果在实践中进一步深化。“城市眼·云共治”成为杭州城市大脑体系建设重要组成部分，电梯“养老”综合保险被国家市场监管总局在全国试点推广，《人民日报》以“有了三方办，服务更方便”为题点赞我区三方协同治理成效，校园食品安全片组化管理规范全市推广。大力实施隐患清零攻坚，开展建筑工地、道路交通安全、小区消防安全、瓶装燃气等专项检查整治，创新打造“运河平安管家”“运河平安共同体”，全区安全形势平稳可控，连续 14 年获省平安区。

5. 风清气正干事创业氛围进一步浓厚

切实加强党对一切工作的领导，持续深化党政领导包干落实、人大政协领导组团助推的工作机制，区四套班子同心同向、合力合拍。以“六大专项行动”为主赛场，组织开展“互看互学亮点项目大比武”“村级留用地项目大比武”等赛场赛马活动，持续掀起比学赶超热潮。深入落实正向激励 18 条，开展担当作为好干部、好团队评选，组织“及时澄清问题支持干部干事创业”活动，为创业者鼓劲，为干事者担当。持续开展“墅创堡垒”“墅领先锋”“墅享坐标”等系列行动，深化“运河红盟”“睦邻小区”等党建品牌，保持基层党建全市“第一梯队”。认真落实意识形态责任制，扎实推进全省新时代文明实践中心试点建设，全面推广“学习强国”平台，成立区融媒体中心，建设性舆论监督成为中心工作的强大助力。持续推进正风肃纪，从严从实抓好省委巡视反馈意见整改落实，出台作风建设六项制度，大力整治“温、软、慢、推、庸、浮”六方面问题，全覆盖开展警示教育月活动和廉政风险防控排查，立案查处违纪违法案件 51 件。开展统战“聚焦大城北，画好同心圆”专项行动，广泛凝聚推动大城北崛起的强大合力，“运河·同心荟”新媒体新青年联盟被列为第三批全国重点项目。

在总结成绩的同时，我们也要清醒看到前进路上的重大风险和隐患。前段时间，我们认真学习贯彻省委全会精神，在全区开展了重大风险隐患大排查，确保对各类风险隐患了然于胸，努力做到洞察先机、未雨绸缪。当前，我区主要存在以下风险：一是政治和意识形态领域的风险。境内外各类敌对势力，插手人民内部矛盾和社会热点问题，炒作敏感案事件，从事分裂破坏活动从未间断。社会面反恐意识不强，输入型涉恐风险持续增大。网络安全形势严峻，负面舆情应对处置复杂敏感。反邪教工作任重道远。二是经济和科技领域的风险。互联网金融风险形势依然严峻复杂，网贷追赃挽损难度大。中美经贸摩擦存在诸多不确定因素，对我区开放型经济负面影响开始显现。数字经济产业规模小，新动能成长不够快，企业整体质量不高，产业“空心化”问题有待加速破解。三是生态环境领域的风险。渣土码头等重大环境功能性约束仍有待进一步破解，因环保邻避产生的矛盾纠纷日益增加。大气污染、河道水质反弹、危化企业和危化品失管、土壤污染等风险，也都需要引起高度关注。四是社会安全领域的风险。公共安全隐患仍然较多，道路交通、食品药品、特种设备、消防、工程建设等安全事故发生的风险依然较大。随着城市大开发大建设，因拆迁、拆违、危改、市场搬迁、回迁安置等引发的信访问题多发易发，社会稳定存在较大压力。扫黑除恶专项斗争进入攻坚阶段，彻底铲除黑恶势力滋生土壤任务仍然艰巨。电信网络诈骗、侵犯公民个人信息等新型违法案件不断增加，个人极端暴力犯罪需要高度警惕。五是全面从严治党领域的风险。少数党员干部对习近平新时代中国特色社会主义思想领会还不够全面深刻，转化运用还不够到位。部分基层党组织存在软弱涣散问题，凝聚力、战斗力不够强。一些党员干部思想懈怠、精神不振，“温、软、慢、推、庸、浮”六方面作风问题依然较为突出。滋生“四风”问题的土壤尚存，违反中央八项规定精神的行为仍然时有发生，基层减负还需加大力度。城建、城管等重点领域廉政风险突出，腐败案件存量仍然不少、增量仍有发生。所有这些风险虽然不是整体、不是主流，但其破坏性和危害性不容小觑。我们必须学深悟透、准确把握习近平总书记关于防范化解重大风险重要论述的精神实质和丰富内涵，全面贯彻省委十四届五次全会的具体部署，坚持稳中求进总基调，把防范化解重大风险贯穿改革发展稳定各项工作始终，统筹谋划、一体推进，不断提高发现、研判、处置、驾驭风险的能力和水平，为加快高质量建设运河沿岸名区、实现大城北崛起提供坚强保障。

二、抢抓历史机遇，在服务国家和省市重大战略中实现大发展

今年以来，中央和省市委密集出台了一系列重要决策，进一步完善了长三角一体化发展、大运河文化带建设和大城北地区规划建设等一系列重大战略部署。这些重大战略无一不与拱墅密切相关，可以说，拱墅发展进入了重大战略机遇叠加的黄金期。

1. 长三角一体化发展机遇

2018 年 11 月 5 日，习近平总书记在首届中国国际进口博览会上向世界宣布，支持长江三角洲区域一体化发展并上升为国家战略。今年 5 月，中共中央、国务院正式印发《长江三角洲区域一体化发展规划纲要》，指出长三角是我国经济发展最活跃、开放程度最高、创新能力最强的区域之一，在全国经济中具有举足轻重的地位，长三角一体化发展具有极大的区域带动和示范作用，要紧扣“一体化”和“高质量”两个关键，带动整个长江经济带和华东地区发展，形成高质量发展的区域集群。6 月 21 日，省委省政府召开全省推进长三角一体化发展大会，吹响了全省域、全方位推动长三角高质量一体化发展的嘹亮号角，制定了《浙江省推进长三角一体化发展行动方案》，明确了推进路径和重点任务。7 月 30 日，市委召开十二届七次全会，周江勇书记在报告中提出，要贯彻实施长三角一体化发展国家战略，全面提升城市综合能级和核心竞争力，全力打造长三角南翼强劲增长极。全会强调要找准切入点和突破口，集中力量实施打造全国数字经济第一城、新制造业计划、城市国际化计划等十个方面重点项目，加快在长三角一体化发展的重点领域和关键环节率先取得突破、形成示范效应。拱墅既是杭州中心城区，又位于杭州主城区北通杭嘉湖关键节点，理所应当成为杭州打造长三角南翼强劲增长极的重要组成部分。

2. 大运河文化带建设机遇

2017 年 6 月，习近平总书记就大运河文化带建设作出重要批示，指出“大运河是祖先留给我们的宝贵遗产，是流动的文化，要保护好、传承好、利用好”。今年 2 月，中共中央办公厅、国务院办公厅正式印发《大运河文化保护传承利用规划纲要》，强调要以大运河文化保护传承利用为引领，统筹大运河沿线区域经济社会发展。4 月 11 日至 12 日，省委车俊书记专题调研我省大运河文化保护传承利用工作，并审议通过了《大运河（浙江）文化保护传承利用规划》。市委市政府进一步提出，要加快把杭州段打造成为中国大运河文化核心展示区，力争使杭州段在大运河文化带中的地位达到八达岭在长城中的地位。拱墅因河而名、因河而兴，推进大运河文化带建设，我们有基础也有条件，理所应当要将大运河拱墅段打

造成为展示中华文明金名片的核心地带。

3. 高品质推进大城北规划建设机遇

今年2月21日，市委市政府在拱墅召开了高规格的全市大城北地区规划建设推进大会，进一步确立了拱墅作为大城北核心区的地位，充分表明市委市政府对拱墅寄予厚望、充满期待。5月27日，推进会召开后仅3个月，市委周江勇书记又亲自来拱墅督查调研大城北规划建设工作，强调要以一鼓作气、攻城拔寨的气势，高品质推进大城北地区规划建设，尽快展示出杭州城市发展新形象。8月1日，周江勇书记又专题研究了大城北示范区规划设计有关工作。市委及主要领导如此高密度地研究部署、督促推进大城北开发建设，既给予我们强大的鼓舞和动力，又赋予我们重大的使命和责任，拱墅理所应当扛起这一历史重任，全力成为高品质推进大城北开发建设的标杆引领。

总之，三大战略在拱墅的汇聚叠加，机遇千载难逢，就看我们能不能切实抓住，能不能抓好落实。拱墅多年转型发展的历程充分表明，抓机遇就是抓落实，抓好了落实，抓机遇就抓在了关键处、抓在了点子上，就能掌握主动、争得先机。我们要切实提高政治站位，扛起责任担当，以高度的责任感和使命感不折不扣抓好各项重大战略部署在拱墅的落地落实，以实打实的工作成效，在全方位服务好国家和省市重大战略中实现更高水平建设、更高质量发展、更快速度崛起。实现更高水平建设，就是要坚持高品质推进大城北规划建设，高水平做好“立”的文章，统筹好南部与北部、城市与产业、遗产保护与城市开发等关系，全力抓好大城北开发建设158个项目，更好地集聚一批全球全国优质资源，全面提升城区发展综合能级，推动大城北加快建成历史与现实交汇、自然与人文交融、产业与城市共兴的城市副中心，努力打造展示全国城市有机更新的窗口。实现更高质量发展，就是要更加突出发展这个第一要务，把更多精力投放到经济建设这个中心上来，充分集成和发挥好区位、空间、文化等各方面的优势，积极融入长三角一体化发展，依托十大产业平台，充分激发创新动能，面向未来需求布局高端产业，加快提升产业核心竞争力，在杭州打造长三角南翼强劲增长极过程中成为排头兵、领头雁。实现更快速度崛起，就是要坚持快字当头、勇字为先，努力在抢抓机遇的竞争中拔得头筹、抢得先机，以坐不住等不起慢不得的紧迫感，全面对标先进，切实强化担当，加快实现“六个尽快改变”，争当新动能成长的第一区、各方面改革创新的先行区，占领制高点，形成新势能，以主人翁和奋斗者的姿态，加快实现大城北再次振兴。

三、坚持干字当头，进一步掀起大开发大建设大发展热潮

要实现更高水平建设、更高质量发展、更快速度崛起，关键要立足当前拼命干，团结广大干部群众齐心干。下半年，我们要坚持干字当头，大干快上，以舍我其谁的担当，以攻城拔寨的气势，决战决胜“6+4”专项行动，确保圆满完成年度目标任务，以大城北开发建设的新形象新成果，把“一年推出一次新拱墅”不断推向高潮。

1. 以发展数字经济为龙头，加快打造长三角新经济增长极

大城北崛起，关键是产业崛起。我们

要抢抓数字经济方兴未艾的历史机遇，全力实施数字经济发展行动计划，大力推进“三化融合”，充分激发澎湃的新发展动能，成为全市“最具竞争力的数字经济增长区”，实现大城北产业的再次振兴。要聚焦平台项目建设。切实把平台建设作为抓经济工作的最重要抓手，牢固树立亩均论英雄理念，集中精力抓好智慧网谷小镇、汽车互联网小镇、运河财富小镇等十大产业平台建设，积极吸纳和集聚创新要素资源，切实提升平台科技创新力、核心竞争力。要着力抓好重点产业项目，紧盯“152”工程，有序推进省市区重点项目建设，推动联想、58集团、省国贸、浙数传媒等重大项目加速落地，确保早开工、早投产、早见效。要深入实施杭州市“新制造业计划”，统筹杭钢、静脉小镇、园区工业用地资源，积极探索实施“工业上楼”，拓展企业承载空间，高质量发展都市工业。要深入推进村级留用地开发建设攻坚行动，力争在破解一批重大难点问题上实现新突破。要狠抓文创园区培育提升，集中精力发展新十大文创园区，打造成为孵化创意企业、传承运河文化、展示城市形象的重要载体。要聚焦招商引智。始终把招商引资作为最核心的生命线工程，充分释放投促体制改革的新活力，用活用好创新型用地、村级留用地、商业地块和各类楼宇资源，举全区之力推进大招商。要进一步加大招商引资力度，着力建立健全区四套班子主要领导分片推进、街道与招商小组考核挂钩、产业主管部门招商负责、以企引企、委托专业第三方机构招商、招商情况月度例会通报等机制，层层压实招商责任，营造全民招商氛围。要大力开展产业链靶向招商，积极对接数字经济头部企业，紧盯中科院计算所、蓝疆创新等在谈重大项目，争取早日落地，不断创造拱墅招商引资新亮点。要着眼以楼聚产，开展提高楼宇去化率重点攻坚，力争年底前全区楼宇去化率达到85%以上，着力打造特色精品楼宇。要大力引进国际科创平台和孵化平台，加快实施国际人才双创园建设2.0行动计划。要聚焦产业生态培育。着力推进数字经济核心产业链建设，聚焦数字内容、云计算、大数据、物联网、软件与信息服务业等重点产业，充分发挥新浪、360、华为云等行业领军企业带动作用，推进上中下游企业融合发展。要积极鼓励工业、服务业企业“触网”“上云”，数字化赋能“6+2”产业，引导企业向效能型、智慧型方向发展。要大力发展各层次金融服务，积极推动企业上市，促进产业和金融更加紧密融合。

2. 以环境综合整治为突破口，加快展现大城北新面貌新形象

环境是实现大城北崛起的最大短板，实施环境综合整治是高品质推进大城北规划建设的前提和基础。要集中精力破解环境功能约束。要加快小河油库遗址公园建设，与运河集团共同谋划好大运河3.5平方公里核心示范区建设，打造大运河文化带点睛之笔、璀璨明珠。要千方百计加大协调力度，力争完成铁路北站老货场改造方案签约。要继续推进半山电厂去工业化改造，确保机力塔工程三季度开工。要精心实施好30万方花海项目，确保国庆期间精彩亮相。要加快推进拱康路渣土专用道建设，确保年底前建成投用。要加快推进管家漾码头、浙江交通职业技术学院谢村校区、祥符水厂扩建工程等地块征迁扫尾工作，加快房屋拆除。要持续提升生态环境。要深化“五水共治”，加快推进生态廊道、美丽河道等工程建设，落实长效常态

管理，确保完成“污水零直排区”创建目标，进一步改善水环境。要加紧编制实施蓝天保卫战和大气污染防治计划，进一步降低PM2.5和PM10浓度，提升环境空气优良率。要落实土壤污染防治计划，加快推进3个退役地块土壤修复进度。要着力提升城市精细化管理。

坚持按照绣花的标准治理城市，建管结合，全面完成运河新城、杭钢新城、智慧网谷小镇和康桥路、沈半路沿线等核心区环境整治工作，让粉尘降下来、道路顺起来、围墙美起来、生态提起来、示范立起来。要全面开展拆旧控新工作，确保完成“三改一拆”年度任务。要抓住当前垃圾分类成为社会热点的有利时机，在全社会大力度抓好垃圾分类工作，强化执法、问责等处罚力度，全面提高垃圾分类整体质量，确保走在全市前列。

3. 以公共设施建设为重点，加快提升大城北城市功能

重大公共设施是城市功能的主载体，对于加快大城北崛起具有重要的基础性、先导性、全局性作用。要着力加快交通基础设施建设。坚持道路优先，建立健全困难问题协调推进机制，强化部门合力，高效完成年度85条道路建设任务，确保香积寺路隧道等重要道路投用通车。要加快建成道路移交进度，确保建成一条、移交一条。全力配合地铁工程建设，加快完善站点周边交通配套，全面提升站点周边环境。要充分挖潜利用地上地下空间，加快公共停车场库建设，完成“先离场后缴费”接入任务，努力缓解停车难。要着力加快文化基础设施建设。要抓好重大文化地标项目实施，着力推动文化规划展示馆、民俗生活博物馆、大运河文化艺术中心、大运河文化时尚发布中心等“两馆两中心”建设，确保年底前对外开放使用，打造展示拱墅运河文化魅力的新亮点。要结合老旧小区改造和重点区块城市开发，加快邻里中心、文化站、社区文化家园、文化角等基层文化阵地建设，满足群众文化生活需求。要着力加快民生基础设施建设。要加快百姓“家门口的好学校”建设，确保4所学校、6所幼儿园9月如期投用，新开工建设学校8所。要加快医疗卫生设施建设，确保邵逸夫医院大运河分院年内开工，竣工投用拱墅区健康大厦。

4. 以新一轮老旧小区提升改造为契机，着力提升群众生活品质

建设宜居城市首先要建设宜居小区，我们要认真学习贯彻李克强总理重要指示精神，精心做好老旧小区提升改造这篇文章，统筹做好城中村改造和各类民生保障工作，不断增强居民群众的舒适感安全感亲切感。要深入做好老旧小区提升改造。全面启动新一轮全域老旧小区提升改造三年行动计划，以满足宜居为目标，因地制宜、实事求是，力争三年全面完成132个老旧小区改造工作，全力争创全国老旧小区提升改造样板。要完善推进机制，建立实体化机构，加强资源统筹，形成工作合力。要建立多元资金筹措机制，加大财政资金投入，积极探索社会资本参与渠道，保障提升改造工作有序推进。要激发居民主体意识，全面落实“四问四权”，健全长效管理机制。要抓好回迁安置工作。切实加快安置房建设步伐，年底前，要全面开工剩余5个安置房项目，回迁安置848户以上，确保2020年完成在外过渡5年以上征迁户安置，2023年全面完成城中村改造回迁安置。要深化“阳光建管”模式，进一步规

范安置房建设和长效管理，加快建设新型城市社区。要加快瓜山未来社区建设，着力打造新时代中国“青年人才社区典范”，确保年底前精彩亮相。要打造高品质生活圈。要结合老旧小区提升改造、城中村改造回迁，全力抓好安置房配套项目、智慧安防小区等建设工作，统筹解决好居家养老、社区托幼、厕所革命、电梯加装、二次供水改造等关键小事，全面提升宜居品质。特别是要狠抓居家养老服务体系建设，新增“阳光老人家”服务站点33个，加快实现全区老旧小区全覆盖，打响拱墅特色居家养老服务品牌。

5. 以社会大局和谐稳定为目标，坚决打赢防范化解重大风险攻坚战

防范化解重大风险是全区上下共同的责任，我们要切实扛起主体责任、领导责任、属地责任，不断增强防风险、守底线的思想自觉和行动自觉，更加有效地防范和化解各类重大风险、重大隐患，确保政治安全、社会安定、人民安宁。要坚决维护政治安全。全面贯彻总体国家安全观，从“两个维护”的高度扛实扛牢政治责任，严防输入性风险，统筹做好反暴恐、反邪教等各项工作，确保政治安全。要严格落实意识形态工作责任制，突出加强网络舆情管控和阵地管理，有效提升负面舆情应对处置能力，依法打击整治网络政治谣言和有害信息。要坚决维护社会稳定。坚持“稳”字当头，全面开展好网贷企业拔钉清零专项行动，全力打好打赢网贷风险整治攻坚战。要以钉钉子精神全力推动信访积案化解，从源头消除不稳定因素，确保创建“无信访积案区”。要紧盯新中国成立70周年等重要时间节点，扎实做好维稳安保工作，确保不发生大规模集聚和个人极端行为，持续有效保持社会面稳定。要坚决维护人民生命财产安全。牢固树立“大平安”理念，持续开展安全隐患排查整治，以更大力度补齐短板。要全面抓好安全生产、消防安全和防汛防台等工作，不断提升突发事件应急处置能力，进一步健全城市安全体系。要加强食品安全监管，力争创建省食品安全区。要以“扫黑除恶攻坚年”活动为抓手，进一步完善立体化、信息化治安防控体系，持续开展“雷霆”系列行动，努力让人民群众有更多安全感。

6. 以深化“最多跑一次”改革为引领，进一步激发经济社会发展活力

认真贯彻落实中央和省市委重大改革部署，积极承接上级重大改革试点项目，加快“最多跑一次”改革向公共服务、公共场所、社会治理、机关内部等各领域扩面延伸，努力争创高质量发展的体制机制新优势，打造更多全国、全省改革亮点、创新样板、特色品牌。要着力激发市场主体活力。深入推进“最多跑一次”改革，努力实现一般企业投资项目开工前审批100%“最多90天”、新增产业用地100%按照标准地制度供地。要扎实推进公民个人和企业多部门联办“一件事”改革，确保年底前基本实现“一件事”全流程“最多跑一次”。要坚决落实各项减税降费政策，充分利用好“大树计划”“小巨人计划”“旭日计划2.0”等扶持政策，助推实体经济发展。要着力激发基层社会活力。要强化党

建引领，深化三方协同治理机制，加快体系化、项目化、规范化建设，着力打造自治、法治、德治相融合的基层治理品牌。要坚持数字赋能，深入推广“城市眼·云共治”模式，拓展应用场景，强化实战运用，切实提升基层治理智能化水平。要着眼诉源治理，优化顶层设计，完善“大调解”工作机制，推进标准化建设，着力打造多方联动、富有实效的矛盾化解体系。要着力激发机关工作活力。要开展机构改革“回头看”，及时分析研判改革后部门职能运行、领导班子履职等情况，全面深化公益类事业单位改革，进一步巩固提升机构改革成果。要大力推进机关内部“最多跑一次”改革，着力解决多次跑、多头跑、时间长、环节多、签字烦等制约机关效能的突出问题，使机关部门业务协作运行更顺畅、流程更简洁、办事更高效。要加快推进政府数字化转型，按照全省一盘棋、一张网、一朵云要求，着力打造实时、在线、共享、安全和整体协同、运行高效的数字政府，加快建设“移动办事之区”“移动办公之区”。

7. 以开展主题教育为动力，努力打造世界名城一流施工队

第二批“不忘初心，牢记使命”主题教育，将于9月份正式开始，这是下半年我们首要的政治任务。要认真开展主题教育。按照‘守初心、担使命，找差距、抓落实”总要求，从思想、政治、目标、行动四个维度明确方向、狠抓落实，努力推动主题教育取得实实在在的效果，进一步牢固树立“四个意识”，切实增强“四个自信”，坚决做到“两个维护”。要结合拱墅由“破”转“立”的区情实际，切实将学习成果转化为坚定方向、夯实根基、永葆本色的政治觉悟，转化为辨别是非、保持定力、驾驭局面、防范风险的政治能力，转化为坚决落实区委决策，敢打硬仗、克难攻坚的政治动能，转化为自觉做好“三服务”，切实落实基层减负，密切联系群众的政治品质。要全面加强党的领导。坚持总揽全局、协调各方，充分发挥各级党组织领导核心作用，进一步形成党委领导下人大、政府、政协各司其职、团结奋进的工作格局。要加强同各民主党派的政治协商，深化群团改革，扎实推进新的社会阶层、非公经济以及民族、宗教、港澳台海外等各领域统战工作，统筹做好老干部、国防后备力量建设等工作，努力团结各方力量，吸引广泛关注，汇集各方智慧，集聚各类要素资源，为实现大城北崛起创造良好条件。要大力维护良好政治生态。持之以恒抓好党建“四大专项行动”，努力打造一支忠诚、干净、担当的党员干部队伍。要坚决落实“两个责任”，压紧压实主要领导“第一责任人”责任和班子成员“一岗双责”，坚决反对官僚主义、形式主义，坚定不移惩治腐败，深入开展廉政风险排查防控工作，努力巩固省委巡视整改成果。要围绕新中国成立70周年等主题，深入开展“礼赞新中国奋斗新时代”系列活动，做强融媒体平台，将人心聚起来、士气鼓舞起来、精神振奋起来，进一步唱响主旋律，壮大正能量。要牢固树立“激情、用心、实干、担当”作风导向，建立健全“六破六立”机制，深入开展好“最满意工作创建”“五场比赛”等赛场赛马活动，引导全体党员干部在“六大专项行动”主战场不断开拓进取、建功立业。

干好“六五四” 收官“十三五”
争当高水平全面建成小康社会排头兵

——在中共拱墅区委七届八次全体（扩大）会议上的报告

（2019 年 12 月 31 日）

中共拱墅区委书记 朱建明

一、区委常委会今年以来的主要工作

今年以来，区委常委会认真学习贯彻党的十九大、十九届四中全会精神，以开展“不忘初心、牢记使命”主题教育为动力，紧抓三大战略机遇，大力实施“6+4”专项行动，着力打好“四场攻坚战”，勠力同心、克难攻坚、开拓进取，全区经济社会保持平稳健康发展的良好态势。

1. 高标准开展“不忘初心、牢记使命”主题教育，全区上下干事创业氛围更加浓厚

坚持把开展主题教育作为重大政治任务和转型发展重大战略机遇，以“激情用心学悟践、实干担当促崛起”为主轴主线，一体推进四项重点措施，全区 59 家机关事业单位、1825 个党组织、3 万余名党员学思践悟伟大思想，接受了一次全方位的政治洗礼。切实把学习贯彻习近平新时代中国特色社会主义思想作为根本任务，区委理论学习中心组召开 31 次学习会、区委常委会议 18 次传达学习贯彻习近平总书记重要讲话精神和中央重大决策部署，组织全区党员干部静下心来读原著学原文悟原理，进一步筑牢“四个意识”“四个自信”“两个维护”的信仰之基。深入开展“走亲连心三服务”，持续走一线、跑基层、问民生，动真碰硬、克难攻坚抓整改，共收集问题 2268 个，办结率达 99.9%，趁势解决了企业、群众、基层反应强烈的“四个一批事”。大力开展各层面赛场赛马活动，以比赛亮绩效、找差距、抓落实，“比学赶超、争当标兵”成为拱墅干部的工作常态。

2. 全面加快十大产业平台建设，奋力跑出高质量发展加速度

我们坚持数字经济、新制造业双轮驱动，以加快十大产业平台建设为主抓手，全力培育区域发展的新产业新动能。智慧网谷小镇由拆迁做地全面转入开发建设阶段，360 产业园、招商蛇口华东总部等一批重点项目先后开工，联想科技城、58 集团华东五省市总部、浙数文化完成土地出让，小镇客厅建成投用。汽车互联网小镇入选省级特色小镇培育名单，汽车互联网产业园获评国家级科技企业孵化器和省级创新服务综合体。工业设计小镇泰普森产业用房、工万项目有序推进。运河财富小镇全省首家凯宾斯基酒店、胜利河旅游综合体建成投用。上塘电商小镇运河（国际）跨境电子商务园获评浙江省数字化示范园区。北城·智汇园顺丰国际生鲜供应链基地开工。在十大产业平台推动下，全区经济呈现稳健增长、质效提升的良好态势，前三季度高质量发展过程性指标位列全市第二。预计全年实现地区生产总值 650 亿元，增长 8%；实现地方一般公共预算收入 91.2 亿元，增长 8%；完成固定资产投资 480 亿元，增长 20%。

3. 坚持以“最多跑一次”改革为引领，区域营商环境走在全省全市前列

我们大力推进“最多跑一次”改革提质扩面，实现区级政务服务事项100%“最多跑一次”、企业开办一日办结、一般企业投资项目开工前审批最多60天，个体工商户开办简化流程被全市推广，受到企业广泛好评。大力实施“双招双引”，出台“拱墅招商七条”，成功引进中科院计算所数字经济产业研究院、中国铁建华东总部、蓝疆创新、中德生物经济产业园、魏尔啸联合医学中心等一批重要产业和人才项目，引进院士、国家和省市高端人才13名。强化企业培育服务，出台“民营经济二十条”，累计减税降费30.7亿元，兑现扶持资金5.2亿元。全区亿元楼宇达到15幢，新增国家高新技术企业63家，全社会R&D经费支出增幅居主城区第一。在7月、12月两次第三方评估中，我区营商环境分列全市、全省榜首。

4. 坚决扛起“北建”责任担当，全面开启大城北规划建设新局面

我们坚决落实市委市政府决策部署，抢抓机遇、趁势而上，高质量抓好157个大城北规划建设项目，迅速掀起大开发大建设新热潮。加快推进“七纵八横”主次干道建设，永宁路、云锦路等26条道路先后开通，地铁5号线建成通车，14个地铁站点全部进场施工。成功引进新华国际医院，邵逸夫医院大运河分院即将开工，华师大附校、育才登云小学等10所学校投用开学，大城北优质公共资源不断增加。大力开展留用地项目攻坚行动，实现留用地项目开工11个、投用5个，经合社集体经济发展步入快车道。大力推进回迁提速工程，安置房项目全面开工，在建面积达328万平方米，回迁安置1333户，瓜山未来社区省级试点开始投入运营。

5. 大力度推进去低除乱治污染，美丽拱墅建设取得重大突破

坚决破除环境功能性制约，半山电厂综合改造提升工程全面开工，2座冷却塔和1座煤机烟囱安全平稳拆除。中石化小河油库打破长达15年的搬迁僵局，成功实现关停拆除。全省首条渣土车专用道拱康路专用道即将全面建成。加快开发地块征迁扫尾，完成杭州粮油市场、祥符水厂、元通汽车等地块征迁清零。突出抓好“五水共治”，塘河片区获评省级“美丽河湖”，再次荣获“大禹鼎”。扎实推进“三改一拆”，成功创建省“基本无违建区”。大力开展大城北环境综合整治，350个整治项目全面完工，有效实现粉尘降下来、道路顺起来、围墙美起来、生态提起来、示范立起来。精心打造康桥路沿线20万平方米花海项目，成为人城北网红打卡地。

6. 坚定不移实施文化引领战略，大运河文化带建设不断结出新硕果

高质量抓好“一址两街两园三馆两中心”十大文化项目建设，显宁寺、大运河文化艺术中心、大运河文化时尚发布中心、区文化规划馆、民俗迹忆馆精彩亮相，祥符桥传统风貌街区、运河湾音乐广场、拱宸匠人馆实现开工，大运河亚运公园、大运河中央公园加快建设。大力推进文旅融合发展，成功举办首届大运河戏曲节、大运河国际钢琴艺术节等品牌活动，参与群众超300万人次，运河景区年接待游客突破1200万人次。我们扎实推进大运河文化带建设的做法，被省委车俊书记赞誉为认真贯彻习近平总书记重要指示精神、落实“两个维护”的先进典型。

7. 坚持实打实办好民生实事解决关键小事，群众获得感满意度不断提升

我们锚定群众对居住品质的实际需求，顺利收官第一轮23个旧改项目，启动实施新一轮老旧小区综合改造提升三年行动计划，打造了和睦新村、董家新村等一批品质样板。着力推动“阳光老人家”居家养老服务体系建设，建成阳光老人家站点33个，成功创建国家智慧健康养老示范基地。李克强总理亲临考察并对我区老旧小区改造和居家养老工作给予高度肯定。积极构建全方位、多层次社会保障体系，持续改善困难群众生活，退役军人服务网络实现全覆盖。统筹抓好公办教育和民办教育、基础教育和职业教育，“党组织领导下的校长负责制”试点获教育部肯定，学前教育补短工程获省政府通报表扬。大力推进健康拱墅建设，做精社区中医药服务，组建城市紧密型医联体，在健康浙江考核中位列全市第一。

8. 坚持以改革创新精神狠抓基层基础，社会治理创新亮点纷呈

我们不断发展新时代“枫桥经验”，建成投用区社会治理综合服务中心，实现矛盾纠纷化解“最多跑一地”。深入开展“网格深化赛”“三方治理赛”“城管绣花赛”“文明创建赛”“积案化解赛”，基层基础工作更加扎实规范。深化社区治理创新，积极推进综合服务岗模式改革，全省率先完成股社分离工作，“三方办”模式获《人民日报》专题点赞，安置房三方协同治理入选省级标准化试点，基层多元共治格局不断完善。坚持问题导向、效果导向，持续转理念拓思路优举措破难题，电梯“养老”综合保险模式被国家市场监管总局在全国试点推广，“城市眼·云共治”成为全市城市大脑体系重要组成部分，校园食品安全片组化管理规范和工程车专用道管理方法全市推广，智慧安防小区数量居全市首位并被列为省市样板，社会心理服务体系建设、“运河平安管家”、信访“最多访一次”在全市会议作经验交流。

9. 坚持综合施策精准发力，在打好“三大攻坚战”方面取得重要进展

我们按照中央和省市委决策部署，紧盯经济社会发展的突出短板和薄弱环节，坚决打好防范化解重大风险、精准脱贫、污染防治三大攻坚战。全面开展重大风险隐患大排查，明确5个领域79项重点任务和责任分工，大力实施隐患清零攻坚，开展建筑工地、道路交通安全、小区消防安全、瓶装燃气等专项检查整治，梯次推进“飓风、雷霆、清霾”行动，扫黑除恶专项斗争取得阶段性成果，圆满完成70周年大庆安保工作，连续14年获评省平安区。突出防范化解网贷风险，强化专班运作，全力追赃挽损，大力清退攻坚，提前半年实现拔钉清零。认真做好东西部扶贫协作、山海协作、区县协作等工作，对口帮扶的湖北来凤县、贵州黄平县先后脱贫。坚决打好蓝天、碧水、净土、清废“四大战役”，不折不扣落实中央和省级环保督察问题整改，六个考核断面平均水质达标，PM2.5平均浓度下降率、空气优良率均列主城区第一，生活垃圾分类精准率不断提高，杭钢和半山地区生态转型事例在“六五世界环境日”全球主场活动中得到韩正副总理、车俊书记称赞。

10. 全面加强党对一切工作的领导，风清气正的政治生态进一步巩固

我们充分发挥区委总揽全局、协调各方的领导核心作用，先后召开区委人大、政协、政法工作会议和全区公安工作会议，大力支持区人大、政府、政协和监委、法

院、检察院依法依章履行职能、开展工作。圆满完成全区机构改革，组建区委改革、财经、国安等9个委员会（领导小组），党的领导不断加强。开展干部队伍建设专项行动，实施“运河干部培养计划”，评选担当作为好干部、好团队，干部队伍学习力、执行力、创新力不断提升。开展基层组织建设专项行动，完善“大党建”工作机制，抓好“党建双强”工程，做深做实“运河红盟”“墅创堡垒”等基层党建品牌，机关党建工作在全省会议作经验交流并得到省委车俊书记充分肯定，基层组织组织力不断增强。开展新时代文明实践中心建设专项行动，压紧压实意识形态工作主体责任，加强区融媒体中心建设，做深做好内宣外宣网宣，成功组织庆祝新中国成立70周年系列主题宣传，拱墅工作49次被中央主流媒体报道，新时代文明实践中心晋升国家级试点。开展作风建设专项行动，出台“基层减负八条”和作风建设六项制度，大力整治形式主义、官僚主义突出问题，立案查处违纪违法案件87件，持续抓好省委巡视反馈意见和区委巡察发现共性问题整改落实，清廉拱墅建设不断深化。以“聚焦大城北、画好同心圆”为主线，深入开展“不忘合作初心、继续携手前进”主题教育和“统战文化月”活动，新媒体新青年联盟被授予“全国新的社会阶层人士统战工作实践创新基地”。坚持党管武装，国防动员与后备力量建设不断加强。深化群团改革，群团组织凝聚一个层面、一个群体的作用不断凸显。在总结成绩的同时，区委常委会也认真分析了工作中的挑战和不足。主要有：智慧网谷小镇等主要产业平台还处于规划建设期，数字经济、新制造业等新动能成长不够快，产业空心化现象还未根本转变；企业整体质量不高，具有龙头带动效应的大企业、大项目比较少；环境质量持续改善的基础还不够稳固，渣土码头、油库等重大功能性约束仍有待进一步破解；优质公共服务供给仍然不足，与群众日益增长的美好生活需求还有差距；平安建设的基础仍然不够牢固，互联网金融风险形势依然严峻复杂，公共安全隐患仍然较多，基层治理能力还需要进一步提升；部分党员干部作风还不够严实，整治形式主义、官僚主义的力度还需要进一步加大，等等。对于这些问题，我们一定高度重视，认真研究，努力解决，也希望同志们对区委常委会的工作提出意见建议，帮助我们把今后的工作做得更好。

二、科学把握明年工作总体要求

2020年是高水平全面建成小康社会和“十三五”规划收官之年，也是为现代化长远打基础的关键一年。做好明年工作，关键是要全面贯彻十九届四中全会、中央经济工作会议和省市委全会精神，深入推进中国特色社会主义在拱墅的实践。

党的十九届四中全会深刻回答了中国特色社会主义制度和国家治理体系需要“坚持和巩固什么、完善和发展什么”，为实现我们党长期执政和国家长治久安，实现中华民族伟大复兴中国梦提供了根本制度保障。中央经济工作会议提出，要切实把党领导经济工作的制度优势转化为治理效能，坚持稳中求进工作总基调，着力推动高质量发展，确保全面建成小康社会和“十三五”规划圆满收官。省市委全会深入学习贯彻党的十九届四中全会精神，分别就高水平推进省域、市域治理现代化工作专题研究部署。省委经济工作会议又对做好明年全省经济工作提出了明确要求。这些都为我们具体安排明年工作提供了重要遵循。

新的一年，我们要以习近平新时代中国特色社会主义思想为指导，认真学习贯彻党的十九大、十九届四中全会、中央经济工作会议和省市会议精神，坚持稳中求进工作总基调，坚持新发展理念，牢牢抓住长三角一体化发展、大运河文化带建设、大城北地区规划建设三大历史机遇，以大力开展“六大专项行动”和“五场比赛”为主抓手，以统筹实施“四大工程”为保障，全力推动更高水平建设、更高质量发展、更高效能治理、更快速度崛起，确保“十三五”规划圆满收官，争当高水平全面建成小康社会排头兵。

建议 2020 年主要预期目标是：地区生产总值增长 6.5% 以上；全社会 R&D 经费支出增长 15%；财政收入增长与经济增长基本同步；供给侧结构性改革取得新进展，金融风险有效防控，能源和环境指标完成市下达的计划目标。

做好 2020 年工作，具体要紧紧围绕“五个聚焦”：

1. 聚焦发展这个第一要务，着力推动高质量发展

我们要牢固确立大抓发展的理念，始终坚持发展是硬道理，旗帜鲜明地高举发展大旗。要坚定不移贯彻新发展理念，坚定不移落实产业立区战略，坚定不移加快十大产业平台建设，坚定不移打造数字经济和新制造业双引擎，努力营造加快发展的浓厚氛围。要抢抓由破转立的关键契机，持续提升大城北大开发大建设的热度，持续提升产业和人才项目的影响度，持续提升区域对企业的黏性度，持续提升公共服务的优质度，持续提升商务环境的完善度，持续提升区域发展的特色度，持续提升区域环境的美丽度，不断增强区域发展的综合能级和核心竞争力。

2. 聚焦抢抓三大战略机遇，全力加快重大项目建设

当前，拱墅发展进入了重大战略机遇叠加的黄金期，长三角一体化发展、大运河文化带建设和大城北地区规划建设三大战略机遇前所未有，我们要增强大局意识、全局意识，在全方位服务好国家和省市重大战略中实现全面崛起。要坚持项目化推进思路，强化重大战略落地的项目支撑，着力实施好 20 个省市长三角一体化项目、131 个大城北规划建设项目，圆满收官城市开发建设三年行动计划。要围绕高质量做好“立”的文章，积极谋划“十四五”规划和新一轮城市开发建设行动，重点谋划一批大项目、大载体、大平台。要更加主动扛起大运河文化带建设的责任担当，积极参与大运河国家文化公园建设，完善工作机制，制定行动计划，系统推进核心景区、样板街区和大运河新城三大板块建设，努力打造大运河文化带核心示范区、大运河国家文化公园样板区。

3. 聚焦“最多跑一次”改革，加快推动城区治理现代化

要积极落实“省域治理现代化十招”和杭州市“善治六策”，加快实现城区治理体系和治理能力现代化。要大力推进“最多跑一次”改革延伸扩面，加快全面实现个人和企业全生命周期“一件事”全流程“最多跑一次”，积极向机关内部、公共服务、司法服务、中介服务等各领域拓展，加快实现跑一次是底线、一次不用跑是常态。要把“最多跑一次”改革所蕴含的理念、方法、作风运用到经济社会发展各方面全过程，排定一批改革创新项目，不断争创体制机制新优势。要巩固党政机构改革成果，不断优化职能职责，做好“后半篇”文章，扎实推进事业单位改革。

4. 聚焦保障和改善民生，努力提升全面小康的成色

要围绕高水平全面建成小康社会目标，把注意力集中到解决各种不平衡不充分的问题上，着力健全完善就业服务、社会保障、社会救助、残疾人帮扶、退役军人服务管理等工作制度机制，重点抓好困难群众生活保障，让全区群众共享改革发展成果。要统筹实施好文化、教育、医疗、养老、旧改等各项已经出台的行动计划，着力解决群众操心事烦心事揪心事，努力打造更加优质均衡的公共服务体系。

5. 聚焦守住安全底线红线，全力防范和化解重大风险

坚持把防范化解重大风险贯穿经济社会发展的全过程，切实增强忧患意识，建立健全矛盾风险防范化解工作机制，坚决打赢防范化解重大风险攻坚战。要突出做好互联网金融风险处置工作，保持目标不变、力度不减、人员不撤，加强追赃挽损工作，全力维护社会稳定，培育良好金融发展生态。要保持清醒头脑和敏锐嗅觉，提高应对风险的前瞻性，根据形势变化及时调整开发建设节奏，确保政府债务安全可控。要深化平安拱墅建设，提高打击违法犯罪活动的精准性，切实保障国家安全、社会安定、人民安宁。

三、大力开展“六大专项行动”和“五场比赛”

从过去几年的实践来看，区委聚焦全区核心工作，每年开展几个专项行动，十分契合拱墅实际，是能够集中精力、克难攻坚、加快推进拱墅高质量发展的务实举措。2020 年，我们将坚持这一有效机制，继续举全区之力实施“六大专项行动”。

1. 实施产业平台建设专项行动

以智慧网谷小镇、运河财富小镇、汽车互联网小镇、工业设计小镇为重点，统筹推进十大产业平台项目建设、产业链培育、环境功能提升，全力打造大城北产业核心承载区。一要加快重大产业项目建设。全面落实各方主体责任，加强难点问题协调推进，全过程抓好 98 个重点产业项目建设，确保开工 25 个、竣工或投用 16 个、出让 20 个，突出抓好联想、奇虎 360、招商蛇口、网谷商务先行区、万科汽车互联网产业园等重大项目建设。坚持快字当先、能快则快，从一季度开始就掀起项目开工、土地出让、招商引资工作热潮。大力开展留用地项目攻坚，着力抓好花园岗、金星等 41 个留用地项目建设，加速化解历史遗留问题，实现康桥区域商业地块招商零突破，推动留用地项目与主导产业、主要平台高质量融合发展。二要提升平台产出效益。聚焦龙头带动，加快推动头部企业入驻，抓好顺丰全球创新中心、大悦城商务中心等建成项目招商选商，加快远洋、绿地等重点楼宇项目去化速度，进一步提高已落地项目的产值和税收贡献，加快打造千亿级产业平台和更多亿元楼宇，确保十大平台品牌形象、集聚效应、经济效益不断提升。三要强化平台核心功能。加强平台运营管理能力，提升平台综合管理品质，高水平举办各类大赛、论坛，着力提升高端商务环境配套，加快引进高新技术实验室、创新研究院、科技创新中心等创新平台，科学布局众创空间、孵化器等服务平台，以完善的生态圈和产业链推动平台经济高质量发展。

2. 实施公共项目建设专项行动

围绕圆满收官城市开发建设三年行动计划，坚持以政府性投资项目为主抓手，

持续完善城市功能，不断增强大城北城市承载力和辐射力。一要狠抓交通基础设施项目。突出网谷、华丰、桃源、康桥等重点区块配套，全力推进康园路、萍水东路等21条21公里主次干道建设，确保完成地铁建设征迁任务，进一步完善支小路、打通断头路、移交建成路，高质量构建全区路网体系。大力推进公共停车场库、地下空间建设，竣工停车泊位550个，积极推广“先离场后付费”，着力缓解停车难。二要狠抓大运河文化带建设项目。围绕大运河文化“两区”建设，持续推进十大文化项目建设，着力抓好新十大文创园改造提升，积极谋划推进大运河博物院、小河油库遗址公园、华丰工业记忆走廊等重大文化项目，加快打造更多文化新地标。统筹抓好社区文化家园、文体设施、主题公园、文化俱乐部等基层文化阵地建设，开发更多文旅产品，打造更多文化品牌，不断完善公共文化服务体系。三要狠抓公共服务项目。坚持规划超前、标准领先、保障优先，高质量抓好19所校园建设，加快打造具有拱墅特色的“未来学校”，进一步深化名校集团化战略，努力把每一所学校都建成大城北的标志性建筑，全力打造“百姓家门口的好学校”。围绕打造健康中国示范区目标，着力完善公共医疗资源布局，大力推动邵逸夫医院大运河分院、新华国际医院建设，全面完成社区卫生服务中心标准化建设，高标准抓好婴幼儿照护服务全国试点项目。统筹抓好邻里中心、党群服务中心、公安营房等各类公共项目建设，实现区档案馆新馆开工。四要狠抓保障安居项目。围绕“两个确保”总目标，切实加快安置房建设进度，全年力争竣工安置房14万平方米，交付57万平方米，实现配套项目全面开工、50%竣工，回迁安置1000户以上。统筹抓好人才专项租赁房、蓝领公寓和未来社区建设，不断提升管理运营水平，更好惠及创新创业人才。

3. 实施美丽拱墅提升专项行动

坚持按照绣花的标准治理城市，深入推进城市有机更新，着力提升精细化管理水平，带动大城北形象不断推陈出新。一要高标准推进老旧小区综合改造提升。坚持因地制宜、分类实施，纵深推进三年行动计划，确保春节后91个、国庆后40个小区全面开工，确保2021年全面完成改造提升工作，全力打造“五好五不”新家园。严格落实“四问四权”，积极探索社会资本参与、群众出资、长效管理、电梯加装等有效路径，努力打造老旧小区改造全国样板。统筹抓好居家养老服务体系建设，确保实现“阳光老人家”站点、街道居家养老服务中心、助餐服务“三个全覆盖”。二要大力度推进重要道路沿线改造提升。坚持沿路开发优先，以莫干山路、沈半路、拱康路、康桥路等为重点，着力抓好沿线区块开发、设施完善、环境整治、业态提升等工作，加快形成各具特色的沿路沿街产业带、景观带和文化带。要突出抓好华丰区块开发建设，按照打造未来社区和央企总部集聚区的要求，统筹抓好规划调整、土地出让、企业招引、遗产保护等工作，努力打造彰显杭州特色的精品亮点区域。三要精细化推进美丽河道改造提升。坚持水岸共治，统筹做好河道综保、雨污分流、生态健康廊道建设、特色街改造提升等工作，努力打造水清、岸绿、景美、宜居、繁荣新河道。持续推进“五水共治”，全力创建省污水零直排区。改造提升以大运河为主轴的夜间商圈，发展夜旅游、培育夜产业、构筑夜文化、引爆夜消费，打响“夜运河·月光经济”品牌。改造提升胜利河美食街，集聚人气、增添活力，打造浙江

秀美墅园

（区委宣传部 供稿）

省百县千碗展示街区。改造提升上塘河风情小镇，突出发展运动休闲、文化旅游、总部经济，打造山水连廊的体育休闲旅游景观带。四要全覆盖推进环境设施改造提升。着力抓好小区垃圾分类设施、供水供气设施、公共厕所、市政道路设施等公共环境设施改造提升，健全城市顽疾战区治理等长效机制，全面提升城市洁化、序化、美化、绿化、亮化水平。

4. 实施优化营商环境专项行动

全面落实优化营商环境条例，对标世界银行营商环境评价指标体系，着力补齐短板弱项，更有效地激发市场主体活力，更有效地增强拱墅对外吸引力，持续擦亮营商环境金名片。一要做实政策扶持文章。深入落实好“民营经济二十条”“大树计划”“小巨人计划”“旭日计划 2.0”等扶持政策，用足用活科技助贷金、转贷引导基金、风险池基金。巩固和拓展减税降费成效，坚持算大账、算长远账，即使困难再大，也要咬紧牙关，坚决把该减的税减到位，把该降的费降到位，把该兑现的政策兑现到位。二要做好“双招双引”文章。突出招商引资这个牛鼻子，全面落实“拱墅招商七条”，压实各产业部门、街道、园区主体责任，下大力气引进一批龙头企业、龙头专业机构和有影响力的会展活动，确保全区楼宇入驻率保持在 85% 以上。用足用好“运河英才计划”“外创十条”“618人才新政”等政策，大力实施外创园 2.0 提升计划，加快中欧科技创新中心等重量级人才平台建设，全力提升引才引智质效。三要做优企业服务文章。持续深化“最多跑一次”改革，常态化开展“三服务”活动，突出做好项目、企业、企业家三个服务，充分发挥企业服务办公室和企业服务专员作用，多做雪中送炭的工作、多办“清”上加“亲”的事情、多为企业纾困解难。要设立区级企业服务投诉平台，建立企业诉求的提交、协调、办理、反馈机制，打造拱墅企业服务的“12345”品牌。

5. 实施新制造业发展专项行动

认真落实“新制造业计划”，全面推动制造业提档升级，让制造业企业在拱墅有舞台、有地位、有奔头，做强拱墅高质量发展的新引擎。一要加快一批制造业平台提升。抓好工业设计小镇建设，发挥浙江创意设计协会等龙头企业作用，以工业设计赋能制造业，打造拱墅新制造业主服务平台。抓好杭钢工业上楼产业园建设，加快打造杭州工业上楼先行区。要加快康桥新能源产业园、北城·智汇园改造，加快中美华东生命健康产业园、杭开产业园建设，着力提升制造业集聚水平。二要加快一批制造业项目建设。抓好人人集团产业用房、金网新能源汽车等优质制造业企业项目建设，确保项目早日建成、早日投用。要用足用好现有工业用地资源，实施产业链精准招商，加快引进战略性新兴产业和未来产业龙头企业项目。三要加快一批制造业企业培育。深入实施企业梯度培育计划，推动制造业企业回归，鼓励小微企业上规升级，支持企业数字化、网络化、智能化改造，切实加大对我区生物医药、装备制造、新能源、时尚等领域重点企业支持力度，帮助企业在拱墅把根扎得更深。

6. 实施深化基层治理专项行动

基层治理是推进区域治理现代化的支撑点。我们要瞄准基层治理的薄弱环节，着力在“七个减下来”上下功夫，进一步夯实全区基层治理基础。一要深化诉源治理，把面上纠纷减下来。充分发挥区社会矛盾纠纷调处化解中心作用，加快构建协同高效的“大调解”工作机制和网络体系，努力把矛盾纠纷化解在萌芽阶段，确保实现法院收案数量零增长。二要深化积案治理，把突出矛盾减下来。着力巩固“无信访积案区”创建成效，对既有信访积案、历史遗留问题、社会稳定事件紧盯不放，做到列出清单、明确责任、排定计划，持续加大化解力度，力争做到全面清零。三要深化隐患治理，把安全风险减下来。常态化开展安全生产、消防安全、公共场所安全、食品药品安全等重点领域风险隐患排查整治，着力提升电梯“养老”综合保险覆盖面，全面加强应急处置能力建设，不断提升风险隐患综合监测、早期识别和预报预警能力。四要深化三方治理，把社区杂音减下来。充分发挥区三方治理综合体作用，加快实现全区所有小区三方协同机构、人员全覆盖，着力提升三方共建共管共治水平，努力让每个小区都成为“幸福家园”睦邻小区。五要深化治安治理，把警情发案减下来。严密打防管控，保持对涉黑涉恶、涉枪涉爆和个人极端暴力犯罪等案事件的高压严打态势，依法惩治盗抢骗、黄赌毒、食药环等传统治安问题以及电信网络诈骗等新型网络违法犯罪，深入开展扫黑除恶专项斗争，确保全区治安秩序持续好转。六要深化乱象治理，把群众怨言减下来。针对渣土运输、餐饮油烟、保健品销售、预付卡消费等群众反映强烈、乱象较多的行业领域，加大整治力度，强化综合执法，确保治出显著成效、维护群众利益。七要深化数字治理，把人力低效减下来。加大“城市眼·云共治”平台推广运用，积极探索围墙内外各类新应用场景，着力提升网格内基层共治水平，加快打造基层数字治理的样板区。

在抓好“六大专项行动”的同时，我们还要聚焦基层基础，在各街道开展“五场比赛”。一是开展三方协同赛。重点比一比三方办工作精细化水平、老旧小区长效管理水平、矛盾纠纷处置效度、“美好家园”创建成果等内容，推动小区治理水平实现新突破。二是开展优商服务赛。重点比一比企业诉求解决、“双招双引”成效、市场主体质量、楼宇五率等内容，着力提升服务企业的能力和水平。三是开展数字治理赛。重点比一比“城市眼·云共治”平台运用成效、新应用场景拓展情况、发现问题处置效率等内容，着力提升数字治理的能力水平。四是开展平安创建赛。重点比一比消防安全、安全生产、平安“三率”、矛盾纠纷调处、社会面平安情况等内容，切实守牢平安底线。五是开展垃圾分类赛。重点比一比垃圾源头控量情况、垃圾分类精准程度等内容，着力提升垃圾分类工作质量，推动全区垃圾分类工作再上新台阶。

四、深入实施党的建设“四大工程”

争当高水平全面建成小康社会排头兵，最大依靠就是我们的铁军干部队伍，关键是各级党组织强有力的保障。2020 年，我们要以实施“四大工程”为主抓手，有效提高党的建设质量，为全区经济社会各项事业高质量发展提供坚强保证。

1. 围绕一个“强”字，抓实基层组织建设工程

党的力量来自组织，党的全面领导、全部工作，要靠党的坚强组织体系去实现。我们要牢固树立大抓基层大抓基础导向，进一步夯实基层党建工作，努力把每个基层党组织都建设成为坚强战斗堡垒。一要聚焦书记头雁强，扎实推进“墅领先锋”工程，落实社区（经合社）党组织书记备案管理和规范优秀书记纳编工作，培养造就一批信念过硬、政治过硬、责任过硬、能力过硬、作风过硬的基层党组织书记队伍。二要聚焦班子团队强，深入开展“墅创堡垒”组织力提升三年行动，选优配强各级党组织班子，抓实最强支部激励和后进支部整转，推进党支部标准化规范化建设，不断强化党组织的主心骨作用。三要聚焦工作战斗力强，着力加强服务型基层党组织建设，强化区域党群服务中心、运河城市驿站阵地功能，努力打通服务群众的“最后一公里”；着力加强基层党组织对经合社发展的领导力，全面做好股社分离“后半篇”文章，做大做强集体经济，有效维护股民利益；着力推动基层党组织在基层治理领域有效覆盖、发挥引领作用，消除治理中的薄弱点、空白点，打通治理现代化的神经末梢。

2. 围绕一个“干”字，抓实干部队伍建设工程

坚持新时期“好干部”标准，全面做好干部培育、选拔、管理、使用工作，着力加强高素质专业化干部队伍建设，鼓励干部在“六大专项行动”“五场比赛”主战场上展现新担当新作为。一要坚持导向，让干部想干。牢固树立正确的选人用人导向，坚持在攻坚一线察事识人，以实绩为干部精准画像，切实做到以实干论英雄、凭实绩排座次。落实“三个区分开来”要求，完善“两个担当”良性互动机制，不断健全干部容错纠错制度，深入推进“及时澄清问题，支持干部干事创业”相关工作，认真落实“基层减负八条”，努力让广大干部真正打消顾虑、轻装上阵、心无旁骛干事创业。二要加强培训，让干部会干。全面提升“运河干部教育培训计划”，着力提高培训的时代性针对性有效性，系统开展习近平新时代中国特色社会主义思想学习，着力加强大数据、人工智能、区块链等前沿领域新知识新技能和规划建设、经济金融、法律法规等专业知识的学习培训，帮助干部强化理论武装，丰富知识储备，提升干事创业能力。三要赛场赛马，让干部干好。建立健全“三比二听二评一

考”评价机制，组织开展部门、街道和建设指挥部、社区和经合社等三个层面大比武，每季度听取“六大专项行动”和“五场比赛”情况，广泛评选担当作为好干部和党建工作之星，强化干部作风动态评价考核，大力营造比学赶超的干事创业氛围。

3. 围绕一个“勤”字，抓实干部作风建设工程

大力弘扬“激情、用心、实干、担当”的拱墅铁军精神，着力整治“温、软、慢、推、庸、浮”六种不良风气，推动广大干部勤勉敬业、勤政务实、勤廉双优，以更优良的作风创造更优异的业绩。一要以活动促勤。继续开展“兴五风破三慢解四题”专项行动，着力整治“面对上级部署反应慢、面对工作任务节奏慢、面对群众呼声处理慢”的突出问题，督促广大干部切实做到决策条条都算数，工作样样皆落实，民情件件有回应。二要以监督保勤。强化党委主体责任、书记第一责任、班子成员“一岗双责”、纪委监督责任“四责协同”，完善纪律监督、监察监督、派驻监督、巡察监督“四个全覆盖”工作机制，强化媒体舆论监督，围绕“六大专项行动”“五场比赛”开展精准监督、立体监督，确保监督常在、干部常勤。三要以查处逼勤。持续保持正风肃纪反腐高压态势，一体推进不敢腐、不能腐、不想腐，巩固发展反腐败斗争压倒性胜利。深入纠治形式主义、官僚主义，坚决整治不担当不作为不落实，依法依规追责问责，倒逼干部勤廉不懈怠。

4. 围绕一个“势”字，抓实宣传思想保障工程

牢牢掌握意识形态工作领导权主动权，统筹抓好理论舆论、网上网下、对内对外宣传工作，唱响主旋律，营造好氛围，壮大正能量，形成新风尚。一要在舆论氛围上造势。坚持做大做强主流思想舆论，大张旗鼓报道我区运河沿岸名区建设的有力举措，多角度、多层次、多类型地讲好运河故事、拱墅故事，把全区干部群众士气鼓舞起来、精神振奋起来，朝着加快实现大城北崛起的目标团结一心向前进。二要在选树典型上造势。大力选树一批在拱墅改革发展中涌现的先进人物、典型事迹，持续开展“拱墅激情创业十件大事”“感动拱墅人物”“最美人物”评选，激励广大党员干部学先进、赶先进、当先进，见贤思齐、锐意进取，努力创造无愧于时代、无愧于人民、无愧于历史的业绩。三要在文明实践上造势。大力弘扬社会主义核心价值观，不断深化新时代文明实践中心全国试点建设，办好各类“文明实事”，广泛开展志愿服务和公益活动，不断提高市民思想觉悟、道德水准、文明素养，让拱墅大地处处充满正能量。

党政军民学，东西南北中，党是领导一切的。我们要以党的政治建设为统领，学懂弄通做实习近平新时代中国特色社会主义思想，积极构建“不忘初心、牢记使命”长效机制，切实增强思想自觉和行动自觉，进一步增强“四个意识”、坚定“四个自信”、切实做到“两个维护”。要牢牢坚持党委总揽全局、协调各方，支持区人大、政府、政协和监委、法院、检察院依法依章履行各自职能，进一步形成齐心合力、履职尽责、砥砺奋进的工作格局。要加强对统一战线的领导，以“聚焦大城北、画好同心圆”为主线，深入开展基层统战“规范提升年”活动，加快打造“贤聚堂”“同心·综合体”“区数字统战体验馆”等一批基层统战新品牌，充分发挥好民主党派、工商联、无党派人士作用。要扎实做好新形势下党管武装、群团改革、老干部等工作，更好调动方方面面积极性，推动拱墅更好更快发展。

政府工作报告

在拱墅区第七届人民代表大会第四次会议上

（2020年1月18日）

拱墅区人民政府区长 章 燕

一、2019年工作回顾

2019年是新中国成立70周年，也是拱墅全面由“破”转“立”迈向高质量发展的攻坚之年。在市委、市政府和区委的坚强领导下，在区人大、政协和社会各界的监督支持下，我们以习近平新时代中国特色社会主义思想为指导，坚持稳中求进工作总基调，深入贯彻新发展理念，围绕“八八战略”再深化、改革开放再出发，聚力建设运河沿岸名区，全面落实市委“六大行动”部署，扎实推进“6+4”专项行动，持续打好高质量发展组合拳，圆满完成十件民生实事，全区经济社会实现平稳健康发展。

（一）全力稳企业稳增长，经济实力跃上新台阶

全面贯彻“六稳”要求，实施优化营商环境专项行动，推动经济平稳健康发展。加大民营企业扶持力度，出台“民营经济20条”、科技企业助贷金等政策，兑现扶持资金5.2亿元，减税降费30.7亿元，助推企业融资21.8亿元，筹建蓝领公寓1902套，新增“大树”“小巨人”企业29家，锦江、海外海、建华集团荣登中国民企500强，德信地产港交所上市。全市率先实施个体工商户简易登记改革，实现社保缴费“一站式”服务、企业开办1日办结、一般企业投资项目开工前审批“最多60天”，营商环境在7月、12月第三方评估中分列全市、全省榜首。发挥投资拉动作用，全力推进151个产业项目建设，杭钢云计算数据中心、360产业园、万科汽车互联网产业园三期等一批产业支撑项目顺利开工，顺丰全球创新中心等重点产业项目实现竣工，预计实现固定资产投资超480亿元，增长20%以上，地区生产总值增长8%左右。实现地方一般公共预算收入91.2亿元，增长8.1%。

（二）注重抓平台促创新，产业转型注入新动能

坚持以产业平台为主战场，大力发展数字经济，通过双招双引、创新赋能，加速推动产业转型升级。以智慧网谷小镇为“头雁”，持续推进重大产业引擎性项目建设，被人民日报誉为东部地区优化发展样本。汽车互联网产业创新服务综合体入选省级创建名单，汽车互联网产业园被评为国家级科技孵化器。上塘电商小镇获评浙江省数字化示范园区。实施招商引智专项

行动，推进“全区一盘棋”招商体制改革，引进省市县长项目3个、产业链项目29个、亿元项目63个，落地中科院计算所数字经济产业研究院、浙数文化、丰驰网络、蓝疆创新等一批优质产业项目，引进国际脑科学转化中心、中德生物经济产业园、新加坡南洋理工大学科创中心等一批高端人才项目，引育外籍院士3名。坚持以创新驱动增强企业竞争力，中美华东成为国家知识产权示范企业，全社会R&D经费支出增幅居城区第一。预计规上工业、高新技术产业增加值增幅均居全市第一，前三季度高质量发展过程性指标位列全市第二。

（三）奋力决胜全面小康，攻坚补短取得新进展

紧盯经济社会发展的短板和薄弱环节，坚决打好“三大攻坚战”，夯实决胜全面小康的基础。全力防范和化解涉众型金融风险，实现全域网贷机构清零，存量机构、借贷余额、出借人数下降率均居主城区第一。中央和省级环保督察问题整改得到全面落实，PM2.5平均浓度降幅、空气优良率均居主城区前列，塘河片区获评省级“美丽河湖”，“五水共治”再夺“大禹鼎”，生活垃圾定点、定时投放全面铺开。扎实做好东西部扶贫协作、山海协作、区县协作等工作，助推湖北来凤、贵州黄平实现脱贫。破除环境功能性制约，大城北环境综合整治350个项目顺利完成，僵持15年的中石化小河油库顺利拆除，杭州粮油市场、港航公司、元通汽车等企业征迁清零，半山电厂综合提升改造工程顺利开工，拱康路渣土专用道基本建成，20万平方米康桥花海如期开放，杭钢和半山地区生态转型成效获韩正副总理、车俊书记肯定。

（四）推动北建战略落地，城区面貌展露新形象

坚持规划引领、项目带动、管理提升，持续推动城市有机更新。完成国土空间总规等14项规划研究，全面启动留用地开发建设攻坚三年行动，盘活利用批而未供、供而未用、低效用地5351亩，收储经营性用地687亩、出让用地644亩。加快完善交通基础设施，高标准推进香积寺路西延工程等85条道路和14个地铁站点建设，永宁路、云锦路等一批城市道路的正式启用，高标准推进地铁5号线拱墅段全线通车。新增公共停车泊位1140个、地下空间60万平方米。推进回迁提速工程，剩余安置房全部开工，在建面积达328万平方米，交付安置房56.6万平方米，回迁安置1333户，瓜山项目入选全省首批未来社区试点。建成“污水零直排”生活小区226个、沿河生态廊道22公里，半山国家森林公园完成景区标准化改造。成功创建省级“基本无违建区”。

（五）集聚优质公共资源，社会事业迈出新步伐

坚持名区名城标准，繁荣文化、教育、

卫生事业，不断提高城区核心竞争力。高标准实施大运河亚运公园、中央公园和祥符桥传统风貌街区等文化地标建设，显宁寺一期、大运河文化艺术中心、文化时尚发布中心8个项目精彩亮相，成功举办第十一届中国非遗博览会、大运河国际钢琴艺术节、戏曲节，大运河文化带建设成效被车俊书记誉为落实“两个维护”的先进典型。精心打造“百姓家门口好学校”，推进“双名”计划，投用华师大附校等学校10所，开工10所，引进华君武美术馆和漫画艺术研究院，拱墅职高石丹教师勇夺第45届世界技能大赛金牌，学前教育补短工程获省政府表彰。开工邵逸夫医院大运河分院，投用城北健康中心，建成区妇幼计生中心、区中西医结合医院、小河湖墅中心，全国率先实现财政医疗收费票据电子化率100%，健康浙江考核位列全市第一。

（六）回应美好生活向往，民生福祉实现新提升

努力在发展中改善民生，聚焦住房、养老、就业等民生关切，不断提高群众生活品质。收官前一轮老旧小区综合改造提升，完成75台电梯加装，改造经验成为全市导则范本，拱墅模式获住建部推广。深入推进“阳光老人家”居家养老服务体系建设，成功创建国家智慧健康养老示范基地，建成5家省级示范型居家养老服务中心，祥符、小河、和睦街道被国家三部委评为智慧健康养老示范街道，李克强总理亲临和睦新村考察并对上述两项工作予以肯定。持续增加公共服务供给，0—3岁托幼成为中计协全国试点。完善民生保障体系，新增就业2.9万人，全民参保率、医疗保险参保率分别达99.4%、99.5%，健全区、街道、社区三级退役军人服务网络，“残疾人之家”实现街道全覆盖。发放各类救助金7079万元，惠及群众8.7万人次。创建省级“放心农贸市场”5家，投用安置房小区生活配套项目6个。

（七）促进社会和谐稳定，基层治理收获新成果

完善社会治理机制，鼓励基层首创。持续深化三方协同治理，小河街道获评省级城乡社区治理和服务创新实验区，安置房三方协同治理入选省级标准化试点，完成社工薪酬改革，全域实现“股社分离”。电梯养老综合保险模式获国家市场监管总局推广，入选全国社会共治十大优秀案例。投用全国首个“心理社工”培育基地，成功创建省信访无积案区。“城市眼·云共治”覆盖主要街区，成功入选“城市大脑”重点应用场景。推进“雪亮工程”，治安警情下降21.4%，连续十四年获评省“平安区”。圆满完成征兵、维稳、安全生产、消防安全、城市应急、防灾减灾、食药安全等各项任务。

（八）坚持守初心担使命，自身建设焕发新气象

深入开展“不忘初心、牢记使命”主题教育，推进“走亲连心三服务”、新时代解放思想大讨论、互看互学大比武等活动，

高质量完成省委巡视整改阶段性任务。加快政府职能转变，圆满完成政府机构改革，重组、改制国有企业5家。深入实施机关内部“最多跑一次”改革，深化预算支出标准体系建设，实现财政绩效管理全覆盖。完善政府依法决策机制，全面推进政务公开，推行重大行政决策目录化管理。自觉接受人大法律监督和政协民主监督，主动接受监察、司法、审计、舆论和社会监督，办理人大建议110件、政协提案119件，办结率100%。全面落实党风廉政建设和作风效能建设，严格执行中央八项规定，驰而不息整治“四风”，政治生态更加风清气正。过去一年，有关方面围绕全区中心工作，在各自领域作出了不懈努力。妇女儿童、老龄、红十字会、爱国卫生、科学普及、统计等工作不断进步，民族宗教、外事侨务、港澳台、双拥、民兵预备役和人民防空等工作取得新成绩。

在肯定成绩的同时，我们也清醒地看到，当前拱墅面临产业、城市转型的双重压力，经济社会发展存在不少困难和挑战。主要是产业能级整体不高，龙头企业亟待引育，离引领大城北产业崛起的目标仍有差距；政府数字化转型速度不快，数据壁垒亟待打破，离一流营商环境的样本城区仍有差距；城市功能不够完善，文化竞争力亟待提升，离大气精致的运河沿岸名区形象仍有差距；优质公共服务供给不足，配置效率亟待增强，离人民群众对美好生活的向往仍有差距；法治政府建设不够深入，基层治理亟待创新，离治理体系和治理能力现代化仍有差距。对此，我们将直面问题，采取有力措施，切实加以解决。

二、2020年的发展目标和重点工作

2020年是收官“十三五”、布局“十四五”的关键之年。从宏观形势看，全球动荡源和风险点显著增多，国内经济下行压力加大，我区投资稳中承压，财政收入增长乏力，保持向好的发展态势需要凝聚更强的动能支撑，但经济稳中向好、长期向好，延续高质量发展的基本趋势没有改变。全区上下要保持战略定力，做到决心不变，信心不减，举措不松，把压力转化为促进发展的有效动力，抢抓机遇、乘势而上，为高质量建成运河沿岸名区奠定坚实的基础。

根据区委七届八次全会精神，2020年政府工作的指导思想是：以习近平新时代中国特色社会主义思想为指导，深入贯彻落实党的十九大、十九届四中全会和省市区委全会精神，坚持稳中求进工作总基调，坚持新发展理念，以“六大专项行动”和“五场比赛”为主抓手，持续推动高质量发展，坚决打赢三大攻坚战，加快大运河文化带建设，全面推进区域治理体系和治理能力现代化，稳增长、促改革、调结构、惠民生、防风险、保稳定，促进全区经济社会持续健康发展，努力争当高水平全面建成小康社会排头兵。综合考虑各方面因素，今年全区经济社会发展的主要预期目标建议为地区生产总值增长6.5%以上；全社会R&D经费支出增长15%；财政收入增长与经济增长基本同步，有效投资、节能减排、

环境保护、社会事业和民生保障等指标确保完成市下达目标任务。完成今年主要目标，要坚定不移贯彻新发展理念，把握中央经济工作会议“四个必须”的重要认识，始终把发展作为第一要务，干好“六五四”、收官“十三五”，以一流施工队的担当引领大城北崛起，重点把握好“六个坚持”：

1. 要坚持稳中求进，在高质量发展上取得新成效

坚持以进固稳、以稳应变，着力抓项目、扩投资，引导重点平台、重大项目早出效益；拓市场、促消费，充分发挥重点领域和商业综合体作用；增信心、稳预期，做深做实“三服务”，主动为企业排忧解难。确保在经济增长、民生底线、风险防控上稳得住，在转换动能、调优结构、提高效益上进得好。

2. 要坚持发展赋能，在竞争力提升上取得新优势

增强企业的主体作用，坚定不移走“三化融合”之路，持续打造高端要素高效交互的产业社区生态，推动资金项目嫁接转化和产学研深度融合，通过科技赋能、数字赋能、人才赋能、金融赋能、产业生态赋能，全面提升企业核心竞争力和产业链水平，进一步畅通经济循环，建设现代化市场体系。

3. 要坚持战略机遇，在大平台开发上取得新拓展

充分发挥在长三角一体化、大运河文化带、“北建”战略中的区位、空间和文化优势，依托杭州城市的整体形象和能级，主动承接上海的溢出效应，对接长三角区域、运河沿线城市群的大平台大市场，在更高层次上推动资源的整合互动，持续提升拱墅的文化影响力、产业渗透力和要素吸纳能力。

4. 要坚持环境优先，在集聚力增强上取得新突破

把环境作为集聚发展要素的最大竞争力，全力保障基础设施、公共服务和商业配套供给，提供舒适便捷的生活体验；加快沿河沿山沿路景观、生态和文化带建设，全域提升美丽拱墅的“颜值”；优化政务服务、政策扶持供给，切实降低创新创业的时间、商务和制度成本，打造国内一流的营商环境。

5. 要坚持民生为本，在现代化治理上取得新经验

把握高水平全面建成小康社会的目标要求，完善普惠均衡、共建共享的社会治理结构，坚持提高社会治理法治化、专业化、智慧化水平，结合老旧小区改造，深化医疗、养老、托幼等民生服务领域的市场化改革，推动居民生活服务业发展，增强多层次多样化供给能力，让全区人民有更多的获得感、幸福感、安全感。

6. 要坚持务实重行，在高效率执行上取得新进步

全面深化政府绩效管理，发挥“项目

化管理、清单式交办、节点式督查”和“攻坚破难”问题协调机制作用，全力推进“六大专项行动”“五场比赛”“四大工程”。强化“全区一盘棋”的系统作战理念，注重多业务协同、跨部门协作，把制度优势转化为执行力效能，确保战略部署高效落地。

重点抓好5个方面的工作：

（一）聚焦发展第一要务，全力实现经济平稳健康增长

全面做好“六稳”工作，发挥消费基础作用和投资关键作用，走出高质量可持续快发展之路。

1. 支持实体企业发展

落实振兴实体经济、支持民营经济高质量发展和减税降费等重大政策，实施优化营商环境专项行动，开展优商服务赛，完善产业扶持系列政策。推行经济管理“1418”工作法，精准服务重点税源企业，深化企业解难机制，多措并举回应企业经营发展的实际需求，有序推进“僵尸企业”处置。助推企业对接多层次资本市场，进一步缓解民营企业融资难融资贵问题。实施新消费计划，鼓励发展新零售、新业态，大力发展“首店经济”，精心打造一批商业综合体、商业特色街、会展节赛，持续提高运河商圈知名度。

2. 强化平台项目支撑

坚持以大平台、大项目带动经济发展，实施产业平台建设专项行动，十大产业平台实现常规税收50亿元以上，特色主导产业主营占比提升至80%，培育税收超千万企业70家以上，新增楼宇规上企业110家以上。实施公共项目建设专项行动，安排省、市、区重点项目90个，开工联想创投集团总部等20个项目，投用汽车互联网产业园二期等5个项目，实现固定资产投资增长10%以上，其中，高新技术产业投资、生态环境与公共设施投资、民间投资、工业投资均增长10%以上。深入实施留用地开发建设三年行动计划，开工项目14个，投用3个。

3. 深化重点领域改革

以“最多跑一次”改革为牵引，深化商事登记制度改革，推进个体工商户登记注销、公民个人和企业“一件事”联办。打造智慧政务大厅3.0系统，政务服务实现“一次刷脸、全域通办”。优化企业投资项目审批机制，推行一项一码、一窗受理、全程网办和全流程监管，实现一般企业投资项目审批验收“最多80天”。推进资源要素差别化配置，深化工业用地“标准地”改革和“亩均论英雄”综合评价机制。

4. 防范金融风险隐患

进一步整顿规范金融秩序，稳妥化解涉众型金融领域风险，以头部平台为重心，推进资产清收处置，全力追赃挽损。全面对接省“天罗地网”监测系统，筑牢金融风险“防火墙”。强化金融风险网格化排查，提高发现、预警和处置能力，实施风险联

动监管，打好防范化解组合拳。加强政府债务管控，健全举债融资机制，规范政府债券发行，稳妥化解隐性债务，确保政府中长期债务风险总体可控。

（二）推动产业能级提升，深度融入长三角一体化发展

紧抓长三角一体化发展机遇，坚持在产业链与创新链提升上做文章，下好转型升级“先手棋”。

1. 强化数字经济引领

紧抓数字经济“一号工程”，加快数字内容产业集聚，全力打造产业集群和示范园区。依托智慧网谷小镇，开工58同城、联想、网谷商务先行区、浙数文化等项目，落地省国贸集团等5个项目，加快顺丰、新浪、奇虎360、中科院计算所数字经济产业研究院等龙头企业和机构落地核心业务，集聚关联企业，做大产业能级；发挥汽车互联网小镇省级创新服务综合体产业赋能作用，新增重点产业链项目4个，投用万科二期；推进上塘电商小镇“两带三园”建设，电商企业规模达500家以上。实现数字经济核心产业增加值增长10%以上。

2. 加快新制造业培育

实施新制造业发展专项行动，重点打造生物医药、生命健康、高端装备制造、新能源、工业设计等核心产业集群，着力提高都市工业质量。提升改造工业平台，推进康桥新能源产业园腾笼换鸟、北城·智汇园提质增效、工业设计小镇赋能发展，探索杭钢园区“工业上楼”。强化工业项目支撑作用，加快华东医药生命科学产业园、顺丰国际生鲜供应链基地、杭钢云计算数据中心二期等项目建设，推动康桥、杭钢单元等工业新项目供地。规上工业企业增至78家，实现规上工业增加值增长8%以上。

3. 完善科技创新体系

抓住长三角打造世界级创新平台和增长极的有利契机，引进培育高精尖科技企业和特色创新平台。打好高新技术企业培育三年行动收官战，新增国家高新技术企业43家以上、“旭日”企业35家以上，申报院士专家工作站1个、省市研发机构6个。培育自主知识产权企业，争创专利（试点）示范企业10家。做好中欧创新中心、中德共塑对接中心、上海交大科创中心等高层次科研平台的引进建设。与上海张江等高水平科创平台合作，建设联合孵化器，新建国家和省、市级孵化器、众创空间4家以上。加强与浙江工程师学院等校地合作，推动产学研项目落地，推出运河创业创新学院升级版。完成瓜山未来社区建设，打造驱动“产城人”深度融合的创新创业载体。

4. 增强双招双引实效

紧抓杭州建设国家新一代人工智能创新发展试验区机遇，瞄准大数据、数字内容、汽车后市场服务、生物医药、集成电路等细分领域的领军企业，聚焦产业招商、平台招商、精准招商，强化“一对一”定制

化服务，推行“项目＋基金”产融结合的招商新模式。突出招大引强，落地省市县长项目3个，招引龙头企业11家、亿元以上项目50个、产业链项目20个以上。深入实施人才引领发展战略，申报市级高层次人才50人以上，引进外籍非华裔人才项目10个以上。扎实开展对口帮扶、山海协作、对口合作、区县协作等工作。

（三）提升城市功能品质，奋力跑出大城北崛起加速度

高标准建设大城北核心区，以“一年推出一个新拱墅”的决心和魄力，持续推进城市有机更新。

1. 加快城市开发建设

坚持国土空间总体规划和大城北核心区规划引领，实施131个大城北开发建设项目，提速城市功能完善、产业升级、环境改善步伐。加快安置房和配套项目建设，竣工安置房14万平方米，交付57万平方米，开工配套项目20个，回迁安置1000户以上，在外过渡5年以上群众全部“安置回家”。加强土地要素保障，出让经营性用地12宗450亩，收储11宗472亩。优化土地资源配置，消化利用批而未供、供而未用、低效用地共3300亩。

2. 提高城市承载能力

加快构建路网体系，实施94条53公里道路建设，重点推进谢村路、俞家桥路、康园路、储鑫路等主次干道建设，开工18条、完工10条。大力缓解“停车难”，新增公共停车泊位550个，开工及续建3000个，新增地下空间60万平方米。加快地铁三期3、4、10号线站点建设，促进地铁布点与区块开发紧密结合。全面提升绿化品质，改造绿道5条18.7公里，新增绿化面积20万平方米。着力满足多层次人群住房需求，开工人才专项租赁房项目2个，筹建蓝领公寓500套。

3. 守护都市生态底色

全力打好蓝天、碧水、净土、清废“四大战役”，实施美丽拱墅提升专项行动，让“推窗见绿、开门亲水”成为拱墅独特的都市水乡韵味。强化工地、道路、裸土扬尘治理，提升空气优良率。深化“五水共治”成果，创建市、区“美丽河道”25条，建设沿河生态廊道7条9公里，实施65个“污水零直排”生活小区建设，全域创建省级“污水零直排区”。推进污染土地防治，实现“绿色供地”。开展垃圾分类赛，改造提升66个老旧小区分类设施，创建44个生活垃圾分类示范小区，推进垃圾分类走在全市前列。

4. 做精绣花管理模式

全面深化城市精细化治理，提高日常保洁、渣土消纳、停车管理等服务水平，让城市更干净更有序。完善基层城市治理共治共享模式，开展店招店牌视觉设计管理试点，创建“一街一品”街容众包示范街10条。扮靓城市夜景，点亮暗点盲区20处。加强燃气安全源头管理，打造“瓶改管”

示范街区。推进“厕所革命”，新建、改造公厕12座。有序推进“三改一拆”、道路交通安全整治、工程车整治等工作。

（四）推动文化繁荣兴盛，加快实施大运河文化带建设

积极传承大运河文化历史根脉，厚植拱墅文化基因，把运河拱墅段建设成璀璨文化带、绿色生态带、缤纷旅游带。

1. 推动文化“两区”建设

全域建设大运河国家文化公园样板区、大运河文化带核心示范区，重点打造石祥路以南大运河核心街区、大运河新城、半山国家森林公园“华彩段”。加快大运河中央公园、祥符桥传统风貌街区等标志性文化项目建设，开放文化规划馆、民俗迹忆馆，加快形成“一址两园两街三馆两中心”的文化地标格局。持续唱响运河文化“四季歌”，举办第二届大运河沿岸区县合作论坛、“大匠至心”论坛等文化交流活动，不断擦亮大运河文化“金名片”。

2. 促进文旅融合发展

打造“夜运河·月光经济”，整合大运河沿线特色街区、商业综合体、主题酒店、文化地标、滨河公园等资源，建成运河·百县千碗特色美食文旅小镇，投用大悦城“悦街”，唱响夜旅游、夜产业、夜文化、夜消费“四重奏”。盘活丝联166、运河艺术园区、浙窑陶艺公园等文创资源，推出工业遗存特色旅游项目。串联上塘河风情小镇和半山国家森林公园，修缮善贤坝遗址、皋亭积雪等重要节点，打造山水连廊的体育休闲旅游景观带。推进运河左岸·丽水路文化街区、祥符文化街区、义桥老街运河景观带建设，实现文化与传统、休闲的有机统一。

3. 厚植文化基底内涵

推进社区文化家园、城市文化公园、企业文化俱乐部建设，不断夯实基层文化阵地。深入开展文化惠民工程，打造大运河戏曲驿站廊道，创作重现以荣华戏园为代表的老戏台戏曲历史剧。深化“民星大舞台”等基层文化阵地建设，推进文化精品创作“一街一品”，加快基层公共文化示范项目建设。深入开展非遗文化发掘保护，打造大运河非遗会客厅，以市场化模式办好中国非遗博览会，讲好拱墅故事。

4. 营造亚运筹办氛围

全面做好亚运会前期保障，加快大运河亚运公园主场馆建设，开展“迎亚运”道路整治行动，启动地铁4号线沿线半炼路、沈半路等道路整治。开展“全民参与·共享亚运”等公众活动，办好首届大运河沿线城市乒乓球邀请赛。持续扩大中国皮划艇巡回赛、“新年走大运”“香积祈福”等传统品牌活动的影响力，打造与自然人文景观相融的体育赛事。加强基层体育设施配备，新建、更新体育健身苑点14处。

（五）提高全面小康成色，积极构建现代化治理共同体

坚持以人民为中心的发展理念，努力在惠民利民安民上下功夫，推动社会治理体系和治理能力现代化。

1. 深化老旧小区改造

坚持“共谋、共建、共管、共评、共享”理念，推行“标准引领＋功能提升＋特色改造”的建设模式，确保131个小区全面开工，着力破解“资本参与难、居民出资难、长效管理难”，打造具有推广意义的全国样板。结合老旧小区改造提升推进电梯加装，加梯60台以上。坚持建管结合，实施物业综合管理三年行动，实现改后小区长效管理全覆盖，发挥“议事会”“圆桌会”等民主协商机制作用，鼓励社会组织参与小区治理，构建拱墅特色的老旧小区治理模式。

2. 完善优质公共服务

持续升级15分钟养老、托幼、医疗、教育生活服务圈。完善“阳光老人家”居家养老服务体系，实施“四大工程”、健全“五大体系”，新建站点26个，打造“全域没有围墙的养老院”。启动“阳光小伢儿”婴幼儿照护服务三年行动，健全托育服务管理体系。加快邵逸夫医院大运河分院及庆隆、上塘2家社区卫生服务中心建设，促进优质医疗资源普惠共享。启动新一轮教育集团化建设，推动中小学减负提质。开工学校10所、竣工6所、投用9所。

3. 筑牢民生保障网络

着力稳就业，出台就业创业新政，打造就创“110”精准服务体系。完善大救助服务机制，实现困难家庭“应保尽保”“应退尽退”。启动社工队伍建设提升行动，加强对社工群体的关心关爱。投用拱墅健康大厦，建成全省领先的助残服务综合体。持续推进安置房小区生活服务配套三年行动，探索“美好生活加油站”向邻里中心、商品房小区延伸。完成第七次全国人口普查。出台三级服务中心（站）保障规范，全面提高退役军人事务服务水平。

4. 提升基层治理水平

开展深化基层治理专项行动，不断创新多元共治路径。开展三方协同赛，打造示范型业委会20家以上。扩大电梯综合养老保险覆盖面，全年新增电梯参保1000台，开展物业维修基金参保、按需维保、检验周期延长试点工作。深入实施公共法律服务“三名工程”，培育社区矫正帮教驿站，实现“智慧法援”自助服务全域覆盖。完善“大调解”体系，建设区级社会矛盾化解中心，探索“社区代办、部门跑腿”新模式。推动劳动纠纷多元化解与信访超市接轨，完成省级“无欠薪”区创建工作。

5. 维护公共安全稳定

开展平安创建赛，全面抓好公共安全、安全生产、消防安全、防灾减灾工作，推进国家安全发展示范区建设，争创“最安全城区”。严把食品、药品、特种设备、产品质量安全关，争创省“食品安全区”。新增“城市眼 · 云共治”智慧应用场景5个，实现“食安慧眼”覆盖餐饮场所50个、“住安宝”覆盖既有住宅150幢，开展数字治

2020年1月18日，区七届人大四次会议在区政府报告厅举行 （区委宣传部 供稿）

理赛，平台共治处置率提升至90%以上。支持国防和军队建设，做好国防动员、双拥、人民防空、民兵预备役等工作。

（六）新形势，新征程，新使命

各位代表，新形势新征程对政府工作提出了更高更严的要求，我们将以刀刃向内的勇气和自我革新的决心狠抓自身建设，以坚定执着的信念和敢于担当的品质来履行职责使命，牢牢把握“四个注重”：

1. 注重对标找差，增强思想行动自觉

持续深学笃用习近平新时代中国特色社会主义思想，从严从实推动主题教育方法制度化、成果长效化，切实引导政府全体工作人员增强“四个意识”，坚定“四个自信”，做到“两个维护”。更加积极地以新思想指导工作实践，更加坚定不移地贯彻习近平总书记系列重要指示精神，更加自觉主动地执行中央和省、市、区委重大决策部署，对标找差、创新实干，狠抓全年各项工作的推进落实。

2. 注重法治理念，提高依法行政水平

全面落实基本建成法治政府的各项要求，深化重点领域政务公开、重大行政决策目录化管理，开展执行绩效第三方评估。加强政府规范性文件的合法性审核和管理。常态化组织公职人员旁听行政诉讼庭审，行政机关负责人出庭应诉率提高至95%以上，完成“七五”普法总结验收。自觉接受人大法律监督和政协民主监督，主动接受监察、司法、审计、舆论和社会监督。

3. 注重绩效优先，提高政府治理效能

坚持政府过“紧日子”，以收定支、优化支出，集中财力办大事。严格执行“钱随事走”，实施政府财政支出中期规划管理，完善街道财政管理体制，构建新型预算绩效管理体系。推动事业单位改革，加快国资国企改革，完善出台国资监管制度。持续推进政府数字化转型，打造数字治理先行区。

4. 注重勤政廉政，营造清朗政治生态

压实全面从严治党主体责任，认真履行党风廉政建设“一岗双责”。严格遵循八项规定，持续整治“四风”，打造阳光清廉政府。深入推进机关内部“最多跑一次”改革，完善“321”工作机制，树立不看“痕迹”看实绩的工作导向，切实做到“减负增效”。坚持严管与厚爱相结合，有效运用鼓励激励、容错纠错等机制，为担当者担当、为负责者负责、为干事者撑腰。回应民生关切，办好“十件实事”，是区政府长期以来坚持的一项重要制度。今年，我们将继续实行政府民生实事项目人大代表票决制。前期区政府面向群众、“两代表一委员”和街道部门等层面，广泛征集今年民生实事项目的意见建议。经遴选比较，正式形成12件候选项目方案：第一，回迁安置项目；第二，老旧小区改造项目；第三，学校、幼儿园建设项目；第四，“阳光老人家”项目；第五，深化垃圾分类项目；第六，“阳光小伢儿”婴幼儿照护服务项目；第七，特色美食街区创建项目；第八，“雪亮工程”项目；第九，“放心菜篮子”项目；第十，就业创业覆盖率提升项目；第十一，道路建设项目；第十二，医疗设施提升项目。会前，《关于2020年区政府民生实事候选项目形成情况的报告》已通过书面材料的形式发给大家，根据大会安排将在第三次全体会议上进行票决。对区人大代表票选确定的10件民生实事项目，区政府将加强组织领导，强化统筹协同，认真分解落实，严格督查考评，并接受区人大代表监督检查，确保实事办好、好事办实。其余2件项目也将纳入政府年度任务抓好落实。今年，我们还要科学编制“十四五”规划，围绕未来五年社会经济高质量发展，聚共识、集众智，聚焦创新驱动、产业竞争力、城市空间布局、区域治理体系等重大问题，落实推进新一批重大改革、重大项目、重大平台、重大政策，编制符合拱墅实际、引领未来发展、经得起历史检验的战略蓝图，以排头兵的姿态开启大城北崛起新征程。

专记

大城北规划建设

『最多跑一次』改革深化

大运河文化建设

大城北规划建设

领导决策

【大城北规划建设战略提出】 2018年2月4日杭州市第十三届人民代表大会第三次会议上，杭州市市长徐立毅在《政府工作报告》中，首次提出："以建设大运河文化带（杭州段）为牵引，深化实施运河综合保护工程，全面推进大城北地区改造，加快武林新城、运河新城、杭钢新城、良渚新城建设，加快路网等基础设施建设的统筹协调，使大城北成为我市发展的重要增长极。"

【大城北规划建设三年行动计划印发】 2018年6月11日，杭州市人民政府印发《杭州市大城北地区规划建设三年行动计划（2018—2020年）》。要求以党的十九大精神和习近平新时代中国特色社会主义思想为指导，以实施大运河文化带建设国家战略和城市国际化战略为引领，以改革创新为动力，以区域统筹发展为抓手，抓住杭州"后峰会、前亚运"的历史性机遇，通过实施空间优化、交通畅达、市政共享、生态文化彰显、幸福保障、产业腾飞等六大行动，努力将大城北地区打造为东连"城东智造大走廊"，西接"城西科创大走廊"，具有高生态价值、高生活品质、高经济活力的"运河文化+"大走廊，形成和谐宜居、富有活力、特色鲜明的生态文化高地。到2020年，大城北地区基础设施明显提升，生态环境持续改善，运河文化不断彰显，人居环境日益提高，区域竞争力和辐射力得到有效增强，为大城北地区战略转型发展打下坚实基础。规划范围东至沪杭高速铁路，南至德胜路，西至西湖区行政边界，北至绕城高速公路北线，总面积约135.5平方千米。涉及拱墅区约67.149平方千米，占大城北规划建设总面积的一半。

【全市大城北规划建设推进大会召开】 2019年2月21日，市委、市政府在拱墅区召开全市大城北地区规划建设推进大会。省委常委、市委书记周江勇在会上强调，要深入学习贯彻习近平总书记关于新型城镇化建设和大运河文化保护的重要指示精神，以一流施工队的标准，高品质推进大城北规划建设，努力建成老工业区块转型升级示范区、绿色生态宜居地、社会数字治理系统解决方案先行地、大运河文化带建设全国样本，打造展示我国城市有机更新成果的重要窗口。2019年是大城北规划建设实质性推进的第一年，要着重围绕完善基础设施、提升城市功能，集中力量打好规划落地、路网建设、水电设施、民生改善、生态修复五场攻坚战。会议宣布成立大城北地区规划建设指挥部，统筹大城北规划建设与协调管理。

【大城北规划建设2019年工作目标责任书印发】2019年2月，杭州市大城北地区规划建设指挥部印发《杭州市大城北地区规划建设2019年工作目标责任书》。拱墅区2019年大城北规划建设计划实施交通畅达行动建设、生态文化彰显行动建设、幸福保障行动建设和产业腾飞行动建设，总计158个项目，其中开工28个、完工32个、续建69个、开展前期29个。

【杭州市委书记周江勇到拱墅区调研大城北建设】2019年5月27日，省委常委、市委书记周江勇在拱墅区督查调研大城北地区规划建设工作，考察杭钢云计算数据中心运营情况，并主持座谈会。周江勇强调，要进一步聚焦目标，精准施策，以一鼓作气、攻城拔寨的气势，高品质推进大城北地区规划建设，打造历史与现实交汇、自然与人文交融、产业与城市共兴的城市副中心。

部署动员

【区委书记朱建明做《实施十大行动 引领城北崛起 加快高质量建设运河沿岸名区》工作报告】2019年1月11日，区委书记朱建明在中共杭州市拱墅区委七届六次全体（扩大）会议上，作题为《实施十大行动 引领城北崛起 加快高质量建设运河沿岸名区》的工作报告。朱建明指出："拱墅区一定要在新一轮区域发展中找准定位，抢抓机遇，全面融入，彰显特色优势，提升战略地位。""拱墅是大城北和大运河杭州段当之无愧的核心区，我们必须借势扩大宣传影响力、增强消费市场的带动力、提升运河文化吸引力，聚焦更多资源要素、引进更多产业项目、吸引更多人气和商气，努力使拱墅区成为引领大城北高质量发展的标杆区。"

【拱墅区召开"六大专项行动"动员部署大会】2019年2月18日，拱墅区召开"六大专项行动"动员部署大会，明确提出在全区开展"产业平台建设、公共项目建设、美丽拱墅建设、招商引智、优化营商环境、深化基层治理"六大专项行动的总体要求、行动目标、行动重点，努力推进多项事业更好更快发展，切实扛起引领大城北崛起的责任担当，加快高质量建设运河沿岸名区。

【拱墅区召开全区大城北环境整治工作会议】2019年6月27日，拱墅区召开全区大城北环境整治工作专题会议。决定将石祥路以北原运河新城、杭钢新城、杭钢自留地、智慧网谷小镇和康桥健康产业园、康桥路沿线、沈半路沿线、天子岭静脉小镇7个大城北核心区及周边片区的环境整治作为重点，全面开展地块美化、道路序化、围墙标化、生态净化、示范引领"四化一示范"环境整治行动。区委书记朱建明主持会议并讲话，强调高品质规划建设大城北地区上级有部署，现实有需求，群众有期盼。全区各级各部门要提高站位，深化认识，以当家人姿态，积极回应群众期盼，切实扛起责任担当，迅速掀起大城北环境整治热潮，彻底改变拱墅城郊结合区形象，全面提升拱墅区城市管理水平，推动大城北开发建设早出形象、快出成果。

【区委书记朱建明做《牢牢抓住三大战略机遇 努力实现更高水平建设更高质量发展更快速度崛起》工作报告】2019年8月2日，区委书记朱建明在中共杭州市拱墅区委七届七次全体（扩大）会议上做题为《牢牢抓住三大战略机遇 努力实现更高水平建设更高质量发展更快速度崛起》的工作报告，指出拱墅发展进入重大战略机遇叠加的黄金期，要牢牢抓住长三角一体化发展、大运河文化带建设和大城北地区规划建设三大战略机遇，坚持高品质推进大城北规划建设，高水平做好“立”的文章，统筹好南部与北部、城市与产业、遗产保护与城市开发等关系，全力抓好大城北开发建设158个项目，聚焦一批全球全国优质资源，提升城区发展综合能级，推动大城北加快建成历史与现实交汇、自然与人文交融、产业与城市共兴的城市副中心，打造展示全国城市有机更新的窗口。

规划编制

【《大运河新城核心区城市设计（草案）》公示】2019年5月16日，《大运河新城核心区城市设计（草案）》公示。规划范围位于绕城高速以内，西至上塘高架，东至320国道东侧杭钢用地边界，南至石祥路，北至康桥路及杭钢用地北侧边界，规划面积约13.8平方千米。

规划坚持“运河国际文化走廊”“工业年轮带”“山水景观环链”三大核心设计概念，通过文化引领战略（“五彩绸带”计划）、产业振兴战略（“产业文化+”计划）、中心再造战略（“运河之芯”计划）、交通支撑战略（“北部畅行”计划）、品质提升战略（“凤栖梧桐”计划），整体形成“运河绸缎、文化走廊”，“工业年轮、魅力珠串”，“城北之芯、创智枢纽”，“山水环链、复合水城”的规划结构。

【大城北规划展示馆开馆】2019年9月30日，位于运河天地内的杭州大城北规划展示馆正式开馆。馆内设置了电子触屏、导览机器人以及3D地图模型等多种设备，为参观者呈现大城北的过去、未来和现在。展馆介绍了大城北的区域范围：南至德胜路、北以绕城高速为界、西至西湖区行政边界、东至沪杭高铁，涉及5个区（余杭、拱墅、上城、下城、江干）。同时，还分出了三个区域——引领区是实现城北复兴的引领性区域，总面积135.5平方千米；核心区包括原运河新城（含拱墅区、余杭区范围）、杭钢市政府收储地块及中间联动区域，是京杭大运河杭州段两岸最后的联动开发片区，也是沿大运河进入主城中心的门户，总面积15.6平方千米；示范区是运河文化和工业遗存最集中的区域，总面积3.5平方千米。

【《大城北示范区策划及规划方案》完成】2019年11月3日，由荷兰MVRDV建筑设计事务所和国内北京天安时间当代艺术中心策划规划的《大城北示范区策划及规划方案》完成。方案坚持保留现有工业遗存，转化为文化艺术空间；提供近人尺度的街区，同时结合标志性建筑成为地标；凸显自然、艺术和城市空间三个要素的设计宗旨。规划实施大运河博物馆、大运河当代艺术中心、大运河生态艺术岛、小河公园、杭钢遗址公园、运河湾国际旅游休闲综合体、地铁杭钢站及拱康路站综合体、平炼路历史年轮带、山水景观环链和水上产业拓展十大重点标杆项目。建成后的示范区将成为国际一流的专业文化艺术场馆及综合创意空间、自然空间公园和城市公共区域，为中国大运河的文化带建设提供“杭州方案”。

（编辑部）

“四大”建设

【概况】2019年，拱墅区计划实施157个项目，开工28个、完工32个、续建69个，开展前期28个。其中，交通畅达行动建设计划实施包括主次干道项目、支路项目和公共停车场库项目共53个；生态文化彰显行动建设计划实施包括河道综保项目、历史文化遗存项目、生态体育公园项目共15个；幸福保障行动建设计划实施包括学校项目、医院项目、养老设施项目、农贸市场项目、住房保障项目共70个；产业腾飞行动建设计划实施包括工业厂区提升改造项目、特色小镇项目、综合体园区项目共19个。至年底，实际新开工29个（开工率103.6%），完工43个（完工率134.4%），前期27个，续建58个。

【交通畅达行动建设】2019年，主次干道开工拱康路应急改造工程、谢村路、俞家桥路、康园路，完工祥兴路；支路开工大洋坝路、俞家圩路、祥宏路等9个，完工树人街西路二期、棠子桥路、桃源街等8个；公共停车场（库）开工桃源A33—02地块48班小学及社会停车场项目、运河亚运公园、铁路北站单元GS1104—18地块中学及社会停车库工程项目3个，完工大关单元GS0501—06地块36班九年制学校及社会停车场项目、申花单元GS0404—02地块九年一贯制学校及社会停车库工程等7个。

【生态文化彰显行动建设】2019年，河道综保项目开工独城河，完工园中河、神龙桥河2个；历史文化遗存项目开工运河匠人馆，完工运河文化艺术中心、运河文化发布中心、文化规划馆、半山显宁寺、战国墓公园一期、二十四节气主题公园6个；生态体育公园项目4个项目续建中。

【幸福保障行动建设】2019年，学校项目开工传媒小学、东沃中学、东沃幼儿园、南方机电中学、桃源9班幼儿园、明德小学、长乐12班幼儿园7个，完工华师大附校、育才登云小学、长乐九年制、蓝天环保小学、华师大附校12班幼儿园、天马幼儿园、独城幼儿园、星澜小学改扩建、九龙仓幼儿园9个；医院项目开工邵逸夫医院大运河分院，完工拱墅中西医结合医院、杭州市残疾人康复中心装饰2个；养老设施项目开工长乐GS0502—17（养老院）；农贸市场项目5个项目处于前期工程或续建中；住房保障项目开工拱宸村三期、八丈井安置房2个，完工星桥农居二期。

【产业腾飞行动建设】2019年，智慧网谷华为北瑞科技、新宇网谷、必创信息技术3个取得施工许可证，工业设计小镇泰普森开工；运河财富小镇胜利河旅游综合体、康桥新能源产业园金网新能源、北城智汇园诚超实业完工；北部软件园万融城、申花产业聚集区中交商业金融用房、资辉置业3个项目提前完工。

（丁强）

"最多跑一次"改革深化

综　述

2019年，拱墅区"最多跑一次"改革深化"全区一盘棋"理念，将"最多跑一次"改革与全区各项改革和年度工作相结合，取得较好成绩。全年政务服务累计办理164.1万件，第三方评估满意率98.8%，比上年上升8.8%；实现率95.2%，比上年上升16.2%。7月18日，浙江大学公共服务与绩效评估研究中心发布的《浙江省营商环境评价研究报告》显示，全省11个设区市企业营商环境评价排名第一为杭州市；杭州市13个区（县、市）企业营商环境评价排名第一为拱墅区。

12月18日，浙江大学公共服务与绩效评估研究中心、浙江省企业形象研究会主办优化营商环境研讨会暨2020年中国营商环境评价研究报告发布会，发布《2020年浙江省营商环境评价研究报告》。报告显示，拱墅区在浙江省各县市区营商环境评价中总分名列榜首，并在杭州市各区县市营商环境便利度排名中名列第一。

（毛昌伟）

统筹谋划

【互联网+政务服务】 8月，组织开展“互联网+政务服务”业务培训并建立工作进度定期通报制度。9月，编制完成《攻坚手册》，从提升事项数、提升核心指标、提升办事指南准确度等方面进行阐述，对提升全区网上政务服务能力具有重要指导意义。截至12月底，全区政务服务事项数1795项，“一证通办”事项实现率99.8%，办事跑零次实现率98.05%、即办事项比例95.77%、承诺期限压缩比为98.65%、掌上办实现率98.94%、网上办实现率达98.94%；实现71项“一件事”在实体大厅端、电脑端、手机端业务联办；全面完成15家政务服务单位426个事项归档，电子归档实现率从8%提升至100%。全区公布的电子证照目录累计查询次数为1.3万余次。其中居民身份证、工商营业执照两个证照使用率占比90%以上。全区共申请电子印章69个，全年累计使用111165次。12月1日启用街道级“一窗受理、四端协同”平台后，各街道累计办件44件。2019年智慧电子政务综合考评未失分。

（施建伟 郭李飞）

【互联网+协同办公】 2019年11月30日，拱墅区机关内部“最多跑一次”协同办事平台上线试运行，事项发布、指南查询、在线办理、网上审批、动态监管等功能在线可办。截至12月31日，45家单位、10个街道共计345个事项100%实现“最多跑一次”，其中，非涉密事项在线办比例达94.9%，年办件量100件以上的高频事项达37项，跑零次事项为44项，平均材料压减33.2%、时间压减52.8%。依托“浙政钉”平台，开发建设发通知、预定会议室、发文库、收文库、移动办公、基层共治、基层治理综合信息平台等10个微应用。7—12月份各微应用使用量在全市排名均为前列。至年底，全区“浙政钉”注册人数达5702人，账号激活率、信息完整率均达100%，日均活跃度为74%。

（施建伟 郭李飞）

【社保缴费一站式服务】 2019年10月中旬，拱墅区人社局联合区税务局和杭州联合银行，在区社保中心办事大厅设立社、税、银“一体化”联办区域。实现辖区参保主体社会保险费费用核定（隶属人社业务端口）—实施征缴（隶属税务业务端口）—统一扣费（隶属银行业务端口）三个环节无缝链接。业务办理提速70%，办事时间缩短近1小时。

【“最多跑一次”改革成效】 2019年7月，经区委编办牵头，区人社局事业单位人事管理科共梳理整合机关内部“最多跑一次”事项主项8项、子项25项。梳理后的事项经办材料压缩34%，经办时间压缩58%，经办事项100%完成最多跑一次，并于11月在浙江省政务服务网上线。2019年12月1日，拱墅区机关内部“最多跑一次”协同办事平台开放运营，区人社局8个主项、25个子项全部上线，上线率100%，出色完成省市区“八统一”等相关要求。

【就业创业一站式服务】 2019年，在拱墅区行政服务中心设立大学生、个体劳动者就业创业“一件事”专窗，大学生创业项目资助申请等17个联办件事项入驻窗口，受理涉及就业创业等事项1.74万人次。公共服务事项中除户籍挂靠外均实现“网上办”“跑零次”。完成2.8万份人才人事档案数字化建设并接入杭州人才服务管理平台。

（朱祺祺）

【驾驶证换证一站式服务】 2019年6月，拱墅区行政审批办整合邮政“警医邮”便民体检、拍照和交警制证等业务，率先在全市行政服务中心推出驾驶证期满换证“一件事”全流程跑一次办结，换证从2—3天缩短到30分钟。

（倪霖娇）

【出生“多证联办”一站式服务】 2019年，拱墅区卫健局在全区推行出生医学证明申领、落户、参保登记“多证联办”一站式服务。

（应悦）

【新生儿疫苗接种一站式服务】 2019年8月，拱墅区推出新生儿疫苗办证接种一站式服务。孩子出生后，从办理预防接种证到注射疫苗只要跑一次。

（倪霖娇）

【文广旅体局实现5个100】 2019年，区文广旅体局调整“最多跑一次”事项，参照省级部门对局行政审批、行政确认、其他权利事项和公共服务事项进行整理，修正浙江省政务网权利事项库数据。实现零跑率100%、92个审批事项（包括法定和省市委托事项）100%纳入“最多跑一次”事项清单、实现即办率100%、实现承诺期限压缩比100%、实现网办率和掌办率100%。

（吴士勤）

提速增效

【“三办融合”提速增效】 2019年，拱墅区实现掌上可办数1770项，实现率99.7%；网上可办数1771项，实现率99.7%；跑零次事项1755项，实现率98.8%。综合自助机、“一窗受理”平台实现街道全覆盖。331项公民个人事项可就近在街道和有条件的社区、派出所、银行网点办理。

（毛昌伟）

【不动产登记提速】 2019年，拱墅区实现不动产一般登记4个工作日、抵押登记2个工作日以内办结，41项单套房业务转移登记实现60分钟办结。6月起，按照标准地供地的国有土地使用权首次登记实现“即日办结”。8月起，“一手房”不动产登记、首次抵押登记实现全程“不见面”办理。

（毛昌伟）

【不动产交易登记实行“三减”新模式】 2019年4月1日起，拱墅区不动产登记窗口将原三部门联办调整为不动产登记、税收“一窗受理，并联服务”，依托数据共享平台，实行登记“三减”新模式。减环节，调整后涉及商品房、存量房买卖的，买卖双方完成合同网签后，即可申请不动产登记、税收并联办理；减材料，依托共享平台及窗口前置扫描，涉及电子证照、婚姻证明、交易合同等相关材料，申请人仅提供原件核对即可；减事项，申请人完成网签和缴税后，"网签""完税"情况通过系统自行流转至不动产登记窗口。"三减"模式实现后，使不动产登记办理环节减少1/3、申请材料减少1/3、办事效率提高50%。

（蒋明敏）

【企业开办一日办结】2019年4月28日，拱墅区市场监管局开通"常态化企业开办专区"。同时，线上实行"一网通办"，依托"浙江省企业开办全程网上办"平台，实现企业开办全程网上办，全流程压缩到1个工作日办结。6月18日，推出新设企业公章刻制免费服务并限时上门送达，公章刻制与营业执照一并办理，在半小时内完成。8月1日起，拱墅区在企业开办"一件事""一日办结"的基础上，实现企业新设杭州市全区域"同城通办"。

【个体工商户登记当场发照】2019年，拱墅区市场监管局将原来"多部门、多人员、多环节"的个体工商户登记流程变为"一窗、一人、一环节"。个体经营者携带身份证、产权证、租房合同到各市场监管所窗口，以"口述办照"的形式办理个体营业执照，实现当 场受理、当场核准、当场发照。市场内的个体户，试行地址承诺制，只需携带身份证和市场出具的地址承诺书即可办理。个体户办理注销登记，由原先"两个部门、至少跑两趟"变为"一个部门、只跑一次"，10分钟即可办结。8月1日起，此项个体工商户简易登记改革经验在全市推广。

【"陪你跑一次"模式持续深化】2019年，拱墅区市场监管局深化"陪你跑一次"改革，办事群众自进入商事登记服务大厅后，从材料预审到现场审核，导办员全程陪同；同时，导办员给每位办事人员发放印有咨询电话的名片，便于办事咨询，提高材料通过率。此外，每月对导办员的办件"数量"及"质量"进行双量考核，对窗口所有办件开展100%样本框回访，提高办事满意度。

（张玲慧）

【投资项目审批加速】2019年，拱墅区推进一般企业投资项目从赋码税务备案到竣工验收审批"最多90天"改革，纳入考核项目13个，各阶段审批时限均提前。实现施工图联审全程网上办理。开展审批24次，涉及资金约100亿元。

（毛昌伟）

【纳税服务优化】2019年，拱墅区税务局围绕"减事项、减次数、减材料、减时间"工作要求，优化事项流程，实现140个办税事项"最多跑一次"和"网上办理"100%全覆盖，76个事项全市通办。2019年拱墅区税务局办税服务厅业务平均受理时间为3.92分钟，列杭州市税务系统第一。全年"自助＋网上"综合办税率达到90.07%。

（徐财鑫）

【财政局抓改革强效能】2019年，拱墅区财政局实施财政电子票据改革试点，借力"互联网＋政务服务"，推动"最多跑一次"改革向医疗领域深化，在全国区县级地区率先实现医疗收费票据电子化率100%。推进采购项目"政采云"平台全覆盖，实现政府采购"一网通办"。推进会计管理服务"掌上办"。代理记账机构审批材料精简至2项，进一步压缩办理时间，实现代理记账机构执行资格审批和年度报备“掌上办”。

（龙扬洋）

【公安“服务不用等”创新】2019年，区公安分局深化“最多跑一次”改革，梳理19大项31小项攻坚项目，并严格实施过程化管控，成为在全市一季度暗访检查和交叉检查中少数未扣分的单位。组建分局“民调中心”，全面升级窗口叫号评价系统，大力推进“互联网+可信身份认证”技术应用，并在杭州市率先完成智能语音自助咨询系统的窗口全覆盖。以祥符派出所为试点、创新推行“服务不用等”网上户籍大厅，此经验在全市推广。出台《全区公安机关优化营商环境工作机制》，落实十大工作举措，创新推出“两微”工作法，率先在全市推行“在线取号预约”服务，研发“办事不用等”公安户籍大厅，结合“三服务”活动，因地制宜推出对群众、企业的常态化上门服务举措，连续两年蝉联全区“最多跑一次”考核榜首。2019年8月，80岁的祥符社区居民陈兰仙老人专程致信省委书记车俊为区公安分局“最多跑一次”点赞，获得省委车俊书记、市委周江勇书记、区委朱建明书记等省市区主要领导专门批示肯定，中央、省、市各大主流媒体的集中报道和点赞。

（鲁萍）

【“最多挖一次”管理责任落实】2019年，区城管局进一步完善“拉链马路”管理联络网。根据“最多挖一次”要求，区城管局与各管线单位签订《拱墅区城区道路挖掘管理责任协议》，并拓展到地块建设单位，了解属地建设单位、各配套管线单位年度计划，协调统一整治计划。通过拉链路指挥系统，统筹安排道路管线开挖项目，共收集5家管线单位维修项目148个，完成挖掘审批18件，其中结合市政道路提升改造项目5个，日常道路集中修缮完成50个。部分项目结合拱墅区“零直排”改造项目进行。全年完成各类抢修修复工作186件，比上年下降40%。

（徐燕祥 徐振华）

【卫健局步入“最多跑零次”阶段】2019年，拱墅区卫健局及时梳理互联网+政务服务指标，完成事项信息修改，卫健行政审批中心协调局机关各科室，调整申办材料及办事流程，做好办事指南更新工作。当年区卫健系统共有政府服务事项119项，其中行政许可62项，行政给付7项，行政奖励17项，行政裁决1项，其他5项，公共服务20项，行政确认5项。在卫健系统政府服务事项中，入住窗口许可事项为12大项，77小项。全部完成网办、掌办地址匹配，网办率、掌办率和跑零次率实现三个100%，除9项外均实现即办，即办率为92.44%，承诺时限压缩比为97.36%。

（应悦）

【让信访群众只“跑一地”】2019年，拱墅区信访整合场地“只进一门”。集聚政法、司法、行政、信访和第三方力量，建成“全科受理、访调一体、集成联办、一站化解”的“信访超市”。推动12个部门办理事项常驻信访超市，实行信访与仲裁、行政复议、诉讼衔接，加强信访与调解联系，形成矛盾纠纷“接、转、调、诉、化”集成服务。设置综合窗口“只到一窗”。坚持“一门进入、一窗受理、全员响应”的原则，实行受办一体的即接即办机制。专门设置7个行政部门综合窗口+5个法定途径解决矛盾纠纷接谈室，群众诉求“一个窗口”综合受理。明确工作职责“只找一人”。

落实首问责任制，为信访人提供“受理、办理、评价、跟踪、督办、办结”全程管家式服务。信访人不管到哪个窗口，窗口的工作人员就要负责到底，直至办结。

（陈文文）

改善服务

【"三员"陪跑模式推行】 2019年8月，拱墅区行政服务中心推出协办员、引导员、导办员"三员"陪跑模式。在服务中心引导台和办件量大的窗口前台统一设置"零号窗口"并配备"协办员"。引导员主动走出服务台做流动的业务咨询员，缓解咨询压力。设置32个导办岗，由业务导办员对报件材料进行预审并提供查漏补缺建议。至年底，共接受咨询近50万人次，预审和批前业务指导近20万件次。群众办事等候时间压缩近50%，其中商事登记取号后企业等待时间由平均1小时缩短到5分钟。

（毛昌伟 倪霖娇）

【政务服务第三方评估开展】 拱墅区对区行政服务中心各窗口和各街道便民中心开展服务态度、服务质量第三方评估。2019年，共开展区级第三方评估4次，收集各类问题和意见建议115条。通报19次、专项督查5次、一事一抄告7次，约谈20余人次。将评估结果作为窗口季度绩效评估和红旗窗口评选的重要依据，以第三方评估倒逼服务效能提升和服务质量提高。

【街道便民中心标准化建设推进】 2019年，拱墅区引入"OSM"标准化管理理念，推进街道便民中心标准化建设，新增"跑一次没办成投诉代办窗口"。出台《2019年街道便民服务中心评估细则》，开展2次全员培训。每季对便民中心进行明察暗访，将各街道便民中心满意率纳入区政务服务第三方评估。

（毛昌伟）

【政务智慧服务（监察）中心建立】 2019年7月，拱墅区在政务监察领域率先建立汇集效能监察、业务咨询、数据分析、调度指挥、投诉受理处理、电话回访六大功能于一体的拱墅政务智慧服务（监察）中心。通过接入区行政服务中心窗口、街道便民服务中心大厅、交易中心开评标监控视频和咨询投诉电话，实现第一时间发现、第一时间答疑、第一时间处置、第一时间调度，有效提升监管工作的及时性和科学性。同时，通过实时分析系统，合理配置窗口资源，实时增减潮汐窗口，努力做到让办事群众"不用等"。

（倪霖娇 毛昌伟）

大运河文化建设

首届大运河戏曲节

【概况】 2019年是中华人民共和国成立70周年，也是中国大运河申遗成功5周年。为贯彻落实中共拱墅区委七届六次全会提出的"精心策划大运河戏曲节，持续唱响运河文化'四季歌'，扩大运河文化影响"的要求，5月23日至6月30日，由杭州市委宣传部、拱墅区委区政府主办的第八届大运河文化节暨首届大运河戏曲节在拱墅区举办。

【"千年一曲戏'运'流芳"开幕式举行】 2019年5月23日，由杭州市委宣传部、拱墅区委区政府主办，拱墅区委宣传部、拱墅区文广旅体局、拱墅区文联、拱墅区大运河文化研究院联合承办的第八届大运河文化节暨首届大运河戏曲节开幕式，在运河广场举行。活动以"千年一曲戏'运'流芳"为主题，开辟一条"戏曲星光大道"，戏曲票友、戏曲社团与戏曲名家联袂登台。5位"梅花奖"得主赵志刚、陈澄、陈雪萍、谢群英、蔡浙飞悉数亮嗓，民间戏曲爱好者、中小学戏曲社团倾情演绎，《中国大运河》《戏育国风》《十八相送》等经典戏曲选段，掀起活动热潮。主题歌《好运运河来》首次发布。该歌曲以大运河为艺术灵感源泉，由谈声贤作曲、薛亮作词、郑培钦演唱。大气磅礴的旋律和荡气回肠的歌词，完美融合“南腔北调”的戏曲魅力，再现大运河与戏曲历史渊源。开幕式当天，邀请运河文化使者、党代表、人大代表、政协委员、劳动模范、道德模范、环卫工人、一线职工与戏曲爱好者等600余人现场观演。近百万观众通过KK直播、“杭州之家”融媒平台观看演出。

2019年6月30日，拱墅区首届大运河戏曲节闭幕在浙江大学城市学院举行

（区文联 供稿）

【“星光璀璨”戏曲名家会演】 2019年5月24日至6月底，举办“星光璀璨”戏曲名家会演，推出公益性折子戏专场表演。陈雪萍、谢群英、王杭娟、陈晓红等戏曲名家走进荣华戏园、桥西历史街区、阳光老人家，与3万余名杭城市民分享传统戏曲魅力。线下活动场场爆满，线上直播每场近20万人观演。

（王晓晨）

【“经典荟萃”大运河沿线剧种展演】 2019年5月26日，“经典荟萃”大运河沿线剧种展演在杭州市大关实验中学开幕。来自天津、山东、江苏、宁波等各省市的多位著名表演艺术家联袂奉献一场戏曲盛宴，让大运河沿线五大剧种河北梆子、吕剧、淮剧、锡剧、甬剧得以精彩呈现。吕剧《李二嫂改嫁》主演之一的高静，师从著名吕剧表演艺术家郎咸芬，曾获得过文化部“文华表演奖”、中国戏剧“梅花奖”、上海“白玉兰奖”等全国表演大奖。“梅花奖”“白玉兰奖”双料得主，被称为“淮剧公主”的陈澄和国家一级演员徐荣军搭档，表演经典淮剧折子戏《赵五娘·书房会》。甬剧折子戏《拔兰花》、河北梆子《王宝钏·大灯殿》陆续登场。锡剧《珍珠塔·赠塔》压轴，为会演画上圆满句号。

（编辑部）

【“致敬70周年”第十届浙江戏剧论坛暨首届大运河戏曲节高峰论坛举办】 2019年6月13日，“致敬70周年”第十一届浙江戏剧论坛暨首届大运河戏曲节高峰论坛在之江饭店拉开帷幕。论坛由浙江省戏剧家协会、杭州市文联、拱墅区委宣传部主办，浙江戏剧理论工作委员会、杭州市戏剧家协会、拱墅区文联、拱墅区大运河文化研究院承办，浙江省文艺评论家协会协办。浙江省文艺评论家协会秘书长、教授沈勇主持，著名剧作家钱法成、著名戏曲导演杨小青、著名戏剧造型设计师蓝玲、著名戏剧评论家朱为总、中青年越剧表演艺术家蔡浙飞等70余位戏剧人参加。论坛以“致敬70周年”浙江戏剧的守正创新为专题，回顾中华人民共和国成立70年来浙江戏剧的创作成就，研讨新时代浙江戏剧的创新之路，探索戏曲和运河融合的无限可能。

【“运河有你·青春有戏”大运河网红戏曲大会举办】 2019年6月30日下午，KK直播杯“运河有你·青春有戏”大运河网红戏曲大会在拱墅大运河畔展开最终角逐，标志着首届大运河戏曲节圆满落下帷幕。此前，共有来自浙江、安徽、河南、河北、天津等地的196位选手参赛。11位从网络海选、复赛中脱颖而出的选手同台竞技。大会邀请第14届中国戏剧“梅花奖”获得者、上海京剧院国家一级演员唐元才，“中国戏剧梅花奖二度梅”得主、著名昆曲表演艺术家林为林，中国戏剧梅花奖得主、著名越剧表演艺术家赵志刚，“中国戏剧梅花奖二度梅”得主、著名越剧表演艺术家吴凤花担任评委。通过2轮激烈的角逐，最终评选出大运河梨园网红五星奖：马强华、王肖龙、施律民；四星奖：陈慧娟、田园园、郝平安、章斌；三星奖：宝藏女孩耳儿、喻咪、宋志刚、大关实验京剧社等。

【“大运河戏曲文化传承基地”设立】 以戏曲节为契机，2019年5月23日，杭州市戏剧家协会命名杭州市半山实验小学、杭州市育才中学、杭州市大关小学、杭州市人民小学、杭州市文澜实验学校、杭州市文澜小学、杭州市拱墅区教育研究院附属小学7所学校为“大运河戏曲文化传承基地”。杭州越剧传习院与大关街道、祥符街道、拱墅区教育局结对并授牌“大运河越剧传习基地”。杭州越剧传习院与大关街道、祥符街道、文澜实验学校、大关实验小学、拱宸桥小学开展合作，为街道和学校戏曲爱好者开展培训、提供演出平台，推动拱墅成为运河畔重要戏曲振兴基地。

（王晓晨）

硬件建设

【大运河文化时尚发布中心建成】 2019年，大运河文化时尚发布中心建成，此中心系拱墅区大运河文化带重点项目之一，位于杭州市拱墅区大关单元GS0501-11地块，四至范围为：丽水路以东，绿地中央广场以南、长乐路以西，卖鱼桥教育集团文津校区以北。用地面积1.16万平方米，总投资31430万元，总建筑面积2.22万平方米，其中保护利用的4幢浙江省土畜产进出口公司仓库历史建筑面积为1.36万平方米，新建建筑面积约为8497.26平方米。浙江省土畜产进出口公司仓库建筑群于2008年9月被《杭州市工业遗产普查（成果稿）》列入工业遗产名录。以不改变建筑立面和结构体系、加强内部特色构筑物（如货运运输带等）保护的思路，进行工业遗存保护再利用。新建建筑采用钢管混凝土结构，可使户内有效使用面积提高约6%、节能效果提升50%。发布中心展厅5666平方米，可容纳1000人，能举办大型金融、文创活动及产品发布会、时尚秀等活动。造型上，以“丝联千年破茧远航”为主题，参考宋代商船为整体造型，立面以丝联为造型元素，在景观、装修、夜景灯光设计中融入杭州丝的元素。中心投用后，成为拱墅区运河文化带上的标志性建筑。

【大运河文化艺术中心启用】 2019年9月20日，随着大运河文旅季暨第十一届浙江·中国非物质文化遗产博览会（杭州工艺周）的开幕，主办场馆大运河文化艺术中心启用。大运河文化艺术中心位于莫干山路原杭州蓝孔雀化学纤维（股份）有限公司工业遗存改造的烟囱文化广场内，占地7000平方米，总建筑面积约1.2万

大运河两岸风光　　（区委宣传部 供稿）

平方米，地下一层，地上四层。艺术中心外观方正、略带扁平的灰白色建筑，由环球地标设计者——英国贝诺（BENOY）设计，引入当下新潮的“灰空间”设计概念，体现出工业遗存的复古内敛和现代简约的时代美感。作为拱墅区重点打造的十大文化项目之一，中心定位为杭州首个街心公园式文化艺术空间，以“开心麻花”剧场为核心，网罗青年人喜欢的艺文剧演、生活市集、城市文化等各类主题IP展览，打造成为集戏剧演出、艺术展览、文化教育与培训等为一体的地标性文化综合体。

（编辑部）

【战国水晶杯公园提升改造】 2019年12月，经过为期1年的提升改造，战国水晶杯公园重新对外开放。公园位于绕城高速半山互通南侧、半山山麓西北侧的半山街道石塘社区黄鹤山麓。1990年11月，此地考古发掘的战国一号墓出土“水晶杯”，被认定为国家一级文物，是杭州历史博物馆的镇馆之宝。为志纪念，开辟为公园。该次改造提升总用地面积3000平方米，投资总额约400万元。提升改造后，公园分5个区块内容，即主入口广场、战国墓纪念碑、考古遗迹场地复原、体验记忆区和桃园。通过对遗址景观的还原，设置历史遗迹小品和活动小景，成为一座既有浓郁战国历史文化气息，又有鲜明体验互动性的公园。

（俞叶燕）

【半山二十四节气公园竣工】 2019年1月，半山二十四节气公园竣工，该公园位于半山国家森林公园内，半山娘娘庙南侧，用地面积约341平方米。以人类非物质文化遗产名录项目“二十四节气”为主题，以半山立夏“称人”习俗作为设计亮点，辅以与夏季相关的节气小品，采用圆雕的形式和游客产生互动。以“点、线、面”结合的方式，设置半山立夏称人雕塑群、二十四节气介绍石碑等6个小品，弘扬二十四节气民俗文化，成为宣传半山立夏传统文化的景点。

（俞叶燕）

【6家运河书房建成开放】 2019年，拱墅区完成“丝联166”文化创意产业园捣鼓车间、信义坊商街151号解文教育、登云路211号梦画公场、半山街道云锦社区、小河街道长征桥社区、上塘街道七古登社区6处“运河书房”建设，并对外开放。总计投放文学、教育、艺术、历史、科普、创意设计、手工制作、绘本类图书6194册。运河书房延用“政府引导、多元投入”合作模式，拱墅区图书馆负责图书采购配送、业务指导及人员培训，合作单位负责读者服务、书房日常运行管理及工作人员配备，共同开展阅读推广活动。

（童卉 史小莉）

文化活动

【第三届京杭大运河国际诗歌大会举办】 2019年4月23日，第三届京杭大运河国际诗歌大会在京杭大运河杭州景区拱宸桥边拉开帷幕。诗歌大会由浙江省作家协会、中共杭州市委宣传部指导，杭州市园林文物局、运河综保委（杭州市运河集团）杭州市文学艺术界联合会、拱墅区政府联合主办，杭州运河集团文化旅游有限公司、杭州市京杭运河（杭州段）综合保护中心、拱墅区文广旅体局共同承办。诗歌大会以“诗意运河 风雅杭州”为主题，突出“水上诗路”。

大运河畔美如画　　（区委宣传部 供稿）

2019 年 5 月 6 日至 10 日"2019 大运河社区钢琴艺术周"上，双姝联袂演奏钢琴协奏曲　　（区委宣传部 供稿）

开幕式上，盲人民谣歌手周云蓬、网红诗人余秀华与来自国内外的知名诗人、学者一起，在运河边写诗、颂诗、品诗。大会先后举办"水上诗路·诗歌朗诵会暨周云蓬新诗集发布会""汉服文化节""从莱茵河到大运河——2019 中德文学艺术跨界诗会""运河诗画展""运河风筝节""律动的运河"等八大系列活动。6 月 21 日晚，中国大运河申遗成功 5 周年晚会举行。晚会分文化运河、诗意运河、活力运河三大篇章。中国作家协会副主席吉狄马加、诗人舒羽、"金话筒"奖获得者维琳等一批文人墨客及国际演艺团队为观众带来歌舞表演、情景剧演出、诗歌朗诵等精彩节目。由国际钢琴大师郎朗参与拍摄的"中国大运河杭州段旅游形象宣传片"也在晚会上首次发布。

（贾晓芸）

【大运河社区钢琴艺术周举办】2019 年 5 月 6—10 日，拱墅区举办 2019 大运河社区钢琴艺术周。艺术周开幕式共分为"河"你相遇、运河琴心、运河长卷 3 个篇章。杭州世界外国语小学、文渊小学的师生专门创作《大运河放歌》《我的运河，我的家》《大运河交响曲》等与运河息息相关的诗歌音乐作品，传递别样的运河情。钢琴艺术周，特邀陈曦、郝博、朱冰冰等 3 位国际钢琴大师现场助阵，举办 5 场专题音乐会。学生市民近距离接触钢琴大师和钢琴音乐，与大师同台演奏，在交流互动中感受音乐之美、钢琴之美。杭州爱乐乐团携众多钢琴表演艺术家走进社区、校园及大型商业综合体。370 余位社区钢琴和音乐爱好者参与演出，近万人观演。在远洋乐堤港，"乐响乐堤"音乐会火热举行；在城西银泰，顾客与周边居民共享钢琴音乐嘉年华；在大关小学，"民乐 + 西洋乐音乐节"为孩子们照亮艺术光芒。凤凰网、KK 直播平台现场直播，近 200 万网民在线观看。以大运河社区钢琴艺术周为契机，拱墅区与浙江天目琴行、杭州上海世界外国语小学达成合作协议，通过定期在社区文化家园、中小学校园内开展乐理知识普及、小型音乐会等活动，播撒音乐种子。同时，聘任郝博等钢琴家为“拱墅区新时代文明实践文化志愿形象大使”。

【良渚古城遗址申遗成功运河分会场活动举办】2019年7月6日，为庆祝良渚古城遗址申遗成功，杭州市推出主题庆祝活动，采用“一主三副、四地联动”的形式，在良渚、西湖景区、大运河畔、钱塘江畔设立分会场共庆盛举。大运河畔分会场活动由拱墅区委区政府主办，区委宣传部承办，在拱宸桥畔举行。来自拱墅区的民间艺术团队表演精彩纷呈的文艺节目，“小河之春”舞蹈团、“古新”合唱团以及杭州上海世界外国语小学、半山实验小学的学生们，用自己精心编排的节目表达喜悦之情。除了岸上节目演出，还首次在运河“通济”号漕舫上进行连线直播。

【“千年大运河 美好新家园”摄影作品展举办】2019年9月29日，“千年大运河 美好新家园”——庆祝中华人民共和国成立70周年暨中国大运河申遗成功5周年摄影作品展，在拱墅区中国京杭大运河博物馆开幕。活动由北京市文联、杭州市委宣传部、杭州市文联、拱墅区委区政府主办，杭州市摄影家协会、拱墅区委宣传部承办。展览共展出700多幅优秀作品，分为“公开征集”“拱墅新貌”“大运河摄影名家”“大运河老照片原作展”“高氏古董相机收藏展”“赵刚工作室运河主题摄影作品展”六大板块。作品展开创性地汇集刘世昭、汤德胜、季红伟、许强、卢承德、秦斌、钟黎明、王芯克、谢伟洪、章胜贤10位专门拍摄大运河的摄影名家，每人20—30幅（组）作品，组成专题展，表现运河翻天覆地的变化，提供运河史及社会学研究文献材料。展览设立拱墅新貌摄影作品展区，展示中华人民共和国成立后拱墅经济社会发展的累累硕果，展出70位与中华人民共和国同龄、见证参与中华人民共和国发展的拱墅人照片。开幕式上，“大运河摄影发展联盟”宣告成立。大运河沿线8省市的15个城市摄影家协会，共同签署《大运河摄影发展联盟合作协议书》，旨在整合大运河沿线摄影资源，推进沿线各摄影家协会的交流与合作。展览期间，还召开大运河影像保护传承利用座谈会，邀请200余名大运河研究专家、老照片研究专家、摄影家，展开艺术对话。组织“大运河沿线摄影家拍杭州”活动，沿运河坐船采风，丰富大运河摄影活动品牌。展览从9月29日持续到10月31日，参观人数超过6万人。

【第七届大运河·湖墅婚典举行】2019年11月8日，第七届大运河·湖墅婚典举行。婚典由杭州日报社、中共拱墅区委宣传部、区总工会及湖墅街道共同举办。婚典以“爱你，大运河十二时辰”为主题，设置花驿待嫁、幸福走运、富义娶亲、香积祈祷、禧堂喜宴、同船百年六个环节。在保留前六届经典环节的基础上，2019年婚典融入古典之美，以传统婚礼和传统习俗为切入点，展示中华优秀传统文化。设有非遗集市，展示民俗传统文化、匠人手作等各式非物质文化传承；结合湖墅八景，给现场观众和游客带来穿越运河古今、感受民族文化的盛宴。婚典被《浙江卫视》浙江交通之声《杭州日报》《杭州电视台》《凤凰网》等多家主流媒体报道。婚典全程在“杭+”App、今日拱墅App、KK直播平台上直播，其中KK直播在线观看人数突破10万人。

（王晓晨）

年度聚焦

电梯『养老』综合保险拱墅模式

精准对口扶贫

电梯“养老”综合保险拱墅模式

2017年9月，拱墅区创新推出电梯“养老”综合保险，通过引入保险机制实现电梯全生命周期管理，打造政府监管、市场运作、公众参与的多元共建共治的管理模式。2019年，全区持续深化电梯“养老”综合保险，至年底，全区共有参保电梯2716台，参保电梯故障率较参保前下降20%以上，全区电梯投诉量较上年下降33%，在全市电梯故障高发榜上的小区全部实现摘帽。12月，拱墅区“首创电梯‘养老’综合保险，纾解老旧电梯安全监管困境”荣获全国第二届市场监管领域政府类社会共治优秀案例。（全国共10家单位入选）

2018年3月，拱墅区印发《电梯安全社会综合治理三年行动计划》，起草实施全省首个电梯维保质量评价标准，建立维保激励机制，明确界定保险公司、物业公司、维保单位和业主应该负担的职责，为市场的良性运转提供制度保障。

将电梯全生命周期综合保险作为区政府民生实事项目以及美丽拱墅、基层治理能力提升两大专项行动的重点工作之一，各责任单位以召开集中宣导会、一对一上门服务等形式组织推进。全年新增参保电梯1216台，其中住宅电梯915台，全区住宅电梯参保率达40%。同时扩大参保领域覆盖面，以回迁安置小区金星桃源居98台电梯作为试点，形成可操作、可复制的经验，逐步将电梯养老保险从回迁房安置房在用电梯延伸到商品房小区，进而从住宅小区延伸到公共场所。重点攻关老旧带病电梯投保难等问题，降低投保要求，将处于“亚健康”状态的电梯纳入保险受惠面，449台“老大难”电梯得以顺利参保。面对既有住宅加装电梯落实责任主体难、后续长效管理难等问题，通过引入电梯“养老”综合保险、运用电梯智慧管理、签订自治管理规约、建立资金筹措机制等举措，探索“保险+”业主自治管理模式，确保加装电梯可持续运行和使用。2019年1月，全国首份加装电梯“养老”保险在天时苑7幢4单元落地。至年底，全区投入使用的48台加装电梯中有27台参保，参保率达56%。针对保费资金筹措困难的小区，出台“双10%”保费降费政策，即当年参保电梯总数的10%，保费可在原基础上下降10%。通过实施该降费政策，依锦苑、大浒西苑等一批回迁房安置房老小区积极投保。此

2019 年 4 月 11 日，国家市场监管总局副局长、国标委主任田世宏调研电梯养老保险　　（区委政法委 供稿）

外，试行将物业维修资金作为保费资金来源之一，业主投保后，可按规定比例申请使用物业维修资金。上塘街道盛德欣苑小区率先完成征求业主意见、公示和投保流程，并进入申请流程，青莎阁、和新南北苑等小区也陆续启动。试点电梯基层微治理。以辖区小河街道为试点，探索电梯事务基层“微治理”模式。保险公司在小河街道派驻一名电梯事务专员，专门协调处理电梯相关事务，宣传推进电梯保险模式，发挥牵头统筹、桥梁纽带作用，实现政府、保险和业主良性互动。试点将 96333 平台的电梯基本信息和困人报警数据接入“城市眼 · 云共治”平台，通过云共治平台将相关信息推送给属地网格员进行跟踪处置。

（张玲慧）

精准对口扶贫

拱墅区贯彻实施东西部扶贫协作战略，2017 年 5 月，拱墅区与湖北恩施土家族苗族自治州来凤县正式签署《东西部扶贫协作和对口帮扶合作框架协议》。6 月，拱墅区与贵州黔东南苗族侗族自治州黄平县正式签署《东西部扶贫协作和对口帮扶合作框架协议》。2019 年 4 月，拱墅区对口帮扶的来凤县通过省级专项评估检查验收，实现整县脱贫摘帽。25 日，拱墅区召开 2019 年度对口帮扶及协作工作布置会议，印发《拱墅区 2019 年对口帮扶及协作工作计划》。

2019 年 5 月，拱墅区委书记朱建明率团赴来凤县考察调研。5 月 21—23 日，拱墅区委副书记、区长章燕，率考察团赴黄平县对接东西部扶贫协作工作。2019年，拱墅区多次召开联席工作会议，帮助深度贫困村解决“两不愁三保障”突出问题，在教育医疗“组团式”帮扶、共建产业园等方面创新协作机制，丰富协作内涵，拓宽协作领域，提高协作实效，同时考察指导东西部扶贫协作项目，走访慰问贫困家庭，深化扶贫协作工作。2019年，拱墅区多次召开全区对口帮扶工作会议，分解落实工作任务和明确责任单位，并纳入区综合考评，督促各项任务完成，举全区之力帮助黄平县打赢精准脱贫攻坚战。

拱墅区10个街道和1个园区与黄平县11个乡镇实现镇街结对全覆盖，两地村社结对扩大至10对，拱墅区的24所学校、6家医院（包括萧山医院和杭州红十字会医院）分别与黄平县的73所中小学、13家医院结成对子，64家社会组织与64个深度贫困村结对，杭州市属、区属企业和民营企业共16家结对帮扶28个贫困村，深入推进“万企帮万村”活动。

加大人才支援力度。根据拱墅区与黄平县协作框架要求，2019年拱墅区先后派遣24名优秀人才到黄平县挂职，其中，三年期党政干部2名，长期挂职“支教”“支医”专技人员5名，短期挂职专技人员17名。黄平县共选派48人赴拱墅区及其他城区挂职。

加大资金帮扶支持力度。拱墅区大幅增加对口帮扶资金，由黔东南州统筹安排专项资金5023万元，坚持把让贫困户直接增收的产业项目作为主要投入方向，并向贫困村和深度贫困村倾斜，全年用于11个产业扶贫项目4581万元，确保8044名建档立卡贫困户每人每年增收500元以上。

坚持拱墅区“店小二”服务理念，重点推进浙江尖峰集团、乐百年康养小镇等浙商投资大项目，全年实际到位资金3.25亿元。增强黄平县造血功能，促进黄平县经济发展。

开展消费扶贫。黄平县全年销售农特产品4510万元，其中拱墅区全力打造的“凤凰出山”名特优农产品展示展销中心平台，通过帮助落实产销对接、制定配套管理制度、广泛宣传动员、协助策划营销活动、打造“爱心帮帮大礼包”拳头产品等措施，全年共举办产品营销活动12次，并推荐浙江清亦润贸易有限公司、本来生活2家企业入驻政采云平台农业“扶贫馆”，借力线上平台拓展黄平县农特产品销售渠道，增加农特产品销量。推进就业培训。2019年，拱墅区出台就业扶贫优惠政策，既对帮助建档立卡人员到杭州稳定就业的用工企业、中介机构进行补贴，又对到杭州就业、创业的建档立卡人员给予政策上的倾斜，实现黄平县建档立卡贫困人员到浙江省内就业1725人；启动“春风行动”，召开拱墅—黄平劳务协作专场招聘会2场，推送扶贫爱心岗1280个，设立拱墅区驻黄平县职业介绍专窗1个，挂牌“黄平县——拱墅区”东西部扶贫协作劳务输出就业基地10家；开展贫困劳动力培训5场，培训人数277人，其中培训贫困人口数257人，通过培训实现贫困人口就业246人。

加大社会帮扶力度。2019年，拱墅区引导社会力量捐资捐物610.5万元，同时改变社会帮扶资金“撒胡椒面”式做法，加大资金归集使用力度，集中用于助学扶贫信息化工程、“两不愁三保障”物品添置等，最大限度发挥社会帮扶资金的使用成效。

（季加佳）

大事记

2019年大事记

2019 年大事记

1月

1 日，2019 中国（杭州）新年祈福走运大会暨拱墅区第 13 届新年走运 · 香积祈福活动在运河天地开锣，上千名市民满怀对新一年的信心和期待,沿着运河大步健走。

2 日，市委常委、组织部部长毛溪浩率队到拱墅区开展“走亲连心三服务”活动，走访了智慧网谷小镇、和睦街道和睦社区和杭州二维火科技有限公司。

△ 大关地块宅地成为拱墅区新年“第一拍”，楼面价超 3 万元。

△ 由拱墅区文创办联合中国设计智造大奖组委会共同举办的 2019“设计运河”拱墅区十佳文创产品评选结果揭晓。来自杭州汉度实业有限公司设计的作品“小白刷洁面仪”、杭州西雨动画有限公司的“豌豆星球——星球探索卡”、浙江泰普森休闲用品有限公司的“581 轻型折叠桌”等 10 件参赛作品获 2019“设计运河”拱墅区十佳文创产品。

3 日，拱墅区被授予全国智慧健康养老产业示范基地称号，祥符街道、小河街道、和睦街道被授予全国智慧健康养老产业示范街道（乡镇）称号。

5 日，拱宸桥地区“创本杯”第二届文艺会演举行，并对在 2018 年为拱宸桥两岸的美好生活做出贡献的 10 名“最美拱宸人”和 10 名“十佳网格长”进行表彰。

7 日，大关街道完成八丈井村东片安置房征迁清零工作。

8 日，中共杭州市拱墅区委七届五次全体会议举行，传达学习贯彻省委省政府批准的《杭州市拱墅区机构改革方案》主要精神，研究部署下一阶段全区机构改革组织实施工作。

△ 拱墅区首届商贸综合体行业联盟成立，该联盟汇聚杭州城西银泰城、杭州中粮大悦城、水晶城、万达广场、远洋乐堤港、运河上街、天阳 D32、蓝钻天成等 31 家商户。

△ 来自加拿大的“先进智能化制造流程与质量控制”项目正式落户杭州国际人才创业创新园（拱墅园区），这是该园首个加拿大项目。

△ 拱墅区企业杭州中美华东制药有限公司、浙江大学、浙江省食品药品检验研究院、杭州华东医药集团新药研究院有限公司联合研制完成的“泮托拉唑钠及制剂关键技术研究与产业化”在国家科学技术奖励大会上获得 2018 年度国家科技进步二等奖。

△ 湖墅街道完成香积寺巷 39—41 号拆迁清零工作，为香积寺路下穿运河隧道工程打下基础。

9日，“创客天下”获奖项目“智能3D检测”落户杭州国际人才创业创新园拱墅园区。

△ 第五届中国诗歌春晚浙江分会场之“运河流过中国”在拱墅区献演。

10日，拱墅区启动2019年第四次经济普查，普查的标准时点是2018年12月31日，时期资料为2018年度。

11日，中共杭州市拱墅区委七届六次全体（扩大）会议召开，区委书记朱建明代表区委常委会做题为《实施十大行动 引领城北崛起 加快高质量建设运河沿岸名区》的工作报告。

△ 拱墅区“凤凰出山”名特优农产品展示展销中心开门迎客，这是拱墅区首家专为东西部对口帮扶和山海协作地区农产品展示展销而搭建的服务平台。

13日上午10时26分，塔高90米的5号冷却塔轰然倒下，这是半山电厂当年拆除的首个冷却塔，标志着半山电厂去工业化改造提升工程和杭州大城北开发建设迈出了实质性一步。

14日，市考评办检查考核组一行到拱墅区开展2018年度市对区综合考评集中检查考核。

△ 拱墅区房屋交易与不动产登记窗口获评“杭州最美办事窗口”。

15日，由省社科联主办，浙江当代中国画研究院、拱墅区社科联、中国京杭大运河博物馆承办的“我身边的运河故事”（浙江段）书画作品展在中国京杭大运河博物馆举行。

15—17日，政协第五届拱墅区委员会第三次会议召开。增选杨俊为政协第五届拱墅区委员会副主席。

16—18日，拱墅区第七届人民代表大会第三次会议召开。

18日，“四季运河”——拱墅区2019年新年音乐会在九剧场上演。

△ 拱墅区第七届人民代表大会第三次会议票决确定2019年区政府民生实事项目共10项。

△ 宁波市委副书记、市长裘东耀率领考察团，到拱墅区考察城中村改造项目及长效管理工作。

19日，拱墅区召开机构改革动员大会，对全区机构改革工作进行动员部署。

△ 拱墅区举行2019年“春风行动”动员大会，区四套班子领导与参会人员进行了现场捐款。

19—20日，拱墅区委全面深化改革委员会办公室、区文化和广电旅游体育局、区卫生健康局、区退役军人事务局、区应急管理局、区司法局、区市场监督管理局、区发展改革和经济信息化局、区数据资源管理局、市生态环境局拱墅分局、市规划和自然资源局拱墅分局等16个机构改革新组建单位集中挂牌。

20日，国务院公布2018年享受政府特殊津贴人员名单，拱墅有2位榜上有名，分别是杭州市中策职业学校校长高志刚和杭州市拱墅区英美职业培训学校校长吉正龙。

21日，市长徐立毅以市人大代表身份参加市十三届人大四次会议拱墅代表团审议《政府工作报告》。

22日，“欢乐迎新春”大运河戏曲周，在京杭大运河博物馆开幕。

23日，和睦街道“颐乐和睦”养老服务综合街区对外开街运营。

24日，运河财富小镇金融财富联盟在小镇会客厅成立。

25日，拱墅区举办以“扬激情 当主力 建功新时代”拱墅职工助力“六大专项行动”为主题的晚会，向全区广大职工发出助推新一轮“十大专项行动”的倡议。

28日，拱墅区召开2018年党建工作考核暨领导班子及成员年度考核会议，市委常委、组织部部长毛溪浩率杭州市委考核组参加会议并做讲话。会后，毛溪浩和副市长陈卫强到拱墅区走访慰问困难群众和基层干部。

29日，拱墅区举行各界人士2019新春团拜会。

△ 由拱墅区文明办指导，各街道、社区主办的拱墅区第二届“书香拱墅”社区阅读节暨第十六届邻居节活动在全区各个社区文化家园开场。

30日，《人民日报》在“评论”版“一线视角”专栏刊发《找准新旧动能转换的“跑道”》一文，为拱墅区经济转型升级的经验做法点赞。

△ 2018年度拱墅区社区、经合社“最美当家人”主题报告会在浙话艺术剧院举行，表彰了2018年度拱墅区“最美经合社干部”“最美社工”“最美网格员”。

31日，拱墅区举行2018年度全区基层党建和人才工作述职评议会，10个街道党工委、区发改经信局、区科技工业区管委会、区民政局、区人力社保局党委书记口头述职，并接受现场点评。

△ 2018年度杭州市和谐（文明、平安）社区（村）考评结果公布，拱墅区有15个社区获评示范社区。

2月

1日，拱墅区首台既有住宅加装电梯（上塘街道假山路社区天时苑小区7幢4单元）签约电梯养老综合保险。这在全国属于首例。

11日，省委常委、市委书记周江勇到拱墅区北部软件园大创、留创、科创三园，调研“双创”工作，并座谈交流。

13日，拱墅区举行信访工作座谈会，朱建明、章燕代表区委区政府与各街道签订2019年度信访工作责任书。

14日，京杭大运河杭州段香积寺路西延工程西段（北线盾构）始发，盾构由东向西下穿香积寺广场、京杭大运河、莫干山路，全长880米，与西段南线盾构机同时掘进，标志着项目进入了工程建设最关键的时期。

18日，拱墅区召开2019年全区“六大专项行动”动员部署大会暨2018年度“比学赶超、争当标兵”和“最满意工作创建”活动表彰会，在全区开展“产业平台建设、公共项目建设、美丽拱墅建设、招商引智、优化营商环境、深化基层治理”六大专项行动。

19日，拱墅区政府召开2019年第一次全体（扩大）会议。

△《今日拱墅》根据社会评价意见整改工作中群众关注度高、反映数量较多的热点难点问题，公示拱墅区2019年度社会评价意见整改工作情况。

△ 第二十三届“运河之春”元宵灯会启动，拱墅区拱宸桥、望宸阁、湖墅南路、大兜路历史街区等多地都“点亮”花灯，办起百姓家门口的灯会。

20日，杭钢云计算数据中心二期开工。一期建设数字机柜1500个，总投资2.4亿元，建筑面积4.74万平方米，2018年12月底已建成交付。二期计划建设数字机柜9670个，总投资22.34亿元，建筑面积5.36万平方米，计划2020年年底前投用。

21日，省政协副主席、党组副书记孙景淼率调研组到拱墅区调研推进基层社会治理现代化工作。

△ 市人大常委会党组书记、主任于跃敏一行到拱墅区调研居家养老服务工作。

△ 杭州市大城北地区规划建设工作推进大会在拱墅区召开，区委书记朱建明代表拱墅区做交流发言。根据规划，从2018年至2020年，大城北地区规划建设在上城、下城、江干、拱墅及余杭5个区135平方千米范围内启动。

22日，拱墅区企业浙江执御信息技术有限公司出席在北京举办的沙特投资合作论坛，与沙特阿拉伯王国投资总局签署《执御与沙特投资总局关于建立全面伙伴关系的谅解备忘录》。

25日，省委常委、市委书记周江勇到拱墅区专题调研"城市眼·云共治"平台。

26日，拱墅区北部软件园区企业德信地产集团有限公司在港交所主板挂牌上市，成为园区首家实现IPO上市的企业，也是拱墅区2019年首家上市企业。

△ 公交146路开启通车，146路由桃源金典家园始发，经桃源街、沈半路、半山路、丁桥路等多条道路，至丁桥公交站。

28日，拱墅区委区政府在康桥街道召开"美丽康桥"环境综合整治誓师大会。

同月，春节期间，拱墅运河景区共接待游客21.25万人次，同比增长4.25%。运河夜游营业收入达到33.59万元，同比上涨9.31%。桥西、小河、大兜路三大历史街区客流量为14.29万人次，同比增长20.28%。

3月

1日，全市召开"三化融合"行动比学赶超工作推进会，拱墅区的"城市眼·云共治"平台引入了AI技术来实现对违规信息的自动化抓拍取证，被纳入全市"城市大脑"子系统，在大会现场做演示汇报。

△ 拱墅区颁发首张新版营业执照，新版纸质营业执照发放后会同步生成新版电子营业执照，电子营业执照与纸质营业执照具有同等法律效力。

△ 由拱墅区教育局联合区社科联面向全区小学生开展"我身边的运河故事"征文活动结束。经评审，评出一等奖2篇，二等奖6篇，三等奖8篇。

4日，省委常委、政法委书记王昌荣一行到拱墅区专题调研智慧政法在实际工作中的运用。

5日，拱墅区纪念"三八"国际妇女节，启航"运河巾帼大爱行动"。

6日，2018年度拱墅区政府质量奖名单揭晓，杭州罗莱迪思照明系统有限公司、浙江沸蓝通信工程监理有限公司、杭州和睦老人公寓3家单位获奖。

7日，2019年首批拱墅区"运河英才"计划项目申报截止，涉及信息技术、生命健康、节能环保、材料科学、先进装备等多个产业领域的34个优质项目完成申报。

8日，拱墅区召开2019年村级留用地开发建设攻坚行动动员大会。会上下发《拱墅区加快村级留用地开发建设攻坚三年行动计划（2019—2021）》。

△ 拱墅区召开养老服务工作暨老旧小区"阳光老人家"社区居家养老服务体系建设工作推进会。

12日，由杭州市人民政府、中国投资发展促进会共同主办的第三届万物生长大会举行。会上发布杭州"独角兽"企业榜单和"准独角兽"企业榜单。拱墅区有9家企业上榜。

△ 拱墅区四套班子等领导干部携手市大城北地区规划建设领导小组、市运河集团领导干部，共赴运河东岸景观带样板段工程现场，

参加义务植树劳动。

△ 浙江杭天信公益法律服务中心驻拱墅区劳动人事仲裁院调解工作室揭牌成立。这是杭州第一家律师参与劳动仲裁调解工作室。

△《今日拱墅》公布拱墅区委对省委巡视组巡视意见的整改情况。

△ 全国知名公益品牌——杭州微笑行动慈善医院正式迁入杭州师范大学附属医院（市二医院）。杭州微笑行动慈善医院成立于2007年11月，是全国唯一的唇腭裂修复慈善医院。

15日，《今日拱墅》公布2019年拱墅区票选产生实施的49件街道民生实事。

16日，拱墅区与浙江中医药大学附属第二医院举行合作签约仪式，将在拱墅区的申花板块建造新华国际医院。建成后该院将是一所集医疗服务、预防保健、教学科研为一体的，具有国际医疗服务功能的三级甲等医院。

19日，市人大常委会副主任郑荣胜带队到拱墅区上塘街道第二人大代表联络站，调研代表联络站建设和街道居民议事会议制度落实情况。

△ 在浙江省2018年度建筑工业化工作考核中拱墅区荣获优秀县（市、区）称号，这是继2017年后拱墅再次获此殊荣。

△ 智慧网谷数字经济小镇范围内必创创新产业园取得施工许可证，正式开工建设。

22日，主题为“流淌的运河，流动的音乐——融融春意，吉享非凡”的2019杭州大运河吉他艺术节在运河财富小镇开幕。来自世界各地的古典吉他大师们参加演奏。

25日，拱墅区召开“三化融合”工作推进大会，推进数字产业化、产业数字化、城市数字化，推动互联网、大数据、人工智能与实体经济、城市治理深度融合，实现人产城、数产城深度融合，打造全市数字经济增长第一区和数字治理先行区。

26日，拱墅区召开纪委七届五次全体（扩大）会议，为高质量建设运河沿岸名区、实现大城北崛起提供更坚强的纪律保障。

△ 中央电视台《新闻联播》播出《杭州：绿道连山水 美景入城中》，展示拱墅区大兜路历史街区、小河直街历史文化街区、古新河等场景元素。

△ 拱墅区科技工业功能区招商推介会在杭州国际人才创业创新园召开，招商蛇口、申通万马、省国贸、浙数传媒、猪八戒5家数字经济企业签约落户，总投资额超40亿元。曾任韩国雷诺三星汽车质量总裁、浙江吉利控股集团有限公司质量总裁的美国杜克大学机械工程博士林钟城，带着韩国的先进智能化制造流程与质量控制项目落户外创园。

28日，市人大常委会副主任陈红英带队到拱墅区调研促进民营经济高质量发展工作。

29日，杭州市召开扩大有效投资暨“5433”工程推进大会。拱墅区在全市2018年度扩大有效投资推进重点项目建设工作考核各区、县（市）组中位列第一名，区政府获得2018年度管理优胜部门荣誉。

△ 杭州市治理城市交通拥堵工作领导小组会议召开。拱墅区获得2018年度杭州市治理城市交通拥堵工作全市13个区县市综合考核成绩第一名。

△ 拱墅区出台并实施居家养老服务机构信用“黑名单”制度。

30日，中央政法委维稳指导局副局长王雪鹏一行到拱墅区调研平安维稳工作。

△ 全国政协常委、副秘书长、提案委副主任、

九三学社中央副主席赖明率领九三学社中央调研组，就“促进科技型民营企业高质量发展”到拱墅区调研。

31日，在全省建设平安浙江工作会议上，拱墅区连续十四年蝉联浙江省“平安区”称号。

同月，在拱墅上塘路629号的杭州北部人才市场里举行的13场春季招聘会上，400余家企业提供了2300余个岗位，吸引近万人次应聘者，1000余人次达成就业意向。

4月

2日，区委理论学习中心组举行（扩大）学习会。学习会邀请浙江省工业和信息化研究院党委书记、院长兰建平做《发展数字经济，促进高质量发展》报告。

3—4日，湖北恩施来凤县委副书记、代县长李伟率党政考察团到拱墅区就东西部扶贫协作工作进行对接，并召开拱墅区来凤县东西部协作工作座谈会，共商扶贫攻坚计划。

4日，拱墅区召开全区新时代城市基层党建共建暨“运河红盟”服务保障中心大会。会上，宣读了拱墅区“运河红盟”成员单位名单，发起共建倡议，签订“运河红盟”党建共建协议书。

8日，浙江省长袁家军到长征中学调研高考改革工作。

9—10日，贵州黔东南黄平县委书记林昌富率队到拱墅区对接2019年对口帮扶工作。

10日，《杭州日报》《共产党员》杂志、浙江电视台、《都市快报》《钱江晚报》等省市主流媒体走进《拱墅组工》，了解感受拱墅区组织工作。

11日，国家市场监管总局副局长、国家标准化管理委员会主任田世宏带队到拱墅区调研电梯“养老”综合保险工作。

△杭州企业品牌发展促进会公布第六届杭州“十大新锐企业”和“十大青年领军人物”名单。拱墅区的杭州晨鹰军泰科技有限公司总经理邵玮、杭州翔天供应链管理有限公司董事长郭均入选“杭州十大青年领军人物”。

12日，市政协党组副书记、副主席翁卫军带队到拱墅区就优化营商环境工作开展专项集体民主监督。

△在瑞士日内瓦举行的由联合国国际贸易中心、中国电子商会共同举办的“2019贸发会议电子商务周——贸易便利化促进电子商务行业发展国际对话峰会”上，上塘电商小镇获得联合国颁发的“2018年度国际跨境贸易创新发展十佳企业”称号，是全市唯一获此殊荣的小镇。

13日，拱墅区举办“九三同心网络联盟”启动仪式暨网络主题学习会，标志着全省首支民主党派网络同盟军在拱墅区组建成立。

△“北京电影学院杭州实验室”“北京电影学院生源基地”在拱墅职高揭牌建立。

15日，浙江省委召开本届第七次县委书记工作交流会。拱墅区委书记朱建明代表拱墅区做《牢牢坚持“三个导向”用心用情做好“三服务”》发言。

19日，拱墅区召开“股社分离”现场推进会。拱墅区于2018年完成14家股社分离工作，计划2019年完成11家股社分离工作。

21日，中央电视台《焦点访谈》再次聚焦拱墅区生态廊道建设，美丽拱墅的建设成效亮相央视荧屏。

△由区文广旅体局主办、区图书馆承办的拱墅区第五届全民阅读节启幕，阅读节以“迎祖国七十华诞、颂运河四季书香”为主题。

22日，市委以视频会议形式，召开全市乡镇（街道）党（工）委书记工作交流会。上塘街道党工委书记围绕“干好一一六、当好排头兵”做交流发言。

22—26日，区委直属机关工委在山东沂蒙党性教育基地举办以“学习沂蒙精神 践行初心使命”为主题的区直机关基层党组织书记培训班，拱墅区近50名机关基层党组织书记或委员参加培训。

23日，市委召开常委扩大会议，学习贯彻中央政治局会议和省委常委会关于经济形势分析的精神，分析一季度经济形势，拱墅区委书记朱建明汇报全区一季度经济运行情况。

△ 拱墅区召开庆祝“五一”国际劳动节暨劳动模范表彰大会，表彰2019年拱墅区劳动模范、模范集体、“拱墅工匠”。

△ 拱墅区在“健康浙江”考核中位列全市第一。

△ 第三届京杭大运河国际诗歌大会在拱宸桥西拉开序幕，诗歌大会于4月23日至6月21日期间在京杭大运河杭州景区举办。

25日，拱墅区召开区志愿服务工作委员会第十一次全体（扩大）会，会上表彰2018年度先进志愿服务集体（组织）、先进社区志愿服务站、先进志愿者，成立大运河志愿者培训学院。

26日，市委副书记、政法委书记张仲灿带队到拱墅区督查道路交通安全综合治理工作。

△ 由拱墅区委统战部指导、拱墅区知识分子联谊会主办的“运河商道”揭牌成立。由华立集团股份有限公司董事局主席汪力成、西子联合控股集团董事长王水福担任首批导师，拱墅区6名企业家现场拜师结对，成为“运河商道”第一届学徒。

△ 由拱墅区总工会主办的“干一行爱一行精一行，吹响服务‘六大专项行动’和谐号”主题活动在运河广场拉开帷幕。劳模、工匠共同发出《弘扬劳模工匠精神，奏响劳动光荣最强音倡议》。

28日，拱墅区开通常态化企业开办专区，将市场监管、税务、公安、银行集中在专区，完成受理、审批、录入等开办环节工作，实现一窗受理、一趟到底、一日办结。

29日，湖北省政府宣布来凤县退出国家级贫困县行列。这是拱墅区对口帮扶、东西协作的成效。

△ 90余名来自英国、美国、澳大利亚、哥伦比亚、土耳其等39个国家的青年科技人才带着金点子相聚拱墅区，3个外籍人才项目进行了路演。

△ 拱墅区“运河大师宣讲团”成立，该支由10名高层次、高技能人才、大学生、留学生创业人才、青年人才、教育和文化行业优秀人才组成的宣讲团，将赴拱墅区机关、企业、学校、社区，开展主题宣讲，弘扬“拱墅工匠精神”。

△ 在半山国家森林公园虎山桥畔，区政协举行第四届皋亭修禊雅集活动，80余位社会各界嘉宾代表以及区政协委员应邀赴会。

△“2019中国新经济创新势力榜”评审揭晓，拱墅区企业米络星集团旗下泛文娱直播互动平台KK直播获“最具正能量直播平台”奖。

30日，经农业农村部、国家发展和改革委员会等8部门联合审定，拱墅区企业鲜丰水果股份有限公司被授牌成为农业产业化国家重点龙头企业，这是区内唯一的国家级农业龙头企业。

△ 拱墅区开播全国首档新阶层人士访谈直播节目。

5月

5日，2019中国大运河国际钢琴艺术节暨郎朗杯钢琴大赛在拱墅区运河天地广场开幕。在主会场外另设宁波、湖州、嘉兴、绍兴和杭州江干区、余杭区6个分会场。

5—10日，值“五四运动”100周年之际，区委组织部在江西南昌、井冈山举办首期“运河研修班”暨拱墅区“优秀年轻干部政治素养研修班”专题研修活动，来自全区各单位的52名年轻干部参加。

6日，市长徐立毅到拱墅区专题调研未来社区建设试点工作。

△市政协主席潘家玮、副主席陈永良率调研组到拱墅区调研城市渣土处置能力建设工作。

△2019大运河社区钢琴艺术周在运河财富小镇开幕。

△拱墅区第八届半山立夏节在“送春迎夏”古礼仪式中拉开序幕。

7日，区委理论学习中心组举行（扩大）学习会，邀请中山大学传播与设计学院院长、教授张志安作《舆论新业态与引导新范式》专题报告。

8日，瓜山保留农居点整治项目——未来社区样板房亮相。该整治项目是未来社区试点，包括瓜山北苑、东苑、新苑共269幢农居建筑。

9日，区委财经、审计、机构编制委员会分别召开第一次会议，会议审议并原则通过《区委财经委员会会议制度》《区委审计委员会工作规则》及《区委审计委员会办公室工作细则》和有关编制改革事项。

△拱墅区学前教育补短工程获省政府表彰。

10日，市长徐立毅到拱墅区专题调研老旧小区改造和住宅小区物业管理工作，实地考察和睦新村，与街道社区干部、居民代表交流，并征询他们对老旧小区改造和物业管理工作的意见建议。

12日，中央统战部六局调研组一行到拱墅区调研新的社会阶层人士统战工作。

13日，全省高质量建设美丽浙江暨高水平推进“五水共治”大会在杭州召开，会上公布2018年度美丽浙江建设（生态文明示范创建行动计划）工作考核优秀单位和“五水共治”（河长制）工作优秀市县“大禹鼎”名单，拱墅区继2015年后再度上榜，第2次夺得浙江省五水共治“大禹鼎”奖项。

14日，省委统战部副部长谢辉一行到拱墅区调研统战工作。

14—16日，区委书记朱建明率队赴湖北省恩施州来凤县开展东西部对口帮扶工作。

15日，《人民日报》要闻版以《杭州拱墅区推动城市和产业“双转型”昔日“铁老大”如今上“云”了》为题，对拱墅区腾笼换鸟、从破到立的发展思路进行全面解读，从环境持续优化、产业平台打造、居民获得感增长三方面给予肯定。

16日，《杭州大运河新城核心区城市设计（草案）》对外公示，设计草案对大运河新城核心区的范围、结构、定位、产业发展等方方面面都做了详细规划。大运河新城核心区位于绕城高速以内，西至上塘高架，东至320国道东侧杭钢用地边界，南至石祥路，北至康桥路及杭钢用地北侧边界，规划面积13.8平方千米。

17日，市人大常委会副主任罗卫红带领市人大常委会第三督查组第一小组到拱墅区开展民生实事项目“代表督查周”活动，对实施护校安园专项行动开展情况进行专项督查。

△ 2019 以“吃美食、游运河”为主题的第十届杭州拱墅运河美食节在拱墅区天阳 D32 时尚街区开幕。

△ 2019AW 杭州国际时尚周在城西银泰城启幕。

21 日，市人大常委会党组副书记、副主任许勤华率民生实事项目第六监督小组到拱墅区开展“代表监督周”活动。

△ 杭州市文艺家联合工会艺术空间·小河站暨小河驿·同心文化站启动仪式在小河直街历史街区举行，这是杭州市文艺家联合工会打造的首个艺术空间。

21—23 日，区委副书记、区长章燕率队赴贵州省黔东南州黄平县开展东西部对口帮扶工作，并就两地进一步携手打赢脱贫攻坚战进行深入交流。

22 日，市委副书记、市长徐立毅，市人大常委会主任于跃敏一行到拱墅区上塘街道第一代表联络站开展联系基层代表和人民群众活动。

△ 浙江省九城区中小学体育教学联盟第十届教学研讨活动暨第二届全员运动会在杭州市文澜实验学校举行，这是拱墅区举办的杭城最大的校园运动会。

△ 拱墅区卫生健康志愿服务联盟成立。

23 日，省委常委、市委书记周江勇到拱墅区调研工业经济。走访中亚机械有限公司和杭州华东医药集团，并主持召开工业经济部门座谈会。

△ 由杭州市委宣传部、拱墅区委区政府主办，拱墅区委宣传部、拱墅区文广旅体局、拱墅区文联、拱墅区大运河文化研究院联合承办的第八届大运河文化节暨首届大运河戏曲节开幕。

△ 拱墅区召开警示教育大会，区四套班子领导、全体区管领导干部在主会场参加会议，街道科级以上干部、纪工委成员及社区、经合社主要负责人在分会场观看视频直播。会议组织观看了警示教育片《以案为鉴，警钟长鸣》《来自身边的警示》。

23—24 日，在杭州市工会保障工作业务知识竞赛上，拱墅区总工会代表队，获团体一等奖、个人一等奖和二等奖。

24 日，杭钢半山基地建设服务工作领导小组第一次会议召开。会上，举行拱墅区政府杭钢半山基地发展服务办公室揭牌仪式，拱墅区的智慧网谷数字经济小镇与杭钢祥云慧谷签订战略合作框架协议。

△《人民日报》刊发《首届大运河戏曲节杭州开幕》新闻，点赞拱墅区举办大运河戏曲节“既是推动大运河文化、戏曲文化繁荣振兴的有力行动，也是满足群众精神文化需求的惠民工程”。

△ 广西桂林市象山区委书记唐小忠率领的考察团一行到拱墅区考察数字经济、文化旅游、城市建设等情况。

25 日，区青少年击剑锦标赛暨市锦标赛选拔赛在万国体育杭州德胜国际击剑中心举行，来自全区 22 所学校和 6 家击剑俱乐部的 200 名运动员参赛。这是拱墅区 2019 年全民运动会的系列活动之一。

△ 拱墅区官方发布平台“拱墅发布”上线五周年粉丝见面观影会在杭州大悦城举行。自 2014 年成立以来，“拱墅发布”粉丝超过 20 万人，成为群众了解拱墅新闻信息的一大窗口。

25—29 日，第六届中国杭州大学生创业大赛拱墅赛区开赛，来自全国 80 多所高校的 104 个项目 349 名大学生参赛。

27日，省委常委、市委书记周江勇到拱墅区督查调研大城北建设工作，考察杭钢云计算数据中心运营情况，并主持召开座谈会。

28日，拱墅区召开服务保障2019年“双创”活动周、世界环境日全球主场活动专题会。

29日，省委副秘书长、省信访局局长王忠志率全省信访局长参观考察拱墅区信访矛盾联合调处中心。

△由拱墅区关工委、区文明办、共青团拱墅区委、区教育局共同主办的“劳动最光荣”拱墅区小学劳动实践教育行动计划发布会暨庆祝“六一”儿童节表彰大会在杭州市福山外国语小学举行。

31日，拱墅区召开2019年度促进民营经济发展暨优化营商环境工作推进会，对为拱墅做出突出贡献的企业和最具成长性企业进行表彰，并命名新一批“大树企业”“小巨人企业”,《拱墅区支持民营经济高质量发展实施意见》《拱墅区科技企业贷款支持基金管理办法》等一系列政策出台。

△拱墅区文创办联合运河财富小镇共同举办以“千年古韵·江南丝路”为主题的大运河文化产业创新论坛。论坛上，国家哲学社会科学领军人才李加林、兰州交通大学艺术设计学院副院长管兰生分别就传统丝绸织锦技术和染缬技艺做主题演讲。

同月，市对区2018年度党建工作考核揭晓，2018年度拱墅区党建考核位列全市第二，连续两年保持全市领先。

6月

2日，拱墅区2019年首个10%村级留用地项目蔡马商业中心【蔡马商业综合用房（三）】开工建设，该项目位于湖州街与科园路交汇处，由蔡马经合社与石塘经合社合作开发，总用地面积1.2万平方米，总建筑面积7.13万平方米。

3日，区委书记朱建明、区人大常委会主任吴才敏、区政协主席周志辉等四套班子领导，区直属各单位党委（组）主要负责人，各街道党工委书记等近百名党员领导干部赴省法纪教育基地开展专题警示教育活动。

4日，拱墅区召开全区村级留用地开发建“互看互学”大比武活动。

5日，市委常委、统战部部长陈新华带队到拱墅区调研基层统战工作。

△杭州国际人才俱乐部在杭州国际人才创业创新园（拱墅园区）成立。

△2019京杭大运河龙舟争霸赛暨杭州市宣文卫体系统职工龙舟邀请赛在拱墅区西塘河上举行。

6日，拱墅区召开综合考评工作会议，通报2018年度市对区综合考评工作情况，宣布2018年度全区综合考评结果并部署2019年度全区综合考评工作。

7日，2019年“文化和自然遗产日”非遗系列活动启动仪式暨“非遗互联网+”周年展活动在拱墅大运河畔拉开序幕，全市70多个非遗项目和10余家非遗文创企业一同亮相。

11日，《人民日报》政治版刊发题为《杭州拱墅区加强小区居委会、业委会、物业协同治理 有了“三方办”服务更方便》的文章，为拱墅区基层治理创新模式点赞。

△吴家角港生态治理工程完工并通过竣工验收，此次生态治理工程主要运用“微生物+曝气复氧+水生动植物+生态浮岛”工艺。

12日，中共中央政治局常委、国务院总理李克强到拱墅区和睦新村考察老旧小区改造提升、社区居家养老服务等工作。

13日，2019年全国大众创业万众创新活动周拱墅分会场启动仪式在中国（杭州）智慧信息产业园举行，双创活动周拱墅分会场围绕“运河追梦、智创未来”主题，以众创空间、特色小镇、产业综合体等创新创业平台为依托，组织开展创业竞赛、融资对接、成果交易、经验分享等“双创”系列活动。

13—14日，由省戏剧家协会、市文联、区委宣传部主办，省戏剧理论工作委员会、市戏剧家协会、区文联、区大运河文化研究院承办，省文艺评论家协会协办的首届大运河戏曲节高峰论坛暨“致敬70周年”第十一届浙江戏剧论坛在拱墅区大运河畔举行。

14日，小河街道党建引领民生工程项目集体开工仪式在长征桥社区小广场举行，宣告5大类29项民生项目在6月全面开工。

15日，杭州粮油市场全面关停，472户商户完成清退签约。

17日，市委副书记、政法委书记张仲灿到拱墅区调研国际人才创业创新和基层社会治理工作。

18日，杭州市“食品安全宣传周”在拱墅区运河广场启动。

20日，省纪委常委、省委巡视办主任徐鸣华一行到拱墅区调研巡察工作。

△ 拱墅区融媒体中心挂牌成立,《今日拱墅》APP同步上线。

22日，市文联、区委宣传部、区文联组织400余名文艺工作者和志愿者欢聚大运河畔，先后在运河文化广场、拱宸桥头以及运河漕舫上以联动快闪、歌舞展演《我和我的祖国》的形式，纪念中国大运河入选“世界文化遗产”5周年。

24日，杭州地铁五号线首通段试运营，拱墅区善贤站、拱宸桥东站、大运河站、和睦站、萍水街站5个站点正式通车。

26日，团省委书记朱林森一行到杭州詹氏中医骨伤医院开展“三服务”调研，对杭州詹氏中医骨伤医院团的工作给予高度肯定。

△ 拱墅区监察委员会第一届特约监察员聘请会议召开，12名特约监察员接受聘请正式上岗，聘期至2022年1月。

27日，杭州市召开县级综治中心（信访超市）建设现场推进会，市委副书记、政法委书记张仲灿，市委常委、常务副市长戴建平率队到拱墅区考察，张仲灿、戴建平、朱建明共同为“运河信访超市”揭牌。

△ 省发改委公布首批未来社区试点创建项目建议名单，上塘街道瓜山社区被列入其中。

△ 中豪桃源国际综合体项目开工，是半山区域首个大型综合体。

29日，2019中国皮划艇巡回赛（杭州拱墅站）暨京杭大运河皮划艇挑战赛在拱墅区西塘河上挥桨开赛。

同月，2019拱墅区“安全生产月”活动启动，这是全国第十八个“安全生产月”。

7月

2日，由区文广旅体局举办的“世纪星杯”拱墅区第一届冰上运动会在杭州远洋乐堤港世纪星冰场举行。

3日，中组部、建设部、民政部联合调研组到拱墅区调研物业党建工作，调研组为拱墅区党建引领三方协同治理的模式点赞。

4日，浙江省新四军历史研究会在大关西八苑3幢运河城市驿站建立浙江省首家社区级“新四军展陈室”。

△ 拱墅区政府和中国移动杭州分公司签订“打造5G示范区、推进数字经济发展”战略合同协议。

5日，苏格兰贸易、投资和创新大臣伊万·麦基率代表团到拱墅区访问。

8日，区委书记、区委全面深化改革委员会主任朱建明主持召开区委全面深化改革委员会第一次会议，审议并原则通过《拱墅区委全面深化改革委员会2019年重点改革攻坚任务》《拱墅区2019年全面深化改革（“最多跑一次”改革）考核办法》《拱墅区委全面深化改革委员会工作规则》《拱墅区委全面深化改革委员会专项小组工作规则》《拱墅区委全面深化改革委员会办公室工作细则》《拱墅区2019年深化推进“最多跑一次”改革，打造一流营商环境工作要点》《拱墅区机关内部“最多跑一次”改革工作方案》，研究部署拱墅区2019年全面深化改革各项工作。

△ 区委书记、区委全面依法治区委员会主任朱建明主持召开区委全面依法治区委员会第一次会议，审议并原则通过《区委全面依法治区委员会工作规则》《区委全面依法治区委员会协调小组工作规则》《区委全面依法治区委员会办公室工作细则》《2019年法治拱墅建设工作要点》，研究确定区委全面依法治区委员会办公室及协调小组人员名单和区委法律顾问名单，并部署下一步工作。

△ 区委书记、区委外事工作委员会主任朱建明主持召开区委外事工作委员会第一次会议，审议并原则通过《中共杭州市拱墅区委外事工作委员会工作规则》以及《中共杭州市拱墅区委外事工作委员会办公室工作细则》，研究2018年全区外事工作情况与2019年工作要点，部署下一步工作。

9日，拱墅区通过全市首户困难老年人家庭适老化改造项目试点验收。

10日，国家卫生健康委疾控局副局长雷正龙一行到拱墅区专题调研社会心理服务体系建设工作，实地考察拱墅区爱心科技体验馆、祥符街道社会心理服务“慧心工作站”。

11日，住房和城乡建设部副部长黄艳一行到拱墅区调研老旧小区改造工作。

12日，拱墅区党政代表团到重庆涪陵区清溪镇，开展对口支援工作，并向清溪镇捐资30万元，用于当地农村移民安置区公共服务设施完善工程等项目。

△ 拱墅区互联网协会举行第一次会员代表大会。会议审议通过协会章程，选举产生协会第一届理事、会长、副会长。

15日，市人大常委会党组书记、主任于跃敏，率市人大常委会大气污染防治执法检查组对拱墅区土方转运码头及周边道路扬尘污染治理情况开展执法检查。

16日，位于胜利河美食街西牌坊北侧的胜利河旅游综合体项目完成竣工验收。该项目为地下2层地上5层的商业楼宇，用地约7000平方米，建筑面积约2万平方米，命名为“胜利河·锦鲤中心”，中心将依托5G技术打造“数字化智慧餐饮新零售体验综合体”。

17日，绍兴市委常委、诸暨市委书记徐良平，诸暨市委副书记、市长王芬祥带队到拱墅区考察。两地签订《拱墅区—诸暨市友好区市2019年度合作协议》，拱墅区企业浙江执御信息技术有限公司与诸暨市珍珠协会签订框架合作协议。

△ 拱墅区检察院作为公益诉讼起诉人，对李某、刘某网售不符合食品安全标准的“减肥产品”，依法向

管辖机关——杭州互联网法院提起民事公益诉讼，是全国首例向互联网法院提起的公益诉讼案件。

18 日，浙江大学公共服务与绩效评估研究中心发布《浙江省营商环境评价研究报告》。研究报告显示，在浙江省 11 个设区市企业营商环境评价排名中，杭州市居首位；在杭州市 13 个区（县、市）企业营商环境评价排名中，拱墅区位列榜首。

22 日，区纪委监委一行到拱墅区山海协作对接地区常山县，与常山县纪委监委共同商讨建立跨地域监督合作机制，共同推进“山海协作”工程项目建设。

△ 晚上 7 时，全市首个垃圾分类主题灯光秀在湖墅街道辖区的绿地商业中心亮起。

22—24 日，拱墅区企业鲜丰水果股份有限公司赴湖北省来凤县开展扶贫对接工作，举办“来凤水果进鲜丰”扶贫产品首发仪式。

23 日，省卫生健康委党委书记、主任张平率队到拱墅区开展“三服务”活动。张平到省肿瘤医院听取中科院（杭州）重离子医学中心项目推进情况，并协调解决项目推进中存在的困难和问题。

24 日，《诗画浙江 48 小时》百县千碗摄制组全省首站选择在拱墅区，在京杭大运河边开启大美浙江的美食、美景之旅。

25 日，市委以视频会议形式，召开全市乡镇（街道）党（工）委书记工作交流会，祥符街道党工委书记围绕以“干好一一六、当好排头兵”的实际行动践行初心和使命，交流经验、畅谈体会。

26 日，拱墅区召开 2019 年度文明创建赛、网格深化赛、三方治理赛、城管绣花赛、积案化解赛“五场比赛”大比武暨集中汇报会。

27 日，由杭州市船艇运动协会、拱墅区的杭州水尚皮划艇运动俱乐部发起，京杭大运河沿线四省两市 10 家水上运动俱乐部和协会共同举行“清洁母亲河，你我共行动”环保清洁活动。

30 日，祥符街道李家桥工业园区全面完成征迁签约清零，比计划提前两个月。

△《今日拱墅》展示 21 位“最美退役军人”，这是由拱墅区退役军人事务局从众多扎根在拱墅、服务在拱墅、建功在拱墅的退役军人中选拔出来的优秀代表。

△ 拱墅区重点打造的“十大文化项目”之一——半山国家森林公园内的二十四节气主题公园亮相。

△ 大城北首个昆曲国际会客厅在小河直街亮相。

同月，拱墅区 9 条道路投入使用，分别是皇蒋路、蒋扬路、平马巷、冬泽巷、春雀街、夏萌巷、工发路、秋霞街、康政路。

8月

1 日，拱墅区举行纪念建军 92 周年暨优秀退役军人表彰活动，表彰全区 21 名优秀退役军人。

2 日，中共杭州市拱墅区委七届七次全体（扩大）会议召开，区委书记朱建明代表区委常委会做题为《牢牢抓住三大战略机遇 努力实现更高水平建设更高质量发展更快速度崛起》的工作报告。

5 日，省委常委、政法委书记王昌荣到拱墅区石祥路通益路口、谢村码头检查工程车安全治理、渣土消纳等道路交通安全综合治理工作。

6 日，杭州魏尔啸医学检验实验室在杭州国际人才创业创新园拱墅园区成立，这是拱墅区首个独立于医疗机构，能准确公正提供医学检验服务的第三方医学实验室。

△ 浙江网谷企业管理咨询有限公司领取在淳安县市场监督管理局登记的营业执照，这是拱墅区发出的首张“同城通办”营业执照。

7 日，全国书法教师“蒲公英计划”志愿服务项目总部落户拱墅区。

8 日，拱墅区首台智慧型整体装配式加装电梯在拱宸桥街道崇庆里小区 8 幢 1 单元竣工投入使用。

9 日，省政协副主席、党组副书记孙景淼一行到拱墅区视察调研杭州市肢残人综合服务中心项目建设，该中心位于莫干山路与余杭塘路交叉口，是全市规模大、功能全的肢残人综合服务中心。

△ 杭州文广集团联合运河沿线京津冀鲁苏浙 6 省 9 城媒体，在拱墅区推出庆祝中国人民共和国成立 70 周年暨“爱上大运河”全媒体行动，央视新闻 +、新华社、人民日报 APP 等央媒、省市级媒体纷纷报道。

10 日 1 时 45 分前后，“利奇马”以超强台风级在浙江温岭沿海登陆，15 时，正面袭击杭州，成为近 70 年来登陆浙江第 3 强的台风。拱墅区防台防汛指挥部启动防台风 I 级应急响应和地质灾害 I 级响应，全区上下严阵以待，履职尽责，全力做好各项防范应对措施。全区平稳度汛，未发生人员伤亡事件、房屋倒塌事故以及地质灾害。

△《人民日报》文化遗产版刊载大篇幅文章为运河老厂房保护利用的“拱墅经验”点赞。

12 日，市人大常委会党组书记、主任于跃敏到拱墅区接待群众来访。现场研究解决问题，并召开“不忘初心、牢记使命”主题教育征求意见座谈会。

14 日，拱墅区与中国铁建举行合作签约仪式，中国铁建华东区域总部项目落户拱墅区，中铁房地产集团华东有限公司同步签约落户。

16 日，全市召开生活垃圾分类和老旧小区综合改造提升工作推进会，拱墅区委书记朱建明做交流发言。

△《今日拱墅》展示拱墅区 42 名优秀医师、医务人员和管理者，展现他们的最美风采。

△ 来自法国、德国、西班牙等 22 个国家的 50 名海外侨领侨商走进拱墅区，体验运河文化，考察营商环境，聚力大城北建设。

19 日，拱墅区卫健局在浙大城市学院北校区图信报告厅举办“礼赞健康追梦人、讴歌奋进新时代”庆祝中华人民共和国成立 70 周年暨第二届“中国医师节”晚会，表彰 2018 年卫健战线涌现的优秀医务人员、优秀党员和优秀党务工作者。

△ 拱墅区企业博采传媒联合承制的 12 集动画剧集《大禹治水》，入选中宣部第十五届精神文明建设“五个一工程”优秀作品电视剧 / 片名单。

19—23 日，省“三改一拆”“五水共治”（河长制）、生活垃圾分类督导组到拱墅区督查。

20 日，拱墅区委平安办、区人力社保局在浙江城北送变电建设有限公司联合召开全区“和谐劳动关系”标准化建设现场会。

△ 拱墅区台州路社区吉庆院 23 幢、凤亭院 6 幢危旧房改造项目交房回迁。

△《浙江日报》刊登拱墅区委书记朱建明《压实主体责任关键在“第一责任人”》署名文章。

21 日，位列杭州首批“未来社区”名单的瓜山未来社区首批样板间亮相，有大约 40 种户型设计，6

种居住风格。

22 日，全国工商联发布 2019“中国民营企业 500 强”“中国民营企业制造业 500 强”榜单，拱墅区企业浙江建华集团、海外海集团、浙江泰普森（控股）集团三家企业上榜。

23 日，国家信访局办信司副司长王仕科一行到拱墅区调研。

△ 位于申花板块的华东师范大学附属杭州学校竣工交付，该学校为 78 班的九年一贯制学校，并配建社会公共停车位 213 个。

27 日，第四届浙江和日本静冈县友好交流乒乓球赛在拱墅区举行。

28 日，拱墅区委理论学习中心组举行（扩大）学习会，邀请省委党校、省行政学院党史党建教研部主任邱巍做“共产党人的初心和使命”主题讲座。

△ 祥符街道轻纺路、何家村、华丰等区块的 436 户拆迁户全部完成选房抽房，完成花园岗村整村回迁安置工作。

△ 拱墅职高教师石丹代表中国队在第 45 届世界技能大赛美发项目比赛中获得金牌。

30 日，拱墅区全面实现“一手房”登记全过程“不见面”办理。

同月，运河水上公交 1 号线试行“三语报站”，是杭州唯一的“三语播报”水上公交线路——在原来普通话、英语的基础上加上“杭州方言”，即播报采用一遍普通话，一遍英文，外加一遍杭州话的形式。

9月

3 日，2019 年度杭州市产业创新服务综合体名单公布，拱墅区数字贸易产业创新服务综合体入选。这是继汽车互联网产业园入选省级综合体后，拱墅区新增的首家市级综合体。

4 日，市人大常委会副主任、市总工会主席郑荣胜一行到拱墅职高看望石丹及其团队。市政协副主席、市职教社社委会主任周智林一行到拱墅职高实训基地，对世界技能大赛获奖团队慰问并举行教师节座谈会。

5 日，拱墅区召开招商引资、招才引智工作推进会，印发《关于进一步加大招商引资工作力度的若干意见》《2019 年拱墅区投资促进百日攻坚工作推进方案》《杭州市最新人才政策汇编》。中科院计算所、中国铁建、蓝疆创新 3 个项目现场签约。

6—11 日，拱墅区举办“祖国华诞 唱响拱墅”庆祝中华人民共和国成立 70 周年合唱活动。这是杭州市“全城同庆、七十地联动”合唱活动的重要组成部分。拱墅区设区教育局、区委统战部、祥符街道、上塘街道、拱宸桥街道 6 个会场。

8 日，拱墅区在华东师范大学附属杭州学校报告厅举行“祖国华诞 唱响拱墅”庆祝中华人民共和国成立 70 周年合唱活动暨第 35 个教师节表彰大会。

9 日，运河湾（一期）项目开工活动在运河文化公园项目现场举行，副市长缪承潮宣布项目开工。运河湾（一期）开工标志着大城北核心示范区建设启动，是拱墅段大运河文化带建设的重要里程碑。

△ 2019 年浙江省中小学教坛新秀名单公布，拱墅区黄丽（杭州市行知中学）、黄鼎汉（杭州市卖鱼桥小学）两位优秀教师上榜。

11 日，2019 年浙江省百强企业榜单发布。拱墅区企业浙江建华集团有限公司入选全省百强企业和服务业百强企业，杭州钢铁集团有限公司入选全省百强企业和制造业百强企业，话机世界通信集团股份有限公司入选全省服务业百强企业。

△ 拱墅区召开“不忘初心、牢记使命”主题教育工作会，市委主题教育第五巡回指导组副组长唐奕出席会议并讲话。

△ 拱墅区家庭“才艺秀”在中国京杭大运河博物馆上演。各级最美家庭、廉洁家庭代表等300余人参加。

15日，拱康路（石祥路—康桥路、含上塘路延伸段）西半幅完成面层沥青铺设，正式通车。

17日，2019年浙江省暨杭州市道德模范巡回演讲活动进拱墅区，全区各直属单位以及辖区市民群众150余人到场聆听。

18日，区政协以“不忘初心担使命，携手共绘新蓝图”为主题的庆祝中华人民共和国和人民政协成立70周年书画摄影艺术展开展，朱建明、章燕、吴才敏、周志辉等区领导参观展览。

18—19日，区委理论学习中心组举行“不忘初心、牢记使命”主题教育第一次专题读书会。市委第五巡回指导组组长华德法、副组长唐奕率队对主题教育工作进行指导。

△ 2019杭州“文创新势力”颁奖盛典上，拱墅区企业浙江执御信息技术有限公司、杭州娃娃鱼动画设计有限公司、杭州九样文化传媒有限公司、杭州单向街文化传播有限公司的创意项目，入围杭州市2019“文创新势力Top10”。

20日，市政协党组副书记、副主席翁卫军带队到拱墅区开展“深化‘最多跑一次’改革，深入打造移动办事之城”专项集体民主监督活动。

20—24日，大运河文旅季暨第十一届浙江·中国非物质文化遗产博览会（杭州工艺周）在拱墅区举行。文化和旅游部非遗司司长陈通，中纪委驻文化和旅游部纪检组副组长毛庆斌，省、市相关部门领导出席。

24日，北秀街全线通车，该项目位于铁路北站单元桃源区块，西起金昌路，东至沈半路，全长约2400米，标准段宽度为42米，包含跨下塘河及二号港河的桥梁各1座。

△《人民日报》推出“壮丽70年·奋斗新时代·共和国发展成就巡礼——教育公平”系列专版，其中以《随迁子女入学有保障》为题对拱墅区的工作进行报道。

24—28日，由中共中央组织部委托住房和城乡建设部主办，全国市长研修学院承办的“美好环境与幸福生活共同缔造专题研究班”在厦门开班。区委副书记、区长章燕代表拱墅区作老旧小区改造经验交流。

25日，拱墅区举行庆祝中华人民共和国成立70周年暨“匠心筑梦·我和祖国同成长”首个工匠日活动。区劳模工匠代表，各街道（园区）、系统基联会、直属工会主席及一线职工代表近百人参加。

26日，省委常委、政法委书记、省委建设平安浙江领导小组副组长王昌荣到拱墅区调研检查消防救援工作。

△ 浙江省召开重大项目暨特色小镇建设现场推进会。会上公布省级特色小镇第四批培育名单，拱墅区汽车互联网小镇上榜。

27日，省委常委、市委书记周江勇到拱墅区调研指导“不忘初心、牢记使命”主题教育工作。

△ 祥符街道渡驾新村23台加装电梯工程交付使用，惠及小区内7幢多层住户共280户居民。这是拱墅区第一个全小区统一加装电梯工程，也是全市首个“老旧小区改造＋加

装电梯”工程。

△ 中共拱墅区纪委、共青团拱墅区委联合举办的“与祖国共奋进，以思廉颂青春”拱墅区首届“青年与廉洁”主题辩论大赛决赛开赛。区税务局辩论队摘得桂冠，区公安分局、区人力社保局分获第二、三名。

28 日，拱墅区政协举行庆祝中华人民共和国和人民政协成立 70 周年健走大会。

29 日，“千年大运河 美好新家园——庆祝中华人民共和国成立 70 周年暨中国大运河申遗成功 5 周年摄影作品展”在拱墅区开幕。

△ 位于大城北核心区的康桥花海举行开园典礼，正式对外开放。康桥花海总占地面积 20 万平方米。

30 日，位于运河天地内的杭州大城北规划展示馆开馆。

10月

9 日，拱墅区召开区委主题教育专题党课暨打通服务群众“最后一公里”比武会。10 个社区（经合社）党组织书记围绕“不忘初心、牢记使命”主题教育工作部署，聚焦区委“六大专项行动”，展开交流。

9—11 日，市委“不忘初心、牢记使命”主题教育第五巡回指导组组长华德法、副组长唐奕一行深入拱墅区街道、园区、社区等基层一线开展专题调研。

10 日，中国社会科学院金融研究所党委书记王立民一行到拱墅区专题调研电梯养老综合保险工作。

11 日，省建设厅党组书记、厅长项永丹带队到拱墅区调研老旧小区综合改造提升工作。

△ 拱墅区统一战线首批党外代表人士“同心工作室”成立。

16—17 日，拱墅区举行“运河平安管家”建设专题培训会，全区平安战线 500 余名工作者聆听专家授课。

17 日，第六届中国大运河庙会在京杭大运河拱墅段开幕。

18 日，16 时 34 分，小河油库开拆。小河油库建于 20 世纪 50 年代初期，是中华人民共和国成立后浙江省建立的第一座油库。按计划，小河油库保留 7 个大油罐，拆除 26 个小油罐。规划建设小河公园，沿河绿化，打通滨河通道。

19 日，小河街道文学艺术界联合会成立，这是杭州市主城区首个街道级文联。

△“2019 杭州城市乐跑赛”在拱墅区运河文化广场鸣枪开跑，1000 余人组成的“乐跑嘉年华”队伍沿着古运河畔的健身绿道，完成了约 6 公里的跑程。

20 日，民政部党组书记、部长黄树贤一行到拱墅区调研居家养老工作。

△ 全市首个电梯风险实验室揭牌落户拱墅区。

21 日，市人大常委会党组副书记、副主任许勤华一行到拱墅区调研产业平台建设工作。

△ 市政协党组副书记、副主席翁卫军带队到拱墅区开展“深化基础教育改革，建设‘美好教育’”专项集体民主监督以及寻找民生领域短板调研、征集“市政府 2020 年为民办实事项目”选题活动。

23 日，滨江区委书记王敏带领考察团到拱墅区考察社区建设管理工作。

24 日，以“大运河·大城北”为主题的 2019 年拱墅区土地招商发布会在远洋凯宾斯基酒店召开。

△“快乐的琴键”郎朗钢琴音乐教室在杭州市文渊小学新城校区揭牌。

△ 全市首届“最美人

大代表联络站”名单出炉，拱墅区米市巷街道第一人大代表联络站、康桥街道第三人大代表联络站入选。

25日，市区县（市）协作指导组第三协作组第二轮第四次联席会议召开，区委书记朱建明代表第三协作组汇报工作情况和下步思路。杭州市区县协作自2011年启动以来，拱墅、滨江、富阳三区累计向桐庐县提供协作资金6.98亿元，累计向桐庐县转移产业项目87个。

△ 杭州市首届中医文化节暨拱墅区卫生健康志愿服务联盟中医健康服务活动在运河文化广场举办。

△“拱墅区2019年社会科学普及周活动启动仪式暨2019年浙江人文大讲堂·大运河讲堂第七期”活动在中国京杭大运河博物馆举行。

26日，“运河邻里”康桥店投用，是大城北首个一站式社区商业服务中心。

27日，2019年拱墅区第九届全民运动会开幕式暨第五届运河国术游艺大会在浙江大学城市学院体育馆举行。

△ 拱墅区启动《中华人民共和国反奸防谍法》宣传周活动。

△ 杭州市行知中学入选全国青少年校园足球特色学校，杭州市文津小学入选浙江省青少年校园足球特色学校。

30日，省委第一巡回指导组组长尚清带队到拱墅区调研“不忘初心、牢记使命”主题教育开展情况。

△ 瓜山未来社区新苑4号组团，迎来首批入住的300余名青年创业租客。4号组团共有14幢建筑、375套房源，面积为14～30平方米不等。

△ 全国首档新阶层人士访谈直播节目《新阶层·新主张》第四期节目在拱墅区老开心茶馆开播。

31日，智慧网谷数字经济小镇招商蛇口项目开工建设，该项目占地面积3.3公顷，规划总建筑面积14.59万平方米，总投资10.55亿元。

△ 拱墅区举办首届退役军人返乡招聘会。

11月

1日，LOFT49园区闭园，该地块计划建设运河工业设计小镇，打造具有国际水平的设计产业创意园和国际时尚街区。

3日，由中国著名艺术家韩美林捐赠给杭州人民的精品力作雕塑《白马骄嘶》在拱墅区密渡桥路白马公寓前安装“落户”。

5日，拱墅区委召开全区领导干部会议，学习贯彻党的十九届四中全会精神，争当推进区域治理现代化排头兵。

△《大城北示范区策划及规划方案》出炉，建设方市运河集团选择国际一流水准的荷兰MVRDV建筑设计事务所，为大城北示范区建设制定一流规划方案。

△ 半山举行倪氏家谱圆谱仪式。根据家谱，半山娘娘为倪氏第30代，现在半山桥倪氏爱字辈为第84代。该次录入家谱的共700余人。倪氏家谱已被确定为拱墅区非遗项目。

6日，拱墅区举行以“防范火灾风险 建设美好家园”为主题的大型“119”消防宣传月启动仪式。

7日，拱墅公安融媒体梦想工作室亮相，这是全市首个公安系统融媒体工作室。

△ 武汉市汉口区委书记景新华率领考察团到拱墅区考察基层社会治理情况。

△ 在“第七届亚洲微电影艺术节优秀作品表彰典

礼”上，康桥街道报送的宣传纪录片《印象康桥》获第七届亚洲微电影艺术节好作品奖。

8日，由区文明办、区卫健局联合主办的拱墅区新时代文明实践健康宣传月启动仪式暨名医公益讲座在区新时代文明实践中心揭幕。

△ 杭州日报社、拱墅区委宣传部、湖墅街道、拱墅区总工会联合举办“爱你·大运河十二时辰”——第七届大运河·湖墅婚典。

9日，2019杭州国际人才交流与项目合作大会在杭州国际博览中心启幕，由拱墅区承办的2019中德生物经济大会在主会场展开。次日，拱墅区分会场举行“智汇运河”国际脑科学高峰论坛。

△ 杭州显宁寺修缮工程完工，对外开放。

11日，全市年度平安创建攻坚大会在拱墅区召开，区委副书记、政法委书记李炜代表拱墅区做交流发言。

△ 拱墅区委召开政协工作会议，推动新时代拱墅政协工作高质量发展。

13日，由科技部中国科学技术交流中心联合欧盟驻华代表团主办的2019“中欧科研快车”科技创新合作宣讲会在拱墅区举办。

13—14日，来凤县委书记邢祖训率领党政考察团到拱墅区考察交流。

14日，市委召开乡镇（街道）党（工）委书记工作交流会，半山街道党（工）委书记作交流发言。

△ 猪八戒网浙江总部开园仪式暨共享人才服务区域经济取经论坛在拱墅区北部软件园举行。

15日，市委常委、市纪委书记、市监委主任陈擎苍到拱墅区调研党风廉政建设工作。

△ 杭州市共认定五星级社区文化家园10家，拱墅区蔡马、善贤社区文化家园入选。

△ 拱墅区委宣传部开设教育和学习强国电影专场，邀请全区200余名教师代表和“学习强国”学习之星免费观看电影《有家》。

19日，由拱墅区纪委区监委主办的“清廉拱墅，你我同行”主题晚会在浙话艺术剧院举行。

20日，省委宣传部副部长、省文明办主任卢春中到拱墅区调研新时代文明实践工作。

△ 拱墅区智慧网谷管委会与浙江大学城市学院法学院、计算机学院签约，双方共同搭建“拱墅区智慧网谷——浙江大学城市学院法学院、计算机学院产教融合示范基地”。

△ 拱墅区教育系统党群服务中心对外开放。

21日，北城·智汇园重点项目顺丰杭州国际生鲜电商供应链基地开工。

△ 由拱墅区城管局创作的“时代蜕变 中国梦”国庆主题立体花坛获杭州市“国庆”立体花坛创作竞赛活动一等奖。

22日，拱墅区委理论学习中心组举行（扩大）学习会，中央统战部原副秘书长、干部局原局长张献生做“习近平总书记关于坚持、发展和完善新型政党制度的重要论述”专题讲座。

△ 拱墅区公安分局2019年度“向党和人民报告”主题晚会在浙江大学城市学院图信报告厅举行，对年度“十佳运河卫士”“十佳辅警”“十佳警嫂”“十佳治保主任”进行表彰。

△ 拱墅区第十七届邻居节暨社区阅读节在和睦公园开幕。

23日，“汽车互联，智驭未来”2019中国（杭州）汽车互联网产业发展大会在拱墅区举行。

24日，《人民日报》头版头条刊发题为《创新引领率先实现东部地区优化发展 新使命激发新动能》文章，为拱墅区智慧网谷小镇点赞。

25日，省发改委发布

《关于2019年浙江省现代物流业、科技服务业“亩产效益”领跑者名单的公示》，拱墅区顺丰速运、汉嘉设计2家企业入选。

△杭州中美华东制药有限公司被国家知识产权局评定为“2019年度国家知识产权示范企业”，成为拱墅区首家“国家知识产权示范企业”。

26日至12月8日，中国美术学院联合拱宸桥街道在中国京杭大运河博物馆举办“古运新篇”运河写生作品联展，展出作品36幅。

29日，首届“玉琮杯”清廉微电影大赛颁奖晚会在杭州余杭大剧院举行，拱墅区纪委区监委主导拍摄的清廉微电影《清风合唱团》获“玉琮杯”清廉微电影大赛银奖和最佳人气奖，米市巷街道纪工委承拍的微电影《道闸》获优秀影片奖。

30日，拱墅区机关内部“最多跑一次”协同办事平台上线试运行。

同月，拱墅区莱克孵化器和芬兰AI WAY公司合作项目“芬兰—莱克AI孵化平台”签约，成为拱墅区首个国际孵化平台。

12月

1日，拱墅区在大关街道召开橙色阳光行动暨“一年亲人”青春陪伴计划发布会，该项目由团区委联合大关街道党工委、阿里云、浙江树人大学共同实施，300余人邂逅该场“智能养老展”。

2日，拱墅区举行市委宣讲团党的十九届四中全会宣讲报告会，市委宣讲团成员、市委宣传部副部长应雪林做宣讲报告。

3日，拱墅区委书记、区委国安委主任朱建明主持召开区委国家安全委员会第一次会议，审议并原则通过《区委国家安全委员会工作规则》《区委国家安全委员会办公室工作细则》《拱墅区国家安全近期工作要点及责任分工》。

△拱墅区委书记、区委网信委主任朱建明主持召开区委网络安全和信息化委员会第一次会议，审议通过《中共杭州市拱墅区委网络安全和信息化委员会工作规则》《中共杭州市拱墅区委网络安全和信息化委员会近期工作要点》。

△拱墅区“大手牵小手 携手法治行”“12·4”国家宪法日文艺会演在浙江省广播电视集团电视台制作中心800演播厅上演。

△浙江省文化和旅游厅公布一批浙江省美丽乡村美育村（社区）试点单位，拱宸桥街道桥西社区入选，为拱墅区唯一入选社区。

4日，省科技厅公布《关于第三批浙江省产业创新服务综合体创建与培育名单》。拱墅区汽车互联网产业创新服务综合体成为省级产业创新服务综合体成员之一，是拱墅区首家省级产业创新服务综合体。

5日，市委常委、组织部部长毛溪浩参加指导拱墅区委常委会“不忘初心、牢记使命”主题教育专题民主生活会。

6日，拱墅区作家协会成立暨第一次代表大会召开，选举产生区作协第一届理事会理事22名；聘请第六届中国作家协会副主席、省作家协会名誉主席黄亚洲担任区作协名誉主席。

9日，2019年度杭州市专利试点（示范）企业名单揭晓，拱墅区35家企业上榜。

10日，拱墅区在全市范围内率先印发《拱墅区关于规范生活垃圾定时定点投放工作的指导意见》。

△祥符街道阮家桥经合社10%留用地项目丰潭商业综合用房（太合中心）投入使用，太合商业中心位于萍水街和塘萍路交叉口，地铁5号线萍水路站上方，总建筑面积7.4万平方米，总用地面积1.47公顷，由7幢建筑组成。

12日，由省委宣传部、省文化和旅游厅、省发展和改革委员会、浙江日报报业集团主办的浙江诗路文化产业发展主题活动暨首批诗路旅游目的地发布，拱墅区桥西历史文化街区作为大运河诗路，入选首批浙江省诗路旅游目的地。

13日，拱墅区召开垃圾分类工作专题会议，对全区垃圾分类工作再强调、再部署、再推进。

15日，由国家市场监管总局指导、中国工商出版社主办的第二届市场监管领域社会共治大会在北京举行，拱墅区“首创电梯‘养老’综合保险 纾解老旧电梯安全监管困境”获评政府类社会共治优秀案例。

16日，康桥街道社区卫生服务中心新院区开诊。

△拱墅区上塘电商小镇运河（国际）跨境电子商务园被认定为2019年浙江省数字化示范园区。

17日，拱墅区委副书记、区长章燕带领全区65位各行政机关负责人出席模拟法庭活动。

△拱墅区“国字号”特色美食街——胜利河美食街提升改造工程启动，施工期80天。

18日，省委副书记、省长袁家军到拱墅区调研老旧小区改造工作。

△拱墅区考察组先后到衢州市衢江区和常山县，分别开展省级结对帮扶和山海协作工作。

19日，区委、区政府出台《关于全面落实预算绩效管理的实施意见》，为财政资金使用带上“紧箍咒”，提高财政资源配置效率和使用效益。

23日，中央电视台《新闻联播》节目播出《基层减负 干部负担轻了 干劲足了》专题报道。文晖中学老师林肖骏作为基层代表接受采访。

△全省首个“美林教室”落户杭州市新华实验小学，著名艺术家韩美林为孩子们创作的鼠年邮票打分、签名。

24日，拱墅区召开区委全会报告、区政府工作报告征求意见座谈会，听取区各民主党派、工商联主要负责人和无党派人士及区级离退休老干部代表意见建议。

△拱墅区在祥符桥传统风貌街区项目现场举行扩大有效投资比学赶超暨重点项目集中开工仪式。

25日，科技部发布《科技部关于公布2019年度国家级科技企业孵化器的通知》，拱墅区运河汽车互联网产业园名列其中。

△2019浙江省美丽河湖评选结果揭晓，拱墅区余杭塘河—五常港（塘河片区）上榜，这是拱墅区第一条获得省级美丽河湖的河道。

28日，大运河文化艺术中心启幕，近10家网红文创品牌店铺同时开张。

△拱墅区举行“华君武先生美术馆”“华君武漫画艺术研究院”合作签约暨杭州市创意艺术学校揭牌仪式。

△“大关情·中国梦”——大关小学民乐团成立65周年暨新年民乐专场音乐会在浙江音乐厅上演。

△位于绍兴路588号的上塘街道党群服务中心启用，面向大城北核心区域广大党员群众开放。

30日，杭州华电半山发电有限公司综合改造提升项目在拱康路200号举行开工仪式。

△拱墅区举行卫生健康建设项目集中揭牌仪式，祥符街道、康桥街道、小河湖墅街道3家社区卫生服务中心投用。

31日，省委常委、市委书记周江勇走进大关街道东苑第一社区文化家园，与社区居民一起迎新年。

△中共杭州市拱墅区委七届八次全体（扩大）会议召开。区委书记朱建明代表区委常委会作题为《干好“六五四”收官“十三五”争当高水平全面建成小康社会排头兵》的工作报告。

（编辑部）

区情概览

自然概貌
建置区划
人口构成
历史文化
经济社会发展
精神文明建设

自然概貌

【位置面积】 拱墅区位于京杭大运河最南端，介于北纬30° 16′ ～30° 24′，东经120° 04′ ～120° 12′之间，为杭州市中心城区之一，曾为杭州市委、市政府所在地，以辖境内拱宸桥和湖墅各取一字而得名。辖区面积69.21平方千米。其中，耕地1.92平方千米，林地6.57平方千米，村镇及工矿用地51.54平方千米，水域及水利设施用地3.36平方千米。[1]东邻江干区和下城区，西连西湖区，南接西湖区和下城区，北靠余杭区，东西最大距离12.6千米，南北最大距离14.4千米。风光旖旎，环境优美，古老而秀丽的京杭大运河宛如一条银链穿境而过，两岸留下众多历史古迹和灿烂的文化遗产。

【自然环境】 辖区地势呈东北高西南低。东北部属天目山余脉，自西南向东北绵延10余千米，主要有半山、黄鹤山、青龙山、凉帽山、老虎山等。半山，又名皋亭山，主峰海拔283.9米。青龙山，主峰海拔270米。凉帽山，主峰海拔279米。老虎山主峰海拔256.4米。全区最高峰为黄鹤山，主峰海拔319.2米。西南部地势平坦，河道港渠纵横交错。

【自然资源】 拱墅区河流密布，水资源丰富。较大的河流有京杭大运河和上塘河，并有众多支流相互贯通，构成运河水系和上塘河水系。主要河流还有古新河、西塘河（小河）、余杭塘河、沿山港、电厂热水河、电厂河、红建河、杭钢河等。

【气候特征及变化趋势】 2019年，拱墅区天气、气候复杂多变，有21次重大天气过程，年内降水分布不均，与常年平均差异较大；低温日数创最少记录，极端最低气温明显偏高；夏季38℃以上高温日数明显偏少。年初持续阴雨寡照，雨日数和降水量均为历史同期之最；春、夏两季强对流天气频发；梅汛期暴雨多发，雨量显著偏多，气温明显偏低，为典型冷黄梅；台风影响明显偏

---

[1] 辖区面积等数据来源于拱墅生态资源分局2018年土地变更调查。

多，8月10日第9号台风“利奇马”穿杭而过，危害较重；入秋偏迟，秋季出现较重气象干旱；12月气温异常偏高，偏高幅度达1.9℃～2.3℃。全区年平均气温18.1℃，较常年（17.0℃）偏高1.1℃。极端最高气温38.9℃，出现日期为7月30日。极端最低气温-0.9℃，出现日期为1月27日。年降水量1649.9毫米，较常年（1438.0毫米）偏多14.7%。年雨日数160天，比常年均值（147.4天）偏多12.6天。年日照时数1649.6小时，较常年（1709.4小时）偏少3.5%。气候温和，呈变暖趋势。21世纪以来年平均气温都在17℃以上。雨量充沛，年际变化大，年降水量最多年为最少年的约2.5倍；年内降水分布不均，主要集中在3—9月的汛期，占全年降水量约75%。雨日较多，占全年40%以上。日照充足，但年日照时数最多年和最少年差异较大，属于太阳能资源不稳定地区。盛行风随冬夏季风的交替而变化，冬半年盛行西北风，夏半年盛行偏东风和西南风。

（编辑部）

建置区划

【概况】1958年9月和1959年8月，浙江省文物管理委员会和杭州大学先后2次在拱墅区上塘街道皋亭水田畈进行考古发掘，出土夹砂陶、黑陶等文物和大量植物种子，经考证属新石器时代晚期文物，距今约4000—5000年。1990年10月，杭州市文物考古研究所在拱墅区半山地区考古挖掘，出土距今2000年左右的国宝级文物战国水晶杯及其他文物。考古发掘证明，从良渚文化晚期开始，已有为数不少的先民在拱墅这块土地上繁衍生息。

【历史沿革】秦王政二十五年（前222年），秦灭楚，置钱唐县，今辖境属之。唐高祖武德四年（621年），改钱唐县为钱塘县，仍属之。五代后梁龙德二年(922年)，置钱江县，与钱塘县同城设治。辖境分属钱塘、钱江两县。北宋太平兴国四年（979年），改钱江县为仁和县。辖境分属钱塘、仁和两县。清宣统二年（1910年），县以下划分自治区域，辖境分属湖墅乡、调露乡和皋亭乡。民国元年（1912年）2月废杭州府，以原钱塘、仁和县地并置杭县，辖境属杭县。民国16年（1927年）5月，划杭县所属城区等地设杭州市。10月，市下设区，辖城区、西湖、江干、会堡、湖墅、皋亭6区。民国19年（1930年），湖墅区析为第十二区和第十三区。民国23年（1934年），第十二区和第十三区合并为第八区。民国27年（1938年）6月，日伪市政府将原第八区改名为第七区。民国34年(1945年)8月，抗日战争胜利后，恢复为第八区。民国38年（1949年）初，拱宸桥地区易名拱宸桥镇，为杭县之治所。1949年5月，市政府将第八区和杭县拱宸桥镇合并，成立拱墅区。1952年11月，杭州市增设上塘区。12月，杭县治所迁到临平。1956年4月，上塘区撤销。1959年2月，经省委批准，撤销拱墅区，建立拱墅人民公社联社。1960年1月，撤销拱墅人民公社联社，恢复拱墅区。4月，成立拱墅城市人民公社，辖区同拱墅区。1961年，拱墅区与拱墅城市人民公社并存。1962年9月，拱墅城市人民公社自行消失。1979年，建立杭州市半山区。1990年2月，国务院批准撤销拱墅区、半山区，建立新的拱墅区。

【行政区划】 1997年1月，市政府决定，拱墅区石桥乡、东新街道划归下城区管辖，西湖区祥符镇划归拱墅区管辖。拱墅区辖上塘、康桥、半山、祥符4个镇和米市巷、湖墅、小河、拱宸桥、和睦、大关6个街道，40个行政村，145个居民区。2006年3月，撤销上塘镇，设立上塘街道。2009年7月，撤销祥符镇，设立祥符街道。2010年12月，撤销半山镇、康桥镇，设立半山街道、康桥街道。2019年，全区有上塘、祥符、半山、康桥、米市巷、湖墅、小河、拱宸桥、和睦、大关10个街道，99个社区（包括4个筹建社区）。

（编辑部）

2019年拱墅区街道及社区情况表

表1　　单位：个

街　　道	社区数	社　　区
上塘街道	10	拱宸、瓜山、皋亭、蔡马、善贤、假山路、八丈井、红建河、七古登、绍兴路
祥符街道	17	勤丰、庆隆、吉如、新文、星桥、祥符桥、阮家桥、方家埭、花园岗、孔家埭、总管堂、映月、秀水、北星、申悦、申慧、蓝孔雀
半山街道	16（其中4个筹建）	田园、杭钢西苑、杭钢南苑、杭钢北苑、杭玻闼板桥、半山、金星、石塘、沈家桥、夏意、龙山、云锦、春晓（筹建）、秋韵（筹建）、虎山（筹建）、冬景（筹建）
康桥街道	13	康桥、康桥村、谢村、西杨、义桥、永和、独城、计家、平安桥、蒋家浜、吴家墩、康运、康乐
米市巷街道	7	米市、锦绣、沈塘桥、夹城巷、半道红、大塘巷、红石板
湖墅街道	7	双荡弄、卖鱼桥、仁和仓、霞湾巷、长乐苑、珠儿潭、仓基新村
小河街道	9	小河、明真宫、大浒路、长征桥、娑婆桥、董家新村、紫荆家园、余杭塘路、塘河新村
拱宸桥街道	8	桥西、蚕花园、衢州路、温州路、台州路、登云路、永庆路、文澜
和睦街道	4	和睦、华丰、化纤、李家桥
大关街道	8	德胜、南苑、翠玉、东一、东二、西一、西二、香积

（严旭东）

人口构成

【概况】2019 年度，拱墅区总户数 139808 户，比上年增加 5537 户，增长率为 4.12%。总人口 396799 人，比上年增加 15920 人，增长率为 4.18%。平均每户 2.84 人，与上年基本持平。总人口中，男性 195884 人，女性 200915 人，分别占 49.37% 和 50.63%，性别比 97.50。全年出生人口 4635 人，死亡人口 1688 人，迁入人口 26288 人，迁出人口 13307 人，人口机械增长 12981 人。在册流动人口 39.88 万人

【户籍人口】2019 年年底，全区户籍人口 396799 人，其中办理乡村人口转城镇人口 4075 人，比上年减少 183 人，下降率为 4.30%。在乡村人口转城镇人口中，招生 35 人，比上年增加 12 人；聘用 664 人，比上年减少 123 人；务工经商 1252 人，比上年增加 24 人；购房入户 417 人，比上年减少 316 人；投资入户 8 人，比上年减少 15 人；投靠亲属 1672 人，比上年增加 241 人；其他 27 人，比上年减少 6 人。随着农业农村地区的经济进一步发展，农业转移人口落户城镇，首次出现下降的情况。自 2016 年 9 月 28 日杭州市暂停实施市区范围内购房入户政策以后，2019 年拱墅区购房入户人口首次出现下降。

【流动人口】2019 年年底，拱墅区流动人口在册 39.88 万人，其中在杭州市居住时间一年以下的 17.14 万人，占流动人口在册数的 42.98%；居住时间在 1 至 5 年的 19.57 万人，占流动人口在册数的 49.07%；居住时间在 5 年以上的 3.17 万人，占流动人口在册数的 7.95%。流动人口中，18—50 周岁在册 28.27 万人，占流动人口在册数的 70.89%。流动人口中男性 22.8 万人，占比 57.17%，女性 17.08 万人，占比 42.83%，男女性别比例为 133：100。初中及以下学历流动人口 20.41 万人，占 51.19%；高中学历 8.8 万人，占 22.08%；大专及以上学历 9.4 万人，占 23.67%。共有 48 个少数民族的 9873 名流动人口居住拱墅区，占流动人口总数的 2.47%。总数在 1000 千人以上的少数民族有：苗族 1670 人，土家族 1486 人。

（鲁萍）

历史文化

【概况】2019 年，拱墅区有各级文物保护单位共 17 处(23 群)。其中：全国重点文物保护单位 1 处（7 群），分别为大运河—拱宸桥，大运河—祥符桥、富义仓、通益公纱厂旧址、高家花园、洋关旧址、大运河——江南运河嘉兴—杭州段（上塘河）；省级文保单位香积寺石塔 1 处（1 群）；市级文保单位 6 处（6 群），分别为衣锦桥、桑庐、东新桥、里万物桥、古星桥、国家厂丝储备杭州仓库建筑；市级文物保护点 9 处（9 群），分别为海粟庵、和睦桥、莫家里土墩墓、巧山遗址、吉如遗址、福寿长桥、中心集施茶材会公所旧址、花桥、陈叔通家族墓。

2019 年，拱墅区历史街区共 3 处，具体为大兜路历史文化街区、小河直街历史文化街区、拱宸桥桥西历史

2019年拱墅区人口及构成情况表

表2 单位：户、人

街道名称	总户数	总人口	男	女	18岁以下	18-35岁	35-60岁	60岁以上	非农业人口	户平均人数
米市巷街道	14742	39790	19503	20287	4702	6934	14755	13399	39790	2.7
湖墅街道	10186	28282	13900	14382	4337	4829	10780	8336	28282	2.78
小河街道	16957	45257	22268	22989	7182	7653	17356	13066	45257	2.67
拱宸桥街道	20355	55542	27464	28078	9734	10341	20825	14642	55542	2.73
和睦街道	4768	12274	6015	6259	1388	1945	4471	4470	12274	2.57
祥符街道	30512	87595	43630	43965	22353	21732	31950	11560	87595	2.87
上塘街道	10167	34145	16551	17594	5908	8225	12599	7413	34145	3.36
大关街道	13008	33763	16382	17381	4555	5801	12284	11123	33763	2.6
半山街道	13895	39684	20168	19516	7209	7588	14854	10033	39684	2.86
康桥街道	5218	20467	10003	10464	4202	3597	7809	4859	20467	3.92
总 计	139808	396799	195884	200915	71570	78645	147683	98901	396799	2.84

2019年拱墅区人口出生、死亡、变动情况表

表3 单位：人

街道名称	出生人口			死亡人口			迁入		迁出	
	合计	男	女	合计	男	女	省内迁入	省外迁入	迁往省内	迁往省外
米市巷街道	337	169	168	195	111	84	306	291	31	76
湖墅街道	226	118	108	163	95	68	215	174	19	28
小河街道	429	248	181	229	136	93	479	417	19	48
拱宸桥街道	585	310	275	281	142	139	644	571	41	71
和睦街道	98	47	51	101	71	30	94	121	8	22
祥符街道	1663	850	813	149	77	72	2465	2129	76	133
上塘街道	330	171	159	125	67	58	723	470	142	102
大关街道	291	156	135	186	101	85	297	345	24	49
半山街道	475	228	247	199	117	82	572	991	30	37
康桥街道	201	102	99	60	36	24	186	375	2	8
总计	4635	2399	2236	1688	953	735	5981	5884	392	574

（鲁萍）

文化街区。历史建筑共14处，具体为：显宁寺旧址、崇仁庙遗址建筑、姚宅、浙江麻纺厂建筑、杭丝联建筑、杭州土特产有限公司桥西仓库建筑、杭州大河造船厂建筑群、杭州张小泉剪刀厂机修车间建筑群、浙江万马药业有限公司职工宿舍建筑群、浙江杭州石油公司小河油库建筑群、杭一棉有限公司离退休人员服务中心卫生所旧址、祥符茧行旧址、渡驾桥、莫婆桥。

2019年，拱墅区建成文化规划馆、运河书房（烟囱广场馆）、拱墅区民俗迹忆馆。文化规划馆位于热电城市综合体的核心区域，综合展示拱墅地区的文化发展脉络，以及对未来新图景的规划。运河书房（烟囱广场馆）是区图书馆运河文化主题分馆，为读者免费提供图书阅览、借阅等基本服务。民俗迹忆馆位于陆家坞保留农居点，以城中村拆迁老物件为基础，通过质朴的旧物、独特的场景式摆设，讲述特定历史背景下运河南端的村庄故事，展现一代拱墅人生活印迹。

2019年，完成杭州张小泉剪刀厂机修车间建筑群、杭丝联建筑、显宁寺旧址、祥符茧行、祥符粮仓、祥符直街48号、杭一棉有限公司离退休人员服务中心卫生所旧址7处历史建筑资金申报工作；与拱墅消防大队共同落实20处历史建筑的消防安全主体责任和“智慧消防”建设部署工作。

【洋关旧址（杭州关税务司署旧址）】洋关旧址位于杭州市温州路126号市第二人民医院内，属于拱墅区拱宸桥街道温州路社区。

清光绪二十一年（1895年），中日甲午战争失败后，丧权辱国的《马关条约》签订，杭州被迫成为开放商埠。迫于形势，光绪二十二年（1896年）6月，清政府决定在杭州设立“海关”开港通商。杭州“海关”的全称为“杭州关税务司署”，即人们所说的“洋关”，关署建在杭州拱宸桥通商场（现杭州市第二人民医院内）。当年9月，日本政府驻杭领事强迫清政府浙江地方当局签订在拱宸桥地区设立公共通商场与日租界的有关文件。随之，英、美等国均要求在拱宸桥的通商场内租地经营，拱宸桥一带遂成为帝国主义列强经商、投资、掠夺的乐园。10月，杭州海关与通商场及日租界同时正式使用。“洋关”是杭州当时最主要的征税机关，也是货物进出的枢纽。

民国26年（1937年）12月，日本侵略军侵占杭城前夕，杭州关撤出辗转外地。抗日战争时期，“洋关”的几幢房屋，一度成为日本宪兵队队部驻地。抗战胜利后，“洋关”的一部分成为国民政府杭县县政府和杭县警察局办公用房，另一部分划为农科所宿舍。解放初期，杭县政府机关在“洋关”办公，其余归属农科所，1954年由杭州市第二人民医院接收。

洋关留存至今的3幢房屋现位于杭州市第二人民医院内，北楼（原海关办事处）现为医院领导机关办公楼，东楼（原帮办人员宿舍）现为医院科室办公楼，南楼（原税务司主楼）现为医院统计室、图书馆等。3座建筑呈“品”字形布置，间有后期构筑的医用建筑。东、南、北3座楼平面矩形，皆为二层砖木结构，红色清水砖外墙，立面多采用仿英的“券廊式”，屋顶坡形，出檐短浅。

2000年7月，“洋关旧址”公布为杭州市文物保护单位，2011年11月，公布为浙江省级文物保护单位，2013年3月，大运河之洋关旧址公布为全国重点文物保护单位。

【大兜路历史街区】大兜路历史街区位于京杭大运河大关桥至江涨桥段的东岸，街区以大兜路为主线，南北长约780米，东西进深约150米。街区占地面积9.5公顷，总建筑面积约5万平方米，其中商业物业面积约为2万平方米。2009年，大兜路历史街区综合保护工程全面实施和并完成。保护后的大兜路历史街区以复建的新香积寺为核心，保留有香积寺石塔和国家厂丝仓库等文保单位，以及大量保护、修缮的清末民初风格民居建筑。街区总体规划定位为集历史文化遗产保护及居住、文化、旅游、休闲、商贸等多种功能为一体，体现运河南端经济繁荣、文化发达的典型地域特色的历史文化街区。

【张小泉剪刀锻制技艺】明崇祯元年（1628年），张小泉品牌的创始人张小泉首创镶钢锻制技艺。他在刀口镶上一层钢，使其锋利耐用，而剪体仍用全铁，则易于弯曲造型。这种方法改变当时用全铁锻打、刃口容易磨损变钝的制剪工艺，所出产品剪刃锋利，剪体柔美，达到名副其实的“刚柔相济”效果。

张小泉剪刀锻制技艺，由试钢、试铁、嵌钢、出头、锉里口、锉外口、淬火、粗磨、细磨、检验、凿花等七十二道工序组成。以这一技艺锻制的产品，其锋利度和牢固度可剪切断开128层白布，现代科技生产的产品无法与其比肩。2006年，张小泉剪刀锻制技艺被列为首批国家级非物质文化遗产代表性项目。

张小泉剪刀锻制技艺以国家级代表性传承人施金水、张忠尧为核心，通过师傅带徒弟，徒弟再带徒弟，以及各种高校和社会培训来保持与传承。在拱墅区拱宸桥西历史街区手工艺活态展示馆有面积150平方米的张小泉剪刀锻制技艺传承基地，在富阳东洲街道五星路8号张小泉园区内有面积300平方米的技艺传承基地，设施完善，功能完备。2019年，项目有代表性传承人6人，其中，国家级、省级传承人2人，市级传承人3人，区级传承人1人。

经济社会发展

【政治建设】2019年，拱墅区以“激情用心学悟践、实干担当促崛起”为主轴主线，高标准开展“不忘初心、牢记使命”主题教育，推动全区59家机关事业单位、1825个党组织、3万余名党员学思践悟伟大思想，接受了一次全方位的政治洗礼。圆满完成机构改革各项工作。高规格召开区委人大、政协工作会议，推动全区人大、政协工作不断开创新局面。深入开展统战“聚焦大城北，画好同心圆”专项行动，“不忘合作初心、继续携手前进”主题教育和“统战文化月”活动取得积极成效。持续加强国防动员与后备力量建设。扎实推进群团改革。建成投用区社会治理综合服务中心，深化社区治理创新，全省率先完成社区与集体股份经济合作社分离工作，社区管理成立居民委员会、业委会、物业三方协同治理模式获《人民日报》专题点赞，安置房三方协同治理入选省级标准化试点。推进基层多元共治格局不断完善。

（张瑜）

【经济建设】2019年，全区生产总值662.16亿元，比上年增长8.3%。其中，第二产业增加值139.56亿元，增长11.0%；第三产业增加值522.60亿元,增长7.5%。二、三产业结构为21.1：78.9。财政收入160亿元，增长3.15%，其中增值税73.27亿元，企业所得税47.39亿元，个人所得税9.34亿元。一般公共预算收入91.19亿元，增长8.05%。一般公共预算支出42.07亿元，增长11.89%。区本级城乡社区事务支出4.37亿元、社会保障和就业支出4.81亿元、教育支出10.29亿元、卫生健康支出2.19亿元、公共安全支出5.06亿元、一般公共服务支出4.5亿元。固定资产投资增长25.8%，其中，生态环境和公共设施投资增长11.5%，高新技术产业投资增长47.0%，民间项目投资增长11.8%，工业投资增长67.3%，交通投资下降24.2%。

（顾煜俊）

【文化建设】2019年，拱墅区坚定不移实施文化引领战略，实施大运河文化带建设，持续推进“一址两街两园三馆两中心”十大文化项目建设，显宁寺、大运河文化艺术中心、大运河文化时尚发布中心、区文化规划馆、民俗迹忆馆亮相，祥符桥传统风貌街区、运河湾音乐广场、拱宸匠人馆开工建设，大运河亚运公园、大运河中央公园建设加快。成功举办首届大运河戏曲节、大运河国际钢琴艺术节、第十一届中国非遗博览会等运河文化品牌活动，文化惠民人数超千万。运河景区年接待游客突破1200万人次。成立全国传统工艺工作站（杭州拱墅站），新增区级非物质文化遗产代表性项目16个。举办拱墅区第五届全民阅读节，完成6家运河书房建设，建成辖区第一家杭州书房，启动并完成第一期“拱墅区工业遗产数据库”建设。引进华君武美术馆和漫画艺术研究院。运河博物馆开展活动159场次，举办临时主题展览18场。新建、更新、维修全民健身苑点45处，健康浙江考核位列全市第一。

（编辑部）

【社会建设】2019年，全区城镇新增就业人数2.8万人，引导和帮助城镇失业人员实现再就业0.49万人。深化推进街道社区公岗转岗，巩固领跑优势，累计举办公益性招聘40场，职业介绍2857人。培育“拱墅工匠”，成立“运河大师宣讲团”，举办宣讲活动7场。“百千万”新增高技能人才17名，杭州市首席技师1名，新建区级技能大师工作室4家。全年培育高技能人才1300余人，新增大创企业64家，引进各类人才4300余人。全市首创“社税银一体化联办”专窗，实现社保费业务“进一家门，办三家事，跑零距离”，惠及全区个体工商户9000余家，灵活就业人员6万余人。社保全民参保登记率达到100%，养老、医疗保险参保率分别达97%和98.91%。2019年，处置欠薪案件1556件，涉及2378人2345万余元。劳动争议案件417件，挽回劳动者经济损失500余万元。“无欠薪”工作受到杭州市政府集体嘉奖。新建或提升改造33个“阳光老人家”站点，其中示范型居家养老服务中心5个，社会化运行率100%。

（顾煜俊）

【生态文明建设】2019年，拱墅区编制《拱墅区生态文明建设示范区规划（2019—2025年）》，全面启动生态文明建设示范区创建。全区细颗粒物（PM2.5）平均浓度为39.8微克/立方米；环境空气质量指数（AQI）优良天数为272天。河道水质稳定保持在V类及以上，“水十条”6个考核断面全年平均水质均达到考核要求，运河（拱墅段）交接断面水质考核等级达到优秀。绿道建设、污水零直排、落实“河长制”等“五水共治”工作成效明显，先后被中央电视台、《人民日报》《新华每日电讯》等媒体报道。余杭塘河—五常港（塘河片区）获评省级“美丽河湖”，下塘河、胜利河、吴家角港、隽家塘河、十字港、上塘河6条河道获评市级“美丽河道”。完成生活小区“污水零直排”建设项目226个。改造雨污分流管网13.51千米。五水共治工作获得浙江省五水共治“大禹鼎”奖项。“五废共治”工作深入推进。建成再生资源（可回收物）回收点150处，月收量1350吨。日均处置餐厨废弃物65吨、大件垃圾6吨、园林垃圾2吨。实现10个街道生活小区、学校、写字楼、商业综合体垃圾分类全覆盖。创建省级示范片区（街道）1个、“杭州模式”达标街道3个、省级高标准垃圾分类示范小区5个、市级45个、区级50个。拱墅区生态文明建设工作在主城区（含滨江、钱塘新区）中排名第一，公众对生态环境的满意度87.68%，在主城区中位列第一。

精神文明建设

【概况】2019年，拱墅区以培育和践行社会主义核心价值观为主线，以巩固全国文明城市创建成果为目标，以加强公民思想道德建设为根本，以全力推进全省新时代文明实践中心试点建设工作为主抓手，深入实施新时代文明实践专项行动，深化群众性精神文明创建活动，市民文明素质和城区文明程度得到有效提升。全力推进拱墅全省新时代文明实践中心试点建设工作，10月，通过省、市验收，被推荐入围全国试点区（县、市），经验做法获省委宣传部副部长、省文明办主任卢春中批示肯定，《光明日报》、中央文明网等媒体予以报道。深化文明城市、文明单位、文明校园、文明家庭创建，深入实施文明创建赛，打造文明出行、文明养犬、垃圾分类等文明实事品牌项目；全域推广孝心车位，经验做法获省市领导批示肯定。圆满完成杭州市四个季度、浙江省城市文明程度指数测评以及全国文明城市测评迎检工作。将文明集市“一场十角百站”学雷锋志愿服务活动纳入新时代文明实践平台阵地建设，同步在社区打造新时代文明实践志愿服务街区，持续深化公益理发品牌，每月10日定期开展“拱墅区学雷锋志愿服务日”活动，全年服务群众10万余人次，获市民群众高度评价。深入推进社区文化家园建设工作，2019年全区新建24家社区文化家园，蔡马、善贤社区获评市级五星级文化家园，七古登社区获评市级四星级文化家园。深化打造“社区阅读节”品牌，举办第十七届邻居节暨社区阅读节主场活动。加强未成年人思想道德建设，组织开展清明网上英烈、童心向党歌咏、童谣大赛、向国旗敬礼、美德少年选树、青少年文明礼仪接力棒、公民爱心日等主题实践活动。

【新时代文明实践中心全国试点建设】紧抓杭州市唯一的省级试点区（县、市）机遇，制定《拱墅区2019年新时代文明实践专项行动实施方案》，因地制宜打造理论政策宣讲、文化服务等“六大平台”，科学布局“中心—所—站—点”四级体系架构，依托街道文化站、社区文化家园及全国道德模范韩凯领衔的“微笑行动”医院、全国文明单位——大关上塘社区卫生服务中心等打造老百姓身边文明实践所、站（点）百余个。引进中央文明办确定的新时代文明实践志愿服务首批示范项目——全国书法教师“蒲公英计划”志愿服务项目总部入驻拱墅，中国文联副主席、中国书协副主席、项目发起人陈振濂莅临指导。组建运河先锋、理论政策宣讲、平安法治、公益伙伴、人文关怀、文明风尚培育、卫生健康等11个区级志愿服务联盟。在和睦新村打造以养老志愿服务为内容的“新时代文明实践志愿服务街区”。将文明集市“一场十角百站”学雷锋志愿服务活动纳入新时代文明实践平台阵地建设。全年共有100多支队伍5000多人次,每月10日定期开展“拱墅区学雷锋志愿服务日”活动。打造“15分钟爱心理发志愿服务圈”，结合新时代文明实践站（点）建设，打造84个爱心理发服务点。组建100余支近500余人的爱心理发志愿服务队，包括“金牌教练”吉正龙、美发二级技师孙雨等200余名专业理发师，培育周伟法志愿理发服务队等10余支品牌队伍。国家级美发技能大师——吉正龙领衔的吉正龙爱心理发团队，每周定期为老年人提供爱心理发志愿服务。第45届世界技能大赛美发冠军石丹定期在运河广场为老人免费理发。创新“社区与理发店结对”机制，共有24个社区与永琪、震轩等知名理发店结对，每月免费向居民提供“爱心理发爱心卡”，服务群众5万余人。9月3日，拱墅新时代文明实践工作在全省文明办主任研讨会上作典型经验交流。10月12日,杭州日报以《街头巷尾尽吹文明新风》为题，报道上塘街道七古登社区新时代文明实践站的优良成效。11月10日,《光明日报》刊发《杭州拱墅：新时代文明实践接地气暖人心》，长篇报道拱墅爱心理发志愿服务；11日，中央文明网首页转载此报道。拱墅区报送的最美志愿者——金德意、最美志愿服务社区——和睦社区，获评全省“五个20”先进典型，并被推荐上报参评全国“四个100”志愿服务先进典型。11月，省委宣传部副部长、省文明办主任卢春中调研肯定拱墅区新时代文明实践工作的做法和成效，并批示指出“拱墅区新时代文明实践中心建设探索了城市城区打通‘宣传思想工作最后一公里’的新路子，在创新理论宣传、社区文化建设、志愿服务等方面成效明显，为全省提供了样板”。12月30日，市委常委、宣传部部长戚哮虎在《拱墅区守正创新打造新时代文明实践样板》上批示：“拱墅区为城市市区的'新时代文明实践中心'建设探索了路子、创出了特色、打造了样板。点赞！”12月31日，省委常委、市委书记周江勇考察调研东一社区，对拱墅新时代文明实践中心试点建设工作给予肯定。

【文明城市创建】2019年城市文明程度指数测评迎检工作圆满完成。认真做好全国文明城市测评以及浙江省、杭州市（四个季度）城市文明程度指数测评迎检工作，抽调精兵强将，成立创建专班，认真做好责任分解、业务培训、工作督查等工作，汇编“拱墅区15分钟便民服务圈导视图”“拱墅区文明城市测评实地考察点位街道、相关部门分片包干任务分解表”等创建资料，深入社区（小区）、背街小巷、市场、窗口单位等200余个实地考察点开展全方位、拉网式督导检查，联合文明创建各牵头单位开展专项督查、部门联查，全年抄告整改问题12000余个，圆满完成全年文明城市创建工作任务。

【文明创建赛开展】2019年拱墅区开展文明创建赛。围绕小区环境、市容环境、文明交通等文明“关键小事”，结合全国、省、市城市文明程度指数测评迎检工作，以“3+1”（“3”指文明小区、文明街巷、文明网吧创建项目，“1”指各街道认领创建一件与小区居民息息相关的文明实事）为创建内容，实事化、项目化实施文明创建赛活动。通过每周晒进度、每月分析、每季互比互看以及各级测评迎检等方式，比亮点举措、比长效管理、比短板整改，推动常态化实地指导整改问题6370余个。探索平安创建联动文明创建机制、数字化社会治理赋能文明创建，培育打造七古登社区垃圾分类、勤丰社区文明倡导员、清水公寓美丽楼道等文明创建品牌。

【社区文化家园建设】 2019年，拱墅区持续推进社区文化家园建设，新建康乐、北星等24家社区文化家园。6月19日，华丰社区在全市社区文化家园推进会上作典型经验介绍。11月，蔡马、善贤社区获评市级五星级文化家园，七古登社区获评市级四星级文化家园，星桥、云锦、康运、东一等4家社区文化家园获评市级三星级社区文化家园。健全理事会、新时代文明实践学雷锋志愿服务队伍（文明观察员）、社会组织等三支队伍建设，健全完善“政策＋文艺＋文明”小课堂课程体系，推进辖区文明单位、中小学校、社会组织等与社区结对共建，不断培育精品亮点，开展居民喜闻乐见的精神文化活动。培育打造浙江盘石信息技术有限公司、元谷尚堂园文创园区2家企业文化俱乐部。

【孝心车位推广】 拱墅区全域推广孝心车位，为回家看望父母的子女提供便捷停车服务，在全区48个社区的69个小区建成950余个孝心车位，其中祥符街道阮家桥社区7个小区全部设置“孝心车位”，成为全区首个“孝心车位”全覆盖的社区。在

拱宸之春　　　　（区委宣传部 供稿）

3月15日全市文明办主任会议上，拱墅区华丰社区作“孝心车位”典型发言。浙江文明网头条、《杭州日报》头版、《杭州新闻联播》予以报道。6月10日，《杭州新闻联播》报道拱墅区“智慧化”孝心车位管理模式。省委主题教育第一巡回指导组组长汤黎路点赞拱墅推广孝心车位的做法，省文明办副主任王先中批示认为“拱墅区的做法值得推广，充分体现了目标导向、需求导向”。

【最美人物选树】2019年1月始，拱墅区以“寻找身边好人”为主题，开展拱墅区第七届道德模范评选表彰活动，落实第十六届杭州市道德模范、第八届“最美杭州人”、全国学雷锋志愿服务“四个100”先进典型评选活动，培育和树立宣传各行各业“最美人物”。至12月底，全区推荐各行各业“身边好人”200余人，涌现出朱兰珠、胡宝梅等“杭州好人”8人，其中骆荣娣、汪孙聚获评“浙江好人”。“最美志愿者”金德意、“最美志愿服务社区”和睦社区获评全省“五个20”先进典型，并被推荐上报参评全国“四个100”志愿服务先进典型。

【文明素质提升活动】2019年，拱墅区开展“文明出行 拱墅更美”主题系列宣传实践活动，每周定期在《今日拱墅》开设“拱墅文明出行红黑榜”，加大交通违法行为的查处曝光力度，组织辖区机关、企事业单位、学校、居民等近万余名志愿者在辖区交通路口、公交车站等开展文明劝导。自1月始，开展“文明餐桌，节俭惜福”主题系列宣传实践活动，发放“文明餐桌”宣传牌（贴）2万余份，倡导文明用餐新风。开展文明旅游主题系列宣传实践活动，普及文明礼仪知识，营造文明旅游新风尚。开展文明养犬主题宣传教育实践活动，倡导文明养犬新风尚。

【公益宣传广泛开展】2019年4月，拱墅区在全区开展“美丽围墙”建设专项行动，突出“庆祝中华人民共和国成立70周年”“6+4”专项行动、新时代文明实践、“扣好人生第一粒扣子”等主题，精心打造120余条运河沿岸围墙精品，形成拱墅独特的围墙文化。广泛开展“讲文明树新风”公益广告宣传，全年制作道路文明宣传牌、小区公益广告牌、宣传海报、宣传环保袋、文明乘梯贴等20万余份。

【最清洁城区打造】2019年，拱墅区开展“美丽拱墅”文明共建专项行动，依托“美丽拱墅”文明共建微信平台，组织区街社三级文明观察员队伍，深入小区、广场、农贸市场、背街小巷，打造“国内最清洁城市”示范点。巩固桥西直街、大关西三农贸市场等5个市级打造“国内最清洁城市”示范点创建成果，其中古新路、万家花城社区获市级表彰。持续开展系列群众性清洁大行动，营造整洁优美的城区环境。

【节日文化活动开展】2019年，拱墅区在春节、元宵、清明、国庆等传统节日期间，开展传统节日文化活动，在“3·5”学雷锋志愿服务日，策划主题快闪活动，组织志愿者、市民代表共同唱响《我和我的祖国》，进一步浓厚传统节日氛围。深化“社区阅读节”品牌，在全区10个街道开展第十七届邻居节暨社区阅读节活动，举办书香家庭表彰、“我的阅读记忆”、旧书换新书等文化

2019 年 4 月 21 日，拱墅区第五届全民阅读节启动仪式　　（区图书馆 供稿）

惠民活动，打造“运河家园书香拱墅”全民阅读金名片。

【未成年人德育教育】 拱墅区以“德育教育十大行动”为主抓手，推动未成年人思想道德建设上台阶。组织开展“扣好人生第一粒扣子”、清明网上祭英烈、童心向党歌咏、向国旗敬礼、传统文化进校园等主题实践活动。3—9 月，在“我和我的祖国”主题运河公民节活动中，邀请郎朗、舒羽等 6 位梦想导师，为孩子们开启“梦想课堂”。区教育局开展青少年文明礼仪接力棒系列活动、中小学生新童谣大赛、“天堂儿歌”演唱创作大赛等活动。评出 10 名区第七届“美德少年”（新时代好少年），其中徐子琪、章越可、蒋一闻 3 人获评杭州市第十五届“美德少年”。10 月 21 日，开展拱墅区第十四届“公民爱心日”活动，展现拱墅人的爱心与责任。中国京杭大运河博物馆、手工艺活态展示馆、区图书馆等市、区级校外阵地的“寻找非遗之旅”、运河好奇实验室、运河探索之旅等主题活动精彩纷呈，全年接待未成年人 120 余万人次。全面深化已建成的 85 家社区青少年俱乐部，巩固 7 家市级示范社区青少年俱乐部建设成果，不断优化净化未成年人的社会文化环境。

（王晓晨）

中国共产党杭州市拱墅区委员会

综述
重要决策
重要会议
组织工作
干部工作
人才工作
宣传工作
统战工作
机构编制
信访工作
机关党建
党史编研
地方志事业
老干部工作

综 述

【区委组织机构改革概况】 2019 年 1 月，省委省政府批准《杭州市拱墅区机构改革方案》。机构改革后，拱墅区设置党委机构 12 个，其中，纪检监察机关 1 个，工作机关 11 个。区委职能部门在机构设置和职能配置上，与中央、省市基本对应。同时，适应拱墅经济社会发展需要，在机构限额内因地制宜设置部分机构，优化调整一些领域的机构职能。建立健全和优化区委对重要工作的领导体制机制。组建区监察委员会，同区纪律检查委员会合署办公，不再保留区监察局。组建区委审计委员会，办公室设在区审计局。组建区委教育工作领导小组，秘书组设在区教育局。区委全面深化改革领导小组改为区委全面深化改革委员会，作为区委议事协调机构，对外加挂区最多跑一次改革办公室牌子。区委建设法治拱墅工作领导小组改为区委全面依法治区委员会，办公室设在区司法局。区委网络安全和信息化领导小组改为区委网络安全和信息化委员会，办公室设在区委宣传部，对外加挂区互联网信息办公室牌子。组建区委财经委员会，办公室设在区委办公室。区国家安全领导小组改为区委国家安全委员会，办公室设在区委办公室。组建区委外事工作委员会，办公室设在区投资促进局（区政府外事办公室）。

加强区委职能部门的统一归口协调管理职能。区委机构编制委员会办公室归口区委组织部管理。区人力资源和社会保障局的公务员录用调配、考核奖惩、培训和工资福利等职责，划入区委组织部，对外加挂区公务员局牌子。将区民族宗教事务局的职责划入区委统战部，对外保留区民族宗教事务局牌子。将区政府侨务办公室的职责划入区委统战部，对外保留区政府侨务办公室牌子。将区政府侨务办公室的指导、开展对华人华侨及其社团的联谊和服务工作职责划归区侨联行使。

（张雷钢）

【“不忘初心、牢记使命”主题教育开展】 2019 年，拱墅区坚持以“激情用心学悟践、实干担当促崛起”为主轴，切实把学习贯彻习近平新时代中国特色社会主义思想作为根本任务，进一步筑牢“四个意识”“四个自信”“两个维护”的信仰之基。深入开展“走亲连心三服务”，持续走一线、跑基层、问民生，克难攻坚抓整改，解决企业、群众、基层反应强烈的“四个一批事”。

【十大产业平台加快建设】 2019 年，拱墅区坚持数字经济、新制造业双轮驱动，全力培育区域发展的新产业新动能。智慧网谷小镇由拆迁做地全面转入开发建设阶段，360 产业园、招商蛇口华东总部等一批重点项目先后开工，小镇客厅建成投用。汽车互联网小镇入选省级特色小镇培育名单，汽车互联网产业园获评国家级科技企业孵化器和省级创新服务综合体。上塘电商小镇运河（国际）跨境电子商务园获评浙江省数字化示范园区。

【区域营商环境走在全省全市前列】2019年，拱墅区“最多跑一次”改革提质扩面，实现区级政务服务事项100%“最多跑一次”，企业开办一日办结，一般企业投资项目开工前审批最多60天，个体工商户开办简化流程被全市推广。出台“拱墅招商七条”，成功引进中科院计算所数字经济产业研究院、中国铁建华东总部、蓝疆创新、中德生物经济产业园、魏尔啸联合医学中心等一批重要产业和人才项目。强化企业培育服务，出台“民营经济二十条”，累计减税降费30.7亿元，兑现扶持资金5.2亿元，全社会R&D经费支出增幅居主城区第一。在7月、12月两次第三方评估中，拱墅区营商环境分列全市、全省榜首。

【大城北规划建设开创新局面】2019年，拱墅区抢抓机遇，高质量抓好157个大城北规划建设项目。加快推进“七纵八横”主次干道建设，永宁路、云锦路等26条道路开通，地铁5号线首通段建成通车，地铁3号、4号、10号线涉及拱墅区的14个地铁站点全部进场施工。新华国际医院引进成功，邵逸夫医院大运河分院开工建设，华师大附校、育才登云小学等10所学校投用开学。大力开展留用地项目攻坚行动，实现留用地项目开工11个、投用5个。安置房项目全面开工，在建面积达328万平方米，回迁安置1333户，瓜山社区列为未来社区省级试点。

【美丽拱墅建设取得突破】2019年，拱墅区半山电厂综合改造提升工程开工，2座冷却塔和1座煤机烟囱拆除。中石化小河油库打破长达15年的搬迁僵局，实现关停拆除。全省首条渣土车专用道拱康路专用道基本建成。完成杭州粮油市场、祥符水厂、元通汽车等地块征迁清零。余杭塘河—五常港（塘河片区）获评省级“美丽河湖”，再次荣获浙江省“大禹鼎”。扎实推进“三改一拆”，成功创建省“基本无违建区”。大力开展大城北环境综合整治，350个整治项目完工。打造康桥路沿线20万平方米花海项目，成为大城北网红打卡地。

【大运河文化带建设结出新硕果】2019年，拱墅区抓好十大文化项目建设，显宁寺、大运河文化艺术中心、大运河文化时尚发布中心、区文化规划馆、民俗迹忆馆精彩亮相，祥符桥传统风貌街区、运河湾音乐广场、拱宸匠人馆实现开工，大运河亚运公园、大运河中央公园加快建设。大力推进文旅融合发展，成功举办首届大运河戏曲节、大运河国际钢琴艺术节等品牌活动，参与群众超300万人次，运河景区年接待游客突破1200万人次。扎实推进大运河文化带建设的做法，被省委书记车俊赞誉为认真贯彻习近平总书记重要指示精神、落实“两个维护”的先进典型。

【办好民生实事解决关键小事】2019年，拱墅区顺利收官第一轮23个老旧小区综合改造项目，打造出和睦新村、董家新村等一批品质样板，实施新一轮老旧小区综合改造提升三年行动计划。建成阳光老人家站点33个，成功创建国家智慧健康养老示范基地。李克强总理考察拱墅区老旧小区改造和居家养老工作，给予高度肯定。“党组织领导下的校长负责制”试点获教育部肯定，学前教育补短工程获省政府通报表扬。大力推进健康拱墅建设，做精社区中医药服务，组建城市紧密型医联体，在健康浙江考核中位列全市第一。

【社会治理创新亮点纷呈】 2019年，建成投用区社会治理综合服务中心，实现矛盾纠纷化解“最多跑一地”。全省率先完成集体股份经济合作社与社区分离工作。住宅小区居委会、业委会、物业三方协同治理模式获《人民日报》专题点赞，安置房三方协同治理入选省级标准化试点。电梯“养老”综合保险模式被国家市场监管总局在全国试点推广。“城市眼·云共治”成为全市城市大脑体系重要组成部分。校园食品安全片组化管理规范和工程车专用道管理方法全市推广。智慧安防小区数量居全市首位并被列为省市样板。社会心理服务体系建设、“运河平安管家”、信访“最多访一次”在全市会议作经验交流。

【“三大攻坚战”取得重要进展】 2019年，紧盯经济社会发展的突出短板和薄弱环节，打好防范化解重大风险、精准脱贫、污染防治三大攻坚战。全面开展重大风险隐患大排查，实施隐患清零攻坚，扫黑除恶专项斗争取得阶段性成果，连续14年获评省平安区。突出防范化解网贷风险，大力清退攻坚，提前半年实现拔钉清零。对口帮扶的湖北来凤县、贵州黄平县先后脱贫。坚决打好蓝天、碧水、净土、清废“四大战役”，“水十条”六个考核断面平均水质达标，PM2.5平均浓度下降率、空气优良率均列主城区第一，杭钢和半山地区生态转型事例在“六五世界环境日”全球主场活动中得到中共中央政治局常委国务院副总理韩正、省委书记车俊称赞。

【风清气正的政治生态进一步巩固】 2019年，圆满完成全区机构改革，党的领导不断加强。开展干部队伍建设专项行动，实施“运河干部培养计划”，干部队伍学习力、执行力、创新力不断提升。开展基层组织建设专项行动，机关党建工作在全省会议作经验交流并得到省委书记车俊肯定。开展新时代文明实践中心建设专项行动，新时代文明实践中心晋升国家级试点。开展作风建设专项行动，出台“基层减负八条”和作风建设六项制度，清廉拱墅建设不断深化。以“聚焦大城北、画好同心圆”为主线，深入开展“不忘合作初心、继续携手前进”主题教育和“统战文化月”活动，新媒体新青年联盟被授予“全国新的社会阶层人士统战工作实践创新基地”。坚持党管武装，国防动员与后备力量建设不断加强。深化群团改革，群团组织凝聚一个层面、一个群体的作用不断凸显。

（张瑜）

【年度综合考评】 2019年，拱墅区紧扣市委、区委中心大局，结合全市综合考评体系进行“重构性”的调整，对区内综合考评工作作对应调整和完善，形成服务重大决策部署、统筹推进考评工作、激励各单位各部门争先进位、推进整改落实的有效机制，为实现全年目标任务，加快高质量建设运河沿岸名区、实现大城北崛起提供有力支撑。在年度市对区综合考评中，拱墅区综合考评得分91.43分，居第4位，总成绩获优秀（晋档）等次。

2019年，拱墅区聚焦“高质量发展”“六大行动”“招商引资”“平安创建”等重点工作，克难攻坚取得实效。从当年杭州市对13个区县（市）的考核评价结果来看，拱墅区高质量发展排名第1位，重点攻坚排名第4位，日常履职排名第10位，争先创优排名第3位。同时，拱墅区因高质量发展及文化兴盛行动成绩优异，获得两项重点工作单项奖。2019年度市对区考评指标中，拱墅区前三位指标7项，居前指标11项，高质量发展指标居13个区、县（市）第一，其中规上工业增加值增速排名全市第一，固定资产投资增速、高新技术产业投资增速、工业投资增速、健康产业增加值增速、时尚制造业增加值增速均排名全市第二。

2019年，拱墅区有机关党建工作在全省会议作经验交流、成为省级新时代文明实践中心试点县（市、区）、老旧小区综合改造提升工作在全国会议上作交流发言、电梯养老综合保险项目在全国会议上作典型发言、成为实施学前教育补短提升工程措施有力成效明显的县市区、获得2018年度美丽浙江建设工作考核优秀单位及五水共治工作“大禹鼎”7个项目获得赋分。

2019年，拱墅区坚持开门搞评价，充分发挥《今日拱墅》《拱墅发布》《拱墅门户网站》等平台作用，完善社会评价意见整改联动机制，不断提高公众参与综合考评的广度和深度。市对区社会评价采用电子化评价方式，全区共1984人参与，社会评价满意度测评居第3位，较2018年度第6位有提升。市对区满意度测评内容包括地区的物质生活改善、义务教育、医疗服务等16个方面，平均满意率为99.03%，比上年度提高0.82%。从参评代表的层面构成看，群众代表的平均满意率为96.60%，党代表、人民代表、政协委员，市场主体和基层干部三个层面代表的平均满意率均高于99%，有一定程度的上升。

（邱云 侯文秀）

重要决策

【街道职能调整和体制改革】2019年1月18日，区委、区政府出台《杭州市拱墅区街道职能调整和体制改革方案》，优化街道职能定位，具体包括加强党的建设、统筹区域发展、组织公共服务、实施综合管理、监督专业管理、动员社会参与、领导基层自治、维护安全稳定8项职能，要求完善街道内设机构设置，统一设置党政综合办公室、党建工作办公室、综合信息指挥室（公共管理办公室）、公共服务办公室、平安建设办公室、区域发展办公室，并要求加强街道党群服务中心、公共服务中心、区域发展与治理中心建设。

【基层减负】2019年5月30日，区委、区政府出台《关于减轻基层负担的八条意见》，包含规范各类会议、规范文件简报、规范调研走访陪同、规范通知流转、规范督查考评、实行“最多报一次”、整合工作平台、严控街道（园区）盖章事项等8条具体意见。

【睦邻小区党建】2019年7月2日，区委出台《关于深化党建引领三方协同治理全面推进“幸福家园”睦邻小区党建工作的意见》。意见提出，年底前争取每个街道完成1/3左右小区推广，力争2—3年内全区打造100个高品质“幸福家园”睦邻小区，示范带动全域小区品质提升。重点实施全面加强小区党组织建设、深化党建引领“三方”协同治理、推进党建引领家园文化建设等3方面9项具体措施。

【数字经济发展】2019年8月9日，区委、区政府出台《拱墅区数字经济发展行动计划（2019—2022年）》。计划提出，到2022年，全区数字经济核心产业营业收入、增加值、增加值占全区GDP比重与2018年相比实现翻一番。重点实施空间提升工程、产业能级倍增工程、招大引强工程、企业提升工程、城区数字化工程等五大工程 17 项具体措施。

【信访矛盾联合调处中心建设】 2019 年 11 月 6 日，区委、区政府出台《拱墅区关于推进区、街道、社区三级社会治理综合服务中心（信访矛盾联合调处中心）规范化建设的实施意见》。意见提出，规范推进以“一个中心 + 两大支撑（智慧建设、合成作战）+ 四大应用（社会服务、矛盾化解、情报指挥、风险管控）”为主要内容框架，线上线下相结合的区、街、社三级社会治理综合服务中心建设，通过集成服务、集约管理、集中办公，为群众提供更多更高质量的公共服务、矛盾化解、风险管控等多维度的社会治理公共产品，推进拱墅社会治理领域的“最多跑一次”改革。

【“新制造业计划”实施】 2019 年 11 月 28 日，区委、区政府出台《拱墅区“新制造业计划”行动方案（2019—2025 年）》。计划提出，到 2025 年，全区规上工业增加值达到 130 亿元以上；规上工业企业 100 家以上；制造业国家级高新技术企业 40 家以上；建设国家企业技术中心 2 家；全社会研发经费（R&D 经费）支出占 GDP 比重达 1.76%；实现主营业务收入百亿元以上企业 1 家，十亿元以上企业 6 家以上；进入中国 500 强企业 3 家；新增上市挂牌企业 2 家以上。重点实施提升改造一批产业平台、提速提质一批建设项目、招引培育一批优质企业、落实优化一批政策服务 4 项主要任务 16 条具体措施。

（张瑜）

重要会议

【区委七届五次全体（扩大）会议】 2019 年 1 月 8 日，中共拱墅区委七届五次全体（扩大）会议召开。会议深入学习贯彻习近平总书记关于深化党和国家机构改革的重要论述，传达学习贯彻省委省政府批准的《杭州市拱墅区机构改革方案》主要精神，研究部署下一阶段全区机构改革组织实施工作。会议强调：要以高度的政治责任感和历史使命感，认真学习、全面领会方案的主要精神和基本内容，齐心协力把方案贯彻好、实施好，高质量地完成拱墅区机构改革各项任务。

【区委七届六次全体（扩大）会议】 2019 年 1 月 11 日，中共拱墅区委七届六次全体（扩大）会议召开。会议回顾总结区委 2018 年工作，研究部署 2019 年任务。会议强调：要以习近平新时代中国特色社会主义思想为指导，坚持稳中求进工作总基调，坚持新发展理念，坚持推动高质量发展，坚定不移深化“八八战略”实践，围绕做好“立”的文章，以大力实施“6+4”专项行动为主抓手，切实扛起引领大城北崛起的责任担当，抢抓机遇、趁势而上，加快高质量建设运河沿岸名区，以优异成绩向中华人民共和国成立 70 周年献礼。

【拱墅区机构改革动员大会】 2019 年 1 月 19 日，拱墅区机构改革动员大会召开。会议对全区机构改革工作进行动员部署。会议强调：要按照省市区委部署，把握机构改革组织实施“先立后破，不立不破”的总原则，抓好组建转隶这一首要任务，抓好“三定”这一关键环节，深化区人大、政协机构和群团组织、综合行政执法等改革，积极推进承担行政职能事业单位改革，统筹推进街道机构改革，确保高质量完成改革任务。

【“美丽康桥”环境综合整治誓师大会】 2019 年 2 月 28 日，“美丽康桥”环境综合整治誓师大会召开。会议强调：要深化认识，切实增强实施“美丽康桥”环境综合整治责任感和紧迫感；要攻坚克难，全面开启建设“美丽康桥”新局面；要强化保障，坚决打赢“美丽康桥”环境综合整治硬仗。全区上下要以誓师大会为新起点，抢抓机遇，乘势而上，凝聚各方面力量，全力以赴打攻坚战，把康桥打造成为充满活力的增长极，为加快高质量建设运河沿岸名区、实现大城北崛起作出应有的贡献。

【拱墅区村级留用地开发建设攻坚行动动员大会】2019 年 3 月 8 日，拱墅区村级留用地开发建设攻坚行动动员大会召开。会议总结交流经验，部署任务要求。会议强调：要统一思想，增强加快留用地开发建设的责任感和紧迫感。要明确目标，坚持连片开发、重点先行、应开尽开、能快则快原则，开创留用地项目开发新局面。要抓住关键，抓好规划布点落地、土地指标审核申报、拆迁扫尾、公共配套建设、招商合作把关，解决制约留用地开发建设的重点难点问题。要强化责任，加强领导统筹，细化任务分解，加大奖惩力度，完成留用地项目攻坚任务。

【拱墅区 2019 年度促进民营经济高质量发展暨优化营商环境工作推进会】2019 年 5 月 31 日，拱墅区 2019 年度促进民营经济高质量发展暨优化营商环境工作推进会召开。会议播放全区经济发展情况介绍的视频短片，表彰 2018 年度做出突出贡献的企业及最具成长性的企业，对 2019 年度新认定的“大树企业”“小巨人企业”授牌，为 2018 年度享受政策扶持的企业兑现政策，发布《拱墅区支持民营经济高质量发展实施意见》等新一轮企业扶持政策文件。会议强调：全区各级各部门要着力优化政务服务、政策支持、执法监管、宣传舆论、宜业宜居六个方面，全力打造一流营商环境，确保政策措施落地生根、开花结果，让民营经济创新源泉充分涌流，让民营经济创造活力充分迸发。

【区委七届七次全体（扩大）会议】2019 年 8 月 2 日，区委七届七次全体（扩大）会议召开。会议认真学习贯彻习近平新时代中国特色社会主义思想，全面落实省委十四届五次全会和市委十二届七次全会精神，总结上半年主要工作，部署下半年重点任务。会议强调：要抢抓长三角一体化发展、大运河文化带建设和高品质推进大城北规划建设三大历史机遇，切实提高政治站位，扛起责任担当，以高度的责任感和使命感不折不扣抓好各项重大战略部署在拱墅的落地落实，以实打实的工作成效，在全方位服务好国家和省市重大战略中实现更高水平建设、更高质量发展、更快速度崛起。

【拱墅区生活垃圾分类和老旧小区综合改造提升工作推进会】2019 年 8 月 30 日，拱墅区生活垃圾分类和老旧小区综合改造提升工作推进会召开。会议通报两项工作开展情况，部署下阶段任务。会议强调：要统一思想、提高站位，切实增强抓好两项工作的使命感责任感；要拉高标杆、攻坚克难，坚决打赢两场硬仗，围绕垃圾控量、精准分类目标，以“定时定点”分类投放为方向，狠抓“四个到位”，打赢生活垃圾分类攻坚战，围绕打造全国样板的目标，创新社会参与路径，因地制宜打造亮点，努力形成可复制可推广的拱墅模式，打赢老旧小区改造攻坚战；要加强领导，强化保障，努力凝聚形成推动两项工作的强大合力。

【拱墅区招商引资招才引智工作推进会】2019 年 9 月 5 日，拱墅区招商引资招才引智工作推进会召开。会上发布了“招商七条”新政，中科院计算所、中国铁建、蓝疆创新 3 个重量级项目现场签约。会议对新形势下全区“双招双引”工作进行部署，动员全区上下牢固树立“双招双引”是生命线工程的意识，举全区之力打赢“双招双引”攻坚战，为实现更高水平建设、更高质量发展、更快速度崛起提供更强大的动力。

【拱墅区“不忘初心、牢记使命”主题教育工作会议】 2019年9月11日，拱墅区“不忘初心、牢记使命”主题教育工作会议召开。会议认真贯彻落实中央和省、市委“不忘初心、牢记使命”主题教育工作会议精神，全面部署拱墅区主题教育工作。会议强调：要充分认识开展主题教育的重大意义，切实增强思想自觉、政治自觉和行动自觉；要坚持更高标准更严要求，坚持对表对标，做实做细规定动作，紧密结合中心工作，做优做强自选动作，锚定“强基固本”目标，抓实基层党支部学习教育和检视整改，确保主题教育守正创新、取得实效；要切实扛起政治担当和领导责任，以求真务实作风力戒形式主义、官僚主义。

（张瑜）

【区委人大工作会议】 2019年11月1日，区委人大工作会议召开。区委书记朱建明在充分肯定近年来区人大工作取得的成绩后强调，一要始终坚持和加强党的领导，把坚决做到“两个维护”作为最根本的政治纪律和政治规矩，牢牢把握人大工作正确政治方向，加强和完善党领导人大工作的工作机制，切实把坚持党的领导贯穿于人大工作全过程。二要始终坚持围绕中心大局，聚焦大城北规划建设、大运河文化带建设、十大产业平台建设、深化基层治理、老旧小区改造提升等区委中心工作，盯住“法”、管好“钱”、把牢“图”、履好“职”，针对关键领域关键问题，长抓不懈地开展跟踪监督，切实增强做好新时代人大工作的责任担当。三要始终坚持以人民为中心，发挥好代表主体作用，加强代表联络站建设，拓宽参政议政渠道，增强代表建议办理实效，深化完善居民议事会议、代表建议督办和监督履职约束等机制，努力实现好维护好发展好最广大人民根本利益。四要始终坚持团结和凝聚各方力量，把加强人大工作和建设摆到更加突出的位置，重视解决人大工作和建设中的重大问题；要强化人大制度建设、机关党的建设和干部队伍建设，不断提高人大工作的质量和效率；各级各部门要积极关心和支持人大工作，齐抓共管、协同配合，努力形成做好新时代拱墅人大工作的强大合力。区人大常委会主任吴才敏要求，全区人大系统干部群众要认真学习贯彻会议精神，自觉坚持党的领导，牢牢把握正确政治方向，全面履行各项职能，增强监督刚性和实效，依法议决重大事项，密切同代表和人民群众的联系，合力开创人大工作新局面。

（高晓岳）

【区委政协工作会议】 2019年11月11日，区委召开政协工作会议。区委书记朱建明在充分肯定政协工作取得的成绩后强调：一要切实加强党的全面领导，努力把坚持党的领导贯穿到政协全部工作之中。二要充分发挥人民政协专门协商机构的作用，把协商民主的主责主业做得更好更实。三要突出思想政治引领，广泛凝聚团结奋斗的正能量。四要着力强化委员责任担当，切实提升参政议政的质量。朱建明要求，各级各部门要大力支持政协工作，为政协顺利开展好协商、监督、视察、调研等各类履职活动创造条件。要充分尊重和保障政协委员的履职权力，优化充实区政协机关力量，大力宣传政协履行职能、发挥作用的情况和委员深耕主业、奉献社会的风采风貌，营造各方重视关心支持政协工作的浓厚氛围。区政协周志辉主席表示，区政协和广大政协委员要认真学习、深刻领会会议精神，更加自觉地坚持党的领导，更加主动地履行政协职责，更加严格地加强队伍建设，在中共拱墅区委的坚强领导下，奋力开创新时代人民政协事业新局面。

（边鸿昌）

【区委七届八次全体（扩大）会议】2019 年 12 月 31 日，区委七届八次全体（扩大）会议召开。会议认真学习贯彻中共十九大、十九届四中全会精神，以及省委十四届六次全会、市委十二届八次全会精神，回顾总结 2019 年工作，研究部署 2020 年任务。会议强调：要以习近平新时代中国特色社会主义思想为指导，认真学习贯彻中共十九大、十九届四中全会、中央经济工作会议和省市会议精神，坚持稳中求进工作总基调，坚持新发展理念，牢牢抓住长三角一体化发展、大运河文化带建设、大城北地区规划建设三大历史机遇，以大力开展“六大专项行动”和“五场比赛”为主抓手，以统筹实施“四大工程”为保障，全力推动更高水平建设、更高质量发展、更高效能治理、更快速度崛起，确保“十三五”规划圆满收官，争当高水平全面建成小康社会排头兵。

【区委常委会会议】2019 年，召开区委常委会议 28 次，审议通过议题 130 项。区委常委、区人大党组书记、区政协党组书记出席会议，根据会议内容，相关部门（单位）、街道负责人参加会议。（张瑜）

2019 年区委常委会重要会议情况表

表 4

会议时间	会议名称	会议内容
2019 年 1 月 4 日	七届区委常委会第 50 次会议	审议并原则通过全区党政机关、街道和事业单位机构改革方案及区政协委员、常委调整等议题
2019 年 1 月 8 日	七届区委常委会第 51 次会议	审议并原则通过区委七届六次全会报告、方案；审议区人大常委会、区政府、区政协常委会、区法院、区检察院工作报告；审议国民经济和社会发展、财政预决算工作报告及区“两会”会议方案等议题
2019 年 3 月 15 日	七届区委常委会第 57 次会议	审议并原则通过区纪委七届五次全会报告、方案，党建工作会议暨党建四大专项行动部署会，作风建设六项制度，进一步完善拱墅区投资促进工作体制的实施意见，杭州市“担当作为好干部”人选等议题
2019 年 5 月 17 日	七届区委常委会第 61 次会议	审议并原则通过区纪委区监委派驻（出）机构改革方案等议题
2019 年 5 月 24 日	七届区委常委会第 62 次会议	审议并原则通过综合考评、区社会治理综合服务中心（信访矛盾联合调处中心）建设、全区经济大会、《关于为基层减负的八条意见》、园区财政体制调整等议题
2019 年 6 月 27 日	七届区委常委会第 65 次会议	审议并原则通过全区廉政风险排查防控、深化区纪委区监委派驻机构改革、全区担当作为“好干部”“好团队”评选等议题
2019 年 7 月 29 日	七届区委常委会第 67 次会议	审议并原则通过区委七届七次全会报告、方案等议题

续表 4

会议时间	会议名称	会议内容
2019 年 8 月 27 日	七届区委常委会第 69 次会议	审议并原则通过《关于进一步加大招商引资工作力度的若干意见》、全区老旧小区综合改造提升工作实施方案、全区全面推进生活垃圾分类实施方案、合作共建中国科学院计算技术研究所杭州分所等议题
2019 年 11 月 20 日	七届区委常委会第 74 次会议	审议并原则通过《拱墅区“新制造业计划”行动方案（2019—2025）》等议题
2019 年 12 月 25 日	七届区委常委会第 76 次会议	审议并原则通过区委七届八次全会报告、方案，区关工委和区计生协会、区红十字会等群团改革工作，公务员职级晋升有关工作等议题

2019 年区委重要文件一览表

表 5

发文字号	发文日期	文件标题
拱委办〔2019〕1 号	2019-01-09	关于印发《杭州市拱墅区机构改革方案》的通知
拱委办〔2019〕4 号	2019-01-18	关于印发《杭州市拱墅区街道职能调整和体制改革方案》的通知
拱委办〔2019〕9 号	2019-02-18	关于印发《拱墅区开展“产业平台建设、公共项目建设、美丽拱墅建设、招商引智、优化营商环境、深化基层治理”六大专项行动实施方案》的通知
拱委办〔2019〕14 号	2019-03-08	关于印发 2019 年度“网格深化赛”“三方治理赛”“城管绣花赛”“文明创建赛”“积案化解赛”五场比赛实施方案的通知
拱委办〔2019〕73 号	2019-03-21	关于印发《拱墅区 2019 年“兴五风破三慢解四题”干部作风建设专项行动实施方案》《拱墅区 2019 年干部素质提升专项行动实施方案》《拱墅区 2019 年基层党组织固本强基专项行动实施方案》《拱墅区新时代文明实践专项行动实施方案》的通知
拱委办〔2019〕74 号	2019-03-21	印发《关于加强“运河平安共同体”建设的实施意见》的通知
拱委办〔2019〕75 号	2019-03-25	关于印发《2019 年拱墅区“三化融合”工作推进方案》的通知
拱委〔2019〕8 号	2019-04-02	关于深化党建引领三方协同治理全面推进“幸福家园”睦邻小区党建工作的意见
拱委办〔2019〕79 号	2019-05-30	印发《关于减轻基层负担的八条意见》的通知
拱委办〔2019〕81 号	2019-06-14	关于印发《拱墅区推进市域社会治理现代化的实施意见》的通知

续表 5

发文字号	发文日期	文件标题
拱委办〔2019〕84 号	2019-06-24	关于印发《拱墅区政协“请你来协商”平台建设实施意见》的通知
拱委办〔2019〕85 号	2019-07-02	关于印发《深入开展廉政风险排查防控工作的实施意见》的通知
拱委办〔2019〕90 号	2019-07-23	拱墅区建好用好“学习强国”学习平台工作方案的通知
拱委办〔2019〕91 号	2019-07-25	杭州市拱墅区公务员职务与职级并行制度实施方案
拱委〔2019〕17 号	2019-08-09	关于印发《拱墅区数字经济发展行动计划（2019—2022 年）》的通知
拱委〔2019〕24 号	2019-09-11	中共杭州市拱墅区委关于开展“不忘初心、牢记使命”主题教育的实施意见
拱委〔2019〕25 号	2019-09-30	关于建立区人民政府向区人大常委会报告国有资产管理情况制度的意见
拱委〔2019〕30 号	2019-10-30	关于高水平推进新时代人大工作和建设的意见
拱委办〔2019〕103 号	2019-11-06	印发《拱墅区关于推进区、街道、社区三级社会治理综合服务中心（信访矛盾联合调处中心）规范化建设的实施意见》的通知
拱委〔2019〕36 号	2019-11-28	关于印发《拱墅区“新制造业计划”行动方案（2019—2025）》的通知
拱委〔2019〕37 号	2019-12-19	关于全面落实预算绩效管理的实施意见
拱委办〔2019〕110 号	2019-12-26	关于印发《拱墅区落实长三角区域一体化发展战略行动计划》的通知

（张瑜）

组织工作

【概况】2019 年，拱墅区共有党员 36221 人，其中，正式党员 35942 人，预备党员 279 人，女党员 15242 人，少数民族党员 171 人，在岗职工党员 16572 人。新发展党员 221 人，其中女党员 90 人，占 40.72%；35 岁以下党员 143 人，占 64.71%；大专及以上学历党员 191 人，占 86.42%；生产、工作第一线的党员 140 人，占 63.35%。申请入党人数 889 人，其中女性 492 人，35 岁及以下 505 人，大专及以上学历 767 人，生产、工作第一线 576 人。被列为入党积极分子的 470 人，其中女性 251 人，35 岁及以下 268 人，大专及以上学历 427 人，生产、工作第一线 315 人。被列为发展对象的 21 人，其中女性 13 人，35 岁及以下 11 人，大专及以上学历 19 人，生产、工作第一线 14 人。共有基层党组织 1924 个，其中，党委 106 个，党总支 90 个，党支部 1728 个。

【“不忘初心、牢记使命”主题教育活动】2019 年 9 月至 11 月，拱墅区以“激情用心学悟践、实于担当促崛起”为总载体，一体推进“三学三明看担当”“三个聚焦抓调研”“六问六查解难题”“五赛亮榜抓落实”四项重点措施，开展“不忘初心、牢记使命”主题教育活动。区委常委会示范引领，推动全区59家单位、3万余名党员学深悟透伟大思想，解决群众急难愁盼问题668个，化解21件信访积案，加速解决10%留用地遗留问题，加快实施“六大专项行动”滞后项目。

【“幸福家园”睦邻小区党建持续推进】2019年，拱墅区聚焦办好群众家门口事，确定10个区级、17个街道级小区探索“幸福家园”睦邻小区党建工作。制定小区党建“十个有”标准及业务100问，实体化运行小区党组织17个，持续充实小区党建工作力量，新配小区专员、党建指导员30余名，组建“小区微盟”15个。构建“小区党组织+业委会+物业”新三方协同治理机制，健全党组织领导、群团组织参与的小区议事机制，解决群众“关键小事”120件。

【“墅创堡垒”党支部组织力提升三年行动深入开展】2019年，拱墅区坚持“党的一切工作到支部”，深入推进“组织力提升工程”，制定下发《拱墅区最强党支部打造实施方案（试行）》。分类组建4个区党代表评审组对最强支部打造对象进行过程评审，召开最强支部座谈会交流经验，通过组织支部书记示范培训、每月主题“风采展”、支部互助结对等方式推进最强（过硬）支部培育。评定首批最强党支部10个，第二批过硬党支部35个。认真落实“强基固本”行动，结合主题教育进一步推动“党建双强”建设，明确“党建双强”在主题教育期间集中落实的“十个一”举措。带动抓实党员、党组织学习教育和检视整改，组织社区（经合社）“党建双强”比武，推动街道部门每月展示双强风采，每季进行擂台比拼。

【“墅享坐标”党群服务阵地系统打造】2019年，拱墅区把党群服务阵地建设融入大城北崛起、大运河保护大战略，贴合社会治理、百姓幸福小民生，建设区级党群服务中心，建成10个街道级党群服务中心，全面改造提升社区党群服务中心，建成北部软件园、运河财富小镇、杭州汽车互联网小镇等两新集聚区枢纽型党群服务中心，建设群众身边的运河城市驿站40个。以红色阵地为支点，把省市区机关部门、企事业单位拉为“盟友”，采取“群众点菜、单位配菜”的方式，实现各类资源在党群服务阵地的整合利用。提供多样化党群志愿服务，引入心巢公益、宸益阁等社会组织常态服务，培养“运河大妈、拱宸大伯”群众自治社会组织驻点服务，吸纳区街社各级运河红盟“盟友”轮值服务，让党群服务有温度、接地气。

【“两新”党建工作创新】2019年，拱墅区围绕“党建强、发展强”目标，全面实施“红色聚力·星火工程”，新建两新组织（新经济组织，新社会组织）党组织104个。紧盯两新集聚区党务力量薄弱、人员流动快、专业性不强等问题，招录社工身份专职两新党务工作者27名。探索创立绿地中央商务区“街道社区牵头、物业管理主体托底、两新组织协同”“楼宇垂直社区”党建机制，被省市等各类媒体宣传报道10余次。制定下发《关于推进商贸综合体党建工作的实施意见》，成立拱墅区商贸综合体联盟，打造“五心商贸之家”商贸党建品牌。推动两新党建活动制度化常态化，围绕“始于初心·成于坚守”主题举办“运河·思享会”8期。

（邹佳余）

干部工作

【概况】2019年，拱墅区深入贯彻全国和省市组织部长会议及全区党建工作会议精神，以“不忘初心、牢记使命”主题教育为牵引，以高质量推进干部素质提升专项行动为主线，围绕中心抓主业、紧盯重点强落实、突出特色创品牌，推动选育管用全链条提质增效，努力打造敢于担当的高素质专业化施工队，为打造大城北开发建设标杆区、运河沿岸名区提供坚实组织保障。

【领导班子及干部队伍建设】 2019年，拱墅区稳妥有序完成机构改革，调整优化涉改单位班子48个、调配干部140人，其中提任区管正职4人、区管副职30人，转任重要岗位7人，平职交流95人，晋升非领导职务4人。扎实推进公务员职务职级并行改革，坚持套转管住基本面、晋升突出好导向、并行把握新梯队、操作注重一盘棋，严格把关完成全区609名公务员和参公人员职级套转，平稳有序推进职级晋升，放大政策激励效应，激发干事创业热情。

【优秀年轻干部培养选拔】 2019年，拱墅区扎实推进优秀年轻干部培养“青蓝工程”“新动力计划”，注重拓宽引育渠道，精准实施第一轮10名储备人才“一人一策”培养工程，启动新一轮“双一流”党政储备人才招录，面向清华、北大等6所“双一流”高校招录29人。统筹做好6名选调生和19名公务员新招录工作。搭好干部梯队，提拔交流83后街道主任1人、86后街道副书记2人、85后区管副职2人。举办优秀年轻干部“青苗论坛”，各层面40名优秀年轻干部座谈交流学习。

【干部素质提升专项行动】 2019年，拱墅区持续开展干部素质提升专项行动，实施“运河干部培训计划”“百名干部培养锻炼”行动，举办大讲堂、主题研修班等学习培训31期，参训干部超5000人次。选派76名年轻干部到“六大专项行动”、区专项工作平台墩苗锻炼，40名优秀苗子到省市部门开阔眼界，2名专业型干部到深圳跟岗学习。

【干部担当作为激励】 2019年，拱墅区落实区委正向激励18条，开展“中心工作一线攻坚看担当”专题调研，走访36个领导班子、300余名区管干部，考察干部政治素质，评估专业化履职能力，助推干部干事创业。探索单位内部自评、街道部门互评、区领导总评的“一季三评”措施，亮出执行力“好差”各100名干部。持续开展“比学赶超、争当标兵”“最满意工作创建”活动，评选表彰“比学赶超”标兵110人、担当作为好干部、好团队30个，以此激励干部的干事热情。

【干部日常监管】 2019年，约谈区管干部近500人次、科级干部2400人次，查找整改突出问题48个，处置不担当不作为干部9人、违规因私出国（境）144人。按时保质完成市管干部数字档案整理、区管干部档案专项审核、档案室改造提升等基础性工作。深入推进“走亲连心三服务”活动，各级干部走访企业群众近万人次，收集办理难题1500余个。

（孙岩）

人才工作

【概况】 2019年，拱墅区人才工作围绕打造“人才向往之地”目标，以“人才工作提质增效年”为载体，实施“招商引智”专项行动，增党管人才凝聚力、“两化”提升驱动力、产才融合发展力、一流生态吸引力，在全市人才工作专项考核中连续第3年获评优秀。全年落地运营中德魏尔啸联合病理研究所等18个国际人才项目，新引进“创客天下”大赛外籍非华裔第一名项目“Unifi.id”等24个国际人才项目。全年新引进海外高层次人才53名，其中发达国家院士和国家、省市级高端人才15名。推荐申报市人才计划11名。新增市级以上高层次人才112名，比上年增长110%。评审“运河英才”计划项目89个。新引进应届本科毕业生9570名，同比增长150%。培养高技能人才1775人。完善“运河英才”计划、618人才新政、“拱墅外创十条”三位一体人才政策体系，全年兑现各类人才资助奖金2916万元。

【人才科技创新平台引进建设】2019年，拱墅区引进中科院计算所数字经济产业研究院，同步引进中科系数字经济创新企业6家、科研平台2个。深化与德中卫生组织合作，启动建设中德生物经济产业园。结合NB001一类新药加速转化，推动建设国际脑科学（转化）中心。

【国际人才高端活动举办】2019年11月，拱墅区结合2019杭州国际人才交流与项目合作大会，举办中德生物经济大会、“智汇运河”国际脑科学高峰论坛和“中欧科研快车”科技创新合作宣讲会。诺奖得主、发达国家院士、外国驻华使领馆科技参赞13个国家50余位外籍人士和国内高校、科研院所、企业和投资机构代表等2000余人参加活动。签约人才项目31个，签约金额2.3亿元，同比分别增长24%、27%。

【运河创业创新学院建设】22019年，拱墅区围绕人才创业创新需求，办好运河创业创新学院。面向区内高层次人才，大树、小巨人企业主要负责人等学员开展共性服务和“一对一”实战辅导，开展人力资源、融资对接等服务20余次，服务学员400余人次。学院举办一年以来，60%以上学员企业年营收增加500万元以上，团队成员增加10人以上，企业新增融资500万元以上。

【“运河英才贷”发放】2019年，拱墅区提高人才金融服务精准度，联合4家银行拓宽企业融资渠道，发放“运河英才贷”550万元。

【“运河英才VIP卡”推出】2019年，拱墅区围绕帮助解决人才创业“关键小事”，联合人才、教育等9个职能部门推出“运河英才VIP卡”，为人才提供项目申报、项目扶持、金融服务、住房保障、子女入学、医疗保健、交通出行8大类服务。全年发放“运河英才VIP卡”211张，开展人才政策申报培训4次，协助各类人才解决企业注册等问题100余个。

（吴佳妮）

宣传工作

【概况】2019年，拱墅区委宣传部贯彻落实全国、省、市宣传思想工作会议精神，自觉承担起举旗帜、聚民心、育新人、兴文化、展形象的使命任务，推进全区宣传思想文化各项工作。把学习宣传贯彻习近平新时代中国特色社会主义思想和十九届四中全会精神作为理论武装工作的首要任务。四中全会精神理论武装凝聚力持续增强。中央媒体49篇次报道拱墅，市级以上媒体共刊发拱墅相关报道2300余篇。

【理论学习】2019年，拱墅区理论中心组组织学习25次，组织集中学习研讨6次。“学习强国”推广有力，全年注册学员62756人，占2018年全区户籍人数16.5%，位居全市前3；其中党员学员3.45万余人，做到党员全覆盖。评选出“学习组织之星”10个，“学习家庭之星”10个，“学习个人之星”115个。全年，编印《理论前沿》13期，汇编当月习近平总书记重要讲话精神、重要观点的阐释文章等，向所有区管干部发放。

【理论宣传】2019年，拱墅区围绕“庆祝中华人民共和国成立70周年”主题，开展“壮丽七十年 奋斗新时代”运河学霸比赛、微型党课大赛等各类基层理论宣讲100余场。2019年7月，选拔优秀选手参加省微型党课大赛活动，区数据管理局郭李飞作为杭州市的3位代表之一参加浙江省第十届微型党课大赛复赛，并获优胜奖。9月，制作推出“壮丽70年 奋斗新时代”网络微视频宣讲，以20位拱墅普通人物的工作生活变化为主线，生动描绘中华人民共和国成立70年来，特别是党的十八大以来拱墅日新月异的发展变化，全方位反映经济社会发展取得的巨大成就。10月，制作“拱墅领导干部谈初心”主题人物专访“微视频”，各部委办局负责人谈初心话使命，反响良好。

【对外宣传】2019年，中央媒体49篇次报道拱墅，市级以上媒体共刊发拱墅相关报道2300余篇。1月30日《人民日报》发表评论《找准新旧动能转换的“跑道”》。3月26日央视《新闻联播》报道《杭州：绿道连山水 美景入城中》。4月21日央视《焦点访谈》报道《杭州：绿道，向着幸福延伸》。5月15日《人民日报》要闻版刊发《杭州拱墅区推动城市和产业“双转型”：昔日“铁老大”如今上“云”了》。6月11日《人民日报》政治版刊发《有了“三方办”服务更方便》。6月14日《科技日报》刊发《“双创天堂”成杭州新名片》。7月2日《人民日报》文化版刊发《奔流千里 文脉常新——大运河穿行在火热的生活之中，也伴生着绵延的文化记忆》。7月4日《光明日报》刊发关于首届大运河戏曲节的报道《让老传统成为新潮流》。11月24日《人民日报》头版东部地区协调发展综合稿，将拱墅作为产业和城市新旧迭代的典型。另外，总理李克强考察过的和睦街道养老服务街区，拱墅区首创的电梯养老保险、“城市眼云共治”智慧平台、三方协同治理等基层治理经验多次占据主流媒体头版。

【舆情分析与引导】2019年，拱墅区开展舆情每日分析研判、每周新闻报道汇总通报、每周舆情专报，为全区各街道、重点部门提供半年度、全年度舆情深度分析。共编写舆情日报211期，周报40期，月报25期，完成省市网评引导任务221余次。3月份全省“网络浙军”特战队伍建设座谈会上，拱墅区作典型经验介绍。全力做好舆情引导。1月26日，市级#网络祝年#话题引导任务中，拱墅区主贴阅读量居主城区第二；5月2—5日，市级#杭州青年那些事#话题引导任务中，拱墅区主贴对该话题贡献率居13区县市第一。7月31日，“最美奋斗者”学习宣传活动中，“河之墅说”代表杭州市发的原创微博24分钟后就成为话题的首条热帖，阅读量52万多，话题贡献排名一度超过话题主持人“新华视点”。10月4日，在省级“寻找身边的建国”正面评论任务中，拱墅区“河之墅说”“香草籽的天空”精品评论入选刊登在《浙江日报》重要版面。夯实网络意识形态阵地，联合网络正能量骨干、民主党派、浙江城市学院、浙江树人大学等高校以及米洛星科技旗下网络主播，积极组建网络同盟军，全年共发布网评任务221次，完成网评40258条。

【互联网协会成立】2019年，7月12日，拱墅区互联网协会举行第一次会员代表大会，审议通过协会章程，选举产生协会第一届理事、会长、副会长。杭州米络星科技（集团）有限公司总裁刘琼当选协会会长。互联网协会常态开展网络文明传播活动、举办网络正能量宣传培训以及网络助学、网络扶贫等社会公益活动。10月，拱墅区上报的“米乐小站教育扶贫”案例成功入选全国2019网络扶贫典型案例。

【新闻发言人培训】2019年，拱墅区围绕应急处置、网络安全等内容，全年举办新闻发言人业务培训会3次，通过专家讲课、业务培训、写作实务等方式，提高全区新闻发言人及网络舆情信息员的舆论引导水平。全区各部门新闻发言人、各街道宣统委员、核心网评员等百余人参加培训。同时，深化重点工作新闻宣传联席会议机制，全年召开数字经济等主题新闻发布会7次。

【文艺精品创作】2019年，拱墅区鼓励创作，精心推出《诗歌城纪》《运河家书》《我在运河南端歌唱》等文艺精品。2019年9月，大运河文化使者、著名作家黄亚洲发表《我在运河南端歌唱》中英双语诗集，彰显大运河文化的独特魅力。

（王晓晨）

统战工作

【概况】2019年，拱墅区委统战部围绕庆祝中华人民共和国成立70周年、多党合作制度确立70周年，继续推动开展民主党派、无党派人士“不忘合作初心 继续携手前进”主题教育，非公有制经济人士理想信念教育实践活动，党外知识分子“弘扬爱国奋斗精神 建功立业新时代”和新的社会阶层人士“凝聚新力量·筑梦新时代”活动；召开主题教育推进会、参政党建设座谈会；组织开展“统战文化月”活动。在《今日拱墅》上推出“运河同话”专栏，共刊登7期，围绕“六大专项行动”、大城北崛起等开展民主监督。坚持区各民主党派、工商联重点课题责任领办机制，推出“党外特约人员”制度，变“推动监督”为“主动监督”。“建言直通车·民情链”聚焦优化营商环境、提升老旧小区改造等，得到区委书记朱建明批示和有关部门采纳。探索清廉民企建设，打造建华集团和鲜丰水果为示范点。“运河·同心荟”形成“一会六联盟”工作格局，被中央统战部授予“全国新的社会阶层人士统战工作实践创新基地”称号。出台《拱墅区基层统战工作规范化建设实施意见》《拱墅区加强和改进街道统战工作三年行动计划（2019—2021）》等文件。基层统战示范点建设做到统一形象标识、统一建设内容、统一规范上墙。

【“一年推出一次新拱墅”参观活动】2019年1月4日，区委统战部开展“一年推出一次新拱墅”组织活动。人员参观“城市眼·云共治”指挥中心、区“阳光老人家”居家养老服务体系建设的样板项目——颐乐和睦养老服务综合街区和区产业平台建设的重点项目——中粮大悦城。

【“同心讲坛”开年第一讲】2019年3月11日，区委统战部举办“同心讲坛”数字经济专题讲座。国家信息中心首席信息师、分享经济研究中心主任张新红受邀作题为“从数字经济到共享经济”的演讲。区统一战线各领域200余人参加讲座。

（柏莹）

【党外人士民主监督新举措】2019年4月4日，区住建局、城管局、市场监管局、税务局向先期选派的10位党外人士监督“特约人员”颁发聘书。“特约人员”围绕政府部门决策部署、行政管理、效能作风、廉政建设等方面开展监督。

【“运河商道”成立仪式暨“坐论商道”高峰论坛举行】 2019年4月26日，由区委统战部指导、区知联会主办的“运河商道”正式成立。华立集团股份有限公司董事局主席汪力成、西子联合控股集团董事长王水福担任首批导师。区知联会6名企业家现场拜师结对,成为“运河商道”第一届学徒。高峰论坛环节，嘉宾与拱墅企业家代表，结合运河经济发展形态、功能，就运河商道中的企业家精神、运河经济文化价值、未来运河经济产业发展方向等问题作了深入探讨。

（沈光明）

【全国首档新阶层人士访谈直播节目开播】 2019年4月30日，由区委统战部指导、区新联会新媒体新青年联盟主办，杭州米络星集团（KK直播）承办的全国首档新阶层人士访谈直播节目《新阶层·新主张》在大运河畔的拱宸书院开播，以嘉宾访谈、现场直播、弹幕互动等方式，探讨新时代背景下传统文化特别是大运河文化的传承与发扬。直播当天，吸引超过21万网友的关注参与。

（褚鹏凯）

【基层统战干部培训班举办】 2019年7月11—12日，拱墅区2019年基层统战干部培训班在省社会主义学院举办。各街道统战干部、社区统战联络员一百余人参加。省委统战部和省民宗委领导分别为学员们上课。参训人员还参观首批省级重点民间信仰场所——防风祠。

（徐丹）

【拱墅区新联会艺海同心联盟成立】 2019年6月21日，拱墅区新的社会阶层人士联谊会“艺海同心”联盟成立。艺海同心联盟由拱墅区文化领域的自由职业者代表组成，有骨干成员近50名，涉及18家文化组织。

（褚鹏凯）

【党外代表人士培训班举办】 2019年7月1—5日，拱墅区党外代表人士和统战干部培训班在河北西柏坡举行。区各民主党派成员、无党派人士及部门、街道的47名人员参加培训。学员们就如何在大城北崛起中彰显党派作为和推动基层统战工作高质量发展热烈讨论。

（柏莹）

【拱墅区新的社会阶层人士研修班开班】 2019年8月13—17日，2019年拱墅区新的社会阶层人士研修班在北京大学开班。全区近50名新的社会阶层人士代表参加。

【拱墅区新联会庆祝新中国成立70周年主题活动举行】 2019年8月30日，“时代新人说——我和我的祖国”拱墅区新联会庆祝新中国成立70周年主题活动在中国（杭州）智慧信息产业园党群服务中心举行。浙江省委统战部副部长张润生等领导出席并为全国新的社会阶层人士统战工作实践创新基地揭牌。随后以“时代新人说——我和我的祖国”为主题的《新阶层·新主张》节目开播，吸引48万多网友在线观看。

（褚鹏凯）

【首批党外代表人士“同心工作室”挂牌成立】 2019年10月11日，拱墅区首批党外代表人士“同心工作室”在大关小学举行授牌仪式。市委统战部副部长俞永明等领导为民进会员刘志华“同心工作室”揭牌，为民革党员吉正龙、李晓鹏、民建会员刘琼、农工党党员詹新宇、九三学社社员胡友耕、无党派人士蔡玉群“同心工作室”授牌。

（沈光明）

【结对帮扶活动开展】 2019年11月19日至21日，区委统战部副部长、区侨联主席尤永忠带领民主党派、侨界企业代表等一行7人，赴贵州省黄平县开展结对帮扶活动。在纸房乡中心幼儿园扶贫帮困捐赠仪式上，民革拱墅基层委副主委郑群、民进拱墅基层委会员何正友分别向学校捐赠3万元和4万元，用于学校基础设施设备采购。

在谷陇镇平马小学爱心捐赠仪式上，区侨界优秀企业代表邵金明、张昊辰、余俊仙、陈刚各向学校捐赠3万元，用于学校操场塑胶铺设、学校到村委会道路建设。

（柏莹）

机构编制

【概况】至2019年年底，拱墅区设党委机构12个，人大机构1个，政府工作部门23个，政协机构1个，群众团体机构6个，街道办事处10个。上级下达各类行政编制1782人，事业单位268家，全区核定事业编制6122人。

【规范编制管理】2019年，区委编办落实用编、科级干部职数使用“两项预报”制，4月与区委组织部、区人力社保局、区财政局等部门对接，做好公务员招考、事业单位招聘、人员调动等用编和科级干部使用预报审批工作。在机构改革期间，坚持区委组织部、区委编办、区人力社保局“三方会签”制度，从源头遏制擅自超编进人、超职数配备科级等问题。全年办理出入编手续1128人次，预报、备案科级干部224人次。

【强化监督检查】2019年11—12月，区委编办根据省、市统一部署，开展机构改革“回头看”专项督查。采取材料核查、实地督查、座谈交流等形式，对机构改革后全区机关事业单位的机构设置、职能运行、人员转隶情况、领导职数使用情况等进行专项监督检查。至年底，结合与社保系统比对，检索差错数据1900余条，纠正不准确数据300余条；指导全区各单位自查自纠问题16个，并对整改不够及时到位的两个部门作出考核扣分决定，切实维护机构编制管理的权威性和严肃性。

【承担行政职能的事业单位改革】2019年6月，区委编办按照《杭州市拱墅区机构改革方案》要求，将完全、主要和部分承担行政职能的事业单位全部纳入改革范围，全面清理事业单位承担的行政职能，将行政职能划归行政机构。改革过程中走访调研事业单位62家，收集意见建议70条，摸底涉改事业单位62家，改革方式中只转职能不转机构48家，转为机关直属机构1家，改革核销事业单位3家，改革回收事业编制5个。改革后保留设置的事业单位，名称不再称“委、办、局”。除行政执法机构按照中央部署推进改革外，不再保留或新设承担行政职能的事业单位。

【事业单位法人监管】2019年9—10月，区委编办对区府办、区发改经信局、区行政审批办、上塘街道、祥符街道、拱宸桥指挥部、城建发展中心7个主管单位开展2019年度事业单位法人公示信息抽查。经抽查，发现5个主管单位均存在事业单位应注销未注销的情况。检查人员当场对各单位存在的问题进行反馈，并要求单位限期进行整改，维护事业单位监管的权威性和严肃性。全年，完成全区事业单位法人年度报告工作246家，完成事业单位设立登记50家，事业单位变更登记176家，事业单位注销登记6家。

（张雷钢）

信访工作

【概况】2019年，拱墅区全面贯彻习近平总书记关于加强和改进人民信访工作的重要思想，落实中央和省市信访工作决策部署，建成启用拱墅区“信访超市”，妥善处置重大涉访涉稳问题，信访形势总体平稳可控。全年受理群众来信、来访、来电和网上信访共50767件（人）次，成功创建“无信访积案区”。

【拱墅区“信访超市”建成启用】2019年5月，拱墅区信访矛盾联合调处中心（信访超市）启用。“信访超市”整合政法、司法、行政、信访和第三方资源，建立“1+4+X”联合接访动态管理模式。牵头单位区信访局、8个投诉受理量大的事权部门和适时参与的第三方社会力量以常驻、轮驻、随驻、预驻等多种形式进驻，构建线下信访事项一揽子调处、线上一网流转的工作机制，确保信访事项顺利流转、高效办理。在大厅设置网上信访自助机，对于初次信访由专人引导来访人通过自助机完成信访，强化网上信访观念。建成“信访超市”文化长廊，在二楼走廊集中展示习近平总书记关于信访工作“了解民情、集中民智、维护民利、凝聚民心”的重要思想。建成全国首家信访文化微展馆，通过图文并茂等形式展示信访工作中蕴含的群众文化、和合文化。将西门外的口袋公园提升改造为法治信访文化公园，既为周边群众提供休闲场所，亦可开展普法教育、法治信访、社会文明宣传。

（陈文文）

机关党建

【概况】2019年，“中共杭州市拱墅区直属机关工作委员会”更名为“中共杭州市拱墅区委直属机关工作委员会”（以下简称：区委直属机关工委）。区委直属机关工委辖区直机关50个部门的111个基层党组织，其中党委2个，党总支15个，党支部94个，党员1914名。区委直属机关工委围绕区委、区政府决策部署，以“服务中心、建设队伍”为核心任务，以“建设清廉机关、创建模范机关”为工作目标，扎实开展“不忘初心、牢记使命”主题教育，推动机关党建标准化建设各项要求延伸到基层、规范到支部、落实到党员，基层党组织组织力和机关党建质量稳步提升，各项任务圆满完成。在浙江省委召开的“全省机关党的建设工作座谈会”上，拱墅区委直属机关工委作为浙江省区（县、市）机关工委唯一代表作《当先锋、作表率，服务人民群众、助力基层治理》的经验交流，“念好‘联、比、进、帮、督’五字诀”的做法获得省委书记车俊的肯定。

【思想政治建设】2019年，区委直属机关工委牢牢把握“守初心、担使命，找差距、抓落实”的总要求，抓实主题教育，把“规定动作”拉高标杆做到位，把“自选动作”结合实际做出特色，较好地实现了“理论学习有收获、思想政治受洗礼、干事创业敢担当、为民服务解难题、清正廉洁作表率”的总目标。1月16—23日，组织拱墅区直机关党员600余人分2个批次开展培训，以新时代机关党建工作总要求、新时期领导干部意识形态能力建设、《中国共产党支部工作条例（试行）》解读、改革开放四十年的伟大成就与基本经验和机关党风廉政教育等为主要培训内容。28日，组织区直机关基层党组织负责人进行履行主体责任集中述职，50个基层党组织书记汇报机关党建情况和存在问题，区委直属机关工委书记进行现场点评并部署下阶段工作。6月26日，开展区直机关“两优一先”表彰大会，表彰11个先进基层党组织、11名优秀党务工作者以及93名优秀党员，并对党务人员进行业务培训。开展机关党建“互看互学”大比武，组织50个区直机关党组织开展了机关党建优秀阵地观摩学习活动。推广应用“学习强国”APP，获评杭州市首批“学习强国”组织之星。

【机关作风建设】3月6日，

印发《拱墅区开展“建设清廉机关、创建模范机关”活动实施方案》，把“建设清廉机关、创建模范机关”工作列为年度重大改革任务，在转作风、强服务、提效能上用心用力，负责牵头清廉机关的建设工作。浙江省纪委监委网站刊登《杭州拱墅：落实责任 严明纪律 打造“清廉机关”》，推广拱墅区建设清廉机关、创建模范机关工作经验。5月10日，印发《区委直属机关工委联系督导和交叉互查工作方案》，组建4个联系督导组，4名班子成员分别任组长，以“党的十九大精神和习近平新时代中国特色社会主义思想学习贯彻情况、2019年区直机关党的工作要点执行情况、《拱墅区开展“建设清廉机关，创建模范机关”活动实施方案》执行落实情况、区直机关过硬支部培育、最强支部打造和合格支部巩固情况”等10个项目为主要内容，开展常态化、全覆盖督导和互查。

【机关基层组织建设】2月28日，印发《2019年区直机关党的工作要点》，明确区直机关各党组织以扎实推进“建设清廉机关、创建模范机关”活动、推进支部规范化标准化建设、强力推进“三服务”主题活动、深化“结对联建”、推动“党建智库”助推项目化建设等16项内容为2019年度工作重点工作。继续加强“组织设置、经常性工作、场所阵地、考核管理”的标准化建设，修订《拱墅区直机关党建工作标准》，进一步规范“三会一课”、发展党员、固定主题党日等13项经常性工作开展和各类台账登记，持续提升机关党的建设质量。4月22—26日在山东临沂沂蒙党性教育基地组织开展区直机关党组织书记培训，以学习十九大精神、沂蒙精神与共产党人的初心和使命等为主要内容，有效提高基层党组织书记的党性修养和履职能力。4月28日，印发《2019年区直机关互看互学大比武实施方案》，确定区妇联、区发改经信局、区财政局、区行政审批办、运河指挥部5个过硬支部培育对象，打造区统计局1个最强支部，组织开展“党建双强”评比、“互看互学”大比武、“月风采展”等先进典型选树活动，提升基层党组织组织力。区妇联、区发改经信局、区财政局、区行政审批办4个过硬支部通过年度验收。

【围绕中心开展服务】2019年，拱墅区委直属机关工委紧紧围绕区重点工作，以克难攻坚、志愿服务、调研走访“三大行动”为载体，组织机关党员干部深入产业平台、重点项目、垃圾分类等一线进行实地调研走访，解决实际问题。按照“最多跑一次”改革要求，制定公示14个机构内部办事审批事项、办事指南和流程图，实现时间优化率52.3%，材料压缩率31%。开展“走亲连心三服务”活动，组织机关党员干部进社入企了解社情民意，协调相关部门破解难题，办好民生关键小事。省委组织部《时代先锋》刊登《当先锋、作表率，服务人民群众、助力基层治理》，宣传拱墅区强化机关党建引领、服务人民群众、助力基层治理工作情况。

【党员志愿服务开展】2019年，拱墅区组建2个机关党员志愿服务队，积极参与垃圾分类、文明城市测评等志愿服务，组织常态化到街道和社区为民服务。区直机关党员参与拱墅区与湖北省来凤县扶贫结对的“情系来凤·红色助梦——拱墅区直机关党员‘点亮微心愿’活动”，领取并完成来凤微心愿311条。工委结对温州路和永庆路2个社区，走访社区群众62人次，为社区“送清凉、送温暖”2次，为群众办实事3件，实现微心愿13个。

【红色先锋联盟创建】2019年，新增12家市直机关党委与拱墅区结对签约，有62家省、市直机关党组织加入“红色先锋联盟”。参与“运河红盟”服务保障中心活动，开展56场次结对联建活动，慰问结对社区困难群众50万元。将“结对联建”与“六大专项行动”重大项目匹配对接，有45个企业重点项目、群众民生实事、基层社会治理问题被确定为重大联建助推项目，“阳光老人家”社区养老、上塘电商小镇建设、320国道建设、康桥土地修复、运河文化带和大运河亚运公园建设等一批项目得到持续深入推进，为巩固深化“结对联建”充实内容、注入活力。此项工作入编《“走在前列、创新为先”第八轮浙江省机关党建工作创新成果汇编》。

【“一单位一品牌”创建】2019年，拱墅区持续开展“一单位一品牌”创建活动，全区创建50个区直机关党建品牌。区委直属机关工委以“党建智库助推项目化建设”品牌为工作载体，发挥“党建智库”作用，整体提升机关党建工作水平。“党建智库助推项目化建设”连续2年顺利通过品牌复评。在“党建智库”助推下，区住建局的《下好“一盘棋”，破解“两张皮”——党建和中心工作相融合，高质量推进大城北崛起》、区数据资源局的《SWOT分析法引导下的机关党建工作路径初探》、区委编办的《破解机关党建与中心任务“两张皮”困境研究》课题分别获评“2019年度杭州市机关党建优秀课题研究成果”特等奖、二等奖、三等奖。

（邱云 侯文秀）

党史编研

【概况】2019年，拱墅区委党史和地方志编纂研究室结合五四运动一百周年、古田会议九十周年、西北坡会议七十周年、中华人民共和国成立七十周年等系列重大纪念日，组织召开学习、研讨、调研等纪念活动。积极开展党史宣教进机关、进校园、进社区、进企业、进工地、进家庭活动（简称党史“六进”活动）。进一步开展党史数字化工作，做好党史专项基金申报及使用，排摸全区党员示范教育基地等。

【组织史编纂】2019年3月15日，根据市委组织部部署要求，召开组织史编纂工作推进会，启动《拱墅组织史（第六卷）》编纂工作，收录时间承接第五卷截止时间，从2013年1月起至2017年12月止。主要收编党的组织机构沿革和领导人变化，以及政权、军事、政协、群团系统、部分企事业单位的组织机构和领导人变化情况及其相关图表资料。同时，于6月底前整理上报市本级组织史涉及拱墅区部分内容，12月底前初步完成区组织史资料征集工作，为后期进一步修编打好基础。

【红色资源普查】2019年4月，按照杭州市委党史研究室关于红色资源普查的要求，对接区委宣传部、区民政局、区住建局、区文广旅体局、区退役军人局、各街道，下发通知在全区范围内开展红色资源大普查、大摸底行动，共排查出红色资源共11处。重点挖掘近现代，特别是改革开放以来的党史资源，结合拱墅实际，梳理拱墅现代工业遗存、党和国家主要领导人调研走访地点等重要的历史资源。

（蒋珏）

地方志事业

【概况】2019年，拱墅区委党史和地方志编纂研究室按照国务院《地方志工作条例》和《全国地方志事业发展规划纲要（2015—2020年）》及省、市地方志工作部署和要求，稳步推进志鉴“两全目标”。1月，区委书记朱建明批示“过去一年我区地方志工作扎实有序推进，取得了积极成效。望新的一年再接再厉，更加扎实地做好留存史料、资政育人的工作”。区委常委、常务副区长张德平，区委常委、组织部部长虞文娟对区志编纂先后作出重要批示，对进一步做好区志、年鉴编纂工作提出要求。年底，《拱墅区志》基本完成初审稿；《拱墅年鉴（2018）》《拱墅年鉴（2019）》基本成稿，完成年度志鉴工作目标。

【拱墅区志评审稿完成】 2019年是拱墅区志编纂三年行动的攻坚年。根据省市会议精神和区领导要求，区委史志研究室进一步加大区志编纂工作力度：调整充实编辑部力量，调整后区志编辑部达到14人。按照年度计划有序推进编纂进程，上半年完成基层单位初稿验收，进入分纂；下半年完成分纂、总纂，全志合成，为2020年正式出版打下扎实基础。做好业务培训，3月22日、7月19日分别召开史志工作推进会和史志编纂会。以会代训，对全区各街道、区直属单位、市直有关延伸单位等60多个承编单位人员，进行工作部署和业务培训。完善工作运行机制，建立健全编辑部每周例会等10余项制度，通过会议交流、上门指导等方式加强对承编单位的指导督促。至年底，完成区志评审稿的装订印刷，准备召开区志初审评审会议。

【2本年鉴同步启动编纂】 2019年，根据地方综合年鉴编纂出版规定和省、市地方志办公室关于年鉴编写“一年一鉴、公开出版”的要求，为保持年鉴编纂出版的连续性，3月15日，拱墅区下发《关于做好〈拱墅年鉴（2018）〉拱墅年鉴〈(2019)〉编纂工作的通知》，正式启动2本年鉴编纂工作。至年底，年鉴2019卷基本完成初稿并送出版社审核，年鉴2018卷完成分纂，进入总纂统稿。

（蒋珏）

老干部工作

【概况】 2019年年底，拱墅区有离休干部54人。其中，该区离休干部46人（含安置外地1人）、易地安置在拱墅区的8人；年龄最大的100岁，最小的86岁，平均年龄92.02岁；抗战时期参加革命工作的10人，解放战争时期参加革命工作的44人。退休干部（含行政、事业职工）3898人。离退休干部共计3949人，其中8人为区级正职领导职务、24人为区级副职领导职务。

2019年，拱墅区围绕进一步加强老干部两项建设、落实老干部两项待遇、抓好老干部活动中心和老年大学两个阵地建设开展老干部工作。组织召开老干部政治理论学习会、情况通报会4次。邀请市委党校专家为老干部讲授“不忘初心、牢记使命”专题党课2次。各离退休干部党支部自行组织专题培训33次。组织老干部到老党员驿站开展党建活动1次。组织人员到医院、老人公寓为长期住院和行动不便的老干部送学上门45次。开展“我看新中国成立70周年新成就”活动4次。区委老干部局全年走访慰问老同志350余次，组织撰写的《构建老干部“党建+文化养老”311体系》获2019年全省老干部工作“优秀创新案例”。2019年，拱墅区老干部活动中心举办“我与老干部同乐”系列乒乓球友谊赛、象棋友谊赛、钓鱼、运河健身走和新春游园会等活动。组织离休干部参与大运河非遗文化物品制作，赴富义仓遗址公园品茗，赴大关街道西一社区党员驿站欣赏杭州评话，参观“心巢文澜老年大学”，参观康桥街

2019 年 5 月 13—15 日，在市委党校举办拱墅区老干部党建工作培训班，全区离退休干部党支部书记、离退休干部临时党支部书记、老干部工作者 50 余人参加培训 （蔡丰 摄）

道“花海”等活动。组织老干部参加省“我看新中国新变化”主题征文活动，收集征文 30 余篇，评出区级优秀征文 10 篇，其中《西溪源村诞生追记》获省二等奖。2019 年，拱墅区大运河老年大学开设手机摄影、歌咏、旅游文化、营养保健、旅游英语等 11 门课程、20 个班级（含 2 个团队班），共招收学员 1014 人次。依托此校建立离退休干部党校，开设离退休干部党校“党建 + 文化养老课程”第一期 3 个班，招收 60 名学员。总结“心巢文澜老年大学”政府与公益组织合办家门口老年大学的经验，与街道、社区、公益组织进一步拓展阵地，心巢文澜老年大学基层党校被评为全省离退休干部党建共享基地。

【老干部“党建 + 文化养老”311 体系构建】 2019 年，拱墅区委老干部局构建老干部“党建 + 文化养老”311 体系。打造“党性锻炼服务阵地、大运河文化养老阵地、教育活动颐养阵地”3 个阵地，重点打造 1 条可供离退休干部长期参观考察的“党建 + 大运河文化养老”精品示范参观线路，打造 1 个关工委特色品牌。

【第四期拱墅区老干部党建工作培训班举办】 2019 年 5 月 13—15 日，在杭州市委党校举办第四期拱墅区老干部党建工作培训班。全区离退休干部党支部书记、离退休干部临时党支部书记、老干部工作者 55 人参加培训。

【“我看新中国成立 70 周年新成就”专题考察调研】 2019 年，拱墅区围绕“我看新中国成立 70 周年新成就”，组织离退休干部开展“走基层、看变化、促发展”专题考察调研活动。4 月 29 日，组织市管离退休干部考察拱宸桥街道“桥西之家”

心巢文澜老年大学，了解文化养老相关工作。5月9日，组织离休干部参观大关街道西一社区党员驿站——百姓书场。5月14日，组织离退休干部党支部书记、老干部工作者参观考察艺创小镇并为拱墅区的建设发展建言献策，收集意见建议15条。9月20日，组织离休干部考察小河街道洪老师会客厅，了解老干部参与社会治理工作。10月17日，组织市管退休干部考察康桥街道，了解社会民生、经济建设、大城北开发等工作情况。

【“庆祝新中国成立70周年”系列活动】2019年，围绕“庆祝新中国成立70周年”主题，拱墅区老干部局举办一系列庆祝活动。5月，开展共和国建设者“友谊邮件”快递服务，为10余名离休干部传递“友谊邮件”20余封。8月，开展“庆祝新中国成立70周年”主题征文活动，并编印下发《辉煌70年 我看新变化》征文集。9月26日至10月9日，举办“书画忆初心”——“不忘初心、牢记使命”主题教育书画作品展，共展出书法绘画类作品50余幅，参观人数达500余人次。9月底，开展新中国成立70周年纪念章颁发活动。

【老干部志愿服务】2019年，拱墅区在“运河大妈 拱宸大伯”志愿服务团队中建立5个“智银”临时党建工作服务站。5个“智银”临时党建工作服务站围绕“银耀之江”活动要求，开展各项党员志愿服务活动50余次，惠及群众1000余人次。爱心天天行护绿队、洪老师会客厅被评为市“最美银耀志愿服务团队”，钱志坤被评为市“最美银耀志愿者”。12月，增添和睦人家护卫队、“银发生辉”志愿服务队、“红龄”离退休党员志愿者服务队、阳光志愿服务队等“银色人才”志愿服务团队。

【首批老干部“银尚之家”建立】2019年，拱墅区建立首批和睦街道和睦社区与米市巷街道大塘巷社区2家“银尚之家”，拓宽文化养老和居家养老的服务渠道。7月11日，省委组织部副部长、省委老干部局局长鲍秀英一行到和睦社区、大塘巷社区调研，要求将拱墅经验总结推广。

【离休干部“医养护一体化”社区医生签约服务】2019年3月19日，拱墅区委老干部局召开离休干部社区医生签约服务工作专题协调会，区委老干部局、区卫健局就全区推进离休干部社区医生签约服务工作作出部署。6月13日，省委老干部局副局长王晖玲一行到米市巷街道卫生服务中心调研离休干部“医养护一体化”社区医生签约服务试点工作。拱墅区作为省级离休干部签约服务试点，将省级离休干部纳入签约范围，全年共签约省市区三级离休干部81人。

（冯婷）

杭州市拱墅区人民代表大会

综　述
重要会议
人大监督
人大代表工作
人事任免

综　述

【区人大组织机构概况】 至2019年年末，拱墅区有区七届人大代表185人。区七届人大常委会有组成人员30人，其中主任1人，副主任6人，委员23人。区七届人大设有监察和法制司法、财政经济、社会建设3个专门委员会。区七届人大常委会设有办公室与监察和法制司法、财政经济、城建环保、教科文卫民宗侨、人事代表5个工作委员会。

【区人大常委会依法履职】 2019年，拱墅区人大常委会全年举行常委会会议9次，听取和审议“一府两院”专项工作报告36个，组织开展执法检查、专题视察9次，作出决议、决定8个，发出审议意见22件，依法任免国家机关工作人员95人次。

【区人大常委会自身建设】 2019年，区人大常委会加强能力建设，坚持常委会党组理论中心组学习、会前学法制度，共举办十九届四中全会精神解读、大城北规划建设等14次专题学习。组织常委会委员和机关干部赴延安开展党性教育，坚定理想信念，提升履职能力。探索创新政府重大投资项目“闭环式”监督，入选杭州市人大常委会首次发布的“杭州人大工作与时俱进案例”，名列首位，并在全省交流推广。主任会议成员带头深入基层调查研究，形成调研成果7个，其中“关于加快推进大城北核心区道路建设”等调研报告，受到区委主要领导批示肯定。加强对人大街道工委领导，坚持街道人大工作例会制度。全面实施街道居民议事会议制度，产生居民议事会议成员490人，票选产生街道民生微实事项目49个，投入资金0.63亿元，向社会公布并接受居民议事会议成员及辖区群众监督。落实意识形态责任，加强人民代表大会制度、人大履职和代表风采的宣传报道，《解决“小急难”汇聚“大温暖”》荣获杭州市第二十八届人大好新闻二等奖；继续与杭州电视台《新闻60分》合作，推出“代表联络站”。

重要会议

【区七届人大三次会议】 拱墅区七届人大三次会议于2019年1月15—18日举行。区七届人大代表名额206名，实有代表201名，出席会议代表184名。1月15日下午召开预备会议，选举产生由51人组成的大会主席团，选举会议秘书长，表决会议议程。会议期间，举行4次全体会议、6次主席团会议和1次财政经济委员会会议。会议听取和审查拱墅区人民政府工作报告，审查拱墅区2018年国民经济和社会发展计划执行情况与2019年国民经济和社会发展计划草案的报告，审查（书面）批准拱墅区2018年国民经济和社会发展计划执行情况与2019年国民经济和社会发展计划；审查拱墅区2018年财政预算执行情况和2019年财政预算草案的报告，审查（书面）批准2018年财政预算执行情况，批准拱墅区2019年预算；听取和审查拱墅区人民代表大会常务委员会工作报告；听取和审查拱墅区人民法院工作报告；听取和审查拱墅区人民检察院工作报告；作出设立拱墅区第七届人民代表大会社会建设委员会及法制内务司法委员会更名的决定；表决通过拱墅区第七届人民代表大会监察和法制司法委员会、社会建设委员会组成人员人选名单；票决10件2019年区政府民生实事项目。会议收到代表提出的建议、批评和意见102件，其中：要求解决河道整治、道路建设、绿化提升和小区改造等城建环境类问题57件，占55.9%；要求解决居家养老、社会服务等社会保障类问题21件，占20.6%；要求解决小孩入学、老人看病等社会事业类问题17件，占16.7%；要求调整扶持政策、发展楼宇经济等经济发展类问题5件，占4.9%；加强政府建设、开展法庭进园区等综合类建议2件，占1.9%。

【区人大常委会会议】2019年，区第七届人民代表大会常务委员会举行9次会议，即区七届人大常委会第十八次会议至第二十六次会议。

区七届人大常委会第十八次会议于1月9日举行。会议听取和审议关于拱墅区2018年政府重大投资项目计划执行情况及2019年政府重大投资项目计划（草案）的报告；讨论关于拱墅区2018年国民经济和社会发展计划执行情况与2019年国民经济和社会发展计划草案的报告（征求意见稿）；讨论关于拱墅区2018年预算执行情况和2019年预算草案的报告及部门预算草案（征求意见稿）；听取和审议区政府关于2018年区政府民生实事项目完成情况和2019年区政府民生实事候选项目形成情况的报告（征求意见稿）；审议并原则通过区人大常委会工作报告（稿）；审议并表决人事任免事项；表决通过区七届人大常委会代表资格审查委员会关于个别代表的代表资格审查报告；听取和审议区七届人大三次会议筹备工作情况报告；审议区七届人大三次会议议程（草案），日程（草案），大会主席团和秘书长、常务主席、大会执行主席、副秘书长、各代表团召集人名单（草案）；表决通过区七届人大三次会议列席人员名单、邀请人员名单；作出杭州市拱墅区人民代表大会常务委员会关于接受滕建荣辞去杭州市第十三届人民代表大会代表职务的决定；审议《2018年区政府民生实事项目完成情况满意度测评办法》（草案）和《2019年区政府民生实事项目人大代表票决办法》（草案）；审议关于设立拱墅区第七届人民代表大会社会建设委员会及法制内务司法委员会更名的决定（草案），关于通过拱墅区第七届人民代表大会部分专门委员会组成人员人选的办法（草案），关于拱墅区第七届人民代表大会监察和法制司法委员会、社会建设委员会组成人员建议名单（草案）。

区七届人大常委会第十九次会议于1月18日举行。作出杭州市拱墅区人民代表大会常务委员会关于法制内务司法工作委员会更名的决定；审议并表决有关人事任免事项。

区七届人大常委会第二十次会议于3月15日举行。会议听取和审议区政府关于政府重大投资项目的报告；审议并通过区人大常委会2019年工作要点；审议并表决有关人事任免事项。

区七届人大常委会第二十一次会议于4月29日举行。会议听取和审议区公安分局关于全区扫黑除恶专项斗争情况的报告，审议区法院、区检察院、区司法局关于全区扫黑除恶专项斗争工作的报告（书面）；听取和审议区政府关于拱墅区环境状况和环境保护目标完成

2019 年 12 月 25 日，全体区人大代表“喜看拱墅新变化”（区人大办 供稿）

情况的报告；审议并表决有关人事免职事项。

区七届人大常委会第二十二次会议于 6 月 20 日举行。会议听取和审议区政府关于医疗卫生服务提升五年行动计划实施情况的报告；听取和审议区检察院关于公益诉讼情况的报告、3 名检察官履职情况的报告；听取和审议区政府关于优化营商环境促进民营经济高质量发展工作情况的报告；补选杭州市第十三届人民代表大会代表；审议并表决有关人事任免事项。

区七届人大常委会第二十三次会议于 8 月 19 日举行。会议听取和审议区政府关于拱墅区 2019 年上半年国民经济和社会发展计划执行情况的报告；听取和审议区政府关于拱墅区 2019 年上半年政府重大投资项目计划执行情况及调整 2019 年政府重大投资项目计划（草案）的报告；听取和审议区政府关于上塘单元 FG01-R21-02 地块瓜山南安置房等 11 个政府重大投资项目的报告；听取和审议区政府关于拱墅区 2018 年决算草案和 2019 年上半年预算执行情况的报告；听取和审议区政府关于 2018 年度杭州市拱墅区本级预算执行及其他财政收支情况的审计工作报告；听取和审议区政府关于拱墅区国有资产管理情况的报告。

区七届人大常委会第二十四次会议于 10 月 21 日举行。会议听取和审议区政府关于安全发展示范区创建情况的报告；听取和审议区政府关于《杭州市生活垃圾管理条例》贯彻实施情况的报告、区人大常委会执法检查组关于《杭州市生活垃圾管理条例》执法检查的报告；听取和审议区政府关于 2019 年杭州市拱墅区地方政府债务限额及新增专项债券预算调整的报告；听取区政府关于拱墅区生态文明建设示范区规划起草情况说明的报告，审议、批准拱墅区生态文明建设示范区规划（2019—2025 年）；审议并通过《拱墅区人大代表履职量化激励实施办法（试行）》；审议并表决有关人事任免事项；作出杭州市拱墅区人民代表大会常务委员会关于接受沈建松等人辞去杭州市拱墅区第七届人民代表大会代表职务的决定。

区七届人大常委会第二十五次会议于 12 月 13 日举行。会议作出杭州市拱墅区第七届人民代表大会常务委员会关于召开拱墅区第七届人民代表大会第四次会议的决定；审议并表决有关人事任免事项。

区七届人大常委会第二十六次会议于 12 月 26 日举行。会议听取和审议区政府关于审计查出问题整改情况的报告；听取和审议区政府关于铁路北站单元北站路（管家漾河东—沈半路）道路工程政府重大投资项目的报告；听取和审议区政府关于邵逸夫医院大运河分院项目建设情况的报告；听取和审议区政府关于区七届人大三次会议代表建议意见办理情况的报告，审议区法院关于区七届人大三次会议代表建议意见办理情况的报告（书面）。

人大监督

【概况】2019年，区人大常委会聚焦区委关于加快高质量建设运河沿岸名区，实现大城北崛起的决策部署，聚焦“6+4”专项行动的目标任务，聚焦人民群众关注的热点难点问题，认真履行职责，发挥制度优势，全年对经济、财政预算决算、环境保护、卫生和司法等工作进行监督。

【民生实事项目专项监督】2019年，人大常委会对区政府10件民生实事项目开展专项监督，组成10个监督小组，开展“集中监督季”活动，通过常委会专项视察和监督小组“点对点”的定向监督，实现监督全覆盖。共有406人次代表参与监督活动47次，提出意见建议103条。9月27日，对2019年拱墅区政府民生实事项目推进情况进行视察，实地察看申慧社区“阳光老人家”、拱墅区文化规划馆、运河文化艺术交流中心，听取和审议区政府关于2019年民生实事项目进展情况的报告，强调要提高认识抓落实，压实责任保进度，强化管理提质量。

【预决算审查监督】2019年，区人大常委会推动预算审查监督重点向支出预算和政策拓展，听取审议预算编制执行、决算、政府债务管理、审计工作和审计查出问题整改情况等报告，审查批准2018年决算、2019年地方政府债务限额和新增专项债券预算调整方案。在杭州市率先上线“政府重大项目、审计查出问题整改、区级民生实事”三大模块，为预算联网系统由“建设”转向“监督”打实基础。听取审议政府重大投资项目计划及执行情况报告，审查政府重大投资项目23个，针对邵逸夫医院大运河分院重大项目，建立监督专班，充分利用预算联网监督系统和媒体平台，紧盯关键节点实施全过程监督。首次听取审议政府国有资产管理情况报告，推动政府算清国有资产“明白账”。关注

表6

2019年拱墅区人大常委会重要文件一览表

发文字号	发文日期	文件标题
拱人大常〔2019〕4号	2019-03-15	杭州市拱墅区人大常委会2019年工作要点
拱人大常〔2019〕7号	2019-06-20	杭州市拱墅区第七届人民代表大会常务委员会公告
拱人大常〔2019〕9号	2019-08-19	关于批准2018年拱墅区决算的决议
拱人大常〔2019〕10号	2019-10-21	关于批准拱墅区2019年地方政府债务限额的决议
拱人大常〔2019〕11号	2019-10-21	关于批准《拱墅区生态文明建设示范区规划（2019-2025年）》的决议
拱人大常〔2019〕12号	2019-10-21	杭州市拱墅区人民代表大会代表履职量化激励实施办法（试行）
拱人大常〔2019〕14号	2019-12-13	关于召开拱墅区第七届人民代表大会第四次会议的决定

防范化解互联网金融风险工作，提出要以有效的管理机制确保金融风险安全可控。

【经济高质量发展监督】2019年，区人大常委会密切关注高质量发展指标变化和国家减税降费政策落实，听取审议计划执行情况报告，推动科技扶持政策落地，助力经济转型升级提质。组织开展优化营商环境促进民营经济高质量发展专项监督，收集交办6大类49条意见建议，并就“最多跑一次”改革、减负降费政策、破解融资难题等方面提出要求，推动区政府制定出台支持民营经济高质量发展20条实施意见。7月23日，对拱墅区产业平台建设进展情况进行视察，实地查看智慧网谷数字经济小镇、汽车互联网小镇，听取和审议区政府关于产业平台建设进展情况的报告，强调要紧扣建设目标、加快推进速度，瞄准产业定位、加大招商力度，完善政策机制、优化服务深度。

【“美丽拱墅”建设监督】2019年，区人大常委会批准区生态文明建设示范区规划，听取审议环境状况和环境目标完成情况，提出加快基础设施建设，解决污染防治突出问题等建议。围绕“美丽拱墅”建设专项行动,持续开展人大代表“随手拍”活动，推动130余个城市管理问题得到有效解决。

【民生事业发展监督】2019年，区人大常委会围绕健康拱墅建设，听取审议医疗卫生服务五年行动计划推进情况报告，就医疗资源配置不足、服务能力有待提升、技术人才紧缺等问题提出对策建议，助推医疗卫生事业快速健康发展。围绕安全发展，听取审议关于安全发展示范区创建工作报告，针对夯实安全生产基础、聚焦重点领域整治、完善综合监管机制等方面提出整改要求。7月16日，对拱墅区安置房建设工作情况进行视察，实地查看拱宸桥单元FG08-R21-37、38地块拆迁安置房和花园岗村农转居公寓两个项目，听取和审议区政府关于安置房建设情况的报告，强调要进一步加快安置房及配套设施建设进度，提高安置房建设品质管理，完善安置房建设管理机制。8月30日，对拱墅区食品安全监管工作进行视察，实地查看大浒东苑农贸市场和杭州市星澜小学学生食堂，听取和审议区政府关于食品安全监管工作的报告，强调要加强宣传教育，要加大监管力度，要加强队伍建设，要加快监管体系建设，11月21日，对北部教育提振新三年行动计划完成情况进行视察，实地察看杭州市桃源中学、铁路北站单元GS1104-19地块小学工程项目，听取和审议区政府关于北部教育提振新三年行动计划完成情况的报告，强调要加快北部地区教育设施建设，全面加强教师队伍建设，持续推进学校品牌建设。

【司法工作监督】2019年，区人大常委会关注法治环境，推动行政、审判、检察机关严格执法、公正司法。检查《杭州市生活垃圾管理条例》执行情况，通过实地调研、现场检查、明察暗访等方式，重点对生活垃圾源头减量、分类投放、收集运输等情况开展检查，运用人大代表监督垃圾分类App平台，组织省、市、区三级代表开展专项监督。配合省、市人大开展大气污染防治“一法一条例”、浙江省学前教育条例、杭州市旅游文化条例等法律法规的执法检查，保障法律法规在全区得到贯彻执行。为推进全区扫黑除恶专项斗争，组织开展“百名人大代表走访座谈”“百名政法干警问卷调查”活动，听取审议公检法司等机关专项工作报告，提出要严格执法标准，标本兼治打赢扫黑除恶攻坚战。关注区法院家事审判方式和工作机制改革试点，推进家庭和谐与社会稳定。听取审议区检察院公益诉讼情况报告，促进公益诉讼制度的社会知晓度和参与率，强化对自然环境、公共利益等领域的司法保护。开展检察官履职评议工作，对3名检察官履职情况进行满意度测评。为推进法治政府建设，对行政机关负责人出庭应诉情况开展跟踪监督。审查报送备案的规范性文件12件，做到有件必备、有备必审、有错必纠。认真受理、转办群众来信来访46件次。

人大代表工作

【概况】2019年，拱墅区人大常委会深化常委会领导联系代表制度，进一步密切常委会与代表的联系。启动新一轮代表定向视察，组织人大代表列席常委会会议、执法检查、视察调研等活动290余人次。出台代表活动经费管理使用办法，为代表履职创造更好条件。制定代表履职量化激励实施办法，激发代表履职热情。创新推出“833为民行动”[1]，基本实现社情民意收集全方位、全天候、全覆盖，民情问题月月有反馈。

【“一府两院”工作报告会首次引入代表问政环节】2019年8月29日，拱墅区人大常委会举行区政府、区法院、区检察院和区人大常委会工作报告会。此次会议首次引入“代表问政”环节，区政府主要领导和区民政局、区教育局、区卫健局负责人与4位区人大代表，围绕大城北开发建设、居家养老、教育发展、医疗卫生等方面工作进行互动交流。

【“最美代表联络站”】2019年，拱墅区人大常委会按照“一街一品”要求，因地制宜新建、迁建、扩建一批代表联络站。10个代表联络站被认定为区级“最美代表联络站”，米市巷街道第一代表联络站和康桥街道第三代表联络站被认定为市级“最美代表联络站”。包括14名区领导干部在内的各级人大代表262人次进代表联络站，接待选民群众412人次，收集、转办有关老旧小区改造、生活垃圾分类等建议意见447条，解决405条。

【人大代表议案建议办理】2019年，拱墅区人大常委会深化代表建议交办“两上两下”模式，把代表意向作为确定交办的重要依据，实现精准交办。通过重点督办、走访督查承办大户、通报办理进度、网上实时跟踪等举措，努力提高办理实效。拱康路金昌路设置渣土专用车道、老旧小区环境提升等一批事关城市环境、民生改善的建议得到落实。

人事任免

【概况】2019年，坚持党管干部与人大依法任免有机统一，依法任免国家机关工作人员95人次。根据拱墅区机构改革方案，及时作出区人大常委会法制内务司法工作委员会更名为监察和法制司法工作委员会的决定，第一时间任命区政府组成部门主要负责人，为全区深化机构改革提供有力法制保障。落实拟任干部法律知识考试、任前资格审查、颁发任命书等制度，组织常委会任命的30名国家工作人员进行就职宪法宣誓。认真做好区人大代表出缺补选工作。

【人大任命人员名单】2019

[1] “八进”：开展人大代表进社区、进园区、进经合社、进城管执法中队、进派出所、进医院、进企业、进学校活动。“三路径”：通过“八进”，代表联络站（含网上）和联络点，来信来访收集群众意见建议。“三个一”：“一月一活动”，每月第二周的周三为代表活动日。“一月一处理”，人大、街道、工委将每月收集意见建议提交街道党工委、办事处研究处理。“一月一反馈”：每月代表活动时，对上月意见建议处理情况进行反馈。

年1月9日，拱墅区七届人大常委会第十八次会议决定任命欧阳建国、惠海涛为杭州市拱墅区人民政府副区长。

2019年1月18日，拱墅区七届人大常委会第十九次会议决定任命：楼巍为杭州市拱墅区人民政府办公室主任，吴永军为杭州市拱墅区发展改革和经济信息化局（杭州市拱墅区对口支援和区域合作局）局长，王一军为杭州市拱墅区科学技术局局长，葛彤为杭州市拱墅区司法局（杭州市拱墅区行政复议局）局长，周利光为杭州市拱墅区财政局（杭州市拱墅区人民政府国有资产监督管理办公室）局长（主任），陈劲松为杭州市拱墅区住房和城市建设局[杭州市拱墅区人民防空办公室（杭州市拱墅区民防局）]局长（主任），俞志栋为杭州市拱墅区商务局局长，张路红为杭州市拱墅区文化和广电旅游体育局局长，刘新功为杭州市拱墅区卫生健康局局长，贝建军为杭州市拱墅区退役军人事务局局长，方海林为杭州市拱墅区应急管理局局长，朱幼群为杭州市拱墅区市场监督管理局（杭州市拱墅区知识产权局）局长，胡智灵为杭州市拱墅区人民政府金融工作办公室主任，管建弟为杭州市拱墅区城市管理局（杭州市拱墅区综合行政执法局）局长，王全兴为杭州市拱墅区数据资源管理局局长，虞翀为杭州市拱墅区投资促进局（杭州市拱墅区人民政府外事办公室）局长（主任）。任命范文涛为杭州市拱墅区人大常委会财政经济工作委员会主任，黄朝武为杭州市拱墅区人大常委会监察和法制司法工作委员会主任，黄仁为杭州市拱墅区人大常委会祥符街道工作委员会主任，朱永红为杭州市拱墅区人大常委会大关街道工作委员会主任。

2019年3月15日，拱墅区七届人大常委会第二十次会议决定任命熊雄为杭州市拱墅区监察委员会副主任。任命诸晓菁等260人为杭州市拱墅区人民法院人民陪审员。

2019年6月20日，拱墅区七届人大常委会第二十二次会议任命：周健为杭州市拱墅区人大常委会财政经济工作委员会副主任，徐俊为杭州市拱墅区人大常委会办公室信访办主任，王进为杭州市拱墅区人大常委会人事代表工作委员会副主任。黄美芳为杭州市拱墅区监察委员会委员。

2019年10月21日，拱墅区七届人大常委会第二十四次会议决定任命：徐旭勇为杭州市拱墅区教育局局长。任命方在元为杭州市拱墅区人大常委会上塘街道工作委员会副主任，叶继云为杭州市拱墅区人大常委会康桥街道工作委员会副主任。

2019年12月13日，拱墅区七届人大常委会第二十五次会议决定任命：张孟春为杭州市拱墅区人民检察院副检察长。任命姜新农为杭州市拱墅区人民法院审判委员会委员、民事审判二庭庭长，陆玮、徐建勇、周小林、沈晟、金炼为杭州市拱墅区人民法院审判委员会委员，章幼戎为杭州市拱墅区人民法院审判委员会委员、审判员，陈颖浚为杭州市拱墅区人民法院半山人民法庭庭长，林宙为杭州市拱墅区人民法院民事审判三庭庭长，周建利为杭州市拱墅区人民法院民事审判一庭副庭长，方素平为杭州市拱墅区人民法院民事审判三庭副庭长，崔姗为杭州市拱墅区人民法院民事审判三庭副庭长，郭丁观为杭州市拱墅区人民法院行政审判庭副庭长，陈威为杭州市拱墅区人民法院审判员。苏佳佳、常丹丹、梁基栋为杭州市拱墅区人民检察院检察员。

（高晓岳）

杭州市拱墅区人民政府

综　述
机关政务信息
政务信息公开
政务督查
建议和提案办理
数据资源管理
应急管理
消防安全
机关后勤工作

综　述

【区政府机构改革概况】 2019年1月，省委省政府批准《杭州市拱墅区机构改革方案》。机构改革后，拱墅区设置政府机构23个，其中办公室和工作部门22个；市级部门派出机构2个，其中市规划和自然资源局拱墅分局计入机构限额、市生态环境局拱墅分局不计机构限额。区政府工作部门在机构设置和职能配置上，与中央、省市基本对应。同时，适应拱墅经济社会发展需要，在机构限额内因地制宜设置部分机构，优化调整一些领域的机构职能。

将区文化广电新闻出版局的文化和广播电视管理职责，区商务局（区旅游局）的旅游管理职责，以及区体育局的职责整合，组建区文化和广电旅游体育局。不再保留区文化广电新闻出版局（区体育局）。将区卫生和计划生育局的职责，区深化医药卫生体制改革领导小组办公室的职责，区民政局承担的区老龄工作委员会办公室的职责，以及区安全生产监督管理局的职业安全健康监督管理等职责整合，组建区卫生健康局。保留区老龄工作委员会，日常工作由区卫生健康局承担。不再保留区卫生和计划生育局、区深化医药卫生体制改革领导小组办公室。将区民政局的退役军人优抚安置职责，区人力资源和社会保障局的军官转业安置职责等整合，组建区退役军人事务局。将区安全生产监督管理局的职责，区政府办公室（区政府突发公共事件应急管理办公室）的应急管理职责，市公安局拱墅区分局的消防管理职责，区民政局的救灾减灾职责，市国土资源局拱墅分局的地质灾害防治相关职责，区农业局（区林业水利局）的水旱灾害防治、森林防火相关职责，以及区城区防台防汛抗旱指挥部、区森林防火指挥部、区防震减灾工作领导小组、区减灾委员会等相关职责整合，组建区应急管理局。不再保留区安全生产监督管理局。将区司法局、区政府法制办公室的职责整合，重新组建区司法局，加挂区行政复议局牌子。不再保留区政府法制办公室。将区发展改革和经济局的重大项目稽查职责，区财政局的预算执行情况和其他财政收支情况的监督检查、区属国有企业领导干部经济责任审计和区属国有企业监事会等职责划入区审计局。将区发展改革和经济局（区物价局）的价格监督检查与反垄断相关职责，区科学技术局（区知识产权办公室）的知识产权保护协调职责，区农业局（区委区政府农业和农村工作办公室）的农产品质量安全、动物卫生监督管理相关职责，区商务局的打击侵犯知识产权和假冒伪劣商品职责划入区市场监督管理局，加挂区知识产权局牌子，不再保留区物价局、区工商行政管理局、区食品药品监督管理局、区质量技术监督局、区食品安全委员会办公室牌子。不再保留区科学技术局挂的区知识产权办公室牌子。将区人力资源和社会保障局的引进国外智力和外国专家管理职责划入区科学技术局。

将区发展改革和经济局的职责，区农业局（区委区政府农业和农村工作办公室）的农业管理职责，区招商局（区政府国内经济合作办公室）的区域合作、对口支援、对口帮扶等职责，区政府办公室（区机关事务管理局）的公共机构节能监督管理职责整合，组建区发展改革和经济信息化局，加挂区对口支援和区域合作局牌子。不再保留区发展改革和经济局、区农业局（区委区政府农业和农村工作办公室）。不再保留区政府国内经济合作办公室牌子，不再保留区机关事务管理局牌子。将区人民防空办公室（区民防局）的职责划入区住房和城市建设局，对外保留区人民防空办公室（区民防局）牌子。将区招商局的对外投资、对外贸易、服务贸易、跨境电商等相关职责，区发展改革和经济局、区民政局的重要商品和应急储备物资管理相关职责划入区商务局。将在区发展改革和经济局挂牌的区政府金融工作办公室改为单独设置。将区政府办公室的公共数据和电子政务及政府门户网站建设管理职责，区发展改革和经济局的电子政务发展、政务和社会公共服务信息资源开发利用职责等整合，组建区数据资源管理局。将区农业局（区林业水利局）的水利管理职责，区综合行政执法局的职责划入区城市管理局，对外保留区综合行政执法局牌子。将区招商局更名为区投资促进局，加挂区政府外事办公室牌子。区财政局加挂区国有资产监督管理办公室牌子。

将市环境保护局拱墅环境保护分局的职责，区发展改革和经济局的应对气候变化和减排职责，市国土资源局拱墅分局的监督防止地下水污染职责，以及区农业局（区林业水利局）的编制水功能区划、排污口设置管理、流域水环境保护职责和监督指导农业面源污染治理职责划入生态环境分局。不再保留市环境保护局拱墅环境保护分局。将市国土资源局拱墅分局的职责，市规划局（市测绘与地理信息局）拱墅分局的职责，区发展改革和经济局的组织编制并实施主体功能区规划职责，区农业局（区林业水利局）的林业管理职责、水资源调查和确权登记管理职责，以及市环境保护局拱墅环境保护分局、市国土资源局拱墅分局等相关部门的自然保护区、风景名胜区、地质公园、自然遗产等管理职责划入规划和自然资源分局。不再保留市国土资源局拱墅分局、市规划局（市测绘与地理信息局）拱墅分局。市医疗保障局统一承担拱墅区医疗保障职责。将区人力资源和社会保障局的城镇职工和城乡居民基本医疗保险、生育保险、医疗救助职责，区卫生和计划生育局的药械集中采购和监督管理职责，以及区发展和改革经济局（区物价局）的药品和医疗服务价格管理职责，上收并统一由市医疗保障局承担。

（编辑部）

【区政府全体会议】2019年区政府第一次全体（扩大）会议于2月19日召开。区政府各部门、各街道行政主要负责人，市直各延伸单位主要负责人50余人参加会议。区监委、区委组织部、区委宣传部、区委改革办、区委政法委、区委编办、区委直属直机关工委、区工商联等有关负责人应邀参加会议。区长章燕围绕“把握机遇 大抓落实 以一流的执行力强势推进六大专项行动”作重要讲话，要求全区上下以一流的执行力，厚植优势，呵护信心与决心，把握先机，在激烈竞争中先人一步、快人一拍，聚力蓄势，在比学赶超中紧盯重点、大抓落实。要围绕“干什么”和“怎么干”，做好“六盯、六讲、六比”的文章，以一流的执行力创造一流的业绩，为引领大城北崛起作出2019年的担当和奉献。会上，区政府分管领导分别与代表单位签订安全生产、党风廉政建设“一岗双责”责任书，区发改经信局、区投资促进局、区科技局、区科技工业区管委会、湖墅街道分别表态发言。

2019年区政府第二次全体（扩大）会议于8月12日召开。区政府各部门、各街道行政主要负责人，市直各延伸单位主要负责人50余人参加会议。区政协、区人武部、区监委、区委组织部、区委宣传部、区委改革办、区委政法委、区委编办、区委直属直机关工委、区工商联等有关负责人应邀参加会议。区长章燕围绕“狠抓执行落实加快破难攻坚 高质量完成全年目标任务”作重要讲话，要求全区上下深入学习贯彻中央、省、市和区委七届七次全会精神，总结上半年主要工作，部署下半年重点任务，要切实增强执行落实的政治自觉、思想自觉、行动自觉，以“工作不落实决不放松、问题不解决决不放手”的拼劲和韧劲抓落实，高质量地完成全年经济社会发展各项任务。会上观看了半年度工作视频短片、通报年度各项重点任务完成情况，区发改经信局、区科技局、区民政局、区投促局、区卫健局、区市场监管局、城中村指挥部分别表态发言。

【区政府常务会议】2019年七届区政府第二十三次常务会议于2月28日召开。会议研究全区第六、七批“运河英才”计划人才评审情况、进一步完善拱墅区投资促进工作体制的实施意见、拱墅区推进安置房小区生活服务配套建设三年行动计划（2019—2021年）、优化拱墅区政府投资项目立项用地规划许可办理的有关规定、智慧网谷小镇创新型产业项目出让汇报、浙江大学邵逸夫医院大运河分院项目招标事宜、2018年区政府质量奖获奖企业审定工作、杭州锦绣·育才中学附属学校办学场所搬迁事宜。

七届区政府第二十四次常务会议于3月15日召开。研究中石化小河油库征迁安置有关事宜。

七届区政府第二十五次常务会议于3月15日召开。研究产业扶持政策有关事宜，杭州零零医项目扶持意见有关事宜。

2019年七届区政府第二十六次常务会议于5月9日召开。传达学习车俊书记在大运河（浙江）文化保护传承利用规划编制工作情况汇报会上的重要讲话精神，研究2019年区经济大会会议有关内容、拱墅区2019年重点项目实施计划、区5G试点建设工作、《拱墅区科技企业贷款支持基金管理办法（试行）》、科技园区财政体制事宜、上城区人民政府与拱墅区人民政府安全监管框架协议。

2019年七届区政府第二十七次常务会议于6月27日召开。研究建筑工程项目发包政策调整事宜、拱墅区数字经济发展行动计划（2019—2022年）、浙江省食品安全区创建及迎检工作、半山街道石塘区块M2-14-3地块地价评估工作、智慧网谷小镇创新型产业项目出让事宜。

2019年七届区政府第二十八次常务会议于7月19日召开。研究“城市眼·云共治”推广拓展项目建设工作实施方案、深化“最多跑一次”改革推进政府数字化转型实施方案、区国民经济和社会发展“十四五”规划编制工作、北部软件园发展有限公司万融城项目有关工作、筹建杭州首开网谷资产经营管理有限公司事宜。

2019年七届区政府第二十九次常务会议于8月16日召开。研究与中科院计算技术研究所合作事宜、拱墅区生态文明建设示范区规划工作、危旧房改造落架大修估算调整有关工作、进一步促进民办教育健康发展的实施意见。

2019年七届区政府第三十次常务会议于8月27日召开。研究省委巡视反馈意见区政府整改落实情况、拱墅区老旧小区综合改造提升工作实施方案、关于进一步加大招商引资工作力度的若干意见、拱墅区全面推进生活垃圾分类实施方案。

2019年七届区政府第三十一次常务会议于10月11日召开。研究行政规范性文件清理结果工作、拱墅区提升重大行政决策能力专项行动方案（2019—2021年）、智慧网谷小镇创新型产业项目有关工作，传达学习《中央生态环境保护督察工作规定》，研究拱墅区省级生态环保督察问题通报和第二轮中央生态环境保护督察迎检工作、2019年拱墅区规上工业“亩均论英雄”综合评价相关工作。

2019年七届区政府第三十二次常务会议于11月14日召开。研究市对区法治政府建设考核工作暨法律知识学习、全区宗教工作、区“新制造业计划”行动方案（2019—2025）、祥符街道农居公寓项目工程变更事宜、党管武装人民防空部分目标考核工作、调整部分道路可研及概算等工作。

2019年七届区政府第三十三次常务会议于12月19日召开。研究拱墅区关于推进养老服务事业高质量发展暨打造“全域没有围墙的养老院”实施方案（2019—2022年）、全区统计法治工作暨学习贯彻习近平总书记对统计工作的讲话及批示指示精神、拱墅区行政事业单位公款竞争性存放实施细则（试行）、拱墅区2020年市重点项目申报项目、2020年民生实事项目征集初选工作、拱墅区与华君武美术馆和研究院共建框架协议。

【区政府重要专题会议】 2019年一季度经济形势分析会于4月22日召开。区长、副区长及相关单位负责人参加。会议总结一季度经济工作运行情况，分析当前经济工作形势，安排部署下阶段经济工作主要任务。

2019年半年度经济形势分析会于7月29日召开。区长、副区长及相关单位负责人参加。会议总结上半年经济工作运行情况，分析当前经济工作形势，安排部署下阶段经济工作主要任务。

“不忘初心 牢记使命”主题教育活动专题会议于9月12日召开。区长、副区长、区政府党组成员、区委第一巡回指导组成员、派驻第二纪检监察组负责人参加。会议学习研究中央和省、市、区委“不忘初心、牢记使命”主题教育工作会议精神，审议《主题教育实施方案》和《工作计划安排》，部署区政府党组“不忘初心、牢记使命”主题教育活动。

三季度经济形势分析会于11月4日召开。区长、副区长及相关单位负责人参加。会议总结三季度经济工作运行情况，分析当前经济工作形势，安排部署下阶段经济工作主要任务。

法治政府建设推进会暨府院联席会议于11月28日召开。区长、副区长、法检两院负责人参加。会议通报2019年年初至11月份全区法治政府建设、行政复议、行政诉讼、与行政公益诉讼相关的行政执法规范性等情况，分析存在的工作难点，对下一步工作提出具体要求。

【公文处理】 2019年，拱墅区以区政府、区政府办名义制发公文266件，其中

表 7

2019 年区政府重要文件目录一览表

发文字号	发文日期	文件标题
拱政发〔2019〕3 号	2019-01-17	杭州市拱墅区人民政府印发关于进一步加强非物质文化遗产保护发展工作的意见的通知
拱政发〔2019〕8 号	2019-03-06	杭州市拱墅区人民政府关于公布第六、七批拱墅区“运河英才”计划人才入选名单的通知
拱政发〔2019〕4 号	2019-03-15	杭州市拱墅区人民政府关于区长、副区长工作分工的通知
拱政发〔2019〕13 号	2019-03-28	杭州市拱墅区人民政府关于印发关于进一步完善拱墅区投资促进工作体制的实施意见的通知
拱政〔2019〕2 号	2019-05-29	杭州市拱墅区人民政府关于增补大树企业的决定
拱政〔2019〕3 号	2019-05-29	杭州市拱墅区人民政府关于增补小巨人企业的决定
拱政发〔2019〕20 号	2019-05-29	杭州市拱墅区人民政府关于公布第一批大树、小巨人“运河英才”VIP 卡（企业）人员名单的通知
拱政发〔2019〕24 号	2019-07-01	杭州市拱墅区人民政府关于印发拱墅区突发公共事件总体应急预案和各专项应急预案的通知
拱政发〔2019〕32 号	2019-08-08	杭州市拱墅区人民政府关于公布第七批拱墅区非物质文化遗产 代表性项目名录的通知
拱政〔2019〕4 号	2019-09-06	杭州市拱墅区人民政府关于授予王怡芳等 49 名同志荣誉称号的决定
拱政发〔2019〕37 号	2019-10-14	杭州市拱墅区人民政府关于进一步促进民办教育健康发展的实施意见（试行）
拱政发〔2019〕42 号	2019-11-27	杭州市拱墅区人民政府关于认定 2019 年度拱墅区快速成长科技型企业（旭日企业计划 2.0）的通知
拱政发〔2019〕44 号	2019-12-14	杭州市拱墅区人民政府关于认定 2018 年度专利试点企业和企业发明专利产业化奖励项目的通知

拱政 6 件、拱政发 46 件、拱政函 86 件、拱政干 22 件、拱政办 18 件、拱政办发 15 件、拱政办函 24 件、拱政办通报 4 件、拱政党组 3 件、拱府纪要 31 件、区政府常务会议纪要 11 件。收到批办件公文 2883 件，阅知性公文 3050 件。

【年度 10 件民生实事项目全面完成】2019 年，拱墅区年度 10 件民生实事项目全面完成。交付 4 个安置房项目，共 4198 套 56.6 万平方米，完成 1333 户回迁安置。完成 2 个新布点安置房小区生活服务配套（美好生活加油站）项目并正常营业，完成 3 个提升改造安置房小区生活服务配套（美好生活加油站）的业态提升、招商和开业。全区新增 1216 台电梯参加电梯养老综合保险，安装电梯智慧监管装置 101 台。完成 800 个高清视频监控点位安装并上线运行。交付投用 5 所学校、幼儿园。建成 1 家街道级、9 家社区级“阳光老人家”站点。完成 7 个项目建设，新增1041个停车泊位。开工邵逸夫医院大运河分院、上塘街道社区卫生服务中心、庆隆社区卫生服务中心；完成4家基层医疗服务机构标准化建设。竣工拱墅区文化规划馆、民俗迹忆馆、运河文化艺术中心、运河时尚发布中心“两馆两中心”；建成6家运河书房；新建6处健身苑点，完成17处健身苑点更新。创建“阳光小蔬菜门店”31家、省级“放心农贸市场”5家。

（顾煜俊）

机关政务信息

【概况】2019年，拱墅区信息工作围绕省、市、区中心战略部署，加大报送力度，完成约稿，推进直报。全年，市录用拱墅区信息共64条，其中要情30条、专报33条、参阅1条；完成约稿100余条；获得市领导批示19次。省刊物录用6条，其中要情3条、专报2条、参阅1条，获得省领导批示4次。信息总得分超2000分，超额完成全年800分的任务，全市排名第四，排名创历史新高。

【多条上报信息获领导批示】2019年，拱墅区围绕辖区重点工作以及创新工作，挖掘特色信息，提炼典型信息。年初，报送要情信息《拱墅区提前谋划2019年蓝领公寓筹建工作》，获省委常委、市委书记周江勇批示肯定。4月，专报《拱墅区多措并举打造高品质蓝领公寓》获得缪承潮副市长批示肯定。围绕住宅电梯加装工作，报送《拱墅区关于多层老旧住宅加装电梯后续长效管理模式的主要做法、存在问题和相关建议》，获得王文序副省长、缪承潮副市长等领导批示肯定。6月12日，李克强总理视察和睦新村老旧小区改造和阳光老人家改造工作。总理考察结束后，先后报送《拱墅区以共建共享共治放大民生选项走出老旧小区综合改造新路径》《拱墅区创新“阳光老人家”老旧小区居家养老模式全域打造“没有围墙的养老院”》《拱墅区放大老旧小区提升改造民生选项打造没有围墙的养老院》《拱墅区迅速组织学习贯彻落实总理考察精神回访调研显示群众倍受鼓舞》《拱墅区和睦街道因地制宜打造老旧小区改造样板》等材料，多次获得省、市领导批示肯定。2019年，还先后完成杭钢集团半年度发展情况、农民工返乡苗头性倾向性情况、职业技能培训工作的难点及相关建议、积极应对中美经贸摩擦情况、基层群众热议2019政府工作报告、清理电价附加收费情况、深化增值税改革情况、城市地下管网建设情况等系列约稿百余篇。

【区本级信息质量提升工作】2019年，区委办、区府办将《拱墅信息·今日要情》与《拱墅政务·每日动态》整合为《拱墅信息（本周要情）》，由两办信息科轮流编发。两办围绕区委区政府中心工作以及区领导关注的热点难点问题，加大情况专报报送力度，提升专报信息质量。其中《祥符街道率先试点餐饮油烟在线监测系统力破油烟污染难题》一文，一方面与祥符街道保持联系，详细询问试点情况，掌握第一手真实数据，另一方面与区市场监管局、区城管局等业务部门沟通了解餐饮油烟在线监测方面的专业知识，力求专报尽善尽美，最终获得区长批示肯定。围绕老旧小区既有住宅加装电梯工作，与区住建局、区市场监管局等业务部门对接全区面上情况，获取大关街道完成全区老旧小区首个既有住宅加装电梯连幢连片试点工作的信息点，与街道合作完成《大关街道率先完成全区老旧小区首个既有住宅加装电梯连幢连片试点工作》。

（顾煜俊）

政务信息公开

【概况】2019年，拱墅区按照《中华人民共和国政府信息公开条例》以及《国务院办公厅关于印发2019年政务公开工作要点的通知》《浙江省人民政府办公厅关于印发2019年浙江省政务公开工作要点的通知》《杭州市人民政府办公厅关于印发2019年杭州市政务公开工作要点的通知》要求，着力提升政务公开质量，深化重点领域信息公开，深入推进决策、执行、管理、服务、结果公开，加强政策解读，扩大公众参与，提升公开实效，充分发挥公开促落实、促规范、促服务的作用，进一步提升政府的执行力和公信力。

【政务信息主动公开】2019年，拱墅区通过不同渠道和方式主动公开各类政府信息14746条，其中，政府网站发布信息10056条，政务微博发布信息1100条，政务微信发布信息3590条。发布政策解读类稿件8篇，区主要领导和相关部门主要负责人参与政策解读。全区共发布回应关切316次，其中新闻发布会10场、意见征求20次、民意反馈68条、人大建议101件、政协提案117件。做好9个重点领域信息公开，包括征地补偿、拆迁安置、保障性住房、救灾、市政服务、公共资源交易、义务教育、重大建设项目批准和实施、公共资源配置，共公开信息4043条。

【政务信息依申请公开】2019年，拱墅区共受理依申请公开228件，其中当年新收223件，上年结转5件，结转至下年办理6件。从办理结果看，予以公开74件，部分公开31件，不予公开23件，无法提供70件，不予处理2件，其他处理22件。从申请人情况看，自然人申请206件，法人或其他组织申请22件。区政府办理依申请公开74件，市政府转办29件，均在规定期限内答复。

表8

2019年十件民生实事完成情况表

序号	项目名称	年度目标	工作进展	牵头领导	责任单位	完成情况
1	回迁安置项目	交付安置房4198套56万平方米	交付拱宸37、38地块、花园岗农转居公寓、谢村安置地块等4个安置房项目，共4198套56.6万平方米	王宏	区城改办、区城建发展中心、城中村指挥部、区运河指挥部、上塘街道、祥符街道	已完成
		回迁安置600户	回迁安置1333户，完成率222.17%			
2	安置房小区生活服务配套项目	新布点2个安置房小区生活服务配套	康和嘉苑、蔡马人家2个新布点项目已正常营业	惠海涛	区商务局、拱宸桥指挥部、上塘街道、祥符街道、康桥街道	已完成
		提升改造3个安置房小区生活服务配套	善贤人家、隽逸花苑、锦文雅苑3个提升改造项目已开业			

续表 8

序号	项目名称	年度目标	工作进展	牵头领导	责任单位	完成情况
3	电梯“养老”综合保险项目	新增在用电梯的15%参加电梯“养老”综合保险	新增1216台电梯参加电梯养老综合保险，完成率121.6%	余荣升	区市场监管局、各街道、区科技工业区管委会	已完成
		安装电梯智慧监管装置100台	安装电梯智慧监管装置101台			
4	“雪亮工程”项目	安装高清视频监控点位800个	800个高清视频监控点位安装并上线运行	张德平	区公安分局、各街道	已完成
5	学校幼儿园建设项目	竣工5所学校、幼儿园	交付投用大关单元GS0501-06地块36班九年一贯制学校（长乐九年制学校）、申花单元GS0404-02地块78班九年一贯制学校（华师大附校）、卖鱼桥小学教育集团星澜小学6班改扩建工程、铁路北站单元FG20-R22-17地块12班幼儿园（天马地块）、祥符单元GS0906-R22-11地块21班幼儿园等5所学校、幼儿园	王书评	区教育局、区科技工业区管委会、区城建发展中心、城中村指挥部	已完成
6	“阳光老人家”老旧小区养老服务项目	建成1家街道级、9家社区级“阳光老人家”站点	建成上塘街道1家街道级“阳光老人家”站点。建成祥符街道蓝孔雀社区、申慧社区，半山街道田园社区，康桥街道康乐社区、平安桥社区，米市巷街道米市社区，小河街道余杭塘路社区、长征桥社区，大关街道西二社区等9家社区级“阳光老人家”站点	方友青	区民政局、上塘街道、祥符街道、半山街道、康桥街道、米市巷街道、小河街道、大关街道	已完成
7	公共停车场库建设项目	完工7个社会公共停车场（库）、新增1000个以上公共停车泊位	完成蓝天环保小学、蓝天环保中学、桃源中学、华师大九年制学校、大关单元36班九年制学校、拱宸桥单元FG08-B1/B2-05地块西侧绿化带、佑昌照明地块地下公共停车场（库）等7个项目建设，新增1041个停车泊位	王 宏	区住建局、区教育局、区城建发展中心、城中村指挥部、拱宸桥指挥部、上塘街道	已完成

续表 8

序号	项目名称	年度目标	工作进展	牵头领导	责任单位	完成情况
8	医疗资源提升项目	开工邵逸夫医院大运河分院	开工建设邵逸夫医院大运河分院	王书评	区卫健局、区城建发展中心、城中村指挥部、拱宸桥指挥部	已完成
		开工 2 家社区卫生服务中心	开工建设庆隆社区卫生服务中心和上塘社区卫生服务中心			
		完成 4 家基层医疗服务机构标准化建设	完成祥符中心（区中西医结合医院）、康桥中心、小河湖墅中心和妇幼计生中心标准化建设			
9	运河文化阵地建设项目	竣工“两馆两中心”（运河文化规划馆、民俗生活博物馆、运河文化艺术中心、运河时尚发布中心）	拱墅区文化规划馆、民俗迹忆馆、运河文化艺术中心、运河时尚发布中心均已竣工	王书评	区文广旅体局、区城建发展中心、城中村指挥部、上塘街道、祥符街道、半山街道、康桥街道、湖墅街道、小河街道、拱宸桥街道、大关街道	已完成
		新建 6 家运河书房	完成运河书房 6 家服务点建设（“丝联 166”捣鼓车间、解文教育、梦画工坊、长征桥社区、云锦社区、七古登社区）			
		新建 6 处、更新 17 处健身苑点	新建 6 处（申慧社区、总管堂社区、新文社区、云锦社区、平安桥社区、康乐社区），更新 17 处（假山路社区、庆隆社区、映月社区、阮家桥社区、北星社区、杭钢西苑社区、吴家墩社区、珠儿潭社区、塘河社区、东二社区、永庆路社区、文澜社区、霞湾巷社区、温州路社区、台州路社区、登云路社区、衢州路社区）健身苑点			

续表 8

序号	项目名称	年度目标	工作进展	牵头领导	责任单位	完成情况
10	“放心菜篮子”项目	创建 30 家“阳光小蔬菜门店”	创建“阳光小蔬菜门店”31 家（明康汇食品有限公司祥符街道店、荷塘月色店、宝嘉誉峰店、灯彩东街店、萍水街店、东方福邸店、风景街店、左岸花园店、半山东路店、山水里店、香悦郡店、大浒东苑店，爱默隆电子商务杭州水月街店，优机菜圃蔬果店，阿超果蔬店，陈达相猪肉店，倪王食品店，谭丽军果蔬店，翡翠水果店，九睿食品商行，益林文化创意有限公司，祺江水果店，轻风果蔬店，三好鲜生便利店，新儒果蔬店，荣敏果蔬店，绪前果蔬店，国丽蔬果商行，李璨蔬果店，琥珀蔬果商行，永辉云创科技湖墅南路分公司）	余荣升	区市场监管局、区商务局、各街道	已完成
		创建 5 家省级“放心农贸市场”	大关东苑、大浒东苑、田园、德胜、杨家门 5 家农贸市场成功创建省级“放心农贸市场”			

（顾煜俊）

政务督查

【概况】2019年，区政府办公室围绕中心不断创新工作方法，完成政务督查各项工作任务，推动区政府各项工作开展。全年办理省、市、区领导批示267件，编辑《批示反馈》35期，实现领导批示100%交办和办理。

【重点工作督查】2019年，拱墅区政府办公室分解细化《政府工作报告》重点工作，印发《2019年政府工作报告及民生实事项目主要目标任务分解表》，每月对《政府工作报告》提到的重点工作任务完成情况开展督查，确保年度任务按期完成。2019年，共开展针对《政府工作报告》、六大专项行动等重点工作督查60次，编辑完成60期《政务督查》。

【民生实事项目推进】2019年，拱墅区政府办公室按照区政府民生实事人大代表票决制工作要求，广泛征集社会各界意见建议，按程序票决产生10件民生实事项目，并按照每月督查通报的方式，实时跟进民生实事项目推进情况。至年底，年度10件民生实事项目圆满完成。

建议和提案办理

【概况】2019年，区政府根据《进一步提高建议提案办理质量的若干意见》文件精神，重点围绕办前对接、办中推进和办后问效3个关键环节，强化办理责任落实，严格规范程序，积极完成办理任务，面商率、上门答复率和代表满意率均为100%。

【区七届人大三次会议建议办理】2019年1月16—18日，区七届人大三次会议期间，区人大常委会交给区政府系统办理的代表建议共101件，涉及27个承办单位，反映的问题主要有城建环境类，解决河道整治、道路建设、绿化提升和小区改造等，共57件，占56.4%；社会保障类，解决居家养老、社会服务等，共21件，占20.8%；社会事业类，解决小孩入学、老人看病等，共17件，占16.8%；经济发展类，调整扶持政策、发展楼宇经济等，共5件，占5%；综合类，加强政府建设等，共1件，占0.9%。建议问题当年得到解决或基本解决的共70件，占69.3%；正在解决的和列入计划逐步解决的共16件，占15.8%；因条件限制或其他原因需待以后解决的共5件，占5%；留作参考的共10件，占9.9%。闭会期间共收到建议9件，已全部按时答复，满意率100%，解决率44%。

【区政协五届三次会议提案办理】2019年，区政府系统办理的区政协提案共119件，其中:66件提案已解决，占55.5%；31件部分解决，占26.1%；15件列入计划解决，占12.6%；7件留作参考，占5.9%。另外，闭会期间共收到提案2件，接件后全部按时进行交办完成。

【建议提案办理推进会】2019年4月18日，拱墅区召开全区建议提案交办会，区四套班子分管领导出席。会议总结全区2018年建议提案工作，对办理成效先进单位进行表彰，交办和部署2019年建议提案工作，区委宣传部、区文广旅体局、规划资源拱墅分局表态发言。会议要求，要强化领导，落实责任；要科学部署，提高效率；要规范程序，注重（实体）质量；各承办单位要求真务实，扎实工作，把建议、提案办理工作提高到一个新水平，努力让广大代表和委员更加满意。

（顾煜俊）

数据资源管理

【概况】2019 年 1 月 20 日，杭州市拱墅区数据资源管理局正式成立。主要职责是统筹全区数据资源管理工作；落实支撑“最多跑一次”改革相关的信息系统建设任务，推进“互联网 + 政务”深度融合、政府数字化转型；协调推进全区经济社会各领域的数据开发利用工作，促进全区大数据产业发展等。局下属一个正科级事业单位，即杭州市拱墅区数据资源管理服务中心。4 月起，正式牵头全区“三化融合”工作，统筹推进全区 12 个大项、252 个小项工作。8 月，正式启动区数据中枢平台(“城市大脑”拱墅平台）项目建设,主动对接杭州“城市大脑”，统筹谋划并接入“城市眼 · 云共治”、住安保等智慧场景应用。12 月，举办全区数据资源管理工作专题培训会，围绕杭州城市大脑数字驾驶舱建设、政府数字化转型的浙江实践以及政务数据安全等内容，以培促建，提高各单位的数字化转型和数据安全意识以及全区数字治理、数字服务水平。

【城市大脑建设】大力推广和拓展“城市眼·云共治”模式。区级系统完成全区 10 个街道 1563 个视频监控接入，实现对出店经营、游商经营、非机动车违停、废弃垃圾堆积等 11 类行为事件场景的有效识别，6 月正式试运行，至年底共发现告警事件近 40 万件，月平均处置率为 97%。同时大力推进“城市眼 · 云共治”覆盖从围墙外向围墙内延伸、功能从城市管理向社会治理拓展，指导和帮助小河街道新开发建设智慧用电、敏感场所安全监管、电梯智慧监管、保健品会销监管等围墙内延伸项目，跟踪推动智慧护校安园、学校阳光厨房等 5 个社会治理项目建设进度。至 12 月底，各项目基本完成。其中住建局既有房屋安全监测系统（住安宝）作为城市大脑新场景已接入城市大脑。协调落实舒心就医“最多付一次”、便捷泊车“先离场后付费”、30 秒酒店入住等应用场景在辖区落地。至 12 月底，30 秒酒店入住使用率达到 37.22%，舒心就医“最多付一次”使用率达到 25.86%，以上两项任务均超额完成考核指标；“先离场后付费”数清泊位数完成 89.56%。12 月，开发建设区级数字驾驶舱，完成五位一体各领域（经济、政治、文化、社会、生态文明）首页、二级页面、四大模块重点工作（六大专项行动、三化融合、民生实事、高质量发展）页面的开发和上线，分别整理五位一体和重点工作指标 237 项和 591 项。2019 年 11 月拱墅区数字驾驶舱入选“2019 中国数字政府 50 强创新案例”，获评“数据应用领先奖”。

【公共数据归集】11 月，完成《拱墅区政务数据资源目录》（2020 版）编制和上报，推进数据归集和实时在线；12 月，完成拱墅区数据资源管理服务平台首期建设，以“五位一体”为根目录对拱墅区各类公共数据进行汇聚、清洗、开放并作深度应用，并对接杭州“城市大脑”，平台共接入系统 11 个，向城市大脑提供数据接口 112 个，实现与省市政务数据平台、城市大脑中枢系统、区级部分特色应用的互联互通和数据共享。

【政务数据安全工作】2019 年 4 月，区数据资源局制定全区年度政务数据安全工作方案，陆续签订数据安全责任书，联合专业机构两次对全区各单位开展基础设施及数据安全巡查，邀请相关技术安全专家面向全区各单位开展政务数据安全技术培训，模拟演练出口网络设备、负载均衡与数据库等各项关键系统在紧急故障情况下的快速恢复机制。

【电子政务基础服务】2019年2月起，区数据资源局制定电脑终端、政务网络、机房、数据库、应用系统的服务规范。1—4月全区机构改革期间，完成300余次网络、终端、电话的搬迁及安装调试、协同办公系统账号调整工作。10月，开展满意度调查与回访活动，并整理电子政务档案。全年机房托管服务器新增18台，托管软件系统新增13个，应用系统托管服务涵盖全区27家单位。严格落实24x7全天候运维值班机制，电子政务运维服务热线接听来电3122次。为全区35条电子政务外网裸光纤接入单位和466条区党政网VPN接入单位提供网络保障服务，全年处理网络故障事件16件、机房管理事件573次。为全区49家单位共2867台计算机和1043台外设提供终端运维服务，全年处理终端故障4820次。为区级政务应用系统提供技术保障，全年处理软件系统问题故障1832次。同时，完成全区55套视联网会议系统技术支持和会议保障工作。

【"三化融合"】2019年，区数据资源局积极承担全区"三化融合"领导小组办公室工作职责，坚持"发展项目化、项目责任化、责任具体化"，对照全市"三化融合"工作任务和考核指标，将全区12个大项、252个小项工作内容细化分解到各牵头单位、责任单位，确保工作有人抓、有人管。全年共召开全区"三化融合"工作推进会5次，上门走访和座谈协调10多次，解决问题20多个。刊发17期半月工作情况通报，及时分析面上工作整体情况以及阶段性成效、工作亮点，并对进度滞后单位进行预警提醒。2019年，"三化融合"综合考评荣获全区第七名。

（施建伟 郭李飞）

应急管理

【概况】2019年1月19日，区应急管理局成立。拱墅区应急管理局行政编制9名。设局长1名，副局长3名；科级领导职数5名。内设机构5个：办公室（挂政策法规科牌子）、应急管理科、灾害防治科、综合协调科（挂事故调查科牌子）、综合监管科（挂行政审批科牌子）。区应急管理局所属事业2个：一是杭州市拱墅区安全生产监察大队，机构规格相当于正科级，为公益一类（执法）事业单位，参照公务员法管理事业编制20名，所需经费由区财政全额补助，单位领导职数3名，其中相当于正科级1名，相当于副科级2名。二是杭州市拱墅区应急救援保障中心，机构规格相当于正科级，为公益一类事业单位，事业编制3名，所需经费由区财政全额补助，单位领导职数1名。

【安全生产组织领导加强】2019年，年初区政府与安委会成员单位签订安全生产责任书。4月16日，拱墅区七届区委常委会第58次会议研究部署安全生产和森林防火工作。5月9日，区政府第26次常务会议研究安全生产工作。10月21日，区人大常委会召开第二十四次会议，听取《关于拱墅区安全发展示范区创建情况的报告》，审议安全发展示范城区创建工作。

【"城市眼·云共治"安全生产类模块】2019年3月，区应急管理局联合小河街道按照"一次报警平台预警，二次报警网格员上门，三次报警部门执法"的原则，设立智慧用电报警处置流程，在"城市眼·云共治"平台中增设安全生产类模块，设置"场所用电安全"应用场景，通过对使用单位因导线温度异常、设备离线等异常情况收集的数据，并将相关数据同步传输到云共治平台，对监测到的异常情况与区管理平台同步报警，推送至企业、网格员以及街道管理人员处置。通过试点推广，场所用电场景已经形成规模，并接入区级“城市眼、云共治”平台，发出剩余电流、温度异常、电流过载等报警5300多次，均得到妥善处置。

【安全发展示范城市创建】2019年，区应急管理局对拟创建第一批安全发展示范街道的5个街道及拟创建安全发展示范社区的10个社区任务清单细则进行逐条研究，梳理形成社区“十有十无”和街道28条创建细则，并多次下街道指导、研讨创建工作。分两批对示范街道、示范社区进行初审。

【安全生产隐患治理】2019年3—4月，区应急管理局以“除死角、扫盲点”为目标，开展“事故隐患排查月”活动。对10个街道、1个园区、7个重点行业领域的监管责任部门，进行任务分解，明确建设施工领域、危化领域、消防安全领域、道路交通领域、特种设备领域、城市运行领域、商贸旅游领域任务，确保合力倍增、效力提升。突出四类整治，重点针对建设施工领域、危化领域、特种设备领域、城市运行领域，全方位强化公共安全、安全生产风险管控和隐患排查治理。活动期间，共排查各类单位、场所5160家，发现隐患59条，挂牌督办企业13家，均按期完成整改。区应急管理局对隐患整治保持高压态势，在全区安全生产例会上对各类安全隐患集中曝光，并依托区门户网站、“两微”平台等媒体进行滚动曝光。全年全辖区共发现事故隐患182处，整改完成率100%。其中，市级16处，区级114处，街道级52处。

【安全监管执法强化】2019年3月22日，区应急管理局制定下发《拱墅区危险化学品安全生产大检查实施方案》并开展检查，指导全区各相关行业、部门，各街道（园区）对全区危化品生产、储存、经营、运输、使用及油气管道、城镇燃气、民爆物品等企业进行地毯式大检查，共检查企业118家，发现并督促整改隐患179处，下达责令限期整改指令书32份，停产1家，查扣危化品运输车1辆，立案查处6起，行政拘留2人。自2019年4月份开始开展小微企业综合治理，组织对以加工制造类企业为重点的小微企业安全生产和消防安全隐患开展排查整治。分9个重点、4个阶段，建立风险研判会商制度，每月底召集各牵头部门、街道、园区进行会商；以安委办的名义组织区应急管理局、消防拱墅大队、区“三改一拆办”、区市场监管局、区公安分局、区住建局、区城管局开展联合执法检查。共排查小微企业350余家，督促完成整改隐患5000余条。

【应急预案管理】2019年，拱墅区对区突发事件应急管理委员会和40个专项应急指挥机构调整完善，根据机构改革部门职能调整和人员变动，逐个落实指挥机构，相继编制完成突发公共事件总体应急预案和28个专项应急预案，于7月1日由区政府印发《拱墅区突发公共事件总体应急预案和各专项应急预案的通知》。同步针对28个专项应急预案印发应急系统通讯录，包括各个突发事件中应急指挥部成员单位负责人和科室的联系方式，并将通讯录延伸至社区。

【安全生产社会化服务推进】2019年，区应急管理局运用社会专业力量提供

2019 年 3 月 29 日，全区一季度安全生产、消防安全工作例会
（区应急管理局、区消防大队 供稿）

安全生产技术服务，有效落实企业安全生产主体责任。结合区内重点企业实际情况，突出重点企业、突出问题导向、突出效率提升，从 5 月起，扎实推进全年度安全生产技术服务外包工作。9 月中旬之前完成对 48 家汽车 4S 店、15 个厂中厂（园中园）企业、4 家专业市场、35 家危化企业、25 家规上工业企业等企业的服务外包工作，为区内企业安全生产工作提供有力技术支撑。

【死亡事故大幅下降】2019 年，全区共发生生产安全事故 2 起，死亡 2 人（其中工矿商贸领域发生事故 1 起死亡 1 人，道路运输领域发生事故 1 起，死亡 1 人）。全区事故起数、死亡人数得到有效控制（其中工矿商贸领域市对区考核控制指标 2 人，道路运输领域市对区考核控制指标 4 人）。年内，全区共发生火灾 95 起，比上年下降 5%，比 2016 年—2018 年平均数下降 45%，财产损失 43.8 万元，死亡 0 人。

【防灾减灾救灾】2019 年，区应急管理局根据浙江省 10 方面民生实事项目要求和省市关于规范化避灾安置场所建设要求和目标，高标准完成 10 个避灾安置场所规范化建设，并通过省、市验收。积极开展示范社区创建，推荐秀水社区为省级综合减灾示范社区。

【防汛防台应急管理】2019 年，拱墅区建立区级防汛防台视频会商平台，落实防汛防台应急演练，应急响应处置到位。7 月 31 日，拱墅区 2019 年防汛防台应急演练在半山街道夏意社区举行，区防汛防台指挥部及各相关成员单位近 60 人参与演练。全区共储备编织袋 10.23 万条、水泵 2175 台、冲锋舟 12 艘、发电机 122 台、挖掘机 201 台。主汛期，启动防汛应急响应Ⅳ级 3 次，防台应急响应Ⅰ级 1 次，做好防汛防台应急响应期间的值班值守和信息报送工作，特别是在防御 9 号台风“利奇马”的过程中，连续 60 小时坚守工作岗位，做好应急处置和信息统计上报工作。
（朱丽娜）

消防安全

【概况】2019 年，杭州市拱墅区消防救援大队（简称区消防救援大队）包含大队部和辖属 2 个消防救援站（大关消防救援站和康桥消防救援站），共有人员 70 人。区消防救援大队共配备行政消防车 5 辆，执勤消防车 11 辆，主要配备泡沫水罐消防车、抢险救援车、30 米云梯车、高喷车等。

【火灾防控】2019年，区消防救援大队会同公安、应急管理局、住建、教育、文广、商务、市场监管等多部门相继开展对出租房、电动车、临街店铺、高层建筑、老旧小区、教育培训机构、商场市场、医疗机构、危化品企业、小微企业等为重点的多项消防安全专项整治。联合区平安办对全区95个居住小区开展消防安全综合治理。共检查单位7248家次，发现并整改隐患6353处，责令改正2487家，处罚391家，临时查封94家，强制关停1家，责令停产停业93家，处罚金额214.6万元，处理消防类举报投诉560个，提升社会火灾防控能力。大队首创全省针对消控室人员无证上岗的第一例行政拘留案件，取得一定震慑效果。

【高层建筑消防综合治理】2019年，区消防救援大队大力推广城市远程监控系统、水压监测系统、智慧用电、智能预警、电动车充电桩等“智慧消防”设备的安装，重点整治高层建筑自动消防设施瘫痪和登高场地被占用问题，对于高层建筑消防设施瘫痪小区整治，采用“四色表格式”管理模式。联合区住建局针对维修各个环节，出台《申请物业维修基金操作指南》，一案一策开展消防设施维修工作。联合区审管办、区住建局共同公开招标组建检测、维修2个预选名录库，为小区消防设施检测、维修工作的推进速度与质量提供保障。对高层建筑消防车登高场地被绿化占用整治，探索“开发商出资、物业主责承担、政府兜底”模式，采取“试点先行，全面推广”方式，推动11个试点小区开发商出资落实整改。并着眼于验收后、交付前、使用中等全过程监管和疏堵结合，加强周边配套设施增配，缓解停车压力。全年共完成48个自动消防设施瘫痪小区维修前检测，12个小区完成维修，17个小区正在维修；完成4个高层住宅小区登高场地被绿化占用整改工作，6个小区正在施工，并稳步推进剩余小区整改工作。

【基层消防安全基础建设】2019年，全区共完成28家社区微型消防站提档升级；10家严重消防隐患单位和50家一般消防隐患单位的隐患整改；87家居住小区消防安全综合治理；建立《老旧小区整治建设标准》，完成10家老旧小区消防设施增配，提升全区居住小区消防安全水平。米市巷街道居住小区消防安全综合治理工作的经验在市政府半年度消防工作会议上作交流发言，并得到区长章燕批示肯定。省委政法委书记王昌荣在调研蔡马人家小区消防安全综合治理工作时对拱墅区的基层消防安全工作给予高度肯定。

【智慧消防管理创新】2019年，区消防救援大队提请区政府将消防设施提升项目纳入当年民生实事项目。全区安装互联式火灾初期探测器15008个，电动车集中充电点354个，电动车智能充电口3933个，消防安全重点单位应用单位自主管理系统安装351家，并进一步完善后续管理机制，确保建管有序衔接。2019全年成功处置未成灾火警164起，火灾起数同比下降29.72%。创新打造智慧消防管理闭环工作得到副市长戴建平批示肯定。在小河直街历史文化街区，对街区内商户的厨房、餐厅、房间，通过独立式可燃气体探测器、故障电弧探测装置和独立烟感三种新型的报警装置建立三维立体监控网，对街区内古建筑中的煤气、电路、烟雾进行24小时监测，所有的监控视频和监测结果全部传输至智能消防预警平台。拱墅历史建筑富义仓、运河天地、通益公纱厂旧址、国家厂丝储备杭州仓库等地推广建设智慧消防系统，该做法在市级文保建筑和历史建筑智慧消防现场会上向全市推广。

在香积寺建设智慧消防管理系统作为宗教场所智慧消防示范点，打造宗教场所智慧消防亮点工程。

（杨江）

机关后勤工作

【概况】2019年，拱墅区机关事务管理服务中心以“最多跑一次”改革为抓手，推进标准化建设，推行精细化管理，加强制度化建设，提升信息化管理水平。切实加强办公用房、工程改造、公务用车、零星修缮、食堂餐饮、会议服务等专项服务与长效管理。

【区机关事务管理中心更名】2019年6月，经区委机构编制委员会批复，区机关事务管理中心更名为区机关事务管理服务中心。调整后，机构规格相当于副处级，经费形式为财政补助，为公益一类事业单位，核定事业编制16名，单位领导职数4名（1正3副；其中正职相当于副处级，副职相当于正科级）。内设机构领导职数3名，相当于副科级。按照承担行政职能事业单位“还政予政”要求，区机关事务管理服务中心不再承担相关行政职能。

【生活垃圾分类】2019年，拱墅区政府机关成立垃圾分类工作领导小组，制定《拱墅区政府机关大院生活垃圾分类工作实施方案》《区政府机关大院垃圾分类工作检查考核细则》，健全日常管理、强化部门职责、落实监督考核，形成常态化工作机制。营造全员参与的浓厚氛围，增设垃圾分类宣传推广栏25处，设置易腐垃圾收集处理器1台、智能垃圾分类投放器1组，配备更新走廊、食堂等公共区域垃圾分类桶20只。会同区纪委、区委直属机关工委、区城管局、区融媒体中心等部门每月开展一次入室检查，通报考核排名情况，实现大院内生活垃分类覆盖率达90%以上。

【办公用房管理】按照“厉行节约、统筹配置、规范管理、提高效益”原则，加强区级部门办公用房使用管理，建立健全资产管理台账、档案管理制度，完善使用协议。组织全区办公用房清理整改“回头看”。2019年3月、11月开展2次专项检查，第二次整改“回头看”延伸至全额、差额及自收自支的事业单位，进一步巩固了办公用房整改成果。统筹谋划机构改革后涉改单位办公用房调配工作。通过挪移腾转、局部整合，保障涉改单位基本办公需求。

（顾煜俊）

中国人民政治协商会议杭州市拱墅区委员会

综述

重要会议

协商议政

民主监督

提案工作

学习联谊

综 述

【区政协组织机构概况】2019年，是中国人民政治协商会议杭州市拱墅区委员会（简称区政协）第五届届期第四年。区政协常委会组成人员34人，其中主席1人、副主席5人、秘书长1人、常委27人；设16个界别和10个街道政协联络组，区政协委员179人。6月28日，拱墅区委办公室《关于印发〈中国人民政治协商会议杭州市拱墅区委员会机关职能配置、内设机构和人员编制规定〉的通知》，明确区政协机关设办公室、提案委员会、经济科技委员会、城建和人口资源环境委员会、社会法制和港澳台侨委员会、文史和教文卫体委员会、委员工作委员会7个正处级办、委；办公室内设秘书科、综合科、行政科、信息科、调研督查科5个科室。

【政治引领强化】2019年，区政协常委会坚持以习近平新时代中国特色社会主义思想为统领，深入学习习近平总书记关于加强和改进人民政协工作的重要思想，将学习贯彻中央和省、市、以及2019年11月11日召开的区委政协工作会议精神作为人民政协工作的重中之重，强化理论武装和思想政治引领，团结带领参加区政协的各党派团体、各族各界人士和全体政协委员紧密团结在党的周围，牢固树立“四个意识”、坚定“四个自信”、坚决做到“两个维护”，确保人民政协事业始终沿着正确方向前进。深入学习中共十九届四中全会精神，坚持建言资政和凝聚共识双向发力，充分发挥人民政协作为社会主义协商民主的重要渠道和国家治理体系重要组成部分的制度优势，切实把学习成果转化为推动人民政协工作高质量发展的强大动力和助推实现大城北崛起的实际行动。

【人民政协成立70周年系列活动】2019年是中华人民共和国成立70周年，也是人民政协成立70周年。为纪念新中国和人民政协成立70周年，进一步展现人民政协专门协商机构作用，彰显中国共产党领导的多党合作和政治协商制度的巨大优势，区政协组织开展庆祝新中国和人民政协成立70周年系列活动。举办庆祝新中国和人民政协成立70周年暨迎中秋座谈会。邀请区各民主党派、工商联、人民团体负责人，无党派代表人士，各界别代表，历届政协委员代表参加，通过座谈和自编自导自演节目，祝福祖国和拱墅的美好明天，增强在新的历史起点上把人民政协事业不断推向前进的荣誉感和使命感；组织开展庆祝中华人民共和国和人民政协成立70周年书画摄影展。书画展以“不忘初心担使命，携手共绘新蓝图”为主题，展出的优秀书画摄影作品均取材拱墅区，由历届区政协委员、辖区内书画摄影家、书画摄影爱好者创作而成；举行“庆祝中华人民共和国和人民政协成立70周年”健走大会。以“我爱祖国·我爱政协·我爱健康”为主题，区领导与区政协委员、区各民主党派、工商联、人民团体代表，无党派代表人士及区政协机关干部200余人参加活动。沿着塘河块区生态健康廊道健走，充分感受拱墅的新变化，培养绿色健康生活方式，以强健的体魄、旺盛的精力为高质量建设运河沿岸名区贡献力量。开展“我爱祖国·我爱政协”专题征文活动。面向现任及历届区政协委员、区政协机关干部、关心政协事业的社会各界人士广泛征稿，挑选出优秀作品在《拱墅政协》期刊刊登。

【“新时代人民政协的新样子”专题讨论】根据省、市政协部署，结合拱墅区实际，6—8月，区政协深入开展“新时代人民政协的新样子”专题讨论活动。通过召开一次专题讨论活动动员部署会，开展一次“新时代人民政协的新样子”网络大讨论，开展一次委员“进社区、进企业、进校园”活动，开展一次“我与政协”征文活动，举办一次区政协委员读书培训会，集中查找一次政协工作和队伍建设中存在问题，开展一次“学习新思想、树立新样子”专题研讨的“七个一”活动，统一思想、把握定位、凝心聚力、促进工作。通过活动对新时代人民政协的新方位新使命理解更加深刻；对新时代区政协“是什么”、“干什么”、“怎么干”把握更加精准；增强了政协组织的向心力、凝聚力和委员的认同感、归属感。

重要会议

【区政协五届三次会议】2019年1月15—17日中国人民政治协商会议第五届杭州市拱墅区委员会第三次会议举行。会议期间，市政协副主席周智林到会祝贺，区委、区人大、区政府领导出席会议，区委书记朱建明、区长章燕等领导参加分组讨论，听取大会发言，与委员们共商拱墅改革发展大计。会议审议通过区政协主席周志辉代表政协第五届杭州市拱墅区委员会常务委员会所作的工作报告和区政协副主席钟黎明代表政协第五届杭州市拱墅区委员会常务委员会所作的提案工作情况报告。与会人员列席了拱墅区第七届人民代表大会第三次会议，听取并赞同区长章燕所作的政府工作报告，赞同区人民法院工作报告、区人民检察院工作报告及其他报告。会议在广泛民主协商的基础上，增选政协第五届杭州市拱墅区委员会副主席1名，常务委员1名。

【区政协常务委员会会议】2019年，区政协共召开7次常务委员会会议，就有关问题进行协商。

协商议政

【概况】根据省委办公厅印发的《县（市、区）政协开展“请你来协商”平台建设工作的指导意见》，简称《意见》，2019年6月，中共拱墅区委印发《拱墅区政协“请你来协商”平台建设实施意见》，就拱墅区开展“请你来协商”平台建设工作提出实施意见。意见要求准确把握新时代人民政协的新方位新使命，坚持有事多商量、遇事多商量、做事多商量，通过建设“请你来协商”平台，在推进常态化协商议政中实现建言资政和凝聚共识双向发力，促进拱墅区政协工作高质量发展，为加快高质量建设运河沿岸名区贡献智慧和力量。意见还对“请你来

表 9

2019 年区政协常务委员会会议情况表

时间	会议名称	会议内容
1 月 4 日	五届十一次常委会议	学习传达习近平总书记近期关于政协工作的重要讲话精神和汪洋主席在全国政协十三届常委会第四次会议上的讲话精神；协商通过部分常委、委员调整事项；听取区政府 2018 年提案办理情况通报；协商通过部分界别组召集人、街道联络组组长调整；协商通过五届三次会议筹备工作事项；协商通过区政协五届三次会议常委会工作报告、关于提案工作情况的报告和报告人
1 月 15 日	五届十二次常委会议	协商提出政协第五届杭州市拱墅区委员会第三次会议选举办法（草案）；协商提出政协第五届杭州市拱墅区委员会增选副主席、部分常务委员候选人建议名单；协商提出政协第五届杭州市拱墅区委员会第三次会议总监票人、副总监票人、监票人名单（草案）
1 月 17 日	五届十三次常委会议	听取各界别组讨论情况的汇报；协商通过政协第五届杭州市拱墅委员会第三次会议选举办法（草案）；协商通过政协第五届杭州市拱墅委员会增选副主席、常务委员候选人建议名单；协商通过政协第五届杭州市拱墅委员会第三次会议总监票人、副总监票人、监票人名单（草案）；听取并审议提案委员会关于区政协五届三次会议提案收集和初审情况的报告（草案）；审议通过政协第五届杭州市拱墅委员会第三次会议大会决议（草案）
1 月 31 日	五届十四次常委会议	学习传达省政协十二届二次会议和市政协十一届三次会议精神；协商通过有关人事事项；协商通过部分常委、委员调整事项
5 月 27 日	五届十五次常委会议	协商通过有关人事事项；协商通过部分委员调整事项；通报 2019 年度提案立案、重点提案协办督办事项
7 月 12 日	五届十六次常委会议	就拱墅区村级留用地开发建设工作开展专题协商。区政协经科委向会议提交《关于又好又快推进我区村级留用地开发建设工作的建议》，并就课题调研情况作介绍，常委、委员们围绕专题进行协商建言，提出提高认识和站位，加强顶层设计和整体布局；系统分析所有项目，增强推进针对性；完善协调机制，保障开发要件落地；适当连片开发，做大做强项目；加强有关部门监管，制定细则降低风险等意见建议
9 月 27 日	五届十七次常委会议	传达学习中央政协工作会议暨庆祝中国人民政治协商会议成立 70 周年大会精神；协商通过《杭州市拱墅区政协委员履职办法》；围绕加快改革创新拱墅区市场监管服务机制，优化营商环境开展专题协商

协商”活动的工作原则、工作内容、组织领导等方面作了规范和要求。区政协常委会全年组织开展“请你来协商”活动 9 次，各类协商 42 次，完成调研课题 8 个，提出意见建议 180 余条。

【社区居家养老服务体系建设建言资政】2019 年 3 月 29 日，区政协召开“阳光老人家·社区居家养老服务体系建设”请你来协商专题协商会议。会议听取区民政局关于全区“阳光老人家”社区居家养老服务体系建设工作情况介绍和区政协社法委调研情况汇报。委员们提出加强宣传引导，形成各方力量共同参与养老服务格局；加大支持力度，着力解决好养老场地、资金、设施配套等问题；结合老年人需求，提供精准养老服务；提升服务水平，加强社区养老服务队伍建设并鼓励社会化机构运营；分类精准施策，探索多元化养老服务体系建设等意见建议。

2019 年 1 月 15—17 日，中国人民政治协商会议第五届杭州市拱墅区委员会第三次会议举行

（区政协 供稿）

【扶持中小微企业发展营造环境建言资政】 2019 年 5 月 22 日，区政协举行提案集中面商暨“请你来协商”活动，为扶持中小微企业发展献计出力。围绕“为扶持中小微企业发展营造环境”主题，委员、企业代表们提出扶持政策落地、破解融资难困境、加强宣传引导等方面建议，相关职能部门积极互动、同频共振，共同为中小微企业发展竭智尽力。

【老旧小区综合改造提升建言资政】 2019 年 6 月 28 日，区政协开展“推进拱墅区老旧小区综合改造提升”请你来协商活动。区委常委、区政协副主席等区领导与政协委员和相关部门、街道、社区代表一起面对面协商。区住建局、区残联、区民政局、区三方办、区城管局和区市场监管局分别介绍老旧小区改造提升工作情况和相关提案办理情况；上塘、小河、拱宸桥、和睦、大关等街道和有关社区针对工作推进中存在的问题和困难提出加强老旧小区自我造血功能完善、建立长效管理机制等意见建议；委员们围绕加大老旧小区改造力度、规范老旧小区物业管理、完善加装电梯长效管理机制、解决停车难等问题积极建言。

【村级留用地开发建设建言资政】 2019 年 7 月 12 日，区政协召开“村级留用地开发建设”请你来协商会议。会议原则通过区政协常委会《关于又好又快推进我区村级留用地开发建设工作的建议》；提出提高认识和站位，加强顶层设计和整体布局，统筹谋划和具体指导齐头并进；完善协调机制，保障开发要件落地；逐一破解瓶颈制约，推动项目尽早开工建设；招优引强，效益为先，关注诉求，完善机制；规范开发流程，提升专业能力、加强全过程监管 5 个方面的建议。

【生活垃圾分类建言资政】 2019 年 8 月 1 日，区政协开展“生活垃圾分类”请你来协商活动。区长，区政协主席，副区长、区政协副主席等区领导与专项集体民主监督组的政协委员，社区、居民及物业代表、街道及相关部门工作者，共同为垃圾分类的痛点和症结把脉开方。提出垃圾分类需要全民参与，更需要机关事业单位带头做表率；垃圾清运过程中的混运现象严重挫伤居民垃圾分类的积极性，务必高度重视、严格管理；专用垃圾袋发放的绩效怎么样，建议有关部门深入调查研究，真正把政府有限的资金用到垃圾分类工作实处；大型商业综合体、农贸市场的易腐垃圾日均产量巨大，建议政府予以适当的财政补助，试点易腐垃圾就地资源化处理项目，促进垃圾源头减量等建议。

【创新市场监管服务机制，优化营商环境建言资政】 2019年9月27日，区政协开展“加快改革创新拱墅区市场监管服务机制，优化营商环境”请你来协商活动。区领导与政协委员代表、企业代表、相关职能部门负责人共同把脉开方，助力优化营商环境工作。提出加大‘红盾品牌群’宣传力度，为企业做好宣传解读；提高培训机构准入门槛，强化违规的惩戒力度；加快实施快捷注销和强制退出机制；加快建立和完善“全覆盖、一次查”的创新市场监管方式；建立和完善信用联合惩戒机制，发挥信用监管的“市场效用”；加强专业力量的培训和引入等意见建议。

【规范0—3岁婴幼儿托育服务建言资政】 2019年10月25日，区政协召开“规范我区0—3岁婴幼儿托育服务”请你来协商会议。区政府、区政协领导和政协委员、托育机构代表、家长代表和相关职能部门负责人共同协商助推“规范3岁以下婴幼儿幼托服务”这一民生热点问题。提出要加强科学育儿知识的宣传普及、构建多元化托育服务体系、强化托育服务机构监管、营造托育服务机构健康发展的环境、加强推动行业自律和加强组织领导等意见建议。

【打造“百姓家门口的好学校”建言资政】 2019年11月14日，区政协召开“打造百姓家门口的好学校”请你来协商会议。区委书记朱建明、区政协主席周志辉等区领导与部分政协委员、教育工作者、家长代表和相关职能部门共同探讨百姓家门口好学校的建设路径。提出百姓家门口的好学校应具备“老师好、设施好、校风好”这三个基本特征，培养学生独到的眼光、优雅的气质、乐观的性格和宽厚的胸怀；推进集团化办学重点要抓总校长的选择和培养，要留得住人才；要允许百花齐放，既要有集团化名校，也可以有规模适度的精品单体学校，多条腿走路，最终是为了办有温度的拱墅教育等意见建议。

【蓝领公寓建设建言资政】 2019年12月5日，区政协召开“蓝领公寓建设”请你来协商会议。区政府、区政协领导和政协委员、企业职工代表、相关职能部门以及蓝领公寓负责人共同协商探讨有关蓝领公寓建设与服务管理工作。提出装修标准再提高一点，入住条件再放宽一点，服务管理再提升一点，市场化运作再多一点等意见建议。

民主监督

【概况】 2019年，以推动区委区政府中心工作落实为重点，区政协发挥协商式监督特色优势，开展调研监督，发现问题并提出建议。全年开展1项省市区政协联动专项集体民主监督活动，3项专项民主监督。

【“城乡生活垃圾分类处理”集体民主监督】 根据省、市政协《开展城乡生活垃圾分类处理三级政协联动专项集体民主监督的实施方案》部署，为打赢垃圾治理攻坚战，结合拱墅区“六大专项行动”具体要求，2019年，区政协继续围绕“城乡生活垃圾分类处理”开展专项集体民主监督。在2018年监督工作的基础上，继续以垃圾减量化、资源化和无害化处置为突破口，按照“一年见成效、三年大变样、五年全面决胜”的步骤要求，深入开展“城乡生活垃圾分类处理”专项集体民主监督，坚持全员参与、全域覆盖、督在一线、议在实处，精准实施协商式监督，发挥凝聚共识和建言资政双向作用，为高质量建设运河沿岸名区献智出力。

【扫黑除恶专项斗争民主监督】2019年4月25日，区政协五届二十六次主席会议对扫黑除恶专项斗争开展民主监督，实地视察并听取区公安分局关于全区扫黑除恶专项斗争情况介绍。区政协主席会议成员围绕如何深化扫黑除恶专项斗争工作进行监督建言，提出进一步畅通举报渠道，注重保护举报人；进一步深挖线索斩草除根，打击“保护伞”；进一步把握尺度，厘清普通犯罪与黑恶犯罪界线；进一步总结经验形成长效机制，营造长治久安的社会环境等意见建议。

【“深化‘最多跑一次’改革，打造移动办事之区”专项监督】2019年，区政协继续开展“深化‘最多跑一次’改革，打造移动办事之区”专项调研监督活动。委员们走进区行政服务中心服务窗口、深入了解群众对改革的切身体会。召开座谈会，认真听取区行政审批办关于深化“最多跑一次”改革，深入打造移动办事之区的工作情况介绍，并围绕简化审批事项，减少审核环节和材料，提高服务水平等方面进行交流互动、建言献策。

【民营企业各项扶持政策落实情况专项民主监督】2018年，区政协开展关于完善全区产业培育扶持政策整合提升工作的专题调研，经协商后形成主席会议建议案呈送区委区政府供决策参考。2019年，为将政策优势转化为民营企业发展优势，区政协又将民营企业扶持政策落实情况专项民主监督列为年度重点工作，推动协商成果落到实处进行“回头看”。先后到浙江顺丰速运有限公司和拱墅智慧网谷小镇城市客厅实地督查。并召开座谈会听取区发改经信局关于民营企业扶持政策落实情况介绍，进行督办建言。

提案工作

【概况】区政协五届三次会议共提交提案216件，其中大会期间209件，平时7件，委员个人提案182件，集体提案27件。经审查符合立案条件的183件，并案后实际立案131件；不立案33件，作为意见建议转交相关部门。全年，经51家承办单位认真办理，全部办理完毕，其中，全部采纳的73件，部分采纳的34件，列入计划或留作参考的24件。131件提案提出建议510条，已经实施的291条，在实施的141条，列入计划准备实施的43条，无法实施的35条，问题解决率57.1%。

【重点提案和界别组集体提案分工协办、督办】经区政协主席会议、常委会议研究，确定12件为2019年度重点提案。区委、区政府领导领办提案9件（其中5件为重点提案）。实施区政协主席会议成员牵头协办工作机制，每件提案由一名区政协主席会议成员牵头，由秘书长或专委会主任、提案委成员、有关界别组成员等协助督办；区政协各专委会督办重点提案7件；各界别组集体提案8件由各界别组自行督办。

【提案协商办理】2019年，区政协常委会坚持把协商民主贯穿提案工作全过程，针对提案工作重点环节开展不同层次和形式多样的协商活动，提高提案工作质效。搭建提案委员会立案审查民主协商平台，把好提案源头质量关；加强与党政部门点对点协商，实现提案精准交办；聚焦经济社会发展和民生“关键小事”等热点提案开展集中面商，促进提办双方形成共识；借力“请你来协商”、专题协商等平台开展“直通车”协商，助力民主决策。把问题解决率作为检验提案工作的核心标准，将提案逐条列出建议清单，开展“菜单式”办理答复；推动提办双方沟通交流，各承办单位全年上门协商94次，座谈协商42次，电话协商32次，完善提案督办工作机制，发挥党政领导领办的引领示范作用，形成专委会、界别组分别督办和政协各参加单位共同参与的工作合力，对22件提案开展形式丰富的督办协商，推动提案办理从答复型向落实型转变。

【提案办理创新】2019年，常委会坚持在实践中创新、在创新中发展，努力提高提案的问题解决率。在提办双方互评基础上，构建提案委统筹评估、专委会专业评估、智库成员专家评估的三类评估体系，使问题解决率评估结果更科学、更公正。尝试对区发改经信局开展提案办理民主评议，其办理的1件重点提案作为民主评价提案，邀请提案人、政协委员和智库成员现场测评，事后通报，引导承办单位增强高质量办理提案的主体意识。首次探索在大会前开展提案方向预报分析，为委员知情明政、各承办单位提前了解界别群众关心的热点难点问题提供第一手资料。

【提案服务工作持续完善】2019年，拱墅区政协常委会针对区政协五届三次大会委员讨论、“不忘初心、牢记使命”主题教育和“新时代人民政协的新样子”专题大讨论征集的关于提案工作13条意见建议，逐条整改落实。通过各类培训会、政情通报会、网络实时发布等形式，拓宽委员知情明政渠道；继续向社会征集提案线索，编印选题参考目录及建立网上历史提案库，为委员撰写提案提供方向；引导委员主动参与“委员三进”活动以及民主监督、专题视察、课题调研等履职活动，使委员提案更精准、更接地气。举办部分提案承办单位座谈会，分享成功经验做法，凝聚办实办好提案的思想共识；开展优秀提案的评选、表彰、宣传活动，激发委员履职热情；请进来和走出去相结合，加强与提案工作先进地区的学习交流、互促互进。发挥委员对提案办理结果评价和满意度测评的主人翁作用；发挥提案委牵头抓总作用和智库成员的专业优势，组织全体成员共同参与立案审查、提案督办和问题解决率评估等工作。

学习联谊

【概况】2019年，拱墅区政协常委会在注重政协委员、政协机关学习活动开展的同时，举办“委员读书月”“委员读书培训班”“常委古田读书班”等一系列学习培训活动，开展“携手奋进新时代”等团结联谊活动，有效地提升了委员和政协机关工作人员的素质，增强了区政协的凝聚力和向心力。

【第四届“皋亭修禊”雅集活动】为进一步打响“皋亭修禊”文化品牌，2019年4月29日，区政协在半山国家森林公园虎山桥畔，以“皋亭修禊·诗画半山”为主题，举办第四届皋亭修禊雅集活动。专家学者、社会知名人士以及区相关部门负责人、区政协委员、社会各界代表人士应邀参加。通过“诗行皋亭、湖上清音、虎山唱和、再续皋亭”四个篇章和吟诵、传唱、书法、琴音等艺术表现形式，为皋亭赋诗，为运河写意。

【常委古田读书班】2019年4月9—13日，区政协举办常委古田读书班。区政协常务委员、部分先进委员参加培训，聆听党课、踏访旧址，缅怀革命先烈、重温红色史诗。接受一次深刻的思想提升。

【2019年委员读书培训班】2019年7月18—19日，区政协组织全体政协委员赴浙江省社会主义学院开展集中培训，区委副书记、区长章燕出席并作上半年全区经济社会发展情况专题报告，提出下半年工作的主要目标任务。培训还邀请浙江财经大学金融系魏任斌、省委党校政治教研部方柏华以及省国际美术交流协会副主席余晖，就中美贸易争端对中国经济的影响及应对策略、当前国际战略环境与中国特色大国外交、中国传统文化的传承与发展等内容讲解授课。培训期间，全体区政协委员还身穿印有“70”字样的红色T恤，组成“70”字样的方队，高举中华人民共和国国旗，共同为新中国70华诞祝福喝彩！

【首届“委员读书月”活动启动】2019年3月29日，区政协在拱墅区图书馆举行首届“委员读书月”活动启动仪式，并将每年4月定为“委员读书月”。与会区领导为政协各界别委员送上精心准备的书籍，并勉励委员们通过读原著、学原文、悟原理，学思践悟、细照笃行，

2019年12月30日，区政协与湖墅街道共同举办“携手奋进新时代”联谊活动

（区政协 供稿）

不断增强四个意识、坚定四个自信，为广泛凝聚共识、精准咨政建言持续发力。全体委员还共同欣赏由区政协常委、杭州电视台西湖明珠频道主持人、“运河学舍”创立人金一峰为大家带来的以运河文化故事为题材创作的微剧《运河儿女》。

【“携手奋进新时代”联谊活动】2019年12月30日，区政协常委、部分委员，区政协各专委会主任、界别组召集人、街道政协联络组组长、机关全体干部，区各民主党派、工商联、人民团体负责人和无党派代表人士，湖墅街道机关全体及所辖社区干部齐聚一堂，叙友情、话发展，共同迎接新年的到来。21年前，在湖墅珠儿潭巷，拱墅区政协在绿荫掩映中的一座“小红楼”中成立，21年后，区政协与湖墅街道一同在卖鱼桥小学文汇校区举办“携手奋进新时代”联谊活动，用歌的激情、舞的语言、乐的交响、诗的情怀，传递十里银湖墅的民生人文温度，汇聚起团结奋斗的正能量。

【杭州拱墅大运河书画院换届】2019年9月4日，区政协组织召开杭州拱墅大运河书画院换届工作会议暨庆祝中华人民共和国和人民政协成立70周年书画雅集活动。会议通过修订后的杭州拱墅大运河书画院章程，依据章程产生新一届书画院领导机构。区政协主席周志辉为杭州拱墅大运河书画院顾问黄亚洲、王小勇、缪宏波颁发了聘书。区政协副主席钟黎明任新一届杭州拱墅大运河书画院院长。会后，新一届拱墅大运河书画院组织开展了庆祝新中国和人民政协成立70周年书画雅集活动。

2019年拱墅区政协优秀提案名单一览表

表10

序号	提案者	案由
1	致公党拱墅总支、夏晴、黎恒	关于进一步夯实拱墅产业平台建设基础，助力大城北开发标杆区建设的建议
2	崔永庆	关于推进拱墅区数字经济建设，加快大数据产业应用的建议
3	区政协经济科技委员会	关于以新零售促进我区商贸业转型升级，助力大城北标杆区建设的建议
4	宋桂明、伍立波、孙云翔	关于落实优化我区中小微企业扶持政策的建议
5	黄烽火、李佳、戴海洋、汤丽菲	关于优化提升村级留用地业态模式，打造拱墅区高质量发展又一增长极的相关建议
6	曹群	关于加强招商引资区级统筹的建议
7	胡伟龙、杨程、李佳、孙云	关于打造拱墅区运河文化品牌，推进大运河文化带建设的建议
8	区政协文史和教文卫体委员会	关于在城市“口袋公园”中恰当融入乡愁记忆的建议
9	周晓舟	关于建设公共体育场馆的建议
10	李奕新、戴丽群、郑群，民进拱墅基层委员会	关于尽快将3岁以下幼儿托育服务纳入政府管理的建议
11	赵国波、叶英姿、项力建、何舟、陈平	关于加大老旧小区改造和管理扶持力度的建议
12	教育、新闻文体界别组	关于完善老旧小区加装电梯的采购方式和长效维保的建议
13	陶文龙、李青	对深化社区居家养老服务工作的建议
14	严洪龙、王刚、邵建雄、汪丽萍、沈征	关于为大城北发展铺就品质之路的建议
15	陈卫兵、顾斌	关于打造未来社区的建议
16	姚琪翔	关于多部门“点亮”拱墅教育“新名片”的建议
17	特别邀请人士界别组、王章流、张昊辰、王振华、陈浩燕、郑伟明、张明秋、陈赟、次登央吉	关于进一步推进我区生活垃圾“三化四分”工作的建议
18	无党派代表人士、区政协城建和人口资源环境委员会、胡文兰、蒋晓敏	关于持续做好“美丽河道、亲水拱墅”的建议

（边鸿昌）

中国共产党杭州市拱墅区纪律检查委员会
杭州市拱墅区监察委员会

综　述

重要会议

执纪审查和监察调查

作风建设

巡察工作

党风廉政宣传教育

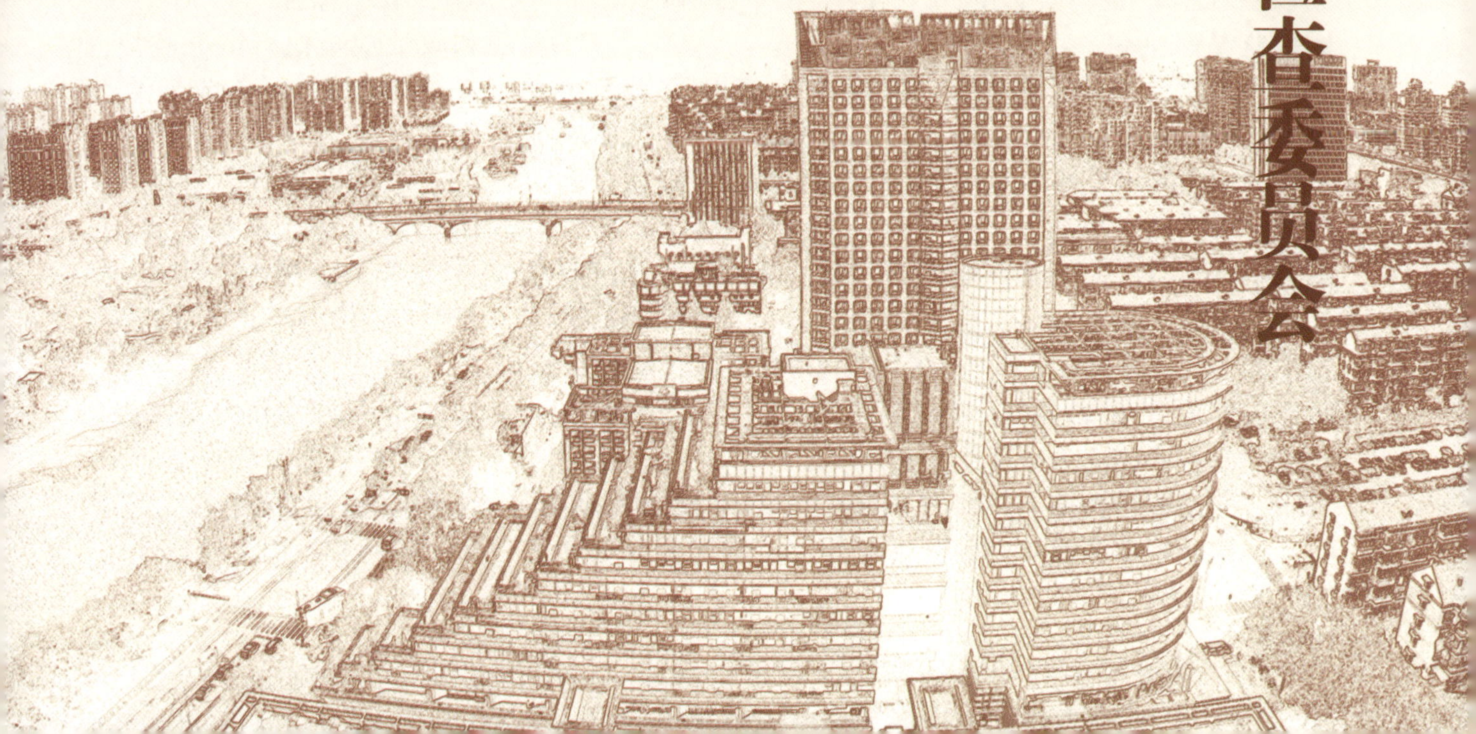

综　述

【区纪委区监委机构概况】拱墅区纪委由中国共产党拱墅区代表大会选举产生，是党的纪律检查机关；拱墅区监委由拱墅区人民代表大会和常务委员会选举产生，是国家监察机关。区纪委与区监委合署办公，实行一套工作机构、两个机关名称，履行党的纪律检查和国家监察两项职责。至2019年年底，区纪委区监委机关设办公室、干部室、宣传教育室、党风政风监督室、信访室、案件监督管理室、第一至第四纪检监察室、案件审理室等11个内设机构。派驻(出)机构是区纪委区监委的重要组成部分，由区纪委区监委直接领导、统一管理。至2019年年末，区纪委区监委设派驻（出）机构9个，经区纪委区监委授权，履行党的纪律检查和国家监察两项职责。区纪委区监委下属拱墅区纪检监察事务服务中心1个事业单位，负责做好执纪监督的服务保障工作。

【清廉拱墅建设】2019年年初，拱墅区纪委制定《清廉拱墅建设2019年度工作要点》，在全区29家基层单位开展“七个清廉”试点建设。7月，协助区委出台开展廉政风险排查防控工作的意见，推动各级各部门深入排查廉政风险、落实防控举措。8月，召开全区“清廉拱墅”现场推进会，8家单位典型发言并提供“小微权力”清单样本，推广一批可复制的示范典型和经验做法。

【“两个责任”落实】2019年，拱墅区纪委通过季度通报、集中督查、手册查“痕”，强化“两个责任”落实的刚性约束。深化主体责任报告评议，全区10个街道和48个区直单位党委（党组）全部向区委、区纪委书面提交2018年度履行主体责任情况报告。3月26日，区委书记带头听取部分区委常委“一岗双责”和4个街道党工委主体责任报告。3月至4月，拱墅区纪委采取“点人点题点评”的方式，逐一听取26个单位报告2018年度落实主体责任情况及5名班子成员落实“一岗双责”情况，提出意见建议60条，并抄告15位区委、区政府领导，以上率下推进整改落实。加大问责力度，全年追责落实“两个责任”不力问题3起5人。

【政治监督和纪律保障】2019年，拱墅区各级纪检监察组织加强对政治纪律和政治规矩执行情况监督，查处违反政治纪律案件4件。落实省市纪委部署要求，探索开展政治生态评估研判工作。加强对贯彻落实“不忘初心、牢记使命”主题教育、“最多跑一次”改革、“6+4”专项行动等中央和省市区委重大决策部署的监督检查，确保政令畅通。加强对全区落实省委巡视整改情况的监督检查，深化标本兼治。创新监督模式，推行日常监督项目化管理，对70个项目开展精准监督、绩效评估，发现纠正问题111个，破解日常监督泛化、虚化问题，得到市纪委推广。严格把握“三个区分开来”要求，开展澄清正名、容错免责工作，为5名受到不实举报的干部澄清正名，给予3名干部从轻减轻或免责处理，使全区上下干事创业氛围更加浓厚。

【“四种形态”深化运用】 2019年，拱墅区各级纪检监察组织严格执行新修订的党纪处分条例，深化运用监督执纪“四种形态”，全年处置问题线索267件，同比上升6.8%。运用“四种形态”处理272人次，其中：运用第一种形态处理185人次，占68%；运用第二种形态处理41人次，占15%；运用第三种形态处理19人次，占7%；运用第四种形态处理27人次，占10%。

【纪检监察干部队伍建设】 2019年，拱墅区纪委区监委坚持走在前、作表率，高标准开展“不忘初心、牢记使命”主题教育。扎实推进全员培训，认真学习贯彻监督执纪工作规则和监督执法工作规定。推出“运河青纪兵”知行课堂，通过组织主题辩论、岗位练兵、业务比武等活动，培训干部500余人次，在全市纪检监察大比武中获主城区最好名次。深化派驻机构改革，全面完成新一轮派驻机构调整和人员调配，把12家派驻（出）机构调整为9家。深入推进派出街道监察办公室规范化建设，进一步发挥“家门口的监委”作用，全区街道纪工委、派出街道监察办公室运用第一种形态处理185人次，党纪政务处分81人，提出监察建议5条。聘请12名特约监察员，主动接受各方面监督。强化内部监督管理，带头开展廉政风险排查防控和警示教育系列活动，严防“灯下黑”。全年共受理涉纪检监察干部信访投诉件5件，查否或澄清问题4件，第一种形态处置1件。

重要会议

【区纪委七届五次全体（扩大）会议】 2019年3月26日，拱墅区纪委七届五次全体（扩大）会议召开。会议回顾2018年全区党风廉政建设和反腐败斗争工作，部署2019年任务。区委书记朱建明出席会议并讲话，强调要深入学习贯彻习近平新时代中国特色社会主义思想和中共十九大精神，深入推进拱墅区全面从严治党、党风廉政建设和反腐败斗争，全面推动清廉拱墅建设取得更大成果，为高质量建设运河沿岸名区、实现大城北崛起提供更坚强的纪律保障。区委常委、区纪委书记、区监委代主任熊雄代表区纪委常委会做题为《深化清廉拱墅建设、忠诚履行职责使命，为加快高质量建设运河沿岸名区提供坚强保证》的工作报告。会议指出2019年党风廉政建设和反腐败工作要以习近平新时代中国特色社会主义思想为指导，深入贯彻落实党的十九大和十九届二中、三中全会精神，按照中央、省市区委和上级纪委全会部署，牢固树立“四个意识”，切实增强“四个自信”，坚决践行“两个维护”，以党的政治建设为统领，以推进“清廉拱墅”建设为主线，忠实履行党章和宪法赋予的职责，协助党委推进全面从严治党，一体推进不敢腐、不能腐、不想腐，巩固发展反腐败斗争压倒性胜利，为加快高质量建设运河沿岸名区提供坚强保证，以优异成绩庆祝中华人民共和国成立70周年。

【区纪委常委会议、区监委委务会议】2019年，拱墅区纪委区监委召开常委会议43次、委务会43次。区纪委常委会、区监委委务会坚持以习近平新时代中国特色社会主义思想为指导，把握纪检监察机关作为政治机关的定位，按照决策科学化、民主化、制度化要求，就全面从严治党、党风廉政建设和反腐败工作进行研究。

执纪审查和监察调查

【概况】2019年，拱墅区各级纪检监察组织受理检举控告112件次，立案87件，党纪政务处分73人，移送司法机关9人。通过监督检查和审查调查，为国家和集体挽回经济损失2566万元。

【信访举报工作“五个一”活动】2019年，拱墅区纪委高质量推进信访举报工作“五个一”活动，加强和改进信访举报工作，全年重复信访同比下降53.49%、越级信访同比下降21.91%。每月赴信访高发点接访一次。全年共赴5个街道、社区，现场接待群众75人次，收集问题31个，发放宣传资料131份。适时对重点信访人员家访1次。根据信访问题办理情况，结合敏感时间节点，共2次走入信访人员家中，当面反馈信访举报办理情况，听取上访人员意见建议。及时澄清保护一批党员干部。对通过调查核实的确属反映问题不属实、群众中影响较大的4件5人不实信访件，通过送达澄清文书、会议通报等形式，及时在适度范围内公开正名，保护党员干部干事创业激情。有效化解一批重复越级信访。全年化解列入市纪委大比武重复越级信访3件。督促查办一批违纪违法案件。建立督查督办常态化运行机制，筛选部分典型信访举报进行督办，定期对各单位自办件进行检查，推进首办责任制落实，确保初信初访办理质量。

【反腐高压态势持续】2019年，拱墅区监委采取留置措施9人，留置人数创历史新高。重点查处省监委指定管辖的国兴进出口有限公司领导人员窝案、拱墅安保服务有限公司副总经理任某窝案等案件。成功追回潜逃9年的原浙江省交通厅道路运输管理局城市客运管理处处长王晓平，实现全区职务犯罪追逃任务清零，得到省纪委领导批示肯定。

【涉黑涉恶和腐败保护伞查处】2019年，拱墅区纪委区监委深入开展“扫黑除恶打伞破网”专项行动，高质量办理国家监委指定管辖的跨省域保护伞“2·1”专案，深挖彻查涉黑涉恶腐败和“保护伞”2起5人，移送司法机关4人。

作风建设

【概况】2019年，拱墅区各级纪检监察组织严格落实中央八项规定及其实施细则精神和省市区有关规定，紧盯重要节点，紧盯关键领域，紧盯隐形变异，严查顶风违纪行为。

【“四风”问题查处】2019年，拱墅区纪委区监委紧盯重要时间节点，深入部门、街道、社区、基层站所、商业综合体等，查台账、翻票据、看现场，查找违反中央八项规定精神以及隐形变异的“四风”问题，共开展监督检查60余次，检查单位150家次。全年查处违反中央八项规定精神问题6起6人，查处形式主义、官僚主义典型问题12起20人。

【干部作风专项行动】2019年，拱墅区纪委区监委紧盯“温、软、慢、推、庸、浮”

六大问题，深入开展“兴五风破三慢解四题”干部作风专项行动，查处“三不”“三慢”问题16起23人，其中党纪政务处分3人。探索开展作风建设动态评议，实施分类评价、每月评分、每季晒榜、督促整改，推动作风转变，促进工作提升。

【重点领域专项治理】2019年，拱墅区纪委区监委深入开展重点领域专项治理。开展违规享受集体所有土地征迁安置政策专项治理，退缴或补缴交各类违规款项4028万元，退缴安置房、福利房2448.09平方米。开展人防系统腐败问题专项治理，持续深化违规借贷和违规房产交易专项治理。制定经合社“三小”监督体系实施意见，加强对经合社小微权力、小型工程项目、小额资金拨付的监管。坚决维护群众利益，查处群众身边不正之风和腐败问题7起7人，移送司法机关1人。

巡察工作

【概况】2019年，拱墅区委巡察机构贯彻落实《中国共产党巡视工作条例》和《关于市县党委建立巡察制度的意见》，制定《区委巡察工作手册》《社区巡察工作手册》《巡察报告会商研判制度》《巡察问题整改督办制度》《拱墅区巡察机构和执纪监督部门协作办法（试行）》等一系列制度，提高全区巡察工作制度化、规范化水平，深化政治巡察。拱墅区委巡察工作领导小组认真履职，深入贯彻落实省市巡察工作要求，深化政治巡察，高质量推进巡察。全年完成对16个区直属单位、8

2019年5月23日上午，拱墅区召开警示教育大会 （区纪委 供稿）

个二级单位、30个社区（经合社）的巡察，发现问题609个，移交问题线索68条，提出意见建议264条，挽回直接经济损失600余万元。社区巡察全覆盖的做法得到省委巡视办肯定并予以推广。

【巡察整改落实】2019年，拱墅区委巡察机构坚持做好巡察整改“后半篇文章”。10月，召开巡察发现共性问题集中整改交办会，将一批组织建设、作风纪律、财务制度、国资管理、工程建设、文档管理等方面的典型共性问题，交办给有关职能部门和主管单位，督促其担起主体责任，对照典型共性问题牵头开展集中整改。全年巡察反馈问题618个，完成整改394个，完善各类制度219项。

【巡察成果运用】2019年，拱墅区委巡察机构对巡察发现的共性问题进行梳理分析研究，归纳出贯彻落实上级决策部署不到位、党的领导核心作用发挥弱化、民主集中制贯彻落实不力等17大类共性问题具体表现和77例具体案例。将典型案例汇编印发《拱墅区委巡察发现共性问题七十七例》800余本，发至全区区管领导干部、社区（经合社）主要领导及部分重点关键岗位工作人员，推动巡察成果落实。

党风廉政宣传教育

【概况】2019年，拱墅区纪委区监委认真贯彻落实党的十九大精神和中央及省市纪委全会精神，深入宣传拱墅区党风廉政建设和反腐败工作取得的新进展新成效。全年在中央电视台、《中国纪检监察报》、中央纪委网站微信等中央级媒体发稿65篇，在《浙江日报》、浙江卫视联播、反腐败导刊、省纪委网站微信等省级媒体发稿72篇。

【党风廉政宣传平台融合发展】2019年，拱墅区纪委区监委加快推动传统媒体和新兴媒体融合，为全区党风廉政建设和反腐败工作提供服务。运河清风网站全年发布信息190篇。运河清风微信公众号全年推送136期264篇图文信息。对接《今日拱墅》，设立“清廉拱墅进行时”专栏，全年刊发稿件44篇。

【警示教育月“十个一”活动】从2019年5月开始，拱墅区纪委区监委根据省、市纪委监委的部署要求，结合拱墅实际，在全区开展“警示教育月”专题教育“十个一”活动，内容包括：组织一次“千名党员看廉戏”活动、召开一场警示教育大会、召开一次专题民主生活会、剖析一批违纪违法典型案例、开展一次廉政风险排查和防范化解、组织一次警示教育参观活动、开展一次第二轮“清廉拱墅”法纪宣讲活动、开展一批清廉文化创建活动、组织一场“清廉拱墅”专题文艺演出、组织一次党风廉政专题培训。

【清廉文化建设】2019年8月，拱墅区纪委区监委联合区妇联以爱“廉”说为主题，通过读书会的形式展开巾帼爱廉助廉活动。9月，拱墅区纪委区监委与团区委联合举办“与祖国同奋进，以思廉颂青春”拱墅区首届“青年与廉洁”主题辩论大赛。10月，拱墅区纪委区监委深入挖掘“方回春堂”“拱宸书院”“老开心茶馆”等传统文化场馆中的清廉元素，推出“桥西廉线”清廉文化专线，成为党员干部群众接受教育的去处。11月，拱墅区纪委区监委举办“清廉拱墅 你我同行”主题晚会。同月，创作拍摄的清廉微电影《清风合唱团》和《道闸》分别获得首届“玉琮杯”清廉微电影大赛的银奖和十佳影片。

（董伯红）

民主党派·工商联

中国国民党革命委员会杭州市拱墅区基层委员会

中国民主同盟杭州市拱墅区总支部

中国民主建国会杭州市拱墅区基层委员会

中国民主促进会杭州市拱墅区基层委员会

中国农工民主党杭州市拱墅区总支部

中国致公党杭州市拱墅区总支部

九三学社杭州市拱墅区基层委员会

拱墅区工商业联合会（总商会）

中国国民党革命委员会杭州市拱墅区基层委员会

【概况】2019年，民革拱墅区基层委以“不忘合作初心，继续携手前进”主题教育活动为主线，积极推动思想政治建设、组织建设、履职能力建设、作风建设、制度建设等方面工作。参与全市统一战线“同心同行七十载，凝心聚力新时代”主题宣传教育活动。由党员宣伟强发起，民革拱墅基层委联合中国美术学院美术中心、杭州市硬笔书法家协会联合举办“竹篱沙水——宣伟强己亥美术作品展”。全年拱墅民革及其党员开展、参加各类社会服务50余次，共为1000余群众提供服务。党员吉正龙被评为民革全省社会服务工作先进个人；郑彬铨被评为2019民革全省宣传思想工作先进个人、民革杭州市委会2016—2018年度优秀党务工作者，多名党员获得市、区、所在单位个人嘉奖、先进个人等荣誉。2019年，民革拱墅区基层委员会成立。至年底，全区共有3个支部，党员51人，其中当年新发展党员7人，确定发展对象4人。

【民革拱墅区基层委员会正式成立】2019年8月8日，民革拱墅区基层委员会成立大会在区政府报告厅召开。会议听取和审议民革拱墅总支工作报告，选举产生第一届基层委员会领导班子，沈忱当选主委。杭州市政协副主席、民革市委会主委叶鉴铭，拱墅区委常委、统战部部长赵红出席会议。

【参政议政】2019年，在区“两会”中，民革党员共提交集体提案2件，提案、建议案共13件，民革集体提案《深入实施“一号工程”抢占数字经济新高地》被选为政协大会发言材料。党员中2名人大代表和8名政协委员，均有提案、建议案提出，其中郭少为代表提出的《关于解决我区重点企业年轻骨干员工租房困难的建议》被评为区人大代表优秀建议，曹群委员撰写的《关于引进高端产业项目，提升商业地块品质的建议》被评为优秀提案。全年组织党员代表分别对《区政府工作报告》、区委《干好“六五四”收官“十三五”以一流施工队的担当引领大城北崛起》等多个重要文稿进行专题协商讨论，围绕全区工作大局，提出意见建议。二支部副主委郑彬铨由拱墅区委统战部选派为区城管局、区住建局第一批党外人士“特约人员”，多次参与区城管局、区住建局工作的民主监督活动，并提出以调整运河景区范围为契机，实现大运河文化带（拱墅段）资源的优化配置，为大城北核心区赋能等建议。创新组织形式，组织召开第一次主要由发展对象和年轻党员参加的社情民意讨论会，围绕“进一步完善弱势群体慰问机制”等议题开展讨论，与会党员结合自身专业特长从数量联通、系统筛选、机制构建等多维度建言献策。

【“同心·博爱”服务】2019年，基层委与市委会多次组织书画、医卫、艺术等服务团开展各类社会活动。1月21—22日，市委会组织“同心·博爱”书画服务团部分书画家和拱墅委员吉正龙及世界技能大赛国家队部分美发选手，赴淳安文昌浪洞村和建德大同田贩村开展写春联、义务理发社会服务活动。9月12日，民革市委会、拱墅基层委联合拱墅区文明办在运河广场开展庆中秋迎国庆广场社会服务活动。市委会“同心·博爱”医疗服务团团长杨灵萍，医疗团专家医生沈咏慧、孔颖、刘泽虎等为参加活动的市民就眼科、神经内科、耳鼻喉科和皮肤科方面的问题进行解答诊治，拱墅基层委吉正龙和他的美发公益服务队为现场的群众义务理发。

【结对帮扶活动】2019年11月19—21日，民革拱墅基层委副主委郑群参加由区委统战部组织的结对帮扶活动，赴贵州黄平县纸房乡中心幼儿园捐赠3万元，用于学校基础设施设备采购。

【第45届世界技能大赛获美发项目冠军】2019年8月22—27日，党员吉正龙作为国家队专家组组长在第45届世界技能大赛中率团队获美发项目冠军，并入选“最美杭州人”提名奖。

【“竹篱沙水——宣伟强己亥美术作品展”】2019年12月8日，由民革拱墅区基层委员会、中国美术学院美术中心、杭州市硬笔书法家协会联合主办的“竹篱沙水——宣伟强己亥美术作品展”，在新登中学音乐综合楼开幕。民革20余名党员与各相关单位一起参加活动。

中国民主同盟杭州市拱墅区总支部

【概况】2019年，民盟拱墅区总支部组织“同心”植树活动、“七一”参观学习活动并积极开展“企业经营环境”民主监督、调研活动、开展“不忘合作初心继续携手前进”“忆长征”等红色教育基地实践活动。10月24日，民盟拱墅支部调研报告《推动杭州都市圈毗邻地区交通一体化发展的建议》在市政协专题常委会上做交流发言。

2019年年底，拱墅民盟总支部共有拱墅区、行知中学、长征中学3个支部、盟员62名。

【年度工作会议召开】2019年1月8日，民盟拱墅区总支部委员会在拱墅盟员之家召开年度工作会议，会议由总支主委杨帆主持。会上，各支部主委回顾2018年度支部工作，提出2019年工作思路。杨帆就2019年工作作部署。会议还组织与会盟员学习区机构改革会议精神。

【“同心”植树活动开展】2019年3月15日，民盟拱墅区支部、中共杭州市大城北办临时支部和中共拱墅区教育局机关支部在拱墅区桃源中学新校园施工现场举行“同心”植树活动。活动开始前，民盟拱墅支部主委笪国庆向支部全体盟员发出倡议，希望支部盟员提高政治站位，牢记使命，发扬民盟光荣传统，助力助推大城北华丽转身，强势崛起。随后，党员、盟员共70余人在校园绿化带工地植树，共植石榴、白玉兰、桂花、梅、海棠、茶梅等50余株。

【“坚持节水优先，守护家乡河道”宣传体验活动】2019年3月22日，民盟行知中学支部根据“同心·大城北”共建安排，邀请市河道建设中心“河道文化使者”、党团员志愿者们一行16人，走进行知中学,为100名“小先生”志愿者举办以“坚持节水优先，守护家乡河道”为主题的世界水日宣传体验活动。同学们聆听杭州河道历史和现状，开展水质检测实验和河道拼图大赛，激发对水环境科学的兴趣，进一步提高保护河道水质重要性的认识。杭州市河道中心、党团员志愿者和民盟行知中学支部还向行知中学每个班级赠送河道丛书。

【“文化交流凝合力、党盟共话庆‘七一’”参观学习活动】2019年6月27日，民盟拱墅区支部联合中共杭州市大城北办临时支部在市河道陈列馆开展“文化交流凝合力、党盟共话庆‘七一’”参观学习活动，感受杭州城市河道更新建设成果和城市的发展变迁。党盟双方负责人就“醉美杭州河道”摄影·微文创作大赛，庆祝中华人民共和国70周年主题宣传、推进“青春悦读·满城书香”悦读益站站点建设等系列活动开展达成共识，并开展相互赠书和捐书活动，捐赠的书籍集中送往民盟拱墅总支在小河街道阳光老人家设立的公共读书室。

【“同心·大城北”系列公益教育讲座】2019年5月12日，在民盟拱墅区总支和中共市河道建设中心委员会的牵头指导下，民盟杭州市拱墅区支部和中共杭州市大城北办挂职干部临时支部在中国京杭大运河博物馆联合举办主题为“培养自主学习能力和促进孩子内涵发展”的“同心·大城北”系列公益教育讲座。此次活动邀请浙江省教育厅教研室初中教研员、原杭州外国语学校数学教研组组长为大城北地区即将进入初一的200多名学生家长授课，内容为如何培养孩子独立生活和自主学习能力，引导新初一的家长在未来孩子成长过程的角色转变。

【“企业经营环境”专项民主监督活动】2019年8月15日，民盟杭州市委会专项民主监督“企业经营环境”调研小组联合民盟拱墅总支一行7人到拱墅区就企业关心的人才专项房、蓝领公寓政策及建设情况、企业员工子女教育等问题召开座谈会。

【主题教育活动】2019年7月29日，民盟拱墅区支部在盟员之家召开盟员大会，开展“不忘初心牢记使命”主题教育活动。10月20日，民盟杭州市长征中学支部在“绿水青山就是金山银山”理论发源地——安吉余村，开展主题教育活动。9—10月，为扎实开展好“不忘合作初心，继续携手前进”主题教育活动，展示基层盟员风采，民盟拱墅区总支与中共杭州市城市河道建设中心委员会联合制作教育片，历时近2个月，完成《大城北唱响我和我的祖国》快闪拍摄，于10月底在“学习强国”平台上线。11月17日，民盟杭州市行知中学支部开展“不忘合作初心，继续携手前进”主题教育活动，此次活动采取线上和线下结合的方式进行。

【“互联网+义务教育”帮扶教育行动】2019年10月28日，在杭州行知中学，民盟盟员沈其锋老师采用互联共享的数字化教学技术，对桐庐江南初级中学的学生们开展同步课堂授课。自“不忘合作初心，继续携手前进”主题教育活动开展以后，民盟行知中学支部结合主题教育活动方案制定具体帮扶行动方案，落实数字化数学帮扶主讲，以实际行动落实浙江省教育厅“互联网+义务教育”1000所中小学校结对帮扶民生实事工作。近年，民盟行知中学支部在“帮扶帮教”上推动数字化信息技术应用，推进城乡教育均衡，不仅积极动员盟员在拱墅区帮扶县贵州省黄平县、湖北来凤县等地结对学校开展数字化教学帮扶活动，还组织教师到黄平、来凤等地送教。

【“忆长征”红色教育基地实践活动开展】2019年11月28日，民盟拱墅总支联合杭州市大城北办党支部组织前往桐庐“忆长征”红色教育基地开展实践活动并进行一系列共建活动。大城北办党支部书记吴青松为全体盟员就党的十九届四中全会精神进行解读并分享红军长征故事。会后到富源村革命烈士纪念碑进行祭奠活动。

中国民主建国会杭州市拱墅区基层委员会

【概况】2019年，民建拱墅区基层委多次开展主题学习、议政日活动，连续多年开展的“送书进社区”“送演出进工地”等主题活动。组织“歌唱祖国咏诵初心”纪念中华人民共和国成立70周年系列活动等。各支部开展活动总数在30余次，包括议政日、专题活动、参观、考察、讲座等活动。会员多次获荣誉及各类奖励，其中二支部副主委许斌荣获第二届浙江省优秀高级经济师称号，三支部会员刘政奇当选为杭州市民建企业家联谊会会长，四支部主委郭嵩获聘杭州市监察委第一届特约监察员，五支部主委刘琼当选民建浙江省社会服务之星荣誉称号等。

2019年年底，民建拱墅区基层委共有6个支部，其中1个退休支部，5个在职支部。共有会员162名，其中当年新发展会员9名。

【区委七届六次全会精神主题学习活动】2019年1月18日，民建拱墅区二支部开展区委七届六次全会精神主题学习、议政日活动。区政协副主席、基层委主委沈燕翔参加活动并讲话。会后，支部开展题为“自媒体侵犯著作权（洗稿、盗稿）该如何规范”的议政活动，提出切实可行的建议。

【“送书进社区”活动】2019年4月17日，民建拱墅二支部开展“送书进社区”主题社会服务活动。该项活动已经连续开展5年，累计向结对的卖鱼桥社区捐赠近1万册图书。

【“歌唱祖国咏诵初心”纪念新中国成立70周年系列活动】2019年6月2日，民建拱墅基层委30余名会员代表在运河广场高歌《我和我的祖国》，为中华人民共和国成立70周年献礼，这是民建拱墅基层委组织的“歌唱祖国咏诵初心”纪念中华人民共和国成立70周年系列活动之一。8月全程参与民建市委会组织的中华人民共和国70周年歌咏会，并报送舞蹈节目《又见江南雨》；9月组织参与区委统战部中华人民共和国70周年歌咏会并献演开场秀节目《我和我的祖国》大合唱。10月，参加市委会组织的“庆祝新中国成立70主题征文”和“画好同心圆，凝聚正能量”同心故事会活动。

【“迎中秋庆国庆”送演出进工地活动】2019年9月11日，民建拱墅一、二、三、四、五支部和杭州英蓝置业有限公司、南通三建集团有限公司联合在英蓝项目部生活区开展“迎中秋庆国庆”演出进工地活动。民建杭州市委会主委郭清晔等市、区民建领导和区委统战部领导参加活动，并向工友代表赠送月饼和祝福。该活动是民建拱墅基层委坚持多年的文化惠民品牌活动之一。

【走访慰问】2019年11月，基层委主委沈燕翔带队到浙江奥航、杭州新靓点等民建会员企业走访慰问。并与企业领导就发展、社会服务、参政议政等方面进行交流。

【参政议政】2019年，民建拱墅基层委申报调研课题8个，其中《大城北建设中河道生态文化布局及构思》《以精简报表，系统为切入口为基层减负》被区委统战部评为优秀课题。各支部共撰写反映社情民意的信息60余条。其中7条被民建省委会采纳，其他10余条分别被民建市委会或杭州市委统战部采纳。开展调研，各支部完成调研报告10篇，其中半数以上被上级部门录用。组织议政日活动，形成议政材料十余份。

【拱墅民建3条建议被民建中央采纳】2019年，民建拱墅基层委组织撰写的《关于对看守所羁押的犯罪嫌疑人、被告人实行律师远程会见的建议》《关于优化“双随机、一公开”监管工作机制的建议》等3条建议被民建中央采纳。

中国民主促进会杭州市拱墅区基层委员会

【概况】2019年，民进拱墅区基层委召开二届四次会议，开展主题教育活动，9月25日，民进拱墅区基层委退休支部赴上海开展主题教育参观学习活动。民进拱墅区基层委进行各项关爱行动，会员何正友向贵州纸房乡中心幼儿园捐赠4万元，用于学校基础设施设备采购。会员刘志华被评为浙江省劳动模范，杨勤奋被评为杭州市劳动模范。次登央吉被推荐为全国最美政协委员候选人，并被市教育工会评选为杭州市年度最美思政教师。联合支部连续第8年获得市委会先进支部荣誉称号。

2019年，民进拱墅区基层委下设大关中学、行知中学、退休和联合支部共4个支部，会员总数87人，其中当年新增会员6名。

【民进拱墅区基层委二届四次会议召开】2019年3月14日，民进拱墅区基层委召开二届四次会议，区委常委、统战部部长赵红出席会议并讲话。会上，举行思想宣传、参政议政、社会服务、组织建设专项工作组成立仪式。民进拱墅区基层委对口联系部门、结对共建社区负责人及全体会员参加会议。

【主题教育工作】2019年11月11日，基委会组织会员在大关小学申花校区召开主题教育工作推进会，会上发放《习近平关于“不忘初心、牢记使命”重要论述摘编》和《习近平新时代中国特色社会主义思想学习纲要》2本书，学习传达中共十九届四中全会精神和“不忘初心、牢记使命”主题教育有关知识，部署全会开展主题教育的主要任务和谋划明年发展思路的工作要求，参观大关小学“百年校史馆”以及会员刘志华建立的“同心工作室”。主题教育期间，组织会员到省司法行政系统廉政教育基地开展警示教育活动，通过以案为鉴、以案促改，增强会员们的政治纪律意识和廉洁自律意识。另组织年轻骨干会员参加区政协举办的福建古田读书班和区委统战部举办的河北石家庄读书班，不断提高会员们的理论水平和综合素质。

【参政议政】2019年，会员王刚撰写的《推进杭州世界遗产保护传承与联动发展的思考》调研报告，被采纳为2020年市政协大会书面发言材料和集体提案。会员陶林撰写的《关于对老旧小区提升改造工作的若干建议》，入选2020年区政协大会书面发言材料。会员孙兴洋撰写的《探索建立教育行业纠纷调解机制》调研材料，被列为市委会年度调研课题并结题。会员翁晨燕撰写的《建议推广整体装配式加装电梯技术方案，助力老旧小区加装电梯工作提速高效》建议

2019 年 8 月 9 日，民进拱墅区基层委在城北亚运公园建筑工地开展“小候鸟”关爱行动（区委统战部 供稿）

被省府办录用。会员商勇平撰写的《关于我市新能源网约车的建议》被市委会录用。基层委提交的《关于尽快将 3 岁以下幼儿托育服务纳入政府管理的建议》《关于为大城北发展铺就品质之路的建议》被评为区政协五届三次会议优秀提案。

【民主监督】2019 年，组织会员参加区政协“生活垃圾分类”民主监督和“请你来协商”活动，先后 2 次到湖墅街道开展生活垃圾分类现场监督活动，提出加强垃圾分类宣传教育和监督管理的若干建议；组织会员参加区政协新样子大讨论和区委统战部最多跑一次民主监督活动，其中会员孙兴洋被选聘为区党外人士“特约人员”，参与对区市场监管局和区税务局的民主监督工作。

【“五百”系列活动】2019 年，民进拱墅基层委参加区委统战部“进百企、走百社、访百家、结百对、聚百日”的“五百”活动和“百名党外人士百日服务基层”的“双百”活动。先后组织 4 名机关会员到上塘街道和大关街道与企业、社区进行交流，了解基层困难与需求，现场开展政策宣传、业务咨询。组织 3 名律师会员参加区科技活动周法律咨询活动。组织 2 名医师会员到结对的湖墅街道仁和仓社区开展健康咨询讲座活动。组织 3 名教师会员赴富阳区湖源乡中心小学开展演讲口才与阅读写作专题教学活动，并向学校捐赠一批音乐器材。组织 8 名会员先后到运河中央公园建设工地慰问一线工人、赴市福利院看望 80 岁以上老年会员。

【“小候鸟”关爱行动】2019 年 8 月 9 日，民进拱墅基层委在城北亚运公园建筑工地开展“小候鸟”关爱行动，向参加活动的小朋友和家长，讲解道路安全、用电安全、旅游安全和防坠楼安全等防范知识。与“小候鸟”一起描绘祖国，作为对祖国 70 周年大庆的献礼。

【“迎新年，送健康”社会服务活动】2019 年 12 月，民进拱墅基层委退休支部与民进余杭第四支部在亲亲家园共同举办“迎新年，送健康”社会服务活动。退休支部 8 人参加。开展健康讲座、健康管理咨询和老中医义诊等活动，并向社区群众免费发放春联和福字。

中国农工民主党杭州市拱墅区总支部

【概况】2019 年，农工党拱墅总支 2 次召开班子扩大会议，并召开总支班子成员述职会暨“不忘合作初心·我与农工党共成长”演讲会。组织党员到半山街道杭钢西苑社区开展送健康送服务活动。总支与区卫健局开展结对互助并联合慰问富阳区贫困户。12月3日，区教育系统农工党党员座谈会暨教育共建基地揭牌仪式在浙江省教育科学研究院附属小学举行。总支被农工党省委会授予2018—2019年度先进基层组织称号，被农工党市委会授予2018—2019年度先进集体称号，第一、第二支部被市委会评为五星级支部，第三支部被评为四星级支部，三个支部全部被授予2018—2019年度先进支部称号。党员林隆参与制作的《你的名字叫农工党党员》微视频，在农工党中央“不忘合作初心，继续携手前进”微视频展播中获得最高奖——特别奖。党员林隆被省委会授予2019年宣传工作先进个人称号，党员刘莉莉被市委会评为2019年“不忘合作初心，继续携手前进”主题教育活动先进个人。党员刘莉莉、汤丽菲被区政协授予“先进委员”荣誉称号。党员陈杭被省委会评为2019年度参政议政先进个人。党员刘莉莉、詹新宇、汪涛、陈杭、屠丹珠被市委会评为2019年“我为‘三服务’献计献策”先进个人。

2019年年底，农工党拱墅总支下属3个支部，60名党员。

【参政议政】2019年，总支有2名市人大代表、2名区人大代表和7名区政协委员，共提交提案建议14篇。其中区人大代表黄坚的《关于加快推进拱墅区既有住宅增设电梯的建议》被评为区人大代表优秀建议，黄坚被区人大授予“代表履职积极分子”荣誉称号；区政协委员屠红霞《关于提高我区养老服务质量的建议》被评为区政协五届二次会议优秀提案。农工党拱墅总支部全年上报调研报告7篇。党员方友青、汪涛撰写的调研文章《市场有眼睛，法律有牙齿，“定向预付式消费”违约风险的网格化管理》被浙江省委会参政议政课题立项；党员陈杭撰写的《基层行政执法部门在执法与管理过程中存在的问题及建议》、党员郑瑶撰写的《未来社区视阈下的基层治理创新——深化完善我市“三方协同”治理机制的思考与建议》、党员刘莉莉撰写的《关于进一步做好3岁以下婴幼儿照护服务工作的建议》被农工党市委会刊物录用；全年上报社情民意30余篇，被各级录用社情民意9篇，党员汪涛撰写的《民营企业家出现“三离”现象须尽快引起关注》被中央统战部录用，党员屠丹珠撰写的《海外疫苗旅游团》被农工党中央录用，党员刘莉莉《关于加快设立社区幼儿托管机构的建议》被省政协录用，党员陈杭撰写的《化妆品电商行业存在的执法问题及建议》被农工党省委会录用。党员汪涛《实现五通破除四难，关于民办非营利性老人公寓管理难题和对策》和《紧抓“三个建设”，让阳光照耀基层，关于“枫桥经验”的传承和发展的建议》，党员詹新宇撰写的《关于辅助用药管理的问题和建议》，党员姜剑明撰写的《关于对“股社分离”的几点建议》被农工党市委会录用。方友青、汪涛以参加区统战部“深化基层治理民主监督小组”为契机，结合对和睦社区、长征桥社区的调研实际，撰写的调研报告《对我区老旧小区改造提升的几点建议》，得到区委书记朱建明批示肯定。

【民主监督】2019年，总支的6名政协委员多次赴半山街道，通过调研座谈、实地暗访等方式，对半山街道生活垃圾分类开展全面监督，政协委员刘莉莉代表第五民主监督小组在区政协专题协商会上做《关于提高居民生活垃圾分类依从性的建议》的发言。

【班子成员述职暨 TED 演讲会主题教育活动】2019 年 2 月 23 日，农工党拱墅总支召开班子成员述职暨“不忘合作初心·我与农工党共成长”第四季“未来发展篇”TED 演讲会。农工党拱墅总支全体党员参加，主委方友青主持会议。述职结束后，与会党员对总支班子及班子成员进行民主测评。

【“缅怀革命先烈”主题教育活动】2019 年 4 月开展“缅怀革命先烈”主题教育活动，总支党员到杭州革命烈士纪念馆瞻仰革命先烈的丰功伟绩，党总支号召全体党员弘扬革命先烈精神，坚定理想信念，不忘初心，奋勇前行。

【“同心·悦读助跑”活动】2019 年 5 月 28 日，农工党拱墅总支部与桐庐县窄溪小学共同举办“相约经典，与你同行”第九届窄溪小学书香艺术节暨庆六一会演活动。党员张智武捐赠教师及学生用书 1136 册。评出 20 名“同心·悦读之星”，并用奖励基金奖励。从 2011 年开始至 2019 年 8 年间，农工党拱墅总支累计给学校捐赠图书 11352 册，价值 28 万多元，帮助学校图书体系的建设。张智武被农工党省委会评为 2019 年度全省社会服务先进个人。

【红色主题教育活动】2019 年 6 月 30 日，农工党拱墅总支部联合省食药监局支部赴富阳区红色小镇——常绿镇，参观蒋忠故居、蒋忠烈士墓。召开座谈会，就如何提升乡镇旅游、共建美丽乡村、发挥乡贤作用、实现乡村振兴等建言献策。会后慰问大章村 3 户贫困户，并送上生活用品及慰问金。

【“百名党外人士百日服务基层”活动】2019 年 10 月 25 日，农工党拱墅总支联合三个对口联系部门，参与统战部组织的“百名党外人士百日服务基层”活动，组织“同心”专家志愿者服务团队赴半山街道杭钢西苑社区，开展送健康、送服务活动。为社区居民提供理发、测血压、健康义诊、家庭医生签约、骨伤咨询、中医理疗、政策咨询等服务，服务群众 300 余人次。

【“对话拱墅明天”主题教育活动】2019 年 12 月，总支组织党员先后到杭州瓜山未来社区和智慧网谷小镇开展“对话拱墅明天”主题教育活动，了解拱墅区未来产业布局和未来社区发展情况，动员党员为拱墅区未来发展做出贡献。

中国致公党杭州市拱墅区总支部

【概况】2019 年，致公党拱墅总支成立对口联系工作领导小组，通过参加对口部门的重要工作会议和活动，开展专项民主监督并建言献策。致公党拱墅总支团体提案《关于进一步夯实拱墅产业平台建设基础，助力大城北开发标杆区建设的建议》被评为拱墅区政协五届三次会议以来优秀提案。拱墅区总支部获评 2019 年度致公党杭州市委会综合先进集体，“不忘合作初心，继续携手前进”主题教育活动、“参政议政提质增效年”活动三项先进集体。总支副主委朱幼群被推荐参评 2018—2019 年度杭州市“三八”红旗手。党员张明秋被评为区政协 2019 年度先进委员，在区政协五届四次大会上受到表彰。在第四届杭商国际化创新论坛上，党员杭州琼楼服饰有限公司总裁赵烈江获评 2019 年度新锐杭商。党员潘晋被推荐为省第十次归侨侨眷代表大会代表。党员盛史超、顾煜俊、姜衡被评为“参政议政提质增效年”活动先进个人；熊凯获评组织工作先进个人；余昉宏、林忠再获评社会服务工作先进个人。

2019年年底，致公党拱墅总支共有3个支部，59名党员。

【关爱老人】2019年3月，致公党拱墅总支党员带着区市场监管部门的安全专家走进杭州市社会福利中心，开展以“你点我检”为主题的食品安全现场快检活动，并向老人们科普食品安全知识和解答食品安全方面的疑惑。联合工商银行拱宸支行的志愿者，为福利中心的老人们送上“二十四节气手工制作活动”。

【对口部门联系工作座谈会】2019年4月18日，致公党拱墅总支与区司法局、区审计局、区应急管理局召开对口部门联系工作座谈会，总支主委杨俊、副主委朱幼群及各支部主委、副主委参加会议。并对专项民主监督、对执行法律法规、党风廉政建设等提出意见和建议。

【“亚运场馆项目工会直通车现场会暨食品安全宣传会”】2019年8月30日，致公党拱墅总支联合区市场监管局、区食品安全监督协会在亚运场馆建设现场共同举办“拱墅区亚运场馆项目工会直通车现场会暨食品安全宣传会”，宣讲食品安全知识，倡导建设者做好食品安全工作。致公党拱墅总支副主委朱幼群在会上开展食品安全知识讲座。

九三学社杭州市拱墅区基层委员会

【概况】2019年，九三学社拱墅区基层委召开委员学习会部署2019年工作安排，成立“九三同心网络联盟”，开展“向中华人民共和国成立70周年献礼”及“加快高质量建设运河沿岸名区”活动，在半山街道夏意社区、米市巷街道夹城巷社区，举办九三科技讲堂活动，开展心理辅导、咨询课。全年举办九三科技讲堂活动5场。

2019年年底，九三学社拱墅区基层委共有4个支社，成员71人。

【九三同心网络联盟启动】2019年4月13日，拱墅“九三同心网络联盟”启动仪式在拱宸桥畔举行，这是民主党派在意识形态工作方面的新探索。区委常委、统战部部长赵红，九三学社市委会专职副主委李玉美为“九三同心网络联盟”揭牌。“九三同心网络联盟”成员以及基层委30余名社员参加启动仪式，并举办“新时代舆论传播工作研究”专题讲座。

【“幸福人生从新开始”的心理咨询讲座】2019年11月18日，九三学社拱墅三支社在半山街道夏意社区开展“幸福人生从新开始”心理咨询讲座。讲座由三支社社员徐湘萍主讲。九三科技讲堂是九三学社打造的社会公益服务品牌，通过社内专家、学者做客讲堂，与社会公众进行知识分享、科普宣传，从而扩大九三学社的社会影响力。另外，由基层委社员担任九三科技讲堂讲师在结对社区、重点企业举办“日常口腔护理”健康宣讲、“保护自己，诚信待人”法律咨询、“认识情绪，合理表达”心理辅导等8场科技讲堂服务，解答群众提出的问题。

（沈光明）

拱墅区工商业联合会（总商会）

【概况】2019年，拱墅区工商业联合会（总商会）（简称“区工商联”）有会员1304个，基层商会11个，行业商会2个，新生代企业家联谊会1个，发展会员120家。会员企业家中，担任拱墅区第七届人大代表25人，区第五届政协委员31人。调研文章《拱墅区加强引进培育独角兽企业的对策研究》获“2018年杭州市工商联系统优秀调研文章”优秀奖。区工商联先后获评“2018年杭州市工商联系统综合先进单位”“全国工商联2019年民营企业调查点工作示范单位”“2018—2019年度全国‘五好’县级工商联称号”。

【基层商会改革试点工作开展】2019年，区工商联在祥符、米市巷2个街道商会改革试点工作中，探索制作各类建会规范文本、流程及领导班子搭建要求，开展相关业务指导和培训，完成对拟提名领导班子成员的非公经济人士社会评价和审查把关，推进试点基层商会先行完成商会换届和去行政化的准备工作。至年底，祥符街道商会具备成立雏形。

【非公有制经济人士思想教育引领】2019年，区工商联围绕“如何把党风廉政建设的触角延伸到企业”调研课题，选树浙江建华集团有限公司和鲜丰水果股份有限公司2个清廉民企建设示范点，宣传企业廉政典型，使辖区民营企业党风廉政建设的氛围更加浓厚、政治生态更加净化、企业效益更加明显。10月19日、10月22—25日，组织会员企业分别赴建德千鹤妇女馆和湖南韶山开展红色主题教育，开展拱墅民企致敬中华人民共和国成立70周年系列活动，引导非公企业人士爱国敬业、遵纪守法、坚定信心、创业创新、服务社会。

【非公有制经济人士能力提升活动】2019年3月1日、5月11日、6月13日，分别组织三次“走进”活动，即“走进杨林控股”“走进圣都集团”“走进恒山实业”，为辖区民营企业搭建相互交流、相互学习促进的平台，创造企业间合作的机会。6月23—28日，组织50余名企业家赴武汉大学，举办为期5天的杭州市拱墅区“品质拱商”暨企业管理创新能力提升培训班。

【非公有制企业创新做强】2019年3月21日，区工商联副主席企业杭州丽珠医疗器械有限公司旗下的全资子公司中翰盛泰生物技术股份有限公司自主研发的独家产品“肝素结合蛋白（HBP）测定试剂盒（荧光免疫法）”荣获“创之星”杯中国体外诊断优秀创新产品试剂类金奖。4月3日，区新生代企业家联谊会副会长、杭州晨鹰军泰科技有限公司总经理邵玮，拱墅民企名家、杭州翔天供应链管理有限公司董事长郭均获选“杭州十大青年领军人物”；6月13日，第16届浙商（投融资）大会上，区新生代企业家联谊会副会长、杭州全拓科技有限公司董事长崔永庆荣获“2019浙商新领军者”，区工商联主席企业浙江建华集团有限公司、副主席企业、区新生代企业家联谊会会长单位品融控股集团有限公司、工商联副主席企业圣奥集团有限公司、杭州天和建设集团有限公司、利尔达科技集团股份有限公司、常委企业话机世界通信集团股份有限公司均荣登“2019浙商全国500强”榜单；6月18日，区新生代企业家联谊会副会长、杭州全拓科技有限公司董事长崔永庆入选科学技术部“创新人才推进计划科技创新创业人才”；25日，区工商联副主席企业圣奥集团有限公司获“中国轻工业百强企业”、“中国家具行业十强企业”称号；8月22日，区工商联主席企业浙江建华集团有限公司、副主席企业海外海集团有限公司蝉联“中国民营企业500强”，海外海集团蝉联“中国民营企业服务业100强”，会员企业浙江泰普森实业集团有限公司荣登“中国民营企业制造业500强”榜单；10月16日，2019年“10.17”全国扶贫日“助力脱贫攻坚杭州在行动”主题论坛上，区工商联副主席、新生代会长单位品融控股集团有限公司、新生代副会长单位浙江奥航综合服务有限公司、会员企业浙江执御信息技术有限公司、浙江银建装饰工程有限公司、杭州零零医科技有限公司被认定为“热心参与东西部扶贫民营企业”，工商联副主席企业杭州天和集团有限公司被认定为“热心参与跨地消薄民营企业”；12月23日，区工商联会员企业杭州运河汽车互联网产业园获评“2019年度国家级科技企业孵化器”，成为拱墅区首家专业型国家级科技企业孵化器。

【参政议政与课题调研】 2019年，区两会期间，工商联界别组17名区政协委员，提交提案共21件，其中3名政协委员各提交2件以上提案，集体提案1件，工商联《关于加快引进培育独角兽企业的建议》在政协会议上做大会发言。两会休会期间，工商联界别组织2次主题交流活动，为拱墅经济和社会发展建言献策。2019年，区工商联承接并组织11批次的上级与区内各部门到民营企业的主题调研，企业家们参与“民营企业各项扶持政策落实情况”“创新市场监管服务机制优化营商环境”和“村级留用地开发建设”等课题的调研和座谈讨论，通过各种渠道参政议政，反映传递民营企业呼声。

【“走亲连心”活动持续开展】 2019年，区工商联多次开展“走亲连心”活动，对工商联执常委企业、新生代会员企业、大树企业、小巨人企业，分3组开展深入走访调研，全年走访企业86家，梳理企业反应的问题34件，帮助企业解决困难和问题29件。3月1日、6月13日，先后两次组织召开主席轮值会议暨政企座谈会，学习关于促进民营企业健康发展的文件精神。3月，组织5次政企座谈会，邀请企业家与工商联特聘顾问单位进行面对面交流，着重就企业普遍关注的税务改革、人才引进政策、子女教育等问题给予回应和政策解答。8月8日，围绕建立诉讼调解与商协会调解对接机制，联合区法院召开座谈会。21日，联合区检察院开展“检察护航民企发展”检察开放日活动。10月19日，拱墅区工商联组织新生代企业家联谊会企业代表、工商联特聘顾问单位和基层商会相关领导、工商联机关全体人员，80余人赴建德举行“毅路同行守初心 开拓奋进建名区”毅行考察活动。考察团分别观察梅城古镇、澄清门、千鹤妇女馆及高铁规划馆。

【精准扶贫消薄攻坚行动】 2019年1月9日，组织举办“消薄帮扶”暨衢江区优质农产品公益订购会，区工商联11家会员企业参与购买农副产品21.6万元，并与衢江区农投公司对接，帮助该地区优质农副产品进入杭州。5月，汉嘉设计、执御信息向黔东南州黄平县教育局和科技局捐赠“空中课堂”设备经费80万元；鲜丰水果在黄平建立水果基地，签订100万元采购协议；品融控股向湖北恩施来凤县教育局捐赠“空中课堂”设备经费30万元；清亦润贸易有限公司分别向黄平县和来凤县订购农特产品300万元。6月始，针对拱墅企业家履行社会责任，参与各项捐助，“拱墅区工商联”微信公众号推出“不忘初心.温暖拱商”系列报道，宣传拱墅区助力脱贫攻坚的优秀民营企业。8月，组织会员企业赴来凤县开展对口帮扶活动，6家会员企业向结对村共捐助70万元，用于筹建“爱心书屋”等帮扶工程。8月14日，区工商联副主席、圣奥集团董事长倪良正为“利奇马”台风重灾区温岭市捐赠200万元。当年，倪良正获第十六届(2019)《中国慈善榜》年度十大慈善家奖项和第六届浙江慈善奖——个人捐赠奖。

（洪佳）

社会团体

拱墅区总工会

中国共产主义青年团拱墅区委员会

拱墅区妇女联合会

拱墅区科学技术协会

拱墅区归国华侨联合会

拱墅区社会科学界联合会

（拱墅区大运河文化研究院）

拱墅区文学艺术界联合会

拱墅区残疾人联合会

拱墅区红十字会

拱墅区总工会

【概况】2019年，区总工会下辖街道（园区）总工会11家，系统基联会和直属工会10家。全区新建基层工会组织172家，新发展工会会员1.3万余人，建会数和新增会员数分别较上年增长18.9%和285.4%，全区会员实名制录入人数16.70万人，其中当年新增约6万人，工会组建“百日攻坚行动”走在全市前列，实名制录入工作位列全市第一。创建杭州市示范职工之家1家、杭州市先进职工之家13家、杭州市先进职工小家4家。全年举办工会干部培训班12期，1100余名工会干部参加培训轮训。精心组织参加全市工会保障工作业务知识竞赛，荣获团体和个人双第一。助推“最多跑一次”改革，全市首创“网上预审通过、当天即办即结”的一体化高效能服务新模式，受理维权咨询120余例、办理法人资格证190余件，窗口获评第一、三两个季度“红旗窗口”和半年度“雷锋先锋岗”。

【“六大专项行动”活动】2019年，组织“六大专项行动”专题赛，以“名区建设赛技能、匠心共筑中国梦”为主题，投入资金175万元，开展各级技能竞赛80场，直接参与职工5000余人次。组织辖区内运河亚运公园体育馆项目、运河中央公园项目等6个重点工程项目，开展“三重一新”立功竞赛，3000余名建筑工人参与。开展职工高技能人才奖励，安排奖励资金23万元，419名职工受益。联合区“六大专项行动”牵头单位，举办“干一行、爱一行、精一行”吹响“服务‘六大专项行动’和谐号”活动，广场启动仪式200余人参与，系列活动得到区委书记朱建明的批示肯定。

【“中国梦·劳动美”舞台搭建】2019年，组织庆祝建国70周年活动，劳模工匠及各线职工代表600余人倾情齐唱《歌唱祖国》，快闪被学习强国全国平台择优录用。举办“不忘初心担使命 匠心筑梦建名区”主题晚会。积极参加杭州市首届职工文化节，选送的10个节目中3个分获一、二、三等奖、2个获最具人气奖、1个获创新先锋奖，其余均获入围奖。

【劳模与“拱墅工匠”评选】2019年，重启区级劳模评选，评选表彰区级劳动模范15人、模范集体10个。首次认定“拱墅工匠”10人，成功推荐省、市级劳动模范及模范集体19个。完成530名劳模历史资料收集归档。开展926全国首个工匠日系列活动，举办匠心访谈、推出“工匠贷”、举行“名师带高徒”结对、成立工匠创新工作室等，大力弘扬劳模工匠精神。开展“守初心·树最美”评选，隆重表彰奖励一线职工56名。

2019 年 6 月 28 日，拱墅区建筑业防水工技能大赛暨职工技能竞赛启动

（林红 摄）

【“运河平安管家”阵地创建】 2019 年，以“和谐劳动运河行动”为载体，落实杭州水晶城购物中心有限公司、浙江和润天成置业有限公司等 24 家企业“运河平安管家”示范点建设，在“五有”职工之家基础上，进一步完善职工书屋、职工讲堂、议事空间、文体活动室、心灵港湾、妈咪暖心小屋六大场所，成立职工服务员队伍、情绪预警员队伍、劳动协和员队伍 3 支队伍，开展职工价值引领行动、职工素质提升行动、职工凝心聚力行动、职工权益保障行动、社会责任建设行动 5 项行动。制作 1 万余份宣传品进一线，联合九洲大药房、沥道夫、振华起重运输装卸有限公司开展持续性灵活宣传，辖区内 200 辆出租车成为“运河平安管家”流动宣传窗口，推动“运河平安管家”具体化、生活化、人文化“三化融合”。

【“和谐劳动关系”构建】 2019 年，确定新一轮工资集体协商提质增效试点单位 20 家。举办工资集体协商培训暨“要约行动月”、劳动法律监督员等培训 3 期。推出“安全隐患随手拍”等活动，21 个问题隐患得到及时解决。开展建会建筑企业欠薪情况集中排查专项行动、工会领域“风险点”排查和劳动关系和谐稳定调研排查，完成 10 家互联网企业劳动用工情况调查问卷，完成劳动关系和谐指数测评。在企业社会责任建设评选中，32 家企业荣获企业社会责任建设 C 级以上荣誉，同比增加 13 家，其中 9 家企业同时获评市创建和谐劳动关系先进企业。

2019 年 9 月 25 日，拱墅区总工会开展庆祝中华人民共和国成立 70 周年暨“匠心筑梦·我和祖国同成长”首届工匠日活动 （余文华 摄）

【困难帮扶及对口扶贫】 2019 年，帮助 287 名外来务工人员春节平安返乡，车票

报销金额5万元。春风助学13人，资助10名外来务工人员上大专，资助金额17.8万元。慰问困难职工45次，帮扶资金7万元。帮助困难职工就业500余人。深化精准扶贫工作，对口帮扶地区捐赠帮扶资金40万元，帮助建立职工活动中心、职工子女托管中心，组织688名一线职工到湖北省来凤县、贵州省黄平县疗休养。发动基层工会购买两地农特优产品1万余份，金额达115余万元，举办两地基层工会干部培训班，为扶贫攻坚贡献工会力量。

【服务职工措施精准有效】2019年，关心职工健康，为5.8万人次办理职工医疗互助，建立5家基层心理健康辅导室，组织900余人次参加心理健康讲座和沙龙12场，为5500余名一线职工免费体检，组织21个批次1254名一线职工参加疗休养，为2.26万名职工送去防暑降温用品。运行“妈咪暖心小屋”37家，新增20家；建管用爱心驿家11家，新增3家。组织“小候鸟”培训班20个，覆盖外来务工子女500余人次；开展暑期“墅工·乐学”活动4场。关心职工精神生活，新增职工文化活动点14家，全区开展群众性文化体育活动77场，参加人数6000余人，举办青年联谊活动和集体婚礼17场，参加人数1000余人。上线“杭工e家”区县联盟拱墅板块，医疗互助、农民工上大学、外来务工人员返乡车票报销等工会亮点品牌工作实现“云上办”。

【服务载体创新】2019年，创设“墅工阳光直通车”(和谐号)，上半年直通车共开展活动13场，服务职工4200余人次。下半年直通车以“一月一主题”的形式开展文明安全出行、维护舌尖上的安全、消防安全等主题活动4场。新建8支志愿服务队，组织近300名志愿者深入基层开展宣传政策、入会服务、磨剪刀、理发等多项服务，受到职工普遍好评。探索“餐单式”培训送教到基层模式，共送培训到企业16场。组织160余家企业开展“助企业、稳就业、促创业”专项服务招聘活动4场，达成就业意向1400余例，激发了民营经济发展内生动力和职工创业创新动能。

（林红）

中国共产主义青年团拱墅区委员会

【概况】2019年，团区委紧抓中华人民共和国成立70周年、五四运动100周年重要契机，以“红色活力群团”为主线，实施“思想引领创新工程”“青春建功实干工程”“活力团建服务工程”“从严治团攻坚工程”，团结带领全区团员青年激情干事创业，为争当高水平全面建成小康社会的排头兵贡献智慧和力量。开展的“青春心向党·建功大城北”“十个一”主题活动，获区委书记朱建明批示肯定。举办青春奋进主题团日、“百年青春印记”史料征集、全区青少年绘画作品明信片展陈等活动50余场次。发布原创MV《风华正茂 拱墅正好》，上线学习强国，总浏览量破200万。开展“不忘初心、牢记使命”主题教育，重点开展“不忘初心 牢记使命”主题读书会、“双联双入·走亲连心三服务”活动等必选动作，特色开展“红船杯”党团知识竞赛、“青年与廉洁”辩论赛等。成立100余支运河青春护航青年突击队，助力全区基层社会治理。召开区第十一次志工委全会。助推杭州詹氏中医骨伤医院针灸推拿科获评全国首个民营医院国家级青年文明号。出台《拱墅区中学共青团改革实施方案》《拱墅区少先队改革方案》。联合区委组织部，完成为期三年的第二期“建功学院”培养任务，71名学员结业；启动第三期“建功学院”培养计划，选拔75名年轻干部，开展“破冰素拓”“一把手面对面”“综合素质提升”等课程5次。全年各项活动在新华网、人民网、《浙江日报》、浙江电视台等宣传报道80余次。在运河财富小镇、10个街道等共建立“青年之家”阵地15个。至2019年年26个。

【“青春心向党·建功大城北”纪念五四运动100周年主题团日活动】2019年3月，团区委发起“青春建功大城北”抖音小视频创意大赛，累计发布作品150余条次。“拱墅共青团”抖音号半数作品点击量超过1万，3条突破1千万，总点赞量近百万。《建功学院修炼宝典》视频登上央视新闻、人民日报客户端。4月29日，团区委在运河广场上举行纪念五四运动100周年主题团日活动，拱墅区委和团市委领导出席，区有关部门负责人、各级团组织负责人、各界优秀青年代表等300余人参加活动。活动现场发布拱墅区“青春建功大城北”主题曲《风华正茂 拱墅正好》，成立“运河青年讲师团”“运河青春护航青年突击队”，表彰拱墅区新时代“向上向善好青年”。5月，全区各团组织举办“青春心向党·建功大城北”纪念五四运动100周年主题团日活动。各直属团组织广泛开展祭奠革命英烈、重温入团宣誓、主题征文、青春演讲等活动50余场次。在乐堤港开展纪念五四运动100周年“时光隧道”展陈活动,形成青年“网红”打卡点，累计打卡超过1万人次。

【青春建功大城北主题曲《风华正茂 拱墅正好》MV首发】2019年4月，由拱墅区团干部作词的《风华正茂 拱墅正好》MV举行首发式，并由拱墅区团干部现场演唱。MV上线学习强国，总浏览量突破200万。

【志愿者队伍建设】2019年4月，拱墅区召开区第十一次志工委全会，组建公益伙伴志愿服务联盟，开展新时代文明实践志愿服务“邻距离”行动暨“3·5”学雷锋志愿服务活动，组织200余支志愿服务队800余名志愿者为市民提供20余项便民服务。同月，举办全区“最美社区”专场志愿服务培训10场次，覆盖超40个社区，700余位骨干志愿者。7月，联合顺丰速运推出青年平安计划，首次探索寄递业与党政部门合作参与基层社会治理，发动300余名快递小哥成为平安志愿者，运送“平安包裹”10万余件。7月1日起，团区委联合顺丰速运首推丰巢快递柜主屏公益宣传，依托全区700个丰巢快递柜主屏，开展为期2个月、24小时全天候的平安拱墅

2019年4月29日，拱墅区运河广场举行纪念五四运动100周年主题团日活动 （团区委 供稿）

2019 年 12 月 1 日，拱墅区橙色阳光行动暨"一年亲人"青春陪伴计划发布会召开 （团区委 供稿）

公益宣传活动，覆盖群众近 350 万人次。此种公益宣传形式在全国范围内属于首次。团区委发挥寄递业优势助推平安三率提升工作获区委书记朱建明批示肯定。12 月，围绕全区"阳光老人家"重点工作，推进"阳光好帮手"养老志愿服务品牌，探索"科技＋人文"养老志愿服务新模式。联合阿里云推出"橙色阳光行动"，为独居老人免费安装智能设备，动态跟踪健康数据；与树人大学推出"一年亲人"青春陪伴计划，由 300 名大学生志愿者与百位空巢老人结对，定期提供志愿服务。"阳光好帮手"养老志愿服务先后被《中国日报》、浙江卫视、杭州电视台、《杭州日报》等专题报道。

【青少年关爱服务】2019 年 8 月，团区委主抓，委托创想社会组织服务中心等 4 家社会组织，开展覆盖全区 10 个街道、为期一个月的"小候鸟七彩童年"夏令营，为辖区青少年和外来民工子女提供五大类、30 余项课程服务，受益 4000 余人次。结合省对区平安考核工作，引入拱墅区行知行帮教驿站社会组织，专业帮扶重点青少年，全年走访慰问 200 余人次，解决轮椅配置、廉租房续租等问题 50 余个。同月，组织黄平青少年拱墅行活动，邀请 10 位孩子走进拱墅，开展"携手童行·伴你成长"黄平青少年夏令营，包含良渚古城遗址、运河博物馆参观，Do 都城职业体验等，同时在运河博物馆举办拱墅—黄平"运河情 · 童梦想"主题画展。

【青字号工程建设】2019 年 6 月，杭州詹氏中医骨伤医院针灸推拿科获评全国首个民营医院国家级青年文明号。2019 年，拱墅区形成青年文明号 1 家国家级、8 家省级、39 家市级、93 家区级的"四级联创"工作矩阵；获评市级青年安全示范岗 6 家，市级十佳青年科技创新能手 1 名；

申报市级杰出青年岗位能手1名、优秀青年岗位能手11名。

【非公企业团建"振兴工程"】2019年6月，在浙江顺丰速运有限公司建立全省首家民营寄递业公司团委，在成立仪式上，团工委启动"双向筑梦"计划，推出青年成长计划，为快递小哥量身定制相亲交友、暑期青少年夏令营、心理关爱、医疗急救4个服务项目。7—9月，团区委开展"脉动新青年 建功大城北"非公企业团建"振兴工程"，密实组织覆盖、丰富主题活动、完善区域共建、深度专题调研，重点抓好青年聚集的园区商圈、特色小镇、新兴领域建团。全年新增省级特色小镇运河财富小镇、全省唯一天猫六星级供应商碧橙等40家非公团组织。打造第二届"非公企业文化节"，各直属团组织自行设计策划实施活动，开展"八一七稻米节"、民宿交友行、登山夺宝赛等活动共计20余场次，服务青年近1000人。

【全区青年综合价值观调研】2019年10月，团区委联合浙江大学公共管理学院教授团队开展全区青年综合价值观调研。以"问卷＋访谈"的形式深度调研各行业1600余位青年，选取党团政治认同、区域政策认知、创新创业趋向等7个维度深度解构，形成1.5万字的《拱墅区青年综合价值观深度调研报告》，把准青年价值取向、清晰青年需求诉求，为有的放矢做好青年工作提供大数据。

【中学共青团改革和少先队改革】2019年，团区委与区教育局党委协作，实施中学共青团改革和少先队改革。成立拱墅教育"青年学院""运河红领巾学院"。以智慧团建系统为依托，重点推进"一编号一团员""学社衔接"工作，专项开展违规团干部任命和违规团员发展核查，团支部整理整顿，推进基层团组织规范化。3月，出台《拱墅区中学共青团改革实施方案》《拱墅区少先队改革方案》，明确各项改革任务和时间表，专题推进工作，确定6所中学、10所小学和3个社区为首批改革试点单位。中学共青团改革注重健全机制、规范运行；少先队改革以红领巾学院为着力点，明确学校和社区少先队改革试点单位任务清单。工作经验在杭州市少先队改革推进会中做典型发言。

【拱墅区首届"青年与廉洁"主题辩论大赛】2019年9月，由区纪委、团区委联合举办"与祖国同奋进，以思廉颂青春"拱墅区首届"青年与廉洁"主题辩论大赛。辩题设置紧扣廉政主题。来自机关、街道、企业的22支队伍，分别围绕"反腐倡廉建设重在正面示范还是反面警示""政府廉洁高效运行需加强内部组织建设还是外部群众监督""事前预防和事后惩治哪个更能有效遏制腐败"等11个辩题展开辩论。最终，区公安分局、区税务局、区检察院、区人力社保局4支队伍进入决赛。围绕"胜天半子、有为而大贪的祁同伟危害和胸怀宇宙、不腐而无为的孙连城哪个危害更大""腐败的根源在于人性的贪欲还是制度的缺失"的辩题进行决赛。区税务局辩论队获得冠军，区公安分局、区人力社保局分获第二、三名。冠军队伍中同时产生最佳人气辩手一名。整个辩论赛历时1个多月，经历5轮23场比赛。决赛现场播放《青清印初心》微视频，以小故事形式，回顾参赛辩手的心理感悟和晋级之路，杭州市建新小学的小朋友现场表演《我的爸爸》廉洁情景剧。决赛通过《今日拱墅APP》进行网上直播。

（宋辰晨）

拱墅区妇女联合会

【概况】2019年，区妇联围绕区委“六大专项行动”，以打造“红色活力群团”为主抓手，聚焦工作短板和群众需求，全力推进工作创新，做好“引领、联系、服务”文章，充分发挥好党联系妇女的桥梁纽带作用。结合“不忘初心、牢记使命”主题教育，发动辖区优秀妇女骨干参与“坚守初心树形象，运河女儿添风采”主题志愿活动；以纪念“三八”国际妇女节109周年为契机，启动“运河巾帼大爱行动”，结合改革开放40周年，举办“集聚巾帼多彩智慧·谱写时代文明新曲”的主题访谈活动；推进区域化妇联组织建设，举办基层妇联组织建设培训会，全面实现在已建立党组织的两新组织100%建立妇女组织，创建6个新时代巾帼文明实践中心示范点，建成拱墅区首个工地妇女微家——浓情丽意小屋；召开家事调解案例研讨会，举办法律维权讲座，认真做好信访接待，区妇联本级接待来信来电来访26件，结案率达98%；组建“运河女儿团”，在全区开展心理健康服务项目，邀请心理健康专家进社区、进企业，提供心理健康专题讲座、咨询服务20余场、2000余人次。至2019年年底，全区10个街道、11个部门和11个新经济组织建立了妇联组织。深入开展主题教育活动，区妇联领导班子成员先后6次调研区“两新”组织和社区，为“两新”企业建妇联和企业招工、职工心理及家庭教育等方面提供帮助，召开专题调研交流会，梳理问题清单6个，形成调研文章4篇。在“拱墅丽人”微信公众号上开展“不忘初心 牢记使命”主题教育知识有奖竞答，发动辖区优秀妇女骨干参与“坚守初心树形象，运河女儿添风采”主题志愿活动。

【新时代巾帼文明实践中心示范点挂牌】2019年3月4日，作为浙江省新时代巾帼文明实践中心建设杭州主城区唯一的试点，拱墅区首批巾帼文明实践中心示范点正式授牌。分别是米市巷街道大塘巷社区邻里·荟、和睦街道华丰社区“巧媳妇”七彩·荟、杭州首家女性经合社社群组织金荷·荟、拱墅区女性文创产业基地伊·觅荟、有晴天社会心理服务中心、运和家事调解中心，标志着拱墅区新时代巾帼文明实践中心示范点建设在全区妇联系统全面展开。

【运河巾帼大爱行动启航】2019年3月5日，区妇联举办“集聚巾帼多彩智慧·谱写时代文明新曲”为主题的纪念“三八”国际劳动妇女节109周年暨“运河巾帼大爱行动”启航活动，省市妇联领导、区四套班子领导出席，全区各级妇联干部、先进妇女典型以及社会各界代表共200人参加活动。现场访谈通过“公益服务巾帼行”“家和事兴助平安”“创业创新半边天”三个环节，与大家分享投身创业创新、岗位建功、社会治理等文明实践中的感人故事。会上表彰拱墅区优秀妇女干部、拱墅区妇女工作先进集体、拱墅区最美家庭，拱墅区平安家庭示范户。

【基层组织建设暨运河巾帼大爱行动主题培训会召开】2019年4月18—19日，区妇联邀请海宁市妇联主席张烨，作《创新工作机制 夯实基层基础 让妇联组织对妇女群众的“黏性”更强》为主题的专题讲座，并实地参观杭州詹氏中医骨伤医院、杭州丝联166文创园等区域化妇建示范点和德清巾帼志愿者服务站、新时代巾帼文明实践点、妇女微家建设，各街道、系统妇联主席、区妇联执委、区新时代巾帼文明实践中心示范点

2019 年 3 月 5 日，拱墅区新时代巾帼文明实践中心示范点建设启动

（区妇联 供稿）

负责人、区域化妇建试点负责人等 90 余人参加培训。

【智慧家长大讲堂举办】2019 年 5 月 19 日，区妇联主办的第七期智慧家长大讲堂在之江饭店报告厅举行。儿童青少年心理教育专家、华东师范大学心理健康教育与咨询中心特约咨询师陈默老师主讲，拱墅区的 500 多名中小学生家庭到场聆听。活动现场，区妇联领导为拱墅区图书馆、上塘街道善贤社区、新东方杭州学校三家单位颁发“拱墅区家庭文明建设示范基地”荣誉牌。12 月 1 日，区妇联主办的第八期智慧家长大讲堂在之江饭店举办，邀请北大家庭亲子教育研究所特聘导师子约老师为拱墅区的近 400 位家长作主题为“父母情绪自控力培养”讲座。

【扶贫结对与对口帮扶】2019 年 5 月 29 日，区妇联带领女企业家走进淳安屏门乡齐坑完小开展“同在蓝天下，我们共成长”六一慰问活动，捐赠了价值 3 万元学习用品；区妇联孵化的社会组织伊墅家亲子交流中心为合村小学提供美术教学、亲子沟通交流、家庭教育等课程，让拱墅—桐庐的“区县协作”以接地气的方式真正达到合作。12 月 12 日，区妇联援建黄平县妇联 5 个易扶社区（新州镇横坡社区、重安镇堡上移民安置点、平溪镇大寨移民安置点、谷陇镇苗岭社区、旧州镇冷水河社区）妇女儿童之家，援建来凤县翔凤镇狮立坪村、枫香村、绿水镇老寨村、旧司镇大坝村的 4 个集中安置小区妇女儿童之家，帮助添置配套设施设备，援建金额共 6 万元。

【巾帼爱廉助廉活动展开】2019 年 8 月 22 日，全区各层面的女干部代表、领导干部家属代表欢聚在运河边的老开心茶馆，参加区纪委、区妇联联合举办的“爱‘廉’说读书会暨巾帼爱廉助廉活动”。活动中，区妇联主席宣读巾帼爱廉助廉倡议书，全区各层面的女干部代表、领导干部家属代表 50 余人签订助廉承诺书，分享新风故事和助廉感悟。区委常委、区纪委书记、区监委代主任熊雄出席活动，并作“清廉家风”主题授课。

【浓情丽意小屋授牌】2019 年 9 月 5 日，在运河中央公园“浓情丽意小屋”内，区妇联与区住建局举行妇女微家授牌仪式。浓情丽意小屋是拱墅区首个工地外来女性务工人员的活动场所。区妇联联合区住建局以“浓情丽意小屋”为服务载体，实现对女性外来务工人员群体的关心与关爱。

【运河女儿团成立】2019 年 9 月 11 日，拱墅区“运河女儿团”举行成立仪式，杭州市妇联副主席丁立燕、拱墅区委副书记李炜向首批“运河女儿团”中的代表颁发聘书。运河女儿团由来自全区检察官、银行行长、律师、老师、学生、退休后继续发挥余热的志愿者 100 余人组成。区妇联、康桥街道办事处有关领导向首批“运河女儿团”成员颁发聘书，运河女儿团全体成员在初心墙下面宣誓：“尽己所能，帮助他人，服务社会”，运河女儿团的 2 位代表做表态发言，运河女儿团环保小卫士组成员做垃圾分类知识宣讲。

【“家风润文明”家风才艺秀上演】2019 年 9 月 11 日，区妇联组织的“家风润文明、礼赞新中国”家风才艺秀在中国京杭大运河博物馆二楼报告厅上演。

市妇联领导和区委领导出席，区各级最美家庭、廉洁家庭代表、各社区家长学校负责人等近 300 人参加。活动现场举行“建设银行好家庭信用贷授信”仪式。

（夏雪红）

拱墅区科学技术协会

【概况】2019 年，拱墅区科学技术协会（简称区科协）以“强三性、去四化”（不断增强政治性、先进性、群众性，坚决克服机关化、行政化、贵族化、娱乐化倾向）为改革目标，以红色群团建设为主线，充分发挥科协作为党和政府联系科技工作者的桥梁纽带作用，团结带领广大科技工作者为建设运河沿岸名区、大城北崛起努力奋斗。拱墅区作为全国科普示范区单位，拥有街道、科技园区科协共 11 家、企业科协 15 家、区级协会 14 家，科普教育基地 14 家（其中市级教育基地 4 家）。

【科协组织体系建设】2019 年，拱墅区科协根据《杭州市科协系统改革实施意见》，结合上级基层群团改革试点

2019 年 9 月 11 日，拱墅区“运河女儿团”成立仪式举行 （区妇联 供稿）

9月17日，2019杭州市拱墅区科普宣传周启动仪式暨校园食育科普节在杭州上海世界外国语小学正式启动　（区科技局 供稿）

推进工作会议精神，年初确定湖墅街道、米市巷街道、祥符街道、科技园区4家单位作为科协基层改革的试点。试点单位从加强科协工作基层基础、创新新形势下科协工作运作模式、扩大科协组织对新领域新阶层的有效覆盖、立足“四服务”工作定位等方面进行了积极有益的探索。10月出台区科协系统深化改革实施的正式方案。为更好更顺畅地开展科协工作，方案中明确规定由街道党工委副书记、园区党委副书记担任相应单位基层科协主席的内容，这种做法走在兄弟城区的前列。根据改革方案，研究制定区科协的换届方案，并联合区委组织部通过考察，选调1名挂职副主席到区科协工作。

【科技创新助力工程建设】2019年，拱墅区科协积极与市属相关学会联系，建立协同创新服务基地，推动技术、信息、人才与平台资源共享，助力企业创新发展和产业转型升级。先后促成市计算机学会与北部软件园、市仪表仪器学会与托普仪器公司对接合作。推动“创新驱动助力工程”走进汽车互联网产业园，设立产业园协同创新基地，组织人工智能、物联网应用、信息安全领域专家走进园区企业，为汽车互联网产业发展提供创新助力服务。以创新驱动和人才引领为核心，鼓励支持企业与院士合作开展项目研发、技术攻关、人才培育，扎实推进院士专家工作站建设。全区累计创建院士工作站9家（其中省级2家）、专家工作站1家，签约合作院士12名、团队人才200余名，开展合作项目38项，其中“发酵冬虫夏草菌粉及制剂”合作项目达到国际领先水平。

【基层科普服务能力提升】2019年，拱墅区科协在全区积极实施“科普中国百千万”和“互联网＋科普”行动，全力推进“科普中国”落地应用，全区共建成科普中国E站15个，注册科普员5900余人，形成街道层面科普E站全覆盖，并逐步向社区、学校、企业以及博物馆、商业综合体等公共场所延伸。5月，举办拱墅区科技活动周启动仪式，现场展示机器人表演与编程、VR技术体验等贴近民生的科技产品，配以专人讲解和现场演示操作，让市民群众亲身体验到科技创新的非凡魅力和给生活带来的极大便利。米市巷街道社区卫生服务中心、区质量学会及部分共建单位开展中医养生保健、血压测量、质量计量咨询等活动，为广大市民群众提供科普咨询服务。区科协和华语之声传媒联合开展现场科普知识竞答、科普画板展示、中国科普信息员注册等科普宣传活动，发放节能环保、健康生活、公共安全、法制宣传等科普资料近500

份。活动周期间，还组织开展以“科创未来，羽动追梦”为主题的拱墅区科技科协系统第三届羽毛球比赛，比赛吸引来自全区各街道、园区、各协会、科技企业以及“双创”的31支代表队、186名运动员参加，9月，2019拱墅区科普宣传周启动仪式暨校园食育科普节在杭州上海世界外国语小学启动。以“礼赞共和国，智慧新生活”为主题，围绕校园食育科普节开展，通过食育课堂、世外农场、“知食博物馆”游园会等活动，普及科学知识、倡导绿色生活。

【科普重点项目征集】 2019年，拱墅区科协向全区基层科协、学（协）会、科普基地等相关单位征集重点科普活动项目，推进全区科普特色活动的开展。5月下发《关于组织申报2019年科普重点活动项目的通知》，经过充分发动、广泛征集，各基层组织共上报四大类29个项目的科普重点活动。区科协对申报的科普活动项目进行筛选审查后，确定4大类18个项目为区科普重点项目，年底共安排28.6万元资金对重点项目给予补助，以项目资助的形式促进《全民科学素质纲要》全面实施。

（朱亮银）

拱墅区归国华侨联合会

【概况】 2019年，拱墅区有基层侨联组织77个，其中街道侨联10个、社区侨联65个、园区侨联1个和楼宇侨联1个。配合市侨联做好拱墅区侨联成立至2018年底侨联侨史资料收集工作，完成10个街道侨联换届工作，走访慰问33位归侨侨眷。

【《拱墅区侨联关于新时代加强基层侨联建设的实施意见》出台】 2019年11月，为全面落实中央、省、市、区委关于深化侨联改革的要求，结合拱墅区侨联工作实际，制定《拱墅区侨联关于新时代加强基层侨联建设的实施意见》。该意见要求通过全区各级侨联的共同努力，5年内社区侨联做到应建尽建，新建园区、楼宇商圈、高校侨联不少于15家，新建企业侨联组织不少于10家，为拱墅高质量建成运河沿岸名区和大城北崛起贡献侨界力量。

【“侨联委员走基层”活动】 2019年，区侨联组织开展的“侨联委员走基层”活动走进康桥街道康运社区，围

2019年11月14日，全国主要大中城市侨联领导在米市巷街道“聚侨堂”交流分享基层侨联建设经验（区委统战部 供稿）

绕“如何进一步做好小区车辆‘上改下’长效管理”这一主题，提出在非机动车出入口加强电瓶车用车安全的标语宣传，地下室集中充电的区域要科学合理布局，在非机动车库坡道两旁加装扶手等具体意见建议。

【外地侨联领导在拱墅区交流基层侨联建设经验】2019年11月14日，全国主要大中城市侨联领导30余人在米市巷街道参观“聚侨堂”并交流基层侨联建设经验。“聚侨堂”以“乐”聚侨，展侨界风采；以“爱”暖侨，为侨服务；以“侨”为桥，汇聚侨智。该做法及基层侨联组织建设所取得的成效，获得各地侨联领导的肯定。

（陈琦）

拱墅区社会科学界联合会（拱墅区大运河文化研究院）

【概况】2019年，区社会科学界联合会（简称区社科联）共有社科普及基地16家，其中省级社科普及基地1家——中国京杭大运河博物馆；市级社科普及基地3家——拱墅区图书馆、小河社区、拱宸书院；区级社科普及基地有：杭州水文水资源科普展厅、杭州郎朗艺术世界、九剧院戏曲影像基地、单向空间、剑瓷视界艺术馆、吴理人民俗艺术馆等12家。区社科联每月定期举办“浙江人文大讲堂·大运河讲堂”等文化活动。开展社科课题调查研究，形成《拱墅区大运河戏曲文化传承发展创新对策研究》等课题研究报告2个。

【社科领域研究成果】2019年，区社科联完成已有成果整理，对2018年的2项重点委托课题《拱墅区大运河数字内容产业带发展战略研究》《拱墅区加快打造“杭州大城北开发建设标杆区”对策研究》，邀请相关业务部门进行评审结题，并与重点委托课题《杭州显宁寺历史文化与保护利用的研究》，区社科联理事撰写的《大运河文化创意产业功能区建设的路径思考》《“文化基因”视域下的运河古镇（浙江段）更新思考》《香远益清看唐宋——唐宋香文化影响下的青瓷香炉》一同汇编成社科成果专报呈送区四套班子领导。开展2019年重点委托课题研究，6月委托杭州师范大学进行《拱墅区大运河戏曲文化传承发展创新对策研究》，就拱墅区戏曲文化发展情况进行调研，提出新时代推动拱墅区大运河沿岸深化戏曲文化传承发展的对策建议；7月，委托市城研中心进行《数字经济时代拱墅区网络直播产业发展战略研究》，分析全区网络直播产业发展路径。此外，根据拱墅区社会科学研究课题管理办法，结合全区中心工作，研究制定2019年度课题指南，为更精准开展课题研究提供服务。

【社科文化传播】2019年，区社科联开办“浙江人文大讲堂·大运河讲堂”，邀请社会各界专家学者、文化名人，围绕大运河历史文化传承与发展，面向广大市民群众和社科爱好者，开展形式多样的讲座7堂，传播社科知识，弘扬优秀传统文化。9月邀请省中国特色社会主义理论体系研究中心嘉兴学院基地首席专家肖纯柏、省文物考古研究所研究员张书恒、浙江日报报业集团副总编辑周咏南等为全区领导干部专题辅导。

【社会科学普及】2019年，区社科联继续建立和完善省、市、区三级社科普及阵地。10月，通过单位申报、走访考察、综合评估，区社科联将杭州水文水资源科普展厅、杭州郎朗艺术世界、九剧院戏曲影像基地、单向空间、剑瓷视界艺术馆、吴理人民俗艺术馆6家各具特色的社科文化场所认定为区级社科普及基地，辖区内的社科普及基地数量扩大到16家，10月25日，由区社科联和区大运河文化研究院主办的“拱墅区2019年社会科学普及周活动启动仪式暨2019年度浙江人文大讲堂·大运河讲堂”第七期在中国京杭大运河博物馆举行。各社科基地开展运河好奇实验室、廿四会公益讲座、中华人民共和国成立70周年照相机展览等活动。

【大运河文化研究新成绩】2019年6月27日，拱墅区大运河文化研究院从区文广旅体局成建制划转至区委宣传部，性质属公益一类事业单位。

4月，大运河文化研究院通过调研，促成“西溪源村”成功更名。6月，杭州地铁5号线首通段开通，该院推动地铁5号线原“通益路站”定名为“大运河站”、上塘路站定名为“拱宸桥东站”。10月助推上塘河沿河生态廊道全线贯通。全年，该院共编制关于运河文化建设的简报8期，并向杭州市人大研究会报送《关于大运河（杭州段）文化带建设》专报1期，出版《拱墅区大运河文化研究》杂志4期。该院还通过多种渠道收集大运河拱墅段、大运河沿线的文献、视频材料，全年累计收集200余册运河相关纸质书籍、电子书，其中《运河文献集成》40册、《中国水利文献珍本汇刊》22册，还有《湖墅小志》《行水金鉴》等。

（王晓晨）

拱墅区文学艺术界联合会

【概况】2019年，拱墅区文学艺术界联合会（简称区文联）成立。区文联团结和引领广大文艺工作者，在文艺品牌活动、组织建设、文化惠民等方面取得一定成效。全年策划承办首届大运河戏曲节、庆祝良渚申遗成功运河分会场活动、“祖国华诞 唱响拱墅”庆祝中华人民共和国成立70周年合唱等文化活动。加强组织建设，10月，小河街道文联成立，12月，区作家协会成立。

【系列文化活动】2019年，区文联围绕中华人民共和国成立70周年，运河申遗成功5周年等重大纪念活动，策划承办首届大运河戏曲节、庆祝良渚申遗成功运河分会场活动、“祖国华诞 唱响拱墅”庆祝中华人民共和国成立70周年合唱活动、“千年大运河·美好新家园——庆祝中华人民共和国成立70周年暨中国大运河申遗成功5周年摄影作品展”、拱墅区“不忘初心牢记使命”主题教育诵读会等系列主题活动，打响拱墅文联文艺品牌。6月22日，承办市文联《我和我的祖国》快闪运河部分活动，组织200余名文艺工作者和志愿者，在运河文化广场、拱宸桥头及运河槽坊船上以联动快闪、歌舞展演的形式，纪念大运河申遗成功5周年，喜迎中华人民共和国成立70周年，春节期间，区文联联合市电影电视家协会，为康桥街道谢村社区居民送上新春电影大餐。联合市文联，在小河街道设立杭州市文艺家联合工会艺术空间·小河驿，定期开展惠民艺术分享会。

【文联组织阵地建设】2019年10月19日，小河街道文联成立，成为杭州市主城区首家街道文联，延伸了拱墅区文联的联系范围、增强了文联组织的向心力、影响力，推动文艺资源更加向基层下沉，让文艺工作者更多贴近群众。2019年年底成立区作家协会，进一步团结凝聚全区的文艺工作者，推动文联组织建设进一步完善。

【区作家协会成立】2019年

2019年9月8日，拱墅区举行“祖国华诞 唱响拱墅”庆祝中华人民共和国成立70周年合唱活动 （区文联 供稿）

12月6日，拱墅区作家协会成立暨第一次代表大会召开，市文联和区委宣传部领导出席。会议选举钟一林为第一届理事会主席，聘请第六届中国作家协会副主席、省作家协会名誉主席黄亚洲为区作协名誉主席。

（王晓晨）

拱墅区残疾人联合会

【概况】2019年，拱墅区共有持证残疾人9241人，同比增长21.9%，占户籍人口总数2.6%。其中肢体残疾3660人，精神残疾1291人，智力残疾1167人，视力残疾1003人，听力残疾1758人，言语残疾95人，多重残疾267人。全年累计发放各类津贴补贴2675万元，新办理残疾人证555人，其中由社区代为办理的533人，代办率为96.35%。5月13日，拱墅区残联与杭州市残联等单位在桐庐县江南镇举行庆祝中华人民共和国成立70周年暨市残联成立30周年大型系列活动——“中国梦想，美丽杭州，精彩拱墅，幸福桐庐”。8月9日，拱墅区肢残协会与北京炜衡（杭州）律师事务所签订合作协议，共同开启无障碍法律服务公益行动序幕。9月，拱墅区残疾人运动员在全国第十届残运会取得2枚金牌、2枚银牌、在第七届特奥会摘得1枚金牌1枚铜牌的成绩。

【残疾人康复工作】2019年，拱墅区开展残疾人小康工程，全年共出资15万余元为有需求的残疾人通过实物配发和货币补贴两种方式提供用品用具432件，包括轮椅、拐杖、淋浴椅、坐厕椅、护理床、助行器、床垫、坐垫、盲表、盲杖、放大镜等。为1名残疾儿童申请免费安装人工耳蜗，为160名残疾人免费验配助听器，为验配助视器的7名残疾人提供补贴，为11名残疾人免费安装假肢，为14名白内障患者申请复明手术，为57名残疾儿童进行抢救性康复。推进社区精准康复服务，全年对4032名有需求的残疾人进行分类梳理，有序录入平台。扩大精神障碍患者免费服药受益范围，进一步推广免费服用疗效好、副作用小的二代精神药物，为精神残疾人提供免费服药497人次，精神残疾人二代药服药工作稳步推进。举办工疗站管理人员培训班，引入社会机构，提高服务能力，促使精神残疾人得到有效治疗，回归社会。开展各类健康知识讲座、康复技能培训等活动10余场，宣传普及残疾预防和康复知识，营造关心、关爱残疾人氛围。

【残疾人社会保障】2019年元旦、春节期间，区残联组织走访慰问残疾人家庭500户，发放慰问金30万元；高温走访慰问500户，发放慰问金30万元。中秋节走访慰问73户，发放慰问金4.38万元。为持证残疾人发放每人每月生活津贴50元，共554.05万元；为5107人次符合条件的残疾人发放2项补贴共1834.96万元，目标人群覆盖率100%；对全区生活不能自理且常年卧床不起的82名困难残疾人发放生活护理费补助共19.6万元；为1075名残疾人发放医疗保险补助80.4万元；为566名残疾人及残疾人子女发放入学补助106.1万元；为1575名残疾人发放养老保险补助319万元，办结残疾人公交免费乘车证3269本。

【残疾人权益保障】2019年，拱墅区残联法律救助工作站围绕“改善残疾人民生，保障残疾人权益”这一主题，服务救助残疾人3人次。根据《浙江省无障碍社区创建办法》，完成和睦街道华丰社区省级无障碍示范社区创建工作。为90户残疾人家庭进行无障碍通道、扶手安装，房间改造和辅助器具的配发。稳妥办理信访事项。全年接待处理残疾人来信、来访和12345及市残联维权部等转办件、网上交办件69件次，接听残疾人来电187人次，参加市、区信访部门等有关调处残疾人和残疾人家属情况的协调会2次。信访的回告率、办结率为100%，信访满意率在99%以上。做好新购残疾人机动轮椅车的需求调查、驾驶培训、考试、选车、上牌等组织工作。新购残疾人机动轮椅车11辆，向472名车主发放燃油补助费25.52万元，组织残疾车驾驶人员开展2次道路安全法规知识宣教培训。

【残疾人就业】2019年，区残联根据2019年市残联《杭州市残疾人职业技能培训计划通知》精神，组织各类就业创业培训。组织200名残疾人参加电商培训。区残联配套落实电商实训补贴，发放电商实训补贴5.4万元。杭州厚品科技有限公司电商平台为50名残疾人提供实训，参加实训的人中有5人与该公司签订劳动合同，同时推出“大家推”平台，带动全国数千人进行网上交易。该平台得到省残联的推广。与“乐漫土”续签培训协议，继续对全区工疗站工疗人员及湖墅学校的学生进行手工制作培训，培训费用20万元下拨到各单位，由各单位直接对接培训内容。乐漫土手工制作参加全省大赛获第一名。依托各专门协会组织140名残疾人参加包括插花、盲人推拿、手工艺制作、书画等职业技能培训。引导各用人单位按比例安置残疾人就业，新增残疾人就业57人，共为614家企业进行用人单位申报审核，229家超比例安置残疾人就业。拱墅区全年就业年龄段残疾人共2026人。其中：病退、特种行业提前退休223人（11%），无劳动能力及长期住院797人（39%），明确表示无就业意愿41（2%）人，被判处有期徒刑1人（0.04%），个体户2人（0.09%），分散就业集中就业614（30%）人，灵活就业325（16%）。残疾人创办企业共23人(1.1%)。较为准确地掌握全区就业年龄段残疾人就业状况。

【“倾听吾声”手语志愿服务】2019年，区残联创新开展“倾听吾声”手语志愿服务，整合导医、手语翻译资源，构建“1+X”手语翻译服务平台，打造辖区9个社区卫生服务中心为手语服务角，手语服务角面向有就医需求的听障残疾人。面向全区各街道社区卫生服务中心和区妇幼保健计划生育指导中心的20名助聋导医志愿者，组织3场“爱随手行心伴语动”倾听吾声手语培训会，增强医务工作人员对手语的了解，提高他们自主学习手语的意识，方便与听障人士之间的沟通。

【“国旗下的诵读”系列活动】 2019年5月13日，由杭州市残联、拱墅区残联、桐庐县残联主办，杭州人民广播电台中波954承办的“中国梦想，美丽杭州，精彩拱墅，幸福桐庐”——“国旗下的诵读”庆祝中华人民共和国成立70周年暨市残联成立30周年系列活动拱墅、桐庐残联专场演出在桐庐县江南镇石阜村举行。活动得到《杭州日报》《都市快报》杭州老朋友广播、杭州市残疾人联合会订阅号、《今日拱墅》等媒体关注和报道。

【残疾人文体活动】 2019年1月29日，“墨香致远 养廉修身”拱墅区残联廉政书画展在区文化馆举行，展期1个月，展示残疾人的特殊艺术才华，丰富残疾人的精神文化生活。书画展的新闻信息在浙江省残联微信公众号、浙江新闻客户端、《反腐败导刊》、杭州市残疾人联合会订阅号、拱墅发布新浪微博、拱墅门户网站等各类媒体平台得到报道。肢残人协会组织重残人游运河暨“希望之家”踏青活动，让高位截瘫的脊髓损伤者能走出家门。拱墅区残疾人太极队以集体项目《易筋经》健身引导气功获“2019年杭州市第十四届传统武术邀请赛”一等奖。省残联组织全省残联系统诗词朗诵比赛，拱墅区残疾人代表表演的2个作品《大运河放歌》《祖国啊，我亲爱的祖国》分别获得一、二等奖。拱墅区肢残人协会在桐庐畲寨与畲族同胞举办以“唱红色经典，颂爱国情怀”为主题的庆祝中华人民共和国成立70周年红歌大家唱活动。区残联牵线搭桥，在杭州国瀚旅行社的帮助配合下，组织残疾人赴湖州安吉鄣吴镇一日游，现场体验全国首个无障碍示范推广小镇鄣吴镇的助残基础设施。拱墅区盲协组织70名盲人朋友在运河边以趣味运动会方式共同度过国际盲人节。为庆祝中华人民共和国70周年暨第六十二届国际聋人节，拱墅区聋协在拱墅区文化馆多功能厅举办拱墅区聋人文艺演出。拱墅区残疾人运动员在全国第十届残运会上取得2枚金牌、2枚银牌、在第七届特奥会上取得1枚金牌、1枚铜牌的成绩。

拱墅区红十字会

【概况】 2019年，区红十字会以“提升红十字救助和服务能力”为总目标，开拓创新，红十字事业实现新发展。全年培训持证救护员2385名，占户籍人口的0.63%，专题培训2.14万名，占户籍人口的5.61%。造血干细胞登记入库92人，完成器官捐献1例，遗体（角膜）捐献4例，登记512例，落实帮困资金12.3万元，帮困453人次。

【“红十字博爱送万家”活动】 2019年年初，开展“红十字博爱送万家”活动，对辖区110户困难家庭进行走访慰问，发放物资共11万元，使弱势群体感受到党和政府的关怀和红十字会的关爱。

【“红十字进社区”巡展活动】 2019年3月7日—4月26日，区红十字会开启为期50天的社区巡展，宣传造血干细胞捐献和遗体捐献流程以及捐献者事迹。巡展走进10个街道20个社区，使居民在家门口就能了解红十字知识和感人事迹，传递社会正能量。

【“健康拱墅‘救’在身边”红十字应急救护培训进机关活动启动】 2019年5月起，在全区机关事业单位开展“健康拱墅‘救’在身边”红十字应急救护培训进机关活动启动，该活动计划到2021年，全区机关事业单位干部职工应急救护培训普及率达80%以上，以迎接亚运会的召开。2019年，区政府办公室、区委宣传部、区公安分局、区卫健局、区财政局、区检察院等单位开展此项活动。

【拱墅区红十字晟命救护志愿者服务队成立】 2019年5月，区红十字会联合区卫健局举办“拱墅区卫生健康志愿服务联盟启动仪式”。仪式上，区红十字会宣布“拱墅区红十字晟命救护志愿者服务队”成立并为之授旗。该志愿者服务队共有成员7名，服务队成立后，在大型活动保障、社区普及救护培训知识中发挥重要作用。

【三届理事会七次（扩大）会议召开】 2019年7月5日，拱墅区红十字会三届理事会七次（扩大）会议召开。会议回顾总结2018年工作，明确2019年工作要点。会长王书评就做好新形势下红十字会工作提出明确的意见，要求区红十字会加强组织建设、关注民生、突出重点工作，推动拱墅区红十字事业再上新台阶。

【红十字应急救护技能竞赛举办】 2019年11月28日，拱墅区总工会、拱墅区卫健局、拱墅区红十字会联合举办2019年杭州市拱墅区应急救护技能竞赛，来自各街道的10支参赛队伍参加比赛，通过理论笔试和止血包扎、骨折固定、心肺复苏3个现场操作比赛，最终大关街道获得第一名。

【中国红十字应急救护培训示范基地在拱墅建成】 2019年12月，拱墅区建成集宣传、教育、体验、培训为一体的中国红十字应急救护培训基地。该基地总投资532.5万元（拱墅区投入500万，中国红总会投入32.5万），占地面积1100平方米，建设时间6个月。该基地是杭州市主城区唯一集参观、体验、互动、培训于一体的红十字应急救护培训示范基地，包含教学区、体验区和办公区，其中体验模块包含红十字运动模块、应急救护模块、地震模块、交通安全模块、消防安全模块、家庭安全模块等内容。基地建设汲取杭州互联网城市发展思维，在传统体验中心的基础上，打造数字化智慧红十字自助体验中心。

（李未）

外事·侨务·港澳台事务

外事

侨务

港澳台事务

外 事

【概况】2019年，拱墅区共办理因公出国（境）自组团4批24人次，党政领导干部参加省、市组团19人次。出访团组赴奥地利、德国、以色列等国家，执行招商引资、招才引智等任务。拜访奥地利保时捷、以色列SE（startupeast）孵化器等知名外企，进行经贸洽谈，提升项目储备；拜访当地政府、协会，深入对接，推介拱墅区招商项目，推动拱墅区企业拓展国际市场；企业因公出访审批5批5人次，教育系统因公出访58批250人次；卫生系统自组团2批17人次，赴德国德中卫生组织开展医疗系统培训，致力于提升基层医疗服务水平。全年审核办理境外人员来华邀请函84批102人次，邀请13个国家人员来华开展商务洽谈、技术指导，来华人员国家以土耳其、沙特阿拉伯、尼日利亚为主。外国人来华邀请函数量逐年增加，来访企业的规模和质量也不断提升。

【主要出访活动】2019年7月，区领导带队一行6人赴奥地利、克罗地亚进行侨领项目对接、开展城市交流；8月，区领导带队一行6人赴德国、荷兰开展招商引资、其他交流活动；区领导带队一行6人赴匈牙利、以色列对接文化教育项目、开展其他交流；12月，区领导带队一行6人赴土耳其、希腊对接文化教育、卫生项目。

【主要到访活动】2019年，意大利卡佩内多罗市长一行走访杭州中亚机械股份有限公司；意大利维罗纳市外宾走访运河财富小镇、运河天地等。拱墅区有关单位接待来自日本、阿拉伯联合酋长国等国家和地区的商务、教育、科技领域的境外到访人员50余人。

4月26—28日，第二届2050大会在杭州举办。拱墅区配合市外办接待“2050大会”参会外国青年人才，并组织有关青年参观拱墅区国际人才创业创新园区，宣传介绍海外人才在拱墅创业创新环境。

8月27日，第四届浙江静冈友好交流乒乓球赛在拱墅区的浙江树人大学举行。静冈县副知事吉林章仁率乒乓球代表团一行43人（含小初高中学生24名选手）与浙江省48位乒乓球选手进行比赛。比赛分高中组、初中组、小学组3个组别，项目分为男子单打和女子单打。该届浙江静冈友好交流乒乓球赛在拱墅举行，对助推大运河文化带建设，扩大大运河拱墅段国际知名度，提前营造亚运会气氛起到积极作用。

2019年10月30日，第二届中国与乌兹别克斯坦人文艺术交流暨“运河与‘一带一路’历史渊源”主题系列活动开幕式在拱墅区宸章画院举行，来自中乌两国的40余位艺术家齐聚一堂，交流文化艺术，共叙两国友谊。杭州市政协领导、区委统战部领导等到会。区委统战部向乌兹别克斯坦艺术科学院赠送书法作品“运河连丝路”，杭州书法院、拱墅区宸章画院分别与乌兹别克斯坦国家艺术科学院签署合作协议，互赠纪念品。

【对外友好交流】2019年，拱墅区组团赴奥地利、德国、匈牙利等国家，开展招商引资、文化教育项目等交流活动，推介邀商效果明显，与境外的人才合作机制不断加深，有力促进全区开放型经济发展。教育团组方面，全年共有16个中小学校与美国、澳大利亚、新加坡等友好学校开展校际交流，执行研修任务的教育团组达40余个，教育交流国际化、多元化趋势愈加明显。企业因公出访学习交流领域更加宽广，设计、高新技术领域的出访任务不断增加。

（王黎明）

2019年10月30日，第二届中国与乌兹别克斯坦人文艺术交流暨“运河与‘一带一路’历史渊源”主题系列活动开幕

（区侨联 供稿）

表 11

2019 拱墅区中小学对外交流一览表

学校团组	出访人数	出访国家	交流活动
杭州人民小学	6	新加坡	校际师 生交流
区教师进修学校附属学校	5	美国	校际师生交流
杭州卖鱼桥小学	5	澳大利亚	校际师生交流
杭州启航中学	5	韩国	校际师生交流
杭州半山实验小学	6	韩国	校际师生交流
杭州北苑实验中学	4	澳大利亚	校际师生交流
杭州星澜小学	5	加拿大	校际师生交流
华东师范大学附属杭州学校	5	英国	校际师生交流
杭州拱宸桥小学	6	英国	校际师生交流
杭州康桥中学	3	韩国	研修
杭州文晖中学	4	日本	研修
杭十四中附属学校	3	芬兰	研修
杭州北秀小学	6	日本	研修
区职业高级中学	2	俄罗斯	研修
杭州文渊小学	5	韩国	研修
杭州拱宸中学	4	日本	研修

（王黎明）

侨 务

【概况】2019 年，区侨联、区留联等侨务组织以“不忘初心、牢记使命”为主题开展学习活动。区留联会“四季歌”连续开展 5 期主题沙龙活动。开展“我爱我的祖国”侨界故事征集活动，挑选一批展现归侨侨眷、海外侨胞“赤子情怀、报效桑梓”的感人故事汇编成册。

【侨企走访活动】2019 年，结合“双联双入·走亲连心三服务”活动，区侨联走访浙江泰普森控股集团、杭州天丰电源股份有限公司、九洲（中国）医药股份有限公司、浙江天平投资咨询有限公司、杭州翔天供应链管理有限公司、杭州琼楼服饰有限公司等侨企 20 余家，帮助协调解决困难问题 12 个。

（陈琦）

【区留联会“四季歌”首期沙龙活动】2019 年 4 月 28 日，拱墅区留学生联合会“四季歌”首期沙龙活动在小河驿·序空间举办，活动以“光·生物钟·健康”为主题。中国美术学院光环境研究所负责人和浙江中医药大学教师为养老场所空间设计布局提供思路。5月13日晚，拱墅区留联会“四季歌”——低音魅力之夜暨大提琴低音提琴专场音乐会在浙江音乐学院现代音乐厅举行，该音乐会由浙江音乐学院国乐系张正（拱墅区留联会理事）赵喆老师领衔，业内众多名家参演，吸引了200余名弦乐爱好者聆听。6月21日，留联会沙龙活动——“中日文化交流”在半山街道三新沙龙活动中心举行，由拱墅区留联会副会长兼秘书长肖恬主讲。7月30日，拱墅区留联会“四季歌”沙龙活动在拱墅区运河汽车电商园举行。此次沙龙活动主题是“企业股权设计整体解决方案”，邀请拱墅区新联会副会长、律师联盟负责人、三道律师事务所主任宋桂明主讲。9月29日，拱墅区留联会“四季歌”沙龙活动以“智慧养老”为主题在米市巷街道大塘巷社区阳光老人家开讲。

（徐丹）

【侨界创业创新工作调研】 2019年7月9日，中国侨联副秘书长、经济科技部部长赵红英一行到拱墅区调研侨界创业创新工作，市侨联领导、区委统战部领导等参加调研。赵红英一行参观杭州国际人才创业创新园（拱墅园区），听取拱墅在引进高层次人才、支持国际人才和科技项目落地转化方面的情况介绍。并调研区侨资企业——杭州芯河光电科技有限公司和乐富创意集团，听取乐富创意集团董事长杨宝庆对园区发展情况及入驻侨企生产经营状况的介绍。

【海外中青年侨联委员走进拱墅】 2019年8月16日，来自法国、德国、西班牙等22个国家的50名海外中青年侨联委员走进拱墅，参观被称为杭州版“中关村”的智慧网谷小镇、拱墅区汽车互联网小镇——万科运河中心，随后由拱墅区投资促进局作关于拱墅区投资环境推介，并游览大运河夜景。

（陈琦）

港澳台事务

【概况】 2019年，拱墅区认真贯彻中央对香港、澳门、台湾的政策，不断加强与三地的交流与合作，3月，区委领导赴香港参加拱墅旅港同乡会的活动。

全年因公赴台2批次，接待台湾各级参观考察团十余次，组织参加杭州市台联会三十周年庆暨浙台邻里节·杭州分会场活动、杭州市第六届两岸亲子文创作品联展等活动；全区共有台资企业41家，其中正常经营32家。

【拱墅旅港同乡会三周年庆典暨第二届理事会换届大会召开】 2019年3月28日，拱墅旅港同乡会成立三周年庆典暨第二届理事会换届大会在香港举行。区委领导分别为担任第二届理事会会长、副会长、理事颁发委任证书，赠送《鱼水情》国画。区委领导和同乡会会员们欣赏由乡贤们自编自导的文艺演出。会后，区委领导拜会中央人民政府驻香港特别行政区联络办公室有关负责人，走访浙江香港商会名誉会长麦世颂并考察凤凰卫视。

（陈琦）

【对台工作精神学习贯彻】 2019年4月16日，拱墅区委常委会第58次会议，专题传达学习中宣部、中央台办《台湾问题与国家统一》学习材料。常委会议要求全区要加大对台商的服务力度，优化台企发展环境，引导台商、台属企业扎根拱墅，融入拱墅发展。

【考察参观团接待】 2019年1月13日，接待南投县政府农业处处长陈瑞庆一行4人。3月18—19日，接待台湾集集镇妇联会参访团。3月29日，接待台湾“国民党中央委员”苏清泉一行6人考察鲜丰水果公司。4月22—23日，接待台湾南投县书画艺术学会参访团。7月3—7日，台湾武术爱好者41人到拱墅区国术研究中心学习交流。7月4日，接待台湾南投县国姓乡小学参访团。7月13日，协助台湾新同盟会南部分会参访团参观大运河。7月20日，接待台湾实习大学生55人参观桥西历史街区。

【两岸文化交流】2019年8月25—31日，拱墅区各界妇女代表基层交流参访团一行15人，到台湾省台北市、南投县和高雄市考察学习妇女工作。9月，区教育局资源教师骨干研修团一行25人，赴台考察台湾中小学特殊教育情况，中小学（幼儿园）对特殊孩子开展日常教育、康复训练情况，台湾师范类大学中对特殊教育专业教师培训与培养等事宜。2019年2月，组织参加杭州市台胞台属联谊会征集作品，贾兴鉴、楼金陵2位台胞获得三等奖。6月，组织参加杭州市第六届两岸亲子文创作品联展，12位同学作品获奖。

【两岸大学生交流】2019年，拱墅区新赴台陆生人数11人，全部在台陆生为40人；陆生赴台前100%参加行前辅导。7—8月，2名台湾大学生到杭州古一文化创意有限公司进行暑期实习。

【对台宣传工作】2019年8月，区台办协助台湾旺中媒体集团、央视记者等一行采访拍摄“文化C游记”系列专题节目，拍摄组一行在小河街道城市眼云共治项目、小河直街、京杭大运河博物馆、大运河、桥西历史街区等地采风，并在台湾媒体上进行宣传报道。

【各类涉台服务】2019年，拱墅区共办理有关企业赴台商务签证11次，提供台胞居住证办理咨询8次。处理涉稳涉信访有关问题1件，帮助协调解决台胞秦某反映欠薪问题。提供台胞子女就学咨询、协调，帮助台胞子女陈某协调上学事宜。完成涉台婚姻子女信息采集5人次。开展中秋、春节慰问，召开侨台界新春茶话会。加强惠台政策宣传，向台资企业、台胞台属宣传中央惠台26条、浙江惠台76条、杭州惠台60条措施等。为辖区企业办理赴台商务申请，承诺“最多跑一次”。夯实涉台基层交流接待示范点珠儿潭社区的接待服务措施，新打造涉台接待基地桥西社区并已投入使用。

（杨萍）

法治

政法委

法治政府建设

公安

检察

法院

司法行政

案例

政法委

【概况】2019年，区委政法委贯彻中央和省、市、区委的决策部署，推进“平安拱墅”建设，服务保障全区经济社会发展大局。省平安考核成绩由2018年的第50名提升至2019年的第27名，连续15年成功创建“省级平安区”，摘得全省首批“一星平安金鼎”。

【《中国共产党政法工作条例》贯彻落实】2019年，拱墅区委政法委严格贯彻落实2019年1月中央政法工作会议精神，学习贯彻《中国共产党政法工作条例》，结合拱墅区自身实际，健全政治督察、综治督导、派员列席政法单位党组（党委）民主生活会等制度，落实区政法部门重大事项请示报告等规定，7月专题对区法院、区检察院、区公安分局、区司法局等政法部门开展政治督察和纪律作风巡查。全区10个街道党组织配齐政法委员，均由街道党工委副书记兼任。12月召开区委政法委全体（扩大）会议，开展2019年度街道政法委员工作述职。

【维护社会大局持续和谐稳定】2019年重大活动期间，区委政法委牵头，全面加强社会面治安巡防，确保重要时间节点全区社会面持续稳定。每天落实志愿者巡防人数达9000余人次，按照治安防控“四级”体系要求，以辖区治安复杂街路、高发案区域为重点，加强重点时段巡逻防控，提升面上见警率和现场盘查率。各街道结合“米市小红帽”“大关邻居”“运河大妈”等平安志愿者的巡防工作，对辖区内重点人、事、物、单位场所进行全面排查管控，提升面上见警率和现场盘查率，保持治安防控的高压态势，加强安全检查、巡逻盘查和应急处置措施。结合扫黑除恶、云剑、清霾、“净网2019”以及“雷霆、飓风”系列4次集中统一行动，通过集中打击整治，全年全区有效警情和侵财案件分别比上年下降11.6%和28.9%。

【《关于深入推进“运河平安管家”建设实施意见》出台】2019年5月10日，区委政法委研究制定《关于深入推进“运河平安管家”建设的实施意见》。意见规定开展“和谐劳动运河行动”“运河青春护航行动”“运河巾帼大爱行动”三大行动，明确群团组织参与社会治理的具体项目，涉及平安巡防、平安宣传、矛盾调解、困难帮扶、情绪疏导五大类39个项目。意见规划在全区街道、社区、企业等层面，建成100个“运河平安管家”示范点、10个“运河平安共同体”阵地，开办40期“运河平安讲堂”，推动“讲平安”融入社区生活。8月，省市领导王昌荣、周江勇、张仲灿批示肯定拱墅区“运河平安管家”工作做法。

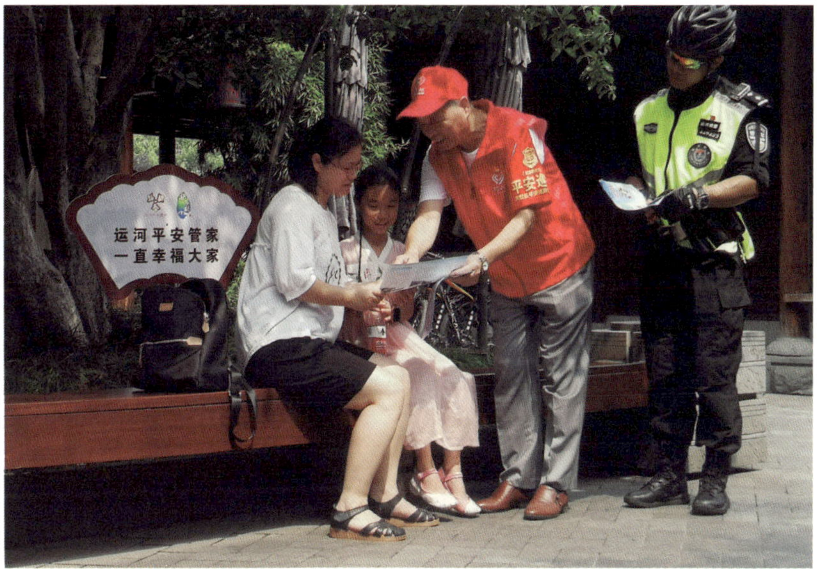

运河平安管家小分队　（区委政法委 供稿）

【行业平安标准化建设】2019年，区委政法委针对平安管理对象点多面广、城区转型快速发展的实际，于3月20日研究出台《拱墅区进一步深化全域"系统（行业）"平安标准化创建活动方案》，方案将多个法律法规规章赋予一个行业单体上的安全监管诸多规定进行梳理归类、系统整合，使每个企事业单位可以通过一个标准体系，通晓和落实生产安全、公共安全、消防安全、食品安全、反恐治安等监管要求。并出台平安综合体、平安校园、平安医院、平安工地、平安餐饮、治安重点单位、平安市场、平安老旧小区、和谐劳动关系、平安宗教场所、平安养老院11个行业标准。同时，召开现场推进会推广。当年，省委平安办对拱墅区开展第一轮平安暗访检查，未发现严重隐患点，实际扣分点为7处，扣4分，比上年分别下降53.3%，55.5%。

【拱墅区社会治理综合服务中心建成投用】2019年6月，拱墅区社会治理综合服务中心建成并投入使用，成为杭州市首批投入使用的区级中心。中心位于湖州街178号三楼，总面积480平方米，由指挥大厅、决策研判区、接待观摩区、日常办公区、机房5个功能区域组成。其中，指挥大厅装有约22平方米的LED大屏，共设15个实时操作工位，负责四平台事件处置闭环的监督考核协调，社会治理领域突发事件的应急指挥。该中心吸收综治、城管、消防、交警、市场监管、行政审批等15个区级部门的人员入驻，实行实体办公、一体研判、统一调度，确保业务协同、指挥通畅；在硬件加持上，嵌入2套综治视联网系统及设备终端，打通市、区、街三级视联网线路；在技术支撑上，开展以统一地址库和社会治理数据归集为基础的"智能塔基"建设，并依托区基层治理综合信息平台，在平安综治维稳信访领域开发功能模块，挖掘数据内在价值，提升算力赋能的水平，通过构建评价模型，发布治理指数，实时动态跟踪监测，增强风险预测预警预防能力。

【社会心理服务体系建设】作为全国"社会心理服务体系建设"试点地区之一，拱墅区持续加大社会心理服务体系建设的探索创新。2019年，拱墅区建成国家首个心理社工培育基地，全年举办18期940人次心理健康社工技能培训，组织第二届"心理社工"大比武，成功举办"5·25"心理服务进课堂暨社会心理服务宣传月活动，加大对在校学生等重点群体的心理疏导干预力度。持续加大区、街道、社区心理服

2019 年 5 月 25 日，“心心相印·爱满校园”拱墅区心理服务进课堂暨社会心理服务宣传月启动仪式（区委政法委 供稿）

务站点的培育，区爱心科技体验馆入选 2019 杭州最具品质体验点 50 强。拱墅区社会心理服务体系建设做法入选中国社会工作联合会心理健康工作委员会《心理社会工作通讯》内刊。

【“城市眼·云共治”系统研发投用】2019 年，拱墅区针对传统的城市治理手段单一、问题发现难、处置效率低、需要投入大量人力等问题，立足实际，率先破题，依托“基层治理四平台”，通过应用互联网技术，积极探索“智慧”+“共治”的城市治理创新机制。2019 年，将已有的 1563 多路街域高清摄像头（“城市眼”）改进，接入“云共治”智能应用系统，通过系统自动识别违规行为，显示到平台的告警系统，后台将信息发送到执法人员的手机 APP 上以及街容众包“共治”微信群，推进城市管理问题实现多元共治。线上可对城市管理最为常见的废弃垃圾、出店经营、人群异常聚集、机动车违停等 11 类场景事件进行 24 小时违法行为智能识别，识别准确率达到 92% 以上；线下配套 10 个共治团队成员 4500 余人参与共治，其中 87% 为商家、物业等非行政管理人员。6 月，该套体系运行以后，“城市眼”发现城市管理问题效率比人工高 44 倍，月均平台告警数达 7.01 万起，处置率达 95%，其中自行整改达 42.3%，共治整改达 39.7%，执法保障整改达 18%，全区路面巡查人员减少 20%。

【扫黑除恶专项斗争】2018 年 1 月，中共中央、国务院发出《关于开展扫黑除恶专项斗争的通知》，扫黑除恶专项斗争正式开展。2019 年，中央扫黑除恶第 11 督导组进驻浙江省督导。拱墅区以中央督导为契机，狠抓扫黑除恶专项斗争攻坚年活动，推动政治站位、依法严惩、深挖彻查、综合治理、组织领导、组织建设等六个方面整改提升，共打掉恶势力集团 4 个，恶势力团伙 4 个，刑事拘留各类涉黑涉恶人员数百余人，破获案件 100 万余起，全区涉黑恶警情比上年下降 94.53%。区检察院“2·1”专案相关工作，入选最高检《扫黑除恶专项斗争典型案例汇编》。

【政法队伍建设】2019 年，区委政法委组织 2 次“平安运河管家”业务培训，覆盖区机关各部门和街道领导、社区干部、基层网格员等 520 人次。区委先后出台《关于加强新时代拱墅公安工作的实施意见》《关于落实我区员额法官检察官单独职务序列等级有关待遇问题的意见》，进一步加大政法队伍建设，明确待遇保障举措，推动作风纪律整治，加大检视问题整改问题力度，打造忠诚干净担当的政法铁军队伍。

【“难点+课题+实践”调研开展】2019年，按照“百姓出题、我们解题”工作思路，区委政法委牵头各街道（园区）、区政法各部门围绕深化基层治理能力提升上做文章，在自身分管领域深入调研破难，推动理论成果向实践的运用转化，31个课题项目转化实践成果14个，10篇调研成果被评为区级一、二、三等奖。

【政法队伍形象塑造宣传工程启动】2019年，区委政法委牵头区公安分局区法院、区检察院、区司法局等单位共同拍摄推广政法队伍形象宣传片。“平安拱墅发布”微信公众号发布105次，评选“每月平安之星”40人，在《今日拱墅》《浙江法制报》等媒体刊登。

（李远翔）

法治政府建设

【概况】2019年，拱墅区深入贯彻落实《法治政府建设实施纲要（2015—2020年）》《法治政府建设与责任落实督察工作规定》《县乡法治政府建设行动计划（2018—2020年）》和《杭州市建设法治政府任务措施分工方案（2017—2019年）》等文件规定，建立拱墅区委全面依法治区委员会，调整成立由区长章燕为组长、副区长欧阳建国为副组长、相关部门负责人为成员的建设法治政府（依法行政）工作领导小组，制定《关于政府主要负责人履行推进法治建设的实施意见》《拱墅区2019年法治政府建设工作要点》，修订完善《2019年度法治政府建设（依法行政）工作考评标准（区直属单位）》，将街道的法治政府建设考核纳入法治拱墅考核体系。公布2019年度全区重大行政决策事项目录，推进重大行政决策执行情况第三方评估。7月，拱墅区被评为浙江省创建法治县（市、区）工作示范单位，湖墅街道和米市巷街道被评为杭州市法治乡镇（街道）创建示范单位，小河街道和康桥街道被评为杭州市法治乡镇（街道）创建先进单位。

【中共拱墅区委全面依法治区委员会成立】2019年4月，拱墅区成立中共拱墅区委全面依法治区委员会。7月8日，召开区委全面依法治区委员会第一次会议，审议通过《中共杭州市拱墅区委全面依法治区委员会工作规则》《中共杭州市拱墅区委全面依法治区委员会协调小组工作规则》《中共杭州市拱墅区委全面依法治区委员会办公室工作细则》和《2019年法治拱墅建设工作要点》，研究确定区委全面依法治区委员会办公室及协调小组成员名单和区委法律顾问名单，并成立委员会办公室及执法、司法、守法普法三个协调小组，专设秘书科承担委员会办公室日常工作。秘书科设在区司法局。建立健全办事机构的日常运行机制。聘请5人为区委法律顾问。9月，印发《2019年度法治杭州建设考评任务分解表》和《2019年度法治拱墅建设考核评价细则》，扎实推进法治拱墅考核评价工作的开展。

【第一批行政执法主体名单公布及监督】2019年7月29日，拱墅区第一批行政执法主体33家行政机关名单对外公布，区政府并给相关执法单位配备968台行政执法记录仪，为规范执法程序提供设备保障。对20家行政执法单位报送的39件行政执法案卷进行集中评查，对各行政执法单位网上公开的行政处罚结果进行抽查，对劳动监察领域行政执法工作专项监督。推广运用浙江省行政执法监管（互联网+

监管)平台,实现100%开通、激活，全年利用掌上执法开展检查1.64万户次。加强政府信息公开，全年门户网站政务公开专栏公开各类信息1万余条，受理依申请公开228件。全年共审核执法证363本。

【县乡法治政府建设行动计划实施】2019年，对区公安分局、区城管局、区卫健局、区市场监管局、上塘街道、米市巷街道6个“县乡法治政府建设行动计划”示范创建单位进行实地检查指导，培育全区“最佳实践”示范点。

【全市首个行政首长模拟法庭活动举行】2019年12月17日，全市首个行政首长模拟法庭在拱墅区人民法院第二法庭举行。拱墅区委副书记、区长章燕，副区长欧阳建国带领全区65位各行政机关的负责人认真聆听，区市场监管局局长出庭应诉。庭审开始前，区委副书记、区长章燕分享了自己曾经出庭应诉，以及对法治政府建设的感悟。庭审结束后，由包括区法院党组书记、院长王美芳在内的三位资深法律工作者、法学专家进行精彩点评。活动旨在进一步增强全区领导干部的依法行政意识、提升依法行政和出庭应诉能力。《浙江法制报》、浙江法治在线、浙江新闻客户端、“浙江普法”“之江法云”、《今日拱墅》等媒体对模拟法庭活动进行了报道。

【全区干部学法用法活动开展】2019年，开展50余名非人大任命区管领导干部任前法律知识考试，组织完成全区70家单位2000余名公务员和30余名市管干部的公务员网上学法用法考试，完成率和通过率均为100%。

2019年11月，赵老师普法工作室为青少年零距离接受法治教育搭建平台

（区司法局 供稿）

【法治宣传教育】2019年，拱墅区落实“谁执法谁普法”的普法责任制，组织全区普法教育依法治理工作推进会，制定下发《2019年拱墅区普法教育依法治理工作要点》，《今日拱墅》专版宣传优秀单位普法工作经验。深化运河法治文化带建设，改造提升省首批“法治文化建设示范点”运河法治文化茶馆、省“青少年法治教育基地”知法学苑等，打造半山法治公园，完善“京杭大运河——拱宸桥精品普法学游线”。深入开展宪法学习宣传教育活动，全区组织1.18万人参观“五四宪法馆”。举办“大手牵小手携手法治行”第二个宪法宣传周暨2019年“12·4”国家宪法日主题晚会，晚会活动于12月4日在浙江卫视晚黄金档播出。原创法治视频《人人学法很重要》和《法印运河》登上“学习强国”杭州平台。依托赵老师普法工作室，开展青少年普法活动，累计开展各类法治课程80余场次。深入推进“浙江省民主法治村（社区）建设三年行动计划”，上塘街道善贤社区、祥符街道秀水社

区成功创建省级民主法治社区，全区20个社区成功创建区级民主法治示范社区。

【**政府法律顾问**】2019年，拱墅区执行《拱墅区人民政府法律顾问工作规则》，积极引导区政府法律顾问利用各自专业特长参与涉诉案件、合同协议、重大行政决策、政府信息公开、信访工作维稳事件等活动，先后10多次牵头法律顾问对区政府重大决策、重大行政行为、重大民生事项等方面进行研究并提出法律意见，确保政府重大行政决策、法律纠纷处理的合法性，有效防止法律风险。

（潘韵之）

公 安

【**概况**】2019年，拱墅区公安分局设有12个派出所、1个看守所和17个机关科室、职能大队，全局民警641人，工勤2人，协警187人，文职49人，协管员380人。全年，共受理刑事、治安总警情70107起，同比下降0.6%；共受理治安案件7394起，同比下降16.87%，查处5275起，同比下降3.9%；查处违法人员2523人，同比下降24.03%。立刑事案件2967起，同比下降2.88%。共刑拘1159人，移诉910人，逮捕494人，行政处罚2629人，行政拘留1529人，同比上年，刑事拘留数上升1.31%，移诉数下降22.09%，逮捕数上升0.82%，行政处罚数下降29.25%，行政拘留数下降30.18%；同年，全区公安机关围绕打造“最安全城区”总目标，紧扣中华人民共和国70周年大庆安保工作主线，坚持改革强警、科技兴警，聚焦风险防控、打击整治、基层基础、智慧警务、改革攻坚、规范执法“六大提升工程”，努力锻造“三能四强”过硬铁军队伍，忠诚担当“防风险、护发展、保稳定”主责，全力推进各项重点工作，确保全区社会大局稳定和治安秩序持续平稳。全年累计立功嘉奖民警58人次、集体11个次，签发战时局长表扬令6次，受表彰民警、协辅警110人次。各类媒体报道达2800余次。开展“最强党支部”建设，拱宸桥派出所党支部荣获全市公安机关和全市政法系统“最强党支部”称号。

国庆安保 （区公安分局 供稿）

【**王双全到拱墅检查指导两会安保工作**】2019年1月24日，副省长、省公安厅厅长王双全在杭州市公安局局党委委员、副局长徐柏林，拱墅区委常委、分局局长刘建军等陪同下，到之江饭店检查指导“两会”安保工作。

【**维稳安保工作**】2019年，区公安分局围绕中华人民共和国成立70周年大庆安保

铁血特战队　　（区公安分局 供稿）

工作，紧盯风险排查、预警预测、联勤指挥、快速处置等环节，建立战时安保联勤指挥部实体化运作、一体化联勤、全天候运转最强作战格局，圆满完成大庆安保、全国“两会”、李克强总理视察等78场次重大安保警卫任务，妥善处置各类突发事件217起。

【反恐怖能力提升工程考核全市第一】2019年，区公安分局着眼突发事件的快速有效处置，破除属地界限，形成队所联动、派出所联勤的三级作战单元，以全域调警、梯队响应、一体化指挥为导向，探索建立战区式维稳处突快速响应机制，妥善处置突发事件200起，圆满完成重点安保警卫任务210场次。创新推进反恐“四联三防”建设，拱墅区反恐怖能力提升工程考核位列全市第一，分局“二手车交易实名制管控‘五步’工作法”获杭州市公安局“解放思想、改革创新”大赛铜奖。

【传统刑事案件侦办】2019年，区公安分局坚持以“大案快破、小案多破、护卫民生”为导向，用足用好“快侦快破”专业队，紧盯入室盗窃、街面现行等传统侵财案件侦办，抓获（刑拘）传统侵财类违法犯罪嫌疑人557人、破案564起，实现传统侵财发案同比下降14.1%。区公安系统连续4年保持“两抢”案件全破，连续8年保持现行命案全破，特别是仅用时3小时，速破祥符“11・15”蓝钻天成故意杀人案；抓获1名潜逃20年的抢劫杀人案逃犯，实现拱墅区命案逃犯全部落网。严打关乎民生的环食药领域违法犯罪，成功破获“12・17”特大生产销售假烟假酒专案、公安部督办“01・03”特大生产销售假烟案，扣押假冒伪劣商品涉案价值2000余万元。

【扫黑除恶专项斗争】2019年，区公安分局紧盯线索排摸、核查和打击等重点环节，专门组建20人的线索核查组，结合中央督导迎检工作，建立“每日专报、每日会商、周六点评、定期视频调度”等机制强化工作落地，通过“党委会、局长办公会、周六会议、专题会议”等形式抓问题整改，开展重点案件、重点问题集中攻坚、深挖研判，先后打掉恶势力集团、团伙8个，刑拘涉黑涉恶人员256人，破获案件167起，实现拱墅区涉黑恶警情同比下降94.53%。

【新型违法犯罪全链条打击】2019年，区公安分局聚焦群众关注度高、社会影响大的新型突出违法犯罪，针对其网络化、隐蔽化特点，紧扣“净网2019”专项行动载体，持续强化网侦队伍和能力建设，侦破“05·17”张罡等非法生产、销售窃听、窃照专用器材案，探索形成针对该类犯罪的全链条打击新模式，经验做法被中央电视台财经频道等6家中央媒体宣传报道，网警大队获“全国十大集群战役优秀参战单位”称号。着眼电信网络诈骗突出违法犯罪打击防范，分局组建反诈专业宣传队、打击队，建立反诈中心，牵头召开反诈宣传示范小区（楼宇、园区）创建现场推进会，坚持宣传防范与打击整治齐头并进，提升打击整治整体质效，2019年累计刑拘239人。

【金融风险防范处置】2019年，区公安系统做好金融网贷风险防范处置，强化涉众性经济案件侦办专案倾斜和法制保障。全力应对网贷平台集中“爆雷”带来的涉众涉稳问题，全局范围抽调50余名精干力量，构建4位局领导挂帅、9部门合力、110名警力组成的最强“专案+专班”模式。“金城”“鑫合汇”等案件联合专案组民警累计出差700天、远赴全国30个城市、行程40万千米，累计采取刑事强制措施209人、查封冻结涉案资金29.42亿，有效防范化解金融稳定风险。

【黄赌毒乱象整治】2019年，区公安分局对黄赌毒等社会治安乱象坚持“零容忍”态度，以“雷霆”“飓风”“闪电”“云战”等系列专项行动为抓手，持续做好涉黄赌毒案件打处和治安乱点整治，全年办理黄赌刑事案件60起，同比上升185.7%，采取刑事强制措施202人，同比上升18.8%，打处涉黄赌团伙28个，打处涉毒团伙4个，成功破获“2019—124”省毒品目标案件，侦破“12·02”网络平台型赌博专案等大要案。

【电信网络诈骗防范宣传】2019年，区公安系统制作7万份反诈宣传手册，组织召开全区市场、农场市场负责人培训会，就有关扫黑除恶及防电信网络诈骗内容进行宣传。开通“拱墅区反诈中心”短信号，提升发送量至60万条，针对1994年、1995年出生的常住人口、流动人口（应届大学毕业生）人群，精准推送“核销贷款、信用卡”类诈骗预警信息6900余条。走访全区高校通报近期高发诈骗案件，并指导学校落实具体举措开展精准反诈宣传，结合校园食堂文化、厕所文化、节电文化、长廊文化开展固化阵地式的宣传，摆放餐桌反诈台签800个，厕所内张贴标语600张、寝室电灯开关处张贴3500张，开展集中课程教育5次，授课人数1500人次，短信推送1.3万条，推送班级微信群10个。与“美团”杭州地区负责人合作，借助拱墅区800余名美团外卖骑手实施“送反诈垫餐纸”计划，设计6款高发类反诈垫餐纸，印刷10万份。在拱墅区银行推送反诈信息单位参与率由70%提升至100%，累计推送客户反诈短信9.53万条。继续发动各学校法制副校长（辅导员）进校反诈宣传，累计进校宣传127人次，校讯通发放宣传短信1.52万条，公众号平台推送92个，推送班级家长微信群1444个，发放宣传资料2.87万份。2019年，拱墅区电信网络诈骗案发案数全市增幅最小。

【户籍人口管理】2019年，区公安分局落实户口核对注销工作。省级常住人口信息2019年6月前民政火化常口未注销410人，无须处置4人，已注销406人，完成率达到100%；强化与卫计部门的业务协作，整合有关人口数据，实现资源共享，采集2019年1—3季度拱墅区户籍人口死亡人口数据1679条，下发各派出所进行核对注销，保证人口信息的正确和鲜活。截至12月份，拱墅区核对注销死亡未注销的户口1360人、服现役未注销的户口13人、出国（境）定居或入外籍未注销的户口24人。省级常住人口信息（重人、重户、重号）疑似线索核查（相似度98以上人员核查）314人，核查314人，重复户口数据16条，其中注销重复户口15人，剩余1人（怀孕分娩），完成率达到99.68%。清理16周岁以上无照片人员数据50人，未申领身份证人员数据340人。按照省厅、市局有关无相片人员清理工作要求，结合落实首次申领居民身份证免收工本费政策，动员引导群众尽快申领身份证，多渠道多方式增补相片，并按规定注销应销未销户口。拱墅区16周岁以上人口信息无相片人员数据50人，增补相片50人，完成率达到100%；未申领身份证人员数据340人，核对340人，其中17人无须处置，313人已处置，完成率达到97.06%。10人因下落不明，服刑、逃犯、无法联系等原因无法处置。

【流动人口管理】2019年，全区流动人口管理工作严格执行市流动人口办《关于开展违规居住出租房屋排查整治行动的通知》要求，强化出租房屋安全管理工作，全区排查存在重点安全隐患出租房屋2312处，清除群租房隐患1392处，行政处罚68起，消除出租房屋潜在安全风险。坚持上门检查登记和网上信息处理并重，全面落实“人来登记”与“人走注销”工作,统一制发《拱墅区流动人口信息报送登记本》，落实流动人口管理主体责任，大力推广流动人口信息自主申报工作，确保流动人口底数清、情况明。经杭州市流动人口服务管理委员会办公室依据《2019年度全市流动人口服务管理排名赋分办法》对杭州市各区县(市)进行考评,2019年度，拱墅区流动人口管理服务排名全市第一。

【出入境人员管理】2019年，拱墅区公安分局出入境管理大队受理、审核、上报审批中国公民因私出国（境）申请97203人次，其中申请出国39016人次，赴港澳台地区58193人次。登记境外人员184252人次到拱墅区旅游、经商、探亲等。其中，外国人115260人次，中国华侨684人次，港澳居民27151人次，台湾居民40157人次；查处各类涉外案（事）件39起，对992名法定不准出境人员情况进行报备，遣送出境非法居留、非法就业、非法入境、卖淫嫖娼境外人员8人。

【智慧安防建设全面落实】2019年，区公安分局牵头华东医药有限公司、省冶金研究院等13家区级治安重点保卫单位全面督导推进智慧安防设施建设，安装监控探头1530个，其中祥符水厂、省交通研究院2家完成安装人脸抓拍监控，13家单位实行门禁管理693系统，10家单位实行巡更系统。推进银行网点人脸识别视频建设，完成安装34家。借力党委政府和社会各方资源进行共建联建，推动智安建设向楼宇、工地、酒店等全类域延伸，完成100个智安小区、79个智慧工地、39个智慧楼宇建设。其中，智安小区建设数量居全市首位，拱墅区作为杭州市提升基层治理智能化暨智安小区建设现场推进会考察点并作大会交流发言，经验做法先后被人民日报、人民公安报和《人民公安》杂志刊发。持续深化网约房治理“智慧化”手段与“共治化”管理机制融合应用，按照“旅馆式”管理模式完成721处网约房的软硬件设施提升改造，成功打造祥符“中天西城纪”网约房管理样板，治理成效获得副省长、公安厅厅长王双全专门批示肯定。由公安部主管、人民公安报社主办的《人民公安》杂志2019年第8期（2019年4月25日出版），专题刊发拱墅分局《智慧警务提升防控体系建设》一文，介绍近年来区公安分局紧密结合实际，多维度建设、多方位推动、多角度延伸，破解智慧警务建设中遇到的新问题，积极构建智慧安防新模式，提升防案控案和服务管理水平。

【“四化”巡防模式打造】 2019年，区公安分局着眼实战需求，突出快速反应、应急联动、有效控制，确保将突发案事件处置在萌芽状态，精心整合PTU、摩托化反恐突击队、特巡队、运河骑警及全区30个一、二级治安岗亭等街面巡防力量，探索“四化（可视化、智慧化、网格化、实战化）”巡防模式，全力打造灵敏快捷、反应迅速的巡防处置最小作战单元，全面提升社会面掌控力。2019年，拱墅区110有效刑事、治安警情同比分别下降22.48%和21.19%，侵财发案同比下降9.61%，社会面整体治安环境持续优化。

【派出所勤务机制改革】 2019年，区公安分局紧扣警务现代化工作要求，积极推动警务流程再造和软硬件设施提档升级，完成10个户籍派出所“一室二队（一室三队）”勤务机制改革，对拱墅区24个防区、81个巡区、237条巡段在“三图合一”系统可视化标注，实现警力可视、警情可视、处置可视。同时，持续优化“小脑+手脚”勤务运行机制，依托“城市大脑”警务操作系统，强化系统实操和实战运用，增强数据分析研判能力，全面提升分局情报指挥中心“大脑”、综合指挥室“小脑”对各基层一线单位“手脚”的掌控能力，打造“大脑+小脑+手脚”工作闭环。

【枫桥式公安派出所创建】 2019年，区公安系统按照祥符派出所“一室三队”，其余派出所“一室二队”模式重构派出所勤务，按“现实警力、编制警力、理想警力”制定三种勤务方案。区公安分局将上塘派出所列为“枫桥式公安派出所”示范创建点，半山、拱宸桥、米市巷、大关4个派出所列为优秀创建点，5个派出所共投入660万元，因地制宜对综合服务窗口、综合指挥室以及寝室、食堂等五小工程不同程度做了提升改造。并重新制定《拱墅区派出所绩效（等级）评估办法》及其细则，各派出所根据“一室两（三）队”勤务架构，完成民警考核办法制定并落实每月考核排名。通过实行“日旬月”通报制度，定期公开晾晒基础重点工作推进进度及短板问题，浓厚“比、赶、

运河骑警　　（区公安分局　供稿）

超”工作氛围。5月24日，《平安时报》头版“争创‘枫桥式公安派出所’专题报道”栏目以《用新时代“枫桥经验”架起平安上塘的过去与未来》为题，介绍拱墅分局上塘派出所积极推进智慧警务建设，争创“枫桥式派出所”的经验做法。该文章是全市派出所中，第一篇刊登在该栏目中的文章。

【营商环境优化工作机制出台】2019年，区公安分局，围绕“六大专项行动”抓好精准对位保障，出台《全区公安机关优化营商环境工作机制》，落实全区重点企业及重大项目建设政务服务十大工作举措，持续助力营商环境优化。积极协同城管、市场监管、运管等行政执法部门开展各类专项整治，提供行政执法坚强保障。全年累计出警300余次，协助相关行政执法部门查扣各类车辆180余辆，整治无证摊贩、出店经营商家30余家。

【警企战略合作推进】2019年，区公安分局强化数据深度共享运用，深化与海康威视、大箴科技等互联网领军企业战略合作，打造警企合作“猎鹰实验室”，坚持需求导向、分步实施、稳步推动，开展“云图、云盾、云战、云瞳、云剑、云效”6个“云系列”主要项目研发，全面启动“大数据采集、智慧安防应用、三维地图、人像比对、重点人员管控分析、智慧绩效考核”等智慧应用攻坚，全力打造拱墅特色智慧品牌。12月16日，区公安分局与杭州海康威视数字技术股份有限公司举行智慧警务项目研发启动仪式。

【外管“三非”案件办理】2019年，区公安分局出入境管理大队以境外人员住宿登记为抓手，逐步完善境外人员和涉外单位管理、规范“三非”案件打处，对涉外单位、涉外酒店、散居社会面境外人员开展常态化走访，定期开展法制宣传进社区、进单位、进企业等活动，提高外国人遵纪守法意识，从根本上杜绝“三非”及各类涉外案事件的发生。大队全年查处违反住宿登记、“三非”外国人案件、外国人吸毒案件共计39起，保证辖区涉外治安秩序良好。

【法律应用能力提升】2019年，区公安分局按照“支撑实战、服务实战”的要求，围绕涉黑涉恶、涉众涉稳、涉民生信访等重大疑难案事件侦办处置，坚持法制“跨前一步”，抽调法制民警全程参与“金诚”“鑫合汇”等重点专案侦办，实行法制提前介入、深度参与、一线指导、牵头会商，确保案件办理质量与民警法律应用能力同步提升。坚持实战实用实效，抓实冬训春训、冬季大练兵和日常教育培训等活动载体，深化法制及相关专业警种培训，开展集中培训60余次，组织全局法律知识测试6轮次。在杭州市法制业务比武活动中获得团体成绩第五、个人成绩第四。

【执法突出问题整治】2019年，区公安系统树立“查问题隐患、抓整改提升、建长效机制”执法监督工作理念，坚持“网上与网下、常态与专项”两个结合，开展提升执法办案水平“三个一”专题活动、取保候审案件专项清理、执法突出问题专项整治，强化常态化网上巡查通报力度，从严抓实问题整改。全年发现执法问题隐患671个，发放纠违通知2份、执法建议书1份，开展执法质量落后单位、执法突出问题相关单位主要责任人约谈。

【执法硬件设施建设】2019年，区公安分局坚持为基层一线执法单位减负增效，推动完善执法硬件建设，强化执法信息化保障，完成11

个办案单位一体化数字签名屏安装，有序推进执法取证系统采购招投标，采购各类执法摄录仪200台；试点智能审讯语音转换系统建设，完成执法管理中心功能区职责扩展，在分局办案区、派出所、看守所完成12个审讯指挥室的建设投用。

【“梦想工作室”成立】2019年，区公安系统扩展宣传渠道和平台，成立全市首个公安融媒体中心“梦想工作室”，提升“两微一抖”等自媒体应用水平。依托融媒体工作室、网评员2支核心队伍，围绕分局各项重点工作推进，选树培育典型，讲好“警察故事”，提振队伍士气、凝聚队伍合力，树立拱墅公安良好形象。分局全年被各类媒体报道达2800余次，其中国家级媒体98篇、省级媒体600篇。

（鲁萍）

检 察

【概况】2019年，拱墅区检察院围绕全区中心工作，立足检察职能，在依法打击犯罪、强化法律监督、护航经济发展、推进各项改革等方面全面履职。全年，受理审查逮捕案件526件853人，批准逮捕313件497人；受理审查公诉案件741件1227人，提起公诉545件912人。集体和个人获得省级以上荣誉17件，市级荣誉12件。连续四年被评为市级先进基层检察院。检察理论调研取得亮眼成绩，立项省级课题2个，市级8个；结题最高检课题1个、省法学会课题2个；2篇论文在知名期刊发表，多篇文章在中国法学青年论坛、最高检理论征文中获得肯定。

【刑事检察】2019年，拱墅区检察院依法批准逮捕故意伤害、强奸等侵犯人身安全犯罪和盗窃、诈骗等多发性侵财型犯罪197人，起诉326人。整治网络犯罪，依法起诉涉及“杀猪盘”、虚假金融投资平台、非法控制计算机系统等新型犯罪案件23件47人。深度分析研究非法生产销售针孔摄像头案，形成的案情分析报告得到杭州市领导批示。配合区监委办理职务犯罪3件5人，起诉浙江省国兴进出口有限公司原董事长陈某某受贿、滥用职权、贪污案等一批社会关注度高的案件。

【扫黑除恶推进】2019年，拱墅区检察院深入推进扫黑除恶专项斗争，批捕涉黑涉恶犯罪35人，起诉86人。聚力攻坚120余天，高质量办理涉案金额达9200余万元的拱墅区首起黑社会性质组织犯罪“2·1专案”，该案被评为全国扫黑除恶典型案例，入选最高检《扫黑除恶专项斗争典型案例》。探索跨地区联动机制，向省外检察院移送黑恶势力犯罪中虚假诉讼线索18件。重拳打击黑恶势力犯罪“保护伞”，起诉4名涉案外省员额法官。

【金融风险防范化解】2019年，拱墅区检察院全力打好防范化解重大风险攻坚战，重点防控金融风险。组织骨干力量成立专案小组，实行专项起诉。办理杭州市首例为非法集资活动洗钱的特大洗钱案，切实维护国家金融管理秩序。审慎办理一批社会关注度高的涉众型金融案件，对金诚集团、“鑫合汇”等22家平台的61名犯罪嫌疑人批准逮捕，对“一点金库”“腾信堂”等19家平台的26名被告人提起公诉。坚持案件审查、追赃挽损、风险防控“三同步”，如在“慧融财富”案中，通过大量数据对比分析，构建资金流向图，及时发现可疑账户，助推涉案资产“查、封、冻”，侦诉联动全力挽回投资人损失。畅通信息渠道，主动正面发声。协调各方力量，大力化解风险矛盾，耐心接访涉案投资参与人30余批300余人次，妥善接处来电数百件次。

【诉讼监督】2019年，拱墅区检察院把监督贯穿办案全过程，立案监督获生效判决11人，1人被判10年以上有期徒刑；加强审判监督，提出刑事抗诉3件，获得改判1件；办理刑事申诉案件5件，发出再审检察建议2件，均已予以纠正。扎实开展刑罚交付、收监执行和财产刑执行等专项监督，发出检察建议6件，均获得整改回复。为保障监管场所安全，维护在押人员合法权益，与在押人员谈心谈话375人次，完成在押人员约见检察官196人次。办理羁押必要性审查案件101件，变更强制措施36人。依法做好罪犯特赦监督，对16名符合条件的服刑人员进行审核。5月13日，与区司法局会签意见，对抓实社区矫正对象的监督工作进行规范。

【民事行政检察】2019年，拱墅区检察院开展民事、行政生效裁判监督，对有问题的案件提出抗诉和再审检察建议。就行政案件执行环节中的问题发出检察建议，得到积极回应。一例行政非诉执行监督案获评杭州市行政检察精品案例。8月22日，牵头成立全省首个打击虚假诉讼工作办公室，并与区法院、区公安分局会签意见，建立加强打击虚假诉讼协作机制，针对虚假诉讼发出再审检察建议24件，其中9件获法院改判。积极探索与省外检察机关协作联动，3月5日会签全省首个《跨省域民行部门参与扫黑除恶专项斗争工作协议书》，建立涉黑恶民事行政、公益诉讼案件线索移送、办理协作等机制。

【公益诉讼】2019年，拱墅区检察院把诉前程序作为检察机关维护公益的首选方式，共办理行政公益诉讼诉前案件72件，五大规定领域外案件10件。就口腔诊所违规排放医疗污水、校园周边商贩售卖不安全食品等问题发出诉前检察建议，所建议的问题整改率达100%。携手山东台儿庄检察院、江苏邳州检察院，探索京杭大运河流域跨区域环境资源保护，7月会签《鲁苏浙京杭大运河流域跨区域环境资源保护行政和公益诉讼检察监督协作配合工作协议》。延伸监督触角，在消防燃气安全、铁路沿线外部安全等方面取得新突破。提起全国首例互联网民事公益诉讼，并首次提出十倍惩罚性赔偿的建议获采纳，为该类案件探索全新的裁判规则，获省检察院检察长贾宇批示肯定，被人民网和最高检公众号等50余家媒体报道。

【经济工作服务保障】2019年，拱墅区检察院秉持“法治是最好的营商环境”的理念，平等保护民营经济，依法办理“鲜丰水果”加盟商盗窃案等一批侵害企业合法权益和扰乱市场秩序的案件，让企业在司法活动中充分感受到安全有保障、权益能维护、发展可预期。坚持司法不忘大局、办案考虑发展，对涉案非公经济人员开展羁押必要性审查35人，变更11人。3月19日，与区工商联会签联合服务意见，依托金融财富小镇和北部软件园，探索服务非公经济新思路。深化检企互动，举办主题开放日活动，邀请企业代表到检察院参观、座谈。党组成员与区重点民营企业联系结对，主动听取诉求，力求精准服务。到浙江盘石信息技术集团、禹洲地产等企业进行走访交流、举办主题讲座、开展法律咨询，为民营经济健康发展提供有力司法服务。

【未成年人司法人文关怀】2019年，拱墅区检察院探索心理帮扶与惩防一体化模式，开展被害未成年人心理疏导，理论成果获最高检表彰。坚持“教育、感化、挽救”，为附条件不起诉的未成年犯罪嫌疑人落实异地观护帮教。摸底排查校园食品安全、公共安全，督促隐患整改落实，守牢校园周边环境安全红线。举办未检检察开放日活动，深化与区人大、区教育局、区妇联等部门的合作。组织人员到杭州师范大学、明德小学、市妇联、振华集团、顺丰速运公司等单位开展法治进校园、“小候鸟”夏令营、“留守儿童”安全讲堂等活动，受众3000余人。

2019年9月26日，检察院“不忘初心、牢记使命”主题教育活动在中国共产党杭州市历史馆举行，全体党员重温入党誓词

（区检察院 供稿）

【参与区域社会治理】2019年，拱墅区检察院立足检察职能，开展专项行动和专项监督，促进行业规范的落实。全年向相关行政部门发出检察建议82份，内容涉及生态环境保护、食品药品安全、安全生产管理等多个领域，均获行政部门支持，整改效果明显。3月13日，针对餐饮店瓶装煤气使用安全隐患，探索发出全市首份五大规定领域外的公益诉讼诉前检察建议，参与完善区安全生产机制建设，做法获省检察院推广。会同行政机关启动消防燃气安全整治回访，建立公益诉讼“回头看”长效机制。持续发挥12309检察服务中心作用，畅通问题反映渠道，回应群众关切，助推拱康路、石祥路渣土专用道建设，从源头治理扬尘污染。派员到区信访矛盾联合调处中心“信访超市”驻点办公，助力矛盾纠纷调解“最多跑一地”。11月25日，携手区司法局建立法律援助工作站，为符合司法救助条件的被害人申请司法救助资金，主动传递司法关爱。

【刑事案件源头治理机制建立】2019年，拱墅区检察院深入践行“枫桥经验”，在诉源治理中找准检察定位，建立刑事案件源头治理机制，通过驻公安派出所的检察官办公室、诉前会议等途径，加大源头控案力度。贯彻少捕慎诉理念，着力降低刑事案件审前羁押率和轻微刑事犯罪案件起诉率，依法对情节轻微的犯罪嫌疑人决定不捕356人，不诉198人。

【检察体制改革推进】2019年，拱墅区检察院紧跟省市检察系统改革步伐，建立与司法责任制改革相配套的内设机构体系，实现机构精简与职能优化统筹推进，为各项法律监督全面协调充分发展搭建组织框架。人员调整到位，配齐配强以员额检察官为核心的新型办案团队。落实员额检察官职业待遇，解决后顾之忧。细化人员分类管理，完善各类人员绩效考核评价机制。以强化司法责任制为目标，在内设机构改革中整合批捕、起诉职能，强化出庭预案应对、细化办案流程衔接，保障“捕诉一体”办案模式落地见效。落实院领导列席审委会、庭前会议等制度，统一诉判共识，凝聚司法合力，推进庭审实质化。强化引导侦查、检警协同，将庭审证据标准传导到侦查前段。发挥诉前会议统一共识作用，共适用95件，其中阮某某贪污、职务侵占案获评杭州市检察机关刑事案件适用“诉前会议”典型案例。以量刑建议精准化为目标，深化认罪认罚从宽制度贯彻，对489人适用认罪认罚从宽制度，推动刑事案件繁简分流、优化司法资源配置。

2019年4月1日，扫黑除恶“2·1专案”在区法院开庭

（区检察院 供稿）

【检察文化建设】2019年，拱墅区检察院综合布局规划，启动数字化互动式检察文化场所改造项目，实现文化设施规范化、信息化提升。重视专业能力建设，以常态化岗位练兵为基础，搭建理论研究平台，10月9日正式获批成立杭州市法学会公益诉讼研究会。推出“法学互动沙龙”和“悦读”沙龙，促升干警专业技能和人文素养。注重形象构建，以积极主动的姿态、生动鲜活的形式，全方位、多角度展现检察工作，获评全国检察宣传先进单位。编印《拱墅检察》《法学共享沙龙》等刊物；全年在各类传统媒体发布宣传稿104篇，24篇被国家级媒体录用，59篇被省级媒体采编；运用新媒体扩大宣传广度，在微信、微博、头条号等平台发布信息4000余条。多维度开展普法释法，拍摄3部微电影，编印法治宣传手册和海报，多次赴社区、企业发放展示、互动交流。

（石玉婷）

法　院

【概况】2019年，区法院受理各类案件20460件，审结21607件，比上年分别下降8.91%和11.9%；一线法官年人均结案505.43件，比上年下降9.94%，年人均结案数量居全市第四位；审判执行等各项工作取得新的进展。

【刑事审判】2019年，区法院全年审结刑事案件526件796人，审结案件数量同比下降27.18%。打好扫黑除恶专项斗争攻坚战，审结涉黑社会案件6件26人、涉恶势力案件12件55人，审结以曹杰为首的黑社会团伙及江苏徐州贾汪区法院、安徽灵璧县法院法官为“保护伞”的“2·1”专案。与纪检监察、公安机关建立线索移交与查办反馈“双向通道”，共排查、移送涉黑涉恶线索7条。推进“打财断血”，在涉黑恶案件中共计判处财产刑1886.7万元。审结非法吸收公众存款、非法经营等案件7件13人，维护金融安全。审结涉案金额

19.5亿元，涉投资人近5万人的“一点金库”集资平台非法吸收公众存款案件，挽回损失1888万余元。审结杭州市第一起为非法集资活动洗钱的“腾信堂”人员洗钱罪案件。坚持宽严相济刑事政策，依法从严判处五年以上有期徒刑163人，对163名被告人判处缓刑，为215名被告人指定辩护人，指定率为100%。

【民事审判】2019年，区法院审结民事案件3413件，同比下降14.8%。完善家事案件多元化解机制，召开家事纠纷诉源治理暨“六大员”工作推进会，与区相关部门落实家事辅导员、家事调查员、家事调解员、家事观察员、危机干预员、案件回访员等“六大员”的选聘工作。审结婚姻、继承、赡养、抚养等案件556件。审结交通事故、产品责任、医疗损害等人身、财产侵权案件560件。审结劳动争议案件188件。审结物业服务合同案件213件。审结建设工程、房屋买卖合同等涉房地产案件261件。

【行政审判】2019年，区法院全年审结行政诉讼案件56件，同比下降42.3%，审结非诉行政案件7件，同比下降53.3%；发挥行政诉讼监督职能，判决行政机关败诉8件，败诉率为14.3%。扎实推进行政机关负责人出庭应诉工作，全年行政机关负责人出庭应诉36件次，占开庭审理案件数的85.7%。充分发挥区行政争议调解中心作用，全年当事人撤诉案件15件，其中经协调撤诉的9件，占一审行政案件的16.1%。强化行政与司法的良性互动，完成行政审判白皮书，与区政府联合召开法治政府建设推进会暨府院联席会议。12月与司法局联合开展模拟法庭普法宣传活动，区长章燕率全区65名行政机关负责人场观摩指导。

【执行工作】2019年，区法院深化执行长效机制建设，始终保持执行工作高水平运行。每周召开执行案件督办例会，围绕核心指标，重点督办6个月以上未结案、终本案件和执行信访件。全年受理执行案件7217件，结案7527件，执结率104.3%。12个月以上未结案下降63.33%，其中超18个月未结案已全部清零。进一步健全综合治理执行难工作格局，探索实施执行联络员制度，推进联合惩戒工作，加大打击拒执力度，移送审查起诉拒执罪案件9件，法院受理判决2件，并对该2件拒执案件在全网进行直播宣判，建立虚假诉讼发现机制，强化执行规范机制。共拘留2851人次，罚款86人次，布控3393人次，列入限制消费名单6509人次，

2019年4月29日，拱墅区人民法院举行人民陪审员宣誓仪式

（区法院 供稿）

列入失信名单 3806 人次。

【诉源治理工作新模式推进】2019 年，区法院积极参与“党委领导、政府负责、社会协同、公众参与、法治保障”的社会治理体制建设，推进“社会调解优先、法院诉讼断后”的案件分层过滤机制，实现矛盾纠纷精准分流，打造以行业调解为特色，以网上化解为方向的城市特色多元化解机制，有效控制案件总量。拓展矛盾纠纷多元化解平台，派员驻点区社会治理综合服务中心，将适宜调解的纠纷引导至人民调解、行业调解、律师调解、仲裁调解等机构。通过加强诉调对接，全年诉前调解成功案件 2536 件，同比增长 11.57%；诉前纠纷化解率 22.06%，同比增加 6.9%。

【民营企业司法保障】2019 年，区法院审结商事案件 8666 件，同比下降 15.81%。审结民间借贷、金融借款、融资租赁、担保等金融领域案件 2436 件，标的 21.3 亿元。审结股权纠纷案件 90 件，追偿权纠纷案件 4787 件，标的 3.3 亿元。与区工商联联合出台《关于建立联动机制服务民营经济健康发展的意见》，建立商会调解、诉调对接、普法宣传、案例指导等机制，妥善处理涉区民营企业案件。建立破产重整企业市场化识别机制，审结破产清算案件 7 件、破产审查案件 9 件，虎牌系列破产重整案顺利完成。加强执转破工作，加快处置“僵尸企业”，稳妥推进雅安公司、经纬公司等具有涉众涉稳风险隐患的破产案件办理。探索善意执行理念，对已经采取失信、限高措施的企业负责人，出于生产所需且配合执行、有履行方案或详细还款计划的，视情解除失信、限高措施，保障企业正常生产经营，让企业家专心创业、放心投资、安心经营。

（姚高峰）

2019 年 5 月 7 日，拱墅区人民法院举行“公众开放日” （区法院 供稿）

司法行政

【概况】2019 年，拱墅区司法局全面履行司法行政职责，为拱墅区高质量建设运河沿岸名区提供法治保障和法律服务，当年，区司法局获评浙江省政法系统先进集体、杭州市社区矫正特级安全单位，并在全省司法行政会议上做经验交流。区司法局社矫大队被司法部评为全国社区矫正机构先进集体。浙江杭天信律师事务所获全国公共法律服务工作先进集体（杭州仅 2 家）。拱墅区获得全省“七五”普法中期成绩突出县（市、区）称号。

【队伍建设】2019 年，区司法局认真落实党风廉政主体责任，签订党建工作责任书 11 份，开展岗位廉政风险排查科室（所）19 家。积极打造司法行政党建品牌

2019 年 3 月 8 日，司法部到拱墅区司法局开展“数字法治、智慧司法”建设检查　（区司法局 供稿）

“金牌六大员”，即争当法律服务工作的金牌助理员、普法教育工作的金牌宣传员、法律援助工作的金牌监督员、社区矫正教育工作的金牌辅导员、矛盾纠纷化解工作的金牌调解员和律师党建工作的金牌指导员。12 月底启动 7 名科级领导干部民主选拔工作。

【法律援助】2019 年，区司法局办理法律援助案件 447 件，其中刑事 349 件；法律帮助 302 件。全年接待法律咨询 4800 余人次。区法律援助中心积极响应公共法律服务“人工智能自助机”“法律咨询平台”的开发推广工作。当年，在区法律援助中心及 3 个司法所配备“人工智能自助机”。借助“互联网 +”，推进“数字法治、智慧司法”信息化体系建设，为群众提供多样、便捷的选择，更好地满足群众多层次、多领域、个性化的法律需求。7 月，组织召开拱墅区法律援助工作表彰大会，对办理法律援助案件成绩突出的 9 名律师进行表彰。

【社区矫正】2019 年，拱墅区接收社区服刑人员 171 人，解除矫正 183 人，在册社区服刑人员 218 人，再犯罪率 0%。全区无社区服刑人员涉嫌重大恶性案件和影响社会稳定的重大事件发生。2 月，区司法局邀请对越自卫反击战英模展亚平为拱墅区全体社区矫正人员做《当祖国需要的时候》英模事迹宣讲。3 月，在浙江省司法行政机关社区矫正工作会议上经验介绍。同月，邀请杭州市西郊监狱何金弟警官为全体矫正工作人员开展社区矫正危险性评估培训，并现场对社区矫正对象进行个案矫治及分析研判。4 月，开展扫黑除恶、社区矫正规章制度等专题培训，有效强化社区矫正工作的执行力度。5 月，与区检察院联合下发《关于加强社区矫正监督与管理的实施意见》，进一步强化社区矫正人员的管控措施。5—6 月，分两批组织全区 237 名社区矫正对象赴“五四宪法”纪念馆参观学习。7 月，召开特赦工作专题会议，成立特赦工作领导小组、特赦评审委员会等相关组织。8 月，全国人大常委会法制工作委员会刑法室主任王爱立一行 5 人到拱墅区调研社区矫正工作，实地参观拱墅区祥符司法所和拱墅区社区矫正中心。9 月，杭州市中级人民法院对拱墅区呈报的 15 名社区服刑人员裁定予以特赦，司法局联合拱墅区人民法院进行公开宣告，并组织国庆社区矫正安全工作誓师大会，210 名社区矫正人员在宣誓墙上签名并宣誓。10 月，区委书记朱建明率队考察区社区矫正中心“智慧矫正”数字防控体系建设。12 月，杭州市拱墅区社区矫正执法大队被司法部授予“全国社区矫正机构先进集体”荣誉称号。

【人民调解】2019年，拱墅区司法局根据司法部统一部署开展“大排查、早调解、护稳定、迎国庆”专项活动，从4月份开始，通过6个月的努力排查出影响稳定的苗头，化解矛盾，消除隐患，确保国庆的安全稳定。7月19日，区委常委会决定由区司法局牵头落实全区诉源治理工作，建立以“行业+街道+社区”大调解体系为抓手不断完善社会矛盾纠纷化解工作体制机制，坚持把非诉讼纠纷解决机制挺在前面，推动从源头上减少诉讼增量。开展政府向社会组织购买调解服务的试点，全年，区司法局向区人民调解协会购买3名人民调解员提供的调解服务，其中2名派驻区信访局、1名派驻区公共法律服务中心。创新基层调解组织人员构成，吸收社区工作人员、物业管理人员、有专业知识的社区居民等加入基层调解组织，既减轻基层负担、又提升基层调解的业务能力。推广“云调解”，通过“浙里调”等在线调解系统，让群众足不出户轻松获得调解服务，实现人民调解数字化。完成2019年度全区11名人民监督员的考核，其中2人评为优秀，9人评为合格。组织全区人民调解员培训16次，其中参加司法部线上大讲堂培训12次，省市组织的培训3次，区司法局培训1次，调解员金龙根被选聘为全省人民调解专家。全年调解案件6492件，其中调解成功6481件，成功率99.8%。加强人民陪审员队伍建设，4月30日，司法局组织公选的第一批260名人民陪审员宣誓就职。

【法治督察】2019年，拱墅区司法局加强对全区法治工作情况的督察。4月，提请区依法治理委员会下发《关于表彰2018年度法治政府建设（依法行政）工作考核优秀单位的通报》。5月，开展杭州市政府规章清理工作，到区市场监督管理局调研法治政府建设“最佳实践”培育计划实施情况。6月，制定《关于开展行政执法主体资格确认公告工作的通知》，在全区开展行政执法主体资格确认公告工作。7月，开展全区行政规范性文件清理工作，并对区本级行政规范性文件制定主体进行了确认。8月，制定《杭州市拱墅区司法局关于贯彻执行〈浙江省行政规范性文件统一编号规定〉的通知》，开展全区2019年度行政执法案卷评查工作，并对上塘街道法治政府建设“最佳实践”培育计划实施情况进行调研。9月，开展全区行政执法“三项制度”实施情况检查，对区城市管理局、米市巷街道法治政府建设“最佳实践”培育计划实施情况进行调研。10月，对区公安分局、区卫健局开展“三项制度”以及法治政府建设“最佳实践”培育计划实施情况实地检查，开展涉及“民营经济31条”惠企政策清理工作，组织2019年法治政府建设业务培训以及拱墅区55周岁以上工作人员综合法律知识培训。11月，召开全区依法行政工作领导小组会议暨府院联席会议，开展2019年度全区法治政府建设（依法行政）工作考评工作。12月，制定《关于印发〈杭州市拱墅区行政执法统计年报制度规定〉的通知》和《关于印发〈杭州市拱墅区行政执法公示办法〉等制度的通知》。

【法律服务】2019年年底，拱墅区有律师事务所80家（其中当年新增4家），987名执业律师。办理各类案件2.07万件，担任法律顾问2035家，业务收费4.52亿元。全区7家法律服务所、28名基层法律服务工作者，共办理各类案件531件，担任法律顾问39家，业务收费合计840.32万元。1月，杭州市律师协会拱墅分会成立。4月，浙江宏昊律师事务所党支部、浙江杭天信律师事务所信义党支部获得拱墅区委组织部授予的“过硬党支部”称号。6月6日，召开2019年拱墅区律师事务所主任会议暨警示教育培训会。9月至11月，组织律所基层党支部开展“不忘初心、牢记使命”主题教育活动。浙江瀛高律师事务所、浙江厚启律师事务所被授予“杭州市规范化律师事务所”称号。

【规范性文件管理】2019年，拱墅区司法局加大对规范性文件制定、备案审查工作力度，对各部门规范性文件制定工作进行指导。结合机构改革，开展区本级行政规范性文件制定主体自查工作，公布区本级43家行政规范性文件制定主体清单。全年共审核区政府及各部门起草的各类文件60余件，对已出台的12件行政规范性文件出具合法性审查意见书，并及时向区人大、市政府报备，备案率100%。对区人力社保局、区市场监管局等报备的6件行政规范性文件予以审查。制定行政规范性文件统一编号规则，由各制定机关根据规则自行编号。对全区行政规范性文件开展全面清理，清理109件，废止24件，宣布失效9件，暂时保留（需要修改）12件，继续有效64件。

【行政执法监督】2019年，拱墅区司法局抽调力量对20家行政执法单位报送的39件行政执法案卷进行评查。经评查，评选出优秀案件2件。按照《浙江省行政处罚结果信息网上公开暂行办法》要求的网上公开范围、形式和内容，对各行政执法单位网上公开的行政处罚结果进行抽查。围绕“三项制度”、重大行政决策、“双随机、一公开”等内容开展检查，对发现的问题分析并提出相应的整改措施。

【行政争议化解机制建设推进】2019年，拱墅区司法局加强多元化解纠纷机制建设，围绕三改一拆、城中村改造后续引起的问题，到上塘、半山、祥符等街道了解和掌握可能出现行政复议、行政诉讼的风险点。针对相关街道、单位反映的城中村改造等工作中出现的一些行政复议、行政诉讼等苗头性问题进行预判，及时与省市区三级法院、上级业务单位做好沟通。探索建立行政调解与人民调解、司法调解协调配合、信息沟通和效力衔接机制。全年组织行政调解案件13238件，其中涉及行政争议调解3件，涉及民事纠纷调解13235件，涉案金额共计3866.626万元。经多方努力调解成功9492件，结案率达70%，达成调解协议后没有一起提出行政复议或者诉讼。

【行政复议应诉】2019年，区行政复议局收到区政府职能部门、街道为被申请人的行政复议案件127件，其中维持31件，驳回申请6件，经调解后终止23件，撤销3件，确认违法30件，中止14件，不予受理1件，其他处理19件。收到区政府为被申请人或参加行政复议的行政复议应诉案件10件，均在规定时间内作出答复，审结8件，1件败诉，败诉率为12.5%。收到区政府为被告的行政应诉案件30件，依法积极应诉，审结11件，3件败诉，败诉率为27.3%。就杭州同瑞运输有限公司不服区人力社保局作出的工伤认定（拱政复〔2019〕66号复议决定书）及杭州滨江物业管理有限公司诉综合执法局行政处罚（拱政复〔2019〕73号复议决定书）两案，专门组织召开听证会，以客观公正作出行政复议决定。

（潘韵之）

案例

【杭州市首例为非法集资洗钱的特大洗钱案公诉】2016年底，杭州人李某接到多年前认识的朋友朱某（另案处理）的电话，朱某邀请李某参观腾信堂公司，还向他介绍公司对外发售的金融理财产品，后朱某提出让李某办理银行卡供公司走账使用，并允诺支付每月1万元好处费。李某心动不已，还找来自己的同事雷某加入。此后，腾信堂公司吸收的大量社会公众资金陆续被存入雷某、李某的账户。根据朱某等人的指示，雷某、李某不仅大额提现，还以“同柜取存”的方式将巨额赃款流转给他人。经查，雷某转移犯罪所得达6300余万元，李某转移犯罪所得达3200余万元。2017年深秋，雷某找到朱某，让她写了一张“走账与雷某无关”的字条以求“自证清白”。李某则删光了他和雷某、朱某的聊天记录，还变卖了朱某为自己购买的轿车，以求脱离干系。2018年底，雷某、李某落网。2019年9月2日，拱墅区检察院以涉嫌洗钱罪对雷某、李某提起公诉。拱墅区法院以洗钱罪一审判处犯罪嫌疑人雷某有期徒刑三年零六个月，并处罚金人民币360万元；判处李某有期徒刑三年，并处罚金人民币170万元。

【全国首例互联网法院民事公益诉讼】2019年7月17日，拱墅区检察院作为公益诉讼起诉人，对李某、刘某网售不符合食品安全标准的“减肥产品”，侵害消费者权益的行为，依法向杭州互联网法院提起民事公益诉讼，要求二人共同承担违法销售价款十倍的惩罚性赔偿，并在全国性的媒体或平台上公开赔礼道歉。这是全国首例互联网法院民事公益诉讼。

自2016年9月起，被告李某在网络平台多次低价购入大量“三无”减肥胶囊，伙同被告刘某私自灌装并加贴标签，虚构减肥功效，随意标识用法用量，以“纯中药七天瘦加强版强效瘦身减肥瘦大腿肚子”“纯中药七天瘦加强版无副作用肥胖强效瘦身减肥瘦大腿肚子”等产品名，在电商平台向不特定消费者加价出售。至2018年1月，共计金额5.6万余元。

经鉴定，现场扣押的涉案胶囊中含有西布曲明、酚酞，均为在食品中禁止添加的成分。西布曲明不仅是器质性肥胖症、妊娠、哺乳期及育龄妇女和心脑血管疾病患者等11类人群的禁用药，还对轻中度肝肾功能障碍、16岁以下儿童和65岁以上老年人等群体慎用。酚酞为刺激性泻药，对哺乳期妇女等7类特殊体质人群禁用，如过量或长期使用酚酞，可造成电解质紊乱、诱发心律失常、神志不清、肌肉痉挛以及倦怠无力等症状。

2019年3月，拱墅区检察院以销售有毒、有害食品罪对二被告提起公诉，指控被告利用互联网向众多不特定消费者销售大量不符合食品安全标准的食品，违反《中华人民共和国食品安全法》关于禁止经营非食品原料生产的食品以及生产经营的食品中不得添加药品的规定，危害消费者的人身健康安全，损害社会公共利益。被追究刑事责任的同时也应承担相应的民事侵权责任。

拱墅区检察院发布公告期限届满后，无适格主体起诉至人民法院，遂依法向杭州互联网法院提起该民事公益诉讼。9月5日，该案由杭州互联网法院在线公开判决，检察机关诉讼请求全部得到支持。法院判决李某、刘某支付侵害消费公共利益的损害赔偿款610400元，并在《法制日报》向社会公众刊发赔礼道歉声明。

（石玉婷）

【“1999·12·11”金华新村抢劫杀人案侦破】1999年12月11日18时许，拱宸桥金华新村 14-36-501 发生一起入室抢劫杀人案，被害人骆某某（女,66 岁）被杀害。案发后不久，其中一名案犯程某被抓获，主案犯李某某负案在逃，被区公安分局列为上网逃犯。2019 年 6 月初，分局刑侦大队在未破命案梳理分析工作中，经基础排查和相关技术手段分析取得重大突破，发现该犯极可能化名陈某某在金华永康一带潜伏活动。6 月 12 日，刑侦大队迅速派遣精干力量赶赴金华永康开展工作，最终在诸永高速诸暨服务区将其成功抓获，并连夜押解回杭。侦查员彻夜奋战，马不停蹄开展审查工作，13 日凌晨，犯罪嫌疑人李某某交代了当年与另一犯罪嫌疑人程某合伙经预谋抢劫杀人的犯罪事实。至此，该案时隔 20 年后成功破获。

【2018 年“2・1”黑社会性质组织案件侦破】2018 年 1 月初，拱宸桥派出所接到事主吴某某报警，称其到拱墅区美好国际浩冉网络投资公司借钱 80 万，对方让其签了 160 万借款合同与 5 万元的保证金合同。而实际到手金额为 53.3 万，后对方凭借 5 万元的合同到安徽灵璧法院起诉，将其名下 2 套房产保全，迫使其归还 160 万元。根据该案件情况，分局对辖区内涉及类似“套路贷”的报案警情进行串并侦查，发现在辖区内美好国际大厦的浩冉网络投资公司、万通中心大厦的志胜网络投资公司等公司内，存在较多借贷纠纷警情，且涉及人员在徐州贾旺、安徽灵璧、安徽蒙城 3 家法院存有大量民事诉讼，均涉及民间借贷，且针对大量杭州房产进行保全。

据此情况，区公安分局立即成立专案组，开展对线索的深度调查，通过对资金流查询、房产被保全人走访等工作，查找新的受害人。最终发现以曹某、曹某、朱某、葛某为首的犯罪组织，串通勾结国家司法机关工作人员，在杭州、上海、南宁、西安等地开设公司，以诱骗、欺诈、胁迫等方式，让受害人签订空白合同、制造虚假银行流水，通过外地法院违规保全房产的方式，迫使被害人归还远高于借款的金额，攫取了巨额非法财富，造成多名被害人破产、抑郁、自杀等严重危害后果，严重侵害群众利益、破坏经济秩序，严重损害司法公信力。专案组于 2018 年 2 月 1 日进行集中收网行动，后续又在上海、浙江嘉兴、诸暨、桐乡，江苏徐州、常州、南京，安徽合肥、灵璧、蒙城，河南商丘等十余地追捕漏网嫌疑人，扩大战果，共抓获犯罪嫌疑人 51 名（其中法官 3 人、书记员 1 人）。查证、破获敲诈勒索、寻衅滋事、虚假诉讼、非法拘禁、诈骗等案件 135 起。此案查证的被害人 160 余人，其中造成 2 人自杀、1 人自杀未遂、1 人抑郁症。查证被犯罪嫌疑人非法保全的房产数量 174 套（市值约 5.3 亿元左右），商铺 8 套 15 间（市值约 2000 万元左右），涉案总价值约为 6 亿元左右。

2019 年 5 月 17 日，拱墅区人民法院以组织、领导、参加、纵容黑社会性质组织罪对该涉黑犯罪组织及其保护伞依法判决；8 月 9 日，杭州市中级人民法院驳回上诉，维持原判。至此，全省首个以外省法官为“保护伞”实施房贷套路贷犯罪的黑社会性质组织彻底覆灭。

【鑫合汇专案侦破】2019 年初，有投资人向拱墅区公安机关报案，反映杭州鑫合汇互联网金融服务有限公司（以下简称“鑫合汇”）涉嫌非法吸收公众存款。

区公安分局经前期排查后，于 4 月 7 日进行立案，并集中行动收网，对 20 名犯罪嫌疑人采取强制措施。杭州市、拱墅区两级公安机关抽调 63 名精干力量组成专案组，同时联系天平会计事务所、六合律师事务所配合处理案件。经侦查，犯罪嫌疑人陈某伙同蔡朝某、杨某等人利用杭州鑫合汇互联网金融服务有限公司、浙江中新力合资产管理有限公司、浙江信达新财富投资管理有限公司、杭州拱墅区民间融资服务中心有限公司、杭州天马力合民间资本管理有限公司等公司，采取公开宣传、承诺保本付息并许以高息等手段，通过“鑫合汇”线上APP平台、线下签订合同等方式向不特定人群吸收资金，涉案资金流量达2200亿元，涉及未兑付资金33.6亿元，未兑付人数投资人17619人。区公安分局积极侦办，对58名嫌疑人采取强制措施，案件经过三次延长后，于2019年12月13日将第一批共17名嫌疑人移诉至拱墅区人民检察院。经过刑民并举、技战法集合等方法，追赃挽损率达77.15%。

【“12·4”网络平台型赌博专案破获】 2019年12月4日，拱墅网警会同刑大、巡特警及派出所警力，在杭州网警分局的支持下，出动近百名警力，在杭州钱塘新区、天津、宁波三地同步收网，捣毁一个网络赌博平台公司，抓获犯罪嫌疑人30人，经审查，嫌疑人以盈利为目的组建公司，架设服务器、搭建捕鱼游戏平台，通过代理招揽赌客等手段，非法获利数百万元。该案已逮捕2人，取保候审28人，扣押服务器10台，冻结资金180余万元。

【“2019—124”省厅毒品目标案件侦破】 2019年7月下旬，拱墅分局康桥派出所发现一个在杭吸贩毒团伙的重要线索，刘某等涉毒人员数次在杭出售摇头丸、氯胺酮等毒品，并以在杭举办party的形式聚众吸毒。区公安分局迅速成立以副局长挂帅，抽调禁毒大队和康桥派出所干警组成专案组立案侦查，此案被省公安厅确定为“2019—124”毒品目标案件。经过近半个月线上线下的专案侦查，基本掌握该吸贩毒团伙的犯罪证据及组织架构。情报显示，8月9日晚，刘某将携带毒品从成都飞来杭州，同时来自上海、武汉、厦门及杭州本地的近20名吸毒人员也陆续启程赴杭州某高档出租公寓参加“轰趴”。分局迅速集结派出所、刑侦、巡特警、政治处等130余名警力，兵分20组开展抓捕和清查行动。时值“利奇马”强台风扑向杭州，参战民警顶着狂风暴雨，经过连续4个多小时的设伏抓捕，10余个抓捕分队分别在杭州市拱墅、萧山、余杭等地抓获刘某、韩某、纪某为首的吸贩毒团伙成员36名，现场缴获疑似摇头丸60多颗、氯胺酮30余克等毒品，“2019—124”省厅毒品目标案件成功告破。该案移送起诉11人，强制隔离戒毒22人，行政拘留23人。

（鲁萍）

军事

人民武装

人民防空

国防教育

人民武装

【概况】2019年，区人武部党委高举习近平新时代中国特色社会主义思想伟大旗帜，全面贯彻习近平强军思想，坚持“持续打基础，奋发求作为”的总基调，突出抓思想固根本，抓练兵强战力，抓正规强基础，抓安全促稳定，完成上级赋予的各项任务。在首长机关训练、巩固“三化”建设成果精修战备方案、民兵集中备勤训练、保障过境部队行动、组织学生军训、民兵组织整顿、提高新兵征集质量、持续加强基层规范化建设、加强专武干部骨干队伍建设等方面取得较大成绩和进步，全面建设持续向上向好发展。

【兵员征集】2019年，区委、区政府和区人武部领导高度重视兵员征集工作，召开征兵工作会议，贯彻上级年度征兵工作指示，适应新形势多渠道开展征兵宣传，在全市率先完成100%兵役登记任务。征兵程序规范、组织严密，征集新兵大学生比例超过90%，兵员质量尤其是大学生比例大幅提高，完成年度新兵征集任务，连续三年无退换兵，被评为杭州市征兵工作先进单位。

【队伍建设】2019年，区人武部把专武干部和民兵连长队伍建设作为后备力量建设的基础工程，采取以会代训、集中轮训、专题培训、现场观摩等方式，组织学习《民兵组织整顿工作实施办法》等政策法规。4月初开始，以民兵应急连集中训练备勤为依托，结合组织现役干部新《大纲》集训、专武干部和民兵连长集训，利用7天时间，对全区专武干部和民兵连长进行封闭训练，进一步强化岗位职责意识，提高任职能力。

【主题教育受省军区肯定】2019年9月上旬至11月上旬，区人武部按照警备区党委部署要求，紧紧围绕“守初心、担使命、找差距、抓落实”总要求，坚持把主题教育作为铸牢军魂、强化担当的政治工程，摆在党委工作突出位置来抓。先后5次召开党委会，在学习习主席在“不忘初心、牢记使命”主题教育工作会议的重要讲话基础上，跟进学习最新指示精神，深刻领会“四个迫切需要”的重大意义，精准对表军委《意见》和警备区党委《实施计划》，制订人武部教育方案计划，细化规定动作，人武部成立主题教育领导小组，统筹指导主题教育开展，专题召开动员部署会，每周结合交班点评教育情况、每月结合办公会推进教育落实，确保规定动作一个不缺。区人武部主题教

2019 年 9 月 3 日，全区新兵审定工作会议举行　（区武装部 供稿）

育做法被省军区推荐在军委国防动员部调研时做汇报。通过扎实开展主题教育，党员干部听党指挥的信念更加坚定，练兵备战的氛围更加浓厚，担当使命的意识更加强烈。

【民兵整组】 2019 年，区人武部坚持民兵整组工作以新时代强军目标为引领，贯彻落实《杭州市 2019 年度民兵组织整顿工作实施方案的通知》，探索新形势下民兵组织建设方法路子，完成民兵组织整顿工作任务。经过民兵调整改单，全区普通民兵，规模与 2018 年基本保持不变，基干民兵按照应急、专业、特殊三类力量建设，在上级和本级拉动检查中基干民兵到点率、点到率均达到 100%。民兵组织建设基本达到布局科学、兵员结构优化、人员相识相知、整体建设规范的要求。

【训练备勤】 2019 年 6 月 24 日至 7 月 5 日，区人武部围绕杭州警备区赋予的安保警戒行动课题，组织民兵应急连赴安吉训练基地集中轮训备勤。落实教育训练日 14 天，112 个小时，民兵应急连参训率 99.1%、专武干部参训率 40%、现役干部参训率 70%。此次集训按照任务牵引、训备结合、规范管理、

2019 年，拱墅区民兵应急连进行集中轮训备勤 （区武装部 供稿）

考评量化的要求组织实施，按遂行任务要求确定训练内容，依据新大纲，遴选相关课目，做到符合实际、满足实需，完成训练备勤试点内容，达到训练、管理、作风、安全等方面的预期效果。

【战备执勤】2019 年，区人武部围绕全面提升平时应急处置能力和军地协同水平，狠抓日常战备基础建设和战备秩序规范。组织“元旦”“春节”“五一”“国庆”节日战备值班，组织新任职文职人员值班培训和资格认证。抓好担负省军区第四季度战备值班任务的区民兵应急连和担负人武部战备值班任务的街道民兵应急分队战备常态化保持，提高任务分队应对重大突发事件快速反应能力，完成战备值班任务。

【演习保障】2019 年 7 月 15 日至 8 月 5 日，区人武部在杭州警备区编成内成立动员指挥小组，按照“统一指挥、划区负责、分段接力”方法，动用民兵应急分队和专业保障分队参加“192”演习。在临机接到命令的情况下，3 个街道民兵应急分队、医疗救护分队、特种车辆保障分队 1 小时内到位，主要担负保障合成 124 旅、178 旅在杭州北铁路货运站附近集结及其轮式车辆维修，较好地完成上级赋予的交通调整、后勤保障、医疗救护等动员支前保障任务，民兵骨干和专业分队履行应急应战能力显著增强，受到战区、省军区和警备区领导的高度评价。

【役前训练】2019 年 8 月

27—30 日，区人武部在富阳国防战训中心，按照“模拟化组织、正规化训练、封闭式管理、全程淘汰”的原则，组织新兵役前教育训练。通过体验军营生活、感受训练管理氛围、了解部队纪律要求，端正预定新兵入伍动机，提高入伍适应能力，及时淘汰不合格人员，减少退兵特别是拒服兵役问题发生。

【“三化”建设成果精修战备方案修订】 2019 年，区人武部按照“组织指挥预案化、力量体系专业化、保障设施野战化”建设标准，基于遂行辖区应急应战任务、解决当下现实问题、聚合军地资源力量，组织修订非战争军事行动主案、抢险救灾、反恐维稳、维护秩序、事故救援、安保警戒 5 类 14 个专项预案和 1 个个别预案。系统修订作战方案和应急预案在全市作为样板推广，战备建设做法在《国防报》做报道 。4 月初，警备区机关到区人武部进行多个课目检验性拉动考核，战备方案与实战需求紧密契合，受到考评组的肯定。

（朱超峻）

人民防空

【概况】 2019 年，拱墅区人

2019 年，全区应征青年役前训练　　（区武装部 供稿）

2019 年，拱墅区开展 5·12 防空袭疏散演练　　（区住建局 供稿）

防办围绕“高质量建设运河沿岸各区，实现大城北崛起”目标，把人防工作融入经济社会发展大局，提升人防应战应急能力。着力抓好指挥部常态建设、城市人口疏散演练、人防专业队伍整组训练、人防宣传教育“五进”等方面工作。结合重要时间节点，通过宣传手册发放、媒体宣传、综合体大屏宣传等形式，多形式多途径向社会群众宣传人防知识、国防意识。完成区“5·12 米市巷街道大塘巷社区居民防空袭疏散演练”及“9·18 警报试鸣”任务。牵头组织拱墅区与淳安县跨区域人员临战疏散与安置对接演练、米市巷街道与富文乡城市防空袭人员应急疏散与接收对接工作。完成全区 80 余名人防专业队伍人员、10 个街道人武部部长及人防专管员的整组训练任务；完成人防宣传主题景观建设。某坑道防空洞纳凉避暑点对外开放，接待纳凉市民 5400 余人次。全部执法人员开通掌上执法，按时完成人防工程即时检查和双随机检查任务。区政府第 32 次常务会议决定将人防专业队按照民兵训练标准，开展联合训练。

【防灾减灾日活动】2019 年 3 月 1 日国际民防日，区人防办在城北体育公园广场开展宣传咨询活动，通过发资料、挂横幅、摆展板、播视频、有奖答题等方式进行宣传，使群众学习防空防灾知识，掌握应急逃生、自救互救等技能，提高民防意识。同时，在10个街道和大型超市、综合体、酒店（人防工程）附近，悬挂宣传横幅20条。

【防空袭疏散演练】2019年5月12日，拱墅区在米市巷街道大塘巷社区新华园组织开展防空袭疏散演练。区人武部、区卫生健康局、区公安分局、交警拱墅大队，以及街道人防专管员、机关干部职工和米市巷街道7个社区居民，共230余人参加演练。区人武部副总指挥长、米市巷街道书记、区人防办副主任及街道领导班子全程参加。演练活动在组织实施部门及各保障单位的密切配合下，获得良好社会效益。

【人防专业队伍训练】2019年7月17—18日，区人防办（区民防局）开展为期2天的人防专业队伍、街道人防队伍整组培训。10个街道人武部部长、街道人防专管员，以及抢险抢修、医疗救护、治安、通信等人防专业队伍共87人参加培训。是拱墅区人防机构改革后首次大规模专业队伍系统化训练。培训采取集中授课学习、理论实操结合等方式展开。

【浙江金盾—19系列人民防空行动演习】2019年10月21日，拱墅区人防指挥部组织开展2019年“浙江金盾—19系列人民防空行动演习”——拱墅区与淳安县文昌镇跨区域临战人口疏散、接收安置演练。根据拱墅区人防疏散演练工作方案，组织大关街道、湖墅街道、拱宸桥街道、祥符街道人防专管员及下辖40个社区代表，行进至临战疏散区域淳安县文昌镇开展演练。

【人防监管掌上执法】2019年，根据市人防办要求，拱墅区多措并举、过程监督，推进人防监管掌上执法，完成市人防办下达的任务。结合局工作联动，分管领导组织召开专题会，部署年度任务。全部执法人员开通掌上执法App，先后组织集中培训和个别培训，确保人人会使用。根据有关规定，执法人员通过掌上执法App开展即时检查、双随机检查和联合检查，做好现场记录。其中，年度检查对象由双随机一公开平台摇号产生，并邀请受检对象代表现场见证抽取过程，保证过程公开、事前告知到位。

（潘超）

国防教育

【概况】2019年，区人武部在辖区内开展以各级领导干部为关键头头，以大中小学生为基础源头，以民兵预备役为骨干重头的全民国防教育活动，营造全社区关心国防、热爱国防、建设国防、保卫国防的浓厚氛围。人武部领导结合周边军事热点和群众普遍关心的现实问题，多次到区机关、各街道和学校宣传国防教育法、兵役法。注重加强党政机关领导干部的国防教育，结合地域实际探索创新街道社区国防教育的形式方法，着力强化各级领导干部和广大群众的国防意识、大局意识，为完成兵员征集、民兵整组、备勤训练、演习保障等任务营造良好环境。

【组织调整充实】2019年3月，区人武部根据军地机构改革后机关部门和职能的变化及相关人员的调整情况，参照杭州市国防教育机构设置，发文调整拱墅区国防教育委员会成员单位和国防教育办公室组成人员，明确相关职能部门在国防教育中所担负的职责，为开展全民国防教育提供可靠的组织保障。

【“军队为你骄傲”主题宣传活动】2019年3月始，杭州市委宣传部、杭州市退役军人事务局、杭州警备区政治工作处联合开展“军队为你骄傲”主题宣传活动。区委宣传部、区退役军人事务局、区人武部政工科联合推荐的上海永绿置业有限公司杭州分公司经理梁月会被评选为全市优秀退役军人典型。通过该次活动，进一步激发退役士兵的荣誉感、归属感和自豪感，激励退役士兵永葆本色和回乡建功立业。

【拱墅籍8名官兵荣登“八一”光荣榜】2019年，为提升“军中人”的荣誉感，8月1日，市、区两级主流媒体，分别在重要版面或黄金时段建立“八一光荣榜”专栏，张榜公布谢星海、许彧之、陈凌、徐亮、范国兵、厉晓琳（女）、高红鑫、俞佳仕8名荣立三等功的拱墅籍官兵。强化军功章的激励褒奖效能，浓厚关心国防、热爱国防、建设国防、保卫国防的社会氛围。

【学生军训】2019年，区人武部根据省、市下达的2019年学生军训任务，与相关学校联合成立军训工作领导小组，并抽调部分军事素质好、组织指挥能力强的街道专武干部、民兵连长作为骨干力量，挑选军事素质好，在部队服役期间担任过班长、副班长，服役期5年以上的30名民兵担任军训教官，开训前在人武学院组织为期5天的军训教官集训，进一步优化军训教官队伍素质。8月下旬至9月上旬，完成辖区内杭州市第十四中学、大关实验中学、拱墅区职高3所学校军训任务。通过军训，培养学生们的服从意识、团队意识、吃苦意识，受到校领导和家长们的好评。

【全民国防教育日】2019年9月21日是第十九个全面国防教育日，围绕“赞颂辉煌成就、军民同心筑梦”主题，区人武部牵头在全区主要繁华路段悬挂张贴各类宣传横幅标语，指导有关单位开展知识竞赛和演讲比赛，制作展板、黑板报，扩大国防教育的覆盖面和影响力。

（朱超峻）

传统产业

综述

工业

农经

涉农企业

林业

综 述

2019年，拱墅区坚持制造业和数字经济高质量发展双引擎驱动，深入推进制造业和数字经济融合，提升改造传统动能，全面开展企业服务，着力改善企业营商环境，推动工信经济高质量发展。全年，工业经济高位领涨。全区规模以上工业企业增加值达103.7亿元，比上年增长17.7%，高于全市平均水平12.6个百分点，增幅位居全市首位；全区高新技术产业实现增加值83.9亿元，比上年增长21.7%，增幅位居全市首位，高新技术产业增加值占规模以上工业增加值的80.9%，比上年提升4.5个百分点，产业能级不断提升；全区战略性新兴产业实现增加值53.6亿元，比上年增长27.3%，增幅位居全市首位，战略性新兴产业占规模以上工业的51.7%；全区实现工业销售产值258.5亿元，比上年增长18.3%，增幅位居全市首位；全区规模以上工业企业实现新产品产值126.0亿元，比上年增长54.4%，新产品产值率46.37%，比上年增长9.76个百分点，位列全市第二；全区规上工业企业实现营业收入267.8亿元，比上年增长18.5%，实现利润总额35.5亿元，比上年增长6.2%。2019年，完成11个经合社与社区分离，全区股社分离在全省率先完成。40家经济合作社总集体资产223.74亿元，可分配收入11.87亿元。2019年，新认定2家企业为杭州市农业龙头企业。全区森林面积1828.67公顷，森林覆盖率26.42%。

（袁珏）

工 业

【概况】2019年，拱墅区贯彻落实杭州市“新制造业计划”工作部署，全力推进制造业高质量发展。2019年，全区规上工业企业76家，规上工业增加值首次突破百亿，达103.7亿元，比上年增长17.7%，增幅位居全市首位；全区高新技术产业实现增加值83.9亿元，比上年增长21.7%，增幅位居全市首位；战略性新兴产业实现增加值53.6亿元，比上年增长27.3%，增幅位居全市首位；实现工业投资4.6亿元，比上年增长67.3%。

【“新制造业计划”行动方案发布】2019年11月28日，拱墅区出台《拱墅区“新制造业计划”行动方案（2019—2025年）》，行动方案围绕产业平台、项目、企业、服务，着力推进“四个一批”：提升改造一批产业平台、提效提速一批建设项目、招引培育一批优质企业、落实优化一批政策服务，形成数字经济与新制造业“双引擎”，大力推进拱墅区制造业高质量发展。

【工业投资增长】2019 年，全区实施工业投资项目 11 个，其中工业基建项目 6 个，工业技改项目 5 个，实现工业投资 4.6 亿元，比上年增长 67.3%，增幅位居全市首位。重点技改项目中美华东制剂大楼 3 及配套工程技术改造项目实现投资 1.25 亿元。2019 年，竣工工业投资项目 4 个，分别为液化空气（杭州）有限公司的“提高制造 92000m^3/h 大型空分设备生产能力技术改造项目”、杭州诚超实业有限公司的“杭政工出〔2014〕21 号地块新建厂房”项目、杭州华电半山发电有限公司的“3 号燃机 DLN2.6+ 燃烧室升级改造”项目、杭州杭开环境科技股份有限公司的“年产 1000 台套供排水设备生产技术改造项目”。

【工业“小升规”培育】2019 年，拱墅区进一步推进工业“小升规”工作。根据市下达“小升规”年度目标任务，建立 20 余家拟新增规模以上工业企业培育库，并强化培育企业走访服务，同时对“小升规”培育对象实行重点监测，及时了解企业生产经营情况。全年，杭州迈欧科技有限公司、杭州星辰三比齿科器材有限公司、杭州灵汇技术股份有限公司、杭州楚环科技股份有限公司、杭州瑞亚电气有限公司、浙江省公安厅车辆牌证制作中心 6 家企业新增入规。

【“亩均论英雄”综合评价】2019 年，拱墅区持续深化“亩均论英雄”改革，全区实现规上工业亩均增加值 682.7 万元 / 亩、规上工业亩均税收 159.3 万元 / 亩，分别比上年增长 48.2%、29.0%。完成全区 62 家规上工业企业综合评价，评选出 A 类企业 15 家，B 类企业 28 家，C 类企业 19 家。杭州中美华东制药有限公司获 2019 年杭州市制造业亩均效益领跑企业综合 20 强，杭州中亚机械股份有限公司获 2019 年杭州市制造业亩均效益领跑企业装备制造 20 强。落实资源要素差别化配置，以“亩产税收”为标尺，为 25 家制造业企业减免土地使用税 443 万元。

【企业质效提升】2019 年，杭州中美华东制药有限公司认定为国家级企业技术中心，杭州禾迈电力电子技术有限公司、杭州飞仕得科技有限公司、浙江新亚医疗科技股份有限公司 3 家企业被认定为市级企业技术中心。杭州华普永明光电股份有限公司入选省级隐形冠军企业。杭州中美华东制药有限公司产品“阿卡波糖片”和“泮托拉唑钠”及杭州人人集团有限公司产品“广汽传祺系列组合开关”入选 2019 年度“浙江制造精品”名单；杭州中亚机械股份有限公司产品“直线式乳品无菌型塑瓶灌装 拧盖机成套装备 DABL44/22C”列入浙江省装备制造业重点领域首台（套）产品名单；杭州凯大催化金属材料股份有限公司产品“羰基合成铑催化剂失活再生项目”列入 2019 年杭州市新材料首批次项目名单；杭州中亚机械股份有限公司、杭州凯大催化金属材料股份有限公司、浙江创意声光电科技有限公司 3 家企业 4 个产品入选 2019 年度杭州市创新产品目录。

【企业“上云”推进】2019 年，拱墅区组织企业参加软件开发云技术沙龙活动、企业上云培训等活动 10 余场，全区完成“企业上云”3471 家，其中 54 家规上工业企业完成上云。杭州米络星科技（集团）有限公司入选浙江省第三批上云标杆企业、省级大数据应用示范企业，浙江托普云农科技股份有限公司被认定为省级上云标杆企业。

【节能控耗保持全市第一】2019年，拱墅区制定能源“双控”工作计划，明确责任单位，分解落实工作任务，按月下达工作建议。同时加强与城北供电局的对接联系，根据全区重点用能单位的电耗数据，及时督促企业开展相关节能工作，完成市下达能源“双控”任务要求。全区规上工业增加值能耗降低率达20.97%，位列全市第一。2019年，杭州禾迈电力电子技术有限公司通过杭州市清洁生产审核验收。

（严盼盼）

农经

【概况】2019年，拱墅区40家经济合作社总集体资产223.74亿元，比上年增长12.30%。可分配收入11.87亿元，其中经营性收入8.47亿元，社均收入2968.63万元。年终股民分红4.13亿元，人均8119元，其中最高的东新股份经济合作社基本股东年终分红突破20万元。

【股社分离全省率先全域完成】2019年，拱墅区继续推进剩余11个经合社与社区分离工作。区股社分离领导小组制定《杭州市拱墅区股份经济合作社与社区分离实施细则》，区发改经信局制定下发《关于拱墅区2019年股社分离工作专项行动方案》，明确任务要求、规范分离操作流程。4月19日，区委副书记、政法委书记、副区长专程赴康桥街道召开股社分离现场推进会，部署股社分离工作任务，明确工作表、任务图。8月1日，全区股社分离领导小组召开专题会议，将股社分离列入全区重点改革项目之一，列入基层治理能力专项行动。按照“四分开、一加强”原则，实现社区和股份经济合作社人员分开、资产分开、财务分开和职责分开，在经济合作社设立党组织，推动经济合作社更好履行经济管理职能。12月19日，拱墅区40个经合社与社区的股社分离全部完成，成为在全省率先全域完成经合社与社区分离的主城区。

【经合社章程增加党建内容】2019年，拱墅区强化经合社党建工作，推进经合社党建入章程和党政负责人一肩挑工作落实，强化党的领导核心和政治核心作用，把方向、管大局、保落实。要求各经合社配备足额党务工作者，保障党组织工作经费。要求各经合社在章程中增加党建内容章节，明确党组织在事前参与经合社各项重大事项的决策研究，通过党组织先议、会前沟通、会上表达、及时纠偏等主要程序支持党组织参与经合社各项决策。全年完成祥符、康桥、上塘、半山街道所属40个经合社党建入章程工作。

【经合社财务专项治理】2019年，根据清廉拱墅部署，按照《拱墅区经合社财务人员集中专项治理工作方案》要求，10月14日开始，区发改经信局牵头会同街道成立联合督查组，在各街道、经合社前期自查基础上，开展为期两周的集中督查。督查组深入祥符街道渡驾桥、新文、沈家桥等经合社，对经合社年度财务审计存在的问题整改情况进行检查。重点对2016—2018年经合社年度财务审计存在问题较多的或近年来财务信访问题较多的经合社开展抽查。11月，围绕账务、税务会计实务以及廉政警示教育等内容，组织全区40个经合社会计，结合经合社财务人员集中专项治理，在市委党校开展为期2天的经合社会计业务培训。

【经合社年度财务审计】2019年，拱墅区公开选聘4家审计中介机构分组对40个经合社开展上年度财务审计，坚持“一年一轮审”，对经合社往来款处理、会计核算、工程项目管理等是否合规进行重点把关，将各经合社审计情况梳理形成全区年度财务审计总结。将审计发现的问题按照立即整改、限期整改、建章立制、分清难易加以归类，并落实明确限期整改要求。

【经合社集体资产清产核资】2019年，拱墅区根据农业部等9部门《关于全面开展农村集体资产清产核资工作的通知》要求和浙江省农业农村厅部署，开展农村集体资产清查核实工作。按照规范要求，组织40个经合社填写关于清产核资28张表格，在全国农村集体资产清产核资管理系统填报、审核等，完成全区清产核资工作及总结自查验收工作。

【经合社干部“比学赶超、争当标兵”评选】2019年，根据《拱墅区“比学赶超、争当标兵”评选办法（试行）》的通知要求，以股社分离、“三资”监管、留用地项目开发等重点任务为标准，组织街道开展月度、季度、半年度优秀人物评选，经综合比选，年终评选出20名经合社干部为全区比学赶超、争当标兵先进人物。同时，为弘扬社区工作者心系群众、甘于奉献的优秀品质和经合社干部克难攻坚、敢于争先的无畏精神，展示基层工作者良好的形象和风采，区发改经信局、区民政局、区委政法委联合举办“永远的服务 永远的感动”2019年度拱墅区社区、经合社“最美当家人”主题报告会，以区发改经信局、区民政局等部门名义表彰“最美经合社干部”25人、“最美社工”20人、“最美网格员”10人。

【农经工作考察接待】2019年，区发改经信局接待来自山东蒙城、嘉兴市秀洲区政府、西湖区人大、滨江区民政局组织的考察团对拱墅区经合社股份制改革、经合社与社区分离等相关工作现场参观考察和座谈。

【乡村振兴、区县协作持续推进】2019年7月，拱墅区向桐庐县拨付协作资金4000万元，拱墅区所在的区县协作第三协作组落实协作资金1亿元［其中，拱墅区4000万元，高新（滨江）区4000万元，富阳区2000万元］。向10个街道及科技工业功能区下发区县协作产业转移全年2.35亿元。举办桐庐县乡村振兴工作队+村支书赴杭专场推介会暨第五届“三区一县”优质农产品迎新春展销会，50家农业企业及对口帮扶地区农产品单位参展，推进协作共赢。

【农业产业发展推进】2019年，拱墅区组织辖区企业杭州中谷米业有限公司、杭州天竺筷厂等13家农产品加工企业参加2019年杭州市·都市圈优质农产品迎新春大联展、浙江省农业博览会、上海名特优新农产品展销会、南京市名特优新农产品展销会。

【留用地项目建设推进】2019年，拱墅区启动留用地建设攻坚三年行动。全区村级留用地开发建设项目共78个，全年开工建设留用地项目11个，竣工半山股份经济合作社商业综合用房项目，投入使用留用地项目5个。

（洪金娣）

涉农企业

【概况】2019年，拱墅区共有涉农企业20余家，其中，国家级农业龙头企业1家，市级农业龙头企业10

半山国家森林公园 （区住建局 供稿）

家，从业人员2700余人。企业总资产21亿元，年销售收入超过43亿元，企业净利润1.98亿元，上缴税金9658万元。浙江托普云农科技有限公司和杭州速派餐饮管理有限公司成功申报成为杭州市农业龙头企业。

【浙江托普云农科技股份有限公司】浙江托普云农科技股份有限公司成立于2008年，历经10余年发展已成为全国领先的“智能装备+软件平台+数据服务”数字农业一体化综合解决方案服务商，为全国的农业农村农政体系数字化转型与农业生产数字化应用提供重要的技术支撑与数据服务。公司位于浙江省杭州市拱墅区祥园路88号。至2019年年底，公司研发测试、运营中心、智能装备加工中心、种植业服务中心总占地面积2.9万平方米，拥有国家有效授权专利74项（其中发明专利14项），起草和参与国家、行业标准制定3项，获得省级以上科学技术奖5项。公司拥有土壤、农业气象、植保仪器等九大类100余种各类智能检测装备及智慧农业综合解决方案，产品畅销34个省市自治区，并远销世界100多个国家及地区，销量位居全国植保细分行业前三名。公司先后获得全国农业农村信息化示范基地技术创新示范单位、浙江省企业研究院、浙江省院士专家工作站、浙江省农业企业科技研发中心、杭州市级农业龙头骨干企业等多项荣誉。创始人陈渝阳先后入选科技部创新人才计划、杭州市高层次B类人才；获2016农业信息化年度领军人物、2019年度拱墅区劳动模范称号。2019年，公司员工近500人，实现营业收入2.73亿元，税收1630.97万元。

【杭州速派餐饮管理有限公司】杭州速派餐饮管理有限公司成立于2007年，公司位于浙江省杭州市拱墅区沈半路468号。历经13年发展，公司已形成集种植基地、食材配送、食堂托管、中央厨房业务为一体的综合性团餐企业，真正实现“从基地到餐桌”的全产业链管控。至2019年年底，公司在杭州、临安、金华、衢州、南昌、景德镇、郑州、新乡等地设立多个分子公司，建有4个食材种植基地、7个食材配送中心、6个中央厨房，并托管近50家食堂，为浙江、江西、河南三省1000多家政府机关、企事业单位、上市公司、产业园区、学校、医院、银行、部队等客户单位，近100万人提供综合性餐饮保障服务。公司先后荣获“中国团餐十大品牌”“中国学生营养餐十大品牌”“机关食堂代表品牌”“杭州市市级农业龙头企业”等称号。创始人余雄飞被选为中国烹饪协会团餐委员会副主席、中国饭店协会团餐委员会副理事长、浙江省餐饮行业协会副会长，获“杭州G20峰会保障突出贡献奖”“新中国成立70周年浙江省团餐发展功勋人物”“最美半山民营企业家”等奖励和荣誉称号。2019年，公司员工近2000人，实现年销售收入5.2亿元，税收1200万元。

（洪金娣）

林 业

【概况】2019年，拱墅区上报的《杭州半山国家森林公园总体规划（2018—2027年）》（修编）获国家林业和草原局批复。全年完成半山珍贵彩色示范林项目建设。完成2018年度森林资源动态监测及林地变更调查发放公益林生态效益补偿资金31.5万元。

俯瞰半山国家森林公园　　（卢简明 摄）

【半山国家森林公园总体规划获批复】经过多次修改，专家评审与讨论，2019年5月，《杭州半山国家森林公园总体规划（2019—2028年）》获国家林业和草原局批复。修编后的半山国家森林公园总面积752.81公顷，东靠皋亭山风景名胜区，南至半山街道，西邻原杭州钢铁厂，北与余杭区崇贤街道相连。半山森林公园主题定位为“生态康养、休闲健身”，是以民俗体验为特色，集休闲健身、游览观光、科普教育、运动游憩为一体，主要服务于杭州市民的城市型国家森林公园。

【森林资源调查】2019年4月，拱墅区开展2018年度森林资源动态监测及林地变更调查。6月底查实全区森林、林地和林木资源的种类、数量、质量与分布，建立森林资源档案，更新拱墅区森林资源“一张图”数据库。监测结果显示：全区土地总面积6922公顷，其中林地面积1874.6公顷，占27.08%，非林地面积5047.4公顷，占总面积72.92%。全区林地中，乔木林1795.33公顷，占林地面积95.77%；竹林地17.33公顷，占0.92%；灌木林地16公顷，占0.86%；迹地4.73公顷，占0.25%；宜林地41.2公顷，占2.20%。全区森林面积（乔木林、竹林、特殊灌木林和一般灌木林面积之和）1828.67公顷，森林覆盖率26.42%。全区活立木总蓄积143645立方米，其中乔木林蓄积134579立方米，占93.69%；散生木蓄积364立方米，占0.25%；四旁树蓄积8702立方米，占6.06%。

【野生动植物保护系列活动】2019年，拱墅区加大宣传，营造保护野生动植物社会氛围。根据“关注候鸟迁徙，维护生命共同体”爱鸟周主题要求，4月13日在西湖文化广场参加野生动植物保护宣传月暨“爱鸟周”活动。活动通过“鸟类知识知多少”展览以及发放《中国人民共和国野生动物保护法》宣传手册、半山野生动植物宣传册的科普方式吸引众多市民参与。加强巡查，依法救护野生动物。与拱墅区韵来宠物医院丽水路分院合作建立区野生动物救护站，通过日常巡查和处理群众举报以及响应110应急联动，全年共开展野生动物救护25起，救护白鹭、猫头鹰、夜鹭等动物30余只。

【珍贵彩色示范林建设】在2018年完成10.87公顷林地整治与彩色珍贵树种林建设设计的基础上，2019年指导拱墅区城中村改造指挥部半山分指挥部实施山体复绿工程。按照科学布局、凸显亮点、适地适树的实施要求，重点对老虎山2号矿、市林科院北侧石矿立地条件好、集中连片的6.07公顷空地区域进行复绿，打造以浙江楠、浙江樟、杭州榆、天目木姜子、天目木兰等“天目系”代表性珍贵树种和彩色树种为核心的“微型植物园”，营造混交林、复层林与周边环境相融合的视觉美感。

【林业行政审批】2019年，对浙江英特医药药材有限公司提出申请购买穿山甲片、经营利用马鹿茸的许可进行审批，全年共办结4件。严格执行林地定额管理制度，依法审批建设项目使用林地。全年受理审核转报占用林地审批2件（留月潭截洪沟防洪工程占用林地面积0.0625公顷和半山山体复绿提升工程占用林地0.212公顷）、临时占用林地1件（留月潭截洪沟防洪工程临时占用林地0.5187公顷）以及林木采伐许可1件（采伐蓄积量22立方米）。

（李静）

6+2产业

综 述

2019年，拱墅区“6+2”产业平稳增长。全区“6+2”产业实现增加值343.45亿元，比上年增长14.1%。数字经济实现主营业务收入115.18亿元，比上年增长10.6%；商贸旅游产业实现主营业务收入873.19亿元，比上年增长5.3%；金融服务行业实现增加值128.09亿元，比上年增长8.6%；文化创意产业实现主营业务收入229.47亿元，比上年增长14.9%；商务服务产业实现主营业务收入203.14亿元，比上年增长5.2%；体育健康产业实现主营业务收入248.25亿元，比上年增长16.6%；智能制造产业实现主营业务收入189.73亿元，比上年增长23.9%；建筑规划产业实现主营业务收入355.47亿元，比上年增长9.9%。

2019年，拱墅区依托产业平台，实现产业错位发展。深入实施“数字经济”“新制造业”双引擎驱动发展战略，分别于2019年8月9日、11月28日印发《拱墅区数字经济发展行动计划（2019—2022年）》和《拱墅区“新制造业计划”行动方案（2019—2025年）》。全区有数字经济平台6个，新制造业平台2个，金融类小镇1个，健康产业平台1个，外国人才“双创园”1个。吸引新浪、360、顺丰、联想、中科院、招商蛇口、58同城、浙数文化等一批全球优质互联网和数字经济头部企业入驻，引进新浪微博全国总部、360花椒直播全国总部、顺丰全球创新中心、58集团华东区域总部、联想科技城等一批全国总部和区域总部。辖区禾迈电子、华普永明、托普云农3家制造业企业入选市先进制造领域“准独角兽”企业榜单，中美华东生命健康产业园、芯空间集成电路产业园项目、杭钢“工业上楼”等新制造业项目有序推进（注：“工业上楼”指通过改造和建设，推动土地集约化利用，将工业企业逐步搬迁至建筑标准符合工业生产要求的楼宇中。杭钢集团规划将高线、电炉厂区建设成云智造产业区，推进“工业上楼”，净用地面积18.67公顷，建筑面积39.33万平方米。2019年年底委托省工业设计院按照“兼顾现状、统筹规划，分步实施”的原则，着手研究“工业上楼”电炉先行区的改造方案。），全区已形成数字经济和新制造业双轮驱动的现代产业体系。

2019年，拱墅区全力稳企业稳增长，加大民营企业扶持力度，深入落实“民营经济二十条”“大树计划”“小巨人计划”“旭日计划2.0”等扶持政策兑现，深入实施“6+2”产业培育体系，用足用活科技助贷金、转贷引导基金、风险池基金、天使基金，助推全区优质企业做大做强。兑现扶持资金5.2亿元，减税降费30.7亿元，助推企业融资21.8亿元，新增大树企业、小巨人企业29家，锦江、海外海、建华集团荣登中国民企500强，德信地产港交所上市。

（袁珏）

数字经济

【概况】2019年，拱墅区贯彻落实数字经济“一号工程”、全面推进“三化融合”工作部署，大力实施“俊鸟引育”工程，培育制造业数字化转型标杆示范，深化"两化融合"，推进"企业上云"，推动数字经济发展。2019年，全区数字经济核心产业实现增加值31.9亿元，比上年增长10.0%。2019年拱墅区85家规上数字经济核心产业企业实现主营业务收入115.2亿元，比上年增长10.6%。

【"三化融合"方案出台】 2019年3月25日，拱墅区出台《2019年拱墅区"三化融合"工作推进方案》，以数字经济三年行动计划为引领，坚持数据驱动、融合带动、重点突破、特色发展，以数字产业化、产业数字化、城区数字化为主线，加快推进拱墅区数字经济发展，推动经济社会转型升级，为拱墅区加快高质量建设运河沿岸名区提供坚强保障。

【数字经济三年行动计划发布】 2019年8月9日，拱墅区出台《拱墅区数字经济发展行动计划（2019—2022年）》，围绕"三化融合"主线，实施空间提升工程、产业能级倍增工程、招大引强工程、企业提升工程、城区数字化工程五大工程，完善递进式企业梯队培育体系，打造杭州市"最具竞争力数字经济增长区"和"社会数字治理先行区"。

【中科院计算所杭州分所入驻拱墅区】 2019年9月，中科院计算所杭州分所签约落地拱墅区，该分所是中科院计算所在浙江唯一深度合作布局的产学研项目，由中科院计算所与拱墅区政府共同建立，计划在拱墅区设立杭州数字经济产业技术研究院、杭州数字经济产业基金和产业发展园区"一院一基金一园区"，打造拱墅区数字经济发展新增长极。

【杭州米络星科技（集团）有限公司被认定为省级上云标杆企业】 2019年12月，浙江省经信厅公布浙江省第三批行业云应用示范平台、第三批上云标杆企业、第五批大数据应用示范企业名单。杭州米络星科技（集团）有限公司凭借搭建用于存储聚合各种类型数据的大数据平台以及提供数据后台、分析报告等数据服务等云应用成果及大数据应用案例，被认定为省级上云标杆企业、省级大数据应用示范企业。

【5G建设】 2019年7月，拱墅区政府和中国移动杭州分公司签订"打造5G示范区、推进数字经济发展"战略合同协议，计划在智慧城市、智慧安防、智慧城管、智慧医疗、智慧公安、智慧教育、智慧制造等多领域开展5G项目合作，打造杭州市5G网络建设先行区、5G产业发展集聚区和5G创新应用示范区。

（严盼盼）

商贸旅游业

【概况】 2019年，拱墅区有旅行社83家，纳入统计监测的72家旅行社接待入境游客5.03万人次；组织出境游客42.79万人次；国内组织出游27.93万人次。辖区旅行社营业收入19.42亿元，比上年增长5.79%。运河景区接待国内外游客1308.71万人次，比上年增长41.22%。纳入统计的27家宾馆饭店共实现营业收入10.24亿元，接待107.23万人次，客房入住率66.75%，平均房价362.99元。

【旅游文化景点设施建设】 2019年，拱墅区推动"两园五馆两中心"建设，运河中央公园（运河大剧院）完成投资7589.14万元，完成主体结构施工。运河亚运公园完成投资6.38亿元，地下室施工完成80%。2014年10月开建的大悦城旅游综合体，2019年完成投资15.91亿元，完成T1写字楼、T4公寓的竣工备；T2/T3写字楼主体封顶，内外装收尾，进行专项竣工验收；商业街开始竣工备案验收。

【平安旅游创建】2019年10月16日，新修订《拱墅区平安旅游饭店创建工作建设标准》。10月31日，在星都宾馆召开拱墅区平安旅游饭店标准化示范创建现场会。拱墅区委政法委、拱墅区文广旅体局、拱墅区公安分局、拱墅区市场监管局、拱墅区卫健局、消防拱墅大队等行业主管部门负责人。10个街道及拱墅区科技工业区管委会相关负责人，及辖区内的绿色饭店、星级饭店、特色文化主题饭店及大型社会型宾馆等22家酒店的负责人参会。全年举行应急救护与消防安全应急演练，部署旅游安全工作，筑牢安全基石。

【旅游产业培育】2019年11月20日，经拱墅区财政局审核并报拱墅区政府审定，区文广旅体局下发杭州市环境集团有限公司天子岭静脉小镇景区创建旅游补助及贴息专项资金21万元。12月10日，大关码头趸船建设和运河新型客船采购项目分别获2018年度重大休闲旅游建设和景区提升改造资金补助15万元和100万元。12月11日，杭州鸣东体育文化有限公司的“西湖杯”全国气排球邀请赛（首届）获杭州市特色潜力行业转换为旅游产品项目补助3万元。12月11日，赤脚行中医门诊和舒羽咖啡获杭州市2019年旅游特色休闲示范点创建扶持补助各1万元。

【旅游数字化建设】2019年6月30日，拱墅区开通大运河公交数字旅游专线1条（从吴山广场至拱宸桥西）。至年底，安装自助入住设备宾馆饭店达到19家。12月，建成拱墅数字文旅服务平台——可视化平台，加强数字化监管。

【旅游宣传推广】2019年，拱墅区坚持旅游品牌宣传“请进来、走出去”两手抓，举办亮点特色旅游活动，6月邀请新华社总社、《中国青年报》、上海澎拜新闻等4家重量级媒体走进拱墅，拱墅区文旅建设成果在《光明日报》、《中国日报海外版》及《中国青年报》客户端、新华社客户端等5家新媒体平台集中展现。加强对外宣传促销，助力文化拱墅、美食拱墅和幸福拱墅品牌“走出去”，2019年，拱墅区文广旅体局先后赴京津冀、南京、扬州、深圳、汕头、福州等地进行推广和交流。

（姚辉）

金融服务业

【概况】2019年，拱墅区实现金融业增加值128.09亿元，比上年增长8.6%，占GDP比重达19.34%。杭州市拱墅区泰丰小额贷款有限公司、杭州市拱墅区建华小额贷款股份有限公司、杭州市拱墅区利尔达小额贷款股份有限公司3家小额贷款公司累计为中小微企业发放贷款739笔共19.43亿元。区中小企业担保有限公司提供20笔5950万元担保，累计融资担保额21.78亿元。新增德信地产集团在港交所上市。

【金融发展活动】2019年12月13日，拱墅区金融办举办“运河金桥”第18期——走进上海证券交易所活动，拱墅区12家拟上市企业合计36人参加。该次活动行程包括参观上交所交易大厅、股票陈列室并听取“资本市场与IPO形势分析”主体讲座等。

【金融风险防控】2019年1—2月、5—6月，分别开展2019年“元旦春节”“处置非法集资”宣传和“处置非法集资宣传月”活动，发放、悬挂、张贴宣传品2.3万份，由街道自行制作和张贴的宣传横幅400余条、宣传展板

169块、宣传海报569份。组织大型集中宣传活动10场，集中宣讲活动29场；集中发送短信1.9万条，提高群众的法律意识和防范风险意识。年内开展金融风险专项整治。组织开展民融、小贷、网贷机构借款人逃废债、涉嫌非法集资广告资讯信息排查、清理整治违法违规互联网资产管理活动、P2P网贷机构6项专项排查工作。网络借贷风险处置工作取得阶段性成效，至2019年12月20日，全区网贷底数清单中的85家机构全部清退完毕。

（倪哲 朱胜清）

文化创意产业

【概况】2019年，拱墅区文创产业实现主营业务收入323.31亿元，比上年增长12.4%。实现增加值89.1亿元，比上年增长12.1%，占GDP比重13.46%；实现总税收10.78亿元。辖区文创园区建筑面积50余万平方米，营业收入、总税收分别达119.03亿元、3.45亿元。重点培育信联文创园、元谷尚堂园、影天像素园等十大新兴文创园区。出台《拱墅区新一轮文创园区培育提升三年行动计划（2019—2021）》。打造拱墅区十大“文创新势力”、大运河网络文学征文大赛等文创品牌亮点活动。

【文创品牌亮点活动】2019年4月，与中国美院联合举办的“中国设计智造大奖美好生活展”。8月，举办拱墅区十大“文创新势力”拱墅专场，评选出杭州九样文化传媒有限公司、杭州米乐信息有限公司等全区十大文创新势力企业。11月，与中文在线集团联合举办“大运河网络文学征文大赛”颁奖仪式暨大运河主题创作研讨会，在全国25个省市地区、国内外221个传播平台掀起网络文学创作新高潮。全年相继主办“大运河文创会客厅”“大运河文创产品系列展”“千年古韵 江南丝路”大运河文化产业创新论坛等系列文创品牌活动，为拱墅企业提供众多展示与分享平台。

【《拱墅区新一轮文创园区培育提升三年行动计划》出台】为加快推进拱墅区文化创意产业园区高质量发展。2019年6月，出台《拱墅区新一轮文创园区培育提升三年行动计划（2019—2021）》，对24个文化产业类、文化事业类项目进行扶持，安排专项资金240万元。行动计划要求至2021年形成一批主导产业鲜明、特色企业集聚、园区环境优良、运行管理规范、发展效益彰显、具有一定品牌影响力的文创园区，为全区文化创意产业发展提供强大支撑。

【文创园区提升改造】2019年，拱墅区持续推进园区提升改造工作，将乐富智汇园、建华文创园、杭州运河广告产业大厦等十个已经成熟发展的文创园区列入重点巩固提升名单。认定挂牌一批精品文创园区。以各街道各园区互比互看、争创一流的方式，推动文创园区培育提升，打造“一街一园”“一街多园”格局。7月，乐富智汇园被认定为浙江省省级工业设计中心，丝联166、天堂e谷、乐富智汇园被认定为浙江省第一批小微企业园。12月，元谷尚堂园、影天像素园、大兜路历史街区3个园区被纳入区级文创园区（街区）。

【文创企业发展】2019年3月，杭州米络星科技（集团）有限公司获由中央统战部颁发的“全国新的社会阶层人士统战工作实践创新基地”称号；7月，浙江执御信息技术有限公司获浙江省电子商务行业贡献奖；8月，杭州九样文化传媒有限公司、浙江博采传媒有限公司获“2019—2020年度浙江省文化出口重点企业”称号。9月19日，全市文创新势力评选中，拱墅区企业浙江执御信息技术有限公司、杭州九祥文化传媒有限公司、单向空间书店、杭州娃娃鱼动画设计有限公司荣获2019年度杭州市十大文创新势力称号。

【文创产品获奖】2019年，拱墅文创企业的优秀产品获得一系列国际、国内的重要奖项。4月，汉度实业的臭氧笔产品获得“德国IF”设计大奖。5月，博采传媒的《百雀羚天然篇》《中国劲酒温暖团圆年》获第19届IAI国际广告节铜奖。8月2日由博采传媒承制项目《大禹治水》荣获中宣部第十五届精神文明建设“五个一工程”奖，11月博采传媒承制动画电影《昆塔反转星球》获浙江省第十四届精神文明建设“五个一工程”奖。浙窑大师司文阁被评定为拱墅工匠，其作品《大运鱼》获得第九届中国（浙江）工艺美术精品博览会金奖。

（王晓晨）

商务服务业

【概况】2019年，全区商务服务产业有入库企业159家，其中，米市巷街道35家，园区29家，上塘街道22家，祥符街道17家，湖墅街道12家，康桥街道9家，小河街道8家，半山街道8家，和睦街道8家，大关街道7家，拱宸桥街道4家。实现主营业务收入203.14亿元，同比增长5.2%。

【楼宇经济“小升规”】2019年是拱墅区楼宇经济提升工作第三年，拱墅区市场监管局贯彻落实《拱墅区楼宇经济提升五年专项行动方案（2017—2021年）》，完成新增楼宇“小升规”66家。其中，园区14家，上塘街道12家，祥符街道10家，小河街道9家，米市巷街道7家，湖墅街道5家，拱宸桥街道4家，半山街道2家，大关街道、康桥街道及和睦街道各1家。

（张玲慧）

体育健康产业

【概况】2019年，拱墅区体育企业217家，其中体育健身服务企业81家，体育用品批发零售企业79家，体育活动策划服务企业43家，体育场地设施施工企业14家。体育健身服务企业实现产值2.2亿元，体育用品批发零售企业实现营业额1.4亿元。全区健康产业规上企业70家，体育健康产业实现主营业务收入248亿元，比上年增长16.6%，实现增加值71.34亿元，比上年增长29.5%。杭州中美华东制药有限公司实现主营业务收入105.9亿元，被认定为国家级企业技术中心。浙江来益医药有限公司实现主营业务收入23.3亿元。

【国家级高新技术企业入驻拱墅区】2019年12月6日，杭州市体育产业发展论坛暨招商引资签约仪式在杭州瑞莱克斯大酒店举行，拱墅区文广旅体局与禹净环境科技有限公司签订招商项目协议。该项目为泳池无药物净化处理和运动场馆空气环境无药物处理，总投资2088万元，入驻拱墅区祥园路88号3幢。禹净环境科技有限公司创建于2015年3月，为国家级高新技术企业。

【体育产业发展资金发放】2019年，拱墅区依据《杭州市体育局、杭州市财政局关于下达2019年省扶持体育发展专项资金（第3批）的通知》，给予杭州极真健身有限公司的青少年体育“冬夏令营”项目、杭州燃卡信息技术有限公司的“燃卡运动空间互联网+智能健身房”项目、杭州安耐捷健身有限公司的“打造高端健身场地——升级A+场馆”项目、杭州风雪户外用品股份有限公司的“杭州西湖跑山赛”项目4家体育企业扶持资金71万元。

【生物经济发展】2019年11月9日，作为杭州国际人才

2019年拱墅区新增商务服务企业名录表

表12

街道（园区）	企业名称	主要业务
大关街道	浙江友工标识有限公司	标识标牌的设计；广告的设计、制作、代理
和睦街道	杭州拓成劳务服务有限公司	承接施工总承包和专业承包企业分包的劳务作业；房地产中介服务；保洁服务；家政服务；物业管理
半山街道	中检质技检验检测科学研究院有限公司	家用电器、电气设备、日用百货、输变电设备、机电设备、高低压电器元器件、高低压成套配电设备、电子设备及产品的质量检测（凭资质证书经营）、技术开发、技术咨询、成果转让
上塘街道	浙江丰巢科技有限公司	计算机软硬件、物联网技术的技术开发、技术咨询、技术服务、成果转让；计算机系统集成
	杭州平定投资有限公司	投资管理
	杭州丰来企业管理咨询有限公司	人才供求信息的搜集、整理、储存、发布和咨询服务
小河街道	杭州北秀人力资源服务有限公司	人力资源服务，劳务派遣服务
	杭州合创房地产营销策划有限公司	房地产营销策划、代理、咨询服务
	浙江新盟传媒有限公司	专题、专栏、综艺、动画片、广播剧、电视剧的制作、复制、发行；文化艺术交流活动的策划
科技工业功能区管委会	浙江美阳国际工程设计有限公司	石油化工、化肥、环保、医药、建筑、装饰的工程设计及相关的技术咨询，工程总承包
	杭州微时畅梦广告有限公司	服务：制作、代理发布国内广告，电脑动画设计，文化艺术活动策划
	杭州江润科技有限公司	计算机软硬件、建筑材料、机械设备、仪器仪表的技术开发、技术咨询、技术服务、成果转让；建筑设计及咨询
	浙江卓创乡建规划设计有限公司	城乡规划设计；旅游规划设计；建筑工程、园林绿化工程、市政工程的施工
	杭州子午舞台设计有限公司	舞台工程、机电工程、智能化系统工程、室内外装饰工程的设计、施工。计算机系统集成。
	杭州娃娃鱼动画设计有限公司	动漫设计、制作（限计算机）；影视策划；平面设计；广告设计、制作、代理、发布
	杭州十九楼电子商务有限公司	家居用品、家具的批发、零售；广告的设计、制作、代理；承办会展；网络信息技术的技术服务
	杭州联睿广告有限公司	广告设计、制作、代理
	杭州携途旅游有限公司	国内旅游服务；入境旅游业务
	杭州金夫人摄影服务有限公司	摄影服务（除冲扩）；摄像服务；展览展示服务
	杭州微甜科技有限公司	计算机软硬件、生物技术的技术开发、技术服务、技术咨询、成果转让
	浙江浙大网新环境工程有限公司	环境保护工程的设计、设备采购、安装、调试及咨询服务；合同能源管理；节能技术、节能检测技术的技术咨询、技术服务、成果转让

大会的“重头戏”，中德生物经济大会成功举办，架起中德生物经济合作的发展桥梁。华东医药首席技术官殷建明博士领衔的小分子肺癌靶向药物完成临床Ⅱ期试验。永展医药卓敏院士领衔的癌性痛镇痛一类新药顺利完成临床Ⅰ期实验。11月，拱墅区联合浙江大学城市学院、浙江永展医药共同举办“智汇运河”国际脑科学高峰论坛，国际脑科学（杭州）转化中心和国际脑科学（杭州）转化中心实验室揭牌设立。继中德生物经济产业园入驻拱墅区后，2019年，拱墅区与德中卫生组织合作持续推进，中德魏尔啸联合病理研究所揭牌并投入运营。中德生物基新材料产业化进程加快，KTQ国际华东认证中心完成首批合作医院评估认证，新华国际医院合作项目签约，将在拱墅区落地建设。

（张晓璇）

智能制造业

【概况】2019年，拱墅区贯彻落实“新制造业计划”工作部署，推动制造业向智能化、数字化发展，智能制造规（限）上单位共40家，实现主营业务收入189.73亿元，比上年增长23.9%。全年实施数字化改造攻关项目1个，数字化推广项目13个，“机器换人”项目10个，验收通过工厂物联网项目4个。

【省级数字化车间】2019年，杭州中美华东制药有限公司积极推进数字化、网络化、智能化转型，采用信息技术、系统集成、人机交互、自动化等手段，加强车间底层优化和顶层设计，强化生产运行过程规划、管理、诊断和优化，实现车间精准、高效、节能生产，打造数字化车间。11月，经浙江省经济和信息化厅认定，其“软胶囊及片剂数字化车间”被认定为省级数字化车间。

【数字化改造攻关项目通过市级验收】2019年，杭州华普永明光电股份有限公司的“LED模组及灯具产业化智能改造项目”对生产制造过程中的数据和操作流程进行具型化，对研发、生产、计划、物料分配和采购等各个环节进行优化，实现自动化的BOM物料需求、计划配料一键化处理以及产品的订单式的采购和订单式的配送模式，从而减少人为介入，降低生产成本，提高流转效率。当年，该项目通过市级数字化改造攻关项目验收。

【工厂物联网项目通过市级验收】2019年，浙江托普云农科技股份有限公司“智慧农业运维管理及智能装备制造数字化改造项目”、杭州罗莱思迪照明系统有限公司“LED室外照明灯具产业数字化改造项目（第一期）”、杭州飞仕得科技有限公司“基于云平台的功率模组分析仪运行监测系统”3个项目通过2019年杭州市第一批工厂物联网项目验收。杭州人人集团有限公司“汽车电器触点模块智能装配检测系统”通过2019年杭州市第二批工厂物联网项目验收。

【数字化推广项目】2019年，全区实施数字化推广项目13个，其中数字化改造项目3个、“机器换人”项目10个，分别为杭州中美华东制药有限公司“制剂大楼3及配套工程技术改造项目”“大分子药物研发专业实验室（中试）技术改造项目”“固体制剂研发平台技术改造项目”、液化空气（杭州）有限公司“提高制造92000m³/h大型空分设备的生产能力技术改造项目”、杭州华电半山发电有限公司“3号燃机DLN2.6+燃烧室升级改造”、杭州罗莱迪思照明系统有限公司“年产100万台的洗墙灯生产线改造项目”、浙江金年蒋食品有限公司“新建年产1000吨肉制品加工技术设备购置安装项目”、浙江托普云农科技股份有限公司“智慧农业运维管理及智能装备制造数字化改造项目”、杭州人人集团有限公司“汽车电器触点模块智能装配检测系统”、杭州比孚科技有限公司“基于物联网的智慧终端及其船联网智慧云综合平台”。

（严盼盼）

建筑规划业

【概况】2019 年，拱墅区建筑规划业平稳健康发展。区属建筑业企业 560 家，其中规上建筑业企业共 139 家，建筑业总产值 339.95 亿元，比上年增长 5%。全区在建工地在监工程项目 252 项，其中房屋建筑工程 184 项，总建筑面积 1181.96 万平方米，市政工程项目 68 项，总造价 4.97 亿元。受理各类工程质量、安全生产和文明施工的投诉共 794 起，及时处理率和反馈率达到 100%；全区建设工程质量处于受控状态，安全生产形势持续稳定，文明施工水平继续提升。

【工业化装配式建筑】2019 年，拱墅区大力发展工业化装配式建筑，新开工装配式项目 30 个，建筑面积 297.13 万平方米，完成年度目标任务 148.57%。住宅全整修项目 7 个，建筑面积 104.07 万平方米，完成年度目标任务 130.1%。陆家圩小区 53 个单元采用“装配式”整体加装电梯技术落地。整体“装配式”加梯方式，钢结构主体、外立面幕墙、连廊等都在工厂完成制作，再运抵现场进行分段整体吊装拼接，节约占地空间，不产生扬尘污染，更环保更节能；电梯采用钢带技术，节省后期维护成本，也使电梯使用时间最大化。

【建筑规划技术创新能力提升】2019 年，拱墅区建筑企业浙江新盛建设集团有限公司、浙江恒誉建设有限公司参与中国工程建设标准化协会技术标准《装配式混凝土结构设计 P-BIM 软件功能与信息交换标准》的编制工作。浙江新盛建设集团有限公司、杭州东升建设工程有限公司参与编制的国标《装配式整体厨房应用技术标准》（JGJ/T477-2018）于 2019 年 8 月 1 日起实施。

【公共建筑能效提升】2019 年 8 月底，通过公开招投标的方式，确定深圳市建筑科学研究院股份有限公司为拱墅区第三方能源审计及节能量核定服务单位。10—12 月，环城北路 318 号办公楼与大悦城商业综合体项目相继完成现场勘查与专家评审，共计 22.8 万平方米（其中合同能源管理 15.56 万平方米）立项，超额完成目标任务。

【绿色文明施工】2019 年，按照《关于巩固 G20 杭州峰会成果进一步加强建设工地文明施工的若干规定》《关于印发拱墅区 2019 年大气污染综合治理工作方案的通知》等具体要求，结合扬尘污染整治、强化文明施工监管的工作部署，拱墅区住建局对全区建筑工地进行动态巡查，通过采取责令整改、通报曝光、约谈警示、信用扣分、行政处罚等多种方式，督促责任主体落实扬尘污染整治管理责任。全区建筑工地累计覆盖裸露土方 62 万平方米，累计配置车辆自动清洗装置 155 台、雾炮 152 个、各类塔吊、基坑、外架喷淋设施 709 处、洒水车 79 辆，28 个项目安装了扬尘在线监控系统。

【建筑业防水工程技能大赛】2019 年 6 月 28 日，拱墅区建筑业防水工技能大赛暨职工技能竞赛启动仪式，在祥符单元 GS0905-A33-08 地块九年一贯制学校及社会停车库工程现场举行。大赛设置一等奖 1 名、二等奖 2 名、三等奖 3 名。浙江鲁班建筑防水有限公司陈佩长获得一等奖。

【建筑业管理人才培育】2019 年 7 月 24—26 日，区住建局、区建筑业协会联合浙江工业大学，举办为期 3 天的拱墅区建筑企业管理人才素质能力提升研修班，拱墅区24家建筑业企业行政及项目管理人员共60人参加。

【建设工程招投标监管】2019年，区住建局规范建设工程交易行为，开展全区建设工程合同履约情况、小额工程项目交易、小额工程项目政务公开专项执法检查，履行建筑市场监管职责，规范行业秩序。强化日常监管，累计处理企业10家、评标专家4人次。加快建设工程招标投标领域平台与公共资源交易平台协同共享，构建全流程闭环监管体系。2019年实现设计项目电子评标，9月启用非电子标推送工具，评标结束后实现评标结果同步外网推送，最大程度减少人为干扰。年底在施工、监理类项目实现全流程电子招投标，招标投标交易、服务、监管行为进一步规范。

【建设项目审批制度“五减”】2019年，区住建局按照工程建设项目审批制度改革试点方案减环节、减事项、减材料、减时间、减费用，通过开展模拟审批，建立容缺受理制度，推广审批承诺制，创新审批模式，大大缩短项目前期审批时间。简化施工许可、竣工验收阶段流程，开展施工图网上联审，实施企业投资项目可先行办理底板以下施工许可证，方便企业办事。开展三服务，充当项目“代办员”，全程指导，帮助企业梳理流程，加快审批进程。流程简化后，杭政储出〔2018〕42号地块商品住宅项目，从立项备案到拿到建筑工程施工许可证，只用了50天（自然日）。7月1日后，投资项目审批纳入发改投资项目3.0系统平台，年底有37个项目在系统中运行，各项目运行正常，未有超过90天的项目。

2019年拱墅区建筑企业获省、市表彰情况表

表13

企业名称	获得荣誉	评奖单位
杭州市设备安装有限公司	2019年度浙江省建筑业先进企业	浙江省建筑业行业协会
浙江新盛建设集团有限公司	2019年度浙江省建筑业先进企业	浙江省建筑业行业协会
浙江新盛建设集团有限公司	2019年度浙江省建筑业企业安全生产先进单位	浙江省建筑业行业协会施工安全与设备管理分会
浙江新盛建设集团有限公司	2019浙江省企业社会责任标杆企业（劳工实践）	浙江省企业社会责任促进会
浙江新盛建设集团有限公司	2019浙江省企业社会责任优秀报告”荣誉称号	浙江省企业社会责任促进会
杭州市路桥集团股份有限公司	2019年浙江省“城市市容环卫工作成绩突出集体”	浙江省住房和城乡建设厅、浙江省总工会
浙江新盛建设集团有限公司	2019年度杭州市“平安示范单位”、平安建筑企业	中共杭州市创建“平安杭州”领导小组
浙江天成项目管理有限公司	2019年度优秀咨询监理企业	杭州市全过程工程咨询与监理行业协会
浙江泛华工程咨询有限公司	2019年度优秀咨询监理企业	杭州市全过程工程咨询与监理行业协会
杭州大江建设项目管理有限公司	2019年度优秀咨询监理企业	杭州市全过程工程咨询与监理行业协会
浙江之江工程项目管理有限公司	2019年度优秀咨询监理企业	杭州市全过程工程咨询与监理行业协会
浙江银建装饰工程有限公司	热心参与东西部扶贫民营企业	杭州市工商业联合会、杭州市对口支援和区域合作局
圣都家居装饰有限公司	中国好家装促进行动“公众监督品牌”	中国建筑装饰协会住宅装饰装修和部品产业分会
浙江银建装饰工程有限公司	大国装饰70年展专业化领军企业	中国建筑装饰协会、中华建筑报社

（王小明）

产业平台

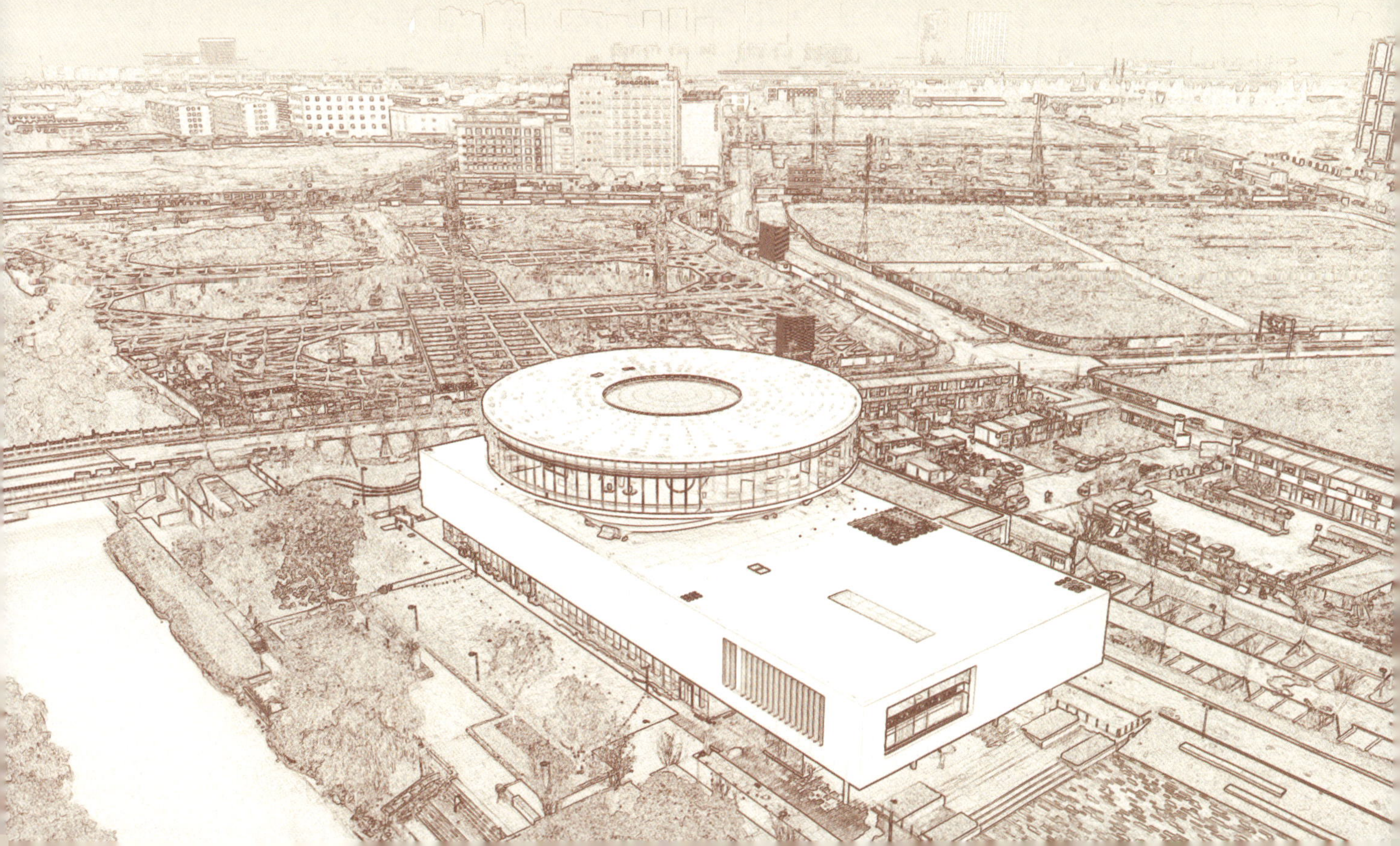

综　述

2019年，拱墅区以十大产业平台为主战场，以特色小镇为经济领域改革突破口，高标准、高质量推进十大产业平台产业转型升级、动能持续转换、产业生态完善、科技人才集聚，构建了一批以数字经济和新制造业为主打品牌的产业集群。全年十大产业平台实现主营业务收入743.45亿元、总税收42.45亿元，分别比上年增长14.3%、10%。

全区拥有智慧网谷小镇、运河财富小镇、上塘电商小镇、汽车互联网小镇四个省级特色小镇，其中智慧网谷小镇、运河财富小镇2018年度省级特色小镇考核良好，上塘电商小镇省级特色小镇培育类考核优秀。情况专报《拱墅区以"腾笼换鸟"模式创新驱动健康产业高质量发展》获浙江省副省长成岳冲批示肯定，《拱墅区以特色小镇为抓手打造平台经济新高地》获杭州市常务副市长戴建平批示肯定。

2019年，拱墅区以智慧网谷小镇为"头雁"，持续推进重大产业引擎性项目建设，被《人民日报》誉为东部地区优化发展样本，招引全拓数字中国研究院、中科院计算所杭州分所、蓝疆创新等一批高端要素集聚的龙头企业及创新平台。运河财富小镇成立金融财富联盟，新招引中大期货等头部企业，与上海陆家嘴金融城等5个商务区成为中国商务区联盟会员单位。汽车互联网小镇列入省级特色小镇培育名单，并作为产业创新服务综合体入选省级创建名单，汽车互联网产业园被评为国家级科技孵化器，新引进天猫二手车、美国Run-way孵化器、领跑汽车、T3出行（一汽、东风、长安合资）等高端汽车互联网产业项目。上塘电商小镇获评浙江省数字化示范园区，被认定为市级数字贸易产业创新服务综合体。北部软件园内麻省理工人工智能研究院，每年为全区乃至全市培育1000余名人工智能领域的高端专业人才。康桥健康产业园，邵逸夫医院大运河分院开工建设。北城·智汇园、工业设计小镇、康桥新能源产业园、申花产业集聚区等平台建设和招商引资有序推进。

2019年，拱墅区深入推进创新赋能发展战略，引进培育高精尖人才和特色科研创新平台。出台新一轮科技创新发展扶持政策，先后引进德中卫生组织华东区总部、中德生物基新材料研发中心、globe hub杭州中心、国际脑科学转化（杭州）中心等20余个国际高端人才项目，推动中欧创新中心、清华大学经济管理学院创业者加速器、全拓数字中国研究院消费研究中心、浙江省汽车数字研究院等一批重大科研机构和基础科研项目的落地，全区科技生态不断完善，科技氛围日益浓厚。

【平台影响力扩大】2019年，李克强总理在全国“双创周”期间听取拱墅区产业平台内企业盘石科技的“盘石全球新经济平台”项目汇报，浙江省省长袁家军、杭州市委书记周江勇等省、市领导纷纷调研拱墅区产业平台和龙头企业。全区十大产业平台举办中德生物经济大会、中国（杭州）汽车互联网产业发展大会等具有国家、省、市影响力重大活动20场，中央、省市区各级媒体宣传报道产业平台建设成效200余篇。

（袁珏）

智慧网谷小镇

【概况】拱墅智慧网谷小镇是杭州首个以创新型用地为主的数字经济小镇。规划范围北至金昌路，南至石祥路，西至拱康路，东至上塘河，总占地面积3.4平方千米，核心区面积1.8平方千米。小镇以数字内容产业为主导，发展人工智能、数字传媒、数字健康、数字生活四大产业板块，全力打造千亿级产业平台。

小镇发展案例多次获新华内参、杭州改革专题及国家级重要媒体报道，《人民日报》头版将小镇誉为东部优化发展的全国样本。

2019年，小镇开发建设再提速。完成谢村路康华大厦、沈康路城北送变电大楼的拆迁扫尾工作，累计出让铁路北站单元GS1101-12-02地块（联想）、铁路北站单元GS1103-09-03地块（浙数文化）、铁路北站单元GS1103-02地块（58）、铁路北站单元GS1103-06地块（招商蛇口）4宗约180亩创新型产业用地。实施建设项目共计30个，其中产业平台项目15个，基础设施项目12个，配套项目3个。获省市级特色小镇考核“双良”评定。

【小镇客厅启用】2019年11月29日，小镇客厅启用。小镇客厅占地0.53公顷，总建筑面积约9000平方米。以“天圆地方”为设计理念，设有顺丰、58集团、拱墅十大产业平台、招商蛇口、360集团5家企业展厅，搭载“智慧大脑”云平台系统辅助小镇全域管理，打造水田畈遗址公园，展现历史、人文、美学、科技的汇集融合。全年，小镇累计接待100余批次，参观人数近2000人，其中城市客厅累计接待50余批次，参观人数近1000人，接待省市领导调研考察20余次，新闻媒体报道52次。

【顺丰创新中心竣工验收】2019年12月，智慧网谷小镇首发项目顺丰创新中心完成项目竣工验收。项目总占地5.2公顷，建成面积达28万平方米，外观楼体由国际著名建筑设计公司GENSLER设计，规划了近5万平方米的产业配套，汇集会议中心、会展中心、空中花园等，并引入“浙大新宇”作为该园区食堂的供应商，为入驻企业提供总部级企业服务。

【招大引强推进】2019年，智慧网谷小镇引进蓝疆创新（深圳）科技有限公司、浙报数字文化集团股份有限公司、中科院计算机所等一批高端要素集聚的龙头企业及创新平台，完成鲜丰水果股份有限公司、圣都集团、杭州华普永明光电股份有限公司、翔天、全拓、花印集团6家企业的意向协议签订，完成智慧网谷小镇与杭钢集团就大数据机柜联合开发、资源利用、共同招商等战略合作框架文本的签订，强化企业梯队，完善产业生态链。

（郑劼婧）

运河财富小镇

【概况】运河财富小镇东至

上塘路，南至胜利河，西接湖墅路、小河路，北至湖州街，总面积3.3平方千米，核心区为1平方千米。2019年，运河财富小镇推动大项目建设，凯宾斯基酒店投入使用，胜利河旅游综合体竣工。引进金融企业32家，累计入驻金融企业422家，完成税收10.50亿元，实现营业收入98.54亿元，完成产业投资2.49亿元，全部为特色产业投资。

【小镇金融财富联盟成立】 2019年1月24日，小镇企业新春创享荟暨金融财富联盟成立仪式在小镇会客厅举行，活动包括小镇金融财富联盟成立仪式、首次联盟座谈会等环节。成立后，联盟贯彻资源共享、合作共赢、政企联动、共谋发展的宗旨，执行各项章程制度，联盟机构间交流密切、合作频繁，全年举办项目路演、联盟培训等活动35场。

【小镇党群服务中心启用】 2019年4月18日，2019年度第一期运河·思享会暨拱墅区委“两新”工委会议在小镇党建大讲堂举行，标志运河财富小镇党群服务中心启用。该中心设立党建大讲堂、党员自助学习区、“一站式”服务平台、产业展示等区域，以“金桥·红五联”为轴，串联小镇产业服务，提升小镇企业凝聚力。

【“创联汇”第10期项目路演举办】 2019年4月26日，小镇管委会联合浙江省创业投资协会、省投融资协会举办“创联汇”第10期项目路演。此次活动旨在搭建项目与资本的对接平台，优化拱墅营商环境，培育经济新动能和优强企业，服务科技型中小企业。

【“运河会客厅”栏目创办】 小镇与浙江经视合作，打造运河会客厅栏目，全年共制作3期，分别于2019年4月27日、7月6日、11月30日在浙江经视播出。该栏目每期节目选择不同主题，通过对小镇内各领域嘉宾的采访，勾勒出立体的小镇形象。

【杭州“双创周”环保科创主题活动】 2019年6月14日，杭州市“双创周”主题活动——运河财富小镇科技环保项目路演举行。作为杭州市“双创周”系列活动之一，路演活动以“创新同行，遇见未来”为主题，打造良好营商环境，按照创新驱动发展战略要求，把“大众创业、万众创新”引向深入，践行省市政府提出的金融服务实体企业要求。活动助力科创与金融深度合作，推动杭州国际金融科技中心的发展，推动科技创新工作发展。

【胜利河旅游综合体竣工】 2019年6月27日，小镇胜利河旅游综合体项目完成竣工验收。该项目总建筑面积1.97万平方米，包括1幢5层商业楼宇及2层地下室，总投资1.94亿元，命名为“胜利河·锦鲤中心”，打造“数字化智慧餐饮新零售体验综合体”。

【优质企业落户小镇】 继物产中大欧泰有限公司2016年在小镇注册成立后，2019年9月16日，中大期货有限公司将注册地址迁入小镇远洋国际中心，浙江中大资本管理有限公司也随其一同入驻小镇。浙江中大期货有限公司成立于1993年，注册资本金1亿元，是上市公司浙江物产中大元通集团股份有限公司的子公司，是上海期货交易所理事单位，大连商品交易所、郑州商品交易所和中国金融交易所会员单位。7月26日，峨溪科技（杭州）有限公司入驻小镇。该公司主要开展碳纳米材料、碳纳米材料制备技术的技术开发、技术服务等业务。

【小镇成为各类产业联盟成员单位】2019年10月31日，小镇受邀参加中国商务区联盟闭门会议，联盟主席龙永图为小镇授牌，宣告小镇正式成为中国商务区联盟会员单位。11月6日，运河财富小镇入选“杭州新经济会议小镇”。由杭州市文化广电旅游局优选的十个“杭州新经济会议小镇”，涵盖多个新经济产业领域，创新实施跨领域合作，赋予特色小镇发展新功能。11月8日，由国家电投集团信息技术有限公司领头、上青元公司、柯林公司三方共同组建的“能源物联网研究中心——智能传感实验室”在小镇签约揭牌。实验室聚焦能源物联网感知层关键技术研究与应用，突出技术创新驱动，培育专业技术人才，加快自主能力建设，推动智慧能源业务发展。12月13日，长三角特色小镇产业联盟成立，小镇成为联盟成员。该联盟由来自浙江、安徽、江苏等地50余个小镇共同组建，涉及3个省10余个地市，涵盖金融，高新技术、互联网等多个领域。

【国家AAA级景区通过验收】2019年，经过第三方机构暗访、专家组现场踏看、听取汇报、台账检查等环节，小镇顺利通过景区验收。12月9日，杭州市旅游景区质量等级评定委员会正式发布公告批准运河财富小镇为国家AAA级旅游景区。

【小镇楼宇管理系统建立】2019年12月31日，小镇楼宇运营管理系统投入使用。该系统优化了管委会统计工作流程，便于以街道、楼宇、行业等多个维度对企业数据进行监测，同时兼备对外展示功能。

（许依璠）

上塘电商小镇

【概况】上塘电商小镇系省级培育小镇和市级创建小镇，总面积3.86平方千米。以电子商务产业为核心，是产业层次分明、产业链完整、功能多元、配套完善、绿色生态的电商产业生态圈，形成以机电在线、中国服装网、爱琴海购等为代表的平台类电商企业，以琼楼服饰、艾珀莉、炫动电商等为代表的交易类电商企业，和以碧橙网络为代表服务类电商企业的高度集聚。打造涵盖中小电商创业创意集群、传统产业电商应用、新型商贸体验为一体的电商创业小镇，为杭州市及浙江省电子商务产业示范基地。2019年，累计引进电商及相关配套服务类企业119家，小镇共集聚企业809家，实现主营业务收入65.6亿元，实现税收4.11亿元。蔡马商业综合用房（二）、拱宸商业综合用房（2）投入使用；中铁商业综合用房、上塘河水上运动小镇项目一期、浙江工程师学院竣工；拱宸商业综合用房（3）、蔡马商业综合用房（三）两个留用地项目实现开工建设；拱宸商业综合用房（康桥合作项目）、皋亭商业综合用房结顶。

【第十届中国电子商务物流大会暨2019中国同城即时物流行业峰会协办】2019年9月4日，由中国物流与采购联合会主办，中物联电子商务物流与快递分会、中物联同城即时物流分会承办，杭州跨境电子商务协会、浙江省物流与采购协会、上塘电商小镇等参与协办的“第十届中国电子商务物流大会暨2019中国同城即时物流行业峰会”在杭州和达希尔顿逸林酒店举办。该峰会以跨境电商行业特点、影响因素、未来展望为主题，邀请中国物流与采购联合会副会长、金融机构相关负责人、法律界知名讲师、物流服务商负责人、跨境电商平台负责人等分析当前形势下跨境电商及跨境电商物流方面

上塘电商小镇　　（沈星凯 摄）

的困难及机遇，分享经验及提出意见建议。峰会还举行“2019中国电子商务物流与供应链优秀服务商”和“2019中国电子商务物流优秀设备供应商”颁奖仪式。

【杭州出海高峰论坛协办】 2019年9月26日，由杭州市跨境综试办与Google谷歌广告（上海）有限公司主办，运河国际跨境电商园协办的“新环境、兴市场、大机遇，杭州跨境出海高峰论坛”在杭州举办。会上，Google官方分享年度新数据以及海外新营销的成功案例及诸多有价值内容。拱墅区副区长邀请在场企业入驻拱墅园区，并向大家介绍拱墅区交通便利、自然环境优越、文化底蕴深厚、教育水平先进、医疗设施完善、营商环境一流、发展空间广阔等优势。宣传拱墅区有序推进城市更新和重点区块开发，重点打造上塘电商小镇、智慧网谷数字经济小镇、运河财富小镇、北部软件园等十大产业平台，助力企业发展，强化资金、人才、研发、市场等要素保障，制定多项扶持政策等情况。

【电商质量治理主题讲座主办】 2019年12月10日，由杭州国家电子商务产品质量监测处置中心、杭州市拱墅区上塘电商小镇管委会主办的“优化电商营商环境，守护网购质量安全”——走进上塘电商小镇之电商质量治理主题讲座在运河国际跨境电子商务园举行。该次活动邀请政府部门、企事业单位和电子商务业界、法律界等100余位代表深入交流《中华人民共和国电子商务法》实施过程中的经验体会，通过邀请知名律师进行主题讲座，以及一点资讯浙江政务新媒体现场直播的形式，进一步让现场电商企业家们和线下5万多名观众对电商领域的法律规则有了更清晰的认知。用“法律进小镇、案例大讲堂”的方式，纪念《电子商务法》颁布一周年。

【上塘电商小镇配套服务优化】 2019年，上塘电商小镇协助运河跨境电商产业园获评浙江省省级科技企业专业孵化器、跨境电商引领新服务园区、2019年度浙江省数字化示范园区等称号，提升了小镇创业创新环境。引导园区运营方设立杭州云禾晖股权投资基金、杭州华麒资本管理基金、杭州悦寓股权投资基金、杭州仲英创投基金等多个产业引导基金加大对入园企业特别是初创型企业的金融支持。

【上塘电商小镇影响力提升】 2019年4月，在瑞士日内瓦举行的由联合国国际贸易中心、中国电子商会共同举办的“2019贸发会议电子商务周——贸易便利化促进电子商务行业发展国际对话峰会”上，上塘电商小镇，以其在国际跨境贸易中的突出表现和成长力，获得联合国颁发的“2018年度国际跨境贸易创新发展十佳企业”称号，这是杭州市唯一获此荣誉的小镇，上塘电商小镇影响力得到很大提升。

（倪家伟）

工业设计小镇

【概况】工业设计小镇范围东至小河路，南至登云路，西至和睦路，北至湖州街，规划面积1.42平方千米，是浙江省首个产业发展单元。小镇依托泰普森国家级工业设计中心和LOFT49省级工业设计基地，重点打造工业设计公园、乐富设计园、LOFT49三大核心项目，入驻泰普森（控股）集团、浙江省创意设计协会、杭州形意内建筑设计有限公司等龙头企业。

2019年，工业设计小镇实现营业收入3.25亿元，比上年增长9.7%，实缴税金0.27亿元，比上年增长42.1%，固定资产投资3.09亿元。

【工万创新型产业用房项目推进】2019年，工万创新型产业用房项目完成主体施工70%，项目位于桥西拱宸桥单元GS0603-M1-25-3地块，投资主体为杭州工万产业投资管理有限公司，占地面积1.59万平方米，总建筑面积6.2万平方米。项目打造以工业设计全价值链为主导，涵盖创意设计研发、生产制造、营销推广、销售渠道、咨询服务等产业上中下游各个环节，以文化创意、创新平台和消费品产业为重点，以创投、融资、培训、法律咨询等多维产业配套服务为支撑的产业园区，建成后将聚焦工业设计与文化创意两大产业。

【泰普森创新型产业用房项目推进】2019年，泰普森创新型产业用房项目完成主体施工45%，项目位于桥西拱宸桥单元GS0603-M1-25-2地块，投资主体是浙江康达工业设计有限公司，占地面积1.04万平方米，总建筑面积4.5万平方米。项目目标是在泰普森集团“国家级工业设计中心”的基础上，打造以设计、研发、检测、展示、培训为核心的设计园区，建成后将重点引进工业设计、文化创意、智慧经济三大产业，打造推动产业转型升级的都市产业创新创业园。

【产业招商】2019年，工业设计小镇将工业设计的上下游服务型资源和产业链企业引入园区。至年底，乐富设计园新引入企业8家，主要为杭州红播网络科技有限公司、杭州优诺品牌管理有限公司、杭州九衡广告有限公司、杭州现代社区文化营造发展中心、杭州诚晟信息技术有限公司等。园区运营状况良好，成立杭州工万基业企业运营管理有限公司并组织数字文创产业互联网加速活动，对接目标招商企业。

【“设计运河”拱墅区十佳文创产品评选活动】2019年1月2日，作为“文创周”系列活动之一的2019“设计运河”拱墅区十佳文创产品评选活动、“设计运河”文创产业论坛在乐富设计园召开，活动由拱墅区委宣传部、中国设计智造大奖组委会主办。在评选活动上，29家企业提供的60余件产品参加现场评审，从中选拔产生拱墅区十佳文创产品。其中，雕塑家楚天舒的“核桃夹”以新年生肖为创作主题。来自汉度设计年销量超过100万台的小白刷洁面仪，也是兼具人气与创意的文创作品。“设计运河”文创产业论坛邀请设计领域专家、文创园区运营企业代表、知名投资人等，以《数字经济下的文创新生态》为主题，探讨在数字经济发展的新机遇下，文创产业生态中的文化传承与发扬、创新人才培养、爆款产品的设计新思维等议题。

【LOFT49 闭园改造】2019 年 11 月 30 日，LOFT49 文化创意园闭园并着手提升改造。园区占地 3.39 公顷，建筑面积 2.1 万平方米，通过提升改造将在原有创意产业园的基础上，向产业设计化、设计产业化和设计人才职业化发展，并形成创新链、产业链、金融链相结合的全产业转型链条。

【乐富设计园】乐富设计园位于拱墅区工业设计小镇核心区块，园区以工业设计为主导，户外休闲体育为产业起点，融合养老大健康和智能制造的产业定位，集设计、研发、打样、质检、展示、交易为一体的综合性特色主题产业园区。园区整合国内外制造、设计、品牌、科技、渠道、人才等资源优势，实现从设计需求发布、设计创新服务和品类品牌推广到设计人才供给和科技成果转化，最后完成专利产品渠道销售一条龙的产业链条完美闭合。2019 年，乐富设计园内共入驻企业 36 家，实现营业收入 1300 万元，税收 49.5 万元。

（金晓鹏）

北部软件园

【概况】北部软件园是杭州市拱墅区科技工业功能区的首个产业园区，规划面积 3.07 平方千米，产业发展平台楼宇面积 100 万平方米。2019 年，北部软件园实现平台主营业务收入 223 亿元，财政总收入 8.5 亿元，是拱墅区十大产业平台中经济体量最大的平台载体。园区有运河广告产业大厦等 4 幢税收亿元以上楼宇，泰嘉园、乐富智汇园 2 个省级小微企业园。有规模以上企业 150 余家，是拱墅区规上企业密度最高的区域。

【企业上市取得新突破】2019 年，德信地产集团有限公司在港交所上市，实现园区 IPO 上市零突破；杭州楚环科技股份有限公司完成股权分置改革；杭州世创电子技术股份有限公司、杭州思源信息技术股份有限公司、杭州米络星科技（集团）有限公司、浙江托普云农科技股份有限公司 4 家企业纳入市级重点拟上市企业名录。

【众创空间通过省级备案】2019 年，省科技厅公布 2019 年度省级备案众创空间 120 家名单，北部软件园众创空间通过省级备案。北部软件园众创空间位于祥园路 33 号，面积 1317.74 平方米，共设置 136 个创客工位，空间的配套有报告厅、会议室、茶歇区、健身房等公共设施，公共部位无线网络全覆盖。空间入驻项目包括软件信息、广告文创、电子商务、智能制造、节能环保等产业。为入驻团队提供工商、税务一站式服务，建立导师辅导、主题沙龙、行业分享会等多种形式的企业分享交流平台，以及投融资对接、科技政策辅导等第三方服务平台。组建一支创业导师、基金团队，通过孵化与投资相结合的方式，为创业者和创业团队提供优质的工作环境和孵化环境。

【科技创新能力提升】2019 年，北部软件园国家高新企业新增 24 家，累计 87 家；省市研发机构新增 6 家，累计 30 家；旭日计划企业新增 16 家，累计 78 家；雏鹰企业新增 8 家，累计 38 家；各类专利新增 353 项，累计 700 余项。

【高端人才落户园区】2019 年，引进加拿大皇家科学院青年院士 1 名，认定市“521”人才 1 名，市级 D 级以上高层次人才 11 名，市“115”立项人才 1 名、项目 5 个，入选区“运河英才”22 名，其中非华裔项目19个，B类及以上项目8个。

【2家园中园被认定为浙江省首批小微企业园】2019年8月，浙江省经信厅发布《关于公布第一批审核认定小微企业园名单的通知》，泰嘉园和乐富智汇园入选。泰嘉园地处杭州市拱墅区莫干山路972号，作为杭州北部软件园的示范园区，园区规划用地面积逾4万平方米，总建筑面积为13.4万平方米。园区集聚包括杭州安存网络科技有限公司、杭州名淘网络科技有限公司、杭州知彼科技有限公司等近300家互联网企业。园区曾荣获“杭州市服务业先进企业”“拱墅区特色潜力企业”等荣誉称号，并被列入首批“浙江省电子商务示范创建项目”。乐富智汇园地处杭州北部软件园，毗邻莫干山路、石祥路，与留石高架、上塘高架、京杭运河紧密相连。园区占地4.2万平方米，总建筑面积10.59万平方米，内含办公大楼、影视基地，独栋总部办公别墅、高层商务中心等12幢独具特色的楼宇建筑。曾先后获“国家文化产业示范基地”“国家级孵化器”等称号。园区聚集软件开发、高新科技、文化创意、广告服务等文创特色企业160余家，年税收超过1亿元。

（戚娇娇）

康桥新能源产业园

【概况】康桥新能源产业园位于康桥街道吴家墩社区，东至沿山港，南至康桥路，西至宣杭铁路，北至康乐路。规划面积1.87平方千米，建筑面积超100万平方米，重点打造以节能、环保、新能源为主的现代产业集群。杭州华普永明光电股份有限公司、浙江大冲能源科技股份有限公司、杭州禾迈电力电子技术有限公司、杭州杭开环境科技股份有限公司等知名企业入驻园区。园区拥有浙江元亿产业园、隽维中心产业园、杭州恒山钢铁产业园、杭开科创园等园中园。

2019年，园区实现全年主营业务收入62.15亿元，税收1.84亿元，其中新能源企业税收7300余万元，比上年增长14.06%。2019年新引进企业121家，合计注册资本8.4亿元。

【19家规上工业企业全部“上云”】2019年，康桥新能源产业园抓住新一代信息技术发展和产业变革机遇，推动云计算、物联网、大数据、人工智能等技术的创新应用和融合应用，提升企业在新常态下的发展新动能和竞争力，促进数字经济发展和经济转型升级，康桥新能源产业园区19家规上工业企业实现全部“上云”。

【平安园区建设】2019年，园区开展常规企业安全生产检查300余次，组织电瓶车违规停放及充电、企业住宿情况、油气安全、食品药品等专项督查80余次，发现隐患问题500余条，督促整改完成480余条。针对2019年第二批区级安全生产重大事故隐患单位挂牌督办3家企业，按要求完成整改销号工作。

【杭开科创园被认定为浙江省首批小微企业园】2019年8月，浙江省经信厅发布《关于公布第一批审核认定小微企业园名单的通知》，杭开科创园成功入选。杭开科创园位于康桥新能源产业园内，毗邻莫干山路、石祥路，与绕城高速、上塘高架、京杭运河紧密相连，是一家重点培养装备制造业为基础的生产制造类园区。园区总面积6.4万平方米，入驻企业20余家。企业分为三大类：一是升级改造高低压开关柜、输变电设备、桥架母线、大型换热设备等传统制造业企业，代表企业杭州杭开电气有限公司；二是转型发展水务科技、新能源、太阳能发电系统、电力电子变换技术等新兴产业，代表企业杭州禾迈电力电子技术有限公司；三是创业投资、拓展制药、传媒、文化旅游等企业，代表企业浙江德石投资管理有限公司。

（李旻 沈杰）

北城·智汇园

【概况】北城·智汇园位于半山街道，规划总面积 0.61 平方千米，园区通过对产业平台、高端要素聚集以及园区内优质企业成长培育三方面的重点建设，打造信息化现代智慧产业园、工厂物联网示范区、建筑工业化新型产业示范区，形成与杭钢新城天子岭静脉小镇资源互补、要素共享的协调推进格局，重点发展智能制造、信息经济、建筑规划三大产业。

2019 年，园区实现营业收入 48.84 亿元，比上年增长 11.06%，实缴税金 1.83 亿元。完成浙江省公安厅车辆牌证制作中心迁建，杭州俊力机械产业用房、杭州诚超实业产业用房竣工投入使用，杭州沪川电子工业有限公司项目主体在建施工，话机世界产业用房主体完工，顺丰杭州国际生鲜电商供应链基地项目开工，石塘区块 M2–14–3 地块挂牌出让。

【杭钢单元石塘地块出让】2019 年 12 月 27 日，北城·智汇园杭钢单元石塘区块 M2–14–3 地块正式挂牌出让，公示期一个月，竞得单位为杭州广银建设有限公司。该项目拟建杭州广银建设有限公司产业用房，杭州广银建设区块用地面积 1.77 公顷，建设总建筑面积 3.89 万平方米，将打造成集电力设备制造、售电服务、电力设计及智能电力工程为主的综合性总部经济大楼。

【顺丰杭州国际生鲜电商供应链基地开工建设】2019 年 11 月 21 日，北城·智汇园重点项目顺丰杭州国际生鲜电商供应链基地开工建设。该项目占地面积 6.79 公顷，总建筑面积约 11.36 万平方米，包括多温段智能交易中心、智能分拣中心、商务综合大楼及配套建筑。将打造全市首个国际生鲜电商供应链基地。项目投入运营后，生鲜商品的存储能力为 10 万吨，年吞吐量将超 60 万吨，服务各类生鲜供应企业 300～500 家及下游商家超过 2000 家，三年内生鲜商品年流通额预期达到 15 亿～20 亿元规模，平台商家年利税贡献预计超过 6000 万元。

（杨帆）

申花产业集聚区

【概况】申花产业集聚区位于拱墅区，东至莫干山路，南至余杭塘河，西至丰潭路，北至申花路，规划面积 4.3 平方千米。至 2019 年，建成投入使用楼宇 12 幢，总建筑面积 107 万平方米（其中总商务面积 46 万平方米），在建楼宇 8 幢。入驻重点企业 2500 余家，是一个集产业优质、生态旅游、交通便捷、资源丰富等优势于一体的楼宇经济（总部经济）产业集聚区。重点打造商贸商务、数字创意和科技信息三大主导产业，集聚中粮集团、中亚机械、中文在线、美创科技等龙头企业。2019 年，实现营业收入 29.68 亿元，实缴税金 4.02 亿元，增长 21.3%。汉港·凯旋广场投入使用，运河财富中心、资辉置业商业综合用房、中交（杭州）商业金融用房、丰潭实业商业综合用房等项目主体在建施工。

【杭州莱克空间被认定为市级孵化器】 2019年9月27日，由杭州莱克孵化器有限公司创办的“莱客空间”获市级众创空间荣誉。“莱克空间”孵化器位于佳源银座内7层和12层，空间总体面积1500平方米。孵化器与国内顶尖高校合作作为技术支持，聚集高新企业、上市企业、金融投资机构，通过整合优质资源，全力打造针对初创企业和创业者的一站式创业服务链，重点服务高层次海外归国创业团队和外国创新团队。

【楼宇招商推进】 2019年，申花产业集聚区推进楼宇招商工作，引入特色企业100余家，包括杭州资辉商业管理有限公司、杭州汇常科技有限公司、杭州开心麻花演艺经纪有限公司等优秀初创企业。浙大新经济产业发展研究中心落户申花产业集聚区。

【“运河英才”项目落户集聚区】 2019年，集聚区引入由谷红仓博士创办的从事表观基因组学和生物信息技术服务的杭州天译基因科技有限公司和由张健博士创办的从事面向下一代移动通信(5G)毫米波高速回传系统及其核心芯片产业化的杭州翼邦芯科技有限公司。（金晓鹏）

汽车互联网小镇

【概况】 拱墅区汽车互联网小镇东临通益路，南接湖州街和石祥路，西至莫干山路和丰庆路，北靠祥泰街、三墩路，规划面积3.0平方千米，核心区1.1平方千米。围绕汽车智能研发、汽车电子商务、汽车互联网出行和汽车互联网后市场四大领域，构造四轮驱动产业体系并形成“一核三园，一城多点”的空间布局结构。即以万科汽车互联网产业园为核心，以运河汽车互联网产业园、运河汽车电商园、创新谷汽车互联网产业园为三园，以海外海汽车城为一城。小镇获第四批培育类省级特色小镇、浙江省创建类产业创新服务综合体、国家级科技企业孵化器等荣誉。

2019年，小镇新入驻汽车互联网相关企业200余家，实现总营业收入225.7亿元，税收20.6亿元。

【汽车互联网小镇入围第四批省级特色小镇培育名单】 2019年3月22日，小镇申报省级特色小镇。7月16日，小镇迎接创建申报对象部门联审，由副区长挂帅，经过数月研究和准备，通过联审，并于9月26日入围第四批省级特色小镇培育名单。小镇将继续加快项目建设，加速汽车互联网产业集聚，加强汽车互联网全产业链生态培育，打造中国汽车互联网第一镇。

【杭州运河汽车互联网产业园获评国家级科技企业孵化器】 2019年12月25日，根据《科技企业孵化器管理办法》，省级科技主管部门评审推荐，科技部审核并公示，认定杭州运河汽车互联网产业园为国家级科技企业孵化器。杭州运河汽车互联网产业园是拱墅区“运河拱墅汽车互联网小镇”先发项目，至年底，园区汽车产业集聚度100%，主要涵盖汽车核心技术、新能源汽车、汽车后市场（出行经济、汽车新零售等）、汽车金融四大板块，形成汽车产业纵向产业链和横向集群生态。

【中国（杭州）汽车互联网产业发展大会举办】 2019

年 11 月 23 日，中国（杭州）汽车互联网产业发展大会在海外海纳川大酒店召开，活动由拱墅区政府主办，拱墅汽车互联网小镇管委会、祥符街道办事处、浙江运河汽车互联网研究院承办。汽车互联网领域的专家、学者、企业家、创业者齐聚一堂，共同探讨汽车互联网前沿技术。大会吸引了省工信院合作项目、上海交大科技园项目、清科集团项目、美国底特律的 Confluence Mobility 公司等项目落户小镇，为产业发展打下基础。

【产业链精准招商】2019 年，小镇新引进天猫二手车、美国 Run-way 孵化器、领跑汽车等汽车互联网关联项目。万科汽车互联网核心产业园启动预招商，储备拜腾汽车智能网联汽车事业部、清科集团、上海交大科技园等 100 余组资源。创新谷汽车互联网产业园完成内部装修并开始招商。运河汽车互联网产业园引入领行悦享汽车服务有限公司（T3 出行）。9 月 18 日，汽车电商园引入核心驱动科技（杭州）有限公司、杭州宜驰汽配有限公司等产业相关企业，同日，园内培育的杭州啊啦屋里智能科技有限公司，杭州知享信息科技有限公司、杭州华味亨销售管理有限公司被认定为“杭州市高新技术企业”。

【“智慧车城”系统上线】2019 年 2 月 4 日，海外海(杭州）汽车城上线智慧车城系统。该系统集合汽车城实体资源，将所有车源线上展示，实现线上线下一体化、多维度新型销售模式，助力海外海（杭州）汽车城打造成为现代化新型汽车交易市场。

【项目建设推进】2019 年，小镇内万科汽车互联网核心产业园、祥符大厦、花园岗大厦、钧顺商业综合用房等重点项目进展顺利。其中，万科汽车互联网核心产业园一期项目主体施工 40%，二期全面结顶，三期桩基施工 98%。

（金晓鹏）

康桥健康产业园

【概况】康桥健康产业园东至宣杭铁路、南至杭钢河、西至拱康路、北至康桥路，规划面积 1 平方千米。核心面积 0.2 平方千米，四至范围东至电厂热水河、南至杭钢河、西至拱康路、北至平炼路，可开发土地 16.92 公顷。

【核心区建设】核心区以马桥路为界，分为两大建设区块。马桥路以南区块，2018 年 12 月引进邵逸夫医院大运河分院，至 2019 年年底，项目已完成国际方案征集、可行性研究和用地规划许可证办理，完成方案设计和施工图设计，取得施工许可证。马桥路以北区块，将统筹拱墅区 6 个经合社 6.55 公顷 10% 留用地，将通过统一招商、连片开发，围绕“健康+”发展定位，重点发展与健康紧密相关的服务产业链，打造以健康产业为主导，上下游不断延伸、形成规模发展效应的产业平台。2019 年，主要推进园区项目前期手续办理。

（高神军）

商贸服务业

综　述
电子商务
批发和零售业
商业综合体
特色街区
住宿餐饮业

综 述

2019年，拱墅区社会消费品零售总额620.73亿元，比上年增长8.3%。从主要商品看，汽车类商品零售总额比上年下降8.9%；石油及制品类商品零售总额比上年下降5.2%；通信器材类商品零售总额比上年增长26.4%；日用品类商品实现零售总额比上年增长20.1%；粮油、食品类商品零售总额比上年下降3.7%。全年网络零售额565.4亿元。8家商业综合体全年营业额共67.31亿元。全年住宿餐饮业零售总额13.2亿元。2019年，高标准完成6个安置房小区生活服务配套建设，为安置房配套和社区商业建设提供了模板。全面完成再生资源回收体系建设和8家农贸市场第三次改造提升“三年任务两年完成”的目标。2019年，全区累计开展各类商贸节庆活动50余场。

（周灵江 周燕萍）

电子商务

【概况】2019年，拱墅区网络零售稳步增长，全年网络零售额565.4亿元，在杭州市排名第6位，全省排名第9位，比上年增长19.8%，增幅位列全市第5位，综合排名居第4位。至年底，拱墅区在重点监测第三方电子商务平台上共有各类活跃网络零售网店1.43万家，相当于注册零售网店总数的50.2%，活跃网络零售网店总数在杭州市排名第6位，在全省排名第17位。电子商务就业创业氛围良好，直接解决就业岗位约3.91万个，间接带动就业岗位约10.29万个。

【电子商务规模提升】2019年，拱墅区电子商务规模不断提升，全年累计实现网络零售额565.4亿元。2019年，全区纳入拱墅区商务局监测的电子商务企业107家（新增41家），其中84家电子商务销售企业，1—12月，营业收入总额129.5亿元，比上年增长17.7%；17家电子商务服务企业，营业收入54.1亿元；6家第三方平台企业营业收入7029.2万元，比上年增长35.7%，成交额41.6亿元，比上年增长0.2%。

【电子商务创新创业大赛举办】2019年8月30日，拱墅区电子商务创新创业大赛举办，对在2019“之江创客”全球电商双创大赛杭州赛区中获奖企业进行表彰，并评选出丰·BOX终端循环包装（浙江顺丰速运有限公司）等14个优秀电子商务产业创新项目。

【第三届拱墅电商O2O广场会举办】2019年9月13—14日，与中国新零售联盟联合举办第三届拱墅电商O2O广场会，并邀请6位网红主播对参展企业及产品进行在线直播，实现活动线上曝光总量超42万人次。

2019 年 4 月 26 日，拱墅区首届全民消费日活动在城西银泰城举办　　（区商务局 供稿）

【第六届中国（杭州）国际电子商务博览会参展】2019 年 10 月 18—20 日，组织鲜丰水果、九洲大药房、话机世界等区内新零售代表企业共同参加第六届中国(杭州)国际电子商务博览会，搭建拱墅区特色展馆，展示近年来新零售发展历程与成果。

【电商扶贫】2019 年 7 月 10 日，拱墅区商务局、杭州名淘教育科技有限公司共同赴湖北恩施州来凤县开展“新农村、新电商、新农人”电子商务精准扶贫培训。同时，鲜丰水果股份有限公司、杭州凌诚文化创意有限公司等企业也积极开展扶贫协作，共计在“政采云”平台上线 300 余种湖北恩施、贵州黔东南的特色产品。

（周灵江 许晓飞）

批发和零售业

【概况】2019 年，拱墅区全年销售额 5 亿元以上的零售业企业 22 家，中石化碧辟(浙江)石油有限公司、话机世界通信集团股份有限公司、浙江江铃汽车销售服务有限公司、杭州屈臣氏个人用品商店有限公司、浙江万国汽车有限公司 5 家企业销售总额居零售业前列。拱墅区全年销售额10亿元以上的批发企业33家，杭州正才控股集团有限公司、物产中大元通电缆有限公司、浙江鑫网能源工程有限公司、杭州锦江集团有限公司、杭州钢铁集团有限公司5家企业销售总额居批发业前列。

【首届拱墅区全民消费日举办】2019年4月26—30日，首届拱墅区全民消费日在城西银泰城开幕，此次活动以“十里银湖墅 越夜越实惠”为主题，以商贸综合体、超市、卖场、汽车销售企业及餐饮企业为载体，通过政府搭台、企业唱戏、媒体助力，多措并举、全面让利，推进运河商业氛围的形成，深度开发“夜运河月光经济”，使北秀拱墅成为市民、游客信赖的消费目的地。活动期间，营业额明显提升，全区跟踪监测的15家具有代表性商贸企业日均销售额比上年同期增长8.1%，客流量比上年增长10.2%。

【新零售拱墅特色】2019年6月，万达金街口碑街建设全面完成。7月，胜利河美食街南侧17家餐饮商户刷脸支付终端升级改造工作完成，实现刷脸支付全覆盖。同时，胜利河二期·锦鲤中心项目与蚂蚁金服、杭州迪火科技有限公司等新零售服务商合作，打造数字化智慧餐饮新零售体验综合体。

【第三次农贸市场改造提升】在2018年完成第一批8家农贸市场改造提升的基础上，2019年，拱墅区对第二批蚕花园、大关西三苑、大关东苑、杨家门、八丈井、小河、拱宸桥、半山8家农贸市场实施改造提升。通过改造提升，空调安装全覆盖，经营环境全优化，其中八丈井农贸市场完成“大棚市场”向星级市场的转型，小河农贸市场打造“社区乡亲综合农贸市场”，集购物、休闲、娱乐、便民、餐饮于一体，为社区居民提供服务。

【安置房小区生活服务配套建设】2019年，拱墅区商务局出台《拱墅区推进安置房小区生活服务配套建设三年行动计划(2019—2021年)》，建立全区优质品牌商贸企业名录库，完善优劣商户两面清单，引导生活服务配套项目建设主体单位吸纳优质资源，并牵头完成各项目整体形象方案设计，全程引导设计、招标、施工各个环节，推进项目施工有序进行。全年有锦绣嘉苑一期、蔡马人家一期、康和嘉苑、善贤人家、隽逸花苑、锦文雅苑6个安置房小区生活服务配套项目列入新增布点和提升改造建设任务，其中，5个项目列入“拱墅区民生实事工程”。至2019年10月，6个项目均顺利开业，《杭州日报》《都市快报》《每日商报》《今日拱墅》、杭州商务微信公众号等媒体进行报道。

【再生资源回收体系建设】2019年，拱墅区完成再生资源回收150个标准化网点建设，纳入提升建设的杭州正信物资回收有限公司、杭州金锐废旧金属回收有限公司、杭州宸运环境工程有限公司3家综合性分拣中心总面积达到1.7万平方米，实现三年任务两年完成的目标。为进一步加强统计监测，区商务局部署再生资源回收企业上报《再生资源综合数量季报表》，至2019年年底再生资源回收总量16.1万吨，城镇垃圾回收利用率43%；积极拓展“互联网+再生资源回收”新空间，拱墅区培育杭州宸运环境工程有限公司等龙头骨干企业，完善“互联网+再生资源回收”平台，确保实现覆盖率90%以上。

【第六届汽车置换节举办】2019年4月20—21日，拱墅区商务局在水晶城购物中心举办2019第六届杭州汽

万达广场　　（区商务局 供稿）

车置换节。置换节共30家企业参展，参展车型从入门级的国产自主品牌到百万豪车一应俱全。各参展品牌通过线上下单，线下提车，预付赠送油卡等措施，两天车展现场共销售127台车，销售额2662.97万元，比上年增长11.46%。其中，成交单价最高的车是100万元的英菲尼迪QX80。英菲尼迪品牌经销商杭州九和汽车维修服务有限公司成为置换节的销量冠军，两天的车展共销售车辆32台，销售额1151.81万元。

【商业预付卡投诉处理】 2019年，进一步优化和提升拱墅区预付卡管理工作水平，加强部门联动，加强与西湖、滨江、余杭等城区在处理鲜生友请果蔬连锁店、门客生活鲜花店投诉纠纷的工作交流。将投诉较多的企业抄告区市场监督管理局，以重点监管企业办理营业执照注销。与区文广体旅局对接，涉及健身行业相关投诉上门执法。同时，赴桐庐考察学习预付卡管理工作，在工作机制、法律法规宣传、日常巡查预警、执法检查等方面进行交流和探讨。全年，区商务局接到预付凭证投诉件1926起，实地查看调解236次，妥善处理纠纷753起，处置满意率39.1%。

（周灵江 唐晶珍）

商业综合体

【概况】2019年，拱墅区共有中粮大悦城、城西银泰城、水晶城、万达广场、运河上街、远洋乐堤港、D32时尚街区、蓝钻天成8家商业综合体。其中，年营业额在10亿以上的有2家，城西银泰城实现营业额28.93亿元，中粮大悦城实现营业额10.23亿元。

【平安综合体标准化创建】2019年，拱墅区商务局会同区平安办制定《拱墅区“平安综合体”创建工作建设标准（试行）》，多次组织公安、消防、市场监管、城管、环保等部门赴城西银泰城指导建设，对照《标准》检查问题并进行整改。4月16日召开“平安综合体”标准化建设现场会，要求各综合体参照标准推进平安标准化建设。5月28日在万达广场召开平安综合体创建推进会，细化创建工作，落实举措，协调解决矛盾困难，辖区内综合体根据创建标准和各综合体实际，围绕公共安全管理、消防安全管理、生产经营安全管理、承租商户经营管理等四个方面内容，进行软硬件改造提升，逐步整改问题，将隐患清零。为持续提升平安工作成效，以城西银泰城、万达广场、中粮大悦城、远洋乐堤港、D32时尚街区、运河上街、水晶城、蓝钻天城等综合体为骨干，成立全区商贸行业联盟，发挥行业自律作用，加强行业安全管理，推动综合体健康、有序、平安发展。

【城西银泰城】城西银泰城位于杭州市拱墅区丰潭路380号，2013年9月8日开业，商业建筑面积29万平方米，由高层现代建筑以及低层商业建筑、广场、空中休闲公园等建筑形态组成。其购物广场部分采用内街外街相结合的构造，拥有银泰百货、喜悦真冰场、传奇奢华影院、唛歌时尚KTV、舒适堡健身中心、BLT精品超市、神采飞扬电玩城、正格运动城十大主力店。2019年4月26—30日，首届拱墅区全民消费日开幕式在城西银泰城举办。2019年，城西银泰城客流2800万人次，比上年增长21.7%；整体销售额28.93亿元，比上年增长28.1%。

表14

2019年拱墅区商业综合体经营情况表

综合体名称	商业建筑面积（万平方米）	2019年经营收入（亿元）	比上年同期（%）
中粮·大悦城	20	10.23	203.17 （2018年8月28日开业）
城西银泰城	29	28.93	28.14
水晶城	6	2.26	−14.88
万达广场	15	9.75	8.38
运河上街	8	5.7	31.9
远洋乐堤港	15	7.94	9.84
D32时尚街区	4	2.32	−2.36
蓝钻天成	4.5	0.18	28.57

【运河上街】运河上街购物中心位于杭州市拱墅区金华路80号，2014年3月开业，商业建筑面积8万平方米。东西“街”长约350米，南北“街”宽60米，中间是12米宽的内廊，被称为“室内的步行街”。作为杭州首条以低碳概念打造的商业步行街，家庭型时尚休闲购物中心为定位的运河上街，集购物、美食、娱乐、休闲、旅游为一体，并成功引进杭州市首家盒马鲜生新零售店。2019年，运河上街实现销售业绩5.7亿元，比上年增长31.9%。

【水晶城】水晶城购物中心位于杭州市拱墅区上塘路458号，商业建筑面积8万平方米。2014年12月开业，由浙江建华集团全资子公司杭州水晶城购物中心有限公司负责运营，是拱墅区唯一的开展个体户联营模式的综合体。地理位置与钱江商贸城等商业组成“大钱江”商圈，以“主力店+快时尚+品牌集成店+人气餐饮+休闲娱乐”为业态组合。水晶城购物中心内有H&M、万达影院、银乐迪KTV。新华书店城北旗舰店也落户水晶城，弥补了城北文化用品市场的空白。2019年，水晶城购物中心实现营业额2.26亿元。

【万达广场】万达广场位于拱墅区杭行路666号，2014年12月开业，商业建筑面积15万平方米。拱墅万达广场涵盖大型商业中心、休闲娱乐中心、室内步行街、杭州金街商铺、投资型写字楼等业态，将万达百货、万达IMAX国际影院、大玩家超乐场、大歌星KTV等主力店涵盖在内，从商业、休闲、娱乐、文化、商务等方面满足人们的一站式生活需求。2019年，杭州拱墅万达广场总营业额9.75亿元，比上年增长8.4%；日均客流4.8万人次，增长4.3%。

【天阳D32时尚街区】天阳D32时尚街区位于杭州登云路与小河路交叉口，居大运河商圈桥西核心地块，2016年10月开业，商业建筑面积4万平方米。同月，街区建筑获得同济大学设计研究创作奖。天阳·D32时尚街区打造休闲、轻松、开放的商业空间，集中餐饮、购物、休闲、娱乐等综合生活服务功能。2019年，平均月客流55万人次，实现年销售额2.32亿元。

【蓝钻天成】蓝钻天成位于萍水街1号，莫干山路和萍水街交叉路口，2017年1月开业，总面积21.36万平方米，其中商业建筑面积4.5万平方米。紧邻热电厂综合体项目和蓝孔雀综合体项目，餐饮、休闲、购物、娱乐等流通领域和知名品牌进驻。2019年，蓝钻天成由于地铁五号线的施工，造成经营发展空间很大收缩，大部分商户亏损，部分商户撤场。全年，实现营销收入0.18亿元。

【远洋乐堤港】远洋乐堤港是远洋商业独立运营的首个大型综合体项目，位于拱墅区大关路与丽水路交叉口，居运河商务中心，2017年开业。项目总建筑面积57万平方米，其中商业面积15万平方米，包含汇集零售、餐饮、休闲、娱乐等多元业态的中高端购物中心，24小时YEAH街区以及文化创意、智力碰撞多维互动的特色体验区三大区块。品类涉及文创、餐饮、家居、艺术等。2019年，远洋乐堤港实现营业额7.94亿元，比上年增长9.8%。

【中粮·大悦城】杭州中粮·大悦城位于杭州市拱墅区隐秀路1号，总建筑面积50万平方米，其中商业面积20万平方米，含3000余个停车位，总投资80亿元，入驻商户规模330—400户。2018年8月28日开业，有四大体验业态及三大主题街区，整体定位“快时尚、酷生活，首座体验式水岸潮圣购物乐园”，是集购物中心、滨水街区、商务办公、酒店式公寓、高品质住宅、文化艺术中心于一体的“商业驱动型”城市综合体，是杭州市首店进驻最多的综合体，共有各级首店91家。2019年实现营业额10.23亿元，比上年增长203%。

（周灵江 唐晶珍）

特色街区

【概况】拱墅区有大兜路历史街区、信义坊商业特色街区、桥西历史文化街区、小河直街历史文化街区、胜利河美食街、石祥路汽车贸易街区6个特色街区。2019年1月31日，区商务局对特色街区的营业户进行梳理。通过梳理完善，整理拱墅区商业特色街报表，新增进入统计商户8家，停止营业商户41家。

【大兜路历史街区】大兜路历史街区位于拱墅区运河大关桥至江涨桥一段东岸。南北长780米，东西进深150米，占地面积9.5万平方米，总建筑面积5万平方米，其中商业物业面积2万平方米。2019年，大兜路利用街区空间资源、传统历史文化、文创产业，吸引旅游、宣传、科教、社团等有关部门和街区外企业到街区举办各类宣传、庆祝、促销、公益性活动。充分利用节假日和街区成型的常态化活动契机，在街区开展文化、宣传、促销等主题活动，增加街区活力，增强街区凝聚力，扩大街区的影响力。1月，举办“2019中国（杭州）新年祈福走运大会”——新年第一天来运河边以健步形式迎新年；举办郎朗艺术世界新闻发布会，宣告郎朗世界正式入驻大兜路；举办小年夜送灶神活动。2月，举办新春祈福活动，通过传统佛教民俗文化活动，以祈居民过个幸福祥和的吉祥年；举办元宵灯会活动，宣扬传统文化，活跃街区气氛。4月下旬，配合运河集团文旅公司搞好传播运河文化，举办京杭大运河国际诗歌大会。5月，为纪念五四运动举办青年走运河活动；举办郎朗音乐节，邀请钢琴大师参加；开展第十届运河美食节，吸引中外游客品尝运河菜肴、游览运河美景；11月，举办湖墅婚典活动。全年，大兜路历史街区接待省内外各类考察团约20余次，旅游团队600余次。

【小河直街历史文化街区】小河直街位于杭州市北部，地处京杭大运河、小河、余杭塘河三河交汇处。长度约1000米，占地面约12.9万平方米，分重点保护区、风貌协调区和商贸旅游区三个区块。其中，商贸旅游区总建筑面积3400平方米，以餐饮业为主，2019年有18家各具特色的餐饮、茶馆、咖啡馆入驻。小河直街历史文化街区是以保持传统商住功能，延续杭州地方传统特色，集商贸、居住、休闲、旅游为一体的历史文化街区。2019年，小河直街历史文化街区实现营业收入5085万元，比上年增长36.72%；全年就餐人数累计69万人次，比上年增长34.32%。

【胜利河美食街】胜利河美食街也称古水街，位于杭州市拱墅区霞湾巷。长460米，宽13米，东连上塘路，西接德胜巷，沿胜利河北岸而建，地理位置靠近水晶城购物中心。2019年4月25日完成胜利河美食街道路北侧

47间路吧以及10间管理用房的腾空和垃圾清运工作。9月下旬街区全体商户完成燃气瓶改管工作，成为全市首个实现所有商户告别瓶装液化气的"无瓶"示范街区。5月17—21日举办杭州市"亚洲美食节"——胜利河美食街千金龙虾宴；12月20—26日举办胜利河美食街"冬季暖锅节"。2019年5月起虾掰、小厨师、青箸酒家、樟树底等18家商铺及臭豆腐、阿姨奶茶等4家小吃店入驻。年内，胜利河美食街区全部商户完成扫脸支付设备安装。

【石祥路汽车贸易街区】 石祥路汽车贸易街区地处杭州北部，东起沈半路，西至祥中路，由石祥路、沈半路2条商街和1个汽车物流园区组成，全长10.5千米，室内经营面积60万平方米。街区集聚800余家汽车贸易企业，涉及新车销售、二手车交易、汽车维修、汽车用品、汽车配件等领域。杭城最大的旧机动车交易市场和唯一的微型车超市入驻街区。石祥路汽车贸易街区有杭州最完善的汽车售后服务体系，能在最短时间内为客户提供购车、上牌、工商检验、办理保险、交车购税、养路费的"一站式"服务。2019年，石祥路汽车贸易街区引进1家宾利汽车4S店，监测的60家企业销售经营数据全年销售收入比上年呈增长态势。2019年，第六届汽车置换节两天共售出车辆127台，合计销售额2662.97万元，比上年增长11.46%。

【桥西历史文化街区】 桥西历史文化街区位于杭州市拱墅区小河路与桥弄街交叉口东侧。长800米，宽200米，总营业面积1.5万平方米。2019年，桥西历史街区启动新一轮提升改造计划，进行第一轮项目筛选和提出提升改造要求。4月底，桥西历史文化馆开馆，内设智能机器人运运，服务于往来游客。每月一次开展"桥西月末非遗集市"。2019年，桥西历史文化街区被评为浙江省旅游丝路目的地，入驻商户总数40家，购物10家、餐饮4家、休闲娱乐9家、其他类17家。

【信义坊商街】 信义坊商街是杭州市18条市级商业特色街之一。东起湖墅南路，西至莫干山路。2002年建造完成，有一河二街三桥独特景观，建筑面积约2万平方米，以8幢富有中国传统文化特色的低层商业建筑连接而成，建筑之间有水榭、广场、凉亭、走廊、雕塑等。信义坊商业步行街侧重餐饮、休闲娱乐、培训教育方面的发展，是集文化、旅游、购物、休闲于一体的步行街。2019年，开展各类文化、宣传、促销等主题活动：3月，拱墅区文体局举办"三八"妇女节活动，推出为民服务系列活动；5月，区总工会举办"工匠精神"宣传活动，弘扬劳模精神、劳动精神、工匠精神；6月，举办"端午情、惠民生、促消费、食安全"为主题的2019年杭州优质农产品端午惠民大展销暨食品安全知识宣传进广场活动；9月底，湖墅街道联合城投集团公司开展"城投真情服务"现场宣传活动；11月，区商务局、湖墅街道联合举办杭州名优点心展活动，进一步推动美食与旅游、休闲、文化等融合共生。2019年，信义坊商街有各类商家138家，其中餐饮35家，教育培训14家。

（周灵江 许晓飞）

住宿餐饮业

【概况】2019年，拱墅区实现住宿餐饮业零售总额13.2亿元，比上年增长13%，其中住宿业限额以上零售额4.6亿元；餐饮业限额以上零售总额8.6亿元，比上年增长21.3%。远洋凯宾斯基酒店建成开业。

【第十届拱墅运河美食节】2019年5月17—21日，“知味杭州”亚洲美食节拱墅分会场2019第十届杭州拱墅运河美食节在D32时尚街区和胜利河美食街同步举行。其间，举行美食节开幕式、千岛湖啤酒节暨胜利河美食街千斤龙虾宴、大兜路“河岸市集”、水晶城5·17吃货节活动、“5月17日，万达邀你一起吃”“凤凰出山”拱墅区对口帮扶协作地区旅游·农特产品宣传推介专场活动、闭幕式暨颁奖典礼等系列活动。美食节期间5条餐饮特色街区和8大商贸综合体，共完成营业收入1.05亿元。

【厨神争霸赛】2019年3月30日，“千岛湖鱼头王争霸赛”拱墅赛区决赛在杭州市中策职业学校举办。来自专业组和民间组的16名选手同场竞技，浙江翔园宾馆的大厨熊保国以一道色鲜味美的土烧鱼头成为“拱墅千岛湖鱼头王”，摘得专业组桂冠；湖墅街道的朱攀峰捧得“拱墅民间千岛湖鱼头王”称号。9月，舌尖上的杭州厨神争霸赛第二季“金牌老鸭煲争霸赛”在杭州天元大厦进行区域决赛。杭州13个区县市的厨艺高手参赛，拱墅区获“最佳组织奖”。11月，舌尖上的杭州厨神争霸赛第三季“金牌老鸭煲争霸赛”区域决赛在杭州天元大厦举办。来自13个区县市的54位专业大厨及民间高手参赛，拱墅区水晶城花季餐厅的李大厨烹饪的“椒麻凤翼”获拱墅区金牌鸡美味最佳口味奖。

第十届杭州拱墅运河美食节千斤龙虾宴　（区商务局 供稿）

【凯宾斯基酒店建成开业】杭州远洋凯宾斯基酒店是杭州远洋新河酒店置业有限公司投资的一个房地产项目，引进国际酒店业巨头凯宾斯基酒店，于2014年12月动工建设，2019年7月投入使用。酒店坐落于杭州拱墅区丽水路66号。酒店有344间设计高雅的客房及套房、6个风格各异的餐厅和酒吧、2000多平方米的会议及宴会场地、3处室外活动空间。2019年10月进入拱墅区限额以上住宿业统计库，至年底,酒店销售收入3621万元。

（唐晶珍）

房地产业

房地产市场

住房租赁市场

物业管理

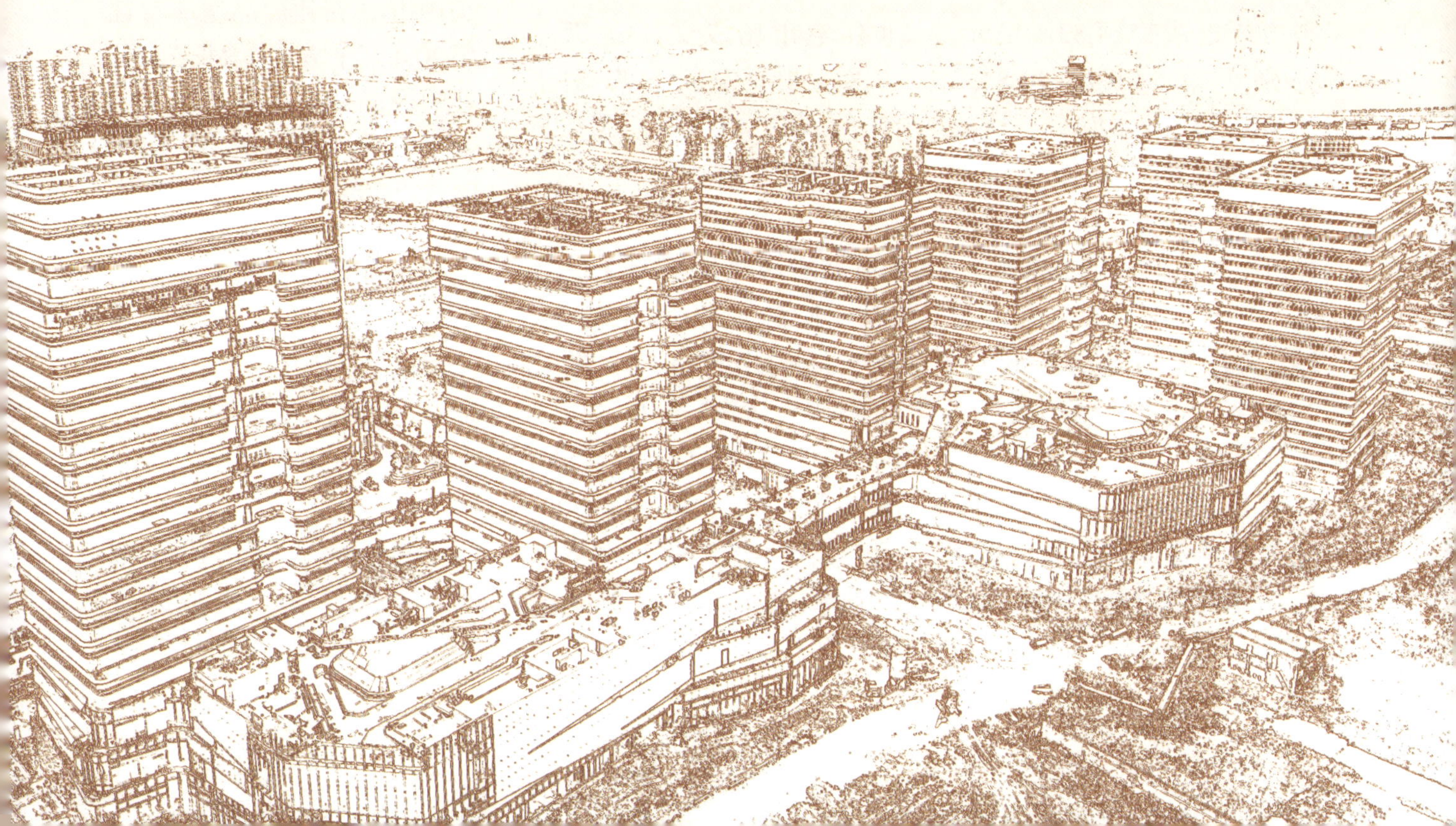

房地产市场

【概况】2019年，拱墅区新房市场、二手房市场较上年均有所回暖，成交量回升。其中，新房市场出现分化，住宅、非住宅市场冷热不均。全年住宅成交5514套、71.3万平方米，成交额304.9亿元，分别增长55.9%、46.6%和42.7%，成交量增长明显；非住宅市场有所降温，成交33.4万平方米，成交额83.1亿元，分别下降14.6%、20.8%；二手房成交6499套，成交面积49.3万平方米，成交额162.2亿元，分别增长15.9%、15.6%和20.8%。

【新房住宅新增供应增长】2019年，全年新建商品住宅批准预售73.1万平方米，同比增长50.9%。新建商品住宅批准预售面积和成交面积的比值约为1.0，连续两年供需关系相当。全年有17个住宅项目申领预售证，其中绿都金科·和宁文华府批准预售住宅800套。

【新房住宅、非住宅市场冷热不均】2019年，新建商品房成交9879套，成交面积104.7万平方米，成交金额388.0亿元，分别增长22.6%、19.4%和21.8%。新房市场住宅成交5514套、71.3万平方米、304.9亿元，分别增长55.9%、46.6%和42.7%；非住宅市场成交33.4万平方米、83.1亿元，分别下降14.6%、20.8%，成交量连续两年下降。

【刚需房源占比下降】2019年，刚需房源几近枯竭，成交结构出现变化。新建商品住宅中90平方米以下的刚需户型成交占比1.6%，减少9.3个百分点。90—140平方米的改善户型成交占比超过7成，为市场主要成交户型。

【新房住宅成交均价回落】2019年，新建商品住宅成交均价为42756元/平方米，同比下跌2.7%，连涨4年后首次出现回落。融创金成·臻蓝府、碧桂园金科·尚合府、金科碧桂园·博翠府等几个单价"2万+""3万+"的楼盘成交量较大。非住宅方面，成交均价为24898元/平方米，下跌7.3%。

【新房住宅可售库存偏紧】2019年，新建商品房库存面积90.4万平方米，增长5.8%，其中商品住宅库存可售23.4万平方米（1702套），面积增长9.8%。按近12个月平均成交面积计算，住宅库存去化周期为4.0个月，比上年减少1.3个月。非住宅库存可售面积67.0万平方米，去化周期为24.1个月，比上年增加4.4个月。

【二手住宅成交均价涨幅收窄】2019年，拱墅区二手房成交6499套，成交面积49.3万平方米，成交额162.2亿元，分别增长15.9%、15.6%和20.8%。其中，二手住宅成交5952套、44.7万平方米，分别增长23.3%、19.7%。二手住宅成交均价为34309元/平方米，上涨2.1%。

【涉宅地、商地楼面单价均同比回落】2019年，全年出让土地15宗。土地出让金169.1亿元，下降32.1%。涉宅地楼面价持续回落，均价23903元/平方米，下跌5.9%；商地楼面均价5916元/平方米，下跌5.4%。土地拍卖新政后，拱墅区土地市场进一步回归理性。

（王小明）

住房租赁市场

【概况】2019年，拱墅区大力推进人才公寓、蓝领公寓建设等保障性住房建设，完成蓝领选址1902套，推进申花单元884人才专项租赁房套建设，满足不同人群的住房需求，同时做好公租房、廉租房的受理工作，累计服务7000余人。

【人才公寓建设】申花单元人才专项租赁房位于申花板块，东至规划短浜路，南至规划飞虹路，西至莫干山路，北至规划短浜北路，土地面积29922平方米，建筑面积62836平方米，设计套数884套。2019年1月30日取得正式施工许可证，12月底完成地下室施工。

【蓝领公寓建设】2019年，拱墅区选址落实房源1902套，分别为计家蓝领公寓二期632套、杭钢半山区域500套、总管堂区域约770套。计家蓝领公寓二期于

计家蓝领公寓　　（区住建局 供稿）

2019年5月8日通过联合验收并投入使用。杭钢半山区域分为焦化小区、轧钢小区两处，其中焦化小区空置房源改建项目136间，改造施工进入收尾阶段，轧钢小区改建项目待杭钢集团立项，样板房准备组织施工。总管堂蓝领公寓项目施工中。全年拱墅区蓝领公寓招租情况为春风驿·计家蓝领公寓一期582间，出租房屋530间；春风驿·计家蓝领公寓二期632套，出租房屋342间；春风驿·康桥出租249间。

【公租房管理】2019年，拱墅区住房保障窗口采取提前叫号、轮换午餐、后台支援等方式，完成公租房、廉租房受理审核工作。根据市公租房政策调整，指导各街道窗口开展业务，向办事群众做好政策解释。

全年办理廉租房审批业务2604件、公租房货币补贴申请3078件、资格续审1684件，发放公租房货币补贴3398户、金额约1962万元，总计业务量在全市9个受理区域排名第一。

（王小明）

物业管理

【概况】2019年，拱墅区有物业企业142家。专业化物业考核管理项目243个，考核完成率100%。区住建局抽查120个项目，约谈物业企业30次，督促整改68个问题。邀请物业管理方面专家，分街道逐一组织街道、社区专管员进行80人次物业管理项目现场检查实训。街道将业主投诉信访内容作为项目检查考核重点，利用物业月度例会、人民调解会等形式处理协调问题，探索物业管理纠纷调解新模式。属地街道处理12345、网络等关于物业、业主、业委会投诉信访523件。重点问题部门协调处理152件，集中化解紫荆家园、浅水湾城市花园、香悦郡国际公寓、北海公园等问题较为突出的小区矛盾。以电话、面商等形式指导三方工作共523次。

【党建引领物业服务提质工程】2019年，拱墅区全面实施党建引领物业服务提质工程，成立区物业服务企业协会并建立党组织，指导建立完善小区物业服务标准和规范。4—6月，开展物业党建“集中推进季”活动，通过单建、联建或派驻党建指导员方式，推动物业服务企业及项目党组织建设，扩大党的组织和工作双覆盖。培育1个行业示范点（盛全物业杭州分公司党支部），推动178个专业物业项目全部纳入社区三方党组织，深化党建引领三方协同治理。制定年度党建工作要点，组织开展物业党员服务周活动，召集物业行业党支部参加区住建局党委组织的3次行业系统党建互看互学大比武活动及微党课活动、“七一”物业党员献血活动、参观玉皇山南基金小镇党群中心、组织垃圾分类技能比武大赛等活动。

【物业工作交流学习】2019年7月，区住建局组织下属10个党支部走进绿城慧园等市内优秀示范物业项目，参观玉皇山南基金小镇党群中心，交流、学习借鉴优秀企业的规范化管理和服务标准。8月，南阳市物业管理协会一行到访拱墅区，与区住建局及区物协进行交流互动，探讨学习拱墅三方协同治理和物业管理经验。为加深浙闽二地沿海城市物业对话交流，9月，区物协组织下属会员单位赴福建厦门、泉州2市物业管理协会进行考察交流，学习沿海城市的物业先进经验和垃圾分类管理做法。

【拱墅区物业行业垃圾分类技能竞赛】2019年11月23日，区住建局组织开展拱墅区物业行业垃圾分类技能竞赛，全区12家物业公司36名选手参加此次竞赛。竞赛活动内容有参观九峰垃圾焚烧发电厂、垃圾分类理论知识竞赛、风采展示、技能知识竞答及垃圾分类实际操作等环节。浙江新南北物业管理有限公司获团体一等奖，深圳市金地物业管理有限公司杭州分公司员工祝双全获个人一等奖。

【物业行业监管】2019年7月30日，区住建局将文明指数测评标准中的重要内容纳入《拱墅区物业管理项目考核计分内容与标准》及《拱墅区街道物业指数评价方案》，并新增公益广告设置、文明养犬管理和劝导、建筑垃圾堆放、文明晾晒衣物等项目评价，加强楼道堆积物的清理、生活垃圾分类、消防设施设备等管理，强化绩效应用。

【"美好家园"住宅小区评比】2019年，拱墅区9个小区被评为杭州市"美好家园"住宅小区，分别为风景大院、远洋公寓、蓝色霞湾、香吉公寓、华丰新村、仓基新村、依锦苑、水韵康桥、康锦苑。

【老旧小区长效管理机制探索和构建】2019年，区住建局按照李克强总理"建设宜居城市首先要建设宜居小区"的要求，以老旧小区综合改造工作为基础，坚持"党政领导"与"业主自治"并重的原则、"长效管理"与"提升改造"同步的原则、"部门指导"与"属地为主"联动的原则，11月开始，牵头相关部门起草《拱墅区老旧小区综合改造提升后续长效管理指导意见》《拱墅区老旧小区居民自管委员会管理办法》《拱墅区老旧小区居民自治规约（示范文本）》，多次召开专题协商会征求部门意见，探索和构建老旧小区综合改造后续长效管理机制。

（王小明）

华丰新村　　（区住建局 供稿）

2019 年物业指数汇总一览表

表 15　　　　单位：分

街道	总分	平均分
康桥街道	383.89	95.97
上塘街道	383.67	95.92
米市巷街道	382.25	95.56
拱宸桥街道	381.79	95.45
半山街道	381.65	95.41
小河街道	380.74	95.19
湖墅街道	378.52	94.63
祥符街道	377.4	94.35
大关街道	375.82	93.96
和睦街道	374.84	93.71

2019 年度拱墅区物业行业优秀物业人一览表

表 16

姓名	所属企业
刘娟	浙江浙大新宇物业集团有限公司
许小马	杭州盛塘物业管理有限公司
许李娜	杭州安嘉物业管理有限公司
何小红	杭州钱江人才开发有限公司
张国强	浙江天阳物业管理有限公司
陆卫东	杭州康桥物业管理有限公司
周国琴	浙江新南北物业管理有限公司
赵振军	远洋亿家物业服务股份有限公司杭州分公司
曹洪君	中化金茂物业管理（北京）有限公司杭州分公司
梁月会	上海永绿置业有限公司杭州分公司

说明：姓名按姓氏笔划排序

（王小明）

开放型经济

综　述

招商引资

对外贸易

服务贸易

跨境电子商务

对外经济合作

综　述

2019年，拱墅区抓住大城北开发机遇，重点引进大项目、好项目，全区投资促进工作健康有序开展。全年实际利用外资6.04亿美元。出台全区招商资源、政策统筹管理办法，强化对全区楼宇等资源的统筹协调，为企业落地发展提供政策支持、服务保障。区领导亲自带队赴北京、上海、深圳等地招商，主动对接腾讯、中国金茂、英蓝置地、益田集团等行业领军企业。成立11个招商小组和2个招商片组，实现招商人员的统筹管理。完成大数据、数字内容、汽车后市场服务3条产业链精准招商方案，开展靶向招商。发布楼宇信息，加大与中粮大悦城、绿地、远洋等重点楼宇的对接走访，引导产业集群，打造特色楼宇。发布拱墅区投资价值白皮书，组织招商队伍赴北上广深等地区开展敲门招商20余次。做好楼宇招商三年行动计划政策兑现，兑现2018年度楼宇企业46家共662.39万元。协助企业办理车牌指标、员工住房、子女入学等细节事项，做好贴心服务。

2019年，拱墅区进一步夯实外贸产业基础，紧盯全区前60强外贸企业经营情况，重点关注龙头企业发展和对美出口企业情况，全年外贸出口破百亿元，达107.84亿元。配合各项试点工作开展，引导企业注册、完善、申报浙江省服务贸易监测系统，推进拱墅区服务贸易发展，服务贸易规模不断扩大，全年服务贸易出口3.74亿美元，比上年增长41.67%。拱墅区外贸企业在转型升级的过程中，涌现跨境电子商务龙头企业5家，跨境电商质量不断提高，全年跨境电商进出口8.35亿美元。通过排查摸底，兑现资金扶持，创建省市出口名牌。完善工作机制，参加展会培训，做好对外贸易经营者备案，完成各项常规工作。

2019年，拱墅区举办国际文化交流活动、跨境电商培训沙龙、招商宣讲、路演、跨境电子商务专题活动等跨境电商大、中、小型活动200余场，参与人数2万余人。跨境展厅接待省市区各级政府领导及国内外企业代表团考察交流访问100余批次，接待各级领导、各界代表、参观人员500余人。

（王黎明　周灵江）

2019 年 3 月 26 日，拱墅区举办 2019 年首场大型招商推介会，5 家企业成功签约落户　　（区发改局　供稿）

招商引资

【概况】2019 年，拱墅区推进投资促进体制机制改革，出台完善《关于进一步完善拱墅区投资促进工作体制的实施意见》《2019 拱墅区投资促进工作考核办法》《2019 年度全区产业投资促进工作综合考核考评办法》等文件，形成重大产业项目招引内部竞争有序和外部竞争有力的良好局面。出台全区资源统筹、政策统筹管理办法，强化对全区楼宇等资源的统筹协调，为企业在拱墅落地发展提供政策支持、服务保障。

创新实施“主要领导分片推进、街道小组考核挂钩、产业主管部门招商、深化以企引企、委托中介机构招商、月度赛场赛马、强化综合保障”的“招商七条”举措，压紧压实责任。

围绕大数据、数字经济、汽车后市场服务、文化创意、大运河文化旅游等重点产业链，逐条研究分析拱墅区在各条产业链上、中、下游的优劣势，完成大数据、数字经济、汽车后市场服务 3 条产业链精准招商方案，精准锁定目标招引企业，因地制宜深化细化招商路径，开展靶向招商。全年实际利用外资 6.04 亿美元，完成全年目标任务 148.80%。

【重大项目引进】2019 年，拱墅区落地杭钢云计算数据中心、祥符桥传统风貌街区、中豪企业总部中心等省市县长项目工程3个。全年成功引进蓝疆创新华东区域公司、中科院计算研究所杭州分所等一批高技术含量项目。全区引进龙禾（杭州）数字科技有限公司、申通万马大数据中心项目、杭州子泰网络科技有限公司等亿元以上项目63个，在全市13个区县（市）招大引强项目排行榜中名列前茅。58集团五省总部项目被评为市级“大好高”项目，杭州圣数科技有限公司项目被评为市级“小而美”项目。

【楼宇招商】2019年，拱墅区编制《2019年拱墅区运河商圈楼宇招商手册》，多方式、多途径加大楼宇招商力度，全区82幢重点楼宇入驻率达85.84%，比上年同期增长近10个百分点，圆满完成年初下达目标任务和招商引智专项行动百日攻坚双重指标；全年完成新增楼宇规上企业121家，比上年同期增加45家。

【地块招商】2019年，拱墅区出让地块12宗31.47公顷，其中商业地块6宗。引进宝龙城市广场、中豪桃源商业时代广场等商业综合体项目。香港置地、禹州地产等知名房地产企业首次进入拱墅区投资开发项目。对接九龙仓、上海世茂等知名地产商50余家，陪同字节跳动、中国华录集团、圣奥集团、浙江大健康专委会等实地踏勘智慧网谷、红绿生源、蓝孔雀、康桥健康产业园等创新型、商业和留用地地块资源。

【“大运河·大城北”土地招商发布会举办】2019年10月24日，以“大运河·大城北”为主题的2019年杭州市拱墅区土地招商发布会举办。发布会由拱墅区政府主办，投资促进局承办，好地网、好地研究院协办。区委副书记、区长章燕，区府办、区投促局、区财政局、规划资源分局、区住建局、区发改经信局等各主管部门以及区内各做地平台、街道的相关领导出席。发布会共吸引了绿城、滨江、万科、融创、九龙仓、远洋等近100家品牌房地产企业及投资负责人参加。十余家主流媒体共同见证发布会。会上，政府、房地产专家、开发商代表、好地研究院共同就拱墅区规划配套、投资环境、房地产市场价值等进行深入探讨，并有三大项目现场签约，分别是区城建发展中心与中铁房地产集团华东有限公司签约的东部金融总部地块项目、区城中村指挥部与华东医药股份有限公司签约的华东医药总部项目、花园岗经合社与滨江集团签约的花园岗留用地项目。

【产业链精准招商】2019年，围绕数字经济（大数据）、汽车后市场服务、文化创意三条产业链开展产业链精准招商，共计29个项目获得市级产业链项目认定，比上年增加26个百分点。全年组织招商队伍赴北上广深等经济发达地区开展敲门招商20余次，针对产业链召开地块招商等专题推介会3场，主动对接拜访腾讯、益田集团、启迪控股等行业领军企业50余家，引进中铁建、子泰网络科技、德沛新材料等一批优质项目。主动对接洽谈上海交通大学国家大学科技园、宝荣汽车总部、天地汇、子默科技、浙江宝盈SK等企业，为后期招引储备了一批总部项目和产业外资项目。全年产业招商成效明显。落地杭钢云计算数据中心、祥符桥传统风貌街区、中豪企业总部中心等3个省市县长项目工程。招引市级产业链项目及未来产业项目

2019年8月3日，区领导陪同招商局蛇口工业区控股股份有限公司人员考察远洋国际中心　（区投资促进局 供稿）

29个，完成市对区年度考核目标任务的193.3%。

（王黎明）

对外贸易

【概况】2019年，拱墅区不断推进传统外贸企业转型发展，从传统货物出口向“货物+服务”双出口转变，从线下出口向线上线下同步发展转变。辖区673家外贸企业实现外贸进出口总额129.19亿元，比上年增长9.8%，其中外贸出口107.84亿元，进口21.35亿元。前60强企业完成外贸出口额69.76亿元。拱墅区外贸出口涉及6个大洲，200个国家和地区，其中欧洲、亚洲、北美洲为主要出口目的地。2019年，中美贸易摩擦，拱墅区涉案企业共51家，涉案金额6026万美元，占全区出口总额的3.86%。

【外贸出口破百亿】2019年，拱墅区进一步夯实外贸产业基础，整体呈现前高后低的运行态势。全年通过企业调研走访、开展培训活动、扶持政策加持，帮助企业开拓市场、增加出口额，全年实现外贸出口107.84亿元，比上年增长10.4%。其中，全年累计出口额超过1亿元的企业有14家，比上年增长超过100%的企业有8家。

【贸易摩擦与保护】2019年，拱墅区排查摸底中美贸易摩擦全区企业涉案情况，经查全区涉案企业196家，其中涉案额最大的企业为液化空气（杭州）有限公司，涉案金额1000万美元；涉案金额500万美元以上的企业3家，100万—500万美元的企业14家。对涉案金额超过100万美元的企业开展重点走访，涉案金额超过20万美元的企业组织街道走访，了解企业情况，收集困难问题，将拱墅区中美贸易涉及问题及企业案例报送省市商务主管部门，争取省市资源和政策倾斜。

【对外贸易扶持】2019年，通过区商务局兑现的各类外贸、服贸、跨境、外经等扶持资金共计1718.87万元。其中，外贸类补助742.06万元，包括2016年度企业走出去扶持10万元，展会参展补贴55万元，2017年度信用保险补贴261万元，2018年度中小企业开拓资金127万元，2018年度信用保险补贴133.13万元，2018年度重点展会参展补贴147.93万元，2018年度外贸预警示范点考核奖励8万元。

【省、市出口名牌创建】2019年，拱墅区组织企业申报省、市出口名牌。4月，杭州双美进出口有限公司、杭州华普永明光电股份有限公司申请复评杭州市出口名牌，10月，杭州商泰服饰有限公司申请复评浙江省出口名牌。

【对外贸易经营者备案】2019年1月开始，为落实“最多跑一次”的工作要求，提升对外贸易经营者备案数据外延，区商务局优化企业外贸备案流程。外贸企业备案可以自行选择现场申请办结当天完成备案或通过网络申请及邮件办结三天内完成备案，实现最多跑零次。全年，拱墅区对外经营者备案新增233件，变更150件，注销7件。

【外贸企业成长培训会】2019年6月28日，拱墅区商务局在杭州广银大酒店召开2019年度拱墅区外贸企业成长培训会，该次培训会就外贸企业出口退税、及服务贸易、跨境电商等税务政策进行讲解，115家企业参加培训。12月13日，2019年度浙江省外经贸运行调查拱墅监测点业务培训会在拱墅区广银大酒店举行。杭州翔天实业有限公司、汇孚集团有限公司、杭州华普永明光电股份有限公司等80家监测点企业填报员及招商局分管领导和工作人员，共80余人参加此次培训活动。会议邀请税务及外贸等培训导师进行培训及宣讲。

【拱墅外惠季活动】2019年9月，拱墅区开始组织企业参加外惠季活动。活动期间，区商务局免费提供局属房产（湖墅南路478号，面积约100平方米）给外贸企业用于企业清库存、去样品、出口转内销。至12月底，共有15家企业参加外惠季活动，销售额约22万元。

（周灵江 周燕萍）

服务贸易

【概况】2019年，拱墅区共有服务贸易、服务外包系统入库企业284家，其中服务贸易系统入库企业106家，服务外包系统入库企业178家，比上年新增杭州顶秀科技有限公司、杭州诺德软件有限公司、杭州荣佳服装有限公司等14家服务贸易企业。完成服务贸易出口额3.74亿美元，比上年增长41.67%，增速位列全市第四。其中，服务外包离岸执行额2亿美元，直报系统服务贸易出口额1.74亿美元。

【服务贸易企业核心竞争力提升】2019年3月，组织浙江博采传媒有限公司、杭州九样文化传媒有限公司参加2019—2020年度浙江省文化出口重点企业和重点项目申报。2019年，全区服务贸易出口额1000万美元以上的企业10家；服务贸易出口额500万—1000万美元的企业18家，服务贸易企业核心竞争力明显提升。

【服务贸易展会参展与发展培训】2019年4—9月，组织辖区内企业参加第十届中国国际服务外包交易博览会、2019年戛纳杭州影视对接交流活动等境内外服务贸易展会2场。6月28日，拱墅区召开全区服务贸易创新发展培训大会，街道、各行业主管部门及区内服务贸易企业相关负责人参加，邀请市商务委相关领导到会授课并指导工作，通过系统培训，学习研究服务贸易政策系统。

【服务贸易企业鼓励扶持】2019年全年兑现中央、省、市服务贸易资金260余万元，惠及企业7家，支持服务贸易企业发展。3—12月，区商务局先后走访杭州华普永明照明电器有限公司、杭州中亚机械有限公司、浙江执御信息技术有限公司、杭州阿米巴电子商务有限公司等辖区内服务贸易企业，了解全区服务贸易发展情况，听取企业的意见建议，传达国家、省市对服务贸易的最新政策和文件，帮助协调解决企业遇到的困难和问题。全年，区商务局兑现服务贸易扶持资金247.31万元。

（周灵江 周燕萍）

跨境电子商务

【概况】2019年，拱墅区实现跨境电商出口6.86亿美元，比上年增长188.53%；完成跨境电商进口1.49亿美元，增长185.56%。拱墅区外贸企业在转型升级过程中，涌现出浙江执御信息技术有限公司、汇孚集团有限公司、杭州翔天供应链管理有限公司等跨境电子商务龙头企业5家，拱墅区跨境电子商务发展初显“123”发展格局，即1家独角兽企业——浙江执御信息技术有限公司，两大核心园区——运河跨境电商园和顺丰创新创业园，三大跨境发展板块——上塘（跨境）电商园、智慧网谷和北部软件园。

【跨境电商重点企业】浙江执御信息技术有限公司成立于2012年12月19日，作为拱墅区最大的跨境电商独角兽企业，在自身发展转型的同时，带动区内一批外贸企业发展。杭州力码先供应链有限公司等新型跨境社交电商企业发展较快，该公司通过国外社交网站，实现日用品化妆品销售；同时为美国、欧洲、日韩等地各类主要日用品、化妆品进行进口总代理。2019年力码先供应链有限公司实现外贸出口5.7亿元。

【跨境电商生态链打造】2019年，依托上塘（跨境）电商创业小镇，重点围绕跨境电子商务、运营电商总部、专业市场电商平台、新型O2O社区商贸及电商创业创意中心四大发展方向，突出传统商贸市场的电商应用转型、电商创业的孵化服务、跨境电商的特色集聚。至年底，小镇集聚企业634家，其中电商及配套服务类占比超过50%，形成以机电在线、中国服装网、爱琴海购、物恋网等为代表的平台类电商企业，以琼楼服饰、艾珀莉、炫动电商、福中集团浙江总部等为代表的交易类电商企业，中非桥、奇单网络科技、碧橙网络为代表服务类电商企业的集聚，基本实现电商全产业链覆盖，产业生态圈不断完善。

（周灵江 周燕萍）

对外经济合作

【概况】2019年，为实现“最多跑一次”服务改革，指导企业对外投资1000万美元以下至市商务委直接审批，1000万美元以上至省商务厅审批，区商务局配合改革，做好宣传及业务指导。至2019年年底，全区对外投资项目6个，对外投资总额超过2000万美元，涉及对德国、美国等多国家和地区的投资。

【对外投资】2019年，杭州中亚科创投资有限公司、浙江宝盈爱思开物资集团有限公司等六个公司对美国等地实现境外项目投资，投资总金额1920万美元。项目涉及罐装机械项目、沥青项目等领域。

【第二届进口博览会参会】2019年11月5—11日，区商务局组织全区220家企业440名企业人员报名参加上海第二届进口博览会。展会期间，促进浙江宝盈物资集团有限公司与韩国SK集团的深度合作，参会企业意向成交额约400万美元。

【涉外经济培训与活动】2019年，区商务局组织企业参加中美贸易摩擦专题培训会、中国国际服务外包交易博览会、牵手一带一路国家接洽座谈会、境外园区管理培训会等省市各类培训、活动30余场，超过100人次。杭州市跨境电商综合试验区拱墅园区跨境展厅组织、协助各类活动30余场，共接待来自企业及政府的考察团100余次，人员500余人。结合外贸业务、政策、跨境综合服务平台使用，组织外贸、跨境专题培训，培训企业100余家。

（周灵江 周燕萍）

年度强优企业

综　述

大树企业

小巨人企业

上市公司

国家高新技术企业

省科技型中小企业与市雏鹰企业

旭日计划 2.0 企业

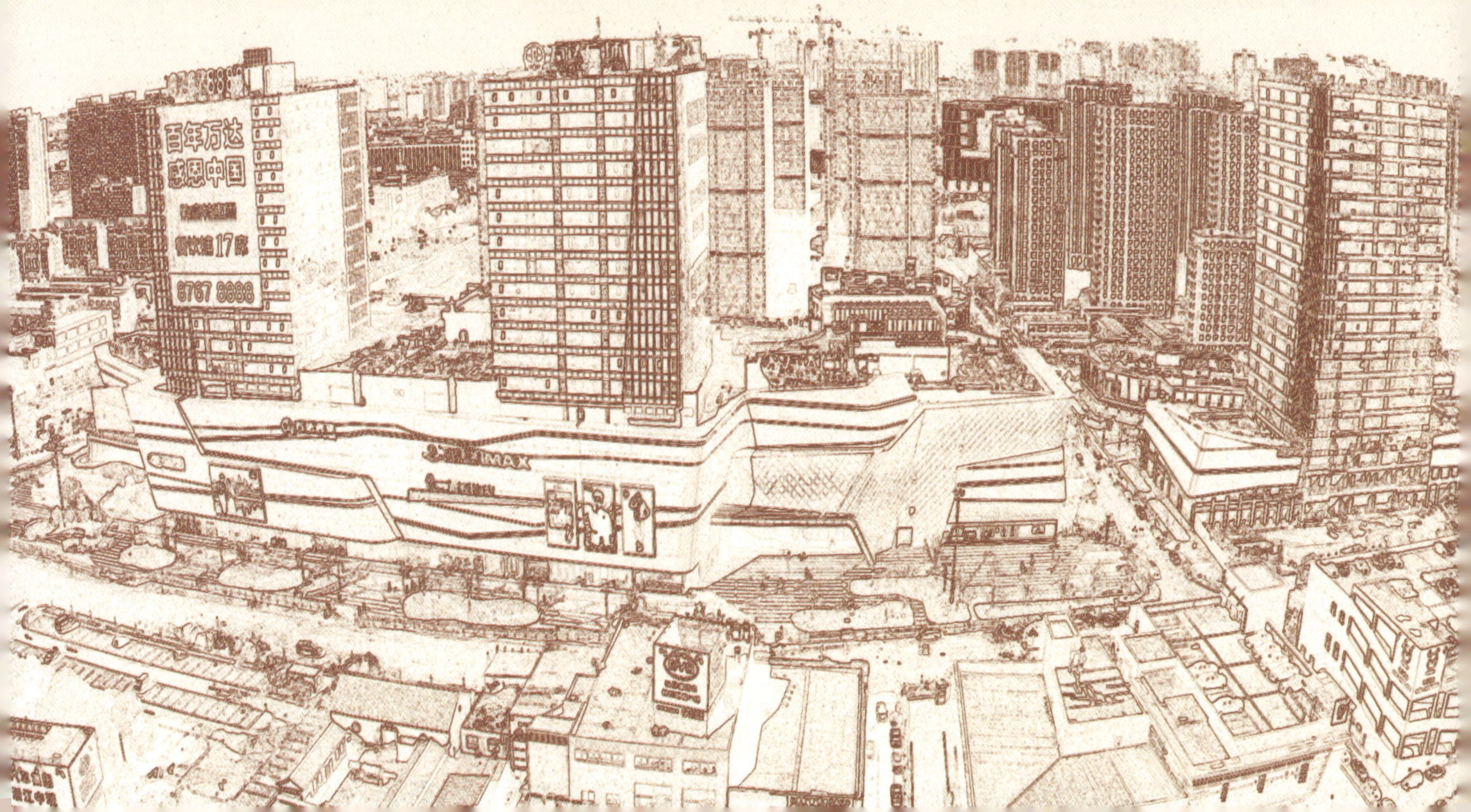

综 述

2019年，拱墅区出台《拱墅区支持民营经济高质量发展实施意见》《拱墅区科技企业贷款支持基金管理办法（试行）》等政策，通过优化政策体系、激励企业创新、加强梯队培育等方式，在培育龙头带动产业集聚、推进骨干企业做优做强、培育优质潜力企业等方面狠下功夫，持续推动企业高质量发展，在数字经济、新制造业等领域涌现了一批强优企业。2019年，全区新增“大树企业”7家、“小巨人企业”22家，全区大树企业、小巨人企业分别增至37家和100家；新增上市企业1家，全区上市挂牌企业达到29家，其中新三板20家；新增国家高新技术企业60家、省科技型中小企业151家、市雏鹰企业37家、市级高新技术企业44家、“旭日”企业35家；新认定省级企业研发中心3家、省级企业研究院1家，市级研发中心16家。德信地产港交所上市，锦江集团、海外海集团、建华集团上榜中国民企500强。

（区发改经信局 供稿）

大树企业

【概况】 2019年，拱墅区新增德信地产集团有限公司（税收13910.2万元）、杭州班王建筑劳务有限公司（税收5841.7万元）、浙江新盛建设集团有限公司（税收5112万元）、安利（中国）日用品有限公司杭州分公司（税收3578.6万元）、圣都家居装饰有限公司（税收2575.5万元）、浙江英特生物制品营销有限公司（2553.2万元）、浙江执御信息技术有限公司（1420.3万元）7家大树企业。新增小巨人企业22家。

【杭州班王建筑劳务有限公司】 杭州班王建筑劳务有限公司成立于2008年，公司坐落在拱墅区莫干山路，主要承接建筑施工总承包的劳务作业。2019年，完成产值45亿元，获得拱墅区大树企业、突出贡献企业等称号，公司已建项目获得上海市优质工程“白玉兰”奖、杭州市“西湖杯”等奖项。

【浙江新盛建设集团有限公司】 浙江新盛建设集团有限公司创建于1969年，浙江省工程总承包试点企业、第一批浙江省建筑工业化示范企业、浙江省AAA“守合同重信用”企业，具有国家房屋建筑施工总承包壹级等资质，是平台型工程总承包企业。2019年，获拱墅区大树企业称号。公司在建项目达35个，总建筑面积300万平方米，荣获全国建筑业AAA级信用企业、浙江省建筑业先进企业、杭州市平安示范单位等国家、省市级荣誉。

【安利（中国）日用品有限公司杭州分公司】安利（中国）杭州分公司2018年度迁入拱墅区绿地商务中心，以数字化、年轻化、体验战略推动营销人员提升线上线下服务品质。2019年，获拱墅区大树企业称号。安利杭州分公司保持稳健发展，业绩与上年同期相比总体持平。全年安利（中国）继续加大投入，从线上和线下着力提升顾客的体验，安利（中国）90%的业务在线上完成，其中80%通过移动端完成，九成订单在24小时内就能送到顾客手上。

【圣都家居装饰有限公司】圣都家居装饰有限公司创建于2002年，位于石祥路海外海商城，是一家以"设计为入口、工程为基石的大家居集成化服务商"，拥有品牌"圣都装饰、温暖家、圣都精工装、刨子科技、妙窝科技"等服务于一体的集团化企业。2019年圣都装饰全体4000名员工，新开临海、德清、开化、东阳、兰溪、龙游、江山、上虞、瑞安、黄岩、新昌9个城市11个新店，全年集团公司合同额高达33亿，实现业绩的稳健增长。2019年圣都家居装饰有限公司获"最具领导力"企业奖、中国制造业"匠心排行榜"匠心企业TOP30、"2019浙江幸福企业"拱墅区大树企业称号、杭州金华商会第三届理事会常务副会长单位、中国好家装促进行动——首届公众监督品牌等一系列荣誉。

【浙江英特生物制品营销有限公司】浙江英特生物制品营销有限公司创建于2008年11月17日，位于杭州市滨江区西兴街道江南大道96号中化大厦21楼，主营生物制品销售。2019年公司营业收入突破6亿元，获拱墅区"大树企业"、拱墅区最具成长性企业、药品质量信用等级AA级（诚信）企业、纳税信用评级A级等称号。

【浙江执御信息技术有限公司】浙江执御信息技术有限公司创建于2012年12月，位于浙江省杭州市拱墅区祥园路99号2号楼9楼，主营互联网电商，2019年，获拱墅区"大树企业"称号，出口额10亿美元，执御海外仓被评为浙江省公共海外仓。

（姜聪聪）

小巨人企业

【概况】2019年，拱墅区新增浙江科晓通信技术有限公司、浙江上青元电力科技有限公司、浙江百谷医疗科技有限公司等22家小巨人企业，主营涉及批发、零售、服务等行业。其中，税收300万至500万的4家，超过500万的18家。

（姜聪聪）

上市公司

【概况】2019年，按照拱墅区推进企业上市和并购重组"凤凰行动"计划实施意见，年内，新增上市企业1家，德信地产集团有限公司（即：德信中国）在港交所上市。至年底，全区共有上市挂牌企业29家，其中新三板20家。开展资本市场政策兑现，全年，为德信地产集团有限公司兑现扶持资金500万元。

【德信地产】德信地产集团有限公司位于杭州市拱墅区祥园路35号。德信地产集团成立于1995年，公司注册资本金33.9亿元。德信地产集团是一家根植于浙江省的领先综合型房地产开发商，主要专注于住宅开发，商业和综合性物业的开发、运营及管理。2019年2月，德信中国控股有限公司在香港联交所主板上市，股票代码02019.HK，IPO募集资金13.68亿港元。2019年，公司有员工1617名，营业收入95.13亿元，税收7.25万元。

（倪哲 朱胜清）

表 17

2019 年拱墅区新增小巨人企业名录表

序号	企业	序号	企业
1	浙江科晓通信技术有限公司	2	浙江上青元电力科技有限公司
3	浙江百谷医疗科技有限公司	4	浙江开心果网络科技有限公司
5	杭州正和石油化工有限公司	6	浙江国美供应链管理有限公司
7	浙江浙大新宇物业集团有限公司	8	浙江浙冶物资有限公司
9	华润（浙江）电力销售有限公司	10	圣奥集团有限公司
11	物产中大欧泰有限公司	12	浙江五菱汽车销售服务有限公司
13	杭州九和汽车维修服务有限公司	14	浙江英特物流有限公司
15	杭州锦环投资有限公司	16	瑞里（杭州）餐饮管理有限公司
17	浙江城北送变电建设有限公司	18	杭州方回春堂拱宸桥国医门诊部有限公司
19	杭州信诚建筑劳务有限公司	20	宏扬建设有限公司
21	杭州捷胜行汽车销售服务有限公司	22	杭州锦江集团财务有限责任公司

（姜聪聪）

国家高新技术企业

【概况】2019 年，拱墅区新增国家高新技术企业 60 家，继续保持快速增长的态势。全区累计效国家高新技术企业 195 家，占规上企业比重的 23.64%。至年底，60 家企业主营业务收入和税收分别为 14.23 亿元和 0.46 亿元，比上年增长 25.4% 和 26%。2019 年，全区小巨人企业、大树企业、上市企业中各有国家高新技术企业 36 家、9 家、16 家，分别占各自总数的 36.4%、24.3%、55.2%。

【国家高新技术企业培育】2019 年，拱墅区积极实施高新技术企业培育发展三年行动计划，年初召开全区国家高新技术企业申报培训会，邀请专家对参会的 100 余家企业进行国家高新技术企业申报实务要点和奖励扶持政策专题解读，对国家高新技术企业申报工作进行预动员、预辅导、预排摸。3 月，召开全区国家高新技术企业工作总结和动员会，向各街道、园区下达 2019 年国家高新技术企业认定的目标任务。4 月起，区科技局和区税务局多次上门，对申报企业进行现场释疑与业务指导，帮助企业解决实际需求。全年共有 119 家企业进行申报，区科技、税务、财政三个部门于 8 月和 10 月先后两批联合向市科技局推荐申报企业 67 家，最终认定 60 家。

【杭州医好网络科技有限公司】该公司成立于 2014 年，是一家为医院提供后勤信息化整体解决方案及数据运营服务的专业化公司，产品及服务深度覆盖 30 余家综合及专科三甲医院，得到市场及客户的一致好评。2019 年取得 10 项平台相关软件著作权、5 项平台相关产品登记证书、1 项平台相关外观专利；1 项发明专利及 1 项外观专利发起申请并取得授权，获“国家级高新技术企业”及“杭州市雏鹰计划企业”称号，2019年研发投入经费达132.76万元，占销售收入比例363.59%。

【浙江先合信息技术有限公司】 该公司成立于2010年，旗下平台“贸点点”是全球贸易诚信建设领域的创新互联网+第三方服务提供商，运用共享经济理念及互联网+手段，发挥区块链、大数据、人工智能、云计算及物联网等的重大作用，建立了庞大、专业且低成本的诚信网络，打造全球诚信体系建设基础设施，提供诚信建设“水、电、煤”服务。主营业务包括品控服务、为金融机构提供风控赋能的贸易真实性评估数据服务及防伪溯源服务。2019年主营业务收入620.68万元，研发费用总额334.50万元。2019年获“国家高新技术企业”和“浙江省首批省级供应链创新与应用试点企业”称号，并被国家信息中心《中国共享经济发展年度报告（2019及2020）》选定为典型案例。

【杭州思源信息技术股份有限公司】 该公司是一家专业从事安防工程设计、安装和安防产品销售及售后服务的公司。2019年被认定为国家高新技术企业。公司拥有员工220余人，具有专业技术职称8人，其中高级技术人员3人，中级专业技术人员5人。公司设有市场部、系统集成部、规划设计部、产品研发部、信息化行业应用中心和售后支撑中心等专业部门。开展的主要业务有平安城市、智能交通和信息化系统等领域相关的集成建设、闭路电视监控系统、防盗保安报警系统、公共广播系统、无线移动视频传输系统和相关产品的开发及应用。2019年实现税收849万元，实现营业收入1.76亿元。

（朱亮银）

省科技型中小企业与市雏鹰企业

【概况】 2019年，通过科学设置考核指标、分解任务、上下联动，充分发动，全区共新增市“雏鹰企业”37家，省科技型中小企业三批分别新增49家、22家、80家，共计151家。

【大箴（杭州）科技有限公司】 该公司为政府机构或大型商业机构输出数字动力及技术解决方案。2019年实现营业收入4600万元，实现利润320万，通过浙江省科技型中小企业、国家科技型中小企业、雏鹰企业的认定，并申报15项软件著作权和27项专利。

【杭州联保致新科技有限公司】 该公司专注于智能风控专业领域，基于多年沉淀的丰富数据和业务场景经验，以大数据和人工智能技术能力为驱动，开展跨界业务及数据风控服务产品创新，拥有智能风控相关领域算法专利3项、软件著作权24项，2019年被评为浙江省科技型中小企业。公司有员工100余人，总部位于杭州，下属机构包括车险风控领域专业子公司杭州联保致新科技有限公司、浙江新东方保险公估有限公司等，在上海等城市设有分支机构，面向全国开展智能数据风控服务。2019年实现营业收入1690万元。

（朱亮银）

旭日计划2.0企业

【概况】 2019年，全区新认定35家旭日计划2.0企业，完成主营业务收入和税收分别为9.77亿元和0.35亿元，分别比上年增长9.8%和40.9%。旭日计划的实

2019 年 6 月 14 日，拱墅区举行“旭日计划 2.0”总决赛　（区科技局　供稿）

施，完善国高新、省科小、市雏鹰、区旭日这一科技企业培育机制，有力推动科技型中小微企业的培育。2019 年，全区新增国科小、省科小、市雏鹰企业 303 家，每千家企业中科技型中小企业数为 11.67 家。从 2013 年启动“旭日计划”至 2019 年，217 家次旭日企业共有 87 家成长为国家高新技术企业、15 家成长为小巨人企业、3 家成长为大树企业、7 家成功上市，培育涌现了英普环境、飞仕得科技、禾迈电力、美创科技、罗莱迪斯、上青元电力等一批优质科技企业。

【杭州深瑞水务有限公司】该公司是一家专注于高浓度废水资源化利用的高新技术企业，其自主研发的多项核心技术被广泛应用于化工、冶金、电力、印染、制药、造纸、垃圾处理等行业中的高浓度废水治理。2019 年，实现营业收入 4616.4 万元，通过国家高新技术企业认定，获得拱墅区“旭日计划 2.0”企业称号。杭州深瑞水务有限公司取得各类知识产权 13 项，其中包括发明专利 3 项，实用新型专利 8 项，软件著作权 2 项，获得受理发明专利 8 项。

【中检质技检验检测科学研究院有限公司】该公司是国家认监委授权 CCC 强制性产品认证检测机构。检测领域包括低压电器成套及元件全领域、家用电器、电器附件、电磁兼容、可靠性检测等。获得国家高新企业、国家科技型中小企业、浙江省科技型中小企业、杭州市高新企业、市研发中心、市专利示范企业、国家推荐标准 GB/T 29490 知识产权管理体系认证证书、IEC 标委会委员、认监委 TC 专家组成员等诸多荣誉，2019 年实现销售收入 5490.65 万元，研发费用总额 339.27 万元。

（朱亮银）

经济管理

发展和改革管理
国有资产监督管理
财政监管
税务管理
行政审批服务（公共资源交易）
市场监督管理
知识产权保护
物价管理
统计管理
审计监督

发展和改革管理

【概况】2019年，拱墅区以加快高质量建设运河沿岸名区为总目标，牢牢抓住长三角一体化发展、大运河文化带建设、高品质推进大城北规划建设等重大机遇，深入开展“6+4”专项行动。深入实施“大树企业”培育工程、“小巨人企业”成长工程，新增补大树企业7家、小巨人企业22家，兑现“大树”“小巨人”企业补助资金6320万元。全面抓好综合分析工作，编制年度《关于拱墅区2019年与2020年国民经济和社会发展计划执行情况草案的报告》。

（姜聪聪）

【《大城北产业发展规划》编制启动】2019年9月，《大城北地区产业规划思路研究》编制工作正式启动，重点研究大城北发展背景、思路目标、重点产业平台发展及保障措施，并专题分析高端装备制造（工业上楼）、人工智能、数字内容产业链，并制作智慧网谷小镇产业导向目录等。经前期踏勘、现场调研、区位分析、专题研究等步骤，规划成果出至四稿，待进一步完善。规划按照大城北地区“历史与现实交汇、自然与人文交融、产业与城市共兴”的功能定位编制。第一部分，结合区域背景及产业平台目前发展成效，梳理产业平台发展面临的新情况、新挑战；第二部分，提出未来一定时期拱墅区产业平台高质量发展的思路目标；第三部分，提出杭钢区块、智慧网谷数字经济小镇、上塘电商小镇、运河财富小镇、工业设计小镇、申花产业集聚区、运河新城、北城·智汇园、康桥新能源产业园这些重点产业平台高质量发展的实施路径，给出相关建议；第四部分，提出融入国家省市战略、创新平台发展模式等推进产业平台高质量发展的保障措施。

（袁珏）

【经济监测分析】2019年4月、7月、10月，拱墅区政府召开全区经济形势分析会，分别对一季度、半年度、三季度经济形式进行分析研判，结合经济形势大环境的分析，提出全区经济保持稳定增长的意见和工作举措。同时，根据省市工业企业、服务业企业监测工作指导要求，每季度完成221家服务业企业、40家工业企业监测信息报送。全年，区发改经信局围绕经济发展重点和突出问题，抓好调查研究，全年完成调研与专报6篇，涉及《拱墅区打造全省唯一原建筑保留改造翻新未来社区试点项目成效初显》《拱墅区以特色小镇为抓手打造平台经济新高地》《我区全面推进楼宇企业税源回归专项整治行动的初步成效、存在问题及建议》《2019年一季度楼宇经济运行分析报告》等内容。

2019年4月，区长章燕组织一季度经济形势分析会，相关经济部门和街道、园区主要领导参会。分析一季度经济运行情况，总体看，一季度经济发展总体呈现出“经济运行开局良好、转型升级持续推进、后期发展仍有压力”的态势。全区实现地区生产总值144.25亿元，增长7.8%；规上工业增加值实现23.43亿元，增长19.7%；服务业增加值实现108.76亿元，增长5.1%；实现财政总收入52.8亿元，增长6.6%；实现地方一般公共预算收入28.7亿元，增长9.5%；实现固定资产投资增长27.1%；完成社会消费品零售总额141.27亿元，增长7.6%。2019年7月，区长章燕组织半年度经济形势分析会，相关经济部门和街道、园区主要领导参会。半年度经济运行保持总体平稳、稳中有进的发展态势。1—6月，全区实现地区生产总值314.06亿元，增长7.8%；实现规上工业增加值48.28亿元，增长21.2%；实现服务业增加值256.59亿元，增长6%；地方一般公共预算收入58.7亿元，增长9.3%；固定资产投资增长16.6%；社会消费品零售总额增长8.8%。2019年10月，区长章燕组织三季度经济形势分析会，相关经济部门和街道、园区主要领导参会。三季度经济运行呈现“总体平稳、稳中有进”的特征。1—9月，全区实现地区生产总值464.9亿元，增长8.3%；实现规上工业增加值75.1亿元，增长19.9%；实现服务业增加值381.3亿元，增长7.2%；实现财政总收入136.4亿元、地方一般公共预算收入77.1亿元，分别下降1.1%、增长4.5%；实现固定资产投资增长21.6%；实现社会消费品零售总额434亿元，增长8.1%。

（姜聪聪）

【重点项目管理】2019年，拱墅区统筹全区各条线所有项目建设，首次建立完善全区性的项目管理体系，按照年度任务，细化分解每月推进任务，倒排时间节点工作计划，并建立网上报送系统，开展数据化管理，实现项目进度即时更新、困难及时上报，督促推进前期审批，加快落地施工建设。围绕项目开工这个核心节点，首次建立项目过程管理工作机制。根据前期、收储、出让、开工、竣工、投用等关键节点细化任务分解，以创新方法红绿动态条显示项目推进状态（后续又增加了黄色预警），每月报送区委、区政府主要领导、分管领导。针对滞后项目，及时与责任单位、审批部门一一对接，加快项目推进。建立项目问题处理流转工作机制和滞后项目破题推进工作机制，破解项目建设过程中的各类困难问题。由牵头单位负责项目督查管理，责任单位负责项目落实推进，每周梳理报送项目中的疑难问题、分析内外因素，按照问题情况分层级解决，第一时间将问题分解至领办部门协调或上报区领导或对接市级单位处理，并要求领办部门在规定期限内协调处理问题并反馈项目单位。每周报送区政府滞后项目情况和困难协调情况，多个项目逐一破题。

（孙萌）

【“大树”“小巨人”企业认定及政策兑现】2019年，拱墅区组织开展2018年度政策兑现和2019年度大树、小巨人企业增补等工作。扎实推进企业库增补，新增补大树企业7家，小巨人企业22家，大树、小巨人企业总数达137家。有序完成政策兑现，合计兑现海外海集团、米络星科技等78家大树、小巨人企业扶持奖励资金共计6320万元，其中汉嘉设计、德信地产和新亚医疗3家企业提前兑现资本市场扶持资金1050万元。积极落实专属服务，牵头评审

2019年3月6日，区财政局举办"拱墅区政府采购信用融资"推介活动

（区财政局 供稿）

出第一批大树、小巨人"运河英才"VIP卡（企业）人员60位，解决8位大树、小巨人企业人才10名子女就学问题、协助小巨人企业威利广人才办理居住证，发放健康券4.8万元。

（姜聪聪）

【全区《国民经济和社会发展计划》编制】 2019年6月中旬，启动《杭州市拱墅区2019年上半年国民经济和社会发展计划执行情况的报告》编制工作，落实区发改经信局主要领导为第一责任人。7月15日，完成报告征求意见稿，下发至各街道、园区、相关职能部门征求意见。8月19日，报告提交区七届人大常委会第二十三次会议审议通过。11月上旬，启动《杭州市拱墅区2019年国民经济和社会发展计划执行情况与2020年国民经济和社会发展计划草案的报告》编制工作。11月底，完成报告征求意见稿，下发至各街道、园区、各相关职能部门征求意见，同时对各单位提出的修改意见进行完善。12月26日，报告送审稿提交区人大财经专委会、区人大主任会议、区人大常委会审议，并根据会议要求进行修改完善。

（姜聪聪）

国有资产监督管理

【概况】 2019年，拱墅区行政事业单位国有资产涉及全区行政事业单位184家，行政事业单位国有资产总额94.50亿元；公共基础设施等行政事业性资产涉及单位5家，公共基础设施等行政事业性资产入账价值为4347.87万元。拱墅区有国有企业40家，注册资本103.41亿元，资金到位57.74亿元。其中，一级企业33家，二级企业7家。一级企业资产总量712.79亿元，净资产127.77亿元，其中区政府直接出资企业3家，由区财政局代为履行出资人职责进行监管；区政府职能部门及指挥部出资的企业15家，街道出资企业15家，由出资单位负责监管。

【行政事业单位资产管理优化】 2019年7月1日，拱墅区出台《关于调整拱墅区行政事业单位国有资产处置回收机制的通知》，建立资产报废处置定点回收机制，全面优化资产报废管理。7月起，全区行政事业单位经批准报废实物资产，由区属国有企业杭州宸运环境工程有限公司定点上门回收处置，系统线上审批备案，实现资产处置跑零次。8月19日，

表 18

2019 年拱墅区区属一级国有企业名录表

主管单位	区属国有企业
区政府授权区财政局履行出资人职责	杭州拱墅投资发展有限公司
	杭州拱墅区资产经营有限公司
	杭州市拱墅区产业投资有限公司
城管局	杭州宸运环境工程有限公司
	杭州胜利河美食街夜市管理有限公司
	杭州拱墅区道路停车收费服务中心
商务局	杭州市拱墅区商业总公司
住建局	杭州半山国家森林公园旅游开发有限公司
投促局	杭州拱运物资有限公司
文创办	杭州运河天地文化创意产业管理有限公司
城建发展中心	杭州市拱墅区城市建设发展有限公司
	杭州大宸发投资有限公司
	杭州上塘城市建设发展有限公司
	杭州上塘置业发展有限公司
城中村指挥部	杭州拱宸建设发展有限公司
	杭州市拱墅区城中村管理投资有限公司
拱宸桥指挥部	杭州天宸实业发展有限公司
科技工业园区	杭州市拱墅区经济发展投资有限公司

区人大常委会首次听取区政府《关于拱墅区国有资产管理情况的综合报告》和《关于拱墅区行政事业性国有资产管理情况的专项报告》。两个报告得到区人大常委会的肯定。11 月，落实房产分级分类管理，履行主体责任，各分类房产监管部门完成房产管理制度备案工作。12月，划拨第三批行政事业单位房产至杭州拱墅投资发展公司，其中包括区府办、检察院、财政局、教育局、城管局、住建局、发改局、规划局房产共计 39 处，面积 5424.24 平方米。至此，共划拨房产合计 178 处，面积 7.74 万平方米，基本完成行政事业单位存量经营性房产整合盘活，提升资产运营效益，实现政府回归公共职能，国企发挥国资运营平台功能。

【国有企业改革推进】2019 年 3 月，拱墅区资产经营公司完成收购区中小企业担保公司 2% 非国有股权，实现区中小企业担保公司国有全资化，助力优化营商环境，化解拱墅区中小企业融资难、融资贵难题。6月，完成拱墅保安公司注入杭州拱墅投资发展公司，形成竞争合力。12月，决定从2020年起由杭州拱墅投资发展有限公司吸收合并区商务局下属杭州市拱墅区商业总公司、区投资促进局下属杭州拱运物资有限公司，进一步做大做强区属国有企业，关停区文创办下属杭州运河天地文化创意产业管理有限公司和区城管局下属杭州胜利河美食街夜市管理有限公司，完成僵尸国有企业清理。2019年，国有资本经营预算上缴净利润比例提高至27%，区国有资本经营收入实绩406.40万元，完成年初预算收益116%，补充社会保障风险准备金上交市财政101.70万元。

（叶青）

财政监管

【概况】2019年，拱墅区实现地区生产总值662.16亿元，按可比价格计算，比上年增长8.3%。其中，第二产业增加值139.56亿元，比上年增长11%；第三产业增加值522.6亿元，比上年增长7.5%。三次产业结构比为0：21.1：78.9。按常住人口计算，人均生产总值为114859元，比上年增长6.7%。全区财政总收入162亿元，比上年增长3.2%，其中地方一般公共预算收入91.19亿元，比上年增长8.1%。一般公共预算支出42.07亿元，比上年增长12%。全年收支平衡。

【财政收入结构优化】2019年，拱墅区地方一般公共预算收入91.19亿元，比上年增长8.1%。收入结构持续优化，一般公共预算收入占GDP比重为13.8%，占财政总收入比重为56.3%，其中税收收入85.94亿元，比上年增长8.8%，占比94.2%。非税征收更加规范，全年实现政府非税收入总额6.80

2019年7月5日，拱墅区财政局举行减税降费培训　　（区财政局 供稿）

亿元，其中纳入一般公共预算收入管理的非税收入5.25亿元。

【企业扶持资金落实】2019年，拱墅区财政部门实施促进实体经济更好更快发展政策举措，协助相关部门出台支持民营经济高质量发展政策，建立数字经济重点企业培育库，支持区内125家数字经济重点培育企业做优做强。全年共落实各项企业扶持政策资金5.25亿元。

2019年，拱墅区财政局实行财政电子票据改革试点　（区财政局 供稿）

【减税降费政策落实】2019年，组织编印《减税降费政策汇编》，举办减税降费专题培训，对全区200余户重点企业开展专题辅导，加大政策宣传力度，推动减税降费政策落地生效。全年累计减税降费30.75亿元。

【融资服务优化】2019年，强化区政策性担保公司担保服务能力，注册资本增至1亿元，合作银行拓展至6家，单户担保额提高到1000万元，担保费率下降20%。推出政府采购信用融资，累计签订合同20个，融资额度2752万元。牵头设立区转贷引导基金，为区内中小企业提供转贷服务，缓解企业流动资金困难。

【民生支出增加】2019年，全区民生支出35.28亿元，比上年增长11.3%，占一般公共预算支出的83.9%。区当年预算安排教育支出10.29亿元，保障名校引领、名校培育和特色品牌创建，支持实施“校校有特级”工程，建设具有拱墅特色的学科专项课程。区当年预算安排文化旅游体育与传媒支出3953万元，支持运河文化品牌建设，新开放民俗博物馆、文化规划馆等公共文化场馆，加大非遗项目补助，推动传统工艺工作站建设运作。区当年预算安排社会保障和就业支出4.81亿元，支持“互联网+养老”服务改革，落实城乡居民最低生活保障、城乡居民临时救助、困难残疾人生活补贴等民生兜底政策，保障肢残人综合服务中心建设，推动“拱墅就业360工程”实施。区当年预算安排卫生健康支出2.19亿元，支持打造“基层中医药”品牌，推进医养护签约服务，强化“老龄妇幼”保障水平，落实城乡居民基本医疗保险政府补助。区当年预算安排城乡社区支出4.37亿元，保障垃圾分类、道路保洁、公厕管理、健身廊道、“美丽河道”建设等工作，改善老旧小区居住环境，支持“城市眼云共治”平台建设、危旧房屋动态检测、停车场“先离场后付费”等城市管理创新举措。

【财政改革深化】2019年，推进预算管理改革，完善

2019年拱墅区公共预算收入、支出情况表

表19

一般公共预算收入		一般公共预算支出	
项目名称	发生额（万元）	项目名称	发生额（万元）
总　计	911928	总　计	420739
一、增值税	363644	一、区本级支出	345831
二、企业所得税	187651	（一）一般公共服务支出	45015
三、个人所得税	37370	（二）公共安全支出	50589
四、城市维护建设税	54604	（三）教育支出	102884
五、其他税收	216158	（四）科学技术支出	19571
六、罚没收入	7613	（五）文化旅游体育与传媒支出	3953
七、其他收入	3	（六）社会保障和就业支出	48139
八、国有资源有偿使用收入	525	（七）卫生健康支出	21935
九、教育费附加收入	18814	（八）节能环保支出	5245
十、地方教育费附加	12635	（九）城乡社区支出	43749
十一、残疾人就业保障金收入	11044	（十）农林水支出	1142
十二、水利建设专项收入	13	（十一）金融支出	81
十三、行政事业性收费收入	1854	（十二）自然资源海洋气象等支出	1474
		（十三）援助其他地区支出	1565
		（十四）债务付息支出	489
		二、街道支出	74908

（龙扬洋）

2019 年 3 月 30 日，拱墅区税务局干部向市民介绍税收政策

（区税务局　供稿）

全口径预算管理，加强预算支出标准体系建设，完成全区 55 家部门预算单位 2019—2021 年三年支出规划编制。实施财政电子票据改革试点，7 月实现医疗收费票据电子化率 100%；强化预算绩效管理，9 月建立预算绩效管理信息平台；12 月 19 日，《中共拱墅区委 拱墅区人民政府关于全面落实预算绩效管理的实施意见》出台，12 月 25 日，《拱墅区全面落实预算绩效管理三年行动计划（2019—2021 年）》出台；优化科技工业功能区财政管理体制，实施智慧网谷数字经济小镇财政管理体制，明确杭州国际人才创业创新园拱墅园区经费承担方案；推进采购项目“政采云”平台全覆盖，试点项目采购电子交易管理，实现采购全流程线上开展。

【财政监管强化】2019 年，继续加强财政监督检查，依托“互联网 + 监管”平台，对会计信息质量、政府采购、公款存放、财政票据、行政事业单位内控管理等开展监督检查。加强政府投资项目管理，推进政府投资项目计划、立项、预算等相衔接，强化政府投资项目资金安排与计划调整、新项目立项等的一致性，加强政府投资项目资金监管和项目竣工财务决算管理。深化国有资产监管，推进“资产云”系统全面应用，建立资产报废处置定点回收机制。规范公款存放管理，12 月 31 日，《拱墅区公款竞争性存放实施细则》出台。全年完成行政事业单位 938 个银行账户的甄别清理工作。

（龙扬洋）

税务管理

【概况】2019 年，拱墅区税务局共组织各项税费收入 234.34 亿元，比上年增长 6.77%。税收收入完成 161.01 亿元，比上年增长 5.37%。其中，中央级收入完成 74.79 亿元，地方级收入（含省级）完成 86.22 亿元。一般公共预算收入完成 90.19 亿元，占全区一般公共预算收入比重为 98.89%。其中，税完成一般公共预算收入 85.94 亿元，比上年增长 8.81%；费完成一般公共预算收入 4.25 亿元，比上年增长 8.70%。开展“不忘初心、牢记使命”主题教育，发挥党建全面引领作用，2019 年拱墅区税务局政治生态综合评价位列杭州市税务系统第一名。

【减税降费】2019 年，区税务局各科室业务骨干组成“减税降费专家团队”，开展多税种政策宣讲和走访服务。全年共开展15场“减税降费”实体培训会，累计培训纳税人1.1万余户次，走访企业3000余户次。针对“减税降费”工作，创新推出“预约服务”“错峰服务”“延时服务”等特色服务举措。全年累计新增减税降费共计30.75亿元，其中新增减税26.18亿元，新增社保降费4.57亿元。

【税费征管】2019年，拱墅区税务局完成增值税发票2.0版上线运行，对756户在防伪税控系统与核心征管系统中登记信息不一致的企业完成数据清理。建立高新技术企业全流程税收管理机制，有效提高认定企业的审核通过率。完成城乡居民基本养老保险费和基本医疗保险费由原来的人社部门为主体征收，转为由以税务部门为主体，委托银行、乡镇街道等单位集中征收，同时实现税务办税厅征收职能的征管职责划转，并顺利完成征管职责划转后城乡居民基本养老保险费和基本医疗保险费的集中征缴。进一步明晰事项流程，统一规范土地增值税清算审核工作。2019年，拱墅区税务局完成税收风险应对任务54批共890户次，查补入库各项税费及滞纳金2.1亿元，在杭州市16个区、县（市）局中位列第一。

【税收管理创新】2019年，拱墅区对“丁税宝”税企协同平台进行优化，推出“云学堂”网上学习和“税小蜜”在线答疑功能，开发智能语音电话，与江干区税务局、余杭区税务局联合开发的“办税小税滴”系统获全市税务系统创新项目二等奖。创新开发“无车承运税收监控”项目，有效优化无车承运税收管理模式。平台运行以来，全年实现入库税款3.1亿元，增加进项5744万元，获得全市税务系统创新项目评比一等奖，被浙江省税务局作为创新试点项目在更大范围推广。开发纳税人“风险”画像系统，通过大数据分析与后台信息推送，为窗口人员业务办理提供精确指导意见，有效防范人为判断的潜在风险。

2019年2月20日，拱墅区税务局联合中国工商银行杭州市湖墅支行开展“税务+金融”普惠政策宣讲会　　（区税务局　供稿）

【干部队伍建设】2019年，区税务局开展全员培训、骨干研修班等学习培训30余场、相关模拟考11场，提升干部素质。全年有3名干部入选全市税务系统第二批复合型人才。在杭州市税务系统“业务大比武”中，拱墅区税务局取得2个第二名、2个第六名的成绩。其中，2名干部被市税务局授予“杭州市经济技术创新能手”称号，1名干部入选浙江省税务局“大比武”集训队。

【税银联合助小微】2019年2月20日，拱墅区税务局与中国工商银行杭州湖墅支行在海外海国际会议中心共同举办以“税银助发展，惠民在行动”为主题的拱墅区小微企业“税务+金融”普惠政策宣讲会，解读小微企业普惠性税收政策，介绍解决小微企业融资难、融资贵的金融服务举措。

（徐财鑫）

行政审批服务（公共资源交易）

【概况】2019年，拱墅区行政审批以打造“主城区最好的办事大厅”为目标，深入推进“最多跑一次”改革，优化营商环境，努力为实现大城北崛起营造良好的政务服务环境。截至12月底，拱墅区行政服务中心累计受理各类办件1033012件，办结1032894件，办结率99.99%。公共资源交易中心建设工程进场交易项目151个，概算额147.38亿元，实现交易总额136.37亿元，节约资金11.01亿元；进场拍卖房产219处，成交145处，实现总成交金额1.07亿元，租期内溢价1924.90万元。小额交易平台交易项目419个，实现交易总额3.34亿元。“杭银在线”保证金系统新增开户备案318家，缴退保证金1272笔，共计3.16亿元。

【美丽窗口建设】2019年，拱墅区行政服务中心开展季度“服务之星”“红旗窗口”等系列竞赛评比活动，共评选出服务之星69名，红旗窗口32个；年度“党员先锋岗”2个，年度“青年文明岗”2个，年度“最美窗口”4个，年度“最美窗口人”3名，年度“服务标兵”10名。

【政府采购顺利承接】2019年1月8日，区公共资源交易中心顺利承接拱墅区首个政府采购项目——杭州市公安局拱墅区分局视频指挥系统项目。截至12月底，完成采购项目4个，实现交易额666.03万元。

【政采云供应商注册审核】2019年4月，区公共资源交易中心承接政采云注册供应商、一张网协议及一张网商品咨询、审核工作。

【全流程电子招投标推进】2019年6月，区公共资源交易中心牵头出台《拱墅区电子招投标、远程异地评标、大数据分析系统项目开发建设实施推进工作实施方案》。10月16日，拱墅区建设工程全流程电子招投标模拟测试项目于拱墅分中心第二开标室顺利完成开标工作；29日，完成建设工程全流程电子招投标压力测试；12月6日，拱墅区首例建设工程电子招投标项目——舟山东路（上塘路—沈半路）道路工程一期（上塘路—东教路）顺利进行，共有91家投标单位投标。

【数字见证与电子监察】2019年12月，区公共资源交易中心建立数字见证室，按照“物理隔绝，数字见证”的建设思路，通过数字见证与电子监察对开评标现场进行统一管理，加快实现市场有形管理与交易服务数字化、智能化的二维结合，在实现交易风险防控的同时，向打造“智慧交易中心”的目标迈进。

（倪霖娇）

市场监督管理

【概况】2019年，拱墅区实有市场主体7.14万户，注册资本3809.76亿元，分别比上年增长2.37%、13.36%。其中，内资（含私营）企业4.82万户，注册资本3786.42亿元；个体工商户2.32万户，注册资本23.34

亿元。2019年，拱墅区共为4.30万户市场主体办理登记事项，其中设立登记1.15万户，变更（备案）登记2.32万户，注销登记8364户。全年新增小微企业5016家、重点产业小微企业1796家，引导“个转企”171家。

2019年，拱墅区市场监督管理局（以下简称区市监局）以省食品安全区迎检标准为检查要求，以全覆盖摸排为目标，开展校园及周边、网上食品、涉农经营单位检查等系列专项整治，推进基层食品安全委员会办公室（以下简称食安办）规范化建设。全年，区市监局对80家低信用等级、高风险的药械经营企业开展质量管理体系第三方审计工作，辖区3家药厂被评为放心药厂。全年未发生食品药品安全事件。

深化电梯安全管理创新模式，完成2019年度区市监局电梯智慧监管装置100台安装任务，推广应用《浙江省特种设备使用安全管理分类评价规范（试行）》，构建完善特种设备安全风险分级管控和隐患排查治理双重预防机制共计243家，推进1216台电梯参保电梯养老综合保险。

【浙江省食品安全区创建】 2019年2月5日，拱墅区食安办印发《拱墅区食品安全“双创”督查办法》，以常态化督查机制为抓手，结合拱墅区食品安全工作综合考评要求，查补日常食品安全工作短板弱项，推进浙江省食品安全区创建。全年共开展食品安全督查10次，满意度调查2次。在2019年度杭州市食品安全工作目标考评中取得杭州市排名第六、主城区排名第一的成绩。

【食品安全宣传周活动】 2019年6月，拱墅区食安办印发《关于开展2019年拱墅区食品安全宣传周活动的通知》，开展以“尚德守法，食品安全让生活更美好”为主题的食品安全宣传周活动。17日，杭州市食品安全宣传周启动仪式在运河文化广场举行。活动期间，组织开展开放日活动12场次，专题知识讲座10场次；进学校宣传10所，进社区宣传50个，进家庭宣传300户；制作公益视频1部，编制宣传图册1套、海报1套；发放科普资料2000余份，张贴宣传海报4400余张，受惠群众16014人次。以微信为平台组织开展在线有奖答题活动，6000余人参与，1029人获得话费奖励。邀请市民代表开展夏季食品“你点我检”活动，共抽检肉、蔬菜、水果、海鲜、油等食品14个批次。区“童画食安——我眼中的食品安全”主题画展于29日上午在中国刀剪剑博物馆首展，吸引近千名学生、家长及周边群众观展。

【基层食安办规范化建设】 2019年4月30日，拱墅区食安办印发《拱墅区基层食安办规范化建设实施方案》，围绕《浙江省县级食安办工作规范》“30条标准”，进一步规范组织架构、完善工作机制、改善设备装备、强化保障供给，提升协调能力，形成“上下统一、体系完整、规范有序、运行高效”的区级食品安全协调体系。2日，接受并通过杭州市区县级食安办食品安全情况督查评价考核，进一步指导提升街道食安办协调统筹能力。12月12日，区食安办与区财政局联合发文《拱墅区2019年度食品安全专管员、信息员考核奖励经费分配方案》，下拨基层食品安全网格考核奖励经费51.16万元，专项用于基层食品安全专管员、信息员考核奖励。

【食品安全整治联合行动】 2019年10月，区市监局、公安局拱墅区分局、区教育局联合印发《关于在“不忘初心、牢记使命”主题教育中开展整治食品安全问题联合行动的通知》，成立联合行动工作组及综合协调组、新闻宣传组、案件查办组、保健食品整治组、校园食品安全整治组、农产品质量安全整治组等组织协调机制，坚持以人民为中心，围绕食品生产经营环节违法违规行为、保健食品虚假宣传、校园食品安全及农产品质量安全等群众关切的问题，开展整治食品安全问题联合行动。检查农产品经营户150家次，检查学校食堂152家，校园周边餐饮单位57家，网络餐饮单位169家，关停餐饮单位10家，立案查处餐饮单位10余家，网络平台下架餐饮单位14家，督促网络平台完善公示信息20家，现场冲击保健品大型会议3处，处理农产品质量方面投诉举报15起。10月24日，在杭州长征中学、盒马鲜生（运河店）开展“你点我检”“你执法我参与”等系列活动。邀请区人大代表、政协委员、市民代表、学生代表、新闻媒体等组成监督团共同参与，共抽取蔬菜、肉类、水产品等12个品种样品进行检验，杭州电视台1套、杭州电视台3套，《每日商报》杭州网等多家新闻媒体对此进行报道。

【食品安全隐患排查】2019年1月16日，区食安办印发《2019年拱墅区食品安全抽检检测工作方案》，加强辖区食品安全监督抽检和风险监测工作。全年共监督抽检食品样品2843批次，发现不合格40批次，问题发现率1.4%，不合格问题处置率100%。每月在杭州网、拱墅区政府网站、社区和农贸市场食品安全检测信息公示栏等载体上公开检测信息，公示抽检信息2843批次。6月6日，拱墅区转发《省食安委关于开展“防风险消隐患保食安”专项整治行动的通知》，在全区范围内开展食品安全隐患整治工作。共出动672人次，排查重点隐患1个，并整改到位，查处违法行为50起，责令整改226家，查处关停非法违法企业25家。组织联合执法14次，行政立案66起，罚没款133.54万元。

【校园食品安全】2019年，区市监局以片组化管理地方标准实施为契机，联合区教育局深入推进片组化管理模式深化发展。3月6日，国家市场监管总局专员带队专程到长征中学调研学校食堂片组管理标准工作，调研组细致深入了解食品安全控制流程的各项环节。4月2日，联合区教育局在文渊小学开展食品安全事故现场模拟应急演练，演练观摩人员涵盖相关部门领导、学生代表、群众代表共1000余人，被10余家省内主流媒体报道。同月，开展“护校安园”专项整治，对学校、学校食堂及校园周边200米范围内的餐饮单位、超市、食杂店等重点对象进行重点检查。整治行动共出动执法人员92人次，检查学校食堂及周边食品经营户39家，委托第三方检测机构对12家校园食材配送企业开展监督抽检；对校园周边食品经营单位监督抽检总量100批次（餐饮服务单位50批次，食品销售单位50批次）。开展食品安全快检车进校园活动，对17家学校食堂的82批次食材进行农药残留快检，校园及周边突出安全隐患得到有效消除。6月19日，全市学校食堂片组化管理现场会在福山外国语小学召开，片组化管理模式向全市推广。10月16日，联合区教育局举行学校食堂食品安全管理员培训，进一步提升学校食品安全管理水平。在学校食堂片组化管理模式的加持下，全年共11家学校食堂餐饮量化等级从B级提升为A级，22家学校获评市级餐饮食品安全示范单位。

【餐饮服务食品安全监管】2019年，区市监局持续推进综合体三位一体监管模式，牵头开展综合体餐饮商户关于食品安全操作规范的培训，共开展各类培训10余次，基本覆盖各大综合体及美食街。牵头召集大悦城、运河上街、软件公司多次召开协调会，推进大悦城阳光厨房建设及智慧监管系统接入工作。8月8日起，牵头开展为期两个月的秋季食品安全专项整治工作，整治范围涵盖大中型餐饮、大型商超、食品生产企业、养老机构食堂、建筑工地食堂、医院食堂、学校食堂及校园周边食品经营单位，共出动2600余人次，排查大中型餐饮562家，停业整改14家，限期整改169家；检查大型商超13家；食品生产企业18家；老年食堂31家；建筑工地食堂50家；医院食堂18家，停业整顿1家；检查学校食堂152家，校园周边食品经营单位57家，其中1家幼儿园食堂停业整顿。对涉嫌违法的食品生产经营单位立案查处20家。全年，区市监局开展餐饮示范店创建工作，完成示范餐饮申报24家，其中食品安全放心示范店12家、放心学校食堂示范店12家。

【“阳光小蔬菜门店”评选】 2019年，区市监局将“阳光小蔬菜门店”评选工作作为区民生实事工程之“放心菜篮子”项目的重要环节。3月印发《拱墅区创建阳光小蔬菜门店实施方案》和《拱墅区阳光小蔬菜门店评定标准》，采取专项整治和示范创建相结合的方式，加强小蔬菜门店的监管。全年共开展联合整治30余次，检查小蔬菜门店500余家次；建立小蔬菜门店监管档案181家，培训门店90余家次，抽检小蔬菜门店食用农产品1200批次，好中选优，通过层层筛选，9月，对整体管理水平高、提升快，符合标准的31家门店授予“拱墅区阳光小蔬菜门店”称号，并予以公示。

【药械生产流通环节监管】 2019年3—9月，区市监局开展打击药品经营过程执业药师虚挂专项行动，在辖区全部药店自查基础上，审核289家药品经营企业自查报告，出动执法人员100余人次对材料不全或有疑问的55家药品零售企业开展实地检查，对未按规定配备执业药师的药店责令限期整改企业2家，对存在经营质量缺陷的23家企业要求整改，发现违法销售处方药及甲类非处方药违法行为3件，未按规定要求凭处方销售处方药违法行为2件，均依法处理。2019年7—8月，根据《浙江省药品监督管理局关于开展全省互联网药品信息、交易集中服务集中整治的通知》，区市监局开展互联网药品信息、交易服务集中整治，审核8家药品零售连锁总部，10家批发企业自查整改报告并开展网上核查，未发现违法违规行为。2019年7—9月，根据《杭州市2019年疫苗质量安全专项联合监督检查工作方案》要求，区市监局开展辖区疾控中心及疫苗接种单位疫苗质量联合专项监督检查，出动执法人员28人次，检查疫苗使用单位14家次，未发现违法违规情况。2019年6—11月，区市监局开展医疗器械“清网”行动，审核38家器械网络经营企业自查结果，出动35人次开展现场检查，未发现违法违规行为。完成无菌和植入性医疗器械企业专项治理，159家经营企业及65家使用单位完成自查，对涉及无菌植入性医疗器械的40家经营企业、25家使用单位开展有重点有针对地现场检查，立案查处4件，罚没款共计8.15万元，没收非法医疗器械2502个。

【隐形眼镜经营企业计算机化管控】 2019年2—11月，区市监局开展64家隐形眼镜经营企业计算机销售系统升级改造。通过系统改造，使企业计算机销售管理系统对采购、收货、验收、贮存、检查、销售、出库、复核等各经营环节的管控更符合经营质量控制要求。

【药品信息化监管】2019年，区市监局依托国家药品不良反应监测系统、浙江省食品药品监督管理局药品安全信用管理系统、药品储存温湿度在线监管系统、特殊药品监管系统，做好药品信息化监管。全年采集、处理药品生产经营企业监管信息120条，初审、上报药品不良反应1150例、医疗器械不良事件230例。

【动物疫病防控】2019年5月，拱墅区防治动物疫病指挥办公室（以下简称区防指办）根据《2019年度杭州市重大动物疫病强制免疫计划实施方案》的精神，部署重大动物疫病防控工作，组织人员和防疫工作所需的物资开展春季犬类狂犬病集中免疫工作并加强动物日常补免，及时采购和配送犬类狂犬病疫苗1300头份，保障春季防疫工作顺利开展。10月，根据杭防指办要求，为切实做好马属动物疫病强制免疫工作，有效防控马属动物疫病发生和流行，确保2022年马术比赛在杭州顺利进行，对辖区内所有马属动物开展饲养情况调查，开展登记注册埋植电子芯片，实施健康体检，进行马流感、日本脑炎强制免疫，共免疫23匹。11月，按照农业部、省、市非洲猪瘟防控视频会议要求，组织召开拱墅区非洲猪瘟防控工作会议，落实各项工作措施，防范非洲猪瘟在辖区发生蔓延。全年共免疫宠物犬4429只，核发犬类免疫证1767本，有效预防城区狂犬病发生。

【动物检疫】2019年，按照“最多跑一次改革办公室”行政许可事项网络申报和办理的要求，区市监局按照动物免疫、实验室疫病筛查、提前报检等流程规范开展动物检疫工作。全年，检疫宠物犬、猫35只。对照《动物及动物产品信息凭证管理办法》要求，对使用动物及动物产品信息凭证的单位进行彻底的查漏补缺工作，对缺少的材料、变更人员、变更场地等信息进行梳理，并为每家单位建立电子档案，全年共换发手工开具信息凭证43本。

【动物卫生监督管理】2019年，区市监局全年开展“动物卫生监督执法推进年活动”“诊疗机构专项整治”等多个专项行动。通过各项整治，规范辖区动物诊疗等行业的经营行为，出动执法人员40人次，检查20家。处理12345区长公开热线、省市相关部门转交办理件，群众投诉举报等各项投诉10起，主要涉及动物诊疗交易纠纷，受理并及时处理10起，处理后满意度反馈100%满意。

【农资质量安全监督管理】2019年，区市监局与13家涉农经营单位签订守法经营承诺书，落实责任。全年对农资、兽药专项执法检查3次，出动人员6人次，对农资经营单位，以规范种子、农药、肥料等农业投入品市场秩序，以及保障农产品质量安全为重点，查处农资生产经营领域违法违规行为；对兽药经营单位，查处擅自改变组方、违规添加禁用兽药、人用药品或瘦肉精等其他禁用物质行为。全区共1家农资经营商店，9家农资经营公司，3家兽药经营单位，均未发现违法违规行为，全年未发生因食用本地农产品而发生中毒事件。

【市场主体年度报告】2019年1月1日—6月30日，区市监局开展市场主体年度报告工作。至6月30日，拱墅区应年报企业42898家，实际年报企业39587家，年报率92.28%；应年报个体户

19958家，实际年报个体户19308家，年报率96.74%。

【“守合同重信用”企业公示】 2019年1月21日，区市监局启动“守合同重信用”企业公示活动，以电话、QQ群、微信群等方式进行宣传，鼓励企业申报。2月26日，区市监局组织辖区约150家企业参加2019年度“守合同重信用”培训会。最终15家企业被浙江省工商行政管理局公示为“守合同重信用”AAA级企业，其中新公示8家、继续公示7家；40家企业被市市场监督管理局公示“守合同重信用”AA级企业，其中新公示18家、继续公示22家；52家企业被区市监局公示A级“守合同重信用”企业，其中新公示46家、继续公示6家。

【“双随机一公开”工作开展】 2019年3月，区市监局联合区公安分局开展旅馆行业跨部门双随机抽查，检查旅馆18家。5月，区市监局联合区文广旅体局开展互联网上网服务行业跨部门双随机抽查，检查网吧6家。7月，区市监局开展便利店行业双随机抽查，检查便利店4家。8月，区市监局联合区教育局落实市级教育培训行业跨部门双随机抽查，检查培训企业25家。10月，区市监局联合区应急管理局开展加油站行业跨部门联合双随机抽查，检查加油站1家。11月，区市监局开展年报企业公示信息双随机抽查，检查年报企业2813家。

【合同格式条款备案与整治】 根据《浙江省合同格式条款备案办法》，区市监局通过浙江省合同格式条款备案系统对企业提交的合同进行备案，并根据杭州市市场监管局要求，对商品房买卖合同条款进行审查。2019年，区市监局共办理合同格式条款备案118份，其中商品房买卖合同59份。2019年，区市监局配合杭州市市场监管局对备案的汽车销售合同进行抽查，对抽到的8家企业的9份合同，要求企业根据市市场监管局审核意见修改合同中的不平等条款，并对修改后重新备案合同使用情况进行全覆盖的“回头看”检查。年内，关注消费投诉动态，及时约谈合同纠纷相关企业负责人，对企业使用的合同进行审核，提出合同条款中的问题，要求企业及时修改完善合同中的不公平条款并落实使用。

【互联网广告监管与整治】 2019年，区市监局依据《杭州市开展互联网金融广告及以投资理财名义从事金融活动风险专项整治工作实施方案》要求，加强对互联网金融广告的监管。全年委托国家互联网广告监测中心监测涉金融类企业800条次，办理交办广告案件8件。以3家重点网站为主，探索互联网平台和市场监管共同治理的方式方法。年内，查处违法广告案件105件，罚没款105.98万元，其中各类互联网违法广告案件96件，罚没款93.59万元。

【省百强民营企业申报获评】 2019年3月20日，浙江省市场监督管理局发布《关于开展2019年浙江省百强民营企业排序工作的通知》，区市监局对照申报条件，依据企业信用信息公示系统年报数据，及时与企业做好沟通联系，组织拱墅区重点龙头企业填报《2019年浙江省百强民营企业申报核查表》。杭州锦江集团有限公司、海外海集团有限公司、浙江建华集团有限公司三家企业进入百强名单，分别为第11名、38名、71名。

【放心市场、星级市场创建】 2019年，省放心农贸市场创建被列为区民生实事项目之一。杨家门、德胜、大关东苑、大浒东苑和田园5家农贸市场累计投入730余万元推进市场软硬件改造，提升农贸市场管理水平。年底，5家农贸市场均通过考核验收，完成创建任务，全区农贸市场放心市场覆盖率超80%。年内，全区7家市场成功创建星级文明规范市场，其中四星级市场2家，三星级市场4家，二星级市场1家。

【信用管理示范企业培育】2019年5月，区市监局采取属地培育、逐级申报认定的方式开展2019年度浙江省信用管理示范企业培育认定。通过与街道、园区的对接，上门走访、广泛宣传等方式，将符合条件的30余家企业纳入信用管理示范企业培育库，通过组织培训会、共享有关政策、解答咨询来访等方式，对企业在信用管理制度建立及执行上、信用管理信息化建设及应用等方面进行一对一的指导和培育。6月，完成市级14家、省级3家信用示范企业的新申报。年底，获评信用示范企业市级10家、省级3家。

【消费维权】2019年，区市监局及时调整并适应市12345与省平台并轨后的各项工作，全年共受理各类举报、投诉、咨询18028件，比2018年减少2010件，同比下降10.03%，为消费者挽回经济损失476.48万元。12345信访平台的办结率和回访率均为100%，110联动平台即时办结率达94%。

【放心消费环境创建】2019年，区市监局继续落实省"放心消费在浙江"品牌战略重点工作三年创建计划。全年按创建标准创建16个类型375家"放心消费单位"，创建"放心网店"39家。根据省市场监管局、市市场监管局年度流通领域商品质量抽检工作计划，抽检床上用品、儿童用品、文化用品、电器、成品油、电动自行车等类商品140批次。其中，不合格商品31批次，合格率为78%；查处不合格商品案件32件。

【价格监管】2019年1月机构改革后，价格监管职能并入区市监局。2月下旬，区市场监管局分别对10个市场监管所开展价格监管培训，并稳妥承接疑难、复杂类投诉举报受理工作。2月，区市监局有效处理运城运河郡转供电电费问题的集体性投诉，最终该公寓按法律法规要求降低代收电费标准，并完成退费87940元。4月，区市监局开展殡葬服务机构价格专项检查，对杭州市半山公墓的墓位价格和殡葬服务费用进行检查，让清明节期间群众祭扫活动得到价格保障。年内，区市监局开展涉企收费负担摸底工作，出动人员100人次，走访企业50家，收集收费情况31条，并确定辖区5家企业为企业缴费负担监测点。全年共受理各类价格投诉举报69件，其中电商职业投诉举报2件，房地产精装修投诉举报7件，转供电问题投诉举报29件。2019年未发生因履职不到位、程序不完善导致的行政复议、诉讼或败诉案件。

【公平竞争与评估】2019年，区市监局开展全区公平竞争审查工作，按照"谁制定、谁清理"的原则有计划地进行"增量"和"存量"政策的公平竞争审查工作。经排查，辖区共审查区级政府及所属部门增量文件19份，存量文件166份，修改2份存量文件，废止1份存量文件，没有限制竞争的政策措施。2019年9月，浙江理工大学评估组受省市场监督管理局委托，对辖区落实公平竞争审查制度、营造公平竞争制度环境情况开展独立第三方评估，包括：拱墅区商贸综合体政策扶持意见（试行）、拱墅区大树企业培育工程行动方案、拱墅区进一步推进科技型企业培育工程（旭日计划）的实施意见、关于印发拱墅区城市建设发展中心购买保安服务管理细则（试行）的通知。经过最后评估，均无限制竞争问题。

【电子商务平台监管】2019年，区市监局加强对电子商务平台监管，落实平台主体责任。通过网上巡查，对辖区内网店在网站上公开的营业执照信息进行检查，对营业执照未及时更新、登载信息不实的及时督促整改，对需要进行实地核查的网店经营者基本信息的真实性开展实地核查，累计实地核查网店经营者基本信息124条。

【反走私综合治理】2019年，区市监局作为全区打击走私综合治理工作牵头部门，根据省、市有关打私工作会议精神要求，持续落实“系统治理、依法治理、综合治理、源头治理”，做到早落实、早部署、早预防、早引导、早处理，进一步强化反走私综合治理工作。全年查处有关领域案件507件，罚没款824.95万元，其中无中文标签或未经批准或检验的化妆品、食品案件5件，罚没款28万余元。区公安分局共缴获各类毒品44.88克，查获私假烟案件132起，查扣纵联3408.4条，案值68.7万元。

【打击传销工作机制持续健全】2019年，区打击传销工作联席会议办公室不断健全打防传销工作机制，将打传重心下移、阵地前移，建立以基层市场监管所、公安派出所为主力，警民联动、巡逻防控、群防群治的打防体系。以投诉举报线索为突破口，第一时间现场布控和突击检查，深挖线索背后隐藏的涉传手段、人员分布、资金流向。成功查获杭州某科技公司以销售保卫蓝天碧水的“清车保”系列产品为名从事传销活动的案件，并移送公安机关追究刑事责任。

【保健品市场乱象清零】2019年，区市场监管局组织牵头将保健品会销清零行动纳入基层治理能力专项行动，在全区10个街道100%建立三级“四个平台”（综合治理平台、市场监督平台、综合执法平台、便民服务平台）监管网络。全年挤压食品、器械会销点32处，分别于1月23日、3月14日、7月14日冲击位于红石中央大厦、中环大厦、海外海皇冠酒店组织的相关大型营销会议3场，先期介入叫停海外海国际酒店大型营销会议1场，对35家涉嫌违法的单位予以立案查处，罚没款89.87万元，为消费者追回现金购货款13万余元。查办的“杭州亿健”违法保健品会销案，被国家市场监督管理总局、浙江省市场监管局列为典型案例。整治工作被《中国食品安全报》《中国质量报》《中华网》《中国消费在线》《中国法制网》《中国新闻资讯网》《今日头条》、杭州电视台、1818黄金眼等主流媒体连续报道。

【“僵尸”企业清理】2019年，区市监局借助税务、人社协查，通过走访注册地、电话联系等方式，引导多年未年报的企业注销或规范经营。对实在无法联系到的企业，则依职权吊销。2019年，合计吊销未经营企业2095家，吊销总量居全市第一。

【专项执法行动】2019年春运保障期间，区市监局开展“两节”市场专项执法行动，出动执法人员496人次，重点保障汽车北站正常运营。1月办结有关行政处罚案件9件，2月办结有关行政处罚案件13件，全力维护消费者合法权益。开展重大涉稳问题排查，共上报房屋质量纠纷、拖欠工资等问题线索9件。进行无照送餐企业摸排，发现无照送餐企业线索3件。开展旅游市场秩序专项整治，查处旅游景区及周边消费市场的违法行为，累计出动执法人员238人次，查处案件33件，罚没款35.4万元。开展“亮剑2019”打击假冒伪劣综合执法行动，全年查处商标侵权等知识产权违法行为案件37件，罚没款205.32万元，移送1件。开展青少年近视行业的广告监管，查处虚假违法广告行为。

【扫黑除恶专项斗争】2019年，区市监局持续推进扫黑除恶专项斗争。在内部开展风险排查，全体干部如实填写廉情卡，杜绝发生黑恶势力保护伞行为。对外组织辖区各大市场、酒店召开座谈会5次，宣讲扫黑除恶专项斗争有关知识，动员鼓励大家上报涉黑线索，在酒店、市场开展大规模的张贴海报、播放宣传口号等宣传行动，要求企业自查自律，签订自律承诺书累计200余份，挤压黑恶势力滋生空间。出动干部8人次，到收藏品市场、海外海酒店等群众密集场所督查扫黑除恶宣传落实情况。2019年，向区扫黑办移交线索25条，其中涉嫌恶意职业打假人线索21条，涉嫌传销线索2条，涉嫌合同欺诈线索1条，涉嫌串通他人使用假冒伪劣线索1条。

【行刑衔接推进】2019年，区市监局继续保持与公安、检察院、法院的有效衔接。受理检察院移交关于日化用品违法案件线索8件，向公安部门移交关于食品安全案件3件、关于欺诈、传销等案件线索2条。牵头召开行刑衔接联席会议3次，探讨食品安全案件、侵犯个人信息案件、侵犯知识产权案件等方面的法律适用、证据提取等问题，达成有效共识为下一步打击犯罪奠定良好基础。以保健品市场乱象整治为抓手，与公安联合出动检查8次，初步形成良好的法治震慑效应。

【特种设备安全责任主体落实】2019年年初，区政府与各街道（园区）签订《特种设备安全管理目标责任书》，区市监局与33家重点监督检查单位签订安全责任告知承诺书、以组织开展自查自纠等方式督促企业落实安全主体责任。年内，依托属地市场监管所、街道（园区）和行业主管部门的力量，通过部门协作配合、科所联动检查等方式开展监督检查，形成联动监管网，与108家日常监督检查单位签订特种设备使用单位安全责任承诺书，不断强化落实企业主体责任，开展隐患自查自纠。

【特种设备安全监管】2019年，区市监局开展特种设备日常监管、投诉处理和案件查处。全年共出动执法人员839人次，检查企业335家次，处理投诉263件，下达监察指令书89份，发现并整改隐患329处，立案27起，罚没款99.8万元。同时，区市监局加强与应急管理局、城管、商务、卫健等行业主管部门的联动，针对加气站、酒店、医疗机构等行业，形成排查整治的合力。全年共开展联合执法检查6次，检查企业18家次，发现并整改隐患22处。督促半山电厂4组机组内的锅炉、压力管道和压力容器完成定期检验。对康桥街道钢管扣件储存点和半山街道德坤物流开展叉车集中整治，立案8起，责令100余台叉车申报检验。对超期特种设备的现状进行动态排查，共排查359台超期未检设备，其中269台申报检验、53台停用注销。

【特种设备应急处置演练】2019年6月，区市监局以危化品安全生产检查为重点，坚持问题导向，针对重点场所、要害部位、关键环节开展应急处置演练。分别组织杭州杭钢亚盛天然气有限公司和浙江华油天然气有限公司汽车北站加气站开展天然气泄漏应急演练。分别通过

CNG 气体的管束车车尾阀门泄漏和 LNG 充装过程发生泄漏为应急处置事件，提高企业应急处置能力。

【电梯智慧监管装置安装】2019 年，全区共安装电梯智慧监管装置 101 台，通过安装电梯智慧监管装置实现电梯故障远程监测、在线诊断，信息实时传输至平台及客户端，通过电梯阳关监管平台建立电梯的数据中心库，促进电梯安全监管和数据信息化深度融合。5 月中旬，在小河佳苑试点安装 10 台电梯智慧监管装置，将电梯困人报警数据接入“城市眼·云共治”平台，通过云共治平台将相关信息推送给属地网格员进行跟踪处置。

【质量强区建设】2019 年，区市监局开展“红盾”品牌群培育，更新区市监局“红盾”品牌群培育工作领导小组成员，修订“一企一案”个性化企业培育方案。5 月开始，联合杭州市标准化研究院推进实施“红盾”品牌标准化工程。结合“5·10 品牌日”、9 月“质量月”主题，组织企业质量开放日活动，通过政府质量奖、“品字标”认证、共享实验室企业分享创建经验，助推培育企业创品牌争荣誉。12 月，物产中大元通电缆有限公司、浙江浙大新宇物业集团有限公司 2 家单位获 2019 年度拱墅区政府质量奖。

【产品质量提升监督】2019 年 3 月，区市监局组织召开工业产品生产许可证培训会，印发《产品质量安全责任告知书》，签订《产品质量安全责任承诺书》。9 月，召开拱墅区食品相关产品质量提升总结会暨集体约谈会，通报食品相关产品质量提升情况，分析常见质量问题，并对食品安全国家标准跟踪解读，助力浙江省食品安全区创建。全年培育 50 家“放心工厂”，将企业信息全部录入浙江省政府民生实事智慧督查系统，接受社会监督。

【产品质量不合格企业处理】2019 年，区市监局通过现场检查、责令整改、行政约谈等形式，对不合格企业实行从严监管，加强质量帮扶，督促企业查找质量问题，落实整改措施，并通过复查，全面消除问题隐患。对 3 家监督抽查及 2 家市场反溯不合格产品生产企业进行处理，对 1 家存在严重产品质量问题的生产企业立案查处，收缴罚没款 2.83 万元。全年出动执法人员 28 人次，巡查获证企业 11 家，发现并整改质量隐患 35 条，立案处罚 1 家，没收违法产品 54 箱，价值 2592 元，收缴罚没款 8789.2 元。

【标准化战略实施】2019 年 6 月，区市监局启动浙江省标准化统计监测工作，对辖区制造企业和标准化机构进行统计监测，监测内容包括单位基本情况、标准化投入情况、标准制定及实施情况、主要产品的执行标准水平等 28 项指标。区市监局做好企业产品标准自我公开声明、各级抽查及整改落实。至年底，有 96 家企业累计上报 334 项标准，涵盖 412 种产品，其中国家标准 27 个，行业标准 3 个，地方标准 1 个，企业标准 300 个，团体标准 3 个。

【计量专项执法】2019 年 1 月，区市监局与辖区 19 家农贸市场签订计量工作目标责任书，制订 2019 年计量双随机抽查计划，共 14 类检查项目，抽查企业 118 家，覆盖眼镜制配场所、商贸市场、加油站、物流快递、医疗卫生、能效标识、计量单位使用单位、定量包装企业、计量校准机构、计量标准等重点行业和领域，按照“进一次门，查多项事”的原则，结合元旦春节，五一、十一等节假日期间，开展黄金饰品、贵重药材、眼镜店及加油站计量等为重点的计量专项执法行动。全年共出动执法人员268人次，检查计量器具使用单位134家，检查计量器具465台件，对发现强制检定计量器具未检定、超检定周期和使用不合格计量器具等违法行为，作出相应的行政处理，依法依规做好结果公示和后续处置工作。

【计量器具强制检定与监管】 2019年8—9月，区市监局组织18家农贸市场开展电子秤强制检定工作，共检定电子秤1325台件，合格率100%。至年底，辖区网上备案强制检定计量器具6445台件。覆盖拱墅区贸易结算、安全防护、医疗卫生、环境监测等领域，确保加油站、农贸市场、医疗卫生等重点领域强制检定周检率100%，检出不合格率< 2%，不合格计量器具处置率100%。

（张玲慧）

知识产权保护

【概况】 2019年，拱墅区专利申请量3590件，其中发明专利申请1055件，专利授权量1975件，其中发明专利授权量182件。2019年年底，拱墅区有效发明专利拥有量1288件，万人发明专利拥有量22.44件。

【注册商标培育和保护】 2019年，拱墅区商标申请13363件，商标注册11342件，有效注册量46637个，拥有驰名商标9个。2019年，共查处商标违法案件37件，罚没侵权商品17962件，罚没款164.62万元。

【知识产权行政执法】 2019年1月，知识产权保护职能划入区市监局。年内，区市监局开展知识产权保护领域执法检查，结合全市“亮剑2019”打击假冒伪劣综合执法行动，加大各领域侵权执法检查力度。配合市市场监管局对钱江小商品市场进行调研，积极受理电商、流通领域专利侵权消费投诉举报。7—8月，区市监局按照《国家知识产权局关于加快推进“蓝天”专项行动集中整治工作的通知》，配合省、市市场监管局组织辖区7家专利代理机构开展自查自纠，对代理机构中涉嫌“挂证”的2位专利代理师进行调查，进一步规范专利代理行为。

【知识产权宣传】 2019年4月26日，区市监局结合“4·26世界知识产权日”，印发《拱墅区2019年知识产权宣传周方案》，开展以“严格知识产权保护，营造一流营商环境”为主题的知识产权宣传活动。举办红盾品牌与知识产权专题培训班、座谈会、品牌分享会大型活动3场，对辖区高新技术企业、各级专利示范企业、科技型中小企业知识产权强企培育、专利奖评审等内容进行针对性培训，宣传介绍知识产权维权援助与举报投诉的方式方法，累计300家企业参与。联合各街道、园区开展“助力红盾品牌培育，优化营商环境”大走访活动，通过了解企业在知识产权创造、管理、运用和保护方面的现况，坚持问题导向，做好企业服务，走访企业80余家。联合浙江大学城市学院开展知识产权宣传进校园活动，鼓励高校提高专利申请和产业化率，进一步营造创新创业氛围。

【知识产权项目申报】 2019年5月，区市监局组织开展2018年度拱墅区企业发明专利产业化奖励申报和2018年度拱墅区专利（含软件著作权登记）试点企业申报工作，经过企业报名、街道初审、专家评审及多部门联合审核，最终确定浙江创意声光电科技有限公司等9家单位为2018年度拱墅区专利（含软件著作权登记）试点企业、杭州中美华东制药有限公司等6家单位获得2018年度企业发明专利产业化奖励。截至2019年底，拱墅区通过知识产权贯标认证企业78家，国家知识产权示范企业1家、优势企业1家，新增市级示范企业27家，试点企业4家，通过市专利试点（示范）企业复核4家，获“市长杯”高价值知识产权智能产品与数字创意大赛优秀奖1家，获杭州市企业专利导航项目立项1个。

【知识产权保护政策出台】 2019年7月，区市监局启动修订《拱墅区企业发明专利产业化奖励实施办法》和《拱墅区专利试点企业认定实施办法》两个规范化文件。经过法制审核、公开向社会征求意见、司法局备案，于9月17日正式印发《拱墅区企业发明专利产业化奖励实施办法》和《拱墅区专利试点企业认定实施办法》，并对社会公布。

【知识产权质押融资】 2019年，区市监局与杭州联合银行、杭州银行、泰隆银行逐家对接，积极宣传市专利质押融资政策及区专利质押贴息政策，争取银行既有客户加入专利质押队伍。同时加大对企业的宣传和帮助，利用政策宣讲会、企业群线上答疑以及“一对一”重点走访的形式，把政策“送上门”，年内专利质押19件，质押金额1.63亿元，兑现知识产权质押贴息39.2万元。

（张玲慧）

物价管理

【概况】 2019年1月份机构改革，区物价局撤销，物价科划入区发改经信局，物价科工作职能得到调整。原有的物价监督检查职能划入市场监管局，现职能主要侧重价格管理、政府定价、价格监测预警及价格认证工作。

2019年拱墅区发改经信局物价科及时办理各类政策咨询、投诉举报，畅通群众诉求渠道，化解价格纠纷矛盾。全年共受理各类价格政策咨询、投诉举报200余件，主要涉及停车收费、教育收费、商品住宅销售价格、水费电费、物业服务收费、电动车停车收费等咨询投诉，办结率100%，反馈率100%。全年检查指导民生商品价格60余次，出动人员130余人；开展价格法律知识指导培训12次，参与培训50余人；组织价格法律宣传3次，共发放宣传资料1000余份。

【价格审核备案】 2019年，按照法律法规和省市下放定价权限，主要对停车收费标准和行政事业性收费标准进行备案。在备案前做好政策讲解，一次性告知备案需要的材料，通过邮件发送电子表格，按照最多跑一次的要求，方便百姓和企业。全年累计对20余家单位停车收费标准进行备案，接受备案咨询50余家。

【价格上门服务】 2019年，加强对民办幼儿园收费工作指导，对全区30家民办幼儿园收费情况进行摸底汇总，掌握最新收费情况，重点对当年新调价的6家民办幼儿园逐一进行走访，了解实际成本变化情况，对收费提出指导性意见，对客观存在的困难给予合理的建议。定期走访收费停车场、超市、农贸市场等，对物业管理人员，商场超市的运营，农贸市场的管理人员进行一对一的沟通交流。

【重要节点价格宣传】 为维护消费者权益，在社区、广场等场所不定期开展价格法律宣传服务，积极宣传价格政策，介绍《中华人民共和国价格法》和《浙江省价格条例》等价格法律法规，解答群众的价格问题咨询，将价格服务深入到基层，深入到群众。3月15日，在红石中央广场开展“阳光物价、和谐万家”的价格法律宣传服务，向市民群众发放《杭州市社民价费法律法规》宣传手册，讲解杭州市的水电气和停车收费等涉民生价格收费政策。

【重点领域价格监测】2019年，强化市场价格监测预警体系，每周二、周五定期监测粮油肉禽蛋菜奶盐等民生商品价格，加强分析研判，及时发现苗头性、倾向性和潜在性问题。节假日期间加强农副产品价格监测，密切关注民生商品价格波动趋势，维护节假日期间的价格平稳。加强全区市场价格监测点建设，建立覆盖4个农贸市场、3家大型超市、药店等在内的10个价格监测点。检查各监测点价格监测工作，掌握监测过程中的问题和困难，有针对性地对监测人员进行工作指导，确保监测数据及时有效。

【价格认定】2019年，区价格认证中心加强价格认定工作，严格按照办理程序，规范价格定价行为。认定案件162件，累计标的数507个，涉案金额437.9万元。总体价格认定案件质量较高，无复核认定案件。

（周艳琪）

统计管理

【概况】2019年，拱墅区统计局紧扣高质量发展要求，服务区委、区政府“六大专项行动”，加强经济形势分析监测预警，开展统计法治学习、宣传，严格落实各专业数据质量管控机制，数据质量不断提升。撰写统计分析（信息）100余篇，编印《拱墅区统计月报》《拱墅区统计快报》《统计年鉴》《统计公报》等书刊，共印制4960余册。结合营收数据、“大树”“小巨人”企业名单、“小升规”名单和楼宇核查情况，完善企业培育库管理体系。注重民生统计，做好月度劳动力、城乡一体化、平安三率调查，多篇调查分析报告获区领导批示。发挥“拱墅统计”微博、微信平台宣传作用，向全社会发布统计公共信息，全年发布微博3900余条，微信76条。2019年，拱墅区统计局连续第六年蝉联杭州市统计系统综合考评先进单位。

【统计法治建设】2019年5月，区统计局制定《2019年全区统计法治建设（依法行政）工作要点》《2019年全区统计法治宣传教育工作要点》，对统计法治工作进行全面部署。学习贯彻习近平总书记关于统计工作的重要讲话、重要指示批示精神和省委省政府领导关于统计工作的指示批示，开展统计法治学习、宣传，落实各专业数据质量管控机制，继续推行“一项目一档案”“一企业一档案”制度，严格遵守“四条底线”，进一步夯实统计基础。按照市统计局“开展统计造假问题专项整治行动”要求，开展提升统计数据质量月活动，在全区范围内开展数据质量自查核查，提升统计数据质量。开展执法监督检查58家，立案处罚企业12家。

【重点产业统计监测】2019年，区统计局紧抓“数字经济”一号工程，联合区发改局、区科技局，对街道、园区相关人员开展数字经济培训，齐心协力做好数字经济统计。开展“6+2”产业统计监测，审核新增和退库单位信息，从源头上把好单位入库质量关，按季度发布数据。开展特色小镇统计指导，开展特色小镇数据自查、企业数据核查，对发现的问题要求小镇及时做好整改。开展十大产业平台统计，反映区域产业转型升级成效。

【社情民意调查】2019年，区统计局围绕区委区政府重点工作和广大居民关心、关注的领域，挖掘各项社情民意调查的深度和广度，做好小区管理、垃圾分类、群众安全感、大运河文化带建设等调查；配合杭州市调查队做好营商环境和各项满意度调查。撰写《我区老旧小区环境功能综合提升实施情况的调查分析》《关于对我区小区管理情况的调查分析》《拱墅区养老情况调查报告》等调查报告，多次获区领导批示肯定。

【统计名录库管理】2019年，区统计局加强与市场监管、税务等部门的协调，更新、完善全区统计名录库信息，及时完成新增单位入库工作和“四上”（指规模以上工业企业、资质等级建筑业企业、限额以上批零住餐企业、国家重点服务业企业）单位月度审批入库工作。全年共新增入库法人3255家，产业活动单位350家，新增审批入库单位（项目）136家（个），其中工业9家、建筑业8家、贸易44家、服务业49家、房地产业16家，5000万元以上投资项目10个。

【统计人员培训】2019年，区统计局围绕服务保障“六大专项行动”，助推“大城北崛起”，开展“比学赶超”科室大比武。8月，联合重庆工商大学举办全区统计系统综合能力提升培训班，采取集中学习、交流座谈、现场教学等多种形式，通过业务培训和党性教育相结合，全方位提升区域统计系统干部的综合素能。

【第四次经济普查】2019年1月10日，拱墅区第四次经济普查登记启动，共普查企业32192家，个体户1476家。开展集中数据审核，累计修改差错10万余条，完成全部强制性、准强制性差错审核修改，基本情况表审核通过率达100%。做好普查数据利用，开展各街道、各专业普查课题撰写，评选优秀课题并汇编成册，撰写全区第四次经济普查调研文章，反映全区经济发展情况。普查结果显示：全区共有从事第二产业和第三产业活动的法人单位28902个，比2013年年末（第三次经济普查）增加11319个，增长64.37%；产业活动单位31604个，增加12483个，增长65.28%；个体经营户17524个。

【统计宣传】2019年，区统计局通过“拱墅统计”微信公众号发布工作动态和统计数据信息等76篇，官方微信粉丝订阅量首次突破2000人，多篇文章点击量突破1000次。在《今日拱墅》、“拱墅发布”等平台发布全区经济运行情况。

（邱美丽 张序斌）

审计监督

【概况】2019年，拱墅区审计局完成审计项目18个。按项目类型分，财政类审计项目3个，其中预算执行审计项目1个、财政决算审计项目2个；政府投资项目审计3个，其中工程价款结算审计项目1个（含38个工程子项目）；专项审计调查项目2个；领导干部经济责任审计项目9个；自然资源资产审计项目1个。按照组织方式分，全省同步项目4个，区指令性项目9个，自定项目5个。

【自然资源资产审计】2018年6月起，在祥符街道试点开展自然资源资产责任审计。通过一年的摸索和总结经验，2019年，在半山街道继续开展自然资源资产责任审计。通过审计，发现领导干部落实生态环境保护“党政同责”和“一岗双责”，取得明显成效，设施改造成效显著，服务品质有效提升，山体复绿按序进行，森林防护扎实有效，巡查常态化和处置规范化森林防护应急保障机制进一步完善。同时存在内部管理体制需要完善的问题。

【专项审计调查】2019 年 7 月 29 日至 12 月 3 日，对拱墅区残疾人专项资金管理和使用情况进行专项审计调查。发现残疾人特殊困难临时救助资金缺乏监管、未及时取消对已死亡残疾人的集中托养补助等问题。需要加强对专项资金使用的监督、考核工作，对享受优惠政策待遇的残疾人身份信息做好审核，完善内部管理制度，以更好致力于服务残疾人的工作。5 月 25 日至 6 月 15 日，对拱墅区街道招商引资企业“一企一策”执行情况进行专项审计调查，发现存在优惠政策制定随意性大、缺乏统一的评定标准，扶持政策协议不够严谨、缺乏相应的制约性条款等问题，需要各街道在不突破上级部门政策水平线的基础上制定科学的考核标准、严格执行考核，提高财政资金的使用效益。

【政府投资项目审计】2019 年，拱墅区改变重“数量”轻“质量”、重“造价”轻“管理”的现象，从单纯关注造价审计向关注立项决策、项目审批、工程招投标、物资采购、资金管理使用、工程质量管理和投资绩效等重点环节转变，促进建设单位不断强化责任意识，完善内控制度，控制工程造价。根据《拱墅区政府投资项目审计办法》，结合审计署、省审计厅有序减量提质的要求，1 月，拱墅区审计局已把送审额度从 200 万元调整到 400 万元以上，共完成政府投资工程造价审计项目 38 个，核减金额 2.23 亿元。共抽查复审 400 万元以下建设单位自行委托审价的政府投资项目 24 个。12 月，按照审计署要求，政府投资项目完成全面转型，不再按照以国家审计结果作为工程结算依据。

【预算执行和财政决算审计】2019 年，按照审计监督全覆盖要求，以支出预算、支出政策、预算绩效管理和政府债务风险管理审计为重点，促进公共资金合理配置和高效使用。完成预算执行和财政决算审计项目 3 个（拱墅区财政局组织的 2018 年度预算执行情况审计、拱墅区半山街道办事处财政决算审计、拱墅区湖墅街道办事处财政决算审计）。2018 年，全区一级预算单位综合执行率低于 90% 的有 11 家，有 35 个单位共计 227 个项目支出预算执行率低于 70%，剔除当年新下达的省市补助项目后，项目支出预算执行率低于 70% 的项目有 174 个，其中 66 个项目的执行率为 0。预算编制方面存在经费预算未细化、部分延续项目预算编制不合理等问题；预算执行方面存在执行率不高、两年以上结余资金未及时收缴统筹安排、未按规定调整预算等问题；预算资金绩效管理方面，存在效益不高的问题。区长章燕批示要求各相关部门对报告中提到的问题第一时间整改落实到位，在制度、机制设计中防止反弹。

【经济责任审计】2019 年，领导干部经济责任审计项目 9 个。拱墅区审计局融入干部“大监督”格局，聚焦权力运行和责任落实，促进领导干部依法用权、秉公用权、廉洁用权。审计过程中，区审计局把管理主线与资金主线相对接，考量权力是否到位、缺位、越位。把审计重点由过去的财政、财务收支为主，向领导干部任职期间“三重一大”（重大事项决策、重要干部任免、重大项目投资决策、大额资金使用）决策及执行方面转变，并作为审计评价标准。通过审计，移送司法机关、纪检监察机关和有关部门处理事项10件，移送处理人员11人，移送处理金额3352万元。

2019年度拱墅区审计项目情况表

表20

项目类型	审计项目名称	起始月份
财政预决算审计	拱墅区财政局具体组织的2018年度预算执行情况审计	4月
	拱墅区半山街道办事处财政决算审计	5月
	拱墅区湖墅街道办事处财政决算审计	5月
自然资源资产审计	拱墅区半山街道党工委书记王一平、办事处主任潘金财自然资源资产管理责任专项审计	5月
领导干部经济责任审计	拱墅区半山街道党工委书记王一平、办事处主任潘金财经济责任审计	5月
	拱墅区湖墅街道党工委原书记陆珊溢、办事处原主任顾建强经济责任审计	5月
	拱墅区人力资源和社会保障局局长郑国庆经济责任审计	9月
	拱墅区商务局局长俞志栋经济责任审计	6月
	拱墅区卫生和计划生育局局长刘新功经济责任审计	6月
	拱墅区市场监督管理局局长朱幼群经济责任审计	9月
	拱墅区残疾人联合会理事长谢建青经济责任审计	7月
	拱墅区行政审批服务管理办公室原主任杨俊经济责任审计	9月
	拱墅区发展改革和经济局原局长吴伟经济责任审计	6月
政府投资项目审计	运河亚运公园项目建设情况跟踪审计	6月
	杭州运河中央公园项目建设情况跟踪审计	6月
	拱墅区政府投资项目工程价款结算审计（38个工程）	1–12月
专项审计调查	拱墅区残疾人专项资金管理和使用情况专项审计调查	7月
	拱墅区街道招商引资企业“一企一策”执行情况专项审计调查	5月

（姚若超）

城市建设与管理

规划与自然资源管理

重点项目建设

市政工程建设

城市公用设施

城区管理

城中村改造

城市绿化

城市交通

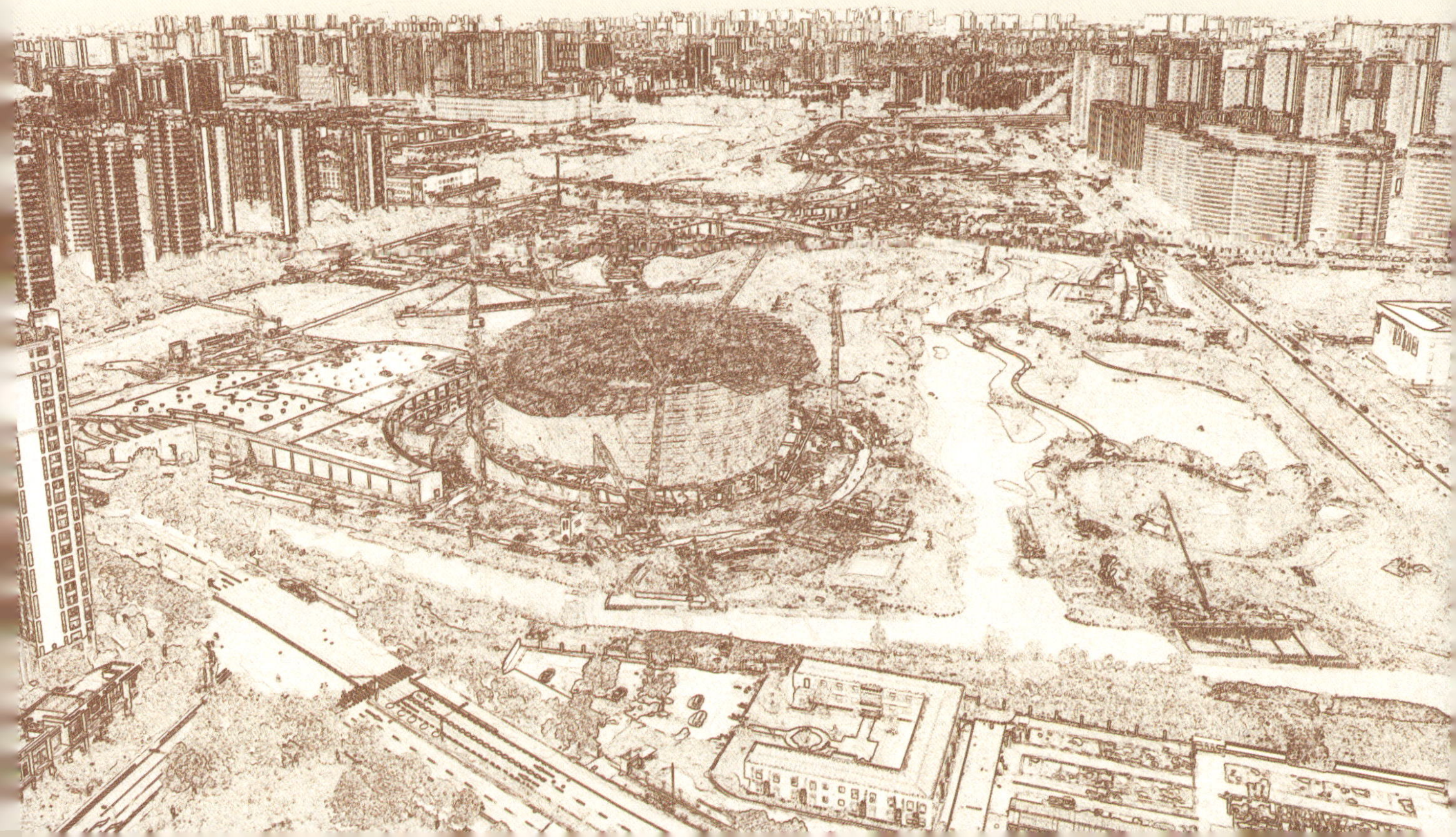

规划与自然资源管理

【概况】2019 年，根据《杭州市拱墅区机构改革方案》，市规划和自然资源局在拱墅区设立规划和自然资源局拱墅分局，作为市规划和自然资源局的派出机构。将市国土资源局拱墅分局的职责，市规划局（市测绘与地理信息局）拱墅分局的职责，区发展改革和经济局的组织编制并实施主体功能区规划职责，区农业局（区林业水利局）的林业管理职责、水资源调查和确权登记管理职责，一级市环境保护局拱墅环境保护分局、市国土资源局拱墅分局等相关部门的自然保护区、风景名胜区、地质公园、自然遗产等管理职责划入市规划和自然资源拱墅分局。不再保留市国土资源局拱墅分局、市规划局（市测绘与地理信息局）拱墅分局。不再保留区林业水利局牌子。

规划资源拱墅分局设下列内设机构：办公室（挂监察室牌子）、政策法规科、自然资源开发利用科（挂自然资源所有者权益科牌子）、规划管理科、行政审批科、自然资源确权登记科（挂自然资源监测科牌子）、执法监督科、林业管理科。

（齐佩良）

【规划编制】2019 年，规划资源拱墅分局围绕服务经济社会高质量发展、保障改善民生、加强城乡规划统筹管理的目标，配合市规划资源局开展《上塘单元控制性详细规划（修编）》《康桥单元控制性详细规划（修编）》《运河新城单元控制性详细规划（修编）》《杭钢单元控制性详细规划（修编）》等专项规划编制工作。4 月编制完成《拱墅区“街巷文化角”课题研究——工业遗址篇》，开展工业文化展示点梳理。5 月完成《拱墅区健康服务产业空间需求及规划策略研究》，完善社区卫生服务中心规划布点。6 月牵头完成《拱墅区发展大纲》，梳理自然资源本底，提出拱墅区国土空间布局总体设想和战略发展思路。7 月编制完成《拱墅区产业空间布局规划研究》，对全区产业空间进行梳理，重点优化轨道交通和产业配套空间布局。年内配合完成大城北系列规划涉及拱墅区的《西塘河沿线城市设计》《上塘河沿线城市设计》，指导编制《半山沿线城市设计》，做好重点地区滨河景观和城市风貌管控。11 月完成《杭州市拱墅区学前教育专项规划》，优化拱墅区学前教育设施布局。组织《杭州市拱墅区 10% 留用地专项规划调整（第一批）》工作，落实 9 村 12 宗地块留用地布点，获得市政府简复单同意。12 月完成《拱墅区轨道交通 8 号、14 号和 15 号线站及轨道交通停车场控制规划研究》，强化与全市轨道线网四期建设计划的对接，提出分类管控建议。

（郑懿）

【规划审批】2019年，杭州市规划资源局拱墅分局办理投资项目规划资源业务审批事项749项。完成多规合一平台项目153个，其中合规性审查纳入前期计划库项目101个，建设条件集成纳入实施计划库项目52个；办理前期计划审批1件；审查选址论证报告11件，核发建设项目选址意见（含规划条件）104项，选址意见及用地预审44件，共计用地面积164万平方米；办理用地规划意见审查116件，核发建设用地规划许可证117项，共计用地面积237.9万平方米；建设项目设计方案审定44件；核发建设工程规划许可证159件，建筑面积881万平方米。

【承诺制审批】2019年，市规划资源局拱墅分局开展承诺制审批，对涉及民生的社会公益项目，在建设工程规划许可证阶段，由申请人和设计单位等对申报材料的准确性、真实性和符合相关技术规范、标准、政策作出承诺，分局对承诺内容不再做实质性审查，依据承诺即时作出许可，完成承诺制审批40件。

（陈嫦娥）

【建设工程规划监管】2019年，全区全年规划验线合格61件，规划竣工核实51件（建筑面积271万平方米）。完善批后监管项目清单。截至年底，共计监管项目210个（总建筑面积1437.25万平方米），其中出让住宅项目27个，出让商业项目18个，10%村级留用地项目22个，工业产业类项目25个；其他公共事业类等项目118个。重点围绕产业平台、公共服务、10%村级留用地等建设项目主动上门服务，全年上门服务195次。

【历史遗留项目破解】2019年，在市区两级政府组织协调及各部门配合下，办理机电设备有限公司杭政工出〔2008〕42号地块工业（仓储）厂房、水务集团祥符水厂饮用净水改造工程（一、二阶段）、杭州运河新城（拱墅区范围）C-R21-01地块农转非居民拆迁安置房4个项目的竣工核实。

（倪丽华）

【耕地占补平衡指标调剂】2019年，市规划资源局拱墅分局落实耕地质量等别（等级）年度更新评价成果和耕地质量调查评价与监测相关成果的编制，并通过省、市级专家评审，按照评分标准得满分。分局通过“山海合作”与衢州市、湖州市签订耕地、水田、粮食产能等各类指标调剂协议，落实建设项目指标需求。6月，通过土地宣传日、地球日加大耕地保护宣传力度；至年底，全区在部耕地占补平衡动态监管系统中库存耕地数量1523.1亩、水田规模28.06公顷、粮食产能1221.52吨；涉及占用耕地建设项目25个/宗地，用地面积7.20公顷。

（许一昆）

【存量土地利用】2019年5—10月，杭州市规划资源局拱墅分局开展全区存量土地盘活调查，对批而未供、供而未用和低效利用土地进行全面清查，同时对存量工业用地进行专项调查。通过规划融合、提前服务及强化监管等举措，较好完成存量土地盘活工作，为“新制造业计划”打下良好基础。至年底，完成批而未供土地消化利用94.33公顷，供而未用土地开工161.47公顷，低效用地再开发126.33公顷。

（李敏）

【建设项目报批】2019年，为推动区重点项目建设，市规划资源局拱墅分局不懈努力，联系市局、省厅，争取新增建设用地指标31.89公顷，完成2019年农转用报批任务。全年分局共受理各类征地项目65宗，征收集体土地面积72.10公顷，其中农用地面积31.84公顷，耕地面积26.44公顷。组件上报2019年度存量建设用地22宗项目6个批次、农转用10宗项目1个批次、增减挂17宗项目3个批次，完成第一批撤村建居项目审批10宗。

（金洁）

【征迁安置】2019年，为确保2019年度“双清”（杭州市重点项目征地拆迁清零，杭州市集体土地回迁安置清零）工作有序开展，围绕“加快推动大城北规划建设核心区”的工作目标，全面加强组织领导，规范征迁安置程序，圆满完成年度“双清”工作任务。至9月，拱墅区涉及市重点“清零”项目7个提前完成，回迁安置目标超额完成。

（谢晓东）

【“卫片”执法检查】2019年，市规划资源局拱墅分局开展年度“卫片”执法检查工作（即卫星遥感图片的简称，指通过卫星遥感技术手段，对一个地区的土地利用情况进行监测，将该地区上年度某一月份的图片与本年度某一月份的图片进行叠加对比后，所形成的专题影像图片），共核查辖区内土地卫星遥感监测图斑125个、144宗地，卫星遥感监测图斑面积1114亩，涉及耕地面积948.3亩。涉及违法用地图斑6宗，土地面积0.526公顷，耕地面积0.38公顷，最终违法占耕地比0.65%。2019年部级季度卫片，一、二、三季度部里下发拱墅区辖区内涉及图斑共计87个，土地面积93.37公顷，耕地面积52.41亩，其中合法图斑68个，土地面积89.44公顷，耕地面积43.14亩；其他用地7个（包括已整改复耕康桥蒋家浜村派出所后违建停车场用地），土地面积3.94公顷，耕地面积9.27亩。（第四季度无下发图斑）。

分局2019年共立案4宗违法用地，其中3宗地，涉及土地0.81公顷，耕地面积4.17亩。收缴罚没款12.68万元，没收移交建（构）筑物14422平方米。另外1宗地康桥派出所违建停车场通过督查进行整改复耕。

（柯卫东）

重点项目建设

【概况】2019年，拱墅区列入省市县长项目5个，分别为联想创投集团总部项目、杭钢云计算数据中心、58集团五省总部项目、祥符桥传统风貌街区和中豪企业总部中心。列入省重点项目1个，为浙江工程师学院，截至年底一期完工，全年完成投资2.44亿元，完成年度计划122%。列入市重点项目38个，其中实施项目33个（计划新开工项目4个，续建项目29个），预备项目5个，年度计划投资28.5亿元，实施项目全年完成投资38.1亿元，完成目标133.6%；预备项目中，铁路北站单元GS1103–06地块创新型产业用房项目（招商蛇口）和58同城五省总部项目2个项目提前开工。区重点项目90个，其中重点实施项目75项、重点预备项目15项，年度计划投资104亿元。全年实现开工杭钢云计算数据中心、中豪企业总部中心、顺丰国际生鲜电商供应链基地等20个项目，竣工万科智谷等5个项目，投用汉港·凯旋广场、胜利河旅游综合体等5个项目。

【浙江大学城市学院改扩建项目（浙江工程师学院）竣工】该项目为公共事业项目。位于浙江大学城市学院内，建设单位为浙江大学城市学院。2017年开工，2019年竣工。总用地约9.87万平方米，建筑面积约15万平方米，总投资8.36亿元。

【招商蛇口创新型产业用房项目开工】该项目为杭政工

出〔2019〕4号创新型产业用房项目。位于拱墅区智慧网谷小镇铁路北站单元GS1103-06地块。2019年开工。占地面积约3.3万平方米，总建筑面积约9.9万平方米。总投资7.34亿元。

【北京奇虎360项目开工】为杭政工出〔2018〕9、11号创新型产业用房项目。2019年开工。项目总用地5.2万平方米，建筑面积约15.6万平方米，总投资为20亿元。该项目主力入驻企业为北京奇虎科技旗下的花椒泛娱乐移动社交直播平台。花椒直播通过持续的内容创新、技术创新和合作创新，为社交属性较强、全民化参与、多生态融合、多领域发展的一站式移动直播平台，是行业内用户规模领先、发展增速最快、主播创收第一、用户使用时长领先的领军企业。

【汉港·凯旋广场投入使用】该项目为商业金融项目。位置为东至莫干山路，南至规划方家北路，西至规划道路，北至申花路，建设单位为杭州港联置业有限公司。2019年投入使用。总用地2.07万平方米，建筑面积8.2万平方米，项目总投资12亿元。

【顺丰全球创新中心竣工】该项目为创新型电商产业园区。位于谢村路与拱康路、俞家桥路交汇处，建设单位为杭州丰泰电商产业园管理有限公司。2017年开工，2019年竣工。总用地5.4万平方米，建筑面积19万平方米，总投资8亿元。

【万科智谷项目竣工】该项目为商业金融项目。位于石祥路208号天马集团办公楼旁，建设单位为浙江万科南都房地产有限公司。2017年开工，2019年竣工。总用地1.47万平方米，建筑面积4.5万平方米，总投资4亿元。

【鹏锦商务大厦开工】该项目为商业金融项目。位于沈半路与树人街交叉口东北角，建设单位为善贤股份经济合作社。2019年开工。总用地1万平方米，建筑面积2.7万平方米，总投资2亿元。

【杭钢云计算数据中心项目二期开工】2019年2月10日，杭钢云计算数据中心项目二期开工。该项目位于杭州杭钢云计算数据中心有限公司（原为杭州紫金实业有限公司）厂区内，总建筑面积8.9万平方米，总投资22.34亿元。项目主要采用大数据、云计算等新一代信息技术或工艺，引进具有国内领先技术的存储计算能力的设备，购置计算机房配套动力配电、空调制冷及网络、主机等设备。项目建成后，可达到机柜规模11170个（约111700台服务器）的数据存储加工生产能力，并达到国家A级机房等级标准及国际TⅢ+以上等级标准。产品具有平台创新、低能耗（PUE值小于1.5）的特点，为以政务云、健康云、服务云为数据源，在全国范围内具有一定影响力的大数据分析平台。至2019年年底，项目一期1653个机柜投入使用。

【中豪企业总部中心项目开工】2019年6月27日，半山街道首个大型综合体项目——中豪企业总部中心正式开工。该项目由半山、金星经合社的桃源单元B1/B2-01A地块、桃源单元B1/B2-01B地块、桃源单元B1/B2-05三个地块组成，总用地面积41072平方米，总建筑面积252497平方米。项目涵盖大型购物中心、高星级酒店、总部商务、5A写字楼、创意空间等多重高规格业态组合，拥有消费、休闲娱乐、购物、居住、办公等功能，是桃源板块未来的“商业中心”“商务中心”和“行政中心”。9月，中豪企业总部中心达到省、市考核要求，完成统计入库，成为“152”[1]工程省市县长项目。

（孙萌 童灵飞）

市政工程建设

【概况】2019年，拱墅区加快完善交通基础设施，推进香积寺路西延工程等85条50.8千米道路建设，其中开工隐秀路、飞虹路南侧支路、苗圃路等18条，完工棠子桥路、永固路、方家北路等15条，续建树人街西路等20条，处于前期工程32条。其中，康园路（康桥路—余杭区界）、康中路（康政路—沈家桥社区）、康贤路（康桥路—余杭区界）、康乐路（康政路—康惠路）、康政路（康桥路—康乐路）、明园路、明园南路、马桥路、塘中路、隐秀路、吉如规划支路、北秀街等26条道路开通。

（编辑部）

【庆隆河—登云路工程开工】庆隆小河单元隐秀路（庆隆河—登云路）道路工程项目位于庆隆小河单元，西起庆隆河，东至登云路。道路全长163米，宽20米。工程总投资722.24万元，属城市支路项目。建设单位为杭州市拱墅区城中村改造工程指挥部，勘测单位为宁波冶金勘查设计研究股份有限公司，设计单位为中国瑞林工程技术有限公司，监理单位为浙江同洲项目管理有限公司，施工单位为杭州伟业建设集团有限公司。2017年10月，项目立项；2019年8月，开工建设；计划于2020年6月项目竣工验收。

【飞虹路—申花单元GS0403-12地块工程开工】飞虹路南侧支路（飞虹路—申花单元GS0403-12地块）道路工程项目位于拱墅区申花单元，北起飞虹路，南至申花单元GS0403-12地块。道路长96米，宽8米。工程总投资98.45万元，属城市支路项目。建设单位为杭州市拱墅区城中村改造工程指挥部，设计单位为中国瑞林工程技术股份有限公司，施工单位为杭州子舟环境工程有限公司，监理单位为浙江泛华工程咨询有限公司，勘察单位为浙江城建勘察研究院有限公司。2018年12月，项目立项；2019年12月，开工建设；计划于2020年6月项目竣工验收。

【育英路—申花路工程开工】苗圃路（育英路—申花路）位于申花单元，为单元内一条南北向城市支路，南起申花路，北至育英路。道路全

[1]152项目即省市县长项目。

“1”是省政府主要领导，分管发展改革、工业和信息化、商务的省领导每人每年牵头谋划招引1个总投资100亿左右的重大产业项目；

“5”是各设区市党委、政府主要领导和分管经济工作的有关领导，省发展和改革委、省经信委、省科技厅、省商务厅、物产中大集团、杭钢集团、巨化集团、省能源集团、省交通集团、省机场集团、省海港集团和省金融控股公司主要负责人每人每年谋划招引1个总投资50亿元左右的重大产业项目；

“2”是各县（市、区）党委、政府主要领导和分管经济工作的有关领导每人每年谋划招引1个总投资20亿元左右的重大产业项目。

长623米。工程总投资2034万元，属城市支路项目。建设单位为杭州市拱墅区城中村改造工程指挥部，勘察单位为宁波冶金勘察设计研究股份有限公司，设计单位为中国瑞林工程技术有限公司，监理单位为浙江浙坤工程管理有限公司，施工单位为杭州伟业建设集团有限公司。2018年5月立项，2019年11月开工建设；计划于2020年10月项目竣工验收。

【莫干山路西侧绿化带—化工路工程开工】三号支路(莫干山路西侧绿化带—化工路)道路工程位于申花单元。该工程分二期实施，工程总投资为910万元，属城市支路项目。建设单位为杭州市拱墅区城中村改造工程指挥部，勘察单位为宁波冶金勘察设计研究股份有限公司，设计单位为中国瑞林工程技术有限公司，监理单位为浙江浙坤工程管理有限公司，施工单位为杭州华水市政工程有限公司。2018年5月，工程立项；2019年3月10日，一期工程开工建设，计划于2020年8月完成项目竣工验收。

【化工路—莫干山路工程竣工】棠子桥路（化工路—莫干山路）项目位于拱墅区庆隆小河单元，西起化工路，东至莫干山路。道路长605米，宽20米。工程总投资1310万元。建设单位为杭州市拱墅区城中村改造工程指挥部，设计单位为杭州市城建设计研究院有限公司，施工单位为华水市政工程有限公司，监理单位为杭州天恒投资建设管理有限公司，勘察单位为浙江省工程物探勘察院。此道路属于安置房配套工程。2015年1月，项目立项；2018年5月，开工建设;2019年11月29日，项目完成竣工验收。

【棠子桥路—登云路工程竣工】永固路（棠子桥路—登云路）项目位于拱墅区庆隆小河单元，北起棠子桥路，南至登云路。道路长290米，宽20米。工程总投资475万元。建设单位为杭州市拱墅区城中村改造工程指挥部，设计单位为杭州市城建设计研究院有限公司，施工单位为杭州海格建设有限公司，监理单位为浙江禾城工程管理有限公司，勘察单位为浙江省工程物探勘察院。该道路属于公建配套工程。2015年1月，项目立项；2018年10月，开工建设；2019年11月29日，项目完成竣工验收。

【莫干山路—化工路工程竣工】方家北路（莫干山路—化工路）项目位于拱墅区申花单元，西起化工路，东至莫干山路。道路长597米，宽18米。工程总投资1320

棠子桥路（化工路—莫干山路）　　（城中村指挥部 供稿）

万元。建设单位为杭州市拱墅区城中村改造工程指挥部，设计单位为杭州市城建设计研究院有限公司，施工单位为浙江绿苑市政园林建设股份有限公司，监理单位为杭州市城市建设监理有限公司，勘察单位为浙江省工程物探勘察院。此道路属于周边居民区与写字楼配套工程。2015 年 1 月，项目立项；2016 年 5 月，开工建设；2019 年 1 月 8 日，项目完成竣工验收，当年开通投入使用。

改造后的拱康路　（拱宸桥指挥部 供稿）

【申花路—方家北路工程完成开、竣工】方家支路（申花路—方家北路）项目位于拱墅区申花单元，南起方家北路，北至申花路。道路全长约 140 米，宽 10 米。工程总投资 165 万元。建设单位为杭州市拱墅区城中村改造工程指挥部，设计单位为杭州市城建设计研究院有限公司，施工单位为杭州荣平建设有限公司，监理单位为杭州恒诚工程项目管理有限公司，勘察单位为浙江省工程物探勘察院。此道路属于周边居民区与写字楼配套工程。2015 年 1 月，项目立项；2019 年 3 月，开工建设；2019 年 9 月 30 日，项目完成竣工验收。

（洪淑环）

【拱康路应急提升改造工程开工】该项目是杭州市运河新城单元、铁路北单元、康桥单元进出的主要道路。工程分为两段，一段是拱康路（石祥路—上塘路延伸段），长约 884 米，另一段是上塘路延伸段（石祥路—拱康路）和拱康路（上塘路延伸段—余杭界）段，全长约 4975 米。改造后，拱康路为双向六车道城市主干路，上塘路延伸段为双向四车道城市主干路，设计时速均为每小时 60 千米，是杭州市首条渣土车专用道，将为城北居民出行提供便利。该项目建设单位为拱宸桥指挥部，EPC 总承包单位为杭州市城建设计研究院有限公司，施工单位为浙江机施建设集团有限公司，监理单位为浙江之江工程项目管理有限公司。2019 年 5 月 18 日，开工建设，至年底基本完工。

（俞叶燕 史晓琴）

【上塘单元规划支路（皋亭坝路—蔡马河以北）道路工程工程完成开、竣工】上塘单元规划支路（皋亭坝路—蔡马河以北）项目，北起皋亭坝路，南至湖州街。全长 281 米，宽 16 米。总投资 5305 万元，由区城中村指挥部上塘分指挥部负责建设。2013 年 5 月 24 日，项目立项；2019 年 4 月 16 日，取得施工许可证；2019 年 4 月 27 日，开工建设；2019 年 12 月 31 日，完成竣工验收。

【树人街西路（红建河—上塘路）道路工程二期完成开、竣工】树人街西路（上塘路—东文教路）道路工程二期东起红建河，西至上塘路。全长334米，宽20米。总投资1306万元。由区城中村指挥部上塘分指挥部负责建设。2018年4月11日，项目立项；2019年3月19日，取得施工许可证；2019年3月29日，开工建设；2019年10月25日，完成五方主体验收。

【庆隆小河单元打铁弄（赵伍路—莫干山路）道路改造工程开工】庆隆小河单元打铁弄（赵伍路—上莫干山路）道路改造工程北起赵伍路，南至莫干山路。全长270米，宽13.5米。总投资1359万元。由区城市建设发展中心负责建设。2017年2月28日，项目立项；2019年3月19日，取得施工许可证；2019年6月24日，开工建设。

（杨艳）

城市公用设施

【概况】2019年，拱墅区破除环境功能性制约，大城北环境综合整治350个项目顺利完成，僵持15年的中石化小河油库顺利拆除，20万平方米康桥花海如期开放，杭钢和半山地区生态转型成效获国务院副总理韩正、浙江省委书记车俊肯定。运河文化带建设成果显著，显宁寺修缮工程完成并开寺，半山二十四节气公园、战国水晶杯公园顺利竣工，半山文化旅游增添新景点。新增地下空间开发项目35个，面积60万平方米，完成21个配建停车场库项目共11947个配建泊位，公共停车泊位竣工1140个，开工及续建3248个，建成公共充电桩153个。

（编辑部）

【铁路北站单元GS1104-18地块中学及社会停车场工程开工】该项目位于科园路以西，科西路以东，长浜廊路以北，规划绿地以南。总用地面积42328平方米，总建筑面积72828平方米，总投资68831万元。建设单位为区城中村指挥部上塘分指挥部。2017年12月25日，项目立项；2019年7月26日，取得施工许可证；2019年9月17日，开工建设。

【大关单元GS0501-06地块36班9年一贯制学校及社会停车场工程竣工】该项目位于丽水路以东，长乐路以西，6号路以北。总用地面积28571.4平方米，总建筑面积60759平方米，总投资54057万元。建设单位为区城市建设发展中心。2015年5月26日，项目立项；2016年12月30日，取得施工许可证；2017年3月27日，开工建设。2019年8月30日，完成五方主体验收。

【大关单元长乐区块R22-C05地块配套幼儿园工程开工】该项目东临八丈井新村，西至长乐路，北至规划支路，南至绿地集团项目。项目总用地面积5633平方米，总建筑面积7303平方米，其中地上建筑面积5067平方米。规划为15班幼儿园，总投资8448万元。建设单位为区城市建设发展中心。2011年3月24日，项目立项；2019年4月1日，取得施工许可证；2019年4月12日，开工建设。

【上塘单元FG08-A33-01地块30班小学工程开工】该项目位于红建河以东，规划住宅地块以南，东文教路以西，树人街以北。规划用地面积27818平方米，总建筑面积41647平方米，总投资亿元68708万元。建设单位为区城中村指挥部上塘分指挥部。2017年12月25日，项目立项；2019年6月28日，取得施工证；2019年7月16日，开工建设。

【大关单元 GS0502-11\22 农贸市场及公园地下停车场工程开工】 该项目东北至长乐南苑，西至长乐路，南至长乐六号路。规划用地面积4234平方米，总建筑面积5958平方米，总投资亿元5045万元。建设单位为区城市建设发展中心。2017年7月21日，项目立项；2018年12月26日，取得施工证；2019年3月25日，开工建设。

【拱宸桥单元 GS0609-08 地块配套文化活动站工程开工】 该项目位于登云路以南，小河路以西，凯德龙湾以北。项目占地面积2037平方米，建筑面积4219平方米，总投资6145万元。2018年4月20日，项目立项；2019年8月27日，取得施工证；2019年11月18日，开工建设。

【中石化小河油库征收签约】 中石化小河油库位于大运河畔小河直街旁，是中华人民共和国成立后浙江省建立的第一座油库，占地面积50640平方米，包括石油公司仓库、小河运输公司。油库主要储存、收发柴油和润滑油。拱墅区原是老工业区，渣土码头、铁路货运北站、油库电厂等集中在区域内。随着城市规划、功能定位的调整，这些老工业时代的产物，对拱墅区的产业发展、环境提升存在较大影响。区委七届四次全会以后，拱墅区决心加速破解上述功能性制约问题，小河油库就是其中之一。根据中央环保督查以及省、市相关工作要求，区城建发展中心负责推动小河油库征收工作。2019年6月5日，正式与中石化集团浙江分公司完成征迁协议签约。

（杨艳）

【康桥 20 万平方米花海国庆开园】 该项目规划位置在康桥路沿线城中村改造拆后腾出的土地，康桥路和拱康路相交汇处，康桥路南北两侧均有分布，占地面积20余万平方米，是杭州市面积最大的花海。通过轮番播种波斯菊、百日菊、矢车菊、醉蝶花、马鞭草等花卉，形成春夏秋冬四季花海景观。搭配设计可供游人休闲娱乐的景观艺术小品、观游步道及休闲凉亭，打造花海“七彩”集装箱景观平台和“夜花海”亮灯工程，美化公厕，配建300多个临时停车位，完善服务配套设施。该项目2019年3月开工，4月底完成10万平方米的土地平整、人工造坡，五一前夕首块5万平方米试验田完成撒籽，7月底已平整土地全部完成撒籽，9月底完工，国庆开园，完成康桥花海国庆献礼的目标任务。国庆假日期间，“康桥花海”接待游客逾8万人。

（俞叶燕 史晓琴）

【祥符桥传统风貌街区改造项目进入建设阶段】 该项目位于拱墅区祥符街道，祥符南路以北，莫干山路以西，三墩路以南，大吉路以东。项目总用地约10万平方米，整体总投资约20亿元。项目充分考虑周边区域城市资源的配置现状与未来发展趋势，紧抓项目与城市紧密衔接的关键点，以已保留的历史文化元素为基础，通过功能配套、交通流线、景观资源等元素的叠加、重组，形成该地块历史底蕴深厚、文化多元发展、配套设施完善、生活品质优越的城市生活业态。2019年12月29日，召开集中开工仪式。至年底，全部6个项目中的2个项目开工建设。

（杨艳）

【运河新城平安桥 30 班小学项目完成验收】 该项目位于平安桥村顾杨路东，总用地面积22900平方米，总建筑面积35595平方米（其中地上建筑面积22895平方米，地下建筑面积12700平方米），由2幢教学综合楼、1幢体育楼、2个门卫室和1

个地下室组成，总规划班级30班，学生总人数1350人，教职工总人数77人。2017年12月开工，2019年9月完成验收，历时650天。由杭州育才大城北学校作为办学主体，计划2020年9月正式开学。

【运河新城A-R22-06地块12班幼儿园基本完成主体工程】该项目东北至运河新城A-R21-08地块，西至西杨直街，南至康桥新开河。总用地面积4590平方米，总建筑面积7216平方米，计划总投资5031万元（含征地费用）。项目采取EPC总承包模式发包，EPC总承包单位为浙江工业大学工程设计集团有限公司，施工单位为杭州二建建设有限公司，监理为浙江经建工程管理有限公司，由拱墅区运河指挥部实施建设。2018年5月，项目立项；同年10月，开工建设；2019年年底完成主体工程，进入精装修和管线安装阶段。

【运河文化公园GS1201-36地块开工】该项目位于京杭运河东岸，石祥路以北，是京杭运河城北的起点和运河湾的南部核心，是以“遗产展示、文化体验”为主题，承载“聚会交友，文化交流”等多功能为一体的运河东岸新起点。项目用地面积2.9684万平方米，总建筑面积15194平方米，其中地上建筑面积约2449平方米，地下建筑面积12745平方米。2019年8月23日，项目正式开工，年底完成地下室第二道支撑，累计完成投资4231万元。计划于2021年5月17日竣工。

（沈丹婷）

【肿瘤医院停车难问题缓解】根据省委第一巡回指导组关于治理省肿瘤医院周边道路交通拥堵问题的有关要求和市治堵办工作部署要求，区治堵办联合属地半山街道分别于7月8日、11日、15日3次现场踏勘研究，并与省肿瘤医院展开会商，取得一致意见。通过调整半山路与石桥路交叉口西南侧公共停车场出入口，将入口设置在停车场南侧，车辆南进北出实现进出口分离，缓解半山路交通压力。对于去往肿瘤医院的患者和医务工作者而言，堵在“最后一公里”的尴尬局面得到有效控制。

（王小明）

城区管理

【概况】2019年，拱墅区城区管理工作围绕“建成运河沿岸名区”目标，提升城市管理精细化水平。全年办理城市管理行政执法一般程序案件3561件，简易程序案件56920件，受理陈述申辩案件17件；数字城管立案交办110252问题件，问题解决率为100%，问题及时解决率为99.19%；受理投诉件14991件，同比下降4.93%；受理城市管理类审批2264件，其中行政许可1845件，非行政许可件419件，行政审批案卷及时办结率100%、满意率100%。落实餐饮类证照办理联审制度，试点安装在线油烟监测设备，完成布点和安装152处。完成二次供水提升改造工程8个，受益住户5000余户，依景苑小区获评杭州市二次供水改造十佳小区。完成“瓶改管”街区改造项目2个，道路加固项目5个，二次供水项目8个，城管驿站项目10个，照明暗区项目12个，公厕革命项目21个。全年创建精品示范街区10个、街容众包示范街20条及精品示范街10条。

【1500路监控上线运行】2019年，区城管局完成全市首个行为识别系统“城市眼云共治”平台系统建设。从4月起，区城管局在10个街道安装首期1500路监控，6月上线运行，覆盖全区主

要道路及38个重点管控区域，梳理重点路段一店一档8000余家，组建基层共治微信群102个，参与共治成员4500余人，其中87%为商户、物业等社会力量，实现游商经营、机动车违停、河道漂浮物等11类城市管理问题精准抓拍，加快智慧应用与街域自治相结合，采集问题63万余个，识别准确率90%以上。

【区城市大脑停车系统数据接入】 2019年4月，区城管局推进区城市大脑停车系统数据接入工作。全年完成钱江市场、城西银泰、水晶城等81个停车场3.2万泊位“先离场后付费”接入工作。

【“浙政钉·掌上执法系统”应用推广】 2019年1月，区城管局开始推广应用浙江省行政执法监管平台“浙政钉·掌上执法系统”，开展双随机抽查、专项检查、即时检查、巡查检查等。全区执法中队全部应用“掌上执法系统”，累计开通账号106个，使用“掌上执法系统”实施现场检查5042户次。

【21座公厕提升改造】 2019年，区城管局实施21座公厕提升改造，分别为清莎古镇公厕、北星公园公厕、小河直街公厕、运河广场公厕、运河天地公厕、小河油库公厕、吴家墩西苑公厕、蒋家浜河公厕、后洋浜河公厕、里万物桥公厕、董家弄公厕、哑巴弄公厕、湖墅北路紫兰公寓公厕、沈半路北公厕、景福东公厕、大斗北公厕、大斗南公厕、华一公厕、和睦苑公厕、和睦北公厕、庆隆河公厕。于11月14日全部完工并投入使用。哑巴弄公厕被评为全国“公共厕所示范案例”。

【城管驿站建设】 2019年，

丽水路边，改造后的公厕 （郑研 摄）

区城管局建成城管驿站10座，打造便民服务阵地，内部设有就餐区、学习阅读室、休息室等区域，配备餐椅、微波炉、饮水机、冰箱、空调、应急药品等服务设施，确保一线城市管理工作者“冷有地方取暖、热有场所纳凉、渴有热水供应、累有站点歇脚”。针对他们户外作业时间长、工作强度大的实际情况，每天城管驿站对外开放不少于10小时，全年接待服务1万余人次。此外，全区部分公厕改造结合“城管驿站”功能，配备空调、冰箱、微波炉、饮水机以及书刊、应急药品等，为河道、绿化、环卫工人及周边群众提供茶水休憩、食物加热、书刊阅读、应急医疗、WIFI上网等免费服务。

【亮灯工程建设】2019年4月初开始，区城管局启动高架路两侧景观亮灯提升项目。高架沿线建筑物上广告与景观亮化融合10处，于9月25日完成全部景观亮灯及广告设置，做好建筑物业主的工程建设监督指导工作。6月中旬，完成凯德湖墅亮化提升工程施工中标公示，9月上旬完工，涉及小区9幢建筑景观天际线亮灯，安装灯具622套。7月，完成消除老旧小区、桥下栈道照明暗区项目施工中标公示，9月完工，分布拱宸桥、湖墅、和睦、上塘、半山、祥符6街道的暗区12处，安装灯具502套。

【餐饮企业天然气“瓶改管”工作】2019年5月开始，全区开展餐饮企业天然气“瓶改管”工作。10月，完成打造胜利河美食街、方家花苑美食街2条“瓶改管”示范街，改造商户14家。

【非法瓶装燃气专项集中整治】2019年，区城管局开展瓶装燃气专项集中整治26次，制定《2019年度瓶装燃气专项整治方案》，约谈百江燃气公司落实安全监管13次，牵头属地街道、百江燃气公司落实安全检查，督促整改、跟踪回查，共排查燃气点位15142处，发现整改隐患427处，暂扣违规使用钢瓶312只。辖区隐患均整改完成。

【油烟在线监测系统试点安装】2019年10月，区城管局对接餐饮油烟监测技术公司，部署开展油烟在线监测推进试点工作。根据试点工作安排，推进152家餐饮企业安装在线监测系统（系统采用IOT物联网感知、5G/4G无线通信、GIS等技术，24小时集中记录油烟排放信息），通过电脑、手机、互动平台实现24小时数字化监管，如安装超过三个月的商户未发生油烟超标问题，则由新商户替换，以此循环。《饮食业油烟排放标准》规定餐饮业单位最高允许排放浓度为2.0毫克/立方米。截至年底，152家餐饮企业完成系统安装，餐饮油烟监测正常运行，监测平台全时段高效稳定运行，实现24小时不间断有效监控，试点整治成效初步显现，让“数据多跑路”，助力餐饮油烟数字化监管模式。

【防汛隐患点排查】2019年4月，区城管局开展防汛隐患点排查，排查辖区内防汛泵站、320国道、半山小流域等易发积水区域，编制“一点一方案”。至10月底，整改防汛防台隐患点42处。开展防汛防台应急演练及防灾减灾专题培训，完成“利奇马”等台风防御工作。

【“两清四查”专项行动】[1]2019年3月，区城管局开始进行“两清四查”行

[1] “两清”指清管（雨水管）、清口（排出口）；“四查”指一查（防护网缺失）、二查（窨井身份牌缺失）、三查（雨污混接）、四查（管道功能性病害）

动。根据辖区内道路与河道的关联程度，对343条重点城市主次干道、区管道路、背街小巷进行雨水管道清管养护，完成雨水主干管养护586922米，检查井养护16089座，边窨井养护31842座，安装防护网1709套，更换身份铭牌1195块，清淤1583.2吨。

（徐燕祥 徐振华）

城中村改造

【概况】2019年，拱墅区推进回迁提速工程，剩余安置房项目全部开工，在建面积328万平方米，交付拱宸37、38地块，花园岗农转居公寓，谢村安置地块4个安置房项目，共4198套56.6万平方米，完成花园岗村、拱宸村、石塘村、蒋家浜村等农户及其他国有地块居民1333户回迁安置，完成率222.2%。完成康和嘉苑、蔡马人家2个新布点安置房小区生活服务配套（美好生活加油站）项目并正常营业。完成善贤人家、隽逸花苑、锦文雅苑3个提升改造安置房小区生活服务配套（美好生活加油站）的业态提升、招商和开业。

【《拱墅区安置房小区生活服务配套建设三年行动计划（2019—2021年）》印发】2019年4月，拱墅区政府印发《拱墅区安置房小区生活服务配套建设三年行动计划（2019—2021年）》。此行动计划以“品味提升、品牌引领、方便生活”为宗旨，规定安置房小区生活服务配套实施内容为“1+N”标准化运营模式，即1个社区生活超市，多项生活服务配套（果蔬零售、生活服务、社区厨房及其他），建立以居民步行半径不超过1000米，经营面积300—500平方米的生活服务配套项目，实行生活服务配套设施统一规划、统一招商、统一管理、统一运营，打造“一店一品、一处一韵、一街一景”安置房小区生活服务配套新风貌，为回迁安置群众提供亲民、便捷、丰富、品位的一站式生活服务。

（编辑部）

【农转居公寓项目工程开工】位于拱墅区祥符东单元，其中GS0806-R21-10地块东至祥景路，南至规划GS0806-11地块，西至杨家浜路，北至祥园路；GS0806-R21-13地块东至规划GS0806-29地块，南至规划GS0806-30地块，西至祥景路，北至祥园路。项目实行EPC总承包模式，总建筑面积25.73万平方米、工程总投资为11.4亿元。2019年7月开工建设。该工程由27个单体，2个地下室组成，属城中村改造安置房项目。建设单位为杭州市拱墅区城中村改造工程指挥部，监理单位为浙江南方工程建设监理有限公司，勘察单位为浙江城建勘察研究院有限公司，EPC单位为浙江工业大学工程设计集团有限公司，由绿城房地产建设管理集团有限公司代建，计划2022年7月竣工。

【农转居公寓兼用服务设施开工】位于拱墅区祥符单元南侧，地块南侧为祥符路，北侧临五里塘河，西侧为蓝祥商业设施用地，东侧为丽景湾和祥符佳苑安置小区。东侧部分用地临大吉路城市道路。项目总建筑面积63483.64平方米，总投资约2.85亿元。2019年8月开工建设。该工程由8个单体（其中3幢为住宅，5幢为配套服务设施用房），1个地下室组成。项目实行EPC总承包模式，属城中村改造安置房项目。建设单位为杭州市拱墅区城中村改造工程指挥部，勘察单位为杭州市勘察设计研究院，代建单位为绿城房地产建设管理集团有限公司，设计单位为汉嘉设计集团股份有限公司，监理单位为浙江之江工程项目管理有限公司，EPC总承包单位为汉嘉设计集团股份有限公司，施工单位为杭州二建建设有限公司。计划2022年8月该工程（祥符佳苑二期）通过竣工验收，2023年交付使用。

（洪淑环）

【半山单元拆迁安置房开工】该项目包括R21-01A地块、A-R21-03地块和A-R21-112地块，占地面积约44000平方米，总建筑面积约15万平方米，建设内容包括住宅、配套用房、地下室以及室外道路广场、景观绿化及其配套设施工程等。根据差异化住房需求，设计4种户型，最小面积55平方米，最大面积139平方米。项目采用绿城代建，打造高端、精品安置房工程。R21-01A地块开工时间是2019年10月18日，A-R21-03地块开工时间是2019年9月29日，A-R21-112地块开工时间是2019年9月27日。该项目计划2022年竣工。

（俞叶燕）

【拱宸桥单元拆迁安置房项目交付】该项目东至红建河，南至台州东路，西至上塘路，北至嘉兴东路。项目总用地面积4.22万平方米，总建筑面积15.4万平方米，总投资7.27亿元。有高层安置房12幢，可供安置房源1221套，主要用于安置拱宸村被拆迁农户、居民。2012年7月4日，项目立项；2014年7月22日，取得施工许可证；2019年4月4日，完成竣工备案；6月，正式交付。

【大关单元拆迁安置房项目开工】该项目开工项目东至红建河，西至大关路弄，南至GS0505-A51-15地块，北至大关路。用地面积0.77万平方米，总建筑面积3.62万平方米，地上建筑面积1.77万平方米，工程总投资约3.9亿元，规划有高层、小高层安置房3幢，可供安置房源172套。2018年4月11日，项目立项；2019年5月10日，领施工许可证；2019年5月20日，开工建设。

【大关单元安置房工程项目开工】该项目东至东新村，西至德苑路，南至德胜路，北至德胜新村。用地面积1.76万平方米，总建筑面积4.38万平方米，工程总投资9.12亿元。规划有高层、小高层安置房4幢，可供安置房源192套，计划安置东新村农户及部分国有居民。2018年1月24日，项目立项；2018年12月29日，领施工许可证；2019年3月1日，开工建设。

【上塘单元安置房项目开工】该项目位于拱墅区上塘单元FG10-R21-02地块，东至上塘单元FG10-R21-03地块，西至东文教路，南至姚家坝河，北至树人街。项目总用地面积约2.37万平方米，总建筑面积约10.88万平方米，总投资约9.09亿元。规划有高层、小高层安置房8幢，设计房源698套，由绿城集团代建。建成后主要用于安置七古登社区拆迁农户。2018年9月26日，项目立项；12月13日领施工许可证；2019年2月26日开工建设。

【皋亭村铁路北站单元安置房项目开工】该项目东至神龙路，西至科园路，南至长浜廊路，北至神龙桥河及北站路。用地面积4.1万平方米，总建筑面积18.08万平方米，地上建筑面积11.48万平方米，工程总投资约12.7403亿元。规划有高层、安置房11幢，可供安置房源1176套。2018年1月23日，项目立项；2019年7月9日，领施工许可证；2019年7月27日，开工建设。

【皋亭村铁路北站单元安置房项目开工】该项目东至龙

塘路，西至神龙路，南至长浜廊路，北至神龙桥河及北站路。用地面积3.22万平方米，总建筑面积12.8万平方米，地上建筑面积为8.05万平方米，工程总投资约8.8亿元。规划有高层安置房8幢，可供安置房源825套。2018年1月23日，项目立项；2018年7月9日，领施工许可证；2019年7月27日开工建设。

【陆家坞保留农居点整治项目竣工】该项目位于拱宸社区内，东邻红建河，南至规划树人街西路，西邻建工集团地块，北至规划东阳路。用地面积2.43万平方米，涉及住宅43栋、搬迁住户90户，建设单位为区城中村指挥部上塘分指挥部。主要整治项目为整治建筑外立面、新建公共配套建筑、梳理道路交通内循环、增加绿化。2017年4月7日，项目立项；2018年4月26日，开工建设。2019年12月9日，完成竣工验收。

（杨艳）

【运河新城谢村区块拆迁任务完成】浙江交通职业技术学院谢村校区（航运技校）位于谢村路85号。学院隶属于省交通厅，为省属国有企业。学校占地面积8400平方米，建筑面积6669.99平方米，为6级教育划拨用地。经区运河指挥部牵头多次与省交通厅、谢村校区相关负责人协商，达成一致意见。自2009年起，历时10年完成谢村区块城中村改造拆迁任务清零工作。2019年10月23日，完成谢村校区补偿安置签约。

【运河新城安置项目竣工】运河新城C-R21-01地块安置项目，东至顾扬路，南至金昌路，西至丽水北路，北至三里洋路，总建筑面积280420.8平方米，由14幢21—28层高层组成，共有房源2091套。2014年8月，取得施工许可证；2019年12月，完成竣工备案。

（沈丹婷）

2019年12月9日，陆家坞保留农居点整治项目竣工　　（区城建发展中心 供稿）

施工中的运河亚运公园 （城中村指挥部 供稿）

城市绿化

【概况】2019年，拱墅区新增绿地面积23.32万平方米，完成率155.5%。实施万融城、中小学校等单位屋顶绿化建设，完成屋顶绿化11085平方米，完成率110.8%。持续推进运河中央公园、运河亚运公园建设。完成美化家园1处，完成大关公园垂直绿化和方家埭公园垂直绿化。养护管理常抓不懈。全区共推出认建认养基地24个，共22万平方米。古树名木保护切实有力，对全区60株古树名木进行全面普查和坐标测绘。美化彩化项目出彩出新。开展迎接中华人民共和国成立70周年主题花事活动，五一花境作品《春天有约》《烂漫花开》分别获“五一”自然花境一等奖和二等奖，国庆立体花坛作品《松鹤延年》获一等奖。

【桃源街（沈半路—金昌路）两侧绿化提升改造工程开工】该项目东起沈半路，西至金昌路。总用地面积5.69万平方米，总投资3600万元。主要施工内容包含绿化园地、园路及铺装场地、景观照明及配套附属设施。项目分两期实施，其中一期工程东起沈半路，西至云锦路。2019年9月开工，一期工程计划2020年5月前对外开放。项目建成后，有助于改善桃源新区桃源街沿线的人居环境，提升桃源新区的整体环境品质。

（俞叶燕）

【杭州大运河中央公园绿化工程】位于拱墅区桥西拱宸桥单元，东至十字港河，北至严家桥路，西南至西塘河，处于西塘河与十字港河交汇处。项目总用地面积11.13万平方米，建设内容为公园绿化、公园配套管理用房（含大运河剧院）及地下公共停车场库。总建筑面积93659平方米，地上建筑面积20503平方米，地下建筑面积73156平方米。莘水东路南侧一期绿化已完成，项目二期于2018年4月13日开工，项目地下停车库、剧院主体已完成，2019年进入装修和景观绿化施工阶段。计划2021年3月交付使用。

【大关公园垂直绿化项目竣工】大关公园地处大关小区内，公园面积约为2.3万平方米。该公园垂直绿化项目以“花开大关·燃动拱墅”为理念，从月季文化入手，通过月季廊架、月季墙等垂直绿化的运用，构建“月季清韵”景观主题。2019年8月初开工，9月底完工。

【方家埭海绵公园垂直绿化项目】方家埭海绵公园，东北至婴儿港河，南至申花路，西至学院北路，公园面积约为3万平方米。项目于2019年10月8日开工。园内种

《松鹤延年》　　（区住建局 供稿）

植大量紫藤花，形成“紫藤花瀑布”、花荫下廊架、紫藤漫盈等景观。搭配凌霄花、扶芳藤、藤本月季等垂直绿化植物和美人蕉、荷花等水生植物，营造春光无限春花似锦的氛围。该项目利用藤本植物的攀援性、趣味性，以各种组合、排列方式，拓展休憩空间，增加游客参与性和植物观赏品质，形成集生态性、文化性、参与性为一体的城市生态公园，打造以生态水文化为骨架，以紫藤为特色藤本植物元素的休闲野趣、生态海绵公园。

【古树名木复壮保护工程】2019年，区住建局对全区60株古树名木进行全面普查和坐标测绘，重新编号挂牌，摸清每株古树的生长情况，并在拱墅政务网上公示。滚动开展古树名木复壮保护，每年对生长势较弱的古树进行复壮保护和专业养管，最大限度促进古树正常生长。重点关注建设地块中的古树，做好项目施工前提前介入和建设过程中的监管。祥符单元GS0906-R21/R22-03地块农转居公寓兼用服务设施项目内的2株香樟古树的复壮保护，被作为优秀案例在全市进行推广。

【大关公园首届月季花展开幕】2019年4月28日，杭州大花园——月季时间暨大关公园首届月季花展在拱墅区大关公园正式开幕。活动持续10天，展出“甜蜜幻想”“黄金庆典”“朝圣者”“蓝色梦想”等月季品种60余个，设置总长50多米的“月季爱情隧道”。杭州网、杭州电视台生活频道、杭州日报等媒体予以报道。

【菊展作品《烟雨西湖》获景观布置竞赛金奖】2019年9月20日，区住建局代表杭州市参加国际A1级博览会——2019年中国北京世界园艺博览会菊花国际竞赛。参赛作品《烟雨西湖》获景观布置竞赛金奖。中国网、新华网、浙江在线、杭州网、《钱江晚报》等10余家媒体对其进行报道，并作为专业技术题材，在学习强国平台上展示。

【留石公园提升改造工程】留石公园位于留石快速路以北，丰庆路以西，北临天阳美林湾小区，西至镇东河，面积18678平方米。项目于2019年8月16日开工，9月28日完工。此次工程通过重点对公园入口景观、公园植物群落、部分设施等进行改造，通过植物造景形成虚实结合的视觉空间效果。在公园内打造疏林绿地、儿童活动区、中心休憩区、植物景观区等功能区，让如诗如画的公园美景成为百姓家门口的享受。

【义务植树活动】2019年3月12日，在运河景观带一期工程开展一年一度的义务植树活动。区四套班子、市大城北地区规划建设领导小组、市运河集团等领导参加，新种香樟、桂花、桃花、茶花等花木100余棵，为建成高质量运河沿岸名区，打造“美丽拱墅”做出表率。

【田园社区第十三届“植藤节”】2019年3月9日，在田园社区举行半山街道第六届暨田园社区十三届“植藤节”启动仪式。杭州市绿化站、市林科院等4家共建单位，杭州市护绿使者、党员先锋和巾帼妇女代表队各支队伍，参与藤苗认领的单位代表和市民参与该次活动。田园社区党委书记发出爱绿护绿、见缝插绿的市民倡议书，志愿者代表“藤司令”做表态发言。该次活动共植凌霄藤1000多株、对外发放 15000 余株藤苗。

（王小明）

【上塘高架（拱墅段）花箱改造工程】根据市园文局要求，上塘高架花箱改造工程于 8 月进场施工，9 月底完成花箱上桥等主体工程的实施，确保了国庆期间应有的绿化景观。该工程主要对上塘高架 25000 多米挂箱底座进行加固，补漏，同时将 25000 多盆挂箱植物更换为开花灌木月季和茶梅，使高架绿化景观四季有花。该工程在杭州市园林文物局组织的 2019 年杭州市城区“美化家园工程”项目专项考核评比中获得二等奖。

（徐燕祥）

城市交通

【概况】2019 年，拱墅区深入贯彻落实 3 月 29 日全市治理城市交通拥堵工作领导小组会议精神，配合省、市治堵办交办的各项工作任务。配合市治堵办做好省肿瘤医院周边治堵工作，获得省肿瘤医院的一致好评。开展大关路丽水路交叉口、小河路登云路交叉口 2 处堵点治理，缓解局部拥堵。

【全区治堵工作会议召开】2019 年 4 月 4 日，拱墅区召开全区治堵工作会议，印发《关于明确市对区治理城市交通拥堵与综合交通建设工作专题目标分解任务的通知》，逐项逐个主体细化分解任务目标。

【地铁建设推进】2019 年，地铁 5 号线首通段从创景站（不含）至善贤站，全长约 17.76 千米。经过余杭区、西湖区、拱墅区 3 个行政区。涉及拱墅区的有 5 个站点，分别为善贤站、拱宸桥东站、大运河站、和睦站、萍水街站，于 6 月底开通。完成 3 号线、4 号线、5 号线、10 号线 4 条线路 37 项征借地任务。地铁 3 号、4 号、10 号线共涉及拱墅区的有 14 个站点，分别为沈半路、潮王路站、香积寺路站、大关站、长浜廊路站、桃源街站、桃源站、杭钢站、拱康路站、隐秀路站、莫干山路站、汽车北站站、国际会展中心站、祥园路站，均处于主体结构施工中。

【交通拥堵点整改】2019 年，区住建局会同相关部门综合运用工程性改造、小改小革及路口渠化、可变导向、信号配时优化等非工程性措施，改善拥堵易发、常发路口、路段通行条件，继续逐步缓解全区的老旧小区、学校、医院等周边“停车难”矛盾。9 月，完成大关路丽水路口、小河路登云路口堵点治理。

（王小明）

环境保护

综　述
环境质量
环境监督与管理
环境宣传与教育
五水共治
五废共治

综　述

2019年，拱墅区深入践行“绿水青山就是金山银山”的新发展理念，坚决打赢污染防治攻坚战，统筹推进蓝天、碧水、净土、清废行动，全面改善全区生态环境状况。生态文明建设工作在主城区（含滨江、钱塘新区）中排名第一，公众对生态环境的满意度87.68%，在主城区中位列第一。全区细颗粒物（PM2.5）平均浓度为39.8微克/立方米；环境空气质量指数（AQI）优良天数为272天。河道水质稳定保持在V类及以上，“水十条”6个考核断面全年平均水质均达到考核要求，运河（拱墅段）交接断面水质考核等级达到优秀。

巩固第一轮中央环保督察问题整改成效，开展第一轮中央环保督察信访件回头看工作；完成信访百分百结案，多部门联动对码头、汽修、加油站、印刷等行业进行检查。按时间节点完成污染源普查清查工作任务，对全部调查企业383户的调查表格进行整理归档。开发利用疑似污染地块1个，涉及面积1.67万平方米；新增调查单位3家，完成信息采集工作并上传国家库。

围绕2019年世界环境日主题“环境污染”和口号“蓝天环保战，我是行动者”，开展专题宣传活动；开展群众满意度调查，提高公众生态保护知晓率。定期开展生态环境满意度调查工作，提高拱墅区生态建设工作的知晓率和满意度。全年开展3次电话调查和1次入户调查，定期通报，指导街道开展满意度提升工作。10个街道的分管领导、责任科室和网格员全员开展环保培训。创建2家市级绿色学校。在绿道建设、污水零直排、落实“河长制”等“五水共治”工作成效明显，先后被《人民日报》、中央电视台、新华每日电讯等国家级媒体报道7次。建立拱墅特色“层级众包制”“点长桶长制”“行业责任制”工作机制。提高餐厨废弃物清运能力，日均处置量65吨。发挥大件垃圾、园林垃圾资源化利用处置场地功能，日均处置大件垃圾6吨、园林垃圾2吨，建成再生资源（可回收物）回收点150处，月收量1350吨。完成老谢村码头提升改造工作，开展渣土整治200余次，查处渣土案件267件。

完成150个再生资源标准化网点建设。编制《拱墅区生态文明建设示范区规划（2019—2025年）》，全面启动生态文明建设示范区创建。健全区政府不定期研究生态环保工作制度，健全对部门和街道考核制度，进一步细化责任。

（徐春雷）

环境质量

【概况】2019年，全区细颗

经过多年治理的运河　　（区生态环保分局 供稿）

粒物（PM2.5）平均浓度较上年降低；环境空气质量指数（AQI）优良天数较上年增加。全区河道水质稳定保持在Ⅴ类及以上，“水十条”6个考核断面全年平均水质均达到考核要求，运河（拱墅段）交接断面水质考核等级达到优秀。

【大气环境质量】2019年，全区细颗粒物（PM2.5）平均浓度为39.8微克/立方米，较上年下降2.2%（全市上升0.5%），下降率在13个县市区中排名第四。环境空气质量指数（AQI）优良天数为272天（全年有效天数360天），优良率为75.6%，较上年增加28天，其中优62天、良210天。

【水环境质量】2019年，全区河道水质稳定保持在Ⅴ类及以上，其中Ⅱ类2条，Ⅲ类15条，Ⅳ类19条，Ⅳ类以上河道占比达59.02%。其中水质主要定类指标：氨氮指标同比下降13.8%，总磷指标同比下降41%。“水十条”6个考核断面全年平均水质均达到考核要求，运河（拱墅段）交接断面水质考核等级达到优秀。

（徐春雷）

环境监督与管理

【概况】2019年，生态环境拱墅分局巩固第一轮中央环保督察问题整改成效，开展第一轮中央环保督察信访件回头看工作；完成信访百分百结案，多部门联动对码头、汽修、加油站、印刷等行业进行检查。完成污染源普查清查工作任务，对全部调查企业383户的调查表格进行整理归档。开发利用疑似污染地块1个，新增调查单位3家，完成信息采集工作并上传国家库。

【中央环保督察“回头看”】 2019年，拱墅区巩固第一轮中央环保督察问题整改成效，开展第一轮中央环保督察信访件回头看，对全区73件主办信访件逐一核查，确保整改到位。信访涉及的无证碎石加工点等非法企业均关停。涉信访餐饮店，关停19家、转变业态7家、提改规范70家。做好省级生态环境保护督察迎检工作，成立专班实体化运转，制定迎检工作方案，成立迎检工作专班并实行实体化运作。接到省督查组交办信访件21件，信访件均落实核实并整改。

【环境执法】 2019年，生态环境拱墅分局处理关于环境信访件974件，100%结案；全年完成60家企业双随机检查；5月，联合市港航行政执法队内河执法大队、康桥街道对京杭大运河拱墅段码头进行联合检查；9月，联合市环境监察支队检查56家汽修企业，整改13家，对1家企业进行立案处罚。联合区卫健局、市场监管局和市机动车服务管理局开展跨部门双随机检查共3次；对17家加油站油气回收装置进行排查，对4家涉工业废气重点企业的环境管理情况进行全方位检查。辐射安全许可证初审25家。开展环境安全大检查专项检查16家次，确保企业应急设施和预案到位。至年底，共立案处罚5家，处罚30万余元。建设项目审批21件，备案555件。

【污染源普查清查】 2019年，生态环境拱墅分局全年收集四经普数据库、2017年用电量大于1万度的工业企业、环境信访、应急等比对数据库共1256家，经过与污染源普查库比对、电话确认、现场调查3步，最终补充纳入10家。先后完成专网强审即强制审核、上级审核、质控审核、现场交叉审核、专家审核、污普办抽样审核6轮大规模强化审核整改工作。完成浙江省绿创强审软件的强审、专网的强审工作，通过率均100%，排污核算完成率100%。完成上级下发整改意见共78批1447条，其中完成国家审核整改5批89条，省、市下发整改意见72批1358条。组织调查单位交叉审核65家，跨区交叉审核28家。污普办全程监督，对260家抽样审核；组织质控单位省环科院公司对调查对象进行全部审核，下发整改意见12批700条。聘请2名老专家及1名企业专家加强审核力量，完成审核113家。规范污染源“一厂一档”建设，对全部调查企业383户的调查表格进行整理归档。

【土壤污染防治】 2019年，拱墅区开展污染地块场地治理修复，完成杭州石化有限责任公司油品转运站地块、杭州危险品转运站和浙江大桥油漆有限公司登云路厂区场地污染地块修复。开展污染地块安全利用管控，严格把控项目进度，开发利用疑似污染地块1个，涉及面积1.67万平方米。开展长江经济带及生态环境部卫星遥感固废点位大排查，完成2个点位的核查整改任务并公示。开展重点监管企业危险废物核查工作，杭州中美华东制药于9月底通过危废专家核查。开展重点行业企业用地调查，新增调查单位3家，完成信息采集工作并上传国家库。

【扬尘污染防治工作会议召开】2019 年 12 月 3 日，拱墅区召开扬尘污染防治工作会议。区大气办汇报全年全区扬尘污染防治工作存在的问题、市级层面关于扬尘污染防治出台的最新要求及下一步工作建议。区住建局、区城中村指挥部、祥符街道作表态发言。会议强调，全区上下要统一思想、明确目标、压实责任，以扬尘污染防治为重点，全力以赴打好蓝天保卫战。要高度重视，压实责任。各级各部门要认清形势、正视问题，切实增强做好扬尘污染防治工作的责任感和紧迫感。要全面巡查，立查立改。各相关部门要各司其职，全面展开巡查工作，建立工地清单，逐一明确责任人，督促落实工作机制和具体防控措施，确保工地达标施工。要从严执法，长效管理。对屡次被通报而不整改的工地采取停工整改、信用扣分等措施，营造严管严罚的高压态势，及时建立常态化管理机制，进一步加大监管力度。

【大气污染综合治理工作推进会】2019 年 2 月 28 日，拱墅区召开建设领域 2019 年大气污染综合治理工作推进会，区住建局、区大气办、和睦街道、祥符街道、城中村指挥部、拱宸桥指挥部、运河指挥部、地铁隐秀路站、地铁萍水路站分管负责人、19 家重点管控区域内施工单位负责人参加会议，进一步强化大气污染防治重点工作整治措施，破解拱墅区大气污染防治瓶颈，全面完成生态文明（“美丽杭州”）建设目标责任。

【《拱墅区生态文明建设示范区规划（2019—2025 年）》获准实施】2019 年 10 月 21 日，《拱墅区生态文明建设示范区规划（2019—2025 年）》（以下简称《规划》）经拱墅区人大常委会第二十四次会议审议通过获准实施。拱墅区生态文明建设示范区创建工作全面启动。《规划》于 2018 年 12 月启动编制，前期经多次征求区相关部门意见及专家评审，形成初稿，并分别通过区政府常务会议、区委常委会的审议。

【区人大常委会听取并审议《拱墅区 2018 年环境状况和环境保护目标完成情况的报告》】2019 年 4 月 29 日，区七届人大常委会第二十一次会议听取和审议区政府关于《拱墅区 2018 年环境状况和环境保护目标完成情况的报告》。会议要求，持续加大工地渣土码头道路扬尘管控治理力度，全力应对全区大开发大建设、施工场地量大面广带来的环境压力，加强施工场地精细化管控力度，加快拱康路渣土专用道建设进度，多措并举将渣土扬尘影响降低到最小限度。高度关注区域性恶臭异味治理工作，健全大气监测数据指标评价监督管理体系，发挥国控大气监测站、街道大气自主检测站数据收集、分析与运用功能。持续抓好“五水共治”，巩固和提升辖区水环境质量。建立“五废共治”体系。全面落实街道生态环境状况报告制度，加强相关部门属地监管责任。

（徐春雷）

环境宣传与教育

【概况】2019 年，生态环境拱墅分局围绕世界环境日主题“环境污染”和口号“蓝天环保战，我是行动者”，开展专题宣传活动；开展群众满意度调查，提高公众生态保护知晓率。定期开展生态环境满意度调查工作，提高生态建设工作的知晓率和满意度。定期通报，指导街道开展满意度提升工作。开展街道环保培训全覆盖。创建2家市级绿色学校。

【世界环境日活动】2019年5月30日，生态环境拱墅分局联合机排处开展世界环境日公众开放活动，邀请区人大代表、政协委员、法院、检察院、各街道及环保热心市民代表共40余位，参观杭州市生态环境教育基地康桥油库，了解拱墅区油气回收工作成效，以及对大气环境改善的贡献。同时参观汽车城机动车排气检测站，了解汽车尾气对杭州市空气污染影响，进一步倡导公众绿色出行。配合市宣传组组织开展媒体采风启动仪式。

【环保培训和满意度调查】2019年8月26日，为进一步推进全区生态环境建设工作和街道工作人员的生态环境相关履职能力，生态环境拱墅分局对10个街道的分管领导、责任科室和网格员全员开展生态环境专题培训会议，对环保督察法律法规进行解读，并对拱墅区环境状况以及下一步规划进行分析通报，进一步加强街道环保业务水平和拓展基层生态建设思路。为全面了解社会公众对当前拱墅区生态环境质量的评价，听取社会公众对拱墅区生态建设的意见和建议，供党委、政府科学决策参考。拱墅分局委托第三方，分别在1月、5月、9月开展生态环境满意度调查，提高社会公众对全区生态建设工作的知晓率和满意度。全年开展3次电话调查和1次入户调查，定期通报，指导街道开展满意度提升工作。

【市级绿色学校创建】2019年11月26日，市生态环境局，市教育局联合发出《关于命名杭州市第十一批市级绿色学校的通知》，杭州市城西中学等51所学校为杭州市第十一批市级绿色学校，其中拱墅区的杭州市文津小学、杭州市长阳小学被命名为市级绿色学校。

【“区域环评”+“环境标准”培训会召开】2019年2月27日，生态环境拱墅分局组织“区域环评”+“环境标准”技术培训会，区发改局、区审改办、区司法局及实施主体石塘园区管委会、上塘电商小镇管委会、杭州拱墅区工业功能区管委会及智慧网谷小镇管委会相关负责人参加。会议邀请浙江问鼎环境工程有限公司、区司法局有关负责人针对“区域环评”+“环境标准”工作中的技术及法制审查问题进行讲解。

（徐春雷）

五水共治

【概况】2019年，全区共有256名河长，其中区、街、社各级河长194名、民间河长62名，按照要求巡河近万人次；上报问题1280个，处置率99.77%。牵头完成生活小区“污水零直排”建设项目226个，完成河道综保、清淤、泵站提升及闸站防雷设施建设等涉河工程项目18个。创建区级美丽河道20条，完成建设文化长廊20条、垂钓点20条（段），生态廊道22千米。建成全市重点绿道建设示范点塘河片区环河健身绿道。五水共治工作获得浙江省五水共治“大禹鼎”奖项，余杭塘河—五常港（塘河片区）获评省级“美丽河湖”，下塘河等6条河道获评市级“美丽河道”。拱墅区绿道建设、污水零直排、落实“河长制”等“五水共治”工作成效明显，先后被中央电视台、《人民日报》、《新华每日电讯》等国家级媒体报道7次。全区新增污水管网1.56千米，建设雨水管网3.02千米，改造雨污分流管网13.51千米，排水管网清淤1750千米，河湖库塘清淤4.8万平方米，均达到或超额完成目标任务。

【美丽河道建设】2019年11月30日，新开河、红建河、康桥河等20条河道文化长廊及26个垂钓区共114个钓位投入使用。余杭塘河—五常港（塘河片区）获评省级“美丽河湖”，下塘河、胜利河、吴家角港、隽家塘河、十字港、上塘河6条河道获评市级“美丽河道”。

2019年10月24日，塘河片区环河健身绿道　（区城管局 供稿）

【首条省级“美丽河湖”推出】2019年9月2日，区城管局推出集夜跑运动、休闲娱乐、生态休憩、主题设施为一体的多功能河道——余杭塘河—五常港（塘河片区），又名拱墅区环河健身绿道。健身绿道以塘河片区余杭塘路与庆隆河交叉口为起止点，串联阮家桥港、婴儿港、庆隆河、余杭塘河、石桥港、丰潭河6条河道及庆隆苑等申花板块内多个住宅小区、城市综合体。绿道设置室外轮滑球训练场、室外射箭场、半场篮球活动区、皮划艇运动区4个主题的户外运动区块，配置动态影像LED墙，打造夜光秋千、儿童乐活、水幕雕塑、垂钓平台4个生态休闲区块。新建河道文化长廊6条，新设夜间垂钓点20个，并在沿线桥下空间绘制10余个涉及体育项目内容的墙绘。沿途建有1座休闲廊架、3座公厕及驿站、4座避雨点，并设置60处标识标牌。沿线台阶共设置1000余个三角灯，廊道地面配备有6000余盏跑马灯。全线累计新增、补植四季植物3000平方米。余杭塘河—五常港（塘河片区）获评省级“美丽河湖”，是全市首个都市户外健身“综合体”，是拱墅区第一条获得省级“美丽河湖”称号的美丽河道。

【污水零直排工程建设】2019年，拱墅区全力推进“污水零直排区”创建，2018年至2019年投入截污纳管资金4.73亿元，实施雨污分流“零直排”巩固小区283个。全区226个生活小区完成“污水零直排”建设。上塘、祥符、半山、大关4个街道完成“污水零直排”街道创建。全区共涉及2735幢房屋，取消截流井1126座，新增立管2845根，累计完成3899家沿街餐饮店、理发店等各类公建单位改造，完成草坝巷等11个区级道路雨污分流收集系统工程。在8月28日全省城镇污水治理暨“污水零直排区”建设管理培训班上，拱墅区作为先进代表作经验交流。

【杭州市首个河长培训基地成立】2019年4月17日，杭州市首个河长培训基地揭牌，民间河长、学生代表、志愿者共90位参与揭牌仪式。该河长培训基地为区治水办联合浙江河长学院成立。区治水办与浙江河长学院签订共建协议，利用学院的学科资源和人才优势，结合拱墅区在河长制、污水零直排及美丽河道创建等工作中的实践经验，建立战略咨询合作关系，共建“浙江河（湖）长学院现场教学点”，构建集培训、研讨、参观、实践于一体的河长学习平台。全年完成河道综保、清淤、泵站提升及闸站防雷设施建设等涉河工程项目18个，南港河治水项目获得中科院上海高等研究院试点验收。

【“河长培训基地及志愿者队伍授旗颁奖仪式”举行】 2019年4月17日，由区“五水共治”领导小组办公室、区河长制办公室、区委宣传部、区城管局、湖墅街道联合主办的“浙江河长学院拱墅区培训基地授牌仪式暨区民间河长、志愿者队伍授旗颁奖仪式”在湖墅街道信义坊东广场举行。区治水办、浙江河长学院相关领导和老师，治水志愿者，民间河长等参加活动。活动由优秀民间河长代表宣读民间河长倡议书、街道环保志愿者团队中策职业学校“绿之翼”环保社团代表介绍治水经验及区间水质检测法等组成。

（徐燕祥 徐振华）

上塘河　　（沈星凯 摄）

五废共治

【概况】 2019年，区城管局建立拱墅特色“层级众包制”“点长桶长制”“行业责任制”工作机制，明确专管员801名、点长830人、桶长1077人，招募志愿者2528人。组织垃圾分类宣传“十进”，实现垃圾分类宣传入户。建成再生资源（可回收物）回收点150处，平均每月回收量1350吨。建成落地2处中小型易腐垃圾减量设备项目。发挥大件垃圾、园林垃圾资源化利用处置场地功能，日均处置大件垃圾6吨、园林垃圾2吨。探索建立低价值物（玻璃泡沫）回收专线，日均回收量约3吨。完成全区一类道路“撤桶入巷”，设立5条商业街“定时定点”音乐线。完成26个安置房小区和199个存量小区分类设施提升改造，实现全区348个生活小区垃圾分类“定时定点”投放全覆盖，完成10个街道生活小区、学校、写字楼、商业综合体垃圾分类全覆盖。全区生活垃圾日均产生量705吨，下降0.25%（任务目标是控制在日均产生量714吨），完成市级下达的年度控量目标。创建省级示范片区（街道）1个（和睦街道）、省级高标准垃圾分类示范小区5个（上塘街道七古登公寓，祥符街道勤丰小区、水月苑，康桥街道康晓人家，大关街道东新关）、市级示范50个、区级示范50个。生活垃圾工作市级以上媒体正面报道100余次，开展宣讲培训220场次2.6万人次。全年开展区级联合专项渣土整治121次，立案查处违法违规行为366件；垃圾分类执法案件884件。

【《拱墅区全面推进生活垃圾分类工作实施方案（2019—2021）》出台】 2019年8月29日，《拱墅区全面推进生活垃圾分类工作实施方案（2019—2021）》印发。方案决定成立区生活垃圾“三化四分”工作领导小组及其办公室（简称“区分类办”），计划在2019—2021年3年期间，通过强化组织保障、考核保障、执法保障、经费保障、宣传保障，推进生活垃圾分类达标街道创建工作，提高全区生活垃圾分类质量，创建各级生活垃圾分类示范小区，实现全区生活垃圾控量目标。

【首批26个安置房小区垃圾分类设施提升改造】 2019年11月，区城管局启动首批26个安置房小区垃圾分类设施提升改造工程。以安置房小区为试点，实施统一增加特殊垃圾集置点、分类设施清洗点、高标准可回收物网点，统一减少垃圾桶点位和数量、分类设施公共资源占用问题、垃圾产生量“三增三减”模式。同时，针对每个小区不同情况，实行“一小区一方案”。例如，香积寺小区实行绿化覆盖分类设施的宜居模式；瓜山佳苑小区引入智能化、可视化、密闭化、可清洗化的智能垃圾柜体，接入智能系统实现溯源功能。12月底全部完工。计划使用3年时间逐步实现348个生活小区分类设施、硬件全部提升。通过“三增三减”模式，提升、更新、规范小区内的垃圾分类设施，构建“前端分类投放、中端分类收运、末端分类处理”的完整“闭环”，培养居民形成自觉分类垃圾的良好习惯。

2019年1月12日，和睦街道开展垃圾分类宣传活动　　（宋映弘　摄）

【3家综合性分拣中心完工并通过验收】 2019年12月，区城管局联合区商务局建设完成宸运、正信、金锐3家综合性分拣中心，并通过验收，总面积1.7万平方米，完成市对区1.5万平方米的目标考核任务。全年累计回收总量16.1万吨，完成全年11万吨的目标任务，城镇垃圾回收利用率43%。

【杭州首支“回收小哥”队伍成立】 2019年3月，区城管局成立杭州首支105人的“回收小哥”队伍。该队伍是由政府主导、国有企业监管的再生资源回收队伍，绝大多数是从事垃圾回收行业的人员。“回收小哥”的主要工作之一就是将再生资源垃圾搬运至再生资源处理中心。通过泡沫冷压机、木料粉碎机、海绵打包机等专业器械的操作，再生资源垃圾或打磨成脱胎换骨的新品，或分解成同等质量的其他物品，实现资源的“再生”及循环利用。另一项工作则是上门服务。居民可以开通线上预约服务，在线预约“回收小哥”上门服务，判断并整理出包括再生资源在内的各类可回收物品。“回收小哥”队伍的成立，形成拱墅模式的再生资源清运、回收、处置服务体系，使小区大件

2019 年 6 月 4 日，“拱墅区垃圾分类志愿服务工作联盟”揭牌 （区城管局 供稿）

垃圾、低价值物等再生资源“有处可归”“变废为宝”。

【水月苑垃圾分类宣教基地开馆】2019 年 7 月 16 日，祥符街道水月苑小区新建成的垃圾分类宣教基地正式开馆。宣教点位于祥符街道水月苑 5 幢，占地面积 300 余平方米，分垃圾危机前言介绍、垃圾分类投放区、垃圾分类处置区、VR 视频体验区、环保大课堂 5 个区域。至年底，辖区内有 2 个小区大型垃圾分类宣教基地，2 个社区垃圾分类宣教室，共举办 500 余场活动。

【杭州首条商街废旧玻璃收运专线开通】2019 年 11 月 20 日，湖墅街道在大兜路历史文化街区试点开辟废旧玻璃收运专线，全面实行定时免费收运。每周一为固定回收日，街区商家每周一统一集中玻璃瓶，由专业回收公司上门收运。这是全市首条商街废旧玻璃收运专线。

【渣土治理】2019 年 7 月 12 日，老谢村码头完成提升改造工作，通过综合验收并投入运营。全区 3 个水路中转码头谢村码头、老谢村码头及路河码头，全年渣土总消纳量 2743.47 万吨，日消纳量 7.52 吨，消纳车次共 86.05 万车；泥浆总消纳量 395.4 万方，日消纳量 1.08 万方，消纳车次 67273 车。全年开展区级联合专项渣土整治 121 次，每周不少于 2 次，立案查处违法违规行为 366 件，办理渣土准运证 2159 张，渣土处置证 4614 张，备案消纳场地 10 件。

（徐燕祥 徐振华）

【危废检查专项行动开展】2019 年 9 月，按照市生态环境局的统一部署，开展汽修行业危险废物专项执法检查，对辖区 80 余家汽修企业开展全覆盖检查，主要检查内容为标志标签规范、废物贮存安全、利用处置合法、管理制度健全 4 个方面。专项行动中，要求整改 13 家，立案处罚 1 家。

（徐春雷）

科学技术

综述

科技创新扶持

科技金融平台搭建

科技合作与交流

科技服务

科研机构

科技人才

综　述

2019年，拱墅区把科技创新驱动发展作为产业转型发展的重要支撑，进一步优化企业产业结构，加快推进产业转型升级。全年，拱墅区全社会研究与试验发展经费（R&D经费）支出6.7亿元，比上年增长19.4%，增幅位居杭州市主城区第一；R&D经费支出占GDP比重为1.16%，比上年提高0.11个百分点，增幅位居主城区第二。全区企业R&D经费投入5.2亿元，比上年增长34.5%，增幅位居全市第一；企业R&D经费投入占主营业务收入比重为2.39%，比上年提高0.3个百分点，增幅位居全市第一。新增国家级高新技术企业60家、省科技型中小企业151家、杭州市雏鹰企业37家、杭州市高新技术企业44家；新认定省级企业研发中心3家、省级企业研究院1家，市级研发中心16家。“旭日计划2.0”实现主营业务收入23.5亿元，比上年增长26.7%；净利润达2亿元，比上年增长159%。全区高新技术产业增加值89.9亿元，比上年增长21.7%；高新技术产业增加值占规上工业增加值的比重达到80.4%。

（朱亮银）

科技创新扶持

【概况】 2019年5月23日，拱墅区政府出台《关于印发拱墅区科技企业贷款支持基金管理办法（试行）》政策，实现全市首推科技助贷金，首期助贷规模2亿元。通过科技助贷金这一载体，搭建起银行、政府、企业协作平台，沟通银行与企业信息，通过提供企业推介、融资路演、协同走访等服务，促进银行给予区科技企业优质贷款。全年，拱墅区兑现研发投入补助等各类科技创新扶持奖励资金3523.08万元，其中兑现区级资金2232.25万元。

【旭日计划2.0认定奖励】 2019年6月14日，由拱墅区政府主办，拱墅区科技局、拱墅区科技园区管委会、浙江火炬生产力促进中心承办的2019拱墅区科技型企业创新创业总决赛在智慧信息产业园举行。根据《拱墅区快速成长科技型企业（旭日计划2.0）认定和管理办法》，在全区范围内征集2019年“旭日计划2.0”企业。经过街道、园区推荐，共有91家企业申报，经合规性审查、专家评审及总决赛路演，最终评选出35家企业列入2018年“旭日计划”2.0企业。其中，第一梯队5家，第二梯队11家，第三梯队19家，共发放奖励金205万元。

【企业研发投入奖励】 2019年，区科技局根据《关于兑现2017年度拱墅区研发投入补助经费的通知》，兑现杭州中美华东制药有限公司、利尔达科技集团股份有限公司、汉嘉设计集团股份有限公司等10家企业2017年度拱墅区研发投入补助共计1000万元。根据《关于兑现2018年第一批、第二批杭州市中小微企业研发费用投入补助配套资金的通知》，兑现杭州美创科技有限公司、浙江华越设计股份有限公司、杭州匡信科技股份有限公司等企业2018年第一批、第二批杭州市中小微企业研发费用投入补助配套共计308.8万元。

【高新技术企业认定奖励】2019年，根据《关于兑现2018年拱墅区市级高新技术企业奖励经费的通知》兑现杭州芯灵科技有限公司、杭州乐停科技有限公司、杭州齐圣科技有限公司等企业2018年拱墅区市级高新技术企业奖励经费共计86万元。根据《关于兑现拱墅区2018年国家重点扶持领域高新技术企业申报补助资金的通知》《关于兑现拱墅区2018年国家重点扶持领域高新技术企业认定奖励资金的通知》兑现杭州童易软件技术有限公司等企业2018年国家重点扶持领域高新技术企业申报、认定奖励经费共计1360万元。

【企业研发中心认定奖励】2019年，根据《关于兑现拱墅区2018年企业研发机构认定奖励的通知》，兑现杭州世创电子技术股份有限公司、杭州禾迈电力电子技术有限公司、浙江乾冠信息安全研究院有限公司等企业2018年企业研发机构认定奖励共计340万元。

【科技助贷金】2019年5月，区科技局组织召开科技企业贷款支持基金座谈会，辖区中国工商银行、中国农业银行等国有银行以及北京银行、杭州银行等商业银行相关负责人共40余人参加；6月，《拱墅区科技企业贷款支持基金管理办法（试行）》出台并正式实施，规范解释区科技企业贷款支持基金（简称科技助贷金）基本情况、支持的科技企业标准和运作审批等，明确区科技助贷金的性质和定位，惠及全区300多家科技型企业和创新创业园区运营企业。

【创新券发放】为进一步降低中小微企业和创业团队科研创新投入成本，激发中小微企业科技创新活力，提高科技资源利用率和共享水平，2019年，区科技局继续推广实施创新券应用，鼓励企业运用创新券开展科技创新活动，根据《关于下达2019年度第一批拱墅区创新券补助资金的通知》《关于下达2019年度第二批拱墅区创新券补助经费的通知》，兑现杭州凯宇信息技术有限公司、浙江创意声光电科技有限公司等20家企业54.74万元创新券补助。

【孵化载体扶持】2019年，拱墅区科技局按照《关于进一步强化科技创新提升产业质量的若干政策》实施要求，加强双创孵化载体科技政策兑现。对上一年度区级众创空间房租、宽带费用补助以及品牌活动项目进行审计，协同区财政做好项目费用补助审核、发文等相关事项，发放房租宽带补贴扶持资金273.46万元，资助创新创业品牌活动建设经费51.81万元。对照《运河汽车互联网产业园五年计划行动》文件，兑现汽车互联网产业园孵化器补助资金共计116.66万元，为孵化载体创新创业提供资金保障。

（朱亮银）

科技金融平台搭建

【概况】2019年，拱墅区科技局协助区政府出台《拱墅区科技企业贷款支持基金管理办法》，明确资金来源、运作原则、组织架构等内容。制定科技助贷金合作协议，与20家银行签订合作协议，对助贷比例按4档进行分类分档细化。6—12月，联合举办5场银企对接交流会，80余家企业参会，13家银行机构向辖区内104家科技中小型企业发放贷款或授信额度达到6.05亿元。

【银企对接支持科技企业】 2019年，区科技局牵头推出银企对接项目，与农业银行、江苏银行、邮储银行、泰隆银行、工商银行等联合召开了5场银企对接交流会，80余家企业参会，以项目路演、企业推介、创业沙龙等形式，进行面对面、一对一的业务洽谈交流，着力打通融资难题“最后一公里”。建立微信群等交流渠道，及时推送科技企业融资需求。与合作银行联合开展企业走访服务活动，送政策、送金融产品、送服务到科技企业孵化器和科技企业。

【天使投资引导基金】 2019年，拱墅区运河天使投资引导基金运作取得初步成效。区天使投资引导基金合作机构新增1家，合作子基金规模1.86亿元，对外投资6家科技初创型企业。联合杭州市创业与投资协会、杭州运河汽车互联网产业园区举办“寻找钱塘好项目（拱墅区）”活动，推荐芯河光电、齐圣科技、永展医药等8个项目参加路演，获得金融投资机构帮扶。

（朱亮银）

科技合作与交流

【概况】 2019年，全国双创活动周拱墅分会场围绕“运河追梦、智创未来”主题，以众创空间、特色小镇、产业综合体等创新创业平台为依托，面向科研人员、大学生、留学归国等各类人群，组织开展拱墅区“双创”活动周启动仪式、“旭日计划2.0”总决赛、创新驱动转型升级发展论坛、特色小镇体验活动、文觅会美好生活文创生活展、科技环保项目路演会、大学生创新创意设计大赛作品展示以及创业竞赛、融资对接、成果交易、经验分享等一系列贴近实际、贴近创新、贴进创客的双创品牌活动40余场，吸引3万余群众参与。公众通过双创活动体验，支持创新、参与创业，促进科技创新合作和交流。

【创新驱动转型升级发展论坛举办】 2019年6月14日，由区政府主办，区科技局、区工业科技园区管委会和浙江火炬生产力促进中心承办的“数字引领智慧发展”2019年拱墅区创新驱动转型升级发展论坛在智慧信息产业园举行。论坛聚焦省、市数字经济发展“一号工程”决策部署，以数字产业化、产业数字化、城区数字化“三化融合”为主线，邀请浙江5G研究院院长韩凌、浙江大学计算机科学与技术学院副教授金小刚分别作《5G网络智能化时代的变革与机遇》和《大数据时代的创新转型》的主题演讲。

【“中国制造2025”论坛举办】 2019年6月15日，“创响‘中国制造2025’智能制造与质量发展闪耀双创周”活动在拱墅区运河财富小镇举行。活动围绕“中国制造2025”行动纲领，聚焦智能制造产业发展升级，集政府、协会、企业、创客为一体，共同探讨智能制造新理念、新趋势、新成果，打造智能制造产学研深度融合交流合作平台。

【首批大运河“双创”客厅设立】 2019年6月13日，区科技局设立“大运河双创客厅”并对首批“大运河双创客厅”授牌，引导众创空间、孵化器行业自我管理，制定《大运河双创客厅公约》。北部软件园、城院cc

梦工场、乐富智汇园、硬趣空间、跨境电商园5家单位为首批“大运河双创客厅”合作机构，为创客无偿提供公益性活动场所和会务服务。

2019年4月29日，“云栖2050·青春荡漾运河”拱墅创新梦想之旅在外创园举办（区科技局 供稿）

【全国“双创”活动周系列活动】“2019年全国大众创业万众创新活动周”于6月5—11日举行，主办城市为杭州市，主题是“汇聚双创活力，澎湃发展动力”。拱墅区作为分会场，牵头谋划双创周系列活动，成功举办拱墅分会场启动仪式等29项品牌及重点活动；联合区人社局举办第六届中国杭州大学生创业大赛暨“智汇运河、创在拱墅”项目对接会；协助财富小镇举办“创新同行，遇见未来”环保科创路演、莱克空间“中国制造2025”成果对接论坛等系列活动。《杭州日报》《都市快报》《钱江晚报》等省市新闻媒体及《今日头条》《杭州发布》等网络媒体平台对此进行大幅主题宣传报道。

【全国科技活动周拱墅区活动】2019年5月19—26日，全国科技活动周举办，主题为“科技强国、科普惠民”。5月21日，拱墅区科技活动周启动仪式在红石中央花苑举行，以科技创新驱动和科学普及教育为主线，弘扬科学精神、传播科学思想、普及科学知识，全面展示科技成果、惠及大众民生、提升科学素质。现场组织开展科技成果展示和科普互动交流，展示机器人表演与编程、VR技术体验等贴近民生的科技产品；开展现场科普知识竞答、科普画板展示、中国科普信息员注册等科普宣传活动；发放节能环保、健康生活、公共安全、法制宣传等科普资料近500份。

【产学研合作】2019年，区科技局主动介入万科汽车园平台建设，联合汽车园赴上海交大材料学院和创新研究院，重点对接汽车材料轻量化产业及新材料产业化等项目，明确合作项目清单，做好前期筹备工作。琴侣科技与浙江工业大学合作项目《0+ Ⅰ + Ⅱ儿童安全座椅支撑系统创新研发》列入市级科技成果交易转化项目。

（朱亮银）

科技服务

【概况】2019年，拱墅区深化“科创店小二”工作品牌，进一线、优政策、提效能，提供精准科技服务。持续深化企业服务，推出“全员跑企业”活动，开展科技政策宣传和答疑辅导，走访企业300余家。开展送政策入街道（园区），提供各类政策解读和业务知识培训，1000余人次参加。持续深化项目服务，介入万科汽车园招商

2019 年 6 月 14 日，"大运河双创客厅"授牌仪式举行　　（区科技局 供稿）

工作，赴上海交通大学重点对接汽车项目；协助引进中国科学院计算技术研究所杭州分所、国家电投集团能源物联网研究中心智能传感实验室等重量级科研机构。

【科技企业评选与认定】2019 年，全区新增"旭日计划 2.0"企业 35 家、市雏鹰企业 37 家、杭州市高新技术企业 44 家、省科技型中小企业 151 家、国家高新技术企业 60 家。区科技局牵头召开国家高新技术企业总结动员会，总结成绩、分析不足、明确思路，统筹协调区科技、财政、税务、应急管理、市场监管、环保等部门共同推动工作开展。区委区政府发挥考核指挥棒作用，把高新技术企业培育等指标纳入对街道园区的综合考评、优化营商环境和"三化"融合发展考核，明确目标任务，分解落实责任，加强督查力度，推出国家高新技术企业申报一对一的"门诊式"预审等服务。

【重大项目获科技立项】2019 年，杭州匡信科技有限公司的《基于"智能亚运"等重大活动公共安全需求的关键技术、装备研究及应用示范——基于大数据驱动的重大活动公共安全防控平台及装备研发》获得浙江省重点研发计划项目立项。杭州美创科技有限公司的《云服务平台数据安全防护关键技术研究及应用》、杭州中亚机械股份有限公司的《高速直线式吹灌旋一体化智能无菌灌装生产线研制》、杭州中美华东制药有限公司的《小分子口服糖尿病 1 类新药 TTP273 的临床前研究》3

个项目获得杭州市重大科技创新项目立项。

【“科创店小二”服务品牌打造】 2019年，区科技局持续打造“科创店小二”服务品牌，推出国家高新技术企业申报一对一“门诊式”预审服务，联合街道、园区进行预摸排，与发改、统计、税务等部门联动服务，邀请专家提前把关，帮助企业规范申报资料。推出两期“全员跑企业”活动，区科技局班子成员带头走访，开展科技政策宣传和答疑辅导，共走访科技型企业300余家。举办政策直通车宣讲3期、科创微课堂9期，开展送政策入园区、入街道，为科技企业和人才提供各类政策解读和业务知识培训，1000余人次参加。

【产业创新服务综合体建设】 2019年，拱墅区科技局完善“双创”平台培育体系，指导平台做大做强。年内，运河汽车互联网产业园、运河跨境电商园和莱克孵化器分别被认定为国家、省、市级科技企业孵化器；北部软件园、CC梦工场等6家单位被认定为省、市级众创空间；汽车互联网产业创新服务综合体、上塘数字经济贸易产业创新服务综合体分别被认定为省、市级产业创新服务综合体。“双创”平台创建数为历年之最。

【全市首创区域创新创业导图发布】 在2019年全国大众创业万众创新活动周拱墅分会场启动仪式上，拱墅区科技局正式对外发布全市首家区域创新创业导图，现场演绎“拱墅双创地图”，全方位呈现拱墅双创资源，包含“科技园区与研发平台、孵化器和众创空间、特色小镇、其他公共服务载体”等4大类35个“双创”载体以及相关配套设施，并附有介绍，创业者和创客拿着这份地图，就能对各个平台的情况一目了然。

（朱亮银）

科研机构

【概况】 2019年，拱墅区科技局立足部门职能，整合多方资源，着力破解企业研发中心建设难题。开展分级培育，建立梯度培育机制。抓好区级企业研发中心培育基础工作，建设完善储备库，择优选择一批条件成熟的研发中心积极申报市级和省级企业研发中心，形成较为完善的分级培育机制。加大政策引导，加大财政扶持力度。对新认定的省级企业研究院给予一次性补助20万元；新认定的省级、市级企业研发中心分别给予一次性补助50万元、30万元。新认定的省级重点企业研究院，按省财政补助资金额，给予同比例配套。引导技术攻坚，提供项目保障。鼓励企业不断提高企业的研发水平和创新能力，不断提高企业推广应用新技术、新产品能力，充分发挥企业研发中心在研项目对促进企业科技进步、推动产业转型升级中的作用，发挥高校科研院所和科技中介机构的作用，引导创新成果、科技人才等创新要素向企业聚集，做到研发中心发展有方向。

【企业研发机构建设】 2019年，拱墅区强化企业研发机构建设。全年新增省级企业研究院1家，省级企业研发中心3家、市级企业研发中心16家。全区累计共组建市级以上研发中心59家，其中省级重点企业研究院2家，省级企业研究院7家，省级企业研发中心19家，市级企业研发中心31家。

【浙江省美创敏感信息安全研究院】 2019年，拱墅区新认定省级企业研究院1家——浙江省美创敏感信息安全研究院。该研究院是国内最早提出敏感数据分类并从外部威胁防御、内部风险控制、数据追责溯源、数据共享交换、云安全以及业务连续性等层面对敏感数据安全进行研究的机构。研究院聚焦“敏感数据”，从传统可信任验证体系，创新实践“零信任”安全理念，提出“灯下黑”“与狼共舞、带毒生存”“不阻断无安全”以及“知白守黑”四大基本原则，打造数据库防水坝、数据库审计、数据库加密、数据库防火墙、数据脱敏、诺亚防勒索、漏洞扫描、数据防泄漏等一系列数据安全产品和安全运营专业服务，面向多行业提供数据安全全景式解决方案，有效辅助用户科学规划安全体系、提升安全防御能力。研究院拥有超过百项自主知识产权。

（朱亮银）

科技人才

【概况】2019 年，拱墅区加强与国内外科研院所合作，成功引进中科院计算所数字经济产业研究院，成立宽带智联中心、新媒体中心、智能超算中心、区块链中心四个研究中心，引进研发人员 50 余人。浙江华电器材检测研究所入选省级领军型创新创业领军团队，实现拱墅区省级人才项目零的突破。杭州芯河光电科技有限公司、杭州德沛生物技术有限公司等 8 家单位在杭州市“115”引进国（境）外智力计划中立项。推荐的法液空气外籍专家薄瑞被评为杭州市“钱江友谊使者”。全年受理 A 类人才引进、外国人来华工作许可证审核等外专业务工作 465 件。

【领军型人才团队引进和培育】2019 年，拱墅区新引进市级人才 2 人，省领军型创新创业团队 1 个。8 个项目分别入选 2019 年度杭州市国（境）外智力计划高端年薪、重点引智、优秀引智项目。

【外国专家工作开展】2019 年，拱墅区科技局注重外国专家业务专项服务，协调相关外专中介机构、外籍人员用工单位，针对 A 类人才引进、外国人来华工作许可证审核以及证明材料提交等相关事项，进行预审预查，缩短审核时效，进一步提高外专业务办结率，全年共办理外专业务 465 件。

（朱亮银）

拱墅区液化空气（杭州）有限公司阿兰·吉恩·布里吉利亚荣获 2019 年度杭州市外国专家“钱江友谊使者”称号　（区科技局　供稿）

教育

综　述

【百姓家门口好学校建设】 2019年，在“打造主城区最好教育，让每一个小区都成为居民心目中的学区房，让每一所学校成为大城北标志性建筑”三大目标指引下，拱墅区教育局积极谋划，坚持和加强党对教育工作的领导，以“名校引领计划”“名校培育计划”为总纲领，全面推进百姓家门口好学校建设。区教育局坚持以教育现代化为统领，贯彻“立德树人、改革创新、南北均衡、学教和谐”办学方针，全力打造老百姓家门口的优质学校，提升区域教育综合实力，办人民满意的教育。“十三五”期间，以教育现代化为主线，以教育综合改革为动力，全面推进区域教育优质均衡发展，加快建设高水平教育现代化强区，在学校现代化建设、现代教育体系构建、教育质量提升、教师队伍建设、教育教学管理等获得全面丰收。

2019年，拱墅区有各级各类学校124所，其中高中3所(含职高)，初中17所(含九年一贯制)，小学32所，幼儿园71所，特殊教育学校1所。在校学生75488名，其中高中在校学生（含职高）2710人，初中在校学生14048名，小学在校学生37169名；在园幼儿数21472名，特殊教育在校学生89人。全区在职在编教师4387人，其中直属单位教师71人，高中教师189人，初中教师1108人，小学教师2209人，幼儿园教师765人，特殊教育教师45人。

【教育竣工投用项目10个】 2019年，拱墅教育竣工投入使用项目10个，总投资约18.7亿，项目分别为：长乐GS0501-06地块36班九年制学校（卖小长乐校区）、庆隆小河单元GS0303-13地块36班小学（育才登云小学）、庆隆单元FG01-R22-03地块中学（锦绣育才中学附属学校）、申花单元GS0404-02地块78班九年一贯制学校(华师大附属杭州学校)、申花单元GS0404-03地块12班幼儿园(申花实验幼儿园华师大附校园区)、铁路北站单元FG20-R22-17地块12班幼儿园（新城实验第二幼儿园）、祥符单元GS0906-R22-11地块21班幼儿园（长阳幼儿园）、万马药业地块12班幼儿园(宸新幼儿园)、花园岗农转居配套幼儿园（大关实验第二幼儿园）、卖鱼桥小学教育集团星澜小学改扩建工程。

（傅溢）

学前教育

【概况】 2019年，拱墅区有幼儿园71所（89个园区），其中公办园41所（59个园区）、部门办园3所、民办27所。全区学前教育班级数753个，比上年增加55个；在园幼儿数21531人，3—5周岁幼儿入园率99.9%，全区幼儿园教职工总人数3189人，其中园长和专任教师1766人。园长和专任教师学历达标率为100%，大专以上学历占99.2%。全区有省一级幼儿园园区27个，省二级幼儿园园区53个，省等级园覆盖率为100%；杭州市特级幼儿园园区6个，杭州市甲级幼儿园园区43个，优质学前教育资源覆盖率达95.4%。由于拱墅区在实施学前教育补短板提升工程中措施有力、成效明显，2019年5月获得省政府通报表扬，并获省教育厅2019年统筹资金奖励。

【6所公建配套幼儿园投入使用】2019年秋季新投用6所公建建配套幼儿园，分别是：申花单元GS0404-03地块12班幼儿园（申花学前教育集团师大园区）、万马药业地块12班幼儿园（红缨第二幼儿园）、铁路北站单元FG20-R22-17地块12班幼儿园（天马）（大关实验第二幼儿园）、花园岗村农转居公寓项目配套9班幼儿园、康桥单元FG08-R22-07幼儿园（新城实验第二幼儿园）、祥符单元GS0906-R22-11地块21班幼儿园（长阳幼儿园）。

【幼儿园等级评审推进】2019年5月，蓝宸幼儿园、拱宸桥幼儿园、桃源二幼、文锦幼儿园、舟山路幼儿园星星园区顺利通过杭州市甲级幼儿园评审。10月，飞虹路幼儿园、锦绣幼儿园、康桥幼儿园顺利通过省二级幼儿园评审。11月，文澜幼儿园大河园区顺利通过省一级幼儿园评审。

（傅溢）

义务教育

【概况】2019年，拱墅区有小学32所，初中15所（不含九年一贯制），九年一贯制学校2所，特殊教育学校1所。小学在校学生37169名，初中在校学生14048名，特殊教育在校学生89人。拱墅教育以名校集团化为引领，全力推进基础教育高位均衡发展，推进教育现代化水平再上新高度。

【社会主义核心价值观教育开展】2019年，拱墅区教育系统继续开展党的知识进课堂教育活动，组织各中小学围绕“光辉的历程”“永远跟党走”“我身边的共产党员”三个主题发动全体党员教师及入党积极分子以校和发展群为单位进行二轮“党的知识进课堂”教学活动和优质课评比活动，通过活动大力开展理想信念教育、厚植爱国主义情怀。活动中各校、各群通过《党的知识》进课堂教学，通过优秀课堂录像课上传区课程资源网供老师们观看和学习，推广优

2019年10月24日，拱墅区教育局开展“党的知识”进课堂活动

（区教育局　供稿）

秀教学模式，提升党的知识教育实效，帮助学生扣好人生第一颗扣子。开展以“我和我的祖国”为主题的第九届“运河公民节”系列活动，建国七十周年庆祝活动和区域德育主题活动有机整合，爱国主义主题教育活动掀起新的高潮。积极推进区域劳动教育课程体系建设，明确不同年级学生劳动教育的基本内容，保障劳动教育时间，拓展劳动教育途径，因地制宜组织开展校园劳动、学工学农、志愿服务等，创新设计形式多样的劳动实践活动。制定《“运河情·家国爱”新时代运河好少年培育行动计划》，构建以国家课程为中心，以“运河情·家国爱”为主题，以培育正直善良、身心健康、敢于担当、学有所长、全球视野的新时代运河好少年为目标的区域德育体系。

【体育及卫生心理健康教育推进】2019年，拱墅区教育系统把学生体质健康工程放在重要位置，被中国教育科学研究院认定为全国一体化体育课程研究项目试点区。全区各学校加大学校的卫生管理工作，积极开展“健康两室”的规范化建设，长阳小学顺利完成健康促进金牌学校的验收工作，建新小学、康桥中学完成健康促进金牌学校的复评工作，大关中学附属小学、长征中学等五家单位完成铜奖学校的申报工作。积极推进心理健康教育工作，重视危机干预工作，排查心理高危学生并制定干预方案上报省市中心，组织近400名教师参加心理健康C证的培训。

【教育减负提质推进】2019年，区教育系统积极构建小学自主课堂拱墅范式，通过“自主”课堂教学和学习常规建设，积极构建具有拱墅特质的学科“自主”课堂操作范式和学生学习范式，营造“自主”课堂氛围，积淀“自主”文化。初中以“教学评一致性”为理念引领，对整个教学过程开展扎实精细指导，真正达到“控量、减负、提质、增效”的目的。在全区中小学继续开展“拒绝小眼镜”预防近视工作，切实加强学生体育锻炼，努力培养学生的体育兴趣和运动习惯，造就强健体魄，培养坚强意志和拼搏精神，各校取得一定的成效，为每年近视率下降一个百分点做出积极的努力。2019年中考全区第一批上线率，继续保持高位水平，各学科均取得优异成绩，总分平均分489.3分，比上年提高3.4分，继续大幅领先全市水平。2019年浙江省教育质量检测报告显示，拱墅区小学语文数学科学抽测成绩均高于杭州市平均分。

【智慧课堂更新迭代】2019年，区教育局在9所中小学、拱墅区教育研究院及区STEM中心启动iPad智慧课堂项目。通过服务常态信息化教学，积累学科专业信息化资源，提升教师信息技术能力，建设具有拱墅特色的学科专项课程资源，服务教育质量管理信息化工程。项目分为三期推进，首期覆盖全区600位教师和10所学校，共提供15个班的移动iPad教室设备，平台和课程，具备为全校班级服务能力。

【“护校安园”专项行动落地】2019年，区教育局严格按照《拱墅区平安校园创建工作建设标准（试行）》，认真落实校园安全“三防”措施。在区政府办公室牵头下，由区教育、区委政法委、公安、城管、交警、市场监管等10部门联合印发《拱墅区“护校安园”专项行动工作方案》。区教育局制定并下发《学校助力“三百”行动实施方案》。举办“童画食安——我眼中的食品安全”征集活动，加大对学生的食品安全宣传教育。5月17日，市人大罗卫红副主任带队赴

2019 年 11 月，人工智能与 Steam 教育国际高峰论坛展示课　　（区教育局 供稿）

拱墅区督查“护校安园”工作，6 月 22 日，陈国妹副市长带队赴杭州上海世界外国语小学和拱宸桥小学开展“护校安园”专项督查，均对该项工作取得的阶段性成效给予肯定。

（傅溢）

高中教育

【概况】2019 年，拱墅区有普通高中 2 所，在校学生 1928 人，教师 185 人；占地面积 44342 平方米，生均占地面积 23.57 平方米；校舍建筑面积 29002.45 平方米，生均建筑面积 15.41 平方米。职业高中 1 所，在校学生 782 人，教师 99 人，占地面积 6035 平方米，生均占地面积 6 平方米。

【高中教育成效明显】2019 年，拱墅区高中教育坚持特色发展道路，其中，音乐班通过多年摸索筹划，形成一整套有机体系——“三年规划”确定方向、“音专模块”保证专业、“特色实践”进行补充。通过大力打造音乐类硬件，务求高端、齐全；同时全力发展校内外音乐师资，倡导“有温度的课堂”，让音乐班学子如沐春风。当年，长征中学与沈阳音乐学院、天津音乐学院、星海音乐学院达成协议，成为这几所高校的生源基地，高考本科录取率突破 80%。

【省长袁家军到长征中学调研】2019 年 4 月 9 日，浙江省委副书记、省长袁家军一行到长征中学考察新高考背景下走班排课教育教学应对

2019 年 8 月 28 日，拱墅区职业高级中学青年教师石丹获第 45 届世界技能大赛美发项目冠军　（区教育局 供稿）

措施以及学校音乐特色发展工作，参观行政班与教学班的设置以及学校音乐特色硬件建设，并与高二年级组长、班主任进行了深入的交流，学校“合并同类项”式的走班方式得到认可。省长袁家军希望学校要积极稳妥深化高考综合改革试点，要注重“做减法”，既要赋予学生必要的选择权，又要坚持简便易行，让学生减轻负担、教师减轻压力，让家长缓解焦虑、学校便于管理。

（傅溢）

职业教育

【概况】2019 年，拱墅区有职业高中 1 所——拱墅区职业高级中学。其中在职在编教师 100 人，在校学生 782 名。一直以来，拱墅区的职业教育注重“以德立身”，助力职业规划，帮助学生树立自信、崇德、有为、合作的职场形象；重视“以技立业”，开展面向人人的技能竞赛，帮助学生扎实掌握专业技能。

【职业技能竞赛成绩显著】2019 年 8 月 27 日，第 45 届世界技能大赛在俄罗斯喀山闭幕，拱墅职高（杭州运河技校）美发项目选手石丹夺得该项目金牌。此外，该校学生在世界技能大赛选拔赛、澳大利亚、俄罗斯等国际邀请赛、中职师生职业能力大赛、中国杭州国际动漫节漫画比赛等赛事中，都取得优异成绩。

【“影视动漫与创新创业”研究项目落地】2019 年，拱墅职高与北京电影学院、浙江大学签署三方合作办学协议，明确北京电影学院与浙江大学将共同承担拱墅职高“影视动漫与创新创业”研究项目，致力于影视动漫人才培养方案、影视动漫教育战略、影视动漫实验教学等方面的研究，共研职业教育创新发展。

（傅溢）

特殊教育

【概况】2019 年，拱墅区有一所特殊教育学校——湖墅学校，班数 9 个，专任教师 45 人，在校生 89 人。该学校自开办至 2019 年年底，已逐步建立起“湖墅学校为主体、随班就读为辅助、送教上门为补充、卫星班为试点”的特殊教育体系，努力让每一个残疾孩子都能接受公平而有质量的教育。拱墅的特殊教育以九年义务教育为基础，推进两头延伸工作，构建从学前到高中十五年一贯制全免教育机制。3—18 周岁残障儿童少年入学率持续保持高位，义务教育段残障儿童入学率达到 100%。

【特教工作体制健全】2019

年5月，湖墅学校高质量通过浙江省特殊教育学校标准化建设评估，拱墅区特教工作在全省特殊教育范围产生更加积极影响。当年，成功举办“拱墅特教暨湖墅学校建校三十周年”系列研讨和展示活动，表彰特殊教育和融合教育先进集体个人。长期以来，拱墅区重视特殊教育，成立区特殊教育康复专家委员会，有计划开展特殊儿童的诊断、康复咨询、师资培训等工作，提升了特教工作水平。以湖墅学校为依托，持续推进职业教育实训基地建设，让更多特殊孩子有立足社会的一技之长。

（傅溢）

成人教育

【概况】2019年，拱墅区以构建学习型社会与和谐社会为目标，“文化惠民”为宗旨，有序推进社区教育工作的开展。祥符街道获杭州市示范性“街道30分钟市民学习圈”，小河街道“青莎书院”获杭州市终身学习品牌称号，大关街道“军缘舞蹈队”等四个社团被评为杭州市街道示范性学习型社团（学习共同体）。拱宸桥街道获杭州市全民终身学习活动周优秀组织单位，半山街道、拱宸桥街道文澜社区、和睦街道李家桥社区获杭州市社区教育进文化礼堂优秀组织单位。公民公类联盟服务站以环保小公队为主体，与全市各类社团合作交流，开展蔓藤植物送教等活动。全区完成扫盲120人，完成率120%；家政培训完成1380人，占常住人口的0.24%。

【全民终身学习活动周开展】2019年11月14日，拱墅区“全民终身学习活动周”启动，全区10个街道社区学校宣传和展示成人继续教育发展所取得的成果。活动周期间，通过讲座、培训、观摩、座谈等形式开展宣传活动。其中，拱宸街道翁海燕、小河街道唐兰香获杭州市全民终身学习活动周先进个人。

【“送教上门”试点运营】2019年，拱墅区社区学院创新全民学习模式，在瓜山未来社区试点开展“送教上门”活动，向未来社区居民提供“课程菜单”，内容涉及知识技能、生活休闲、心理健康、家庭教育等多领域。社区居民可以通过未来社区APP浏览课程目录，通过“点菜下单”的模式进行报名，当满足开课人数后，相应的课程教师会到社区内进行“面对面”的线下授课，使得社区居民得以“不出门而知天下事”，将全民教育、终生教育、便民教育融入社区生活之中。

【老年教育工作开展】2019年，浙江老年开放大学拱墅学院开设6个专业9个教学班，工作有序开展，6月开展教学成果展示活动，服务与质量获得学员好评。

【社区教育课题研究推进】2019年，拱墅区继续做好浙江省教育规划课题《社区教育推进社区治理的实践功能研究》研究及当年课题成果申报；积极创设科研氛围，倡导以教育科研为引领，推进社区教育向高品质发展，面向10个社区学校开展社区教育实验项目的申报与评审工作，拱宸社区学校的《以“拱宸记忆”为载体，打造精品学习圈的实践研究》、湖墅社区学校的《社区共学养老长效运作机制建设的实践研究》、小河街道的《打造传统社区“历史+”文化阵地集群的实验项目》被列为区实验项目，其中小河社区学校的《打造传统社区“历史+”文化阵地集群的实验项目》被列为浙江省社区教育实验项目。浙江省2019年度全省社区教育优秀论文评选《文化与节日：营造社区文化家园的实践研究—以杭州市拱墅区"桥西社区"为例》获三等奖。

【民办培训学校规范管理】2019年，拱墅区稳妥推进校外培训机构专项整治工作，规范民办培训学校办学行为，促进民办教育事业健康发展。以文明城市测评工作为契机，进一步规范民办教育培训机构办学行为，提升民办教育培训机构办学水平，优化民办教育培训机构办学环境，促进民办教育事业健康发展。要求民办培训机构信息公示完整，前台显著位置设立"民办培训学校信息公示栏"；保障场所安全，安全出口、疏散通道保持畅通；消防设施、器材保持完好有效，消防灭火器每月检查登记；落实文明宣传，宣传社会主义核心价值观、公益广告、加强思想道德建设；环境卫生清洁，落实垃圾分类、控烟等要求，保持办学场所环境整洁卫生。

（傅滋）

教师队伍建设与管理

【概况】2019年，拱墅区教育系统在职在编教职工4456人，其中普通高中100人、职业高中100人，初中1144人、小学2228人、幼儿园767人，特殊教育学校45人，直属事业单位72人。全区普通高中专任教师96人，职业高中专任教师93人，初中专任教师1108人，小学专任教师2209人，幼儿园专任教师765人，特殊教育专任教师45人。

【教师队伍优质均衡发展壮大】2019年，区教育局组织公开招聘教师5次，9月份全部完成547名新招聘教师的入编工作。近几年，侧重加强综合学科教师配备，2019年招聘录用的547名专任教师中，音乐、体育、美术、科学、英语、信息技术教师共214名，占比39.1%。经过几年的努力，综合学科专职教师配备完全能满足学校教学工作需要。全区公办学校每百名学生拥有体育、艺术（含美术、音乐）专任教师数分别是小学1.29，初中1.33，均高于省优质均衡发展评估0.9人以上要求。

【教师成长体系完善】2019年，区教育局构建教龄6年内教师培训体系，建立运河未来教师专业发展基地，推进青年教师快速成长。建立与华东师范大学等科研院校紧密合作的青年教师专业发展基地，组建拱墅区未来教师研修班，确保教师队伍配置与建设水平走在主城区前列，抓深抓实运河新锐骨干教师培养，推进学科骨干教师队伍建设。

【支教帮扶工作推进】2019年，拱墅区教育局先后与贵州黔东南州黄平县、湖北恩施州来凤县等多地签订2019年智力扶贫工作协议书。拱墅区共派出26位优秀教师赴湖北来凤县、贵州黄平县、青海德令哈市、新疆阿克苏市、浙江桐庐县、常山县等地开展支教活动，在充分了解当地教育发展需要后，因地制宜开展支教帮扶工作，展现拱墅教育人良好的精神风貌，增进东西部教育人的友谊。

【优秀教师评选】2019年，经推荐、评选，拱墅区2人获评浙江省教坛新秀，1人获评杭州市德育先进个人，21人获评杭州市优秀教师（优秀教育工作者），6人获评杭州市育人工作先进个人，10人获评拱墅区十佳教师，10人获评拱墅区春蚕奖，10人获评拱墅区十佳班主任，8人获评拱墅区功勋班主任，264人获评拱墅区优秀教师（优秀教育工作者）。

（傅滋）

文化·传媒

综　述
文化艺术
群众文化
群众文化管理
博物馆事业
非物质文化遗产保护
文化市场管理
公共图书
档案事业
新闻传媒

综　述

2019年，拱墅区高质量抓好大运河文化节项目建设，显宁寺、大运河文化艺术中心、大运河文化时尚发布中心、区文化规划馆、民俗迹忆馆精彩亮相，祥符桥传统风貌街区、运河湾音乐广场、拱宸匠人馆开工，大运河亚运公园、大运河中央公园加快建设。大力推进文旅融合发展，成功举办首届大运河戏曲节、大运河国际钢琴艺术节等品牌活动，参与群众超300万人次，运河景区年接待游客突破1200万人次。拱墅区扎实推进大运河文化带建设的做法，在2019年10月18日全省县（市、区）委书记工作交流会议上被省委书记车俊赞誉为认真贯彻习近平总书记重要指示精神、落实“两个维护”的先进典型。

（李超越）

文化艺术

【概况】2019年，拱墅区文化馆创作了《河埠头》《捻河泥》《祥符花朝》三个大型舞蹈；音乐上创作了《运河清风》《青春运动场》；文学上创作了包括散文、童谣、诗歌、论文等多种形式的近20篇文章。书画方面，创作了近10幅书画作品，入选省市书画作品展；戏曲方面，创作小品《买了吧》，并开设越剧公益培训春季班、暑期少儿班、秋季班共30班次，共900人次参加；民间艺术方面，组织收集“半山泥猫”“拱宸桥竹编”“钱塘剪纸”参与各项民间艺术展。

【舞蹈艺术】2019年11月7日，区文化馆干部创编的舞蹈《河埠头》获得2019年浙江省群众舞蹈大赛入围奖、浙江省第八届“长者情”声乐舞蹈大赛金奖，舞蹈《绒花》获得2019年杭州市企退人员庆祝中华人民共和国成立70周年文艺评比金奖、拱墅区第二届舞蹈大赛金奖，舞蹈《捻河泥》获拱墅区第二届舞蹈大赛银奖，舞蹈《祥符花朝》获拱墅区第二届舞蹈大赛铜奖。

【音乐艺术】2019年，区文化馆干部创作廉政合唱歌曲《运河清风》，歌曲《青春运动场》获2019浙江省新作大赛银奖；歌曲《西湖千古情》获2019杭州市天堂儿歌最受少年儿童喜爱歌曲奖；区文化馆带队参加杭州市青少年声乐大赛市赛区获得2个金奖、4个银奖、2个铜奖；区文化馆带队参加浙江省青少年声乐大赛省赛区获得2个二等奖、1个指导老师奖；区文化馆带队参加市三江歌手大奖赛获得1个一等奖、1个三等奖。

【文学艺术】区文化馆干部创作的散文作品《钢琴界的异类》在《杭州群众文化》2019年第一期上发表；区文

化馆干部创作的《回老家》、和睦街道创作报送的《滑板车》获“我们靓·杭州靓”杭州市第九届中小学生新童谣大赛一等奖，半山街道创作报送的《半山娃娃过立夏》获二等奖，大关街道创作报送的《游运河》获三等奖和拱墅区文化馆获组织奖。区文化馆干部创作的《五月的乡村》获“农民诗路杯”浙江省第十届“中国梦·故乡情”乡村诗歌大赛一等奖，康桥街道创作报送的《晨练太极》和半山街道创作报送的《乡村里的幸福歌》获三等奖，区文化馆干部获优秀组织奖。区文化馆干部撰写的论文《浅谈文化馆免费开放与基层群众的存在感——以拱墅区文化馆公益培训为例》获“杭州市第二十六届群文论文比赛”二等奖，区文化馆干部撰写的《从群众文艺创作举措谈全民艺术普及》《普契尼创作风格对群众音乐创作的启发》和康桥街道撰写报送的《新时期基层文化站长必须具备“三气”》获三等奖。区文化馆干部创作的报告文学《花开无声 叶落有情》获杭州市“最美基层文化人”主题征文一等奖，创作的《且行且吟的灵魂舞者》获三等奖。

【书画艺术】2019 年，区文化馆干部创作的美术作品《苍木幽林》入选浙江省文化和旅游厅主办的内蒙古书画作品展；创作的美术作品《拟褚遂良》入选浙江省文化馆和绍兴市文化馆主办的浙江省群星书法小品展并被收藏；创作的美术作品《翠微入晓村》《西塘古树》入选浙江省文化馆主办的“诗画浙江 美丽嘉善”作品展；创作的美术作品《湖石》《秋来小莲庄》入选浙江省文化馆主办的“诗画浙江 清远湖州”作品展；创作的美术作品《晴园》入选浙江省文化馆主办的技能大赛作品展。

【戏剧艺术】2019 年，区文化馆开设越剧公益培训春季班、暑期少儿班、秋季班 30 班次，900 人次参加。1 月 22 日组织街道社区戏曲团队祥符京剧社、大关越迷秀团、小河娑婆桥越剧团、祥符芳草越剧团、钱塘戏社等 200 人，参加大运河戏曲周与戏曲名家赵志刚等大师互动学习；组织全区戏曲团队在大运河戏曲节期间参与大运河群众戏曲大赛。创作排练小品《买了吧》，参加各街道民星大舞台演出以及 2019 年文化馆精品节目展演。

【民间艺术】2019 年，区文化馆征集辖区民间艺术作品第一代至第五代“半山泥猫”“提篮花器”等 10 余件“拱宸桥竹编”系列作品，参加杭州市文化馆 8 月 28 日—9 月 1 日在杭州市科技馆举办的“群星璀璨”——杭州民间工艺美术展，拱墅区文化馆获“优秀组织奖”；9 月征集剪纸作品《寿》《中华国宝》《海螺之歌》参加由浙江省文化馆、浙江省民间艺术研究会、宁波北仑区文化和广电旅游体育局等单位在宁波北仑联合主办的“庆祝新中国成立 70 周年浙江省剪纸作品邀请展”。

（黄晓冰）

群众文化

【概况】2019 年，拱墅区落实公共文化服务体系建设，深入实施文化惠民工程，举办各类文化活动，不断完善基层公共文化服务体系建设。全年，开展全区基层文化员绩效评估系统日常维护技能培训、“十百千”系列培训工程等 10 余场。开展“送演出、送电影下基层”“文化走亲”等区级文化惠民活动。通过文艺演出、摄影展览、书画交流等形式，展示拱墅区文化建设成果，促进城区间文化交流。全年，完成“送电影下基层”60 场，“送演出下基层”62 场，“文化走亲”169 次，送讲座展览

2019 年 12 月 5 日，拱墅区 2019 群众文艺精品展演暨颁奖典礼在区文化馆报告厅举行　（区文化馆 供稿）

204 场，累计服务 20 万余人次。开展 85 个社区的送图书、送讲座、送演出、送艺术培训 435 场。

（李超越）

【“运河好声音”活动】2019 年 5—8 月，在拱墅区文化馆五楼举办“运河好声音”青少年声乐专场，6—9 月举办“运河好声音”成人专场。青少年组 7 名选手和长阳小学运河小歌手表演团获奖，青年组 5 名选手获奖，中老年组 3 名选手获奖。

【拱墅区第二届舞蹈大赛】2019 年 10 月 27 日，拱墅区第二届舞蹈大赛决赛在浙江大学城市学院风雨操场举行，全区 10 个街道共 11 个节目参赛。舞蹈《绒花》获一等奖，《捻河泥》《希望的田野》获二等奖，《祥符花朝》《新江南水乡》《袖墨书简舞》获三等奖。大赛涌现出众多的原创节目，参与群众达 600 人。

【“运河大舞台”举办】2019 年 5—11 月，全区 10 个街道分别在拱宸桥运河文化广场举办“运河大舞台”演出。每个街道的展演节目都体现各自区域的精品节目和地方特色，涵盖舞蹈、声乐、小品、戏曲、太极等各种门类的艺术展示。每场观众达 300 人左右，极大丰富了拱墅区市民精神生活，增进了街道之间的文化交流。

【运河系列主题画展】2019 年，拱墅区在文化馆三楼展厅举办 10 场展览，分别是丹青绘国粹 真情献母亲——拱墅区文化馆西子书画会 2019 年创作成果展；拱墅区文化馆展评展演作品展；童趣 物语——浙江省教育研究院附属小学作品展；拱墅区政协书画摄影作品展；拱墅区“韵和杯”退休人员庆祝新中国成立作品展；宁波镇海走亲展——宁波镇海书画作品展；童心向党祝福祖国 第三届童心书画展；湖墅街道企退人员书画展；庆祝中华人民共和国七十周年——职高毕业作品展；北城新曲——拱墅区教育系统教师画展；拱墅区残联书画作品展。

【系列文学主题创作辅导讲座】2019 年，开展公益讲座 4 场。3 月，康桥街道文学社成立并举办文学创作辅导讲座。4 月，区文广旅体局党员主题活动日，举办《歌词写作练习》辅导讲座。5 月，举办康桥文学社《歌词写作系列》文学创作讲座。7月，《山海经》杂志社编辑梁易老师到拱墅区举办《新故事创作》主题讲座。

【“我的运河我的家”主题征文】 2月24日—6月30日，拱墅区举办以“庆祝中华人民共和国成立70周年”和大运河成功申遗5周年为主题的拱墅区第六届“我的运河我的家”全国征文活动，共收到有微小说、散文、诗歌、童话、故事、儿歌等体裁的应征作品300多件。最后共有48篇作品分别摘取各个奖项。赛后，编辑出刊《优秀作品集》。

【拱墅区退休人员文艺孵化中心培训与群众公益培训】 2019年，拱墅区文化馆继续与区人社局开展深度合作，开启“八支精品文艺团队”的孵化。并针对各团队的主攻业务、团队特点及需求，为各团队聘请各门类的专业老师，在文化馆内开展舞蹈、声乐、书画等多个门类的业务辅导。孵化团队代表拱墅区参加“不忘初心跟党走·国旗下的颂歌”杭州市企业退休人员庆祝新中国成立70周年文艺作品评比。其中舞蹈作品《绒花》获得一等奖；声乐作品《把一切献给党》获得三等奖；器乐

2019年10月27日，拱墅区举办第二届舞蹈大赛

（区文广旅体局 供稿）

作品《金蛇狂舞》获得二等奖、《傣乡情歌》获得三等奖；语言曲艺作品《人民总理爱人民》获得二等奖。全年，文化馆免费开设文艺春季班、暑期班、秋季班公益培训共40门课，含舞蹈、声乐、剪纸、素描、书法、古琴、葫芦丝、越剧等课程，受益群众8400人次。

【“运河·好奇实验室”活动】 “运河·好奇实验室”是运河文化传播基地系列活动的一个项目，是在拱墅区文化和广电旅游体育局、拱墅区科技局的指导下，由杭州京杭大运河博物馆和杭州佳劲教育科技有限公司共同推出、着力关注运河环保和文化的科学实验。实验活动立足运河文化，涉及自然、地理、动物、植物、天文、地质、科技、历史、考古、艺术、人文等多个学科领域，通过老师引领、动作操作，将孩子们引入神奇的科学世界。活动每月2次课程，安排在周六下午，全年针对7—12周岁学生设置20个主题课程，每次课程限40人，均通过微信公众号报名，全年参与活动人数800人。活动自2014年启动，2019年开课20次，累计开课100次。

【指尖走运河课程活动】 2019年，指尖走运河全年开设20个课程，每半月一次课程，和好奇实验室间隔开展，每期活动35人。活动以普及运河流动文化为主要目的，每课讲授一个运河城市，配套一个互动体验，让孩子们感受大运河的美好风光。该活动为纯公益、全免费活动。针对小学生设置体验课程，每期活动报名统一

由学生家长通过微信平台进行，公正透明。活动不设任何门槛，任何人只要报名成功均可参加。全年累计参与活动人数700人。

【运河探索之旅活动】 2019年，杭州京杭大运河博物馆在场馆内开展运河探索之旅系列活动。2—3月，开展“孩子博物馆里过大年——观展览、猜灯谜、博物馆里有年味儿——折纸做花灯”活动，200余人参与。3—5月，博物馆推出运河少年有“游”运河——“千年运河知多少”体验活动，围绕“大运河的开凿与变迁”“大运河的功用”“我们身边的大运河”“大运河中外文化”，组织现场教学，来自杭州市10余所小学的3000余名小学生参与该活动。5月17日组织国际博物馆日主题活动：“喜迎建国七十周年 争做时代好少年——我与运河共成长”活动，166人参与。7—8月，围绕“我和我的祖国——红领巾走进博物馆”暑期社会教育活动，500余人参与。9—10月，围绕传统节日开展“月圆中秋，手绘宝葫芦”体验活动，80余人参与。11—12月，围绕“大手拉小手”系列体验活动，200余人参与。全年，在博物馆累计举行大小活动15场。

【运河文化走亲】 2019年，拱墅区文化馆组织举办以“运河文化”为主题的跨区文化走亲，赴余杭区、西湖区、富阳区等地开展了10场走亲活动，内容包括综合文艺表演、非遗项目、书画交流等。活动受到当地学生及市民的欢迎。

（李超越 黄晓冰 焦明）

群众文化管理

【概况】 2019年，拱墅区文广旅体局积极落实文旅公共服务体系建设，深入实施文化惠民工程，举办各类文化活动，加强运河文化品牌建设。指导全区公共文化场馆、街道文化站、社区文化服务中心、文化体验点建设与免费开放，通过“浙江省首批基本公共文化服务标准化建设”实地认定。

【“十百千”文化干部培训】 2019年，拱墅区以“分级负责，分类实施”为原则，对全区基层文化队伍进行系统培训，形成辐射全区的区、街道、社区三级人才队伍网络建设。全年累计从“群文”“图书”“文博”等各条业务线，开展全区街道分管领导、文化站长、社区文化员、事业单位业务干部等培训，全年共培训169人，每人脱产培训5天。

【“五个百分百”建设】 2019年，拱墅区100%实现了规定场馆建设要求；100%完成了城市书房、区级图书馆文化馆法人治理结构改革和图书馆分馆建设任务；100%的街道均为省定一级以上综合文化站、并按要求组建业余文艺团队；100%的街道落实文化下派员制度、建有文化馆分馆。

【数字化服务管理】 2019年，完成2018年拱墅区公共文化服务基础数据的审核、录入，获得全省综合排名11名。完成“拱墅区公共文化服务绩效管理系统”和“最多跑一次”民办非企的日常网络审核管理。全年累计完成“拱墅区公共文化服务绩效管理系统”网上信息审核5000余条，民办非企网上年检25家。

【“49条省定标准”建设】 2019年，拱墅区通过“三馆一群”布局区级公共文化设施、“一站一室”配置基层公共文化设施、“众点一带”构建区域特色文化设施。在公共文化服务体系建设49条省定标准学习贯彻中，成

2019 年 5 月 17 日，拱墅区举办国际博物馆日：我与运河共成长 （杨芳 摄）

绩得到各方肯定，《人民日报》《中国文化报》相继发表“运河文化看拱墅”“杭州市拱墅区创新公共文化服务机制‘三联模式’提升百姓幸福指数”等报道，做到文化产品有特色、服务供给有提升、惠民项目有拓展。

【拱墅区文化馆街道分馆调研】2019 年，区文化馆馆长带队与部分业务干部一起先后到访全区 10 个街道文化站，以及祥符街道蓝孔雀社区和映月社区调研，了解基层群众文化活动的现状、基层文化需求及面临的困惑。就街道成立“三团三社”，挖掘当地民间文化资源等问题进行面对面的沟通和探讨。

（陆菁 李超越）

博物馆事业

【概况】2019 年，杭州京杭大运河博物馆（以下简称博物馆）以运河为主题，依托场馆特色，加强历史文化宣传与保护。全年，博物馆开展活动 159 场次，举办临时主题展览 18 场。通过书店、孔夫子旧书网、馆际交流等途径，收集普通运河文献资料 200 余种。

【大运河申遗成功五周年与建党 98 周年、建军 92 周年邮展】2019 年 6 月 22 日是中国大运河申遗成功五周年，博物馆先后开展“运河申遗五周年信封展”“大运河申遗成功五周年摄影展”“大运河申遗五周年邮品展”等主题邮展。7 月 1 日—8 月 31 日，在纪念中华人民共和国成立 70 周年之际，博物馆举办“纪念建党 98 周年和建军 92 周年邮花展”。展出作品有《庆祝建党 98 周年》《党的历次代表大会》《十大元帅》《十大将军》《庆祝建军 92 周年》《社会主义核心价值观》六

运河博物馆 2019 年展览情况表

表 21

日期	名称	地点	人数
1 月 1 日至 2 月 28 日	“千年更始 岁月珍藏”年历片展	博物馆临展厅	20000
1 月 15 日至 2 月 15 日	我身边的运河故事书画展	博物馆临展厅	20000
2 月 18 日至 3 月 18 日	一画一世界儿童画展	博物馆临展厅	10000
3 月 20 日至 4 月 20 日	盛世运河儿童画展	博物馆临展厅	30000
4 月 9 日至 5 月 10 日	泛黄的记忆——建国 70 周年老报纸展	博物馆临展厅	25000
3 月 19 日至 4 月 21 日	盛世运河书画展	博物馆临展厅	16000
4 月 23 日至 5 月 13 日	建国 70 周年书画展	博物馆临展厅	10000
4 月 30 日至 5 月 21 日	弘扬传统文化书画作品展——暨喜迎建国七十周年书画	博物馆临展厅	50000
5 月 1 日至 5 月 31 日	中国大运河申遗五周年集邮展	博物馆临展厅	30000
5 月 22 日至 6 月 9 日	盛世运河儿童书画展	博物馆临展厅	30000
6 月 7 日至 8 日	童心画非遗作品展	博物馆临展厅	5000
5 月 16 日—5 月 31 日	美好河山 大运河摄影作品展走进杭州市京都小学	杭州市京都小学艮山校区	1500
5 月 21 日至 6 月 9 日	欢乐童年 精彩无限——运河拾贝校本课程成果展	博物馆临展厅	12000
5 月 27 日至 6 月 9 日	欢乐童年 精彩的梦——六一儿童画展	杭州图书馆生活主题分馆	8000
6 月 14 日至 16 日	中华人民共和国成立 70 周年暨大运河申遗成功 5 周年邮展	博物馆临展厅	7000
5 月 21 日至 6 月 30 日	中国大运河申遗成功 5 周年信封展	博物馆临展厅	20000
6 月 22 日至 6 月 30 日	大运河申遗五周年摄影展	博物馆临展厅	5000
7 月 1 日至 8 月 31 日	建党 98 周年和建军 92 周年邮花展	博物馆临展厅	100000
7 月 3 日至 12 日	“唐诗里的大运河”儿童画展	浙江省图书馆	5000
7 月 12 日至 17 日	中国大运河申遗成功摄影作品展	浙江省图书馆	5000
7 月 15 日至 22 日	庆祝新中国成立 70 周年书法作品展	博物馆临展厅	10000
7 月 23 日至 8 月 23 日	“我和我的祖国——我爱大运河 我爱家乡”儿童画展	博物馆临展厅	50000
7 月 1 日至 8 月 31 日	建党 98 周年和建军 92 周年邮花展	博物馆临展厅	100000
7 月 23 日至 8 月 25 日	“我和我的祖国——我爱大运河 我爱家乡”儿童画展	博物馆临展厅	50000

续表 21

日期	名　称	地点	人数
8 月 4 日至 8 月 31 日	垃圾分类主题展	博物馆临展厅	50000
8 月 1 日至 9 月 30 日	建党 98 周年和建军 92 周年邮花展	博物馆临展厅	70000
7 月 23 日至 9 月 15 日	“我和我的祖国——我爱大运河 我爱家乡”儿童画展	博物馆临展厅	50000
9 月 27 日至 10 月 18 日	运河老照片摄影展	博物馆临展厅	100000
10 月 1 日至 31 日	喜迎建国 70 周年邮花展	博物馆临展厅	20000
11 月 1 日至 30 日	票说廉洁门券展	博物馆临展厅	10000
11 月 5 日至 19 日	残疾人集邮展	博物馆临展厅	10000

部邮花集 160 余户标准邮展片，5 万余人参观展览。

【“千年大运河　美好新家园”摄影作品展】2019 年 9 月 26 日—10 月 31 日，博物馆举办“千年大运河 美好新家园”摄影作品展。该展选取 10 位长期深入拍摄大运河的摄影名家的作品。照片时间跨度从 1965 年到 2019 年不等，地点涵盖大运河南北两端及沿岸城市、乡村，内容遍及运河及运河两岸的自然环境、城市景观、交通工具、人类活动等，并结合相关口述史资料、书籍文献、实物，通过对运河影像美学上的呈现，发掘与梳理照片背后蕴藏的生态学、人类学及社会学研究价值，为运河史研究提供丰富的历史图像档案及文献。《都市快报》《今日头条》《浙江新闻》《杭州日报》等媒体采访报道，10 万余人观展。

【“运河拾贝”校本课程走进小学】2017 年，运河博物馆开发运河文化校本课程《运河拾贝》。该课程以小学三年级学生为授课对象，围绕大运河文化主题，结合讲述大运河流经城市历史，探讨城市独特文化产物的形成，内容涉及传统戏曲、文学著作、历史名人等，让学生体味运河带给中国文化的深远影响力。以体验手工互动为授课模式。每课 1 个独立内容，每个主题设 10 个课时。2019 年，围绕《运河人家》《运河技忆》《运河水利》三个主题，走进杭州市拱宸桥小学、杭州市文一街小学和杭州市文澜实验小学、杭州京都小学，累计开展社团课 120 课时，每课活动 30 人参与，共有 3600 名学生参与。

（焦明）

非物质文化遗产保护

【概况】2019 年，拱墅区公布第七批区级非遗代表性项目和第四批区级非遗代表性传承人，新增 16 个项目，区级非遗代表性项目总数达到 92 项；新增 23 位传承人，区级非遗代表性传承人总数 55 人。继续推进大运河文化带建设，深化文旅融合发展，成立全国传统工艺工作站（杭州拱墅站），继续唱响运河文化四季歌，举办第十一届浙江·中国非遗博览会、“少年非遗说”等非遗主题活动，大胆创新，积极实践，推动传统文化传播推广，努力探索城市非遗保护模式。

【大匠至心·传承人对话系列活动】2019 年 3 月 23 号，浙江省非物质文化遗产保护中心主办，拱墅区文化和广电旅游体育局承办的大匠至心·传承人对话——活色添香·传统工艺回归现代生活活动，在浙江省非遗文献馆举办。活动分为“走进社区沙龙”“龙泉青瓷回归现代生活论坛”两场，非遗体验学员、非遗传承人、专家学者、设计师等相关人员共约500人次参与。

【第八届半山立夏节】 2019年5月6日，拱墅区非遗中心与半山街道及皋亭文化研究会共同举办第八届半山立夏节民俗活动。开展“送春迎夏”仪式、祭祀队伍祈福巡游，分发乌米饭、称人、采摘蚕豆等半山传统的立夏民俗体验活动。开设庙会集市，由半山泥猫、打草鞋、天竺筷、手工编珠、剪纸、小热昏、天禄堂义诊健康咨询等非遗项目组成。约5000人参与活动。

【第十一届浙江·中国非物质文化遗产博览会（杭州工艺周）】 2019年9月20—24日，拱墅区以“助力文旅融合、共襄传承发展”为主题，举办“第十一届浙江·中国非物质文化遗产博览会（杭州工艺周）”，整个活动按照“主城市·主场馆·分会场”三位一体的架构。主场采取“一馆多点”的带状布局模式，邀请来自全国的参展项目300项，邀请非遗传承人426人；邀请来自日本的传统工艺项目12项，工艺人26人。评出“非遗薪传奖”20名，参观人数达23万人次，媒体报道150篇。

【全国传统工艺工作站·拱墅站揭牌系列活动】 2019年5月6日，“全国传统工艺工作站·拱墅站”正式揭牌。工作站由政府设立并指导，由民营企业（自然造物）入驻运作，高校专家团队提供智力支持，形成政府+企业+高校+传承人“四位一体”互联互融的运作模式，通过传统工艺工作站联盟方式整合更多非遗内容和社会力量，实现“政府主导、社会参与、以城带乡、区域联动”的效果。5月、6月、9月举办大型非遗花伞市集，共80余个项目参展，打造具有国际号召力的世界级旅游目的地。组织开展了15场体验活动、20余项主题调研活动。开展“大过中国节—端午”活动，帮扶浙江遂昌、贵州黄平、湖北来凤、浙江常山的非遗产品转化和销售。

【第三个“文化和自然遗产日”】 2019年6月7—8日，杭州市文化广电旅游局主办，杭州市非物质文化遗产保护中心和拱墅区文化和广电旅游体育局承办的杭州市2019年“文化和自然遗日”非遗系列活动启动仪式暨“非遗互联网+”周年展活动在拱墅区中国京杭大运河博物馆、浙江省非遗文献馆举行。活动以“传统韵味精品展和匠心创意精品展项目”为主要内容，从杭州市遴选了70多个非遗项目和10余家非遗文创企业及抖音非遗“大V”来参展。

【第二届“少年非遗说”浙江传说故事讲述大赛】 2019年2—8月，浙江省文化和旅游厅主办、拱墅区文化和广电旅游体育局等部门协办，举行第二届“少年非遗说”浙江传说故事讲述大赛。共10000多名小朋友报名参加，非遗文献馆给各位小选手推荐了书目。分为大运河诗路、钱塘江诗路、浙东唐诗之路、瓯江山水诗之路四个组进行，复赛、半决赛、总决赛在浙江省非遗文献馆举行，有40位选手晋级总决赛，200多位观众现场观看总决赛，并同步进行网络直播，活动视频直播点击观看量达34万人次。

（文闻 徐雪清）

文化市场管理

【概况】 2019年机构改革，

原居文化部门管理的新闻出版和电影放映管理职能划归区新闻出版局，旅游社分支机构和服务网点管理职能划入文广旅体局。文化市场管理办公室（行政审批科）更名为行业管理科（行政审批科）。至年底，全区有文化市场实体经营单位800家，其中：娱乐消费性场所219家（网吧114家、歌舞及游艺娱乐场所45家、演出场所6家、高危险性体育经营项目游泳54家），新兴文化企业548家（文艺表演团队19家、艺术品经营单位173家、广播电视制作企业147家、境外卫星节目接收单位10家、境内卫星节目接收单位1家、网络文化企业148家、互联网视听企业3家、演出经纪机构47家），旅游社分支机构和服务网点33家。

【普法、安全生产培训】2019年，区文广旅体局落实文化市场管理制度，加强文化市场经营单位消防安全责任意识，在元旦、春节、国庆70周年等重要节日通过QQ群、微信、短信等多种方式分别对娱乐场所、网吧等公众聚集场所进行节前安全生产宣传；对广播电视制作单位、境外卫星节目接收单位进行安全播出宣传。开展《杭州市公共场所控制吸烟条例》颁布的宣传，组织全区网吧、娱乐场所参加全市企业全员安全上墙公示责任落实、“扫黑除恶”、禁毒、治安、反恐、固废治理、创卫复评工作布置会议。采用以会代训的形式分别对网吧、娱乐场所、演出场所、高危险性体育项目等经营单位的负责人和管理人员进行法律法规、安全生产宣传教育培训，全年共举办培训班3期，参加单位200余家，受训人数300余人次。发放《安全生产管理制度》《安全生产主体责任》等各类宣传资料、标识标牌300余份，签订《安全生产责任书》200余家。

【窗口领导坐班制落实】2019年，区文广旅体局分管领导多次到行政审批窗口坐班，以普通工作人员身份在窗口接待办事群众，认真听取办事群众的业务咨询，并征求建议和意见。同时要求窗口工作人员在思想上增强廉政风险防范意识，加强法律法规和业务知识学习，在工作上既为民着想又合法合规从源头杜绝安全隐患，切实把服务群众的工作做好。

【文化市场年报统计与电视广播制作单位审批】2019年，组织开展互联网经营服务、娱乐场所、艺术品经营单位、营业性演出等4类经营场所的报表统计，保质保量按时完成450家单位年报收集、汇总上报工作。2019年度年报单位比上年减少1.35%。其中，文艺表演团体11家，演出场馆6家，娱乐场所经营单位42家，艺术品经营机构168家，互联网上网服务经营场所164家，演出经纪机构8家，经营性互联网文化单位49家。2019年受浙江省广播电视局委托受理审批广播电视节目制作经营单位44家、接收卫星传送的境外电视节目单位1家、信息网络传播视听节目许可审核转报3家。

（吴士勤）

公共图书

【概况】2019年，拱墅区图书馆以满足市民群众日益增长的精神文化需求为导向，发挥辖区公共图书馆总馆的引领示范作用。全年，拱墅区图书馆获得3项市级荣誉、3项区级荣誉，指导辖区社区、个人等先后获得1项国家级荣誉、23项市级荣誉。完成6家运河书房建设。

【拱墅区第五届全民阅读节】2019年4月21日，拱墅区第五届全民阅读节在区图书馆开幕。阅读节以“迎祖国七十华诞，颂运河四季书香”为主题，通过四季不同主题串联全年阅读活动。开幕式上，宣布正式启动拱墅区地方文献信息数据库建设项目，来自社会各界的读者参加活动并分享自己的阅读故事。其中，原华丰造纸厂老员工现场讲述浙江百年老厂的风雨兴衰，并捐赠华丰造纸厂的珍贵文献资料。活动中，区图书馆对2018年度拱墅区书香社区、书香家庭、书香机关及2019年第二批6家运河书房进行授牌，并邀请诗人楼奕林、伊甸和李曙白担任拱墅区阅读推广人。开幕式上首次发布“图书馆2018年度TOP10借阅榜单”，《平凡的世界》斩获榜首。

【图书馆之夜活动】2019年4月21日晚上，拱墅区图书馆举办一年一度的“图书馆之夜”活动。活动以“走近未来——徐志摩之夜”为主题，场地选定在8米层高的高书架区域。在钢琴声中，杭州育才中学的3位初中学生朗诵了原创诗歌，表达青春少年对未来的憧憬。杭州市青年室内合唱团用不插电的“天籁之音”深情演绎徐志摩的《再别康桥》《我有一个恋爱》《雪花的快乐》等。在FM89杭州之声首席主播雷鸣老师的朗诵中，活动落下帷幕。

【图书分馆及阅读共建点建设】2019年3月12日，半山街道桃源图书分馆新建完成。该图书分馆面积1000平方米、藏书量2000余册，配备图书自助借还设备，开放时间为周二至周日8:30—11:30，13:00—20:00，为广大市民提供图书通借通还服务。5月29日，拱墅区社会治理综合服务中心（信访矛盾联合调处中心）阅读共建点新建完成，该共建点面积500平方米、藏书量900册（含200册杂志），开放时间为周一至周五9:00—18:00，为市民提供书刊阅览服务。6月17日，大关交警中队阅读共建点新建完成，配送图书500册，为工作人员提供图书阅览服务。

【杭州书房揭牌开幕】2019年9月20日，拱墅区图书馆建成辖区第一家杭州书房。书房位于拱墅区隐秀路与郡庭路口，建在150米高的大烟囱内，将工业遗产大烟囱的内部空间进行再利用，定位为以传承城市记忆，收集展呈运河文化、工业主题文献，集借、阅、藏于一体的公共图书馆。书房服务面积300平方米，阅览位50个，藏书2.1万册，配有触屏式数字阅读机、智能化门禁系统及自助借还书设备。书房分为上下两层：一层是图书借阅及查阅区，配备运河文化主题图书、非遗主题图书2000余册和综合类、文学类、青少年读物1.1万册；二层是图书阅览区和沙龙分享区。11月13日，拱墅区委书记朱建明陪同来凤县委书记邢祖训率领的党政考察团一行25人到书房实地参观考察。12月18日，书房被杭州市文化广电旅游局挂牌为杭州书房拱墅区运河主题图书馆，成为拱墅区宣传、展示、弘扬运河文化的公共文化服务窗口。

【西湖读书节获优秀组织奖】2019年11月12日，拱墅区文化和广电旅游体育局获杭州市第十三届西湖读书节优秀组织奖，该活动由杭州市新闻出版局主办。阅读节以“四季阅读”为主线，贯穿2019全年阅读推广活动。4—10月，拱墅区图书馆共组织开展各类活动280场，逾23万人次参与，取得较好的社会效益。“运河大讲堂”“运河小课堂”“爱在拱图”等品牌活动持续开展，不断丰富市民的阅读文化生活、滋养市民的精神文化世界。

【工业遗产数据库建设】2019年4月21日，拱墅区图书馆启动“拱墅区工业遗产数据库”建设项目，12月完成项目第一期建设。拱墅区工业遗产数据库是拱墅工业遗产综合性文献数据库，收录15万字的工业遗产文字、513幅图片、150分钟音视频，集纳理、工、文、史四个大类，数据范围覆盖自然科学、工程技术、历史、建筑等多个学科领域，类目包括工业历史、工业经济、工业门类、工业人物、工业地图、音频资料、工业文献和历史建筑。在数据库的音视频版块，拱墅区图书馆收录杭州历史建筑专家仲向平的《诗与远方——拱墅区工业遗产廊道的保护与利用》专题讲座、杭州西湖明珠电视台主持人安峰创排的微型舞台剧《光阴的回声》《金色的道钉》。其中，《光阴的回声》展现了百年老厂华丰精神，《金色的道钉》呈现了清光绪三十二年(1906年)浙江省第一条铁路江墅铁路诞生过程中的故事。

【第六届运河幼儿故事大赛举办】2019年11月1日至12月22日，由拱墅区图书馆主办，解文教育承办的第六届运河幼儿故事大赛举行，共有310位小选手报名参加。比赛分幼儿组中班和幼儿组大班2个组别。11月24日，176名入围小选手参加复赛，分别在拱墅区图书馆和解文教育2个赛场开赛。12月22日，总决赛在图书馆五楼报告厅举行，31名小选手参加角逐。大赛评委有浙江省故事委员会主任、《山海经》杂志主编、杭州电视台主持人、新浪浙江新闻部主任、文华幼教集团总园长、浙江省小作家编辑部主任。比赛评选出特等奖3名、一等奖9名、二等奖18名及三等奖11名。活动通过新浪浙江教育进行直播，约有2万人观看。

（童卉）

档案事业

【概况】2019年，区档案馆馆藏档案共42953卷、57773件。接待查阅者1832人次，提供档案、资料2151卷（件），其中档案服务网提供利用265人次，窗口提供利用458人次，政务内网提供利用940人次，受理咨询169人次，线上查档率大幅上升。落实“最多跑一次”，改进一站式电子化登记和自主查档功能，完善饮水、存包、老人服务、残疾人服务、医药服务等便民措施，及时梳理涉及电子证照替代的事项和办事账号、申请开通所需电子证照权限、开展查询工作培训、落实查询电脑。推进“最多跑一次”电子化归档工作，平台事项电子归档率100%，实现历史数据归档“清零”。推进全区数字档案室创建工作，创建数字档案室59家，省级规范化数字档案室39家，省级示范数字档案室9家。5月，拱墅区档案馆编写的《挖掘档案社会记忆功能，助推区域特色文化建设》被评为2018年度全市档案系统理论调研课题一等奖。6月，区档案馆编撰的《拱墅工业史》获2017—2018年度全市优秀编研成果一等奖。7月，《半山杭钢骊歌》顺利付梓出版。8月，拱墅区档案馆获2019年度《浙江档案》杂志社发行工作先进单位三等奖。11月，《拱墅工业史》获2017—2018年度全省优秀编研成果二等奖。

【局馆分离】2019年3月18日，原区档案局(区档案馆)的行政职责划入区委办，区委办对外挂杭州市拱墅区档案局牌子，不再保留与区档案馆合并设立的区档案局。6月27日，杭州市拱墅区档案局（馆）更名为杭州市拱墅区档案馆。改革后区档案局对全区档案事业发展实行统筹规划和管理，其主要职责：制定全区档案工作制度和规范性文件；对全区档案工作进行监督、指导和检查，依法开展档案行政执法及相关行政工作；推进档案基础业务、公共服务、安全体系建设；推进全区数字档案馆（室）建设和档案信息化建设；档案宣传教育工作和人才队伍建设。区档案馆按照承担行政职能事业单位"还政予政"要求，不再承担党政管理职能，其主要职责：贯彻上级档案法律法规并集中统一保管区级重要档案资料；依法接收区级党政机关、团体、企事业单位的档案；收集具有长久保存价值的重要档案资料并开展整理、鉴定、保管、修复、统计等基础业务；开展档案资料利用服务 依法公布档案、研究、编纂、出版档案史料；开展档案宣传、档案文化建设和征集工作；推进区域档案理论研究和档案保护技术工作；开展本馆档案信息化建设并承担区电子文件和登记备份中心建设。

【依法治档与业务指导】2019年，区档案局完成35家涉改单位档案管理与处置工作方案的审查工作，并协助6家区级党政机关单位完成档案清理、流向处置等工作。区档案馆接收原区农业局和原区招商局各类档案10445件、45卷。开展区安监局、老龄委、卫计局、司法局、审计局等多家单位档案检查进馆工作。区档案馆根据《中华人民共和国档案法》《浙江省实施〈档案法〉办法》《拱墅区档案进馆标准》等有关规定，结合全区档案工作实际情况，9月16日起开展档案进馆单位到期进馆相关工作，在全区范围内分批接收各立档单位到期档案资料进馆。至年底，共计接收档案1441卷、10258件。针对浙江省市县级国家综合档案馆业务建设评价工作评分标准，区档案馆将62项指标细化为143项具体任务清单，按时完成业务建设评价工作。11月21日经业务评价预检后立即开展整改工作，12月13日通过省档案局现场验收。区档案局持续推进"双随机"档案执法工作。5月17日，区档案局举办2018年度档案事业统计年报培训会，50人参训。10月15日—11月29日采用网上检查、现场抽检相结合的考核方式开展档案执法年检工作。按不低于40%的比例在"互联网+监管"平台随机确定抽检单位进行现场检查，现场检查档案库房、档案工作组织管理情况及各类年检材料。全年重点抽查涉改单位，截至年底，累计检查72次，实现行政执法检查事项监管100%覆盖、双随机执法信息公开100%。按照《拱墅区档案数字化外包管理制度》，开展驻场外包服务公司不定期突击检查和回访。主动对接区司法局，开展执法案卷评查、法治政府建设考核。全年法律顾问提供法律咨询10次。

【档案数字化】2019年11月13日，区档案局、区档案馆发布《关于进一步明确政务服务网电子归档考核事项范围的通知》，督促相关单位进一步明确"最多跑一次"最新事项范围并完善事项归档范围和保管期限表信息。配合区数据资源局开展电子归档业务培训，现场协助各单位设置档案管理人员账号、权限及归档参数，并对已设置的归档事项进行归档测试。截至年底，完成全区25家单位875项行政权力事项归档范围和保管期限表的审核工作。完成15家单位的归档参数配置、办件或测试件电子归档工作，共计426类事项5439件，平台事项电子归档率100%，实现历史数据归档"清零"。区档案局协助区应急管理局开展示范数字档案室创建工作，至年底，全区创建数字档案室59家，省级规范化数字档案室39家，省级示范数字档案室9家。完成善贤社区原始档案数据迁移、账号权限配置，全年共计导入电子档案335件。推进系统升级改造，建设数字档案馆智能比对系统，引入 OCR 识别和全文检索，对馆藏数据进行智能比对。同时在馆系统增加温湿度接口，实现智能调控。

【档案宣传教育】2019 年，拱墅区档案馆利用“拱墅档案”微信公众号宣传阵地，全年发布文章 89 篇。4 月起，在社区驻点进行义务科普和咨询工作，向社区居民发放档案宣传用品，向社区文化站赠阅档案编研精品，向居民征集中华人民共和国成立以来有纪念意义或特殊含义的照片和实物。同步推广、播放浙江档案法制动漫。6 月 9 日国际档案日，在微信公众号宣传国际档案日知识，发起“中华人民共和国的记忆”主题征文活动。10 日，在运河广场举办档案展览。6 月 7—15 日，与中国京杭大运河博物馆联合举办“喜迎华诞七十年——档案见证拱墅流金岁月”照片展。该次活动采用照片展览、现场讲解等形式，由烽火年代、历史遗韵、运河文脉、旧城新貌、亲切关怀、兰台特典六大板块组成。展览内设图书角，结合自助领取的方式，向现场群众免费发放《拱宸桥杂记》《运河南端忆盛业》等档案编研成果。现场特设“家庭档案”“网上查档”展示、咨询区，为市民普及家庭建档、网上查档要点。与喜马拉雅 App 合作，展示拱墅革命历史。

【档案征集】2019 年 5 月，拱墅区档案馆收到由拱宸书院负责人任轩捐赠的两份民国运河南端地图。4—6 月，区档案馆对征集到的清代《唐氏家谱》进行技术修复，将 90 余页的“档案砖”最大程度复原整理成册，复原度达 80% 以上，并进行数字化加工。围绕中华人民共和国成立 70 周年主题，开展专题性征集活动，征集到共和国同龄人百人同框照片、“70 年·70 岁·70 人——写给共和国生日的一封信——《我和我的祖国》”特别节目访谈音频、庆祝中华人民共和国成立 70 周年油画等档案。对批量老式磁带进行数字化转换，实现内容读取。

【档案编纂】2019 年 7 月，《半山杭钢骊歌》付梓出版。开展《和睦地区文化碎片调研报告》编纂工作。梳理馆藏档案，编制大运河（浙江段）档案目录。积极配合区大运河文化研究院，启动《大运河文化带建设·拱墅丛书》编纂。

（张 劢）

新闻传媒

【概况】拱墅区整合《今日拱墅》报、拱墅发布“两微一端”、拱墅新闻网等媒体平台，成立区融媒体中心。坚持移动优先，上线今日拱墅 APP。开设《拱墅新闻》视频频道，每周二、五定时播出，成为杭州主城区唯一实行一周两播视频新闻的城区。建成杭州电视台大城北拱墅记者站，持续开展创建运河沿岸名区、大城北标杆区新闻宣传。

【电影制作】2019 年 8 月，由浙江博采传媒有限公司承制的 12 集动画剧《大禹治水》，荣获中宣部第十五届精神文明建设“五个一工程”奖。11 月，浙江博采传媒有限公司承制的动画电影《昆塔反转星球》，喜获浙江省第十四届精神文明建设“五个一工程”奖。该片主要讲述被遗落在开普勒星上的一个地球人，因为想要回家给开普勒星安上发动机，试图使整个星球脱离轨道，回到地球的故事。

【拱墅版“新闻联播”推出】2019 年，创新推出拱墅版“新闻联播”——拱墅新闻。每期 10—15 分钟的视频节目，于每周二、五 17 时发布，展示拱墅政治、经济、文化、民生等方面的发展，填补了过去没有广播电视台的短板，为受众带来本土视听资讯。

拱墅也成为杭州主城区唯一实行一周播出两期视频新闻的城区。

【《今日拱墅》】2019年，《今日拱墅》一周2期，每期发行3.8万份。全年在重要版面开设“聚焦高质量发展 大力实施‘六大专项行动’”“打造大城北标杆区”等专栏，推出相关稿件480篇；推出“运河沿岸名区·五区建设”“运河沿岸名区·四大战略”等专版500余个。推出“六大专项行动”、产业发展政策、“五场比赛”等主题特刊20期。精心策划李克强总理到和睦新村考察、庆祝大运河申遗成功5周年全媒体行动、庆祝中华人民共和国成立70周年人物访谈、主题教育“一把手”系列访谈、大运河戏曲节等新闻报道。做好建设性新闻监督栏目“热点聚焦”，得到区委主要领导批示32次，实现问题反馈解决率100%。

至年底，《今日拱墅》刊发报纸101期，版面600余个，发行330万份。

【今日拱墅App移动客户端上线】2019年6月，全新打造的“新闻+政务+服务”区域综合平台——今日拱墅App移动客户端上线，实现一个平台看新闻、看直播、看视频、看专题、看数字报、查讯息等，打造区域最具话语权、影响力的新型主流媒体。App设置推荐、要闻、看联播、直播、专题、爱上拱墅等栏目，日均推送新闻资讯等图文、视频稿件30余篇。截至12月底，App拥有用户注册量近6000人。

【《拱墅发布》影响力提升】2019年，《拱墅发布》坚持贴近区委、区政府中心工作，以“六大专项行动”为主题，打造政务公开、微服务、微互动三大板块，推出《壮丽七十年 奋斗新时代》微视频宣讲等特辑。全年“拱墅发布”微信公众号共推送信息1200余条，累计阅读约340万人次，杭州发布微信转载约40篇总阅读量690万人次，平均每条阅读量2.25万人次。“拱墅发布”微博共推送信息3335余条，累计阅读转发约642万人次。2019年2月，省政府新闻办公室发布《2018年浙江省政务新媒体发展指数报告》，在全省89县（市、区）政府新媒体发布平台中，“拱墅发布”双微平台获第九名。

【拱墅新闻网】2019年，加强拱墅矩阵媒体管理，规范各级各部门网上信息宣传报送工作。拱墅新闻网新增“改革开放40周年 巨变拱墅展新颜”“扫黑除恶专项斗争专栏”“拱墅区十大行动引领城北崛起”等5个栏目，拍摄制作全区各类新闻523条，更新拱墅头条115条、要闻1042条，更新首页焦点图片专栏40条。拍摄制作《40年 诗话拱墅 砥砺前行》《大运河让人民生活更美好》《好运运河来》《拱墅区新时代文明实践中心唱响我和我的祖国》文化宣传片。

【区融媒体中心成立】2019年6月20日，拱墅区融媒体中心成立。中心充分整合报纸、网站、微信、微博以及人员等区级媒体资源，加快推进媒体融合发展，倾力打造今日拱墅APP，重点推出拱墅版“新闻联播”等新产品，建成大城北拱墅记者站。打造全新的融媒体“中央厨房”、演播室、办公区、会议室等。同时，借助杭报集团、杭州文广集团等上级主流媒体技术资源和优势，打造“一次采集、多种生成、全媒传播”的“中央厨房”策采编审发系统，推动传统媒体和新兴媒体互补互融。

（王晓晨）

医疗卫生

综　述
计生工作
妇幼保健
疾病预防与控制
老年卫生服务
中医中药
医政管理
卫生科研
卫生应急
卫生法制与监管
爱国卫生和健康城区

综　述

2019年，拱墅辖区拥有医疗卫生机构363家，其中区卫健系统所属医疗卫生单位51家。区卫健系统所属的医疗卫生单位中，有公共卫生单位3家、社区卫生服务中心9家、社区卫生服务站39家。全区有社会办医院22家及门诊部、诊所209家，其他医疗机构72家。全区医疗机构拥有床位8321张。每千人拥有床位14.49张，全区拥有卫生工作人员11283人，其中卫生技术人员9261人，每千人拥有卫生技术人员16.13人，其中执业（助理）医师3500人，每千人拥有执业（助理）医师6.09人；注册护（士）师4314人，每千人拥有注册护（士）师7.51人。

全年社区卫生服务门诊454.45万人次、门诊均次费用144.4元，人口和计划生育各项考核指标控制在正常范围内。

2019年，拱墅区以“大卫生、大健康”为服务理念，做好疾病防控、家庭医生签约、中医药服务等工作，主要慢病早死概率比2010年下降18%，远超全省平均水平，拱墅基层中医药模式在全省卫生健康大会和央视推广，品牌知名度全国引领。国家级婴幼儿照护示范项目点、安宁疗护市级试点、国家级应急救护培训基地均落户拱墅。巩固社会心理服务体系建设国家试点，央视纪录片《为了人民的健康》选择拱墅区作为全国心理健康服务拍摄点进行宣传报道。

2019年年底，小河湖墅、祥符、康桥3家社区卫生服务中心新的院址同时投入使用，总面积达42000平方米，投资超过4亿元。以“精品工程、示范工程、标杆工程”为目标打造邵逸夫医院大运河分院，采用全球设计100强、医疗设计排名第一的HDR公司设计的“治愈之帆”方案，并顺利开工。2019年成为全区医疗资源建设项目数量最多、投入最大的一年。年内圆满建成全市首条夜跑廊道，顺利举办杭州首个中医文化节、出台全省首个学校食堂食品安全标准，举办“世纪星杯”拱墅区第一届冰上运动会和全国皮划艇巡回赛等活动。

（应悦）

计生工作

【概况】2019年，全区育龄妇女9.29万人，已婚育龄妇女6.73万人。出生总数3632人，比上年减少71人，减幅为1.92%，其中女婴1726人，男婴1906人，出生人口性别比106.49。一孩2154人，二孩1433人，多孩45人（其中计划外17人）。二孩率39.45%，二孩出生人数同比减少15.85%。计划生育率98.95%。按照健康浙江考核要求，全区执行各项考核指标均达标。继续做好“全面两孩”政策宣传落实工作，举办广场宣传、各类讲座50余场。办理生育登记3318人，其中一孩生育登记2010人，两孩生育登记1308人。再生育审批47例。全区全年共发放各类补助1312.35万元，帮扶270户1963人。依据省卫健委与省财政厅联合下发的《关于调整计划生育特殊家庭扶助标准的通知》规定，对符合条件的计划生育特殊家庭扶助对象进行调整并全部发放995人，共计1185.63万元，其中农村部分计划生育家庭奖励扶助金发放0.96万元，补助10人；计划生育特殊家庭扶助金发放885.19万元,补助985人，生活护理补助发放248.4万元,补助362人；家政补助发放51.08万元,补助213户。同时发放2015—2017年计划生育特别扶助对象的补发67人共82.3万元。发放2019年度市级公益金17户26人共7.25万元；发放2019年度区级公益金46户61人共39.3万元；发放2019年度无业待业人员独生子女父母奖励费840人共4.2万元；失独家庭辅助生育补助0.92万元,帮扶1户。落实全科签约、双岗联系人及就医绿色通道3项制度。2019年，拱墅区计生协会召开第七次会员代表大会。《杭州市拱墅区计划生育协会改革实施方案》多次征求意见和修改完善，12月25日由区委办公室印发，指导全区计生协有序推进改革进程。

【“两非”治理】2019年，区卫生监督所与区公安分局、区市场管理局以及相关街道，对辖区内20家医疗机构、10家民营医院和209家药店开展联合督查4次，未发现“两非”行为。

【生育关怀项目启动】2019年，拱墅区开展失独家庭暖心行动，对404名失独家庭成员落实“四必访”，投入经费40.4万元。加强孕前咨询、孕期监测、产后随访、孕产期全程服务，为生育大如提供生育全过程管理，形成孕产期全程服务管理体系。举办为期2天的青春健康教育师资培训班，各中、小学校教师，各街道计生协工作人员70余人参加。在6个街道成立青春健康教育社会教学点，开展暑期青春健康活动10场，服务青少年及家长200余人。在半山街道社区卫生服务中心打造市级优生优育指导中心，开展优生优育、儿童保健讲座、孕妈妈课堂等活动16场，受益500余人次，发放各类宣传资料2000余份。在拱宸桥街道建成“蚕花园社区流动人口计生协”区级示范点，开展2场大型宣传服务活动。情暖计生家庭行动服务计生家庭23439户，财政投入703.17万元。独生子女家庭保险、计生特殊家庭保险、计生干部保险、困难育龄妇女家庭保险计生四大险种通过公开招标的方式，提升保障力度，全年参保人数1.86万人，投入经费39.65万元。

【计划生育管理】2019年，拱墅区以“关注人口，服务家庭”为重点，拓展家庭生命周期公共服务，各街道围绕“增强家庭发展能力、提高家庭生活质量、提升家庭幸福指数、促进家庭和谐幸福”的总体要求，完善幸福家庭“一街一品”工作，提供有针对性的优质服务。深化推进“三优”工作，10个街道在社区卫生服务中心设“三优”服务指导中心，做好新婚夫妇、怀孕夫妇以及0—3岁婴幼儿看护人的“三优”系列科普知识和技能培训，注重婴幼儿早期教育和素质提升。全年开展人口家庭宣传服务活动20余场，参与群众3万余人次，发放宣传资料、计生用品等3.5万份，为计划生育家庭提供全方位服务。完成对申请流动人口居住证积分的2184人进行计划生育情况的核查任务。建设公共场所母婴设施共30处，配置率100%。

【3岁以下婴幼儿托育服务】2019年，拱墅区根据《国务院办公厅关于促进3岁以下婴幼儿照护服务发展的指导意见》文件精神，整合各部门资源，以强化家庭婴幼儿照护服务。开展摸底排查和问卷调查，清理早教机构的超范围经营，明确管理职责，规范照护服务机构的备案制度，加强对婴幼儿照护机构的运营管理，强化工作指导与监管，探索0—3岁婴幼儿照护服务拱墅模式，保障拱墅区婴幼儿托育机构健康发展。

【计生协综合改革试点】2019年，拱墅区被选为市计生协综合改革试点之一。区卫健局确定半山、米市巷、和睦3个街道为试点街道，将原计生协会更名为“人口家庭协会”，打造“3+X”家庭服务中心模式。和睦街道新建的托幼机构通过中计协专家团队调研评估，成功申报中计协0—3岁婴幼儿照护服务示范点，探索规范化婴幼儿照护运行模式，逐步满足人民群众对婴幼儿照护服务的需求。

（张梦琦）

妇幼保健

【概况】2019年，区卫健局依据消除艾滋病、梅毒、乙肝母婴传播工作实施方案，通过不断强化培训、宣传及督导，规范全区母婴阻断工作，做好知情告知和转介服务。开展危重孕产妇医院监测、高风险育龄妇女监测、婴幼儿营养改善与监测、儿童意外伤害的监测、杭州市0—6周岁新发疑似残疾儿童信息监测等项目监测。

【孕期保健】2019年，拱墅辖区医院孕期接受初次产前保健的孕妇数10481人，接受艾滋病、梅毒和乙肝检测人数10481人，检测率100%，发现HIV感染孕妇1例，梅毒感染孕妇11例，乙肝表面抗原阳性孕妇511例。住院分娩3041名产妇中，孕期接受艾滋病、梅毒和乙肝检测2918人，产时接受检测123人，住院孕产妇检测率100%，发现梅毒感染产妇总数10人（其中产时检测发现2人），其所生活产数10人；无HIV阳性产妇；乙肝表面抗原阳性产妇178人，其所生活产数178人，乙肝免疫球蛋白注射儿童数177人，乙肝表面抗原阳性孕产妇所生新生儿注射乙肝免疫球蛋白的比例99.44%。

【儿童保健】2019年，拱墅区7岁以下儿童数3.56万人，系统保健管理3.55万人，儿童保健管理率达99.68%，区卫健局对辖区内70余所幼儿园的幼儿进行系统的体格检查，共检查2.01万人。

【妇幼筛选管理】2019年，全区活产数3186人，新生儿疾病筛查数3184人，筛查率99.94%，听力筛查数3184人，筛查率99.94%。全区户籍人口孕产妇3299人，产前筛查3141人，筛查率95.21%，流动孕产妇1694人，产前筛查1646人，筛查率达97.17%；孕产妇系统管理率为96.89%，高危孕产妇发生率为65.99%，高危孕妇住院分娩监护率达100%，无辖区孕产妇死亡。

【“健康妇幼、幸福家庭”惠民工程实施】2019年，区卫健局实施“健康妇幼、幸福家庭”惠民工程项目，B超服务18053人次，宫颈癌液基细胞学检查16595人次，乳腺癌筛查15873人次，甲状腺癌筛查16158人次，确诊为乳腺癌5人，宫颈癌5人，甲状腺癌4人，子宫内膜癌1人，卵巢癌1人，宫颈癌前病变15人，均给予积极治疗和提供绿色就医通道；女性抗衰老中心为更年期人群服务5470人，并进行电子建档全程跟踪服务；盆底门诊620人，营养门诊共开诊100次，包括专家门诊12次，累计服务675人次。着重关注女性健康和预防各类疾病，并及时给予干预，大大提升了全民健康水平。

【三优服务】2019年，拱墅区国家免费孕前优生健康检查率90.05%，国免实验室质控指标达优秀。深化推进优生、优育和优教“三优”工作，全区10个街道已全部在社区卫生服务中心设有“三优”服务指导中心，做好以新婚夫妇、怀孕夫妇以及0—3岁婴幼儿看护人的“三优”系列科普知识和技能培训，注重婴幼儿早期教育和素质的提升。

（陆曼）

疾病预防与控制

【概况】2019年，全区报告法定传染病19种17009例，无甲类传染病报告，其中乙类传染病13种1010例，丙类传染病6种15999例。法定传染病年报告总发病率为2729.75每10万人，其中乙类传染病年报告总发病率为162.09每10万人，丙类传染病年报告总发病率为2567.66每10万人。全区共有9家预防接种门诊，其中五星级预防接种门诊8家，三星级预防接种门诊1家。全区各医疗机构新发现HIV/AIDS 50例，比上年上升19.0%；报告AIDS 25例，较上年下降16.7%。全区各街道“DOTS”覆盖率达100%，高血压规范管理率为66.5%，糖尿病规范管理率为66.2%。

【重大疾病防控】2019年，拱墅区卫健局规范开展登革热防控常规监测33期330点次，累计监测17549户和660帐次。应急监测，累计发生输入性登革热疫情及本地登革热疫情9例，开展核心区监测90点次、警戒区监测36点次、监控区监测18点次，9例疫情均防控成功。开展自主监测7期658点次，监测32900余户和调查13160人次。全区成立14支应急小分队（其中区疾控中心成立3支），成员152人。印制登革热防治知识海报5000份、折页58500份。开展技能演练，分街道、区疾控中心、社区卫生服务中心、中小学幼儿园四个层面开展2019年拱墅区传染病防控技能竞赛暨突发公共卫生事件应急处置演练项目，全区累计170人参加。区卫生监督所出动210人次，对70家次医疗机构开展登革热防控专项监督，查处1家次，责令整改2家次。对辖区各综合性医疗机构及各社区卫生服务中心开展发热门诊督导28家次。

【慢性疾病综合防控】2019年全区居民健康素养水平达到37.5%，人均期望寿命86.26岁。巩固“全国慢病综合防控示范区”，开展慢性病综合防治教育，10月份开展“全国高血压日”宣传活动。举办全民健康生活方式激励活动，高血压、糖尿病标化患病率比2012年下降3—5个百分点，主要慢病早死概率比2010年下降18%，远超全省平均水平。

【精神卫生管理】2019年，拱墅区在册在管严重精神障碍患者管理率100%，规范管理率99.23%，规律服药率95.23%。制订《拱墅区精神障碍患者医疗救助方案（试行）》，划拨救助保障资金95万元。完成社区残联专干、社工、工疗站管理人员、医生、精防医生等共110名精防工作人员精神卫生工作综合业务培训，社区社工培训率98%。完成全区社区卫生服务中心150名全科医生培训，培训率95%。

自主研发社会心理监测预警信息系统，建立社区矫正、精神障碍、问题青少年、民政救助等9类重点人员数据档案，累计录入人员信息20815名，其中重点人员6395名，启动预警3057名。

（冯明芳）

老年卫生服务

【概况】2019年，拱墅区卫健局针对社会老龄化日益加剧的特点，加强老年人康养体系建设，探索实施“互联网+养老”信息化服务，不断提升辖区9.4万老年人的幸福感和获得感。

【《拱墅区推进养老服务业务综合实施方案》出台】2019年6月26日，拱墅区下发《拱墅区开展康养体系建设实施方案》，该文件共分为指导思想、总体目标、基本原则、工作任务、实施步骤和保障措施六部分，其核心内容是通过政府大力引导、社会广泛支持、机构多元参与，全力推行老年人康养体系建设。以保障失能半失能老人和重大疾病后容易导致失能的老人为重点，积极构建信息为支撑、居家为基础、社区为依托、机构为补充、医养相结合的养老服务体系，不断满足老年人对康养服务的需求，促进健康老龄化。

【“互联网+养老”信息化服务探索】2019年，杭州拱墅江南康复医院（纳里）互联网医院开办。拱墅区以全国智慧健康养老示范基地建设为契机，率先在全市探索实施“互联网+养老”信息化服务试点，服务养老各个领域和环节，打造宜居养老之区，提升辖区9.4万老年人的幸福感和获得感。

（李秋阳）

中医中药

【概况】2019年，拱墅区的“社区中医药”品牌建设不断呈现新亮点。承办杭州市首届中医文化节等重大活动，中医药文化闪耀大运河非遗节，全国中医药传承创新工程及国家中医临床研究基地两个国家建设项目依托新华国际医院正式签约。全年积极加强基层中医药服务工作建设，深入打造“看中

2019年10月25日，杭州市首届中医文化节开幕式暨中医养生保健操展示活动在拱墅区运河广场举行　（区卫健局 供稿）

医到拱墅”品牌。全区有中医馆40余家，其中社区中医馆8家，社区中医师144名，全年社区中医药门诊累计超过170万人次，占全区全部门诊量的近40%。央视一套播出纪录片《为了人民的健康》中,拱墅区作为“以基层为重点的中医药服务体系基本建立，用中国式的办法解决好医改世界难题做出了贡献”的代表出镜。

【杭州首个中医文化节在拱墅举办】2019年10月25日，由杭州市卫生健康委举办的杭州市首届中医文化节开幕式暨中医养生保健操展示活动在拱墅区运河广场举行，市级及各区县医院共26支队伍参加。文化节现场68块展板首次集中展示了杭州市以及拱墅区中医文化的成就，拱墅区代表队获团体一等奖。

【全国第一张中医医术确有专长医师资格证在拱墅发放】2019年11月26日，浙江省卫生健康委主任张平为长期在拱墅区进行中医实践的胡春根颁发全国第一张中医医术确有专长医师资格证。胡春根医生原为部队卫生兵，跟师学习并自学多年，回到地方后继续进行中医理论学习和实践，通过考核获得全国第一张中医医术确有专长医师资格证，擅长刮痧技术治疗腰痛病。

（余蒋敏）

医政管理

【概况】2019年，拱墅区政府和区卫健系统重视医疗卫生设施建设和医务人员整体医疗技术水平的提升，3个社区卫生服务中心建成新院区，3个社区卫生服务中心与市属医院组成医联体。开设了互联网医院和具有国际背景的医学检验实验室。举办首届中医文化节开幕式暨中医养生保健操展示活动和中医药适宜技术推广应用比武等活动。深化政务

祥符街道社区卫生服务中心新大楼门诊大厅 （区卫健局 供稿）

服务改革，全面步入“最多跑零次”阶段。

【医疗设施建设】2019年，拱宸桥街道社区卫生服务中心、大关上塘街道社区卫生服务中心、桃源社区卫生服务中心和杭州师范大学附属医院组成的医联体通过医疗质量联合认证（KTQ）项目。邵逸夫医院大运河分院开工建设，核准设立全市首家互联网康复医院——杭州拱墅江南康复医院（纳里）互联网医院和全市首个拥有国际背景的第三方实验室——杭州魏尔啸医学检验实验室。祥符、康桥、小河湖墅街道社区卫生服务新中心建成。全区社区卫生服务中心“八个有”建设完成。

【医疗服务技术竞赛开展】2019年，杭州市首届中医文化节上，拱宸桥街道社区卫生服务中心代表拱墅参赛获一等奖；在杭州市中医药适宜技术推广应用比武中，拱墅区获团体二等奖，拱宸桥街道社区卫生服务中心郭晓和谢腾分别获中医组三等奖和基层组第二名；在杭州市中医药健康文化知识竞赛中，米市巷街道社区卫生服务中心蒋小峰、祥符街道社区卫生服务中心葛海青、杭州医学院占洁组队代表拱墅参加，获团体二等奖；米市巷街道社区卫生服务中心中医全科通过2019年杭州市基层医疗机构中医特色专科专病建设项目申报。

【优秀医务人员评选】为展示拱墅区广大医务人员敬业奉献、奋发向上的精神风貌，充分发挥示范引领作用，2019年，拱墅区开展区优秀医务人员评选活动。柳阳等42位医务人员获得拱墅区优秀医务人员称号。半山街道社区卫生服务中心殷文秀和拱宸桥街道社区卫生服务中心徐澜分别获得“杭州市百名最美医师”称号。祥符街道社区卫生服务中心来建琴主任中医师获省级基层名中医称号；小河街道社区卫生服务中心周国莉、方智慧入选《2019年省杏林计划（优秀中西医结合人才培养）》；胡春根通过浙江省中医医术确有专长医师资格考核、获全国第一张中医医术确有专长医师资格证。

【医护人员培训考试】2019年，辖区98名医师通过执业（含助理执业）资格考试，完成10名美容主诊医师备案，13人完成全科继教培训，12人参加社区护士培训，13人参加初级继教培训。

（余蒋敏）

卫生科研

【概况】2019年，拱墅区开展第4届基层服务能力提升工程——“急诊思维训练”培训班，全区36位医务骨干完成培训。组织辖区医务人员参加省市各级25场次的学术会议。

【国家级婴幼儿照护示范点落户拱墅】2019年，拱墅区以公立幼儿园为基础，在和睦街道和拱宸桥街道左岸幼儿园设立示范点，探索规范化婴幼儿照护运行模式，逐步满足人民群众对婴幼儿照护服务的需求，促进婴幼儿健康成长。9月，拱墅区的婴幼儿照护服务项目点被选为中国计生协婴幼儿照护服务候选示范点。

【全市首家拥有国际背景的医学检验实验室在拱墅建成】2019年6月，由杭州市政府和德中卫生组织牵头，与杭州师范大学附属医院联合筹建的中国魏尔啸实验室在拱墅区的杭州国际人才创业创新园建成并投入使用，该项目占地面积2310平方米，是全市首家拥有国际背景的医学检验实验室，也是拱墅区第一家拥有医学检验实验室牌照的实验室。

该实验室定位为中国魏

尔啸实验室集团的技术中心、培训中心，依托德国技术平台、专家团队、管理模式，开展病理学诊断、脱落细胞学及穿刺细胞学诊断、免疫组织化学、特殊化学染色等常规病理项目，推出基于实时荧光定量PCR、测序、Sanger测序、NGS、FISH、数字PCR、MassARRAY等国际前沿技术的分子诊断项目。同时，运用远程数字信息化技术，搭建中德远程病理会诊平台，实现对肿瘤、心血管等重大疾病的精准诊断，助力精准医疗。

【央视纪录片《为了人民的健康》在拱墅拍摄】2019年8月28—29日，国家卫健委拍摄组到拱墅区爱心科技体验馆进行建国70周年献礼专题纪录片《护佑人民健康》拍摄活动。专题纪录片重点围绕体验馆情景服务、心理咨询等场景进行拍摄，并在中国教育电视台播放。

拱墅区率先探索“心理社工”培育模式，建设全国首个“心理社工”培育督导孵化基地，基地占地面积200余平方米，已于2019年10月份投入使用。全区“心理社工”培训行动持续开展，在落实2018年百人培育计划的基础上，2019年实施千人培育计划。9月20日举办了拱墅区第二届“心理社工”技能大比武暨基层心理干预应急演练。

（余蒋敏）

卫生应急

【概况】2019年，全区发生17起突发公共卫生事件，包括与预防接种有关事件1起，传染病类事件16起。

【公共卫生风险评估】2019年，拱墅区卫健局开展突发事件公共卫生风险月度评估12次，完成拱墅区突发事件公共卫生风险评估月度报告12期。开展3次专题风险评估并完成专题风险评估报告，议题涉及2019年登革热等虫媒传染病、2019年秋冬季传染病和2019—2020今冬明春流行性感冒疫情。

【医疗应急处置能力竞赛举办】2019年，区卫健局举办拱墅区保健案例、基层应急能力、检验技能、社区护士讲课、药师比武、中医适宜技术6项技能比武，专业范围包含临床、中医、护理和药学等专业，以赛促学，进一步提升辖区基层医疗机构服务能力。

（冯明芳）

卫生法制与监管

【概况】2019年，拱墅区卫健局按照《法治政府建设实施纲要（2015—2020年）》和《2019年法治拱墅建设工作要点》要求，坚持依法行政和法治宣传教育两手抓，深入推进更高水平的法治政府建设，全面落实依法行政目标任务。认真对照浙江省卫健委“2019年综合监督任务清单和2019年浙江省卫生执法监督工作任务”要求，以国家和省下达的双随机监督抽查工作为重点，统筹兼顾日常监督监测和专项检查，顺利完成和推进各项执法监督任务，确保辖区公共卫生安全。

【卫生法制教育】2019年，区卫生监督所创新法制宣传教育形式，基于执法者、执法对象和公众三个维度，在推行“以案说法”方面开展探索和实践。组织和参与职业病防治法宣传周、生活饮用水宣传周、爱国卫生、学雷锋及助力区委区政府六大专项行动工会广场服务等集中普法宣传活动5次。

【“双随机”抽查】2019年，辖区双随机任务数278家，其中国抽202家，省抽76家，至年底全部完成，双随机抽查发现违法线索查处案件58起，查处率为20.86%。

【卫生行政许可】2019年，区卫健局受理行政许可事项3538件，办结3538件，办结率100%，其中医疗卫生机构设置执业许可608件、公共场所卫生行政许可381件、母婴保健专项技术服务许可17件、医护人员执业许可2312件、放射诊疗许可80件、放射诊疗建设项目卫生审查41件、再生育审批50件。在区行政服务中心先进评比中，以考评第一名的成绩获得三、四季度红旗窗口和年度最美窗口。

【卫生违法查处】2019年，区卫健局行政处罚案件办结182起，罚没款116.15元。投诉举报查处70起。拱墅区卫生行政执法的长足进步获得了各级政府领导的肯定，题为“拱墅区狠抓卫生执法成效显著2起案件获评全省行业十大优秀案例”的专报获得杭州市副市长陈卫强的批示。

【杭州仁德妇产院从事产前诊断被查处】2019年3月22日，拱墅区卫健局对杭州仁德妇产医院有限公司超越许可范围擅自从事产前诊断案，作出警告、没收违法所得42380元、罚款169520元的行政处罚。该案的查处情况入选2019年上半年杭州市十大非法行医典型案例和2019年度全市卫生行政处罚“十佳案件”。

（林曦）

爱国卫生和健康城区

【概况】2019年，拱墅区爱国卫生运动委员会印发《关于下达2019年拱墅区爱国卫生和建设健康拱墅工作任务的通知》《拱墅区2019年除“四害”工作要点》《关于强化落实“人人动手 清洁家园”爱国卫生工作的通知》等文件，督促各街道、部门切实落实好属地管理责任，根据辖区人口及面积，建立健全社区的病媒生物防控工作网格组织，加强对网格人员的管理，实行街道、社区、网格长三级管理模式。根据市相关要求，区爱卫办牵头开展PCO公司招标工作。共有9家公司参加此次招标，根据专家评定，最终4家公司中标入围。

【健康单位创建】2019年初，区爱卫会根据成员单位职责分工进行任务分解，压实各单位各部门责任，为迎接省市最终考核做好准备。定期走访杭州长阳中学、杭州康桥中学、杭州市第二人民医院等10余家健康促进创建单位，检查了解督查健康单位创建实际情况。8月24日，举办拱墅区健康知识及健康技能大赛，最终选出2户家庭参加市级健康家庭比赛。选出的参赛家庭在市健康家庭比赛中，分别获得一等奖、三等奖、健康好妈妈荣誉称号，拱墅区获得优秀组织奖。

【控烟工作】2019年10月17日，拱墅区卫健局召开爱国卫生工作会议暨公共场所控烟联席会议，区府办、区委宣传部等10个相关部门、各街道分管负责人，各街道负责爱卫办和健康办工作联络员，区卫生监督所、区疾控中心，各街道社区卫生服务中心分管领导参加会议。会议部署了爱国卫生相关工作，传达杭州市公共场所控制吸烟联席会议精神；通报全区1—9月份控烟工作，部署下一阶段工作，会议中各部门交流了控烟工作情况，为下一步控烟工作顺利开展奠定了基础。

（张钘永）

体育

综述

群众体育

竞技体育

综　述

2019年，拱墅区委、区政府以“健康拱墅”为目标，以“健康杭州（浙江）考核”为契机，全面落实《健康浙江2030》《健康杭州2030》行动纲要相关要求，面向基层新建、更新10个街道45个社区全民健身点，安装、维修611件健身器材。按照浙江省委、省政府印发的《2019年健康浙江建设工作要点和考核评分细则》文件要求，获得健康浙江考核（体育部分）满分（118分）。此外，拱墅区获得“2019年度浙江省竞技体育突出贡献奖”；皮划艇（杭州大运河）荣获浙江省运动休闲旅游优秀项目（2020—2022年度）。

全年举办2019年中国（杭州）新年祈福走运大会暨拱墅区第十三届“新年走运·香积祈福”健走活动、2019年拱墅区第八届半山立夏节“跑山迎夏”活动、2019中国皮划艇巡回赛（杭州拱墅站）暨京杭大运河皮划艇挑战赛活动等体育活动；举办拱墅区第九届全民运动会、拱墅区全民健身日系列活动、拱墅区第六届“和康医疗杯”篮球联赛、拱墅区青少年击剑锦标赛、拱墅区青少年中国式摔跤锦标赛、拱墅区青少年跆拳道锦标赛、拱墅区青少年羽毛球锦标赛等体育赛事；指导有关街道社区举办运动会，全年有2个街道及15个社区举办运动会。指导各体育社团开展各类全民健身活动。

继续举办和参加社会体育指导员培训，培训各级社会体育指导员140人，拥有各级社会体育指导员1666人。全年举办各类文体干部体育业务培训10次。开展区级国民体质监测工作。指导各街道完成2680人的国民体质测试工作，体质合格率达到93.8%。

（马卫平 何超 姚靖雯）

群众体育

【概况】2019年，拱墅区举办2019年中国（杭州）新年祈福走运大会暨拱墅区第十三届“新年走运·香积祈福”健走活动、2019年拱墅区第八届半山立夏节“跑山迎夏”活动、2019中国皮划艇巡回赛（杭州拱墅站）暨京杭大运河皮划艇挑战赛活动、拱墅区第九届全民运动会、拱墅区全民健身日系列活动、拱墅区第六届“和康医疗杯”篮球联赛等体育活动36场，参与人数1万余人次。

【中国（杭州）新年祈福走运大会暨拱墅区第十三届“新年走运·香积祈福”健走活动】2019年1月1日举办中国（杭州）新年祈福走运大会暨拱墅区第十三届“新年走运·香积祈福”健走活动，该活动由杭州市人民政府主办，杭州市运河集团、拱墅区人民政府、杭州市旅游委员会、杭州市园林文物局（市运河综保委）、杭州市会展办承办，浙江省体育局田径协会、杭州运河集团文化旅游有限公司、杭州市拱墅区文化和广电旅游体育局执行承办。杭州市各城区健走爱好者共2000人参加活动。

【全域户外信息数据采集完成】根据浙江省体育局《关于进一步加快“全域户外智能 信息服务平台”建设工作的通知》，2019年4月25日到5月15日，拱墅区体育局委托杭州市体育休闲行业协会对半山森林国家公园博文苑—望宸阁；半山国家森林公园降雪亭—望宸阁；半山国家森林公园四海承风—绿溪滴翠；京杭大运河游步道拱墅段西侧江涨桥—拱宸桥4条户外线路进行数据和轨迹采集，完成数据处理、数据质量评估和数据上报等工作。

【第八届半山立夏节“跑山迎夏”活动举办】2019年5月5日，在半山国家森林公园举办拱墅区第八届半山立夏节“跑山迎夏”活动。该活动由拱墅区人民政府主办，拱墅区文化和广电旅游体育局、拱墅区半山街道办事处承办，吸引辖区300名运动爱好者参与。活动由风雪户外公司总经理、西湖跑山赛发起人、拱墅区篮球协会会长领跑，跑山路线全长3.3公里，景区明园路入口公园门楼处—望宸阁（路径：以公园门楼为起点向西前行，经过民俗浮雕，穿过云锦亭，踏过雨花间泉，沿山边健身步道，抵达望宸阁）。《杭州日报》《体坛报》《钱江晚报》多家知名媒体对活动进行报道。

【拱墅区第九届全民运动会】2019年5—11月，拱墅区举办第九届全民运动会。比赛共设田径、游泳、三人制篮球、乒乓球、羽毛球、跆拳道、中国式摔跤、击剑、射击、太极拳（剑）、第九套广播体操、广场排舞、健身气功、趣味体育等14个竞赛项目，3218名运动员、教练员和裁判员参加比赛。祥符街道、米市巷街道、拱宸桥街道分别获街道组前三名，区教育局、拱墅税务局、区公安分局分别获机关企事业组前三名。

【2019年拱墅区全民健身日系列活动】2019年8月举办拱墅区全民健身日系列活动。系列活动包含拱墅区排舞广场舞大赛、杭州市全民健身日工间操展演联动活动、体育场馆免费开放并开设免费培训、免费健身体验4个环节。4日，在拱宸桥小学体育馆举办拱墅区排舞广场舞大赛，比赛由拱墅区体育总会、中国电信拱墅分局主办，拱墅区老年体协、拱墅区文化体育交流协会承办，辖区共有10个街道及各企事业单位16支排舞精英团队192名选手参加。8日，在阿里体育中心参加杭州市体育局主办的“健康中国，你我同行——迎亚运·杭州市全民健身日展示交流大会”（广播操展示、工间操展演）。参加人员分别来自杭州市13个区、县（市），共计600余人，其中拱墅区派出50名选手参加。此外，8日，区文体中心、区体育馆在不同时间段向市民开设跆拳道、游泳项目的免费培训活动，1510人参加；区体育馆羽毛球场地全天对外免费开放。8—11日，拱墅区祥园路88号的菲特尼斯北软旗舰店进行为期4天的免费健身体验活动。

【市老年人体育比赛参赛】2019年3—10月，拱墅区参加杭州市八法五步启动仪式，180余人参加市老年人太极拳（剑）、八法五步、钓鱼、地掷球、乒乓球、兜球、门球等11个项目的比赛，获4金牌1银牌；并有多个项目获优胜奖，展示了拱墅区老年人“健康向上、

2019 年 6 月 29 日，2019 中国皮划艇巡回赛（杭州拱墅站）在西塘河开赛　（区文广新局 供稿）

老有所为”的精神风貌。

【2019 中国皮划艇巡回赛（杭州拱墅站）暨京杭大运河皮划艇挑战赛活动】 2019 年 6 月 23 日，在西塘河举办“2019 中国皮划艇巡回赛（杭州拱墅站）暨京杭大运河皮划艇挑战赛”，该活动由中国皮划艇协会、拱墅区人民政府、杭州市体育局、杭州市城市管理局主办，杭州市拱墅区文化和广电旅游体育局、杭州市市区河道监管中心、浙江省船艇运动协会、杭州市船艇运动协会、杭州拱墅区和睦街道、杭州水尚皮划艇运动俱乐部承办。来自北京、上海、苏州、常州、无锡、济宁、淮安、聊城、杭州、温州、宁波、金华、衢州、嘉兴 14 个城市的 198 名选手参赛。5 名来自于美国、加拿大、俄罗斯、德国皮划艇爱好者也参加了比赛。大赛决出男子单人艇、女子单人艇、亲子平台舟、桨板等 12 个项目奖项，现场近千人观看。浙江公共新闻、杭州一套新闻 60 分、杭州二套阿六头说新闻等频道对赛事进行多角度采访报道；平面媒体（《体坛报》、《都市快报》、《钱江晚报》）等均刊登赛事情况；网络媒体（浙江新闻、浙青网、杭 + 新闻、杭州网、KK 直播、拱墅发布）等知名媒体进行报道。

【“泸州老窖 · 国窖 1573”杯 2019 年杭州市业余网球巡回赛】 2019年11月23日，在城北体育公园网球中心举办“泸州老窖 · 国窖 1573”杯 2019 年杭州市业余网球巡回赛。该活动由杭州市体育局主办，拱墅区文化和广电旅游体育局以及杭州市网球协会联合协办。西湖区、拱墅区、江干区、上城区、下城区、滨江区、余杭区、萧山区、富阳区、临安区、淳安县、建德市 12 个县市区体育部门派出共 143 名选手参赛，西湖区代表队、拱墅区代表队、江干区代表队、临安区代表队、余杭区代表队、滨江区代表队分别获巡回赛前六名。

【省市群众体育比赛参赛】 2019年，拱墅区积极组队参加省市各项比赛。参加省健身气功总决赛、省老年健身气功比赛共获得7金2银1铜；参加省太极拳（剑）获得1金1银；参加杭州市第十三届健身气功比赛中包揽三个项目的第一名，获得了团体总分冠军。

【第六届“和康医疗杯”篮球联赛】 2019年11月23—29日，在杭州源清中学举办拱墅区第六届“和康医疗杯”篮球联赛。联赛由拱墅区文化和广电旅游体育局主办，拱墅区篮球协会、拱墅区文化体育交流协会承办，浙江和康医疗集团有限公司冠名。比赛分机关企业、社会公开两组，来自辖区25支代表队共376名运动员参加，拱墅教育、特警支队、区直机关代表队分别获机关企业组前三名，北宸体育、USBA军团蚁、三菱电机代表队分别获社会公开组组前三名。

（马卫平 何超 姚靖雯）

竞技体育

【概况】 2019年，拱墅区输送运动员参加第18届国际泳联世界游泳锦标赛、全国第二届青年运动会、全国游泳冠军赛、全国羽毛球单项冠军赛、全国赛艇锦标赛、全国U15—16羽毛球比赛总决赛中，均取得较好成绩，荣获“浙江省竞技体育突出贡献奖”。

【拱墅区获得2019年度省竞技体育突出贡献奖】 2020年1月2日，浙江省体育局下发《关于表扬2019年度体育工作先进单位的通知》，表扬输送运动员在世锦赛、全国第二届青年运动会上取得优异成绩的单位，省体育局向7个单位（3个地市级体育部门、4个县级体育部门）颁发“浙江省竞技体育突出贡献奖”，杭州市拱墅区文广旅体局获此荣誉。

【拱墅区被授予“2018年第18届亚运会突出贡献奖”】 2019年1月17日，浙江省体育局下发《关于表扬在第18届亚运会中做出突出贡献单位的通知》，表扬输送运动员在第18届亚运会取得优异成绩的单位，省体育局授予17个县（市、区）体育局“2018年第18届亚运会突出贡献奖”，拱墅区文广旅体局获此荣誉。

【优秀体育苗子培养鼓励】 2019年，区文广旅体局对获得市级以上前三名的运动员、教练员分别给予奖励。对前一年获得市级以上比赛前三名的运动员和获得市级以上比赛前六名的教练员，发放伙食补助。2019年共有137名运动员和77名教练员获得业训伙补费，实现了有基地、有项目、有训练、有比赛、有成果，为备战市运动会选拔、输送优秀体育苗子奠定基础。

【“浙江省高水平体育单项训练基地”落户拱墅】 2019年，依据《浙江省高水平体育训练基地管理办法》《浙江省体育局关于开展全省高水平体育训练基地检查认定工作的通知》的要求，经过申报和省体育局的中期检查评估，认定“浙江省体育高水平综合训练基地”8个，“浙江省体育高水平单项训练基地”22个，拱墅区的杭州极真体育健身有限公司空手道项目被命名为“浙江省高水平体育单项训练基地”，至年底，有158名少年儿童在该俱乐部参加普及训练。

【拱墅区文广旅体局与杭州跆拳道协会签订战略合作协议】 2019年1月30日，拱墅区体育局与杭州跆拳道协会签订为期3年的“跆拳道赛事支持和后备人才培养战略合作框架协议”，为拱墅区举办跆拳道竞赛、后备人才培养、提升教练员业务水

在第十届全国残疾人运动会暨第七届特殊奥林匹克运动会比赛中，拱墅区运动员朱槅获男子 T37 级 800 米金牌

（区残联 供稿）

平和项目发展动态信息提供技术支持和服务。协议签订当天，授予杭州市莫干山路小学、杭州市明德小学 2 所学校为“杭州市青少年跆拳道后备人才储备单位”。

【全国第二届青年运动会参赛获奖】 2019 年 8 月 8—18 日，由国家体育总局主办，山西省人民政府承办的全国第二届青年运动会在山西举行。青运会与奥运会全面接轨，竞赛项目涵盖夏季奥运会的全部项目和 2022 年北京冬季奥运会的绝大部分项目，增设了中国传统体育项目和跨界跨项选材全能项目，共设 49 个大项，1868 个小项。按照参赛人群设体校组、社会俱乐部组。拱墅区有 7 名运动员代表浙江省参赛，获得金牌 6 枚、铜牌 3 枚。

【浙江省大众摔跤柔道锦标赛参赛获奖】 2019 年 8 月 24—25 日，拱墅区代表队 32 名运动员参加浙江省大众摔跤柔道锦标赛，在中国式摔跤比赛中共获得 7 个冠军、6 个亚军、10 个季军。

【杭州市中小学生阳光体育锦标赛参赛获奖】 2019 年 4 月 18—19 日，拱墅区代表队 32 名运动员参加杭州市中小学生阳光体育田径锦标赛，获得 7 个冠军、6 个亚军、8 个季军。5 月 12—14 日，拱墅区代表队 24 名运动员参加杭州市小学生阳光体育篮球锦标赛，获得小学女子组比赛第二名、小学男子组比赛第三名。17—18 日，拱墅区代表队 12 名运动员，参加杭州市中小学生阳光体育举重锦标赛，共获得 1 个冠军、2 个亚军、3 个季军。11 月 1—2 日，拱墅区代表队 65 名运动员参加杭州市中小学生阳光体育跆拳道锦标赛，获得 8 个冠军、10 个亚军、12 个季军。16 日，拱墅区代表队 16 名运动员，参加杭州市中小学生阳光体育艺术体操锦标赛，获得 1 个冠军、2 个亚军、3 个季军。同日，拱墅区代表队 36 名运动员，参加杭州市中小学生阳光体育摔跤锦标赛，在中国式摔跤比赛中，获得 11 个冠军、8 个亚军、14 个季军。12 月 7—8 日，拱墅区代表队 16 名运动员参加杭州市中小学生阳光体育羽毛球锦标赛暨第六届杭州市羽毛球协会训练基地交流赛，获1个亚军、1个季军。年内，拱墅区46名运动员参加杭州市中小学生阳光体育击剑锦标赛，获得6个冠军、7个亚军、6个季军。年内，拱墅区代表队22名运动员参加杭州市中小学生阳光体育空手道锦标赛，获7个冠军、6个亚军、6个季军。年内，拱墅区代表队12名运动员参加杭州市中小学生阳光体育射击锦标赛,获得获4个冠军、1个亚军、2个季军。

【第一届冰上运动会举办】2019年7月2日,“世纪星杯”拱墅区第一届冰上运动会在杭州远洋乐堤港世纪星冰场举行，运动会由杭州市拱墅区文化和广电旅游体育局主办，共有来自杭州上海世界外国语学校等拱墅区中小学校以及杭州主城区的335名冰雪爱好者参加了冰球射门、冰上拔河、花样滑冰和冰球等表演比赛。

【全国室内五人制少年足球锦标赛获得第三名】2019年7月25日—8月1日，由中国足协主办，西安市足球协会、西安市高新区足球协会协承办的中国足协室内五人制足球青少年夏令营暨全国室内五人制足球少年锦标赛(U11)在西安高级中学博爱校区举行。比赛采取小组循环和交叉排位的赛制，共有12支男队和6支女队参赛。杭州市长阳小学女子足球队获得第三名。

【浙江省·静冈县友好交流乒乓球大赛】2019年8月27日，第四届浙江省·静冈县友好交流乒乓球大赛在浙江树人大学举行，省外办副主任、省体育局副局长、省友协专职副会长、省乒协会长、拱墅区副区长、浙江树人大学党委书记和日本静冈县副知事等出席开幕式，拱墅区有16名运动动员代表浙江省参赛，4位选手包揽小学男子组前四名。

【渠依含入选国家少年预备队】国家体育总局网球运动管理中心2019年12月17日下发《关于公示2020年度国家青少年网球队运动员名单的函》，拱墅区运动员渠依含入选国家少年预备队。2019年12月1—8日，渠依含参加在上海举行的国家少年网球预备队运动员选拔训练营，经过训练营专家对其全国比赛排名、训练营训练比赛表现、未来发展潜力、体能测试及伤病筛选等综合评估，以优异的表现赢得专家、教练的肯定，入选2009年龄女子组16人的预备队。

【2019年全国国际象棋锦标赛承办】由国家体育总局棋牌运动管理中心、中国国际象棋协会举办，中国棋院杭州分院、杭州市体育彩票管理中心、杭州市拱墅区文广旅体局、浙江省钱江棋院承办的2019年全国国际象棋锦标赛(个人乙组)于7月1—7日在杭州石塘杭州瑞莱克斯大酒店举行，全国各省市156余名选手参赛，国家体育总局棋牌运动管理中心副主任出席开幕式。

【薛静波获全国赛艇锦标赛冠军】2019年9月7—10日，由中国赛艇协会主办的全国赛艇锦标赛在北京顺义奥林匹克水上公园举行，作为年度国内最高级别、最高水平的赛艇赛事，全国25余支队伍共721名运动员参赛，其中国家队单独参赛，竞争异常激烈、比赛精彩纷呈。比赛分为公开组、U20组、大学生组和俱乐部组。拱墅区运动员薛静波代表浙江省队参加U20组女子四人单桨比赛并获得冠军。

【单嘉诚获全国U15-16羽毛球比赛总决赛冠军】2019年11月1—7日，由中国羽毛球协会主办的尤尼克斯全国U15—16羽毛球比赛总决赛在安徽省淮北市举行。全国21个省市的222名运动员参加U15、U16两个年龄组男团、女团、男单、女单、男双、女双、混双7个项目的比赛。拱墅区运动员单嘉诚代表浙江队参赛，获得15岁组（2004）男子团体第一名、男子单打第二名、男子双打第三名。

【倪博文获全国羽毛球单项冠军赛冠军】2019年10月20—27日，由中国羽毛球协会主办的国内最高水平的单项羽毛球赛事——“碧源杯”全国羽毛球单项冠军赛在河南郑州奥林匹克中心体育馆举行。比赛设男子单打、女子单打、男子双打、女子双打、混合双打5个竞赛项目，26个代表队514名注册运动员参赛。拱墅区运动员倪博文代表浙江省队参赛，获得男女混合双打冠军。

【叶诗文获全国游泳冠军赛3项冠军】2019年3月24—31日，由国家体育总局游泳运动管理中心、中国游泳协会主办的全国游泳冠军赛暨世锦赛选拔赛在青岛国信体育中心游泳跳水馆举行。全国游泳冠军赛作为国内游泳项目最高级别赛事，每年举办一届，26个省、市、自治区546名达标运动员（男292人、女254人）参加比赛，赛事规模及参赛人数达到历届之最。拱墅区运动员叶诗文代表浙江省队参赛，获得女子200米个人混合泳、女子400米个人混合泳和女子200米蛙泳三项冠军，顺利拿到世锦赛门票。

【叶诗文获第18届国际泳联世界游泳锦标赛2项亚军】2019年7月21—28日，第18届国际泳联世界游泳锦标赛在韩国光州市立国际游泳场举行，比赛分为游泳、跳水、水球、艺术游泳、公开水域游泳、高空跳水六大项目。拱墅区运动员叶诗文代表中国队参赛，获得女子200米个人混合泳、女子400米个人混合泳二项亚军和女子200米蛙泳第四名。

【杭州市第五届“市长杯”少年儿童游泳比赛总决赛获奖】2019年11月23日，由杭州市体育局主办，杭州市体育发展集团大关游泳健身中心、杭州市游泳协会承办，杭州市体育发展集团游泳健身中心、杭州市陈经纶体育学校协办的杭州市第五届“市长杯”少年儿童游泳比赛总决赛在杭州市健身中心游泳馆举行。来自杭州市各游泳俱乐部、小学、幼儿园、游泳馆、陈经纶体校、大关游泳健身中心、杭州市体育发展集团游泳健身中心的389名6—12岁的小朋友参赛，参赛资格必须是前三站分站赛比赛中至少获得一次前8名有效成绩。拱墅区代表队33名运动员参加比赛，获得16项冠军、27项亚军、16项季军。

【第39届“迎春杯”浙江省青少年（儿童）游泳锦标赛获奖】2019年1月27—31日，由浙江省体育局、浙江省教育厅主办的第39届“迎春杯”浙江省青少年（儿童）游泳锦标赛在台州市临海台运健身中心游泳馆举行，全省45支代表队956名运动员参赛。“迎春杯”作为省内规模最大，水平最高的青少年游泳比赛，已成为选拔促进训练的一项有效手段。经过5天的奋“泳”拼搏，拱墅区32名运动员共获得20项冠军、21项亚军、14项季军。

【浙江省青少年（儿童）游泳冠军赛获奖】2019年7月5—9日，由浙江省体育局、浙江省教育厅主办，浙江省游泳协会、绍兴市体育局承办的“舜康杯”浙江省青少年（儿童）游泳冠军赛在绍兴市上虞游泳馆举行，有杭州、宁波、温州、湖州、嘉兴、绍兴等36支地市、县区代表队和俱乐部代表队的859名运动员参加比赛。拱墅区28名运动员共获得32项冠军、22项亚军、13项季军。

（马卫平 何超 姚靖雯）

人力资源

综　述

人事管理

劳动保障

就业创业

劳动人事争议仲裁

综 述

2019年1月，省委省政府批准《杭州市拱墅区机构改革方案》。按照机构改革的规定，区委区政府部分机构的工作职责做相应的调整，部分事业单位重新调整了隶属关系和职能。5月开始，受中美贸易摩擦的影响，拱墅区部分企业在劳动就业、企业生存等方面出现了新的困难。针对新情况新问题，拱墅区人力社保局牢牢把握“人社工作为人民”的工作主线，抓好区域发展“中心要事”，抓实民生福祉“关键小事”，聚力攻坚破解“改革难事”，注重调查研究，开展精准服务，人社事业发展取得新成果、展现新作为。拱墅区技能人才石丹在世界技能大赛上斩获金牌，运河技工学校受人社部、省人社厅等多部门通报嘉奖；全市首创劳动仲裁诉前调解机制，并在全省仲裁调解改革现场会上作经验交流；选送的优秀干部在全国人社系统技能比武中斩获佳绩；技能人才培养、社税银联办专窗等特色创新做法受到社会广泛好评。

（朱祺祺）

人事管理

【概况】2019年，区人力社保局核准备案254家事业单位的岗位设置调整方案，并按要求审核“双肩挑”人员和专业技术人员标准；全年共受理、初审并备案事业单位岗位设置变动情况1044人次，其中包括管理岗位、专业技术岗位和工勤技能岗位晋升668人次，审核转岗、转正定级、新进人员定级、辞职和退休减员等376人次，审核事业单位人事调动调配手续185人；统发全区240家机关事业单位约7500名工作人员全年工资；完成事业单位工作人员约5600人工资晋薪工作；完成事业工作人员约5700人公积金调整工作和年初、年末的综合考评奖预发审核及清算审核工作，并同步完成拱墅区137家全额拨款事业单位上年度津贴补贴、奖金、福利发放自查情况的统计汇总，指导各事业单位开展年度考核工作。

【机构改革全部完成】2019年1月始，区人力社保局根据省市区机关事业单位机构改革的总体要求和部署，配合区委编制委员会办公室，分2个批次对全区50家事业单位人员进行划转和人事关系转录，调整62家事业单位人员人事关系，全年完成全区254家事业单位岗位设置调整和涉改人员岗位变动及工资调整。

【事业单位和国企人员招聘】2019年8—9月，区人力社保局组织的拱墅区部分事业单位公开招聘共计招录3批事业单位工作人员49名。全年指导教育系统开展不同类型的人员招聘会共6场次，招聘人员555人；指导卫生系统开展不同类型人员的招聘会2场70人。指导国企开展人员招聘会，招聘国企编制人员16人。

【教师待遇落实统计调查开展】根据2019年8月《浙江省人民政府教育督导委员会办公室关于开展对市县级人民政府履行教育职责评价的通知》要求，区人力社保局会同区委组织部、区教育局、区财政局，按照相关口径对拱墅区中小学教师工资水平进行摸底统计，经比较，全区中小学教师年人均基本工资水平高于公务员，奖金水平低于公务员，并将统计结果在规定时间上报给相关单位，同时配合做好后期整改督查工作。

【社区书记纳入专项周转事业编制】2019年11—12月，在拱墅区考核比选工作领导小组办公室的牵头下，区人力社保局协同区委组织部、区委编制委员会办公室、区纪委区监委、区发改经信局、区民政局，全程参与做好优秀社区党组织书记纳入专项周转事业编制工作。通过对优秀社区书记人选的摸底调查、民主推荐、笔试面试，组织考察，分析研判等环节，确定6名优秀社区书记纳入专项周转事业编制，享受事业单位管理七级经济待遇。

【“双一流”党政储备人才转事业编制】2019年11月，由区委组织部牵头，区人力社保局对10名2018年“双一流”党政储备人才开展民主测评和征求意见工作。通过排摸确定参加测评人员，对测评对象开展民主测评等，确认9人测评结果为优秀，1人为合格。12月底，区委组织部、区委编制委员会办公室、区人社局、区科技工业区管委会召开“双一流”党政储备人才转事业编制工作专题会议，确定其中8人转为事业编制，并按照学历确定对应的岗位等级，原则上硕士研究生享受副科级待遇，博士生享受正科级待遇。

【《杭州市行政奖励实施细则》贯彻实施】2018年2月，市政府颁布《杭州市行政奖励实施细则》，并明确由各级人力社保局负责具体实施及审核。2019年11月，通过区各有关部门推荐，区人社局汇总审核9个拟表彰奖励和通报表扬项目上报区委区政府。经区委区政府研究，上报市人力社保局表彰奖励项目1个（拱墅区“担当作为”工作之星），通报表扬项目3个（“平安拱墅”创建工作突出贡献集体和个人、拱墅区教育系统授予优秀教师各类荣誉、拱墅区经济高质量发展贡献奖）。根据《杭州市行政奖励实施细则》有关规定，区人社局提请区政府授予区纪委等4部门相关人员行政嘉奖，对2人记个人三等功，给予7人个人嘉奖。

【事业单位人事干部培训班举办】2019年12月31日，区人力社保局举办全区事业单位人事干部培训班，全区共计62家单位120余人参与培训。区人社局邀请杭州市人力社保局相关处室专家给人事干部进行工资福利相关政策培训，区人社局相关科室负责人和分管局长还讲解了事业单位人事制度和工资制度等业务知识。

（朱祺祺）

劳动保障

【概况】2019年，拱墅区劳动保障监察大队共查处拖欠工资案件2809件，涉及劳动者3658人，涉及金额3845.32万元，其中建筑装饰行业712件，餐饮服务行业120件，制造加工业56件，其他行业1921件。处置“110”社会应急联动中心转办的联动警情1827起，均做到快速有效处置。开展在建工程建设项目落实无欠薪长效机制专项检查350次，出动检查人员775人次。组织开展全区劳动用工信息采集和预警排查，8672家。

【农民工工资支付情况检查】2018年11月—2019年1月，拱墅区劳动保障监察大队开展农民工工资支付情况专项检查，重点检查制造业、餐饮业、建筑业等行业中的农民工工资支付情况，出动检查人员49人，检查用人单位281家，涉及农民工2.01万人。

【人力资源市场秩序清理整顿专项执法行动】2019年3月25日—4月23日，由拱墅区劳动保障监察大队牵头，各街道、科技工业园区等单位参与，开展清理整顿人力资源市场秩序专项检查。出动50人，检查用人单位97家，其中检查人力资源服务机构（单位）15家。

【受中美贸易摩擦影响企业劳动用工执法服务活动】2019年5—12月，拱墅区人社局开展受中美贸易摩擦影响企业劳动用工执法服务活动。出动执法服务人员49人，服务企业170家，向企业提供法律法规的咨询，规范企业劳动用工行为。

【劳动用工和社会保险法律法规检查】2019年7月20日—8月23日，拱墅区劳动保障监察大队开展遵守劳动用工和社会保险法律法规专项检查。出动检查人员48人，检查企业356家，涉及劳动者5077人。通过检查，消除潜在的劳动矛盾纠纷26件。

（朱祺祺）

就业创业

【概况】2019年年初，区人力社保局制定2019年拱墅区就业援助精准服务年系列活动计划。全年，举办招聘会41场，参与的有效会员单位1394家，发布用工岗位数3.59万个，发布用工信息单位3784家次，求职登记7890人次，职业介绍3480人次。区人社局聚焦拱墅重点产业、重大平台，聚力人才国际化市场化发展，协同区委人才办开展海外高层次人才引进。同时不断浓厚“双创”氛围，鼓励青年就业创业，推进落实“拱墅区大学生就业创业三年行动计划”，开展青年人才引培孵化“春苗行动”，探索区校“双创”联盟建设。深入实施《关于加快推动高技能人才培养打造拱墅工匠队伍的若干意见》，加强与民办培训学校合作，探索排查企业新型学徒制工作，延伸固化“师带徒”培养模式，努力构建多层次、梯队式技能队伍培养体制。全年，发放技能人才补贴58.58万元。发放人才专项经费511.71万元。全年发放创业担保贷款93笔，发放贷款3676万元。核定失业保险金2.56万人次，计4134.33万元；审核技能提升补贴4214人，计806.65万元；审核企业稳岗补贴632家，计1075.23万元；审核就业补助资金2.56万人次，计9965.63万元。开展对口帮扶，精准就业扶贫。至年底，拱墅区结对帮扶贵州省黄平县在杭州市实现就业657人，湖北省来凤县在杭州实现就业117人。

【就业援助月活动举办】2019年1月，拱墅区就业管理服务中心在各街道、社区开展就业援助月活动，1500余人参加活动。活动中，开展服务进社区、“一对一”专项援助，提供岗位信息和针对性职业指导等形式的援助行动。在就业工作整体推进的前提下，首要重视弱势群体的就业问题，保障弱势群体就业再就业的合法权益。通过活动，全区279人成功就业。

【东西部扶贫劳务协作专场招聘会召开】2019年2月14日，拱墅区举办2019年“拱墅区—黄平县东西部扶贫协作专场招聘会”；16—17日，2019年“拱墅区—来凤县精准扶贫劳务协作专场招聘会”召开。两地招聘会上，区人社局共组织浙江康禧物业服务股份有限公司、浙江顺丰速运有限公司等23家企业，携带就业岗位1567个参加。两地招聘会进场求职1000余人，达成初步就业意向300余人。9月3—7日，区人力社保局分别组织人员赴贵州省黔东南州黄平县和湖北省恩施州来凤县举办东西部劳务协作对口帮扶招聘会，参加两地招聘会的企业20家，携带就业扶贫岗位1322个，进场求职600余人，达成初步就业意向100余人。

【就业援助“私人定制服务周”活动】2019年5月27—31日，区人社局在辖区范围内全面组织开展就业援助“私人定制”服务周活动。此次活动的服务对象是未就业和未享受扶持政策的就业困难人员，其中重点是零就业家庭、困难家庭、残疾人和未就业高校毕业生。区就业服务中心在服务周期间组织街道、社区全面开展“送政策、送服务、送岗位、送补贴、送培训”的“五送”就业援助活动，为服务对象提供“面对面”“一对一”的精准服务。通过活动，区就业服务中心充分了解了服务对象的基本情况，为他们提供适合的岗位信息、职业培训信息和针对性职业指导，帮助落实政策。在就业援助“私人定制”服务周期间，区就业服务中心工作人员共走访就业困难人员家庭800余户，发放各类政策宣传材料1500余份。

2019年9月，拱墅区服务民生·促进就业大型招聘会举行

（区人力社保局 供稿）

【就业重点对象公益服务周】为帮助辖区内就业困难人员、高校毕业生、长期失业人员等重点对象就业创业，区就业服务中心于2019年11月中旬开展重点对象公益周的系列活动。11日，由拱墅区就业服务中心承办的2019年杭州市重点对象公益周启动仪式在杭州中亚机械股份有限公司成功举办，20余名就业援助对象代表在杭州中亚机械股份有限公司进行职场体验活动。在整个重点对象公益周活动期间，区就业服务中心通过网格化入户访问调查，共走访就业困难人员家庭500余户，发放各类政策宣传材料1000余份。通过逐一细致了解重点对象的文化程度、职业技能状况及求职意愿等第一手资料，为他们量身定制、分类施策，开展“一对一”的精准就业援助。

【讲好拱墅“双创故事”】2019年，拱墅区人社局结合“不忘初心、牢记使命”主题教育，进一步挖掘青年

2019年4月29日，运河大师宣讲团首期开讲　（区人力社保局 供稿）

创业典型，传递“双创”社会正能量，开辟“墅说人才”故事专栏。对先后涌现的玉尊软件创始人孙少白、专注研发制造电力传动领域驱动芯片的飞仕得科技总经理施贻蒙等一批青年创业代表进行宣传报道，共刊登人才创新创业故事14期。成立首批“运河大师”宣讲团，开展传承和弘扬“拱墅工匠”精神的主题宣讲11人次，进一步营造“尊重技能、尊重人才”的良好社会氛围。

【高层次人才引进】2019年，区人力社保局协同区委组织部人才办大力拓宽海外引才渠道，与荷兰华人生命科学协会、加拿大蒙特利尔智库、澳中高层次人才协会建立海外联络站，完成美、欧、澳三地引才网络布局，荷兰、加拿大联络站负责人被评为2019年杭州市海外人才使者。密切与其他海外人才协会、在杭中介机构的联系，协同建立与赛伯乐、海邦基金、海硅人力等市场化引才合作。做好杭州市“一会一赛”引才活动，参与举办中加创新创业论坛、“直通乌镇”、广州留学生交流会等拱墅推介路演活动，推介对接人才项目61个。协同建设杭州国际人才创新创业园，做好德中卫生组织等项目落户服务工作。做好各类高层次人才计划申报推荐与辅导。

【第二轮大学生“双创”计划完美收官】2019年，经区人力社保局推荐，拱墅区3家大学生创业企业参评市杰出创业人才培育计划，选送15家大学生创业代表参加杭州市大学生创业学院，举办创业（网创）培训近500人次，举办创业沙龙、高校政策推介活动3次。推动大学生高质量就业，组织参加“九校联盟”等各类招聘活动11场，38家区级大学生实训见习基地组织岗位实训600人次，引进应届毕业生到拱墅就业4830人。为高校毕业生发放补贴4478人，其中硕士及以上学历516人。新增大学生创业企业64家，历年大学生创业企业累计达到百万元以上营业收入的110家，实现第二轮拱墅区大学生就业创业计划的完美收官。

【大学生就业指导服务】2019年9—12月，拱墅区就业服务中心开展离校未就业大学生就业指导工作，走访学生110余人，对离校未就业大学生进行政策宣传、职业指导、岗位推荐、就业援助。引导高校毕业生树立正确的择业观念，鼓励高校毕业生实现就业创业。

【中国杭州大学生创业大赛在拱墅首办】2019年5月25日，区人力社保局举办第六届中国杭州大学生创业大赛拱墅赛区半决赛、决赛和“智汇运河·创在拱墅”项目对接会，吸引全国80余所高校106个创业项目同场竞技，包括来自清华大学、

2019 年 5 月，中国杭州大学生创业大赛拱墅赛区总决赛

（区人力社保局 供稿）

北京大学“双一流”参赛项目，耀乾科技、西西北鼻跨境电商、胧爱校园等多个项目落户拱墅。

【浙江大学城市学院大学生创业园创建】 2019 年，区人力社保局依托产业平台，加快布局创业空间，推进高校“产学研”转化，在浙江大学城市学院新建市级大学生创业园，与学校重点实验室开展“产学研”合作，至年底该创业园入驻创业项目 36 个，7 家企业融资 412 万元，举办各类创业沙龙 20 余场，孵化存活率达 80%。

【就业服务“业务小能手”培训】 2019 年，市新一轮稳就业新政出台后，为提升基层就业工作人员业务经办能力，7 月 25—26 日，区就业服务中心组织辖区内 190 余名街道、社区就业业务经办人员分 2 批参加业务培训。培训会上，区就业服务中心的业务骨干们讲解就业创业和就业失业业务操作经办流程及注意要点。针对日常业务操作中经常出现的易错点和难点，特邀市就业管理服务局综合业务处、创业指导处等领导和就业新政专家进行联合授课。培训会后，区、街道和社区三级还通过不定时线上、线下交流学习，精进“业务小能手们”的业务水平。

【“拱墅工匠”队伍培育】 2019 年，区人力社保局制定实施《拱墅区职工技能竞赛活动实施方案》，召开职业能力建设推进会，组织各类市区级比武竞赛活动 6 场，新增高技能人才 1775 人，围绕拱墅特色产业开展职业技能培训 7800 余人次。重视发挥高技能人才“领头雁”作用，做好技能领军人物选拔推荐，当年新增省“百千万”高技能领军人才 22 名，杭州市首席技师 1 名；推送重点企业技术人才赴北美、欧洲进修培训。深化黄平、来凤两地对口定向技能扶贫培训，开展对口帮扶培训 10 期 587 人，实现就业 314 人。

【高质量就业社区认定】 2019 年 11 月，拱墅区开启 2019 年度高质量就业社区认定工作，经过动员培训、数据摸排，辖区内有 53 个社区申报认定。在对申报社区进行数据核查、实地抽查后全区认定 30 个区级高质量就业社区，其中台州路社区，李家桥社区、塘河新村社区、谢村社区等 10 个社区被认定为市级高质量就业社区，温州路社区、华丰社区、大浒路社区、蔡马社区、康桥村社区 5 个社区被认定为省级高质量就业社区。

（朱祺祺）

劳动人事争议仲裁

【概况】2019年，拱墅区劳动人事争议仲裁院受理各类劳动人事争议案件1739件，其中受理案件1643件（集体案件38件），不予受理案件96件，涉及劳动者2291人，申请标的11266万元，为劳动者挽回经济损失4600万元。案件受理量比上年增长61.6%，其中集体案件38件，增长58.3%。当年，全区规模以上企业劳动争议调解组织组建率96.4%，仲裁案件结案率95.4%，调解率74.2%，一裁终局比例67.8%。区人力社保局连续十五年被评为“全省劳动人事争议案件处理工作优胜单位”。

【仲裁诉前调解机制创新】2019年，拱墅区人社局与浙江杭天信公益法律服务中心合作，创建律师介入劳动仲裁诉前程序的调解新模式，在仲裁院窗口成立集纠纷调解、法律服务、法律援助、法制宣传、矛盾化解等为一体的仲裁诉前律师调解工作室。该机制的建立得到省厅领导和区长的肯定和批示。5月，在全省劳动人事争议调解仲裁制度改革创新现场会上，拱墅区就诉前调解机制建设作经验交流，《中国劳动保障报》《杭州日报》《浙江青年时报》《浙江法制在线》等媒体进行专题报道。全年仲裁院共建议当事人到诉前调解室接受诉前调解877件，调解成功438件，调解率为49.9%。诉前调解不仅缓解了仲裁院人少案多的矛盾，同时也从根本上做到案结事了，减轻群众诉累。

【规范企业用工行为】2019年，区人力社保局结合区“服务企业服务群众服务基层”活动，开展送法上门服务，先后走访辖区“大树企业”、“小巨人企业”、大学生创业企业等重点企业15家，与企业开展结对联建活动2次，开展劳动关系讲座培训1次。进一步规范企业用工行为，切实维护劳动争议当事人的合法权益。

【“1+X”劳动纠纷多元化解机制建设】2019年，区人力社保局在上年30%的街道建立1+X劳动纠纷多元化联调机制的基础上，根据浙人社《关于印发乡镇（街道）“1+X”劳动纠纷多元化解机制建设推进方案的通知》要求，对推进劳动纠纷多元化解机制建设该项工作进行全面布置，要求各街道以仲裁、监察、调解中心“三位一体”为基础，将劳动纠纷调解融入街道综治平台，融合综治、司法、公安、工会等部门力量，协同开展劳动纠纷化解工作。至年底，全区实现劳动纠纷多元化解机制全覆盖。全年各街道和科技工业园区调解组织共调解处理案件1271件，调解金额为1732万元，其中祥符街道劳动争议仲裁派出庭审理劳动争议案件146件、科技工业园区劳动争议仲裁派出庭开庭审理劳动争议案件149件。

【案例】杨某于2017年6月15日入职拱墅一家企业从事空调安装工作，月工资7000元整。到当年底，企业拖欠杨某工资15000元，2018年拖欠工资13万元，除2018年3月21日发放8500元外，剩余工资多次催促但仍未发放。2019年4月30日杨某到拱墅区仲裁委寻求帮助，窗口受理人员了解情况后引导杨某通过诉前调解的方式解决，得到杨某认可。仲裁委当即将杨某申请递交的案卷移至调解工作室。有了专业律师作为调解员介入，给予双方专业分析，经过调解，杨某和企业很快达成协议，并在调解员的陪同下至仲裁委置换调解协议书。

（朱祺祺）

社会生活

社会救助
『双拥』优抚安置
社会福利事业
社会组织
婚姻和收养登记
区划地名管理
殡葬管理
社区建设
社会保障
医疗保险
老龄事业
关心下一代
慈善事业
民族·宗教

社会救助

【概况】2019年，区民政局加强社会救助兜底保障，贯彻落实低保制度，推进“支出型”贫困家庭基本生活救助，全面保障困难群众基本生活。

2019年年底，全区有各类困难家庭2416户3292人，其中，低保家庭2128户2846人，低保边缘家庭283户441人，特困家庭5户5人。全年累计发放各类救助金4331万元，受益困难群众7.48万人次。其中，发放低保金2973.1万元，特困人员救助金4.8万元，低边家庭定期生活补助44.2万元，市临时救助金256.25万元，困难家庭价格补贴186.2万元，“春风行动”春节慰问金652.2万元，“春风行动”送清凉慰问金145.1万元，“五八”城迁、农婚知青生活补贴7.7万元，其他各类救助金62.38万元。

【“春风行动”】2019年1月19日，拱墅区召开2019年“春风行动”动员大会，区委书记朱建明在大会上做重要讲话，全面部署2019年“春风行动”工作。会议下发《关于开展区2019年“春风行动”的通知》。动员大会召开后，区慈善总会共募集“春风行动”爱心捐款240.3万元。春节前，区领导以及各部门、街道、社区开展走访慰问困难家庭“冬季送温暖”活动，共走访慰问市、区两级救助圈的困难家庭2318户，发放慰问金652.185万元。7月，开展“夏季送清凉”慰问活动，发放困难家庭高温慰问金145.11万元。

【低保专项治理】2019年6月20日，区民政局下发《拱墅区2019年低保专项治理工作实施方案》，推进低保工作中腐败和作风问题专项治理（简称低保专项治理），全面提升低保工作规范化管理水平。专项治理工作重点包括：整治形式主义、官僚主义；查处“漏保”问题；查处近亲属备案制度不落实问题；查处资金监管不力问题；查处死亡人员“吃低保”的问题；查处宣传培训不到位问题；查处救助信息化系统使用不规范问题等。经专项治理，至年底，16户不符合标准的家庭退出低保，退还已领取的低保金0.75万元。

【社会救助家境调查】2019年，根据市统一部署，区民政局委托第三方社会组织，启动社会救助家境调查工作。调查期间，规范入户调查工作流程，约束入户调查的自由裁量权，公平分配社会救助资源。了解困难群体的社会救助需求，为实施分类救助打好基础，确保新申请和到期复核的社会救助家庭入户覆盖率分别达100%和30%。至年底，共入户调查1174户。

【临时救助制度修订完善】2019年，区民政局对2015年《拱墅区城乡居民临时救助暂行办法》进行修订，10月31日，制定出台《拱墅区临时救助实施细则》。扩大救助覆盖面，将临时救助对象由拱墅区户籍扩大至拱墅区户籍人口、区工会会员单位的职工、困难发生在拱墅区范围内有固定住所并实际居住6个月以上的“浙江省居住证”持有人员和流动人口，让更多困难群众受益。细化救助条件及标准，明确因火灾导致家庭生活特别困难等4类救助条件，分急难型、支出型两类实施临时救助，并根据救助对象类别和困难程度分别制定救助标准。简化救助程序，救助事宜由社区受理申请，救助金额2000元以下的由街道审批，2000元以上的经街道审核后报区民政局审批，总审批时间不超过4个工作日，且紧急情况下可由街道先实施救助后补办审批手续。《实施细则》自2019年11月1日起正式施行。

【社会救助家庭渐退机制试行】2019年7月24日，区民政局下发《关于做好社会救助（低保、低边）家庭渐退机制试点工作的通知》及《渐退家庭告知书》，收入超过低保、低边标准，但符合一定条件的在册享受低保、低边对象，可暂缓一年退出低保、低边。至年底，全区共有31户家庭符合渐退政策，继续享受一年低保、低边待遇。

（张静）

【困境儿童扶助】2019年底，全区有困境儿童288人，其中社会散居孤儿2人，事实无人抚养困境儿童11人，贫困家庭重病重残罕见病儿童7人，低保家庭儿童228人，困难家庭儿童40人；各社区为困境儿童建立“一人一档”“一人一卡”；全区加强儿童关爱保护队伍建设，10个街道、95个社区均配备儿童督导员和负责儿童工作的主任，参与一线儿童福利工作。全年，各社区儿童主任开展困境儿童逐门逐户摸底调查和定期走访工作，掌握困境儿童个人情况、监护人情况及家庭经济状况，及时了解困难儿童的身体、生活和学习等方面动态情况；区民政局按月发放孤儿及困境儿童生活补贴共计159.5万元。

【流浪乞讨人员救助】2019年，拱墅区开展“三层次一联动”巡查，即由公安、城管、民政等部门组成的部门巡查救助队伍，由社工、联防队、志愿者、网格员组成的各街道巡查小分队以及政府购买服务的社会组织巡查劝导队伍“三层次”巡查力量，在拱墅区城市无着流浪乞讨救助管理工作领导小组领导协调下联动开展工作。全年巡查2.9万次，出动机动车368辆次，电动车1.4万辆次，及时处置并反馈110联动平台案件51件。全区开展“寒冬送温暖”“夏季送清凉”专项救助行动，区民政局设立区级临时避寒（暑）点，严寒、高温天气及时启用，24小时开放救助流浪人员。至年底，全区发放洗漱用品、被褥、衣物、食品、药品等救助物资2700余件，劝导流浪乞讨人员进临时避寒（暑）点2人次，送救助站救助12人次，送医1人次，劝导劝离142人次，未发生一起流浪乞讨人员非正常伤亡事件。

（祝永昕）

“双拥”优抚安置

【概 况】2019年1月19日，区退役军人事务局挂牌成立，承担原由区民政局承担的双拥、优待抚恤、士兵安置、退役军人困难救助和原由区人力社保局承担的营以下军转干部及随军（随调）军人家属就业安置、军人就业培训及创业扶持等工作。成立区委退役军人事务工作领导小组及办公室，全覆盖构建区、街道、社区“三级”服务保障体系。

【双拥工作】 围绕“感恩2019·尊崇英烈”主题开展系列活动，为烈士建档立卡、完善各类资料并成功申请纳入国家烈士英名录；走访慰问烈士遗属；联合杭州市革命烈士纪念馆，开展革命传统、英烈事迹、战斗故事进学校、进社区活动。开展每月一星、军队为你骄傲、最美退役军人评比等活动，营造崇尚军人职业、宣扬红色基因的良好氛围。利用春节、“八一”建军节等节日，对部队进行上门走访慰问。

【优抚工作】 2019年，向部分优抚对象包括三属、在乡老复退、残疾军人、两参人员、现役军人家属等发放“八一”、春节慰问金9.9万元；向各类企业退休移交社会化管理的复员、退伍军人发放春节慰问金152.08万元；向在乡老复员军人、带病回乡退伍军人发放一次性生活补助费5.43万元；对未享受定期抚恤金的烈士、因公牺牲军人、病故军人的父母（抚养人）、配偶等人进行三属补差，共22.46万元；对失业参战参试人员进行医疗保险补助共1.08万元；向区重点优抚对象发放2019年度价格补贴24.41万元。为年满60周岁以上享受定期补助的优抚对象办理为期一年的市老年人团体意外伤害统筹保险；通过购买服务的方式为拱墅区年满90岁及以上退役军人提供每人各一次服务家政保洁和理发服务；发放2017年、2018年入伍义务兵家属优待金共计362.89万元。为2名享受定期补助的优抚对象发放补助及轮椅、眼镜等辅助器具购置补贴，共计1.28万元。

【移交安置】 2019年，拱墅区有无军籍退休（退职）职工59人。按照浙江人力社保局印发的《关于2019年调整退休人员基本养老金的通知》要求，根据无军籍退休（退职）职工的职级、出生年月和工作时间等条件，从1月起核算无军籍退休职工增加的基本退休费，于9月前调整到位，同时调整生活补贴和发放一次性福利费，做好无军籍军休系统的信息采集及核查工作。10月，组织2019年秋季退役士兵召开退役军人专场招聘会欢迎会。发放2018年度退役士兵自主就业经济补助金323.44万元，立功奖励金5.97万元。11月，完成拱墅区移交地方军队离退休干部年度基本退休费、生活补助等调整工作。12月，

表22

2019年杭州市区部分优抚对象抚恤（补助）标准一览表

单位：元

属别		月抚恤（补助）标准	年抚恤（补助）标准
烈士遗属		5168	62016
因公牺牲军人遗属		4737	56844
病故军人遗属		4307	51684
在乡复员军人	抗日战争	3230	38760
	解放战争	3016	36192
	中华人民共和国成立后	2800	33600
带病回乡退伍军人		2584	31008

残疾军人、伤残人民警察、伤残国家机关工作人员、伤残民兵民工残疾抚恤金标准表

表 23　（从 2019 年 8 月 1 日起执行）　单位：元 / 年

残疾等级	残疾性质	抚恤金标准
一级	因战	88150
	因公	85370
	因病	82570
二级	因战	79770
	因公	75580
	因病	72750
三级	因战	70000
	因公	65780
	因病	61610
四级	因战	57370
	因公	51790
	因病	47590
五级	因战	44810
	因公	39180
	因病	36390
六级	因战	35010
	因公	33130
	因病	27980
七级	因战	26610
	因公	23820
八级	因战	16800
	因公	15380
九级	因战	13950
	因公	11210
十级	因战	9800
	因公	8380

（金克强）

完成全区自主择业军转干部信息采集及年审工作。接收安置1名符合政府安排工作退役士兵及计划移交军转干部，做好档案移交工作。

（金克强）

社会福利事业

【概况】2019年，拱墅区有杭州人人集团有限公司、杭州同大药业有限公司、杭州新新制冷设备有限公司、杭州侨兴机械厂、杭州保力洁包装有限公司、杭州金腾印刷有限公司、杭州欧宝机电有限公司7家福利企业，共有职工592人，有残疾职工218名，残疾职工参加社会养老保险率100%。

【福利彩票发行】2019年，“中福在线”拱墅区上塘路营业厅销售福利彩票总额4914万余元。福彩公益金用于居家养老政府购买服务等社会福利事业。3月起，区民政局开展“清廉福彩”建设，推动福彩销售由高增长向高质量发展转变，加强员工教育，持续以各地福彩系统工作人员腐败案为鉴做好警示教育，提升员工职业素养；紧盯非理性彩民，切实发挥警务点作用，健全应急预案并开展实战演练，提升应急处置能力；突出审计实效，严格开展第三方专业审计，落实财务制度，严禁公款私用，确保福彩销售合法合规。

（严旭东）

社会组织

【概况】2019年年底，全区有注册登记社会组织456家，其中民办非企业单位376家，社会团体80家，基金会1家，备案类社区社会组织2672家。全年新增登记社会组织56家，变更登记34家，注销18家。有AAA级及以上社会组织58家（AAAAA级3家、AAAA级18家、AAA级37家），市级品牌社会组织8家。

（田蜜 韩佳慧）

【社会组织年检】2019年3月12日，区民政局发布《关于开展2018年度民办非企业单位年度检查工作的通知》《关于开展2018年度社会团体年度检查工作的通知》《关于开展2018年度基金会年度检查工作的通知》，对2018年12月31日前经区民政局注册登记的329家社会组织（66家社会团体、263家民办非企业单位）开展年检工作。至年底，完成年检工作，社会组织参检率100%，合格率92%。

（韩佳慧）

【社会组织监管】2019年4月起，区民政局组织开展打击非法社会组织行动，至年底，通过主动排查和群众举报，发现52家未经注册的非法社会组织，分别采取取缔、责令解散、劝散、引导登记等方式进行依法查处，社会组织发展生态环境得到有效净化。全年，区民政局开展社会组织“双随机”抽查859次，其中发现问题701次，问题检测率达81.6%，均监督社会组织予以整改。

【公益创投资助】2019年年初，区民政局完成区第五届社会组织公益创投资助项目签约和首批资金拨付。6月，启动区第六届社会组织公益创投活动，投入社会组织发展专项资金100万元，共征集公益创投项目62个、立项21个，经专家评审和区民政局确定，对15个社会组织公益项目予以资助。8月，第三方机构完成第五届社会组织公益创投项目实施情况中期评估。各街道相继投入30万元以上开展街道社会组织公益微创投，全区投入总资金达331万元，购买服务项目共114个，促进“草根”社会组织参与“街道微自治”。动员区社会组织参与2019年市级公益创投项目的申报，经专家评审、社会公示，区8个项目入选2019年市社会组织公益创投项目，共获公益创投项目扶持资金109.8万元。

【社会组织省市评优评先】2019年9月，拱墅区城北青少年培训中心负责人邱江锋获评杭州市“最美公益人”荣誉称号。10月8日，拱墅区城北青少年培训中心获杭州市成长型品牌社会组织称号。11月18日，区25家社会组织获评3A以上等级社会组织（其中5A级1家，4A级8家，3A级16家）。11月22日，祥符街道社会组织党群服务中心获评“浙江省社会组织党群服务中心示范点”。12月27日，区5家社会组织参与社会治理优秀案例入选“2019年杭州社会组织参与社会治理（平安建设）典型案例名单”。

【社会组织参与对口帮扶】2019年，拱墅区充分发挥社会组织在志愿扶贫领域中的独特优势，号召社会组织积极参与东西部对口扶贫活动，采取定点帮扶、结对共建等方式，实施一批精准帮扶项目。5月，区民政局组织辖区社会组织，向贵州省黔东南州雷山县观音阁社区捐赠价值15万元的空调、办公电脑等配套设施。7月2—3日，动员8个街道、64家社区社会组织赴贵州省黔东南州黄平县深度贫困村，以“街道对镇，社会组织对贫困村”形式开展结对帮扶，捐赠帮扶资金390.5万元、书籍1000册。8月27—29日，辖区社会组织拱墅区心巢公益发展中心随拱墅区代表团，赴湖北省恩施州来凤县开展东西部对口帮扶工作，与来凤县旧司镇大坝村签订结对帮扶协议，启动了爱心书屋、春伢口袋等合作项目，捐赠帮扶资金5万元。

（田蜜）

婚姻和收养登记

【概况】2019年，全区办理结婚登记2896对，离婚登记1334对，补发结婚证451对，补发离婚证122本，出具无婚姻登记记录证明6件，办理解除收养关系登记2例，登记合格率100%。全年提供各类婚姻家庭辅导和政策咨询1000余人次。开展居民补领婚姻登记证全省通办服务，帮助补领婚姻登记当事人调取异地原始婚姻登记档案证明材料，让群众少跑腿，全年办理跨区域补证142例，跨区域调档125件。10月，启动“婚育户一件事”联办工作，将民政婚姻登记信息通过“一窗受理”平台与卫健、公安部门共享，至年底，共受理“婚育户一件事”联办事项并推送婚姻登记信息713件。

【婚姻登记全市通办服务】根据市统一安排，2019年8月7日起，拱墅区婚姻登记处开通婚姻登记全市通办服务，婚姻当事人男女双方或一方为杭州市居民的，结婚登记、离婚登记或者补领婚姻登记证，可在全市任一区、县（市）婚姻登记机关办理。同时，婚姻登记处开放周日预约办理结婚登记服务，方便群众。婚姻登记处全年共跨区办理婚姻登记843对（结婚登记679对、离婚164对）。

（周婧斯）

【婚姻家庭辅导】2019年，区民政局婚姻登记处继续开放婚姻家庭辅导室，由拱墅区有晴天社会心理服务中心长期入驻，工作日为市民免费提供专业婚姻家庭辅导服务。全年辅导婚姻家庭个案共计166例、332人次，其中婚姻家庭问题咨询96人次，离婚劝慰和调解236人次，经离婚劝导和调解，暂缓离婚率65%。开通热线电

2019 年 8 月 7 日，拱墅区婚姻登记处开通婚姻登记全市通办服务

（区民政局 供稿）

话服务，对有后续咨询需求的市民给予热线帮助，或预约到婚姻家庭辅导室开展公益咨询服务；开通网上宣传指导服务，通过微信、微群进行和谐婚姻家庭文化宣传教育，创立“有晴天”公众微信号，全年推送《反对家庭暴力，促进社会和谐》等十余篇婚姻家庭关系辅导文章。区有晴天社会心理服务中心开展宣讲活动，11 月 10 日，在半山社区开展主题为《如何拥有长久热烈的婚姻》心理讲座；11 日，在区婚姻登处现场以谈话、问卷调查等形式对新婚夫妻进行婚育辅导，从源头帮助新婚夫妻树立家庭平权观念、建立良好沟通关系；25 日国际“反家暴日”，在区婚姻登记处开展反家暴主题活动，向市民提供心理援助。

（张伟）

区划地名管理

【概况】2019 年，拱墅区命名住宅区 14 个、道路 11 条、桥梁 4 座、隧道 1 条。区民政局为企事业单位和个人办理发放门牌证 1.7 万本，制作安装（幢）门牌 1.1 万余块，对和睦街道和睦社区、拱宸桥街道蚕花园社区的老旧小区门牌进行整体整治更新。

【不规范地名清理整治】根据上级民政部门统一部署，4—9 月，拱墅区开展清理整治不规范地名专项行动。专项行动目标任务主要包括排查清理辖区内“大、洋、怪、重”等不规范地名，并进行规范化、标准化处理；对标注及设置不规范的公共标志牌进行更换；对涉及不规范地名信息的证照上的地名地址信息予以变更；清理房地产广告、户外标牌标识、互联网地图等载体上的不规范地名使用；加强地名公共服务能力建设，及时为社会提供准确便捷的标准地名信息等。4 月 8 日，拱墅区成立清理整治不规范地名领导小组，领导小组办公室设在区民政局，民政、公安、城管、市场监管等 10 个相关主管部门及各街道共同参与。18 日，发布《拱墅区关于征集不规范地名信息的公告》，向社会征集全区范围内的不规范地名。4—5 月，排查共发现“运河公馆”“杭州大家”等 48 处不规范地名，主要为住宅小区、大型建筑物未使用标准地名，悬挂非标准地名标识标牌及广告牌。民政、市场监管、城管等部门联合对使用不规范地名的单位进行督查，在责令整改的同时，做好宣传教育工作。至 9 月，48 处不规范地名全部整改完毕。

（严旭东）

殡葬管理

【概况】2019年，全区共有1家经营性公墓：杭州市半山公墓，有总墓穴56400穴，已安葬47951穴；1家公益性公墓：杭州市半山生态公墓，有总墓穴6520穴，已安葬5000穴；2个集中埋葬点：沈家桥、石塘集中埋葬点，共有总墓穴2675穴，已安葬1970穴；此外康桥街道有6家骨灰堂：独城社区静安堂、蒋家浜社区静安堂、康桥村社区静安堂、吴家墩社区静安堂、义桥社区永安堂、永和社区安乐堂，共有墓穴约5900穴。清明、冬至祭扫高峰期间，开展墓区安全管理大检查。年内通过社区宣传栏海报、电子屏、横幅、报纸、网站以及微信微博等新媒体平台，开展节地生态安葬及丧葬移风易俗公众宣传，分发宣传册2万余份。

【节地生态安葬改革】2019年，拱墅区高标准实施生态殡葬改革。5月，整改违法违规私建“住宅式”墓地，加强殡葬基础设施建设，深化惠民政策。6月，建立健全基本殡葬公共服务体系。10月18日起，完善群众身后“一件事”联办服务，整合原个人死亡后多个部门的办事事项，实现跑一个地方、交一次材料，将户籍注销、社保金和抚恤金发放（停发）等事项统一受理。倡导绿色文明生态殡葬，推进以骨灰堂、树葬为切入点的节地生态安葬。实施对骨灰撒江等生态安葬方式奖补措施，按照每人2000元标准发放奖补金，全年全区向21人发放奖补金4.2万元。

（徐文玲）

社区建设

【概况】至2019年底，全区共有建制社区99个，实际运行社区95个，筹建社区4个。共有社区专职工作者1196名，其中男性432名，女性764名；学历方面，大专及以上学历1156名，占96.7%，其中硕士及以上36名；社会工作专业方面，社会工作师持证社工665人，占55.6%，其中中级职称285人、高级职称2人；年龄方面，平均年龄39.2岁，其中30岁及以下188人，占15.7%。11月，祥符街道北星社区、半山街道金星社区、康桥街道康运社区被评定为2019年杭州市撤村建居示范点，湖墅街道长乐苑社区被评定为2019年杭州市国际化社区示范点。

（孙启鹏）

【社区分类治理深化】2019年，拱墅区出台《全区推进社区分类治理的实施意见》，创新小区分类治理机制。针对社区共性问题，开展标准化治理，推进社区治理创新，引导社会组织参与，破解撤村建居安置房、老旧住宅与商品房三型小区突出问题。10—12月，区民政局联合相关部门及委托第三方调研机构分别开展第二轮撤村建居回迁安置房小区星级评估，经材料上报、部门打分、民意评测等环节，最终评定善贤、蔡马2个社区为五星级社区，勤丰、申悦、康运3个社区为四星级社区，半山、方家埭、阮家桥、皋亭、七古登5个社区为三星级社区。3-10月，区民政局组织开展老旧小区、商品房小区标准化调研，并形成报告。

【社会工作人才队伍建设】2019年6月，区民政局组织开展2019年社会工作职业水平考试考前培训，200余名专职社工参加培训；8月，93名专职社工通过2019年社会工作职业水平考试；至2019年年底，全区专职社工中有持证社会工作师665名，其中助理社会工作师378人、社会工作师285人、高级社会工作师2人。9月18—19日，区民政局举办社区主任能力提升培训班，全区94个社区主任参加。11—12月，开展全区社会工作个案评比，推动社会工作专业化进程，共上报社会工作个案645篇，其中被评为市级优秀个案4篇。6月，经市民政局培训、选拔1名市级社会工作督导助理。10—11月，区民政局开展第二期社会工作督导人才选拔培养工作，先后开展三期培训，采用无领导小组讨论和社会工作服务项目答辩方式，最终选拔产生12名区级社会工作督导人才。

【社区减负增效深化】根据《整治形式主义突出问题切实减轻基层负担的若干意见》《关于新形势下深化社区（村）减负增效工作的若干意见》等文件精神，2019年8月起，区民政局开展全区社区机构牌子多、上墙制度多等问题自查清理工作，梳理社区减负清理事项、清理形式，落实规范社区工作事项准入制度、盖章证明事项、执行“3+1+8”挂牌规定、严控上墙制度数量等减负举措，明确社区履职主要事项18项、协助政府工作主要事项23项、市级部门准入盖章事项22项。9月，区民政局统计完成社区“减负清单”，每个街道各设立1个社区减负监测点，每周收集非准入盖章、挂牌、证明、考核、纸质台账等减负工作负面清单。至年底，全区共摘除各类规定外挂牌187块，清理下墙制度153项。

【社区专职工作人员招聘】2019年3月，成立拱墅区招聘专职社区工作者工作领导小组，招聘工作启动。当年共招聘社区专职工作人员135名，其中两新组织专职党务岗位23名；面向35周岁以下岗位79名；面向35周岁至40周岁岗位22名；面向退伍军人及随军家属（配偶）定向招聘岗位10名；区社工协会专干岗位1名。

此次招聘首次设置两新组织专职党务岗位。为提升社工队伍专业性，首次对社会工作全日制本科专业给予笔试加分。4月2日，发布拱墅区2019年招聘专职社区工作者公告；4月中旬完成报名工作，报名人数861人，其中公开招聘报名人数829人，定向招聘报名人数32人；27日进行笔试；5月11日进行面试；13日，公示综合成绩及入围体检人员名单；7—8月，陆续公示拟聘用人员名单；至8月，经过体检、报到等环节，新进社区专职工作人员全部入职完毕。

【社工薪酬制度改革】2019年9月5日，区委组织部、区财政局、区人力社保局、区民政局联合制定出台《拱墅区专职社区工作者工资福利待遇实施细则》，明确专职社工工资福利待遇。建立“三岗十八级”专职社工薪酬体系，社工薪酬包括基础工资和绩效工资两部分，基础工资按照工作职责和具体事务分社区正职、社区副职和其他人员3类岗位，各岗位按照社工社区工作年限、受教育程度、相关专业水平共设置18个等级。10月底，全区社工“三岗十八级”薪酬定岗定级工作完成。

【2018年度“最美当家人”主题报告会】2019年1月21日，由区委政法委、区民政局、区发改经信局主办的“永远的服务 永远的感动”2018年度拱墅区社区、经合社“最美当家人”主题报告会在浙话艺术剧院举行。区委区政府、各部门、各街道负责人、社区、经合社代表和热心居民共600余人参会。报告会现场对18名“最美经合社干部”、20名“最美社工”、10名“最美网格员”进行表彰。举行文艺会演，社区、经合社工作者自编自导自演歌曲、舞蹈、朗诵、小品等文艺节目。报告会上还进行了拱墅区社区（社会工作）领军人才、督导人才库启动仪式。

（孙启鹏）

社会保障

【概况】2019年，区人力社保局助力参保贫困人员精准脱贫，确保至年底，区户籍城乡居民基本养老保险困难群体参保率达95%以上。在职企业职工养老保险参保27.67万人，净增1.17万人。

【“互联网+社保服务”经办模式运行】2019年1月，拱墅区社保服务中心运行“互联网+社保服务”经办模式。现行服务平台有“政务网”平台、支付宝、“杭州市民卡”微信公众号、“杭州人社”微信公众号等服务平台，引导企业单位和参保企业职工体验线上办事。区参保职工利用上述平台打印、查询社保个人缴费记录20万人次。

【区级统筹机关事业基本养老保险办理】2019年7月底，拱墅区社保服务中心完成年度区级统筹机关事业退休人员增资调待工作，涉及增发养老金4050人，人均月增加268元。全年，完成机关事业单位体制内跨统筹区调动基本养老保险转移29人，军转干部基本养老保险和职业年金转移接续人员131人。全年，全区机关事业基本养老保险纳入区级统筹机关事业单位299家，参保人员8556人，退休人员4128人。

（朱祺祺）

医疗保险

【概况】2019年，杭州市医疗保障管理服务中心拱墅分中心开展医疗保险管理类服务30143人次；基本医疗保险报销审核类服务8701人次，审核拨付金额952.21万元；生育保险7月划转医保，半年审核4308人次，审核支付5729万元；公费管理类子女统筹参保人数3740人，服务1046人次，收入554.44万元，支出609.53万元；离休干部42人，支出1152.60万元，服务136人次；拱墅户籍的医保参保率达99.46%。执行“两定”监管要求（定点医疗机构、定点零售药店），定期开展定点医疗机构的管理和监督工作。做好2018年度拱墅区两定机构年度考核工作，共抽查12家；上下半年各开展一次两定机构准入审查，共初审两定机构69家，配合市医保管理服务中心做好26家药店的专项检查工作。

【“医+医”模式推出】2019年5月起，杭州市医疗保障管理服务中心拱墅分中心创新推出“医+医”模式，精细化分析群众的服务需求，在拓宽服务渠道上持续发力。中心以多部门多单位“资源共享、合作互助”为基础，根据群众的不同需求，多角

2019年5月，拱墅区医保办推进“医+医”微课堂　（区人力社保局 供稿）

度、多维度提供优质服务，解决群众“最后一百米”难题。同时在优化服务上下功夫。以“就近办”为基础，结合“一件事”联办事项，持续优化多级联动模式。全年走访辖区内各社区医院16次，服务1000余人。

（朱祺祺）

老龄事业

【概况】2019年年底，全区户籍人口396799人，60周岁以上老人9.89万人，占户籍人口数24.92%，其中70周岁以上独居老人5708人，80周岁以上空巢老人5007人，呈现老龄化、高龄化、空巢化“三化叠加”特点。全区有社会化养老床位6221张，其中养老机构7家、微型养老园5家,床位2124张；撤村建居社区集中托老点17家，床位2483张；居家养老服务照料88家，床位603张。全区建有居家养老服务照料中心88家，其中街道级照料中心10家，社区级照料中心78家；示范型居家养老服务中心11家。88家居家养老服务中心全部与社区卫生服务中心或和杭州和康康复医院、杭州杭钢医院等医疗机构签订协议。全区建成“阳光老人家”站点52家，社会化运行率达100%。6月12日，国务院总理李克强到拱墅区考察，对拱墅区“家门口的养老”给予高度肯定，10月20日，民政部部长黄树贤到拱墅区考察调研“互联网+养老”改革工作，鼓励拱墅继续开展有益探索和创新实践。

【养老机构建设与管理】2019年年底，全区共有养老机构12家，设有机构床位2124张(区老人公寓324张，杭州和睦老人公寓355张，康久天颐养老院595张，海华幸福家园201张，半山颐养院322张，杭州博爱颐养院150张，杭钢随园智汇坊100张，杭州市拱墅区和睦街道和睦社区元墅养老园15张，杭州市拱墅区祥符街道映月社区元墅养老园10张，杭州市拱墅区和睦街道化纤社区元墅养老园21张，杭州市拱墅区壹健康华丰社区养老园21张，元墅登云路社区养老园10张)；集中托老点17个，设有床位2483张；社区居家养老照料中心88家,设有日托床位603张；共有老年食堂28家。5月30日，区民政局举办2019年度养老服务专题工作培训会。7月6日，区总工会、区民政局、区人力社保局在杭州市社会福利中心举办2019年拱墅区养老护理员职业技能竞赛，全区有7个养老机构和6个居家养老服务社会组织组成13支队伍共39名选手参加。9月，开展养老机构安全大整治大提升行动，民政、应急管理、消防等部门组成联合检查组，先后到区老人公寓、区老人公寓小河分院、和睦老人公寓、康久天颐养老院以及独城社区集中托老点，进行安全生产督查，现场检查消防安全、食品安全、突发事件应急响应等工作落实情况。18日，区民政局联合消防大队，在拱墅区老人公寓开展消防灭火及组织疏散逃生实战演练。11月21日，区民政局开展养老服务机构消防安全集中宣传培训会。

【“阳光老人家”居家养老服务体系建设】2019年，拱墅区根据《拱墅区老旧小区“阳光老人家”社区居家养老服务体系建设实施意见》要求，深入推进“阳光老人家”社区居家养老服务体系建设，在1平台2厅堂3中心4队伍+X特色服务建设标准基础上，着力构建资源配置、组织培育、信息支撑、支付保障、监管服务5大体系。2019年全区建成33个“阳光老人家”站点，总面积2.2万平方米。至年底，全区已建成“阳光老人家”站点52家（2018年建成19

家），覆盖60%的老旧小区。上塘街道红建河社区、祥符街道庆隆社区、康桥街道吴家墩社区、湖墅街道长乐苑社区、和睦街道和睦社区5个街道居家养老服务中心被评为省市示范型居家养老服务中心。推动居家养老服务中心社会化运营,4月28日，区民政局举办2019年“阳光老人家”站点社会化运营推介会，是全市首个区级养老服务站点运营推介会，邀请全国28家优秀为老服务社会组织、企业参加，推介会现场，多个“阳光老人家”站点与为老社会组织、企业初步达成合作意向，4个社区与社会组织、企业现场签订合作意向书。至年底，居家养老服务中心社会化运行率达100%。

【“互联网+养老”改革】2019年7月1日，在全省率先上线市民卡App养老服务“拱墅版”，提供家政、理发、助餐等12个类型的互联网养老服务，全区9家为老服务商及2家助餐服务企业在市民卡App服务商端口接单、派单并开展上门服务，老年人刷市民卡支付，并进行服务评价，实现服务全过程管理。7月起，将政府购买居家养老服务费用以“重阳分”形式发放至老年人市民卡内，当月共为4147位享受政府购买服务的老年人充值19余万“重阳分”，享受政府购买服务的老年人通过刷“重阳分”支付服务费，未享受政府购买服务的老年人也可使用市民卡其他账户、支付宝、微信等方式支付费用，老年人持卡自主选择包括助餐在内的11项养老服务。至年底，共提供各类居家养老服务4.6万单，老年人共使用重阳分320余万分。

【康养体系建设试点】根据省政府工作要求，2019年6月26日，出台《拱墅区康养体系建设实施方案》，从康复医疗中心、护理站、微型养老园、街道居家养老服务中心、家庭照护病床等五大方向，积极探索、先行先试。拱墅区康养体系建设目标是以各类服务机构为依托,构建“医院—康复中心—街道—居家”医养护康复四位一体的服务体系；以辖区大专院校为支撑，构建“医院—学校—社区—家庭”康养培训体系；以评估制度改革为牵引，构建老年人康养照护标准体系；以“政府主导、多方共举”为保障，构建分类分层的老年康养支付体系。至年底，全区建立全日医康、华东医药等7个康复医疗中心，华丰、大塘巷2家护理站，映月、登云路等5个微型养老园。10月，打造省内首家社区型康复医疗中心，为辖区居民提供升级版老年健身房，并引入“互联网+医疗”概念，通过信息化手段开展康复医疗服务。

【困难老年人家庭适老化改造】2019年，拱墅区首次开展困难老年人家庭适老化改造工作，为全区困难老年人家庭提供住房安全性和无障碍设施等方面改造，从而改善老年人居住条件，降低在家庭发生意外的风险，帮助困难老年人家庭改善居住条件和生活质量。4月10日，杭州市出台《杭州市困难老年人家庭适老化改造项目试点实施方案》，拱墅成为试点城区之一。24日，区民政局制定下发《拱墅区困难老年人家庭适老化改造项目实施方案》。适老化改造以家庭为单位，居住在拱墅区且具备拱墅户籍年满70周岁以上的特困、收入型低保、低保边缘老年人家庭可申请参加，其中困难孤寡、独居老年人家庭优先照顾，项目包括但不限于在坐便器、浴室、通道等位置安装安全扶手、对易绊脚的地面进行处理等6大项内容，费用由政府给予全额补助，原则上不超过区残疾人无障碍改造补助标准。建立由3家单位组成的适老化技术单位名录库，实施过程中充分考虑老年人家庭情况、身体状况以及住宅实际情况，个性化制定最合适的改造方案。6月24日，和睦社区舒梅娴老人家庭成为全市首个进场施工的家庭。经申报、审核、确定方案、施工、验收、审计等各环节，至11月底，全区完成51户困难老年人家庭适老化改造，改造成效获老年人好评。

【养老志愿服务“时间银行”】 2019年4月，市民政局印发《杭州市养老服务“时间银行”试点工作方案》，拱墅区成为2个试点城区之一。4月24日，区民政局制定印发《拱墅区开展养老服务“公益银行·阳光积分”项目试点实施方案》。“公益银行·阳光积分”项目以米市巷、小河、拱宸桥、和睦4个街道为试点，探索以“时间银行”的形式发展长效、可持续的互助养老模式。项目建立以“阳光币”为核心的服务兑换和激励机制，通过累积服务时间兑换实物、社会捐赠、项目推广、公益合作、养老服务等为老年人尤其是高龄、失能、失智、独居、失独、空巢老人提供精准优良的志愿服务。志愿者可通过赚取阳光币兑换所需服务、商品；企业可通过提供商品实物、服务体验、折扣优惠等方式进行公益宣传；社会组织可通过公平竞争承接更多的服务项目，增强自身能力建设和造血功能。

5月，项目在“阳光大管家”平台上试运行。至5月底，全区有619名为老服务志愿者注册，累计开展服务志愿服务168次。

至年底，全区注册为老服务志愿者3256名，全年开展志愿服务2981次，服务45217人次，储存时间4325小时，志愿者服务满意率100%，“年轻存时间、高龄取服务”成为新时尚。

【2019拱墅区老年食堂厨艺大赛】 2019年6月24—29日，拱墅区举办“阳光老人，健康味道”2019拱墅区老年食堂厨艺大赛活动。活动由区总工会、区人力社保局、区民政局主办，区商务局、区卫健局、区市场监管局协办，全区18家老年食堂组队参加比赛。比赛分为环境赛和菜品赛两部分。6月24—25日，由区市场监管局、区卫健局先期对参赛队老年食堂的食品卫生、健康管理进行实地评审。29日，在杭州市中策职业学校莫干校区举行菜品赛，上午预赛参赛人员通过制作指定菜（家常豆腐）和15元“阳光营养套餐”两类菜品开展厨艺比拼，预赛得分前10家老年食堂进入下午决赛，决赛选手通过制作自选菜和15元“阳光营养套餐”两类菜品开展厨艺比拼。厨艺专家评委根据菜品口味、价格高

2019年6月，拱墅区举办“阳光老人，健康味道”2019拱墅区老年食堂厨艺大赛”活动 （区民政局 供稿）

低、健康营养、合理均衡等标准进行评分，评出一等奖1名、二等奖2名、三等奖3名，根据现场大众评审团投票数评选最佳套餐、最佳人气奖各1名。最终大关街道老年食堂获一等奖和最佳套餐奖、吉如社区老年食堂获最佳人气奖。在颁奖仪式上，大屏幕展示拱墅特色老年食品“阳光饼”的制作方法，专家评委对决赛菜品进行点评，上届一等奖获得者吉如社区老年食堂代表做食堂建设和服务经验分享，助老志愿者代表做助老送餐事迹演讲，并举行“拱墅区互联网＋养老服务暨一卡吃遍全拱墅”启动仪式。

（高菲）

关心下一代

【概况】2019年，是区关工委确定的“巩固发展”工作年，按照省市关工委提出的“纵向到底、横向到边”的要求，以党建带基层关工委的组织建设，推动社区、学校、企业等关工委组织建设和发展。全区10个街道和93个社区的关工委班子健全,形成“三纵四横”的格局。重视“五老”队伍建设，全区关工委系统以“五老”为核心的专业团队达到9个。

2019年，围绕庆祝新中国成立70周年，在青少年中广泛开展“辉煌70年我心中的祖国”爱国主义主题教育活动，引导青少年把爱国、爱党、爱社会主义有机统一起来，争做有理想、有本领、有担当的社会主义建设者和接班人，全年共组织各类活动600余场（次）。

【第九届“运河小公民”节】从2011年开始，“运河小公民节”每年都由区关工委牵头，协同区委宣传部、区教育局共同举办。2019年3月28日，拱墅区第九届“运河小公民节”启动仪式在省教科院附小举行。第九届“运河小公民节”系列活动主题是“我和我的祖国”，整个活动历时6个月，全区所有中小学校参加，分为大关中学附小、教育研究院附小、树人小学、星澜小学、德胜小学、外语实验小学、育才京杭小学、半山实验小学8个分会场。9月27日，拱墅区第九届“运河小公民节”闭幕式在杭州市大关实验中学举行，全区中小学师生、家长代表等700余人参加活动。会上为在“运河小公民节”系列活动中获优秀组织奖、明星小公民奖、优秀小公民奖的学校和学生颁奖，并为获得拱墅区第六届“小雷锋勋章”奖的100名同学颁奖。

2019年9月27日，第九届运河公民节闭幕式在杭州市大关实验中学举行

（区关工委 供稿）

【普法宣传和法制教育】2019年，区关工委联合区公检法司、宣传、教育等部门，开展“创建青少年零犯罪、零受害社区”活动。动员具有法律专长的“五老”专家，深入开展青少年普法宣传。区关工委“五老”关爱团开展系列专题教育讲座，为在矫人员早日回归社会做出奉献。拱宸桥街道登云路社区建立的“三失工作室”工作不断延伸，不是单纯停留在失学、失管、失亲的三个方面，而将视野扩展到特困生、流动生、辍学生和有不良行为的青少年，做好特殊青少年帮教工作，引导他们树立正确的人生观。

【帮困助学系列活动】2019年5月，区关工委与区教育局、各街道关工委联合开展第九届“拱墅奋飞奖”评选活动，评选与表彰101名勤奋好学、奋发向上的青少年；开展拱墅区“运河助学”活动，共安排“运河助学”金2.5万元，资助优秀困难中小学生、大学生共15名。与区民政局福利彩票中心合作，开展“福彩助力·点亮梦想”“福彩牵手·助圆大学梦”等公益活动，共资助困难家庭、留守儿童、残疾儿童等困境儿童和2019级困难大学新生27人，资助经费9.6万元；联合区总工会、共青团、妇联等组织与淳安、桐庐县协作，开展“同在蓝天下我们共成长”爱心扶贫项目。

【企业关工委组织建设】2019年，拱墅区基本实现有党组织的企业关工委组织全覆盖。街道关工委与辖区学校、企事业单位签订资源共享协议，扩大街道关工委资源宽度，为推进党建带关工委建设，扩大企业关工委组织覆盖面打下基础。大关街道关工委与杭州九洲大药房有限公司及杭水市政工程有限公司达成共识，2家企业分别成立关工委组织，共同为本单位及大关辖区的青少年服务。

【品牌建设成效显著】拱墅区关工委“一街一品”工作起始于2011年，区关工委下发《关于全区关工委开展“十街树十品”活动的实施意见》。经过实践探索，10个街道关工委都创立各自的品牌。各街道在创立品牌的同时，品牌建设开始向社区延伸。2019年街道和社区品牌创立呈现出新的亮点与特色，如上塘街道的“童心永向党”，祥符街道映月社区的“阳光助苗园”，半山街道夏意社区的“逸假期”青少年成长夏令营，康桥街道康运社区的“艺趣空间”，米市巷街道米市社区的“欢乐ME”阳光助苗夏令营等品牌。

（余一青）

慈善事业

【概况】2019年，区慈善总会“春风行动”共募集慈善捐款240.3万元，慈善捐款分别用于“六一”助学、大学生助学、“9·19”助医、重阳节助老、慈善临时救助等关爱项目，合计发放慈善救助金147.94万元，救助困难群众2069人次。全年，拱墅区按照省市慈善基地建设相关要求，积极推进拱墅区慈善基地建设工作，至年底，建成慈善基地10家，其中区级基地1家，街道级基地9家，慈善基地功能定位于慈善组织孵化、慈善人才培育、慈善精准帮扶三大类。

【慈善项目】2019年5月，区慈总会开展“六一”助学活动，面向328名持证困难家庭就读幼儿园到高中阶段的学生、80名外来务工子弟学校学生以及90名智障困难学生发放营养午餐补助，共计24.9万元。9月，区慈善总会分别实施困难大学生助学、“9·19”助医和重阳节助老项目，分别向22名困难大学生发放助学救助金

3.3 万元，向 187 名白血病等重症困难病发放人助医救助金 36 万元，向 728 名困难家庭老人发放助老救助金 36.4 万元。

【慈善基地建设】2019 年初，拱墅区启动全区慈善基地建设工作。6—11 月，10 家慈善基地陆续建成，实现服务功能全区覆盖。8 月，区级慈善基地——拱墅区“宸益阁·慈善荟”慈善组织培育基地建成启用。“宸益阁·慈善荟”慈善组织培育基地位于拱宸桥街道桥西之家（桥弄街 135 号），总面积为 1620 平方米，内有阳光老人家、红色家园、公益驿站、文澜书苑、贝贝学堂等多个服务单元。基地秉持“党建引领、政府支持、社会参与、群众受益”的核心理念，引入“宸益阁”社会组织孵化中心专业团队运营，为新创慈善公益社会组织提供全方位成长服务，助推社会组织快速培育、合力共进。年内，全区各慈善基地开展慈善活动 187 场，参与活动 3000 余人次。

（陈琳娜）

民族·宗教

【概况】2019 年是拱墅区民族宗教领域基层基础建设年。区民宗局开展“不忘初心、牢记使命”主题教育活动，宗教及民间信仰活动场所安全工作会议 5 次。采取“一访二问三查四督五跟踪”，围绕基督教私设聚会点治理、显宁寺遗址修缮等重难点项目召开各类协调会 6 次。蓝钻天成聚会点通过“以堂带点”形式纳管，基督教专项整治工作取得突破。推进平安宗教活动场所“1+9”指标体系建设，创新实践场所安全监管平台建设，推广“三人驻点小组”制度，将宗教工作“三级网络两级责任制”压实到神经末梢。以“宗教政策法规学习月”“《安全生产法》宣传月”“平安综治双月宣传”“12·4”国家宪法日等活动为载体，开展新修订《浙江省宗教事务条例》等民族宗教事务方面政策法规学习宣传、教育普及工作。

组织实施“四同”（同筑中国梦、同步建小康、同心促团结、同力强本领）为主要内容的“石榴籽”工程。以祥符街道为试点，打造贤聚堂·民族家园，以点带面推动基层民族团结进步示范点建设，满足城市少数民族群众文化需求。

【宗教场所数字化建设】2019 年，区民宗局配合省宗教大数据智慧管理综合平台建设，在小河街道宗教活动场所试点“城市眼·云共治”管理模式。在排摸统计宗教活动场所监控探头的基础上，主要宗教活动场所均纳入“城市眼·云共治”覆盖范围。

【香积寺民俗年味活动举办】2019 年 1 月 28 日，由湖墅街道、香积寺、浙江云林书院联合举办的“腊鼓辞旧岁送灶迎新春”民俗年味活动在香积寺广场举办，非遗文化展示与体验成为该次活动的一道亮点。灶头画、武强雕版年画印刷、剪窗花、西溪小花篮编织、盘衍纸、传统篆香，民间艺术吉祥的主题、精美的技艺、丰富的色彩等吸引了不少来往市民驻足和“上阵”体验。

（刘雪明）

【消防安全培训和检查】2019 年 4 月 10 日，区民宗局在香积寺举办消防安全培训，各街道统战干部、宗教活动场所负责人、民间信仰活动场所负责人、义务消防员、安全管理人员等 100 余人受训。邀请区消防大队大关中队消防员讲解消防安全知识，并在香积寺内开展消防应急演练。9 月 25 日，区委统战部开展国庆节前安全检查。区委常委、统战部部长赵红及统战部领导带队先后到香积寺、城北堂、基督教和睦聚会点以及上塘、祥符、半山、康桥、拱宸桥街道，重点检查6处宗教活动场所和5处民间信仰活动场所，检查消防设备、安全设施等情况，累计排查安全隐患21处。

【“国情之旅”参观活动】2019年5月21日至24日，区民宗局组织基督教“三自”联络组成员16名代表人士赴井冈山，开展“国情之旅”参观活动。先后参观黄洋保卫战遗址、井冈山革命博物馆和毛泽东、朱德旧居。“国情之旅”活动已连续开展多年，是“正言正行·五教同行”系列活动的创新延伸。

（黄根山）

【宗教政策法规学习月活动】2019年8月21日，由区民宗局、区司法局联合举办的“宗教政策法规学习月”活动启动仪式在基督教拱宸堂举行，全区宗教活动场所、民间信仰活动场所的120余名信众参加活动。活动采取专家授课与知识竞赛相结合的方式开展。

（刘雪明）

【显宁寺对外开放】2019年11月10日，显宁寺历经两年修缮保护，一期工程全面完工，正式对外开放。显宁寺始建于五代时期，民国时期修建的藏经楼留存至今，成为杭州市第一批历史保护建筑。2017年，显宁寺遗址修缮保护工作全面启动，属于拱墅区“十大文化项目”建设工程之一，显宁寺复扩建工程也是杭州大城北开发建设重点项目之一。根据二期扩建计划，显宁寺将成为一处集历史文化与佛教文化于一体，人文景观与自然景观相融合的大城北文化旅游新地标。

（褚鹏凯）

【省委统战部领导调研区宗教工作】2019年12月25日，省委统战部副部长、民宗委主任楼炳文，市委统战部副部长、民宗局局长邵根松等领导到拱墅区调研宗教工作，实地踏看显宁寺遗址修缮一期建设成果，并听取拱墅区宗教工作及显宁寺开放后管理运行情况汇报。楼炳文对显宁寺下步建设和管理提出要求。

（刘雪明）

2019年11月9日，显宁寺正式对外开放　（区委统战部 供稿）

街道

上塘街道
祥符街道
半山街道
康桥街道
米市巷街道
湖墅街道
小河街道
拱宸桥街道
和睦街道
大关街道

上塘街道

【概况】上塘街道位于上塘河与京杭大运河交汇融通处，因毗邻上塘河而得名，北与康桥半山接壤，南至长板巷石灰坝，西至运河，东至上塘河。下辖 10 个社区、11 个经济合作社。2019 年，辖区户籍人口 3.43 万人，流动人口 4.15 万人。从业人员 2.35 万人。2019 年，街道实现财政总收入 19.17 亿元，地方财政收入 9.18 亿元，完成固定资产投资 70.46 亿元，比上年增长 72.53%。社会消费品零售总额 83.3 亿元。街道实际利用外资 5762 万美元，居全区榜首。2019 年，街道开展高层次人才引进、企业培育等工作，实现东剑科技、果蔬鲜科技等 4 个“运河英才”项目入驻上塘。

【街道“党建红盟汇”成立】2019 年 1 月 25 日，街道举行“上塘党建红盟汇”章程签订仪式，首批成员单位共同签署联盟《上塘党建红盟汇章程》，标志“上塘党建红盟汇”正式成立。成员单位签订区域党建共建协议，并举行区域党建活动传承仪式。“上塘党建红盟汇”由上塘街道办事处、杭州联合银行、杭州詹氏中医骨伤医院等 13 家企事业单位共同构成，成员单位涵盖政府机关、国有企业、民营企业以及高校、医院等多个领域，涉及面广、辐射力强、带动性大。

【2019 年民生微实事项目首次票选】2019 年 1 月 3 日，上塘街道 2019 年民生微实事项目出炉，共涉及改造资金约 80 万元，为全区首个通过街道居民议事会议票选产生的民生微实事项目。2018 年 11 月公开征集，街道共收到 12 个民生微实事项目申请。为进一步完善基层民主制度、健全基层决策机制，街道于 2019 年年初成立居民议事会，由党代表、人大代表、政协委员和居民代表 43 名成员组成。根据票选结果，街道要在年内完成 4 件民生微实事：补助隽逸花苑筹建一个文化家园，给七古登居民建一个室内健身点，帮大浒东苑的 B、C 区改造地下停车库坡道，替绍兴新村 4 幢至 20 幢的居民更换电控门。

【杭州第一台拥有养老保险的既有住宅加装电梯诞生】2019 年 1 月 31 日，上塘街道假山路社区天时苑小区 7 幢 4 单元的业主集体出资，给拱墅区的第一台加装电梯购买了一份“养老保险”。这是杭州产生的首张针对既有住宅加装电梯的电梯养老综合保险保单。业主在购买保险后，保险公司将承担日常维保、更换零件、年检等所有可能发生的费用，避免因资金筹措不及时导致电梯无法使用等问题；如果因为电梯故障造成人身伤亡或财产损失，保险公司承担赔偿责任。该保单一年保费为

6500元，由天时苑7幢4单元3楼至7楼的10户住户平均分摊，每户每年出资650元。伴随着电梯使用年数的增加，保费将逐年递增，5年内每年6500元，5年至10年每年8500元，10年以上每年1万元。如果电梯需要更换，保险公司将最高赔付10万元。

【首个村民安置房小区业委会成立】2019年3月25日，隽逸花苑安置小区成立街道首个村民安置房小区业委会。上塘街道三方办会同社区严格按照程序成立业主大会筹备组，结合小区实际，筹备组上门入户征求居民意见和建议，召开多次会议，依据上塘街道版《业主大会议事规则》，讨论确定《隽逸花苑小区业主大会议事规则》《业委会选举办法》等，完成业主大会各项前期准备工作。期间，小区党支部积极发挥党建引领作用，鼓励、发动党员业主参加业委会候选人报名，并对候选人进行资格审查把关。2019年3月23—25日，隽逸花苑安置小区成功召开首次业主大会会议，通过现场公开唱票、监票和计票方式，选举产生首届业主委员会委员5名（其中党员3名）、候补委员3名。

【居民议事会成员助力人大代表接待日活动】2019年4月9日，人大上塘工委在上塘第二代表联络站开展人大代表接待日活动，街道人大代表裘霞敏、许荣根等代表参加，街道居民议事会部分成员参与其间，来自10个社区的选民围绕社区民生建设、医疗卫生服务建设及需求等群众关心的热点难点问题，提出18条意见建议。人大代表和居民议事会成员对部分问题作了现场解答。

【上塘电商小镇获“国际跨境贸易创新发展杰出贡献奖”】2019年4月3日，由联合国贸发中心和中国电子商会共同主办的“贸易便利化促进电子商务发展行业对话峰会”在瑞士日内瓦万国宫举行。峰会上，上塘电商小镇获“国际跨境贸易创新发展杰出贡献奖”，是杭州市唯一获得该奖项的小镇。上塘电商小镇紧扣“小空间大聚集，小平台大产业，小载体大创新”的发展思路，整合多方资源，不断提升小镇运营管理水平。2019年上塘电商小镇新引进企业119家，引进资金15.35亿元，实现固定资产投资6.82亿元；引进阿里巴巴空间站等知名电商及相关配套服务类企业101家，产业投资达5.89亿元。至2019年年底，小镇集聚企业809家，其中电商及配套服务类占比超过50%。实现主营业务收入65.6亿元，税收4.11亿元。

【多个安置房小区获评“星级”】2019年4月，上塘街道4个小区获评拱墅区2018年度撤村建居回迁安置房星级小区。全区共评定10个星级小区，上塘街道占4个。其中，善贤人家、蔡马人家获评五星级小区，隽逸花苑和七古登人家获评三星级小区。街道按照“两高三好”标准规范化管理安置房小区，即“小区文明程度高，居民满意度高，环境面貌好，秩序安全好，公共服务好”，持续推进三方协同治理，实现社区、业委会、物业三方联动，提升小区服务与管理水平。

【钱江市场商贸城获评“改革开放四十年全国最具影响力品牌市场”】2019年4月24—25日，在第20届中国商品交易市场发展论坛暨2018年度全国商品交易市场表彰大会上，浙江建华集团有限公司旗下钱江市场商贸城凭借其高度社会责任感和专业的市场运营管理经验，被中国市场学会授予“改革开放四十年全国最具影响力品牌市场”荣誉称号。钱江市场商贸城位于杭城北部上塘路456号，成立于1997年6月28日，经过2009年的整体改造提升，至2019年年底，商城有2500多家商户，空置率不到5%。

【“人大代表与上塘电商小镇企业家”沙龙活动】 2019年4月25日，上塘街道举办首次“人大代表与上塘电商小镇企业家”沙龙活动。来自电商小镇的13位民营企业相关负责人结合自身发展实际，讨论当前民营企业面临的困难，就税收共享、招商引资政策等提出了疑惑，人大代表们在现场一一作了回复。该次活动共收集企业反映的问题和困难10余件，通过梳理、归纳和汇总各类问题和困难，向不同的层级进行反映和交办，帮助解决民营企业遇到的困难和问题，助力企业高质量发展。

【蔡马商业中心开工建设】 2019年6月2日，蔡马商业中心（蔡马留用地三期）开工建设。该项目为蔡马经合社第4个留用地项目，位于湖州街与科园路交汇处，由蔡马经合社与石塘经合社合作开发。项目总用地面积1.21万平方米，总建筑面积7.13万平方米，其中地上面积4.23万平方米，地下面积2.90万平方米。主楼22层、裙房4层、地下3层，建筑总高度近100米，总投资约4.5亿元。

【拱宸37、38地块完成回迁安置】 2019年9月9日，拱宸37、38地块回迁安置工作完成，涉及农户394户、居民102户，采取“原地+异地+货币”安置模式，安置房源包括瓜山佳苑、都景公寓、吉兴公寓、阮家桥公寓及宸铭府小区。其中，新落成的宸铭府小区位于上塘路与嘉兴东路交叉口，毗邻上塘高架，总建筑面积约15万平方米，累计提供安置房源1210套，是2019年全区回迁体量最大、涉及户数最多、拆迁情况最复杂、时间跨度最长的小区。

【八丈井农贸市场改造工程全面完工】 2019年10月底，八丈井农贸市场改造工程全面完工。该市场位于大关南一苑，投资金额1000余万元，建筑面积2650平方米，营业面积1470平方米，2019年3月进入改造提升施工阶段。改造后，市场内部卫生环境得到大幅提升，配套功能设施更加齐全，市场面貌焕然一新。

【智慧小区免费Wi-Fi全区率先全覆盖】 2019年11月，上塘街道宸铭府小区在全区率先实现了Wi-Fi全覆盖，住户只要走进小区，便可通过手机连上网络，足不出“区”畅享“智慧生活”。

【省级首批试点瓜山未来社区亮相】 2019年10月底，瓜山未来社区新苑4号组团，迎来首批入住的300余名青年创业租客，成为浙江省首个实现入住的未来社区。瓜山未来社区位于瓜山立交北侧，总建筑面积约23万平方米，是浙江省第一个建成的未来社区。通过原先居民自愿搬迁，270幢农居房经整治后，托管给第三方专业运营公司，改造成适合年轻人居住的高性价比公寓。瓜山未来社区通过高标准的整治提升和管理运营，打造集历史风貌区、人才居住区、创业集聚区、生活生态区四区融合的全国城中村改造样板。通过提供满足其美好生活愿景的场景空间和建筑形式来为社区营造交往、交融、交心的人文氛围，通过人们兴趣爱好、特点的相同属性进行“组团”居住，构建未来邻里场景，以此促进邻里交往，拉近彼此距离。

【阳光老人家项目投入使用】 2019年11月，上塘街道阳光老人家正式投入使用。该项目位于上绍路87号（大浒东苑C区8幢），上下两层，占地面积2000余平方米。内设康复理疗、医疗护理、助餐、喘息托管、认知症个案管理、认知症服务、智能化长廊等功能设施，涵盖“智慧空间、互动平台、共享生活”三大功能区块，是一个面向各个年龄段群体的服务型综合体。该项目引入第三方朗诗常青藤公司负责运营，进一步提升社会化、专业化、标准化及智能化为老服务水平，为老年人安享晚年创造更好条件。项目辐射10个社区，实现街道全覆盖，基本建成“10分钟养老服务圈”。

【街道首个“微法庭”成立】 2019年11月26日，“微法庭”揭牌仪式在蔡马社区举行，标志街道首个“微法庭”正式成立。“微法庭”设立有效嫁接了街道与区人民法院的沟通桥梁，通过开展线上线下答疑解惑、参与居民矛盾纠纷调解、对调解协议进行司法确认、组织居民法律培训等方式，提升社区调解队伍的素质。通过发放宣传资料、以案说法等形式，为辖区居民提供有针对性的普法套餐，增强居民学法知法和用法水平，推进无诉无访社区建设，实现诉讼服务和纠纷化解“最多跑一次”甚至“一次不用跑”。“微法庭”成立后，社区居民足不出户，即可享受优质的法律服务。

【社区文化家园获评杭州市星级文化家园】 2019年12月，上塘街道善贤社区文化家园、蔡马社区文化家园2家获评2019年度杭州市五星级社区文化家园，七古登1家上榜四星级文化家园。街道从拓展阵地、优化载体、创新模式、提升内涵、长效管理等方面着手，引入民主协商理事会、社会组织、学雷锋志愿服务三支队伍，打造社区居民家门口的文化综合体和新时代文明实践站，促进共建共治共享，以文化人，成风化俗。

【党群服务中心投入使用】 2019年12月28日，位于绍兴路588号的上塘街道党群服务中心正式启用，面向大城北核心区域广大党员群众开放。该中心共四层，建筑面积逾5800平方米，是集“组织建设＋行政服务＋文体活动＋教育学习＋交流互动”为一体的“多功能、全方位、强政治”的“红色服务综合体”。中心以“143X”为特色，即以1个“党建引领、共建共享城市美好生活”主题，引领充实“和谐、幸福、品质、美好”4种城市生活内涵，着眼提升广大党员群众“幸福感、归属感、自豪感”三感指数，推出X个特色服务功能和打卡阵地。该中心由社会组织心巢公益负责专业化运营，入驻有浙江“晒福”社会心理研究院、红旗出版社、《浙江共产党员》杂志社、明珠电视“和事佬”工作室、钱塘箫社及阿里巴巴国际空间站等优质机构。

【吉瑞国际商务中心投入使用】 2019年12月31日，蔡马经济合作社吉瑞国际商务中心投入使用。该商务中心位于湖州街36号，东至电厂热水河，西至湖州街，南至天瑞国际，北至浙江大学城市学院，是蔡马经合社自筹资金自主开发的第3个10%留用地项目。项目用地面积1.07万平方米，总建筑面积近5万平方米，由地上22层、地下3层的建筑楼组成，总投资近2.5亿元。该项目由普得莱（浙江）商业管理有限公司运营，旨在打造以数字经济、信息经济、旅游时尚休闲、高端装备（制造业）等都市型未来产业为特色的创新、创业生态园区，主要引进新技术、新产业、新业态、新模式等“四新”企业。

【居住小区消防安全综合治理全面铺开】 2019年，上塘街道全面铺开小区消防安全综合治理工作。街道以善贤人家小区为试点，联合

善贤文化家园 （上塘街道 供稿）

善贤社区，探索小区消防安全综合治理举措，建立健全“党建引领”“四联机制”“三色预警”等特色机制，突出点滴物业消防安全管理“五化”机制，切实解决善贤人家在消防登高面、楼道堆积物、消控室管理、电动车充电桩等方面存在的问题，在辖区及全区范围内树立治理典型。根据善贤人家试点创建经验，蔡马人家、七古人家、隽逸花苑等其他7个小区也分别立足实际，自创亮点，全面铺开小区消防安全综合治理工作。全年，街道推动491家居住小区沿街商铺、362户独居老人烟感报警器安装，推动128家沿街商铺燃气报警器安装，推动胜利河美食街、建华商业中心“瓶改管”项目，推广智慧用电系统安装60套，推广卷闸门整改工作，推行智能充电桩安装工作，新增13套充电桩，并在大浒东苑A、B、C区完成坡道改造，方便群众集中充电。完成蔡马、皋亭、七古登、拱宸四个社区微型消防站提档升级工作，并通过消防验收。

【市级“无违建街道”创建】 2019年3月3日，街道召开“无违建街道”创建动员会暨住宅小区违建信息登记报告制度培训会，明确时间节点，详细部署，争取完成“无违建街道”创建任务。至10月25日，通过拆违，累计拆除违法建筑654处，总建筑面积25.26万平方米。12月，上塘街道顺利通过杭州市“无违建街道”验收。

（王静）

祥符街道

【概况】 祥符街道位于拱墅区西北部，素有杭城“北门重镇”之称。东沿京杭大运河西畔与拱宸桥、小河街道相接，南依余杭塘河与西湖区古荡街道相邻，西与西湖区三墩镇相连，北与余杭区良渚街道接壤。下辖17个社区，15个经合社。户籍人口3.18万户、9.17万人，流动人口16.68万人，从业人员7.97万人。

2019年，街道实现财政总收入38.16亿元，比上年增长2.4%；地方财政收入19.93亿元，比上年增长7.32%；社会消费品零售总额123.90亿元，比上年增长0.3%。实现工业销售产值133.27亿，高新技术产业产值127.61亿元，比上年增长均超20%。实现楼宇总税收20.87亿元，比上年增长36.20%。汽车互联网小镇、工业设计小镇、申花产业集聚区三大产业平台实现营业总收入262.8亿元，常规税收26.2亿元。

2019年，祥符街道贯彻落实“不忘初心、牢记使命”主题教育，把开展主题教育作为重大政治任务和重难点工作破难攻坚的重要契机。成立“街道理论宣讲团”，深入基层一线开展主题教育党课、十九届四中全会理论宣讲。全面推广“学习强国”学习平台，总注册学员11297人。开辟“聚焦主题教育”专栏，专题报道主题教育开展情况。全街道197个基层党组织，3829名党员使命意识得到提高。

【7家亿元企业落地祥符】2019年，街道筑巢引凤，引进7家亿元企业，分别为浙江海联投建筑工程有限公司、电小二新能源科技有限公司、杭州路顺电马电动车科技有限公司、浙江无界酒店发展有限公司、杭州便利狗智能科技有限公司、浙江全世辰企业管理有限公司、中联盟新能源开发有限公司，涵盖建筑工程、新能源技术、酒店管理、人工智能技术、企业管理咨询等众多领域，进一步增强了街道经济发展的潜力。

【人才科技引领作用增强】2019年，街道引进运河英才5位，分别为李颖博、李维、金宰贤、刘峰、刘凌峰。认定4位市级高层次人才，新增115名高技能人才，发挥人才科技引领带动作用，为街道经济转型升级提供智力支撑。

【街道党群服务中心启用】2019年7月1日，祥符街道党群服务中心建设完成并投入使用，总建筑面积3000平方米。中心设置“最多跑一次”行政服务大厅、24小时自助服务区、党群之家、聚力联盟、青年之家、阳光老人家、阳光食堂、文化家园、蓝孔雀书苑、文体中心“十大功能”空间。其中“最多跑一次”行政服务大厅引进全新叫号系统和服务评价系统，多渠道推进政务服务网上办、掌上办，多次获拱墅区行政审批管理办公室授予“最美窗口”“红旗窗口”称号。省委常委、市委书记周江勇，民政部部长黄树贤等多位领导莅临党群服务中心调研指导并给予充分肯定。

【杭州银泰城归国华侨联合会成立】2019年8月27日，杭州银泰城第一次归侨侨眷代表大会在城西银泰城召开，会议选举天格科技（杭州）有限公司财务报告总监胡晓飞为新一届侨联主席，拱墅区第一个楼宇侨联组织自此宣告成立，为申花产业集聚区内生活、工作、投资、创业的海外华侨、侨领、留学生提供政策宣传等各类服务，推动辖区楼宇经济高质量发展。

【十分钟“立体式”党建服务圈打造】2019年，街道布点打造“两中心、两枢纽”党群服务中心阵地，建成启用街道党群服务中心（蓝孔雀片区）、完善丰富杭州汽车互联网小镇党群服务中心功能，稳步推进街道级陆家圩党群服务中心及杭州银泰城党群服务中心提升改造任务，17个社区党群服务中心全面铺设，银泰城、方家埭、映月、庆隆运河城市驿站多点展开，十分钟“立体式”党建服务圈初步形成。

【杭州市示范街道（乡镇）30分钟市民学习圈】2019年，祥符街道本着“从居民中找需求，从社会中引资源，在实践中创特色”的发展理念，形成“政府主导、全民主体、多方参与”的学习模式，培育太极拳、越剧、摄影、声乐、书画等高质量学习型社团100余个，社团类型达15种以上，同时打造“孝心课堂”特色学习品牌及“贤聚堂”民族文化品牌，形成覆盖全域的学习阵地网络，让市民在30分钟内即可抵达阵地学习。2019年10月，街道获杭州市教育局颁发的“2019年杭州市示范街道（乡镇）30分钟市民学习圈”荣誉奖牌。

【居家养老服务平台搭建】2019年，街道新建方家埭、申慧、吉如、庆隆、蓝孔雀、映月社区6家阳光老人家，提升秀水社区阳光老人家，总面积8300余平方米，总投入约2600万元，17个社区覆盖率达70%。试运行庆隆“医养结合”全托型省级示范居家养老服务点，推进阮家桥“中央厨房”，投入使用全市首批、全区首台“智慧餐台”，全方位、多角度建立健全居家养老服务体系，12月16日，成功入围工信部、民政部第三批智慧健康养老示范街道，获得“国家级金名片”。

祥符街道党群服务中心室内 （高洁 摄）

【征迁工作完成】2019年，街道共完成征迁企业面积3.7万平方米、居民142户，回迁安置436户。7月30日，完成李家桥工业园区征迁工作，12月拆除完毕。涉及承租企业主体44家，其中包括商铺18家、公寓88间、集体宿舍88套，涉及总人数约1500人，总建筑面积约3.7万平方米。7月31日，完成原杭州第一毛纺厂宿舍项目解危搬迁工作，涉及居民101户。8月28日，完成花园岗436户回迁安置工作，安置房源1086套，至此完成花园岗村整村692户回迁安置工作。9月4日，完成祥符水厂二期扩建工程41户居民征迁工作，该区域为祥符征迁情况最复杂、历史沿革最复杂、产权变化最复杂、住户诉求最复杂的征迁区域。

【既有住宅电梯加装】2019年，街道因地制宜，在全区率先启动既有住宅全小区统一加装电梯工作。9月27日，渡驾新村23台电梯投入使用，为拱墅区首个安置房小区统一加装电梯项目。11月29日，陆家圩小区完成51台电梯主体吊装工程，为拱墅区首个全小区“整体装配式”加装电梯项目。对既有住宅实施加装电梯工程极大方便了群众的出行，提升了老百姓的生活品质，赢得群众的一致好评。

【“三方协同治理”深化】 2019年，街道持续深化“三方协同治理”，创新“一小区一档案”工作机制，率先在全区开展住宅物业管理第三方查验工作，重点将小区总收入、总支出的测算，小区共建配套等所有三方工作基本情况汇编成档，融入月查季考、物业项目查验当中，形成网格长、三方指导员及业委会工作基础性指导文书，夯实基础、摸清底数，共完成76个小区建档和查验工作，全方位提升小区规范化水平。同步推进小区网格化治理，以全街102个网格为依托，全年处置网格新增事件58421件，成功调处矛盾纠纷286件，排查整改安全隐患2190件。

【百个支部破百难】 2019年，街道结合主题教育，创新推出“百个支部破百难”，聚焦民生实事，收集17个社区、15个经合社基层党组织近百项难点工作，破难攻坚，街道领导班子领衔破难13项重、难点工作，深入调查研究共走访基层单位540家，走访群众278人，收集问题127项，解决问题127项，破解“工学矛盾”“学用矛盾”“效用矛盾”。尤其是创新网格治理联动文明创建，排查整改安全隐患2763处，劝导违规充电及乱停乱放电瓶车3513辆，全面清理辖区各小区楼道，畅通生命安全通道。

【“1+X”基层劳动纠纷多元化联调机制完善】 2019年，街道健全完善以“街道劳动保障监察中队、劳动争议调解委员会、劳动争议仲裁派出庭”三位“1”体为核心，综治、司法、工会、派出所等“X”个职能科室共同参与，集法律咨询、心理咨询、法律援助、帮扶救助、纠纷联调等服务功能为一体的劳动纠纷多元化联调机制。9月，调解中心获“浙江省创建和谐劳动关系暨双爱活动先进组织”称号。全年共受理各类劳动纠纷投诉案件2188件，街道仲裁派出庭共受理劳动争议案件133件，案件调解率达98%以上。

【污水“零直排”工程】 2019年，街道投资3300余万元，完成创建“污水零直排”生活小区65个，涉及住宅735幢、住户55057户，沿街商铺2367家，其他单位59家。整改雨水管网155处、污水管网133处，新建和改造雨污井677个。新增雨水排放立管278根，整改雨水排放立管374处，取消或改造截流井671个，新建和改造雨污管网35千米，排水管网清淤30千米，安装餐饮店油水分离器、隔油池2367个，安装理发店毛发收集器、聚集井79个，设置洗车店沉砂池41个，铭牌标注雨污水井2500个。

（张振宇 范晓芳）

半山街道

【概况】 半山街道位于杭州市东北部，东邻江干区丁兰街道，南与上塘街道相连、与下城区石桥街道以上塘河相隔，西与康桥街道接壤，北与余杭区崇贤街道为邻。下辖12个社区,4个经合社。

2019年，户籍人口3.8万人，流动人口5.1万人，从业人员2.5万人。2019年，街道实现财政总收入10.4亿元，比上年增长20.56%，首次突破10亿元。地方财政收入4.9亿元，比上年增长45.94%；完成固定资产投资62.24亿元，增长82.29%；社会消费品零售总额增长13.63%；实现税收千万元以上企业22家，比上年增加2家；完成全国第四次经济普查；15家企业入选“大树企业”“小巨人企业”，总量全区领先。

2019年2月，杭钢云计算数据中心项目二期开工建设。6月，杭州中豪桃源国际综合体项目开工。引进韩国SK能源集团“世界500强企业”项目，全年实际利用外资3053万美元。11月，显宁寺修复完工对外开放。

【浙江金昌宝湖MINI入驻半山】 2019年1月，浙江金昌宝湖MINI 4S店落户半山，新店地址位于沈半路506号。该项目为浙江金昌汽车集团有限公司下属汽车经销企业，毗邻杭州半山国家森林公园，为全球最潮流博物馆体验式MINI旗舰店，为MINI客户和车迷爱好者提供体验时尚与创意完美结合的MINI空间。

【街道留用地开发建设实施细则出台】 2019年2月，半山街道制定全区第一个街道留用地开发建设实施细则。街道成立留用地开发管理领导小组及其办公室，统一负责街道留用地项目管理、指导、监督等工作，按照控规确定的留用地指标实施项目开发建设，注重留用地项目开发建设的计划管理，加强对留用地项目产业定位的科学谋划，根据地块实际情况招商选资，股份经济合作社加强对留用地项目开发建设的合同管理、印章管理、资金管理，建设质量管理、落实专人负责制、重大事项通报制等制度建设，加快推进31个产业项目和145亩留用地项目开发建设。

【第二届“城北崛起·望宸诗会”举办】 2019年4月26日，半山街道在半山国家森林公园举办第二届“城北崛起·望宸诗会”。诗会以“城北崛起”为主题开展系列活动。“城北崛起”主题诗赛自3月7日起征稿，经《杭州日报》（杭+新闻）、《青年时报》（浙青网）、《每日商报》等多家媒体报道，截至3月27日，共征得诗歌100余首，评委组选出20篇优秀作品。“城北崛起·望宸诗会”朗诵晚会特邀国家一级演员、杭州电视台西湖明珠频道《开心茶馆》主持人周志华等知名主持、省市朗诵协会专业人士、诗人和当地朗诵爱好者参与。4月26—28日，邀请各地学者、诗人、艺术家齐聚半山开展“城北崛起·望宸诗会”诗人采风活动，采风后创作的诗歌通过刊物发表，整理成集。

【半山立夏节活动举办】 2019年5月6日，杭州“半山立夏节”活动在半山国家森林公园“二十四节气广场”举行。上午9时，“送春”的祭祀队伍组成序列，从十二生肖小广场出发，到半山娘娘庙祭台举行“迎夏”仪式。现场有吃乌米饭、“称人”、采摘蚕豆、烧“野米饭”等半山传统的立夏民俗体验活动。其间，举办立夏跑山活动，300余位爱好者参与，跑山路线以半山国家森林公园为起点，经过民俗浮雕、穿过云锦亭，踏过雨花间泉，沿山边健身步道，以望宸阁为终点，全长3.3千米。

【街道党群中心、党性体检中心启用】 2019年5月15日，半山街道党群中心、党性体检中心正式建成投入使用。中心位于虎山路田园牧歌听泉苑9幢，建筑面积600平方米。中心依托“互联网+党建”，运用大数据，细分党性自检、党性专检、党性互检三大体检模块。设有多功能厅、初心印迹、半山党史馆、半山论剑、“两学一做”长廊、组织生活坊、初心工作室、运河城市驿站八大体检阵地，设置重温入党誓词、对党说句心里话、初心印迹、半山党史馆、新时代大讲堂、“两学一做”、党内知识测试、党员四评、运河城市驿站九项体检项目，党员可通过人脸识别或凭体检须知单二维码完成互动体检项目，获取党性体检结果并由“红色专家”进行分析。

【金星股份经济合作社商业综合用房主体结顶】2019年6月27日，杭州金星股份经济合作社商业综合用房主体结顶。该项目位于桃源单元B1/B2-02A，为金星经合社留用地项目，总建筑面积3.38万平方米，共18层，计划投资16191万元，建成后将作为浙江商源集团总部大楼，打造酒文化产业园。

【明德小学地下公共停车场对外运营】2019年8月，半山街道明德小学地下公共停车场正式对外运营。明德小学地下公共停车场位于拱墅区半山街道半山路5号明德小学，出入口设在半山路，共有地下一层公共停车泊位99个。停车场为周边的浙江省肿瘤医院以及田园社区、河畔居、杭钢社区等住宅小区提供24小时社会公共停车服务，有效缓解该区域停车难问题。

【首个创新孵化项目签约】2019年8月14日，半山街道与杭州牧拓中创科技有限公司举行签约仪式，双方协作共建数字经济众创空间。该项目为半山首个创新孵化项目，通过创新合作模式，建成集科技培育、项目展示，人才路演一体的创新孵化器，打造半山人才驿站。

【“十二条”发展政策出台】2019年9月9日，出台《半山街道关于加快高质量发展若干意见》，围绕加快留用地开发建设、“双招双引”工作、发展产业平台和楼宇经济等重点工作，精准实施“一企一策”，全面实施半山街道高质量发展十二条支持政策。

【第二届创新发展论坛举办】2019年10月18日，数·创未来半山第二届创新发展论坛暨“双招双引”工作推进会在杭州湖山雷迪森庄园酒店举办。会上签约了迦美科技通讯芯片项目、张江跨国企业联合孵化平台项目、乐歆自主移动机器人项目、牧拓数字经济众创空间、商源创新中心项目、广银科创中心项目。

【社会治理综合服务中心投入使用】2019年10月，半山街道社会治理综合服务中心投入使用。该中心占地面积3000余平方米，其中主体建筑上下三层，总建筑面积2700余平方米，户外广场占地面积800余平方米。广场景观包括绿化游步道、最美半山人风采展示栏、“不忘初心、牢记使命”主题教育宣传栏等，打造一个具有半山地域特色的开放、亲民的市民小广场。中心按照“431”体系建设打造，即“实现四大平台合署办公、打造一个‘望宸智汇’街道小脑信息指挥平台、组建一支社会治理综合大队、深化完善一个全科网格”，落实街道“最多跑一次”改革。

【浙江宝盈SK物资集团有限公司成立】2019年11月29日上午，浙江宝盈SK物资集团有限公司正式揭牌。该公司是由浙江宝盈控股有限公司和世界500强韩国SK能源集团强强联合组建的中外合资公司，是当年上海进博会签约的省重大经贸项目，引进资金4亿元。

【“绿色田园公益组织”植藤节项目获全国公益品质奖】2019年12月，半山街道田园社区“绿色田园公益组织”植藤节项目获首届全国公益品质奖。“绿色田园公益组织”由杭州市环保志愿者金德意创办，以“关爱自然、义务植树、义务植藤”为宗

2019 年 10 月 18 日，半山街道召开 2019 数·创未来半山第二届创新发展论坛暨“双招双引”工作推进会

（半山街道 供稿）

旨，以“爱绿、护绿、兴绿”为原则，加强城市绿化保护宣传和法规宣传，协助城市绿化管理部门巡查和纠正各种绿化违法现象，参与组织实施各项护绿植绿等宣传活动。自 2007 年 3 月 9 日在半山街道田园社区举办首届植藤节起，至 2019 年，连续举办 13 届植藤节。全年，田园社区“绿色田园公益组织”走进社区、学校、机关宣传推广种植垂直绿化家庭养花等宣讲活动 173 场次。

【10 家社区级枢纽型社会组织培育】 2019 年 12 月，半山街道开展第二届半山街道社会组织公益创投，新培育 10 家社区级枢纽型社会组织，分别是杭钢北苑社区爱心天天行社会组织服务中心、杭钢南苑社区红星社会组织服务中心、龙山社区悦享学社社会组织服务中心、智伴长者服务中心、半山社区维美社会组织服务中心、杭钢西苑社区守望社会组织服务中心、杭钢北苑社区众笑居家养老服务中心、社会组织服务中心、金星社区桃源邻里社会组织服务中心、夏意社区纽桥社会组织服务中心。10 家社区级枢纽型社会组织充分利用中间角色与社会整合功能，将街道对社会的管理和培育有机统一起来，推动街道社会事业和谐发展。

【第六届“最美半山人”评选】 2019 年 12 月 5 日，半山街道下发《2019 年度（第六届）“最美半山人”评选活动方案》，开展第六届“最美半山人”人物征选工作，征集候选人 18 人。12 月 24—26 日，3.3 万人参与投票，根据热爱祖国、讲社会公德、讲职业道德、讲家庭美德等要求，选出“最美半山人”10 人。

（姚文婕）

康桥街道

【概况】康桥街道位于拱墅区北部，东接320国道、南连石祥路、西沿京杭运河与余杭区良渚街道相连，北接绕城公路。下辖11个社区。2019年，辖区户籍人口5354户、2.075万人，流动人口3.24万人。

2019年，康桥街道完成总税收7.36亿元、地方税收3.53亿元；实现固定资产投资16.5亿元、外贸出口额1.68亿元；实现“6+2”产业增加值10.68亿元。持续推进半山电厂综合改造提升工程，平稳拆除2座冷却塔和1座煤机烟囱。康桥花海开园，总占地面积达20万平方米。建成4个服务中心、4个“阳光老人家”、3个社区文化家园、5个新时代文明实践阵地。建立“1+X”劳资纠纷多元化联调平台，全年发放各类救助金128.6万元、养老补贴66.9万元，实现城镇新增就业人数238人。“郎朗钢琴音乐教室”再次落户康桥，成立“三团三社”队伍，进一步提高文化软实力；深化“最多跑一次”改革，建立服务“一窗受理”，拓展市民卡联办业务等，进一步提高了群众满意度。

【城北健康中心建成投入使用】2019年12月16日，城北健康中心（康桥街道社区卫生服务中心）正式启用。中心位于大运河新城核心板块，建筑面积1.05万平方米，在原有基本医疗基础上，新增口腔诊疗中心、社区母婴照护中心及红十字应急救护培训基地等。中心建有数字驾驶舱、康桥健康航班和一站式健康体检中心，可辐射周边10余平方千米、10万余人群，年服务人次在30万人以上。

【“运河邻里”建成投入使用】2019年10月26日，杭州大城北首个社区商业中心——“运河邻里”康桥农贸市场开业。运河邻里位于康桥文体大厦1—2楼，总面积约4000平方米，有铺位及摊位140个。农贸市场配备厨余垃圾处理设备，将剩菜烂叶、果蔬边角料及其他动物内脏等有机废弃物，转变成有机肥。人们还可以用农贸市场App视频购物，肉类蔬菜选好称好打包好直接配送到家。从智慧农贸市场+精品超级市场+特色风味小吃+社区便民服务一体化，到社区卫生服务中心、文娱活动站、教育与健身设施、社区大食堂等配套功能，从“油盐酱醋茶”到“衣食住行闲”，“运河邻里”真正打造了“一站式”服务。

【街道第三人大代表联络站获评杭州市首届“最美人大代表联络站”】康桥街道第三人大代表联络站设立于2015年3月。2019年，康桥街道第三人大代表联络站迁址扩建，对阵地、功能、管理等进行全面“升级”，兼具代表接待和居民议事两大职责，更好地发挥“连心桥”“宣传站”“晴雨表”“大平台”“暖心窝”“减震器”“回音壁”七大功能。联络站定期接待选民、组织学习交流、组织活动、处理意见、述职评议，提前布局5G基站，设置中国移动云视讯，通过超大展示屏、触摸屏连接手机终端和网上代表联络站，实现人大代表与联络站高清、实时、无缝对接。2019年10月，康桥街道第三人大代表联络站被认定为杭州市首届“最美人大代表联络站”。

【“1+3+1”新养老体系建设】2019年，康桥街道大力推进“阳光老人家”民生实事工程：新建成1家街道级示范型居家养老服务中心，3家社区阳光老人家，以及康运社区阳光老人家提升版。至年底，康桥街道阳光老人家开展为老服务150余次，累计服务老人2000余人次。

2019 年 9 月 29 日，康桥花海举行开园典礼

（康桥街道 供稿）

【杭州华电半山公司综合改造提升工程开工】 2019 年 12 月 30 日，杭州华电半山发电有限公司综合改造提升项目在拱康路 200 号举行开工仪式。华电半山公司综合改造提升项目是大城北开发建设的重大项目之一，也是城北老百姓期盼已久的“民心工程”。此前，1 月平稳拆除 4 号、5 号冷却塔，7 月拆除 1 座煤机烟囱。该工程主要包含冷却塔改造、架空线路改为地下电缆、厂区美化、厂区噪声治理四大部分，通过建筑外立面重塑、景观引导、色彩激活、文化渗透等多种举措，让 60 年老企业焕发新活力，推动大城北环境改善和提升。

【美丽新家园建设】 2019 年，康运社区对康泽苑、康盛苑、康锦苑三个小区内部景观、地下车库地坪、非机动车库消防设施、沿街商铺路面、屋顶泛光照明设施等 7 个项目进行提升改造，投入 2000 万元左右。至年底，提升项目基本完工，小区硬件设施进一步提升，整体环境面貌得到改善。同时，围绕“美丽康桥”建设，康运社区先后开展楼道和地下室堆积物清理整治、沿街商铺规范经营整治、非机动车停放整治等一系列整治行动，并落实长效管理，居民生活品质进一步提升。

【《印象康桥》获“第七届亚洲微电影艺术节”好作品奖】 2019 年 11 月 7 日，第七届亚洲微电影艺术节优秀作品表彰典礼在云南省临沧市举行，由康桥街道报送的宣传纪录片《印象康桥》获“第七届亚洲微电影艺术节”好作品奖。该片由历史印象，现代印象和未来印象三部分构成。影片讲述流传下来的历史文化故事，展现康桥的地域坐标和重情重义的民俗民风。

【留用地项目开发】 2019 年，康桥街道按照应开尽开，能快则快的原则，组建专门班子全力做好 24 个项目建设，统筹推进 10% 留用地开发。至年底，吴家墩外来务工人员公寓（二期）主体结顶并通过工程结构验收，康桥村商业用房项目主体结顶，谢村商业金融用房完成土地出让手续，吴家墩加油站项目完成土地招拍挂。基本完成健康产业园一期项目征地和用地手续办理、二期地块电力上改下可行性研究报告。有序推进蒋家浜运河新城地块 6 个前期项目。运河财富大厦提升清理项目取得突破，顺利完成司法拍卖。

【春风驿 · 计家蓝领公寓】 春风驿 · 计家蓝领公寓项目位于康桥街道计家社区，该项目由原计家村农居改造而成，以“满足新一代城市蓝领工人对品质生活的追求”为定位，统一设计建设，分两期实施。公寓内共计64幢房屋，1213套房源，总建筑面积4万平方米，2019年6月开始正式入住，年底居住人口为700余人。

（史晓琴）

米市巷街道

【概况】 米市巷街道位于拱墅区最南端，紧邻武林商圈，京杭大运河穿境而过。下辖7个社区。2019年，户籍人口1.47万户，3.98万人，流动人口1.53万人。

2019年，街道实现财政总收入超10亿元，地方财政收入4.2亿元，亿元税收楼宇4幢；完成固定资产投资9.09亿元，增长102.5%；实际利用外资2800万美元，完成全年目标的140%，绝对值列全区同组第一；货物出口额25.4亿元，绝对值全区第一。

2019年，围绕全区“6+4”专项行动，以“不忘初心、牢记使命”主题教育为指引，街道先后开展学习讨论150余场次，组织党员实地接受革命传统教育10批次，支部书记讲专题党课139次，覆盖党员群众3000余人，群众意见建议240条全部解决。

【“三大”党建共建行动推进】 2019年，米市巷街道推行“区域、小区、楼宇”三大党建共建行动书，以拱墅区“运河红盟”建设为统领，进一步深化街道区域党建共建工作，确立“一二三四五，有事找党务”共建品牌，签订党建共建协议书，制作街道共建通讯录，制定完善党建共建行动书，引导辖区各共建单位进行两两相互结对，与社区、小区党组织进行结对。各共建单位根据行业类别认领服务清单，推出服务项目。6月25日，街道召开党建共建工作会议，对认领服务项目的单位进行授牌，进一步推动党建共建工作做深做实。同时，街道与浙江省商务厅、区人社局等共建单位常态化开展“红色义工”等共建志愿活动，全年累计开展广场志愿服务、健康讲座、平安巡防、五水共治等共建活动270余场次，受惠居民群众1.2万人次。

【4家亿元以上项目落户米市巷】 2019年，4个亿元以上项目落户米市巷。四个项目分别是浙江时势建设有限公司、杭州锦江建材集团有限公司、允泽新能源设备（杭州）有限公司、浙江农洲农产品有限公司。浙江时势建设有限公司主要承接工地项目的土建工程和装修工程。杭州锦江建材集团有限公司主要经营建筑材料、装饰材料、五金等的销售。允泽新能源设备（杭州）有限公司主要从事新能源LED产品、太阳能路灯、风能光能发电设备等的销售。浙江农洲农产品有限公司主要经营农产品市场开发，农畜产品及水产品采购、加工、销售；冷链，物流配送，农副产品展览展示服务。

【“一送四问”精准走访企业】 2019年，米市巷街道推出“一送四问”活动，精准走访企业。“一送”即送政策，印制《“大树、小巨人”培育工程行动方案》《“运河英才”人才引进实施意见》《扶持激励文化创意产业发展的政策意见》《强化科技创新提升产业质量的若干意见》等政策宣传材料，区各相关部门提供的政策宣传资料，走访时向企业发放、宣传。同时收集企业在政策方面的需求，以便及时、精准地进行下情上传。重点做好“四问”：一问党建统战，上门发放“随身学”卡片等街道党建宣传品，及时了解掌握企业党建和统战工作开展情况、需求和困难。如企业有需求可向企业派遣党建工作指导员帮助指导开展工作。二问需求困难，了解掌握企业生产发展过程中遇到的一些需要政府协助解决的困难或者需求。如贷款难、扩大经营租房买房需求、企业上市或申报高新技术企业需要政府进行相关辅导、是否有意向参与街道扶贫对口地区进行捐助等。三问经营发展，了解企业全年的经营发展情况，影响企业业务增长或下降的主要因素，为街道整体经济形势分析研判提供技术和数据支撑。四问引企引智，宣传米市巷或拱墅区的区位、政策、服务优势，使企业负责人成为街道的招商专员，从而引进新的企业入驻米市巷，壮实街道经济。了解企业现有人才特别是高层次人才（海外留学）的情况以及引进的意向，为人才申报省、市、区人才政策提供专项服务。“一送四问”企业精准服务机制实行以来，全年走访企业1012家次，收集交办问题40个，办结率100%。

【“指尖米优汇”App开发】 2019年2月，街道与技术公司对接，研讨开发“指尖米优汇”线上企业服务平台App。米优汇就是英文You and Me，代表你和我互相联通，共同发展，是米市巷街道的一项服务品牌。“指尖”的含义是将“米优汇”搬到线上，在手机端动动手指即可达到相互沟通的目的。它可以为不同的市场主体架起信息资源互通交流的渠道，使企业的产品、服务或需求找到精准的客户和商家；帮助辖区企业开拓市场、找寻合作伙伴；帮助员工找到解决工作生活难题等。平台系统收集生产、生活中的供应和需求，为供需双方提供精确的大数据匹配，引导企业通过线上商洽对话，更高效、更便捷获得优质的商品和服务，引领企业间互通共享的模式创新。“指尖米优汇”App7月上线，至年底共注册807家，供应信息1215条，需求信息189条，匹配信息3179条次。

【老旧小区提升改造】 2019年9月，叶青苑小区开工改造共5幢房屋，包括叶青苑2幢、3幢、4幢、5幢、32幢，共计改造面积19033.2平方米。以完善基础设施和解决困扰居民多年的墙面、屋面渗漏水问题为切入点，统筹考虑“水、电、路、气、消、垃”等内容，包括外墙渗漏维修及翻新、建筑雨污水改造、屋面漏水改造、消防提升改造、垃圾分类设施改造等项目，全面改善房屋“里子”；同时适度提升公共空间，新建中庭休闲区、居民健身和儿童活动区、景观游步道等，并结合运河文化对小区围墙、植被景观等进行优化改造，使小区旧貌换新颜。具体措施是叶青苑改造项目与数字化结合，排布监控系统、新增门禁系统、增补停车道闸，实现智慧化提升；与垃圾分类结合，增设新垃圾房和垃圾分类设施，实现环保化提升；与加梯工作结合，解决老年人上下楼困难问题，实现便利化提升；与运河文化结合，在紧邻运河的围墙上打开视野并设置运河元素，实现文化提升（2020年5月，叶青苑小区改造基本完成，成为全市老旧小区改造“小而美”的示范样板）。

【无堆积楼道创建】 2019年4月初，米市巷街道在全区率先开展“无堆积楼道”创建。3月底，街道制定《楼道消防隐患整治行动方案》，在全区首创楼道堆积物指数的概念，将752个单元楼道按照清洁程度划分为1—5级的5类楼道：1级楼道最干净，5级楼道堆积情况最严重。对所有的楼道实行日报数据汇总、周报问题曝光、月报整改到位三个维度的“快马加鞭”；梳理20余条“美丽楼道”宣传标语，制作横幅，进行悬挂；在小区显著位置、楼道口、电梯间、堆放点张贴发放《告知书》，宣传相关违法行为后果；从支部书记、楼道长等

2019 年 6 月，米市巷街道党建共建红色义工活动开展　　（米市巷街道 供稿）

政治觉悟高、个人素养好的骨干居民入手，签署承诺书，承诺本人及家属不堆放楼道堆积物，发挥党员的表率作用，从而起到发动一个带动一片的效果。至 2019 年年底，辖区先后清理 450 余幢楼宇、750 多个单元、6600 余个楼层，涉及范围超 2 万住户。

【高层楼宇消防法理“路线图”制定】 2019 年 5 月，米市巷街道针对消防设施改造资金难题，针对楼宇有无物业维修资金、有无业委会和有无物业公司等不同情况，和法律顾问数次研究，最终绘制出十张法理“路线图”，法理路线图即在不同情况下，运用法律支撑解决路径。做到有章可循、程序到位，破解了居民不肯主动承担改造费用、垫付资金谁来出、业委会表决不通过怎么办等难题。法理“路线图”制定后，使涉及 1000 余户的 6 个老旧楼宇整改工作逐个突破，米市巷街道的工作经验在全市大会上进行交流。

【“时间银行”志愿服务】 2019 年 6 月，街道启动“公益银行·阳光积分”项目。该项目依托“阳光大管家”平台，以“为老志愿服务”为载体，以时间存储交换为基础，建立用阳光币为核心的服务兑换和激励机制，强化居家养老志愿服务持续性和有效性。全年街道累计阳光积分 19564 分，公益积分 1678 分，公益时间 312 小时。

【网格治理“33232”工作法】 2019 年 1 月，米市巷街道以“网格深化赛”为抓手，以“平安米市卫士”为载体，耕好网格责任田，出台《全科网格实用手册 2.0 版》，总结提炼出“33232”工作

2019 年 12 月 23 日，韩美林精品力作——青铜雕塑“白马骄嘶”在拱墅区密渡桥路白马公寓前落成

（米市巷街道 供稿）

法。该工作法的具体措施是：摸清家底，确保底数“三清”——做到边界清、对象清、主体清，使网格团队对负责的“责任田”各项情况做到“心如明镜”；融会贯通，促进职责“三合”——将上级文件中规定的网格员工作八十余项内容按不同性质进行归纳，用三组词汇，六句口诀对网格工作性质进行概括，便于网格员熟记和实施。做到“刚”与“柔”合（治安协勤刚为本，便民服务柔至上），“有”与“无”合（矛盾调处化乌有，排查处置隐患无），“内”与“外”合（信息报送内情明，宣传引导外力合）；明确要求，推动规范“双向”——从正反两个方向制定网格行为规范，对网格长和专职网格员的工作行为提出具体化标准化要求，奖优惩劣；优化机制，落实监管“三有”——做到周有日志、月有例会、季有考核，确保网格工作顺畅运行；由点及面，实现点面“双多”——提高网格员的单兵作战能力，提升事件处理的速度效率，强化街道层面的网格中心枢纽作用，实现“点”与“面”上的多重结合，实现一员多能、一体多翼。米市巷街道网格工作成为拱墅区网格治理学习的标准化样板，“网格深化赛”连续 4 个季度排名全区前列。

【物业管理服务指数白皮书制定发布】 2019年1月，米市巷街道制定发布的各物业服务公司专属《物业管理服务指数白皮书》正式实行。通过“业主满意度、社区契合度、物业规范度”三个维度对10个老旧小区、19个专业物业小区、12家办公楼宇开展物业服务机构管理服务指数量化测评，并引入第三方强化物业考核管理项目，加强对物业公司的管理，提高服务应对效率，提升居民的居住满意度。

【“绿净零”果蔬垃圾处理系统投入使用】 2019年1月，米市巷街道与辖区“运河英才”企业——浙江赤盒环保科技有限公司合作，引进绿净零果蔬垃圾就地减量处理系统。该系统利用自主专利技术驯化的超高温快速分解菌群，结合自主专利精密机械设备，在85℃温度下，0.5—2小时内将易腐垃圾快速分解成二氧化碳和水，垃圾减量率可达到98%以上。“绿净零”易腐垃圾就地处理示范点于2019年年初投入试运营，至年底，实现果蔬垃圾200余吨就地减量，成效显著。

【大型雕塑“白马骄嘶”落成】 2019年12月23日，著名艺术家韩美林大师捐赠的大型雕塑“白马骄嘶”在密渡桥路白马公寓前安装落成。“白马骄嘶”造型风格取法汉唐，奔马后蹄踏浪腾空跃起，前蹄探出伸展状似跨越，整体造型富有韵律和动感。马身装饰古朴灵动，马头高高昂起，阵阵嘶鸣似乎响彻云霄。马尾非同凡马，如龙似蛟，与浪花融为一体。同时落成的还有继北京、银川、海口之后，全国建立的第四座“美林教室”，位于新华实验小学。

（汤纯）

湖墅街道

【概况】 湖墅街道位于拱墅区中南部，大运河穿境而过。辖区东临上塘路、红建河、德胜巷，与上塘街道、大关街道毗邻；西沿莫干山路、和睦路，与小河街道、西湖区西溪街道隔路相望；南以文一路和德胜路为界，与米市巷街道接壤；北至贾家弄、大关路，与小河街道相连。下辖7个社区。2019年，居民总户数1万户，常住人口2.8万人，流动人口1万余人。全年实现财政总收入4.96亿元，地方财政收入2.40亿元。数字经济营业收入4.86亿元，比上年增长58.5%，服务业营业收入8.8亿元，比上年增长21.9%。共有高层次人才18名（其中外国专家2名），市级以上人才10名。2019年新增本科以上学历应届大学生269名，高技能人才90人。2019年，街道新增就业3220人，新增就业岗位3085个，安置失业人员实现再就业1610人，全街道就业率98.68%，未出现“零就业”家庭。12月，大运河时尚发布中心竣工。

【招商引资推进】 截至2019年年底，楼宇企业共350家，其中规上企业16家，实现楼宇总税收3.29亿元。产业发展活力较强，共有上市企业、高新技术企业、“大树”和“小巨人”企业等重点企业26家，市级科技企业孵化器1个。已建楼宇4幢，其中税收达亿元楼宇1幢，建筑面积36.34万平方米，入驻率74.46%。在建楼宇2幢，建筑面积近43万平方米。实施街道百日招商攻坚战，依托运河财富小镇资源优势，围绕数字经济、规划设计、中介服务、商贸旅游等，持续引进“大好高”“小而美”等税源型、潜力型项目，进一步铸链补链强链，提升辖区产业层次。全年完成引进外资2000万美元，引进产业链项目3个，小而美项目2个。

【老旧小区改造全面启动】2019年9月，湖墅街道全面启动老旧小区综合提升改造。9月3日，成立湖墅街道生活垃圾分类和老旧小区综合改造提升工作领导小组，下设老旧小区综合改造提升办公室。制定《湖墅街道老旧小区综合改造提升工作实施方案（2019—2021年）》，确定改造仓基新村、湖墅新村、长乐北苑等15个2000年（含）以前建成小区。10月，全面征求居民改造意愿，同意率69.4%。11月，广泛公示初步改造方案，同步开展第二次意见征求，征集意见近500条。12月，针对编制完成后的正式方案再次征求居民意见。年底，完成15个老旧小区57.8万平方米、近8200户居民“三上三下”意见征集工作，同步提交区住建局进行方案预审。

【党群服务综合体投入使用】2019年1月，1600平方米党群服务综合体“阳光生活家”全面投入使用，引进枢纽型社会组织运营。该综合体共五层，一楼是一站式服务大厅；二楼是阳光老人家，为住院康复期的老人提供专业医护人员看护，同时配备有“阳光餐厅”“阳光健身房”，公益理发点等功能；三楼是文化站，设置了“阳光书房”“阳光四点半课堂”“阳光书画室”，放置各类图书1.2万余册；四楼是社区办公场地，同时提供社会组织培育孵化场所；五楼是“阳光排练房”，为居民提供文艺活动场所。

【国际化社区创建】2019年10月，长乐苑社区被评为国际化社区。该社区秉承“乐享家园、乐融共建、乐学空间、乐雅生活”的发展理念，不断提升社区国际环境。开设社区微课堂，定期开设英语学习班，50%以上社工具有基本英语沟通能力。建设国际化服务窗口，完善社区服务大厅双语标识设置，放置双语宣传资料，设置“境外人员服务窗口”。开设非物质文化特色·国际交流体验点，如香兰名院8幢1楼设英语角；2楼绣花课堂、包饺子课堂、做甜点课堂等；3楼设长乐书画院体验点；4楼为中外居民议事厅，5楼设舞蹈、形体、旗袍、太极拳、各种演出等体验点。

【非物质文化遗产入选】2019年，香积寺祭灶习俗、古籍修复技艺、善智汉服制作技艺3个项目入选第七批拱墅区非物质文化遗产代表性项目名录，辖区1人获评第四批拱墅区非物质文化遗产代表性项目代表性传承人。香积寺祭灶习俗是在农历腊月廿三（又称“小年”）香积寺举行的传统送灶仪式，是一项集宗教信仰与世俗文化于一体的节日信仰民俗，是杭州市唯一保存至今的祭祀活动。主要内容包括传供祈福、僧俗传供、百姓献供、饭店献供、施物于众、传说演绎。古籍修复技艺由杭州中华职业教育专修学校申报，该校古籍修复技艺工作传承有序，由杭州市青年

2019年10月，湖墅街道老旧小区改造征集居民意见 （湖墅街道 供稿）

英才、国家高级文物鉴定估价师蒋兆悦教授领衔。在2010年学校大力培养文献修复专员，并面向社会免费开设选修课程。2012年，为修复国家一级文物末代皇帝溥仪手札，经由杭州市委统战部、杭州市中华职教社指导，组建了一支由8名技工组成的修复队伍，即中华纸杂文献修复与保护中心前身。2015年中心正式成立“文献修整组”，至此古籍修复工作作为学校的一项重点学科走上了专业化、正规化的发展道路。善智汉服制作技艺由杭州善智古润服装有限公司申报，“善智”汉服文化品牌，在保留汉服交领右衽、直领对襟、系带隐扣、褒衣广袖等特征的基础上，根据现代人的穿衣习惯，对款式版型和面料进行了改革，推出棉麻汉服。2016年为G20峰会土耳其总统夫人、联合国前秘书长潘基文等领导人定制中国传统汉服，并被邀请参加潘基文晚宴。

【电梯养老保险全覆盖】 2019年4月，湖墅街道将信义坊小区作为试点，由保险公司前期介入并委托第三方监管机构对小区32台电梯安全隐患进行全面排查，为每台电梯制作“一梯一档”安全运行电子档案。6月，完成全部36台电梯“养老”保险参保任务。至此，街道全部7个住宅小区中，除新交付的香兰名院电梯尚处免保期外，其余109台电梯全部参保，参保金额约106万元，实现辖区住宅小区电梯参保全覆盖。

【机器人“网格长”+“智慧网警”智慧治水新模式】 2019年6月，机器人“网格长”与“智慧网警”双联动的智慧治水“湖墅方案”，入选杭州市“五水共治”十佳金点子。该模式利用16个CCTV管网检测机器人“网格长”对地下管网定期勘探，并通过由一个高清夜视摄像头和一个水位计组成的“智慧网警”平台即时“锁定”污水源头，“智慧治水”手机客户端实时推送污水排放报警信息，及时向相关责任单位推送报警点位、水位高度、排污时间等关键信息，做到发现问题即查即改，助

湖墅街道智慧治水3.0
暨“智慧网警”系统+机器人“网格长”+工作流程图

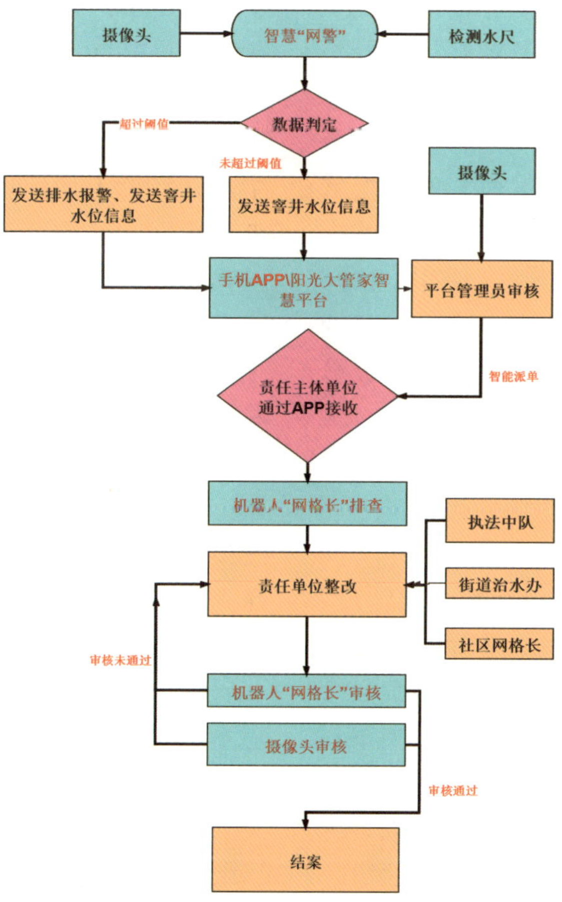

推“污水零直排”精细化长效化。该模式运行以来，辖区四条河道全年平均水质指标显著提升，Ⅳ类水及以上达标天数平均占比由2015年的40%提升至2019年的85%；全年完成18个“污水零直排”小区创建工作，信义河、胜利河2条河道被评为市级“美丽河道”。

【垃圾分类推进】2019年6月3日，香积寺垃圾分类总动员暨“分类传递爱·建功新时尚”志愿服务行动启动仪式举办，市城管局、区政府、区城管局、湖墅街道相关领导、香积寺监院、义工团义工代表及湖墅垃圾分类志愿者代表等共70余人参加。同时，“拱墅区垃圾分类志愿服务工作联盟”揭牌成立。香积寺成为全市首个推行垃圾分类“三化四分”的庙宇。7月，绿地运河商务中心点亮杭城首个垃圾分类主题灯光秀。11月，大兜路历史街区建立全市首条废弃玻璃瓶收运专线。

【企退人员档案数字化管理】2019年4月，湖墅街道全面启动企业退休人员档案数字化管理工作，将纸质档案材料通过扫描、著录、影像加工等方式转换形成准确、完整的档案信息与影像数据。通过建立街道企退电子档案数据库，后续将与市企业退休人员人事档案系统无缝链接即可实现档案信息数据共享。10月上旬，完成辖区7个社区共计9467项档案数字化加工工作，成为全区首个全面实现企退人员档案数字化管理街道。

【庆祝大运河申遗成功五周年吉他艺术节】为庆祝大运河申遗成功五周年，2019年3月22日，主题为“流淌的运河，流动的音乐——融融春意，吉享非凡”的2019杭州大运河吉他艺术节在运河财富小镇开幕。艺术节由杭州市运河集团、区委宣传部等共同主办，湖墅街道、区运河财富小镇、大运河贝壳吉他乐团等承办，旨在充分发挥大运河世界文化遗产的品牌效应，促进中外古典音乐文化交流。大运河贝壳吉他乐团为湖墅街道培育的社会组织，常年致力于古典吉他、古典音乐的交流传播及青少年音乐素质的培养。艺术节持续5个月，包括多场音乐会、少儿吉他比赛、国内外知名演奏家大师班、古典吉他教学论坛、学术研讨会、师资培训班以及艺术节主题曲《运河船歌》MV外景拍摄等。

【运河平安管家阵地建设】2019年7月，湖墅街道完成卖鱼桥、仁和仓、长乐苑3个运河平安管家阵地建设；12月，完成运河平安管家阵地建设7个社区全覆盖。阵地建设充分结合社区办公场所，设置“管住自己，做最好的自己；管好家人，争当文明和谐家庭；管带身边人，助推身边人更有爱更优秀”等宣传口号及“平安六和”元素等内容，激发公众参与平安创建热情。

【社区监察联络员制度建立】2019年，湖墅街道建立监察联络站7个，选任社工及群众监察联络员25人，探索社区监察联络员工作机制。监察联络员职能为监督社区“三务公开”、扫黑除恶、“微腐败”治理、扶贫领域腐败、截污纳管专项资金使用等，对发现的苗头问题、线索及时上报街道党工委、纪工委。该制度补充了社区监察工作力量不足，让“探头”离群众再近一些，及时发现社区的“小问题”，相关经验做法被中纪委、国家监委报道。2019年6月，在扫黑除恶专项治理中，社区一兼职监察联络员在日常巡查中成功协助派出所抓获1名在社区实施诈骗的人员。该制度建立后至2019年年底，共开展综合监督6次，提出意见建议20条。

【朱炳新获评 2019 年“最美浙江人·最美工匠”】 2019 年 12 月 11 日，省委宣传部、省总工会联合发布 100 名 2019 年“浙江工匠”为“最美浙江人·最美工匠”。湖墅街道朱炳新入选。朱炳新是中华老字号“朱府铜艺”传人、“杭州铜雕”技艺非物质文化遗产代表性传承人、中国铜装饰艺术大师、工艺美术大师，杭州金星铜世界装饰材料有限公司、北京金星铜世界工程有限责任公司董事长，被誉为“中国铜古建第一人”“朱府铜艺一代宗师”。

（周文）

小河街道

【概况】 小河街道位于拱墅区中西部，地处京杭大运河两侧，东邻上塘街道，西与祥符街道相连，北与拱宸桥街道、和睦街道接壤，因境内京杭大运河支流小河而得名。下辖 9 个社区,2019 年，户籍人口 4.52 万人，流动人口 2.78 万人。2019 年，街道财政总收入 6.01 亿元，首次突破 6 亿元，固定资产投资 14.22 亿元，完成年计划的 189.65%；文创产业营业收入 7.69 亿元，比上年增长 30.29%；外贸出口额 8.44 亿元，比上年增长 15.29%。

【党建引领 29 项民生实事项目建设】 2019 年 6 月 14 日，拱墅区小河街道党建引领民生项目集体开工仪式 在长征桥社区小广场举行。小河街道的民生项目共有 29 个，涉及党建阵地、文化文明阵地、统战阵地、社区阳光老人家以及农贸市场和老旧小区的提升改造共五大类。至年底，新建便民服务中心 3 个，新时代文明实践站（所）1 站 3 所、社区“阳光老人家”3 个，打造 15 分钟便民服务圈，社区配套进一步完善。将智慧养老部分功能纳入“城市眼·云共治”项目，逐步形成智慧健康养老服务体系，2019 年 10 月 24 日，国家老龄健康司对第三批智慧健康养老示范企业、示范街道（乡镇）、示范基地名单进行公示，小河街道获评“全国智慧养老示范街道”。创新社区治理，数字社区治理模式成功申报第二批省级城乡社区治理和服务创新实验区项目。小河街道为民服务、为企服务全年收到 14 面锦旗。

【第三届小河地区经济论坛举办】 2019 年 5 月 8 日，小河街道举办“服务 + 聚力”第三届经济论坛暨人才项目签约仪式。区领导、小河街道领导及辖域 60 余家重点骨干企业、辖域金融机构及新闻媒体等 150 余人参加会议。小河街道党工委书记作了题为《“艺术、智慧、温暖”的小河印象》主旨演讲，“国际金融风险官”人才项目正式签约落地，4 位专家以“风险管理支持财富可持续增长”为主题进行论坛演讲。活动营造优良营商环境，加强了街道与企业之间的沟通交流。

【楼宇招商联盟成立】 2019 年 1 月，远洋国际中心、万通中心成立街道首个“楼宇招商联盟”平台，5 月，拱墅区招商局、街道、楼宇物业和楼宇大业主组建成“小河招商联盟”队伍，拓宽招商信息渠道，形成“资源共享、信息共享、平台共享”联动招商局面。7 月和 9 月，小河街道招商中心以招商联盟的名义分别赴上海和北京进行敲门招商。至年底，远洋国际中心、万通中心实现新增楼宇规上企业 12 家。

【远洋商业楼宇税收首次破亿元】 2019 年，远洋商业楼宇总税收 1.32 亿元，比上年增长 33.07%。远洋商业楼宇位于京杭大运河畔，南临大关路、西临丽水路、北临大浒街、东临上塘路高架，总建筑面积 26.91 万平方米，商务面积20.44万平方米，由A、B、C、D、E五座写字楼构成。其中C座获得国际LEED-CS金级认证，是杭州城北的商务标杆。至年底，远洋商业楼宇共入驻企业324家，其中包括东海电影集团、中大期货、百谷医疗、物联电子、上青元电子科技、巴士传媒等优质企业。

【社区治理与协商议事高级研修班】 2019年5月22日，小河街道组织街道社区干部和工作人员40余人前往上海复旦大学，开展“社区治理与协商议事能力高级研修班”培训。复旦大学媒介管理研究所所长，博士生导师朱春阳、复旦大学社会发展与公共政策学院陈虹霖分别为学员们讲解了社区冲突的斡旋方式以及社区治理赋能的工作方法，并带领学员们分组进行实践。全体学员还参观了上海融都金桥园小区和金桥湾清水苑小区，听取社区书记对小区内垃圾分类、停车管理、科普宣传及居民如何参与社区治理等方面的介绍。此次培训学习，对学员们灵活运用知识指导实践以及把上海社区治理的经验运用到街道社区管理工作中起到了积极作用。

【城市眼·云共治项目建设创新】 2019年，小河街道持续深化“城市眼·云共治”建设，构建以安全为底线、民生为导向的社会数字治理新格局。在原有城市管理8个功能场景基础上，实现覆盖从围墙外向围墙内延伸，功能从城市管理向社会治理拓展，重点探索小区环境卫生管理、小区陌生人管理、小区电梯安全、独居老人服务、敏感场所管理、保健品会销监管、场所安全用电、孝心车位管理等新八大应用场景。该模式得到省委常委、政法委书记王昌荣，市委书记周江勇调研肯定。数字社区治理模式成功入选国家第三批智慧健康养老应用试点示范街道，成功申报第二批省级城乡社区治理和服务创新实验区项目。全年共接待中央政法委、中国法学会等考察团70余个、1000余人次，并得到《法制日报》、中央电视台国际频道等国家级媒体报道转载100余次。

【“红茶议事会”】 2019年4月，小河街道探索和创建“红茶议事会”，将居民关心的问题前置，引导关心小区建设的人在喝红茶的轻松氛围中共同参与、共同商量。“红茶议事会”以社区党组织为核心，借助第三方社会组织的专业力量，由社区干部与基层党员推动施行。每一期红茶议事会开始前，社区都组织党员、居民骨干与小区利益相关方充分沟通和宣传。通过党员和居民骨干将相关的居民带动起来，形成党员为主体、居民积极参与的局面。会议过程中，更多地聆听和汇总参会者的意见和建议，让居民更多地当家作主，促使所做的决策共识更能赢得社区居民的支持和承诺，最终达成民主促民生目的。2019年，街道共开展红茶议事会30余期，参加人员近1000人，收集意见建议400余条，议事时间节约60余小时。该机制获得省委常委、政法委书记王昌荣，省民政厅厅长王剑侯批示肯定，成功入选杭州市城乡社区“微自治”试点项目以及杭州社会组织参与社会治理（平安建设）典型案例。

【老旧小区改造提升】 2019年，小河街道大力推进老旧小区提升改造，完成年度“三改一拆”任务，探索“自拆+帮拆”模式，拆除违建381处，面积4000平方米，其中居民帮拆、自拆率达37%。提前4个月完成“三改一拆”全年目标任务。全力推进三宝新村、紫荆家园、小河佳苑等小区既有住宅电梯加装工作。持续推进正兴堂弄9幢、10幢落架大修，助推老旧小区改造提升。协助做好10号线隐秀路站、学院路站，3号线大关路站轨道交通建设。持续做好原塘河南村东片、正兴堂弄10幢平房、塘河40幢回迁安置。董家新村以拆违为突破口，对20世纪80年代老小区的市政管网、空中套管、外立面和绿化设施进行功能改造提升。全街道全年提升改造总建筑面积约24万平方米。2019年12月18日，董家新村社区提升改造获得浙江省委副书记、省长袁家军调研肯定，获评2019年度全省老旧住宅区改造样板工程、2019年度浙江省社区教育实验项目。

2019年5月22日，小河街道赴上海参加“社区治理与协商议事能力高级研修班”培训 （小河街道 供稿）

【杭州主城区首个街道文联成立】 2019年10月19日，拱墅区小河街道文学艺术界联合会成立暨第一次代表大会在乐堤港单向空间三楼会议室举行。杭州市文联党组书记、常务副主席等来自各行各业的38名代表参加会议。会议产生小河街道文联第一届委员会委员和主席、副主席，推举产生秘书长。被誉为“画说杭州第一人”的吴理人、画家何韵等22位文化专家被聘为小河街道的文化顾问。单向空间、昆曲会客厅、空中美术馆、运河书画社等十个文化空间成为小河街道的“小河驿·文化窗口”。小河街道文联是杭州主城区探索建立街道级文联的一个试点。

【文化沙龙活动】 2019年，小河街道在运河以东，以远洋乐堤港连廊打造空中美术馆，举办39场当代中国艺术文化展览；引进单向空间书店，在单向空间开展社科、艺术、生活等文化沙龙活动累计200余场，邀请300余位嘉宾，参加人数1.5万人次，呈现时尚当代艺术，打造运河左岸·丽水路文化符号。在运河以西，与浙江昆剧团及市文联工会联合打造小河驿国际昆曲会客厅、小河驿·同心文化站、小河直街红色记忆馆等，每月举办文化惠民活动，呈现传统市井本土文化。实施社区文化植根计划，全年建设3个社区益术馆、4个文化家园，梳理24个小河文化关键词。2019年，小河街道开展一系列文化活动获浙报、杭报8篇头版，130余篇报道，省市区级领导9次批示肯定。

【积案化解】 2019年，小河街道开展平安创建，建成9个社区“运河平安管家”示范点，并稳步推进积案化解。11月14日，随着一份拆迁信访户签订拆迁安置协议，拱墅区历时最长的（15年）信访积案画上句号。该信访积案系2004年和睦南区A–10地块拆迁遗留问题，曾被列入杭州市矛盾纠纷预警最高等级红色预警。至年底，街道累计化解5起信访积案，在全区积案化解赛中位列第一。

【垃圾分类示范小区创建】2019年8月，小河街道启动市级垃圾分类示范小区的创建，通过公告栏、业主微信群和入户通知等形式宣传示范小区创建工作，组织小区居民进行垃圾分类学习，普及正确分类知识，增强分类意识，提高小区居民知晓率、参与率；加大设备投入，助力精准分类；规范垃圾分类标志标识，全面实施“高层撤桶、撤桶并点”管理模式，科学、规范设置垃圾分类投放点，实行定时定点投放，实现分类垃圾精准投放、集中管理。至年底，小河街道完成科技公寓、浪琴翠苑、大关公寓、景上公寓、远洋绿园、凯德湖墅6个市级垃圾分类示范小区的创建。

（何婷）

拱宸桥街道

【概况】拱宸桥街道位于拱墅区中部偏北，是拱墅区委、区政府所在地，京杭大运河穿境而过，将其划分为桥东和桥西两大区块，东与北和上塘街道相邻，西与祥符街道、和睦街道相接，南连小河街道，下辖8个社区。2019年，辖区户籍人口2.06万户、5.6万人，流动人口2.45万人。从业人员2.19万人。

2019年，街道实现财政总收入3.62亿元，地方财政收入1.62亿元，完成固定资产投资2.51亿元，社会消费品零售总额14.53亿元，楼宇税收9604万元，6幢楼宇平均入驻率96.5%，新增楼宇规上企业6家。南北商务港楼宇税收达5277万元，成为超5000万元税源楼宇。全年引进企业169家，其中引进亿元投资项目4个。华电检测有限公司研发团队获评全区唯一的省级领军型创新团队。

【党支部提升年专项行动】2019年，拱宸桥街道开展“支部提升年”专项行动，从严抓实党员教育管理，制定实施街道《“支部提升年”专项行动实施方案》及相关配套文件，通过落实“十个一”工作要求，推动机关、社区、“两新”组织等各领域党支部实现班子专业化、运行规范化、作用实质化。重点培育机关第一党支部成为全区第一批“最强支部”，培育心巢公益党支部等4个支部为全区“过硬支部”，成为全街道支部建设的标杆。开展“政治理论学习月”“党建技能联赛月”“睦邻家园党建月”“红色孵化月”“红领明星月”“党建基础提升月”“睦邻家园党建提升月”“党建问效月”专题活动。

【街道“运河红盟”成立】2019年1月10日，拱宸桥街道“运河红盟”成立。“运河红盟”以“契约化”“项目化”共建模式，进一步凝聚区域党建共建共识，推进区域党建共建常态运转和发挥实效。“运河红盟”联合浙江省文化厅、浙江省血液中心、杭州市运河综保委等省市级行政事业机关单位5家，树人大学、杭州联合银行、品凯口腔等辖区单位19家，对接“运河智慧景区工程”“运河文化党建精品示范圈建设”等区级项目5个；“桥东之家党群服务综合体建设”“宁波街改造提升工程”等街道级项目5个；社区、科室级项目21个。举办“我为七一献热血”等共建活动11场。“运河红盟”加强了区域党建共建合作，实现资源共享、优势互补，促进街道整体协同发展。

【“1+7+N”特色运河文化党建精品示范圈建设】2019年，拱宸桥街道首创“1+7+N”特色运河文化党建精品示范圈。“1”是1个圆心：吹响党员服务“集结号”——运河广场。广场占地面积5.2万平方米，建筑面积5万平方米，包含文化、商贸、观赏旅游和休闲娱乐等功能，每月 10 号、15 号有来自各个部门、街道、社区的党员和志愿者在广场开展便民服务。“7”是 7 个特色党建品牌：民星大舞台、“桥西之家”党群服务中心、“初心”运河城市驿站、户外党建游线课堂、“大河宸章”三方协同治理示范小区、党建微笑亭、拱宸书院。“N”是 N 个社区、辖区企业特色党建精品项目，包括姜小寅党代表工作室、“支部带头做”垃圾分类示范小区、红色睦邻氧吧、非遗匠人红色技艺展陈区、胡友耕调解服务室、“红色温情”阳光老人家等 33 个党建精品项目。

【“一馆一驿一游线”启用】 2019 年 4 月 28 日，“一馆一驿一游线”——“中国大运河·拱宸桥桥西历史文化馆”“桥西国际化服务驿站”和“AR 户外游线课堂”正式启用。桥西历史文化馆占地面积 60 平方米，系统反映桥西地区历史文化。展馆内分为文化历史与体验互动两大区域。文化历史区域包含文化传统、通商时代、工业传统、今日拱宸、拱宸桥地区大事记、红色桥西；体验互动区域包含沙盘风貌、桥西之声。桥西国际化服务驿站占地面积 8 平方米，立足桥西社区国际化社区定位，为居住在桥西的 140 多名外籍住户和前来拱宸桥西的中外游客提供休闲生活、学习交流的场所。AR 户外游线课堂以“红色运河，大厂情怀”为主题，以“传承”为主线，通过手机 APP 手段，实现景区 AR 导航、互动，打造展现党组织在运河畔、“四大厂”发展历程和党员精神面貌的党建文化旅游线路。实现党性教育、商家引流、交流互动等功能。启动后有 2000 余人通过 APP 参与“小宸宸带您游拱宸”项目。

【“运河大妈，拱宸大伯”志愿者品牌提质推进】 2019 年，拱宸桥街道深化“运河大妈，拱宸大伯”志愿者工作机制，推进志愿者队伍扩面提质。与区公安分局“运河骑警”共同组建平安运河守护者巡逻队，开展日常联合巡逻、运河城市驿站平安“三率”、扫黑除恶定点宣传、社区志愿者“平安课堂”等系列活动。通过与顺旺基合作“公益午餐项目”解决大伯大妈志愿者午餐问题。加快研究“大伯大妈”创投载体，保障“大伯大妈”志愿者活动经费。街道各社区组建“大伯大妈”特色分队，在做到标识统一、服装统一、口号统一的基础上，充分结合各自特色工作，形成“一队一品”。当年，以“运河大妈，拱宸大伯”为主体拍摄的《初心——拱宸桥街道运河文化党建精品示范圈》电教宣传片，被区委组织部选送至市委组织部参加第十五届全国党员教育电视片观摩交流。

【公共会计制试点】 2019 年 5 月，拱宸桥街道辖区内有经营性收益的小区开启公共会计制度试点。引进专业财务公司—杭州天正财务咨询有限公司，对运河东苑、凯德龙湾 2 个小区进行经营性收益统一记账，整改财务问题 5 个。通过聘请专业财务公司陆续对有经营性收益的小区实行记账全覆盖。

【“桥东之家”阳光老人家健康生活馆启用】 2019 年 11 月 5 日，“桥东之家”阳光老人家健康生活馆正式启用。生活馆是拱墅区首家以“健康生活”为特色的综合性便民服务中心，位于衢州路 19 号，面积近 1500 平方米，为涵盖党群服务、便民服务、养老服务、社会组织服务、健康服务以及文体服务等的“一站式”公共服务综合体，是拱宸桥畔第一家公共服务“综合体”。

【“宁波路精品示范街”创建】 2019 年，拱宸桥街道创建“宁波路精品示范街”。宁波路西起丽水路，东至金华路，长约210米，宽8米，南侧为登云阁小区，北侧为运河人家小区，全路段共有商户35家。全年投入资金50万元，通过增设非机动车道、专设北侧廊道“步行街”、沿街景观融入党建元素、加装移动式“城市眼”摄像头等硬件提升方式及集中整治+多方治理、“城市眼”+“云共治”、行政管理+商家自治等软件管理提升方式，提升宁波路街容街貌和优化交通秩序，全面提升街区面貌。

【亲仁里危房改造开工】 2019年7月，亲仁里五幢危房全部搬迁拆除完毕，该项目涉及270户，总面积14876平方米，通过方案设计、居民方案比选、方案公示征求意见等，于10月29日正式开工改造。

【“创本杯”第二届文艺会演】 2019年1月5日，拱宸桥地区“创本杯”第二届文艺会演隆重举行，活动由拱宸桥街道党工委、拱宸桥街道办事处主办，拱宸桥街道文化站承办，创本控股集团有限公司、浙江泰隆商业银行杭州城北支行、杭州大来文化传媒有限公司协办。活动以迎接召开中华人民共和国成立70周年，展现时代变革，感受时代变迁为主题。泰隆欢欣艺术团、金色家园声乐队、城院大学生艺术团、视界轩歌友团、九仙运河轻舟艺术团、映山红文化艺术团、艺海艺术学校、老开心茶馆、艺海艺术学校、荣华戏院、杭州巩式通臂拳非遗传承中心、拱墅区文化体育交流协会参加演出。拱墅区两代表一委员、辖区企业代表、辖区居民代表等600余人观看本次演出。

【永庆路文化家园挂牌】 2019年4月10日，“浙江越剧团党建结对实践基地”“浙江越剧传习中心”正式挂牌永庆路文化家园。永庆路文化家园室内面积200平方米，包含文化娱乐、党员活动、教育培训、作品展览、图书阅览、团队活动、心理服务、健身锻炼等多个功能，场馆约能容纳100人左右。

【“醉美运河走运”】 2019年6月16日，“醉美运河走运”活动在天阳·D32购物中心开启，活动由拱宸桥街道办事处、天阳地产有限公司主办，拱宸桥街道文体站、爱度体育承办。“走运”以天阳·D32时尚街区广场为起、终点，途经拱宸桥、北新关遗址、大关桥、老德胜桥等地标，全长10千米。450人参加活动，其中包括天阳地产有限公司员工、业主、合作伙伴、D32购物中心商户、合作媒体、拱宸桥街道，以及其他毅行爱好者。天阳“走运”活动已连续举办三年，成为拱宸桥畔的公益品牌“IP”行动。

【红歌赛】 2019年9月22日，在运河上街开展“传唱红色经典，弘扬爱国精神”——运河上街首届红歌赛活动。活动由杭州运河上街商业企业管理有限公司、拱宸桥街道党工委、拱宸桥街道办事处主办，杭州运河上街购物中心承办。活动围绕庆贺祖国70华诞，弘扬当代爱国精神，通过歌唱比赛的方式，展现老百姓的爱国之情，为祖国的生日献歌曲，100余人参加了比赛。

【“拱宸茶韵”系列活动】 2019年11月8日，“拱墅区2019全民终身学习活动周”启动仪式暨“拱宸茶韵”——茶香进社区，共建邻里情活动在大运河两岸同时启动。23日，由拱墅区茶文化研究会、拱宸桥街道办事处、杭州运河上街商业企业管理有限公司联合主办，杭州运河上街购物中心和杭州市茶楼业协会承办的“拱宸茶韵，茶香上街”2019运河上街第二届茶艺大赛在运河上街购物中心举办。“拱宸茶韵”系列活动围绕发扬优秀传统文化、提高文化修养与艺术品位为主题，推进居民茶文化建设，丰富生活。

【市级美丽河道创建】2019年，拱宸桥街道完成美丽河道任务7项，完成率100%。分别是红建河文化长廊建设、瓦窑头河文化长廊建设、姚家坝河文化长廊建设、十字港河文化长廊建设、瓦窑头河垂钓点建设、姚家坝河垂钓点建设、十字港河垂钓点建设。针对偷钓、下网捕鱼、非法电鱼、危险区域垂钓等问题开展专项整治，出动人员300余人次，共计劝离偷钓人员56人，收缴渔网8张，教育危险区域垂钓人员20余人。完成河道垂钓点建设3个，文化长廊建设4个。其中，瓦窑头河和姚家坝河垂钓点内共设置垂钓位11个，警示牌11块，垂钓公约牌2块，垂钓点标识牌3块，并配备分类垃圾桶2个，救生柜2个。每个钓位按间隔50厘米划了黄色的线框，钓位右上角显眼处安装了警示提示牌。同时，组建志愿者管理团队、执法中队及巡河人员协作的模式对垂钓点进行管理。通过社区电子屏发放意见征集表、向辖区居民群发短信等方式宣传。

（陈闻）

和睦街道

【概况】和睦街道位于拱墅区西北部，东接小河、拱宸桥街道，西至莫干山路，南以赵家浜河为界，北与祥符街道接壤。下辖4个社区，户籍人口4747户、1.24万人，流动人口9185人，从业人员5171人。

2019年，和睦街道实现财政总收入2.52亿元，比上年增长11.17%，地方财政收入1.12亿元，比上年增长7.06%。全年街道千万元税收企业达6家，较上年增加5家。

2019年9月22日，拱宸桥街道举行红歌赛　　　　（拱宸桥街道 供稿）

党建引领中心工作，老旧小区综合提升改造成为全省样板示范，居家养老工作不断提升，得到李克强总理肯定。“颐乐和睦”养老服务综合街区成功入围国家级智慧健康养老示范街道，全年接待参观考察人员150批次。和睦社区党委获2019年市级最强党支部，和睦社区党委书记周呈被评为浙江省担当作为好支书。杭州市首户困难老年人家庭适老化改造项目完成验收。化纤社区创建浙江省（第二批）无障碍社区考核评估通过。首批杭州市五星级“残疾人之家”通过评定。

【省级生活垃圾分类示范片区】2019年，和睦街道深耕垃圾分类工作，着眼“宣传先导、上门指导、邻里劝导、桶边督导、先进引导”五导共推，坚持“户分类投放、片分类收集、统一分类运输、集中分类处理”的垃圾分类管理模式，建成拱墅区首个智能垃圾环保生态房，使辖区生活垃圾分类收集覆盖面达100%。同时，所辖小区有和睦院、和睦南苑两个省级示范小区，华丰新村、化纤新村、化纤公寓、登云路154号4个市级示范小区，和睦街道成为拱墅区唯一获得“2019年度省级生活垃圾分类示范片区”“2019年度杭州市生活垃圾分类优胜街道”称号的街道。

【“和睦红盟”品牌深化】2019年，“和睦红盟”模式升级为“运河红盟”在全区推广，“运河城市驿站”新品牌进一步提升。“红盟”队伍不断壮大，成员单位从启动的27家发展到46家，共建单位共认领6大类200余个共建项目，共建资金1000余万元。党建阵地“运河城市驿站”在建设管理服务标准被全区推广的基础上进一步提升。2019年6月，在登云路运河城市驿站启动“红盟集市”，组织成员单位每月开展1期为民服务和政策宣传活动。在红盟流动服务站每月开展若干场“家门口的健康顾问”和“红盟讲师团”活动，累计全年开展活动50场次。

【党群服务中心建成投入使用】2019年6月3日，和睦街道党群服务中心建成投入使用，面积800余平方米，总投入300万元。建设过程中整合“和睦红盟”共建资源，推进项目化。党群服务中心是集服务群众、党建活动、教育培训、形象展示等平台为一体的综合性阵地。核心场馆“和睦印象”叙述历史和百姓之星。自建成后，党群服务中心协调推进红盟力量积极参与抗疫、红盟集市等工作，成为党建共建发挥作用的实践点。

【税收超千万企业增至6家】2019年，和睦街道税收超千万元企业达6家，较上年增加5家。6家企业分别为：浙江鑫网能源工程有限公司、杭州正和石油化工有限公司、杭州新丰纸业有限公司、浙江诺迪福科技有限公司、谢菲尔考克碳酸钙（杭州）有限公司、浙江中天智汇安装工程有限公司。其中，浙江鑫网能源工程有限公司成立于2012年，是一家集研发、销售与技术服务为一体的科技创新型企业，主要产品包括无线专网产品线、电力行业产品线和智慧城市产品线，主要客户包括中国普天、上海电气、中国天利航空、重庆天宇星辰、中国电子科技研究院等大型央企及上市公司，在海外也占有一定市场份额。

【引入社会资本参与社区养老】继2018年11月，和睦街道引入浙江省公羊会公益救援促进会，通过“阳光大管家”智慧健康养老平台应用，为辖区老人提供全天候、全方位的服务之后，2019年2月，和睦街道又引入吉正龙爱心理发室，除日常面向居民开展理发服务外，还对

70周岁以上老年人提供免费服务；2019年9月，引入杭州全日医康康复医疗中心，投资建设居家养老四期康养中心。通过引入这些社会组织，街道逐步完善养老服务综合街区各区块运营主体，覆盖吃、住、行、医、养、护、文娱、教等老年群体所需的各项服务。至年底，服务居民5.2万人次，接待省、市内外参观团150批次。

【平安宣传文艺活动】2019年11月12日，和睦街道在和睦公园举办主题为“平安创建·你我同行”的平安宣传文艺演出，隆重表彰50名优秀网格员和平安志愿者，同时将消防安全、平安三率、防电信诈骗、防保健品欺诈、国家安全、禁毒、反邪教等知识融入其中，现场150余名居民群众积极参与。活动既有文艺演出，又有知识问答，是集艺术性、知识性、趣味性于一体的活动，充分调动居民参与平安创建的热情，让平安创建更加深入人心。

【养老服务综合街区建设】2019年6月12日，中共中央政治局常委、国务院总理李克强到和睦街道视察，充分肯定街道和社区的老旧小区提升改造、居家养老工作。颐乐和睦综合养老服务街区在成功打造“四街三园三中心”的基础上，9月29日，引入杭州全日医康康复医疗中心，投资建设了居家养老四期康养中心。康养中心以社区为依托，以信息技术为支撑，主要提供中老年人日间照料、康复护理、医疗保健服务项目，为全省首家社区型康复医疗中心，形成“医养护康四位一体化”服务，真正实现家门口“一街式”养老。

【美丽楼道建设】2019年6月，和睦社区结合老旧小区环境提升改造工程和拱墅区“阳光老人家”居家养老服务体系建设的契机，针对小区的老旧楼道开展“美丽楼道建设工程”。破旧的楼道用米白色油漆粉刷一新，楼道拐角处放置临时休憩椅；原先杂乱的管线用铝合金包起来，楼道中的扶手全部更换成木质扶手，方便上下老幼居民的日常出行。在楼道建设上做到：顶层不漏，底层不堵，楼道不暗，管线不乱，上楼不难。2019年3幢、6幢楼道全面完成整改，并制定楼道公约、社区广泛动员居民积极参与社区自治，增强居民凝聚力。

【“社工周”活动】2019年9月16—20日，和睦街道“追梦新征程，一起在行动”社工周活动在养老服务综合街区举行，辖区60余名社工参与活动。活动分为“益起学、益起闪、益起乐、益起思、益起享”，包括观看爱国主义影片《红星照耀中国》、“我和我的祖国”快闪合唱、红色地标打卡、“户外拓展”团

和睦社区迎国庆社工周活动　　（和睦街道 供稿）

建、课题研讨、刺绣和手机摄影学习等。活动展现了街道社区工作者的精神风貌。

【新时代文明实践所建设】 2019年，和睦街道在拱墅区新时代文明实践志愿服务街区内打造新时代文明实践所。实践所下设学雷锋志愿小广场、生态志愿服务岗、公益组织爱心轮值点、爱心理发点等多个文明实践站点，组建运河先锋、理论政策宣讲、平安法治、文化体育、人文关怀、文明风尚6个志愿服务队伍，每月常态化开展志愿服务活动，实现文明创建、基层治理、民生服务的有机融合。爱心理发点坚持每月2天为60周岁以上老人免费理发；学雷锋志愿小广场每月开设至少1场集中便民服务；生态志愿服务岗定期开课，向社区居民、青少年演示水循环回收再利用科普知识；整合共建单位及社会组织资源，在公益组织爱心轮值点内常态化轮值式开展"浙江遗嘱库"爱心服务、"姻缘对对碰"相亲服务、"健康大讲堂"等志愿服务项目。至年底，街道新时代文明实践所开展活动200余场，服务辖区百姓8000余人次。

【获评杭州市"五水共治"（河长制）"二十佳"镇街】 2019年，和睦街道被市美丽杭州建设领导小组评为2019年度杭州市"五水共治"（河长制）"二十佳"镇街，成为拱墅区唯一获得该荣誉的街道。通过"污水零直排"建设，街道共计改造890根立管，新增雨水井840只、污水井550只，彻底实现雨污分流，预计雨天每天可减少污水管网负荷940吨，成为全区首批通过区治水办"污水零直排"验收的街道。同时街道将"五水共治"与餐饮业联审联批制度相结合，街道公共管理办公室收到餐饮业办证申请后，在5个工作日内上门核实经营场地，从源头控制偷排漏排现象。街道利用老旧小区综合改造提升的契机，在沿线的商铺、支路及小路安装高清摄像头，同时聘请第三方养护单位做好日常巡查工作，发现有偷倒、偷排污水的，立即阻止并上报。至年底，街道通过"技防"+"人防"，查处此类偷倒、偷排事件4起，无一起有异议。

【第二批省级无障碍社区创建】 2019年，为方便残障人士和行动不便的老年人等群体，化纤社区在无障碍社区创建工作中，把社区打造成"三园两站一中心"，重点改造康乐园、健乐园、和乐园、康复站和社区卫生服务站的无障碍坡道、康复锻炼专用扶手、休闲座椅等。9月，化纤社区完成省市专家组验收，10月获"省级无障碍社区"称号。

【和睦社区获评省最美志愿服务社区】 2019年12月，和睦社区被评为2019年度浙江省最美志愿服务社区。和睦社区结合辖区实际，以新时代文明实践专项行动为引领，针对老旧小区老年人需求，创新打造"新时代文明实践志愿服务街区"，重点开展以居家养老为核心内容的新时代文明实践志愿服务。从基地空间的开放融合、服务模式的资源共享，到参与力量的公益众创、运作机制的邻里互助，将文明创建、平安治理、养老服务、文化教育、公益培育等有机融为一体。2019年，社区开展各类志愿服务活动400余场次，服务群众2万余人次，受到辖区居民的一致欢迎。

（胡晓岚）

大关街道

【概况】 大关街道位于拱墅区南部，北靠大关路，东临上塘河，西接上塘路，南至石灰坝，下辖8个社区。2019年，户籍人口3.38万人，流动人口1.7万人。

2019年，实现财政总收入2.61亿元，地方财政收入1.17亿元，完成固定资产投资600万元，社会消费品零售总额比上年增长46.9%。引进落地亿元以上项目2家，数字经济企业2家，新增楼宇“规上”企业4家，“小升规”企业1家。实际利用外资514.52万美元。引进B类人才项目1个，数字经济人才1人，新增国家高新技术企业3家。累计扶持小微企业28家，发放信贷额度1.86亿元。

2019年，草根文化持续深耕。以“打造文化大戏、培育非遗传承”为核心，重点培育非遗传承，打造“大关印象”精品大戏，打造“精神文明一条街”品牌、打响“大关·家”百姓系列品牌理念，大关街道全域形成草根文化活动圈。完成拱墅区电梯养老综合保险工作任务的220%，位列全区第一。累计拆除各类违建195处、4098平方米，成功创建市级“无违建街道”。

【睦邻小区党建试点】2019年8月，睦邻小区党建试点在南苑社区南八苑落地。至年底，小区党支部召开32次“百姓圆桌会”，破解小区绿化、道路平整、花园改造、孝心车位分流4个微治理难题，以巨幅墙绘、立体景观、绿化标志、个性涂鸦等方式进行品质提升与功能重塑，小区环境整体改善。

小区党支部开展28次邻里活动：以“最美”系列评比选出榜样标杆为激励，社区文明程度普遍提升，辖区不文明行为同比下降60%；以“睦邻”文化为基石，培育创建“一月一邻里”常态机制，小区纠纷同比下降50%。在南八苑睦邻小区党建示范带动下，以党群服务中心为原点，东苑第二社区“惠聚民生”、西苑第一社区“最有文化”、九洲大药房“红色健康”、大关公园“红色物业”4个运河城市驿站与德胜社区“红色巡河”驿站、新四军展陈室等多个百姓坐标阵地同频共振，串珠成链。

【国家级人才夏献民携项目落户大关】2019年3月27日，大关街道举办高层次人才引进项目签约仪式。街道办事处主任与项目创始人——国家级高层次人才夏献民博士签署了“应用伊匹乌肽研发治疗皮肤炎症的创新药物和功效性护肤品的产业化项目”合作协议，标志着该项目正式落户大关街道，在柔性引进国家级高层次人才项目上实现零的突破。该项目列入“运河英才”高层次人才B类创业项目，其主体公司完成工商注册。4月初，夏献民博士人才项目杭州珞佳生物科技有限公司、杭州白钰美肤生物科技有限公司落地大关。

【杭州地铁资产经营管理有限公司入驻大关】2019年10月18日，拱墅区举办招商项目集中签约仪式，其中杭州地铁资产经营管理有限公司落地大关。杭州地铁资产经营管理有限公司为杭州市地铁集团有限责任公司全资子公司，主要负责集团公司地铁资源开发与经营管理、资产经营管理、地铁上盖自持物业开发以及商业经营等。注册资金5000万元。

【公共服务中心综合体完成搬迁】2019年10月8日，大关街道公共服务中心综合体搬迁至大关苑路19号，面积500余平方米。搬迁后，公共服务中心拥有规范化、标准化的服务大厅，管办一体的服务中心大楼，能够提供政务事项办理、便民事项办理、其他各类服务及公益服务等更全面的公共服务。

【“七个有”新时代文明实践街道创建】2019年10月，按照拱墅区文明办“七个有”（有场所、有队伍、有活动、有培训、有制度、有经费、有成效）的工作标准，大关街道新时代文明实践所建成。建筑面积1500平方米，位于德苑路101号。新时代文明实践所下设8个文明实践站和百姓书场、百姓戏园2个实践点，富有大关草根群众文化特色。该实践所建成后，通过搭建“理论政策宣讲、教育培训服务、文化服务、科技与科普服务、健康体育服务、文明风尚培育”六大平台，建立了各类型服务队43支，开展教育培训宣讲、文化惠民活动、群众科普活动等各类文明实践活动140余场。并建立了11支志愿服务队伍，开通11部公益热线，常态化开展健康义诊、健康讲座、公益理发、科普宣读等学雷锋志愿服务活动。

【东二苑、东三苑老旧小区改造提升】2019年，大关街道以东苑第一社区东二苑、东三苑为试点，探索老旧小区提升改造新模式。至年底，两个小区共移位23个路灯，新增13个路灯，小区照明环境持续提升；改造消防通道607米，扩宽道路1371平方米，拆除侧石3282米，生命安全通道进一步优化；新设5个新能源专用充电车位、6个残疾人专用车位，规范206个机动车固定停车位，居民停车空间得以延展；在小区内打造童趣园和老年乐设施，老、幼居民宜居环境持续改善。通过破解公共空间整治、架空线路整理、小区风貌改造、房屋修缮、三改一拆、拆后修复等实际难题，大关街道探索出一条城市老旧小区改造新模式，总结了可复制、可推广的切实经验。12月31日上午，浙江省委常委、杭州市委书记周江勇一行走进改造后的东苑第一社区，与居民一起在文化浸润中喜迎新年。

【污水零直排建设全覆盖】2019年，大关街道以全区雨污分流“零直排”巩固创建工作为载体，通过实施源头治理、雨污分流、公建管理三大要求，完成包括4个省定任务（西五苑、西八苑、西六苑、西七苑）在内的污水零直排生活小区23个。新设雨水管1550根（9300米），新设地下雨、污排水管道约1万米，新建雨、污水井1600余个，实现辖区“污水零直排区”建设全覆盖。

【“街容众包”示范街创建】2019年10月，德苑路、大关苑路创建“街容众包”示范街成功完成区级验收。“街容众包”创新社会治理方式，突出政府引导、公众自治。通过加强党建引领，组建沿街商户自治、党建群团志愿者、网格员日常巡查、部门联合执法4支队伍，搭建民情交流、宣传指导、家园展示、暖心互助、惠民服务5个平台为主要内容的“145工作法”，充分调动公众参与城市治理的积极性、主动性、创造性，在公众自我管理、自我约束和社会监督的基础上，形成“部门管理兜底、公众自治提升”的城市治理新格局，实现道路（街巷）环境整洁、市容有序、设施完好。至年底，开展各类专项整治180余次，劝导出店、占道经营34起，取缔无证摊贩31处，查处车辆违停350余起，整治、清运共享单车6000余辆。城市治理从政府单一管理向社会各界共建共管、共治共享转变。

【4个阳光老人家建成】2019年，结合五星级日间照料中心标准，大关街道、社区两

级共计投入100余万元，整合建成阳光老人家4个，分别位于东苑第一、西苑第一、西苑第二、德胜社区。总体建筑面积1500平方米左右，全部按照阳光老人家建设标准打造一平台（“阳光大管家”综合管理服务信息网络平台）、两厅堂（阳光客厅和阳光食堂）、三中心（阳光休养中心、阳光健养中心、阳光乐养中心）、四队伍（阳光好管家、阳光好小二、阳光好帮手、阳光好大夫）。全年共为老人提供包括清洁、送餐、代购、陪护等服务8478人次，共计24603小时。

【区首个阿里云智慧养老安全守护平台试点运行】 2019年，大关街道联合团区委、阿里云、树人大学、信息无障碍研究会在辖区创新推出首个阿里云智慧养老安全守护平台，针对辖区独居老人，试行安装终端设备50户。利用IoT等科技手段为独居老人提供24小时监护，每天检测老人活动信息，提供便捷式快捷呼叫应急联络人，为老人生命提供24小时守护。

【平安“大关·家”建设】 2019年，大关街道首次开展平安“大关·家”建设。主动提升信息采集、安全隐患排查前端处置能力，通过网格队伍、党员和志愿者队伍、岗亭巡防队伍、单位安保四支队伍开展常态巡查、重点巡查、反复巡查，检查各类生产经营单位、场所1005家次，巡查楼道1103栋，排查发现各类安全隐患1684条，均已完成督促整改。首创“1+8+N”（即1个街道、8个社区、N种方法）多元化矛盾纠纷调处工作机制，成立1个功能完备的信访矛盾调处中心，初步达到“小事不出网格、大事不出社区”

2019年3月27日，大关街道举行高层次人才引进项目签约仪式　　　（大关街道供图）

的治理目标。至年底，平安“大关·家”建设取得初步成效，社会环境平安良好。

【生活垃圾分类高标准示范小区打造】2019年，翠玉社区打造生活垃圾分类高标准示范小区，实施一系列措施：在垃圾房的两侧栏杆上悬挂由智能机器操控、能自动检测土壤湿度并定时对植物进行自动浇灌的盆栽，充分吸收周围的废气，净化空气，解决蚊蝇滋生等问题；打造花园智能垃圾投放点；开创使用实名垃圾袋，每月给每户发放30个贴有房号的垃圾袋，专门用来放易腐垃圾，如有居民投放错误，可根据二维码溯源到具体家庭；进行垃圾分类知识再科普；组建4支党员监察队和1支学生志愿者团队，定时定点开展巡回检查。通过开展21天的垃圾分类打卡赛活动，社区党员的投放规范化参与率达100%，带动辖区居民家庭的参与率达98%，平均分类准确率提高至91%，实现居民“要我分”向“我要分”的观念转变。

【《大关象戏》获浙江省舞蹈大赛银奖】2019年10月，大关街道男子群舞《大关象戏》参加2019浙江省群众舞蹈大赛，作为唯一的街道级参赛作品，一路闯关斩将获银奖。“大关象戏”是地标性非遗项目，曾盛行于军营。魏晋南北朝时期，大关驻兵众多，官兵们以兵法为源，以棋为形，以人为棋，模拟红蓝两军对阵军前，一为练兵、二为游戏，名为“大关象戏”。舞蹈《大关象戏》即以此段历史为背景进行创作编排，展现了两军对垒、金鼓连天、纵横驰骋、壮怀激烈的场景。

【“百姓戏园”开园】2019年5月，大关街道“百姓戏园”正式开园，并免费对外开放。在运营模式上，采用“本地团队轮演+区戏迷协会走亲+省市戏曲组织协作指导”模式，联合杭州越剧传习院、杭州艺校等三方机构高效运作，弘扬传统曲艺，打造集“听曲、学戏、展示”三大功能于一体的“老底子”戏园，让辖区老百姓品茗听戏有了新去处。23日，在拱墅区首届大运河戏曲节开幕式上，百姓戏园被授予“大运河越剧传承基地”称号。百姓戏园自开放后，每月开展专场活动2场。至年底，累计演出58场，观看人数5000余人。

（吴月）

人物

浙江工匠 杭州工匠

浙江好人 杭州好人

浙江工匠 杭州工匠

【概况】2017—2019 年，拱墅区有 2 人被认定为“浙江工匠”，3 人被认定为“杭州工匠”，他们具有高超的技艺和精湛的技能，严谨细致、专注负责的工作态度，精雕细琢、精益求精的工作理念，以及对职业的认同感、责任感，是践行“干一行、爱一行、精一行、成一行”的杰出代表。

【吉正龙】吉正龙，男，1964 年 8 月出生，中国美发大师，美发高级技师，从事美发行业三十六年，先后获得浙江省首席技师、杭州工匠、浙江工匠等荣誉称号。自 2011 年起，吉正龙被人力资源和社会保障部连续聘为 第 41、42、43、44、45 届世界技能大赛美发项目专家组组长、国际裁判。在其指导下，中国选手在 42 届世赛美发项目获得银牌、43 届世赛美发项目获得金牌、44 届世赛美发项目获得第 4 名。2019 年，吉正龙作为第 45 届世界技能大赛美发项目技术指导专家组组长，带领选手石丹在俄罗斯喀山的世界舞台上获得金牌，为中国美发业走出国门、走向亚洲做出贡献。其领衔的吉正龙技能大师工作室先后获得“国家技能大师工作室”“浙江省技能大师工作室”“杭州市技能大师工作室”称号。除此之外，吉正龙一直潜心传艺带徒，回馈社会。多年来其团队成员共带徒 30 余人，培养高级技师 8 人、技师 21 人、高级工 50 人。其创办的拱墅区英美职业培训学校，一直开设残疾人技能培训班，并为 70 岁以上老人提供免费上门理发服务，为社会公益事业贡献力量。

【朱炳新】朱炳新，男，1957 年 1 月出生，中华老字号“朱府铜艺”（创始于 1875 年）传人、非物质文化遗产传人、中国铜装饰艺术大师、中国铜装饰文化研究会会长、杭州金星铜世界装饰材料有限公司董事长。从业 44 年，朱炳新创作了大量铜壁画、雕塑等作品，尤其善于攻克铜古建设计施工中的种种难题。其作品被故宫博物院等 7 个国家级博物馆收藏。他善于在艺术中发明创造，同时将铜工艺美术广泛应用于建筑中，使铜工艺成为普通百姓雅俗共赏的艺术品，改变中国古建装饰的单一形态，为建筑界创造无言大美。多年来，朱炳新主持政府类、商业类、古建类、博物馆类大型铜建筑项目上百项，获得专利 40 多项，先后被授予首届杭州工匠、浙江工匠、杭州市五一劳动奖章、国家级和省级非物质文化遗产项目传承人等荣誉。为了把技艺发扬光大，朱炳新组建技术团队、技术骨干等传承人上百人，成为该领域全国首屈一指的技术精英。

【项承印】项承印，男，浙江固华脚手架工程有限公司架子工技师，从业24年，参与杭州奥体博览城配套整治工程等多个重大项目的脚手架工程。搭脚手架看似简单，但成为一名合格的架子工不仅需要一定的学习能力、计算能力、较强的空间感，还要有准确的分析推理判断能力，手指、手臂、腿脚协调力，专业性非常强。19岁就踏入架子工领域的项承印经过20年刻苦钻研实践，从一名普通农民工蜕变成行业技能大师，曾荣获杭州市架子工技能竞赛第一名、省级技能竞赛第一名、浙江省技术能手、浙江建设工匠、浙江省五一劳动奖章、杭州市技术能手等荣誉，2018年被认定为第二届“杭州工匠”。

（林红）

浙江好人 杭州好人

【概况】2019年，由省委宣传部、省文明办和浙报集团联合推出“浙江好人榜”。2月名单公布，拱墅区汪孙聚获敬业奉献“浙江好人”，5月骆荣娣获助人为乐浙江好人。全年全区推荐各行各业“身边好人”200余名。12月6日，中共杭州市委宣传部开展第七届“最美杭州人”评选，按照模范践行社会主义核心价值观，自觉弘扬中华民族传统美德，充分展现杭州改革开放的时代风貌标准，拱墅区共有8人获“杭州好人”称号。

【汪孙聚】汪孙聚，男，民国25年(1936年)3月出生，拱墅区德胜社区居民。曾多次获各级“劳动模范”称号。退休后热心社区事务。84岁的汪孙聚在2013年被聘为胜利河民间河长后，每天坚持写巡河日记，记录日常巡河的点点滴滴，观察水质变化每日2次，碰到有垂钓或洗拖把会及时劝阻，每周打印巡河日记交给社区和街道，发现河道有问题也会第一时间反映。他所写的巡河日记装订起来多达13本超40万字，对辖区的“五水共治”工作提供重要参考价值。获浙江省委副书记、省长袁家军点赞肯定，并获浙江在线、杭州网等各级各类媒体宣传报道。2019年获“浙江好人”称号。

【骆荣娣】骆荣娣，女，民国34年（1945年）8月生，拱墅区华丰社区退休居民。2011年3月，退休的骆荣娣加入华丰社区“巧媳妇”志愿服务团队，16年坚持不懈，每月8日带上全套理发工具，用自己的手艺为街坊邻居免费理发，被邻居们亲切地称为“毛娘”。她用一颗助人为乐的热心和实际行动为居民提供便利，传播正能量，展现新时代志愿服务风采。2019年获“浙江好人”称号。

【朱兰珠】朱兰珠，女，1953年6月生，拱墅区半山社区居民。从杭钢医院退休多年的朱兰珠，退休却不“离岗”，将义务服务当成一生去经营的事业。20余年来，她参加各类志愿服务，为万余名老年人免费理发，更坚持每周去杭钢医院住院部为住院老人们理发。30年来，她省吃俭用，用退休金帮助近20名贫困学子圆了求学梦，资助总额近6万元。连续十多年熬数百份腊八粥送街坊、送医院，将志愿服务和行善奉献代代相传。

【胡宝梅】胡宝梅，女，民国37年（1948年）7月生，红石板社区居民。几十年如一日，胡宝梅坚持每天上门照顾独居高龄患病的原老邻居，帮助晒太阳、唠嗑、读报纸、洗衣服等，即使面对照顾孙子和照顾老人两难时，依然坚持每天白天趁孙子上学时照顾楼大爷，晚上由丈夫帮忙照顾。在担任楼道小组长期间，经常上门看望90多高龄的何奶奶以及患有老年痴呆症的张大妈。她用一颗热忱的爱心、用每天点滴的行动书写温暖与可贵，展现新现代“好邻居”风采。

【顾竞能】顾竞能，男，民国30年(1941年)6月出生，杭州人，中共党员，拱墅区祥符街道孔家埭社区居民。自2004年加入志愿者队伍后，他志愿服务时间23700余个小时，西湖边的微笑亭常看到他忙碌的身影，应急包和一叠白纸是他常备的行头。即使发生车祸导致颅内出血，仍心系志愿服务工作。他还加入志愿者培训师行列，将多年的志愿服务心得编写成册，倾囊相授。志愿服务16年来，收获全国老有所为先进人物、市杰出志愿者、感动杭州人物、市优秀志愿者等荣誉。

【王铁春】王铁春，男，辽宁人，1980年出生，从事环卫行业，负责湖墅路、文晖路、潮王路等路段的洒水作业工作。2019年5月12日凌晨4:30王铁春开始一天的洒水工作，5:17当他经过湖墅南路半道红公交站时，突然发现半道红小区三楼火光四射，冒出滚滚浓烟，王铁春见状立即靠边停车，迅速拿起洒水车后置喷水装置，对着有火光的窗户进行喷射，他现场还请出租车司机帮忙踩洒水车油门施压，10分钟后顺利熄灭大火。他的救火事迹一经报道，“杭州城管”抖音平台一夜之间获赞5万次，都市快报、钱江晚报等媒体争相报道。2019年获“杭州好人”称号。10月由浙江省住房和城乡建设厅举办的浙江省第23个环卫工人节庆祝活动在温州举行。会上，对2019年浙江省城市市容环境卫生工作成绩突出的集体和个人给予表彰。王铁春获得“浙江省最美环卫人”的荣誉称号。

【刘志美】刘志美，女，1957年5月出生，拱墅区和睦新村居民，24年如一日不离不弃，坚持给中风的丈夫按摩做康复护理，寸步不离、不厌其烦地陪伴照顾婆婆，坚持义务上门照顾与自己无血缘关系的独居高龄老人。80多岁的周新光老人住在和睦新村，兄弟姐妹住得远，没有子女照顾，已经多年不能自理，生活十分困难。这些刘志美看在眼里，她对老人十分关心敬重，像对待自己的父母一样照顾他。平时给他送去衣服、面粉等生活必需品，每年春节给老人包饺子吃。她定期上门陪老人聊天，生怕老人心情不好。她用真情演绎至善“志美”的大爱情怀。她既是一名体贴入微的好妻子，又是一位孝顺通情达理的好儿媳，更是一名乐于助人的好邻居。2019年获“杭州好人”称号。

【徐承莉】徐承莉，女，1967年5月出生，自1991年1月进入杭丝联卫生所从事口腔临床工作，2001年1月调入拱墅区大关上塘街道社区卫生服务中心口腔科工作。26年来，她兢兢业业，全身心投入口腔医疗事业，一直为当地街道社区居民服务。她摸索和总结出一套科学、高效的口腔诊疗技术，吸引国内外患者慕名前来就诊，每天接待20位患者的超负荷工作量，累计无偿加班5年多，约4300多个小时，逾50000人次的患者在她这里得到精心治疗，重获口腔健康。曾获浙江省劳动模范、杭州市劳动模范、拱墅区上塘街道三八红旗手等荣誉称号，并且由于她所在口腔科在近年所取得的成绩，卫生部“健康口腔，幸福家庭”项目在浙江省的唯一试点就设在大关上塘街道社区卫生服务中心，并由口腔科负责该项目的具体工作。徐医生的个人事迹获都市快报等媒体宣传报道。2019年获“杭州好人”称号。

（王晓晨）

附录

机构名录

2019年拱墅区国民经济和社会发展统计公报

机构名录

区级主要机构及负责人名单　市属延伸机构及负责人名单　街道及负责人名单

区级主要机构及负责人名单
（2019 年 1—12 月）

中共拱墅区委员会

书　记：朱建明

副书记：章　燕

　　　　李　炜

常　委：张德平　刘建军

　　　　黄建正（2019 年 12 月起援疆）

　　　　虞文娟（至 2019 年 5 月）

　　　　王　涛（2019 年 5 月始）

　　　　赵　红　雷伟蛟

　　　　李　磊（浙大城市学院挂职干部）

　　　　王　宏　熊　雄（2019 年 2 月始）

区委工作部门

办公室

主　任：蔡儒杰

组织部

部　长：虞文娟（至 2019 年 5 月）

　　　　王　涛（2019 年 5 月始）

宣传部

部　长：黄建正（2019 年 12 月起援疆）

统一战线工作部

部　长：赵　红

全面深化改革委员会办公室

主　任：陈　亮

政法委员会

书　记：李　炜

机构编制委员会办公室

主　任：施国敏

直属机关工作委员会

书　记：唐晓华

巡察工作领导小组办公室

主　任：李广运（至 2019 年 6 月）

　　　　姜文祥（兼，2019 年 6 月始）

区委区政府信访局

局　长：杨新围

老干部局

局　长：葛建军

中共拱墅区纪律检查委员会 拱墅区监察委员会

书　记：熊　雄（2019 年 2 月始）

监察委员会主任：熊　雄

（代主任，2019 年 3 月始）

拱墅区人民代表大会常务委员会

主　任：吴才敏

副主任：卢建标　　徐美娟

孙剑甫　　丁智明

杨　涤　　韩　峻

党组书记：吴才敏

党组副书记：卢建标

党组成员：徐美娟　　孙剑甫

丁智明　　杨　涤　　吴　洁

区人大常委会工作部门

办公室

主　任：吴　洁

财政经济委员会

主　任：范文涛

教科文卫、民宗侨工作委员会

主　任：缪承武

城建环保工作委员会

主　任：金自力

人事代表工作委员会

主　任：周建仁

监察和法治司法工作委员会

主　任：黄朝武

拱墅区人民政府

区　长：章　燕

副区长：张德平　　王书评

方友青　　王　宏（至2019年1月）

余荣升　　欧阳建国（2019年1月始）

惠海涛（2019年1月始）

项振德

（省下派挂职干部，至2019年10月）

李玉芳

（中央三部委挂职干部，至2019年4月）

党组书记：章　燕

党组副书记：张德平

党组成员：王　宏　　王书评

余荣升　　孟三山

欧阳建国（2019年1月始）

惠海涛（2019年1月始）

项振德（省下派挂职干部，至2019年10月）

李玉芳（中央三部委挂职干部，至2019年3月）

楼　巍

区政府工作部门

办公室

主任、党组书记：楼　巍

公安分局

局长、党委书记：刘建军

发展改革和经济信息化局

局长、党委书记：吴永军

科学技术局

局长、党组书记：王一军

教育局

局　　长：赵群筠（至2019年10月）

徐旭勇（2019年10月始）

党委书记：徐旭勇

财政局

局　长、党委书记：周利光

人力资源和社会保障局

局　长、党委书记：郑国庆

民政局
局　长、党委书记：陈小蕾

司法局
局　长、党委书记：葛　彤

商务局
局　长、党委书记：俞志栋

投资促进局
局　长、党委书记：虞　翀

住房和城市建设局
局　长、党委书记：陈劲松

城市管理局
局　长、党委书记：管建弟

审计局
局　　长：王善华
党组书记：冯林钟

统计局
局　长、党委书记：唐峰渊

应急管理局
局　长、党组书记：方海林

卫生健康局
局　长、党委书记：刘新功

文化和广电旅游体育局
局　长、党委书记：张路红

市场监督管理局
局　　长：朱幼群
党委书记：汤炜渊（至 2019 年 5 月）
　　　　　史小斌（2019 年 5 月始）

退役军人事务局
局　长、党组书记：贝建军

金融工作办公室
主　任、党组书记：胡智灵

数据资源管理局
局　长、党组书记：王全兴

中国人民政治协商会议拱墅区委员会

主　席：周志辉
副主席：钟黎明　金志明
　　　　卢　伟　沈燕翔
　　　　杨　俊（2019 年 1 月始）
党 组 书 记：周志辉
党组副书记：钟黎明（2019 年 5 月始）
党 组 成 员：金志明　卢　伟　孙益芳

区政协工作部门

办公室
主　任：孙益芳

提案委员会
主　任：张浩亮

经济科技委员会
主　任：徐奕斌

城建和人口资源环境委员会
主　任：蒋晓敏

社会法制和港澳台侨委员会
主　任：林守俊

文史和教文卫体委员会
主　任：黄　玲

委员工作委员会
主　任：骆　晨（至 2019 年 1 月）
　　　　空　缺

拱墅区人民法院

院长、党组书记：王美芳

拱墅区人民检察院

检察长、党组书记：罗有顺

市属延伸机构及负责人名单
（2019年1—12月）

杭州市规划和自然资源局拱墅分局

局长、党组书记：李思静

杭州市生态环境局拱墅分局

局　　　长：祝　斌（至2019年10月）
　　　　　　郑仙珏（2019年10月始）
党支部书记：郑仙珏

街道及负责人名单
（2019年1—12月）

上塘街道

党工委书记：应巧华
办事处主任：童　立

祥符街道

党工委书记：蔡儒杰（至2019年1月）
　　　　　　徐红岗（2019年1月始）
办事处主任：潘倪敏

半山街道

党工委书记：王一平
办事处主任：潘金财

康桥街道

党工委书记：徐红岗（至2019年1月）
　　　　　　钱志卫（2019年1月始）
办事处主任：唐卫峰（至2019年5月）
　　　　　　蒯　骏（2019年5月始）

米市巷街道

党工委书记：谢剑锋
办事处主任：黄苏萍（至2019年1月）
　　　　　　许　晓（2019年1月始）

湖墅街道

党工委书记：陆珊溢（至2019年1月）
　　　　　　唐卫峰（2019年5月始）
办事处主任：唐　华

小河街道

党工委书记：钟　鸣
办事处主任：黄　胜

拱宸桥街道

党工委书记：王跃文
办事处主任：施　宏

和睦街道

党工委书记：饶文玖
办事处主任：魏　崴

大关街道

党工委书记：虞　翀（至2019年1月）
　　　　　　黄苏萍（2019年1月始）
办事处主任：周剑明（至2019年10月）
　　　　　　夏森炜（2019年10月始）

2019 年拱墅区国民经济和社会发展统计公报

2019 年是新中国成立 70 周年，也是拱墅全面由“破”转“立”迈向高质量发展的攻坚之年。在区委、区政府的正确领导下，全区上下扎实推进“6+4”专项行动，持续打好高质量发展组合拳，经济社会保持快速健康发展。

一、综合

（一）经济总量

据初步核算，全年实现地区生产总值（GDP）662.16 亿元，按可比价格计算，同比增长 8.3%。其中第二产业实现增加值 139.56 亿元，同比增长 11.0%；第三产业实现增加值 522.60 亿元，同比增长 7.5%。三次产业结构调整为 0：21.1：78.9。

（二）财政收支

全年财政总收入 162.00 亿元，增长 3.15%；完成地方一般公共预算收入 91.19 亿元，增长 8.05%，其中增值税 36.36 亿元，下降 0.3%；企业所得税 18.77 亿元，增长 5.99%，个人所得税 3.74 亿元，下降 36.18%；土地增值税 14.62 亿元，增长 101.93%。全年一般公共预算支出 42.07 亿元，增长 12%。从区本级支出结构看，公共安全支出 5.06 亿元，增长 15.36%；教育支出 10.29 亿元，增长 12.48%；科学技术支出 1.96 亿元，增长 40.06%；社会保障和就业支出 4.81 亿元，增长 9.4 %。卫生健康支出 2.19 亿元，增长 12.87%。

（三）社会福利

全年新建或提升改造 33 家“阳光老人家”站点，其中示范型居家养老服务中心 5 家，社会化运行率达 100%；率先在全市探索实施“互联网 + 养老”信息化服务试点，全区 11 家为老服务商入驻市民卡 APP，为 4157 位居家养老服务对象提供各类服务 5 万余单，共使用重阳分 357 万分；为 51 户困难老年人提供住房安全性和无障碍设施方面等适老化改造；实施“公益银行 · 阳光积分”项目，组建 3256 名“好帮手”，服务 45217 人、服务 2981 次，存储 4325 小时。

二、人口、人民生活和社会保障

（一）人口

2019 年末全区常住人口 57.9 万人。公安部门登记户籍人口 396799 人，比上年增加 15920 人。其中，男性 195884 人，女性 200915 人，性别比（女 =100，下同）97.50；全区出生人口 4635 人，出生率为 11.68‰；出生人口中男性 2399 人，女性 2236 人，出生人口性别比为 107.28；全区死亡人口 1688 人，死亡率为 4.25‰；全区人口自然增长 2947 人，自然增长率为 7.43‰。

（二）人民生活

全年全区城镇居民人均可支配收入 6.62 万元，比上年同比增长 8.1%。

（三）社会保障

全年全区基本养老保险参保人数 276725 人，比 2018 年末净增 11725 人；工伤保险参保人数 354027 人，净增 35926 人。

（四）劳动就业

全年城镇新增就业人数 29479 人，引导和帮助城镇失业人员实现再就业 4946 人，安置就业困难人员就业 3474 人。提供招聘、求职、培训、扶持的“一站式”服务累计组织招聘会 41 场，提供有效岗位 3 万余个。全年立案处置各类投诉及举报案件 770 件，为 395 名劳动者追回欠薪 321.88 万余元。

三、城市建设管理和环境保护

（一）城市建设

道路建设快速推进。全年高标准推进 85 条 50.8 公里道路建设，其中开工 18 条，完工 15 条，续建 20 条、前期 32 条，永宁路、金华路、平炼路等 26 条道路顺利开通。

地铁建设有序开展。全年完成 3 号线、4 号线、5 号线、10 号线 4 条线路 37 项征借地任务，地铁 5 号线首通段涉及拱墅 5 个站点顺利开通，地铁三期 3 号、4 号、10 号线涉及拱墅 14 个站点正在主体结构施工。

地下空间逐步开发。全年新增地下空间开发项目 35 个面积 60 万方，完成 21 个配建停车场库项目共 11947 个配建泊位，竣工公共停车泊位 1140 个，开工及续建 3248 个。

大城北建设统筹推进。全年累计实施项目 157 个，其中开工 29 个（开工率 103.6%），完工 42 个（完工率 131.3%），建成运河文化艺术中心、运河文化发布中心、华师大附校、育才登云小学等一批重点工程。

（二）回迁安置

全年交付安置房项目 3 个，完成回迁安置 1333 户。

（三）城市管理

“五水共治”巩固提升。全年完成涉河工程项目 18 个，完成生活小区“污水零直排”建设项目 226 个。余杭塘河—五常港（塘河片区）荣评省级“美丽河湖”，下塘河等 12 条河道获评市级“美丽河道”，创建区级美丽河道 20 条，完成建设文化长廊 20 条、垂钓点 20 条（段），生态廊道 22 公里。

“五废共治”创新破难。全年收运处置生活垃圾约 25.7 万吨，日均 705 吨，与去年同期相比减少 0.25%。创建省级示范片区（街道）1 个、“杭州模式”达标街道 3 个、省级高标准垃圾分类示范小区 5 个、市级 40 个、区级 50 个，改造提升安置房小区垃圾分类设施 26 个；实现生活小区“定时定点”投放 66 个，完成“撤桶入巷”道路 38 条；全区中型以上餐饮企业 344 家实现餐厨废弃物规范化收运，覆盖率达 100%。

民生实事全面推进。全年完成新建、提升改造公厕 21 座。收集道路、小区燃气、水务等 5 家管线单位维修项目 148 个，完成挖掘审批 18 件，完成各类抢修修复工作 186 件，同期下降 40%。完成二次供水提升改造工程 8 个，受益住户 5000 余户；完成道路加固工程 3 个、道路交通安全隐患治理 88 处；试点安装在线油烟监测设备150处；完成高架沿线建筑物现有广告与景观亮化融合10处；提升建筑景观天际线亮灯9幢，累计消除老旧小区、桥下栈道照明暗区12处。

城市治理提质升级。全年完成10个街道首期1500路监控上线运行，参与共治成员达4500余人。累计采集问题63万余个，识别准确率达90%以上。有序推进精品示范街区10个，街容众包示范街20条。全年拆除大型违法户外广告牌52处，取缔无证917处，查处夜间施工299件、违法建筑77件。完成广告、渣土、促销活动、市政、河道、犬类等各类审批1860件，行政审批案卷及时办结率100%，满意率100%。立案交办数字城管案卷110252问题件，问题解决率为100%，问题及时解决率为99.19%。完成钱江市场、城西银泰、水晶城等81个停车场3.2万泊位"先离场后付费"接入工作，清理僵尸车269辆。

基层治理更加多元。全年"城市眼·云共治"共接入1563路监控，有效覆盖全区主要道路及38个重点区域，实现11大类城市管理问题的精准抓拍，全年共发现问题51万余起，处理47万余起。智慧电梯监管系统完成8000余台电梯数据核对，智慧用电系统接入1100余套智慧用电设备，阳光厨房系统覆盖全区38家学校厨房监控及物联网设备，护校安园系统安装127个护校安园点位设备，覆盖39所中小学、幼儿园。建成拱墅区住安宝系统，已安装传感设备627个，覆盖110幢房屋，完成全区2016年底前投入使用的5008幢房屋的基本信息录入。

（四）生态环境

全年全区环境空气优良率75.6%，PM2.5平均浓度39.6μg/m3；"水十条"六个考核断面平均水质均达到考核要求。运河交接断面考核良好，运河（石祥路桥）出境断面水质为Ⅲ类水。完成杭州石化有限责任公司油品转运站地块等三块污染地块修复，安全利用土地16700平方米。

四、公共安全和应急管理

（一）公共安全

全年完成大庆安保、全国"两会"、李克强总理视察等78场次重大安保警卫任务，妥善处置各类突发事件217起。全区110有效刑事、治安警情同比分别下降22.48%和21.19%，侵财发案同比下降9.61%，社会面整体治安环境持续优化；全年受理各类消费者举报投诉18028件，办结率100%。全年抓获（刑拘）传统侵财类违法犯罪嫌疑人557人、破案564起，实现传统侵财发案同比下降14.1%。推进网贷平台专案侦办，累计采取刑事强制措施209人、查封冻结涉案资金29.42亿元。先后打掉恶势力集团、团伙8个，刑拘涉黑涉恶人员256人，破获案件167起，全区涉黑恶警情同比下降94.53%。全区完成100个智安小区、79个智慧工地、39个智慧楼宇建设，智安小区建设数量居全市首位。持续深化电梯养老综合保险模式，参保电梯故障率下降20%以上。

（二）应急管理

全年挂牌督办各类重大（重点）事故隐患182处，整改完成率100%，其中市级16处，区级114处，街道级52处。立案查处违法行为94起，罚款109.7万元。全年全区未发生较大事故。

（三）平安拱墅

全年共完成16大项11079项治理任务。建成“运河平安管家”示范点115个，“运河平安共同体”示范点10个，设立12个“运河警校”专业宣传阵地，组织2次“平安运河管家”业务培训，开办“运河平安讲堂”45期。

五、工业和建筑业

（一）工业

全年规模以上工业实现工业增加值103.74亿元，同比增长17.7%，其中高新技术产业实现增加值83.89亿元，同比增长21.7%，占规模以上工业增加值比重达80.9%；高端装备制造业实现增加值12.13亿元，同比增长1.8%；时尚制造业实现增加值0.60亿元，同比增长48.3%。全区规模以上工业实现营业收入267.77亿元，同比增长18.5%，实现利税总额52.62亿元，同比增长1.6%，其中实现利润总额35.53亿元，同比增长6.2%。完成62家规模以上工业企业综合评价，中美华东入选2019年全省制造业“亩均效益”领跑者企业建议名单。中亚机械产品列入2020年度浙江省装备制造业重点领域首台（套）产品名单。

（二）建筑业

全年实现建筑业增加值30.77亿元，占GDP比重为4.7%。

六、固定资产投资和房地产业

（一）投资

全年固定资产投资同比增长25.8%，其中，生态环境和公共设施投资同比增长11.5%，高新技术产业投资同比增长47.0%，民间项目投资同比增长11.8%，工业投资同比增长67.3%，交通投资同比下降24.2%。

（二）房地产

全年房地产开发投资同比增长14.7%。房屋施工面积687.38万平方米，增长22.3%；新开工面积168.49万平方米，增长54.4%；竣工面积63.16万平方米，增长51.2%。商品房销售面积同比增长22.5%。

七、国内贸易

全年实现社会消费品零售总额620.73亿元，同比增长8.3%。

八、对外经济

全年完成外贸进出口总额129.19亿元，增长10.19%，其中外贸出口107.84亿元，同比增长10.4%，进口21.35亿元，同比上升7.12%。全年完成服务贸易出口总额3.74亿美元，同比增长41.67%，完成考核目标任务的123.19%。实现跨境电子商务出口6.31亿美元，同比增长73.35%，新引进有实绩的跨境电子商务企业53家。

九、重点产业、重点项目和招商营商

（一）产业经济

全年“6+2”产业实现增加值343.45亿元，同比增长14.1%。分产业看，数字经济实现主营业务收入115.18亿元，增长10.6%；商贸旅游产业实现主营业务收入873.18亿元，增长5.3%；金融服务行业实现增加值128.09亿元，增长8.6%；文化创意产业实现主营业务收入229.46亿元，增长14.9%；商务服务产业实现主营业务收入203.14亿元，增长5.2%；体育健康产业实现主营业务收入248.25亿元，增长16.6%；智能制造产业实现主营业务收入189.73亿元，增长23.9%；建筑规划产业实现主营业务收入355.47亿元，增长9.9%。

全年十大产业平台实现主营业务收入743.45亿元、总税收42.45亿元，分别增长14.3%、10%。智慧网谷小镇招引中科院计算所数字经济产业研究院、蓝疆创新、浙数文化等一批高端要素集聚的龙头企业及创新平台。北部软件园加快特色楼宇“腾笼换鸟”，全国共享经济示范平台猪八戒网浙江总部全面运行，全年新引进13家优质数字经济企业。运河财富小镇胜利河旅游综合体竣工投用，成立金融财富联盟，新招引中大期货等头部企业，成为第5个中国商务区联盟会员单位。汽车互联网小镇入围第四批省级培育类特色小镇，新引进美国Run-way孵化器、天猫二手车、T3出行等高端汽车互联网产业项目。上塘电商小镇荣获联合国贸发会颁发的国际跨境贸易创新发展杰出贡献奖，运河（国际）跨境电子商务园获评浙江省数字化示范园区。北城·智汇园、康桥新能源产业园以“数字经济”和“新制造业”为双引擎不断改造升级。工业设计小镇、申花产业集聚区、康桥健康产业园等平台建设有序推进。

（二）楼宇税收

全年实现楼宇总税收65.39亿元，同比增长6.5%，楼宇税收占到全区总税收近40%；实现楼宇常规税收35.95亿元，同比增长1.9%。其中总税收超五千万楼宇35幢，较去年同期增加5幢；超亿元楼宇15幢，较去年同期增加1幢，运河跨境电商园、矩阵国际、复地北城中心及远洋商务中心首次进入亿元楼行列。楼宇平方效益为8.25元/天，楼宇常规平方效益为4.53元/天/平方米。

（三）重点项目

杭钢云计算数据中心、祥符桥传统风貌街区和中豪企业总部中心3个省市县长项目落地。省重点项目浙江工程师学院一期完工。38个市重点项目顺利推进，其中33个实施项目全年完成投资38.07亿元，完成年计划133.6%；杭政储出〔2016〕42号地块商业商务用房项目（杭州电工器材厂地块）等4个计划新开工市重点实施项目全部顺利开工。90个区重点项目进展顺利，开工杭钢云计算数据中心、中豪企业总部中心、顺丰国际生鲜电商供应链基地等20个项目，竣工万科智谷等5个项目，投用汉港·凯旋广场、胜利河旅游综合体等5个项目。

（四）招商营商

全年实际利用外资6.04亿美元，新引进市级产业链项目29个、亿元以上项目63个，新增楼宇规模以上企业121家，出让商业地块6宗，共计7.88公顷。引进中科院计算所数字经济产业研究院、蓝疆创新、中铁建（华东总部）等一批优质项目，58五省总部项目认定为市级“大好高”项目。

实现企业开办一日办结、一般企业投资项目开工前审批“最多60天”，全市率先实施个体工商户简易登记改革。加大民营企业扶持力度，累计减税降费30.7亿元，兑现扶持资金5.2亿元。新增“大树”“小巨人”企业29家，锦江、海外海、建华集团荣登中国民企500强，德信地产港交所上市。

全年54家楼宇企业“小升规”，3家重点龙头企业获评2019年浙江省百强民营企业，49家企业通过知识产权贯标。杭州中美华东制药有限公司成为拱墅区首家国家知识产权示范企业，浙江丝绸科技有限公司发布浙江制造“品字标”。

十、教育、科技和人才

（一）教育

年末全区共有各级各类学校123所，其中高中3所，在校学生1982人；职高1所，在校学生782名；初中17所，在校学生14048名；小学32所，在校学生37169名；幼儿园71所，在园幼儿数21531名；特殊教育学校1所，其中在校学生89人。

（二）科技

全年新增国家高新技术企业60家、省科技型中小企业151家、市雏鹰企业37家、市高企44家、市级研发中心16家。深入实施“旭日计划2.0”，新评选旭日2.0企业35家。

全年R&D经费支出6.7亿元，同比增长19.4%，增幅位居主城区第一；R&D经费支出占GDP比重为1.16%，同比提高0.11个百分点，增幅位居主城区第二。全区企业R&D经费投入5.2亿元，同比增长34.5%，增幅位居全市第一；企业R&D经费投入占主营业务收入比重为2.39%，同比提高0.3个百分点，增幅位居全市第一。全区发明专利授权新增182件，累计1055件。

全年新认定国家、省、市级科技企业孵化器各1家，省级众创空间4家，市级众创空间2家。成功举办拱墅分会场启动仪式、“运河追梦、智创未来”主题开展大学生创新创意设计大赛作品展等29项大小活动，设立“大运河双创客厅”，命名北部软件园、城院cc梦工场、乐富智汇园、硬趣空间、跨境电商园5家单位为首批“大运河双创客厅”合作机构。

（三）人才

全年新引进发达国家院士、市人才计划等高端人才13名；新增市级高层次人才114名，同比增长110%；新引进应届本科生9570名，硕士以上1354名，同比分别增长150%和50%。

成功举办中德生物经济大会、“智汇运河”国际脑科学高峰论坛和“中欧科研快车”科技创新合作宣讲会等三大国际人才高端活动，签约重点平台和人才项目31个，签约金额2.3亿元。

全年新增市级研发中心16家、中美华东入选国家企业技术中心。全年评审“运河英才”计划人才89名，25个项目完成第一期项目资助申报拨付，研发投入3859.81万元，取得发明专利11项。

十一、卫生、文化旅游和体育

（一）卫生

全年各社区卫生服务中心门诊量454万。全区居民健康素养水平达到37.5%。全区拥有医疗卫生机构363家，卫计系统所属医疗卫生单位51家，其中：公共卫生单位3家，社区卫生服务中心9家、社区卫生服务站39家；社会办医院22家及门诊部、诊所209家，其他医疗机构72家，全区医疗机构拥有床位8321张，每千人拥有床位14.49张，全区拥有卫生工作人员11283人，其中卫生技术人员9261人，每千人拥有卫生技术人员16.13人，其中：执业（助理）医师3500人，每千人拥有执业（助理）医师6.09人；注册护（士）师4314人，每千人拥有注册护（士）师7.51人。

（二）文化旅游

“一址两街两园三馆两中心”十大文化项目建设高质量推进，显宁寺、大运河文化艺术中心、大运河文化时尚发布中心、区文化规划馆、民俗迹忆馆精彩亮相，祥符桥传统风貌街区、运河湾音乐广场、拱宸匠人馆实现开工，大运河亚运公园、大运河中央公园加快建设。启动“运河·百县千碗”美食特色街区项目，以城市非遗保护为主题的传统工艺工作站（杭州拱墅站）揭牌，成功举办首届大运河戏曲节、中国皮划艇巡回赛、第十一届浙江·中国非遗博览会（杭州工艺周）、全民运动会等品牌活动，全年开展各类文体旅惠民大小活动达1150多次，实际服务人次281.5万人次，线上线下总的辐射人数1004.8万，运河景区年接待游客突破1200万人次。

（三）体育

年末全区共有体育场地设施1200多处，室外健身点280余个，100%的街道、社区建有健身苑（点）和达标的设施、设备，42家学校体育场地免费向公众开放，人均公共体育场地面积达1.67平方米。建有文化体育交流协会、乒乓球、羽毛球、网球、信鸽、武术等17个单项体育协会和10街道体协分会，每年国民体质抽测样本达2600人以上。全区参加省健身气功总决赛、省老年健身气功比赛获得7金2银1铜；省太极拳（剑）比赛获得1金1银；市中小学生阳光体育田径、篮球、举重、空手道、射击、击剑和省大众中国式摔跤锦标，获得第一名32个，第二名26个，第三名36个；市老年人太极拳（剑）、八法五步、钓鱼、地掷球、乒乓球、兜球、门球等11个项目的比赛，获得4金牌1银。

注：

（1）本公报所列2019年的各项数据均为初步统计数。部分数据因四舍五入原因，存在分项与合计不等的情况。

（2）地区生产总值、各产业增加值绝对数按当年价格计算，增长速度按可比价格计算。三次产业划分执行国家统计局2018年修订的《三次产业划分规定（2012）》。

索引

条目索引

表格索引

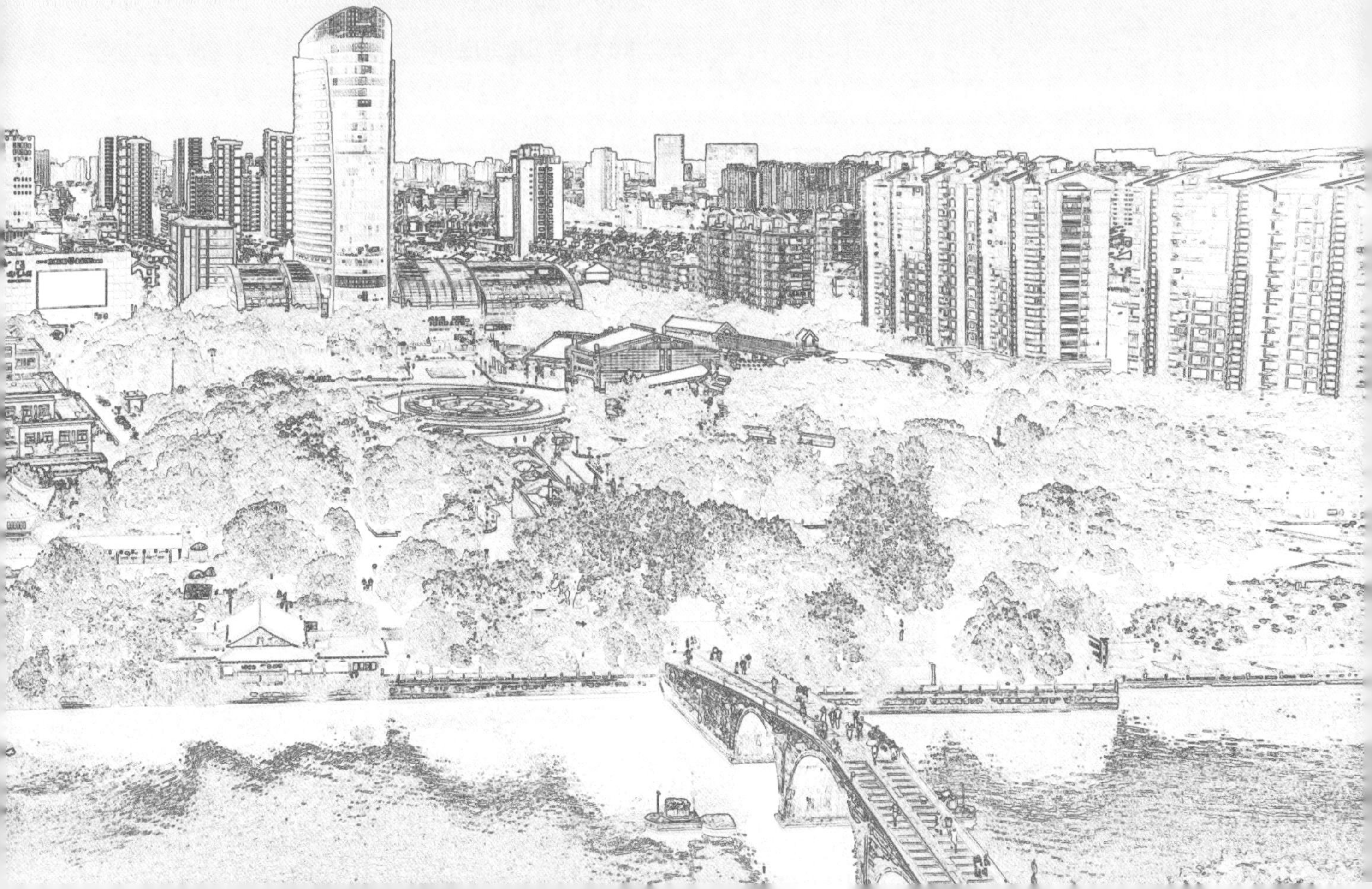

索引

INDEX

说　　明

一、本索引采用主题分析法编制。

二、索引设有条目索引、表格索引两个分目，按主题词首字拼音字母顺序和音序排列，按标引词首字的汉语拼音音序排列，首字相同按第二字音序排列，以此类推。

三、《特载》《大事记》《附录》内容未做索引。

四、标引词后的阿拉伯数字表示内容所在的页码。

条目索引

数字　字母

A

B

C

D

E

F

G

J

K

L

M

N

P

Q

R

S

T

W

X

Y

Z

表格索引

图书在版编目 (C1P) 数据

拱墅年鉴 . 2020 / 中共杭州市拱墅区委党史和地方志编纂研究室编
——北京：方志出版社 , 2020.9

ISBN 978-7-5144-4438-4

Ⅰ . ①拱… Ⅱ . ①杭… Ⅲ . ①区 (城市)—杭州—2020—年鉴
Ⅳ . ① Z525.54

中国版本图书馆 CIP 数据核字 (2020) 第 230226 号

拱墅年鉴 (2020)

编　　者：中共杭州市拱墅区委党史和地方志编纂研究室

责任编辑：李志瑜

出 版 者：方志出版社

地　址　北京市朝阳区潘家园东里 9 号 (国家方志馆 4 层)
邮　编　100021
网　址　http://www.zgfzcb.cn

发　　行：方志出版社图书经销中心

电话（010）67110500

经　　销：各地新华书店

印　　刷：杭州富春电子印务有限公司

开　　本：889 × 1194　　1/16

印　　张：34.5

字　　数：768 千字

版　　次：2020 年 9 月第 1 版　2020 年 9 月第 1 次印刷

印　　数：001~500 册

ISBN 978-7-5144-4438-4　　定价 :228.00 元